KB161478

율리우스 카이사르(BC 100~44) 흉상　나폴리

카이사르 조각상 로마. BC 60년 폼페이우스, 크라수스와 동맹을 맺고 삼두정치를 시작, BC 44년 종신 독재관이 되었으나 정적에 의해 살해되었다.

카레 전투(BC 53)**에서 파르티아군 사수**   이 전투에서 파르티아에 크게 패한 로마군 장군이자 삼두정의 한 사람인 크라수스가 전사했다. 카레는 오늘날의 터키 하란 지역이다.

▲갈리아전쟁 카
이사르에게 항복
하는 갈리아군
의 베르킨게토릭
스. 리오넬 노엘
로미에르

카이사르는 알레
시아 공방전을
끝으로 8년(BC
58~51)에 걸친
갈리아전쟁을 끝
맺고 갈리아를
로마에 복속시켰
다. 갈리아는 대
략 오늘날 프랑
스 지역이다.

◀베르킨게토릭스
동상
프랑스 클레르몽
페랑. 1903.

파르살루스 전투(BC 48)에서 승리한 카이사르   니콜로 다 볼로냐. 14세기 세밀화. 이 전투에서 카이사르에게 대패한 원로원파이자 삼두정의 한 사람인 폼페이우스는 이집트로 도망갔다가 살해당했다.

〈클레오파트라와 카이사르〉 장 레옹 제롬. 1866.

카이사르의 개선식(BC 47) 만테냐 그림, 안드레아니의 목판화, 1598. 젤라 전투에서 숙적 폰토스 왕 파르나케스 2세를 절멸시킨 카이사르는, 이 승리를 기념하며 원로원에 보낸 그 유명한 서한에서 '왔노라 보았노라 이겼노라(Veni Vidi Vici)'라고 적었다. 젤라는 오늘날의 터키 질레 지역이다.

〈카이사르 살해〉 카를 테오도르 폰 필로티. 1865.

카이사르의 장례식에서 유언장을 공개하는 안토니우스

마르쿠스 안토니우스(BC 83~BC 30) 비엔나에 있는 안토니우스 기념상. 카이사르의 양자. 갈리아전쟁, 내전 때 카이사르 휘하에서 복무했다. 레피두스·옥타비아누스와 함께 제2삼두정치를 열었으며 BC 42년 필리피해전에서 카이사르 암살자들인 리베라토레스를 격멸시켰다. 내전으로 이어진 BC 31년 악티움해전에서 옥타비아누스에게 패해 자살했다.

1. *Fouragirende etc. Soldaten.* 2, *Opfer.*

《갈리아전기》(1881) 삽화

1. *Schleuderer*.　2. *Leichtbewaffneter*.　3. *Legions-Soldaten*.　4. *Sarcinae*.
5. *Römische Reiterei*.

《갈리아전기》(1881) 삽화

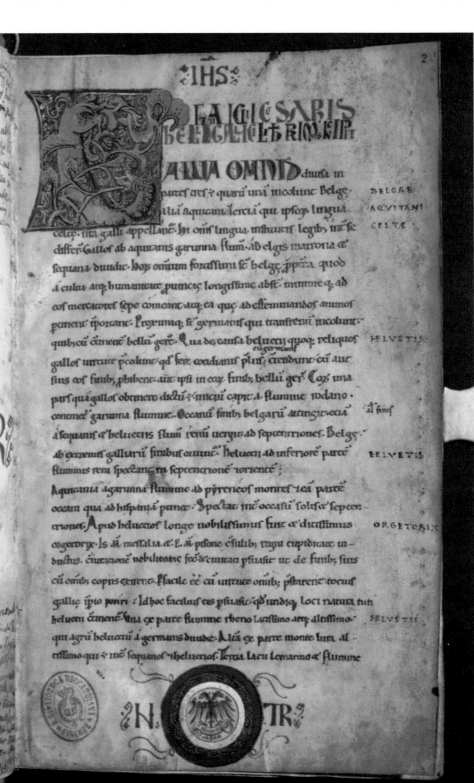

《갈리아전기》 12세기 필사본 피렌체, 리카르디아나 도서관

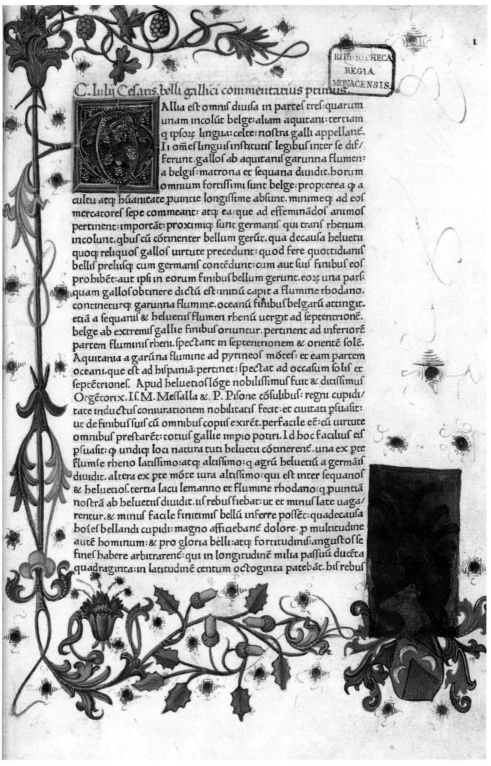

C. Iulij Cesaris belli gallici commentarius primus.

Gallia est omnis diuisa in partes tres: quarum unam incolūt belge: aliam aquitani: tertiam q ipsoru lingua: celte: nostra galli appellane. Ii omes linguis institutis legibus inter se dif/ ferunt. gallos ab aquitanis garunna flumen: a belgis: matrona et sequana diuidit. horum omnium fortissimi sunt belge: propterea q a cultu atq: hūanitate puincie longissime absunt. minimeq: ad eos mercatores sepe commeant: atq: ea: que ad effeminādos animos pertinent: importāt: proximiq: sunt germanis qui trans rhenum incolunt. qbus cū cōtinenter bellum gerūt. qua decausa heluetii quoq: reliquos gallos uirtute precedunt: quod fere quottidianis bellis prelusq: cum germanis contēdunt: cum aut suis finibus eos probibēt: aut ipsi in eorum finibus bellum gerunt. eoru una pars: quam gallos obtinere dictū est: initiū capit a flumine rhodano. continetur q: garunna flumine. oceanū finibus belgaru attingit. etiā a sequanis & heluetiis flumen rhenū uergit ad septentrione. belge ab extremis gallie finibus oriuntur. pertinent ad inferiorē partem fluminis rheni. spectant in septentrionem & oriente sole. Aquitania a garūna flumine ad pyrineos mōtes: et eam partem oceani. que est ad hispaniā pertinet: spectat ad occasum solis et septētriones. Apud heluetios lōge nobilissimus fuit & ditissimus Orgetorix. Is. M. Messalla &. P. Pisone cōsulibus: regni cupidi tate inductus coniurationem nobilitatis fecit. et ciuitati psuasit: ut de finibus suis cū omnibus copiis exirēt. perfacile eē: cū uirtute omnibus prestarēt: totius gallie impio potiri. Id hoc facilius eis psuasit: q undiq: loci natura tuti heluetii cōtinerē. una ex pte flumie rheno latissimo: atq: altissimo: q agrū heluetiū a germāis diuidit. altera ex pte mōte iura altissimo: qui est inter sequanos & heluetios. tertia lacu lemanno et flumine rhodano: q puintiā nostrā ab heluetiis diuidit. iis rebus fiebat: ut et minus late uaga/ rentur. & minus facile finitimis bellū inferre possēt: quadecausa boies bellandi cupidi: magno afficiebant dolore. p multitudine autē hominum: & pro gloria belli: atq: fortitudinis: angustos se fines habere arbitrarēt: qui in longitudinē milia passuū ducēta quadraginta: in latitudinē centum octoginta patebāt. his rebus

《갈리아전기》(1469) 본문 첫 페이지

《갈리아전기》(1783) 권두화

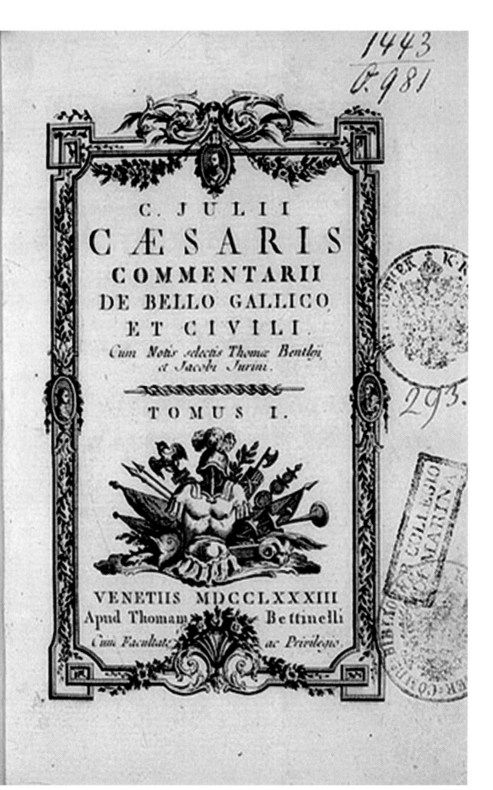

C. JULII
CÆSARIS
COMMENTARII
DE BELLO GALLICO
ET CIVILI.
*Cum Notis selectis Thomæ Bentleji,
et Jacobi Jurini.*

TOMUS I.

VENETIIS MDCCLXXXIII
Apud Thomam Bettinelli
Cum Facultate ac Privilegio.

《갈리아전기》(1783) 속표지

ELIZABETH TAYLOR RICHARD BURTON REX HARRISON

CLEOPATRA

영화 《클레오파트라》 포스터 조셉 L. 맨키버츠 감독, 엘리자베스 테일러·리처드 버튼 주연. 1963.

World Book 77

Julius Caesar

COMMENTARII DE BELLO GALLICO
COMMENTARII DE BELLO CIVILI

갈리아전기/내전기

율리우스 카이사르/박석일 옮김

동서문화사

갈리아전기/내전기
차례

갈리아전기

내전기

갈리아전기

브리타니아

게르마니아

수에비족

레누스강
(라인강)

세쿠아나강

루테티아
(파리)

링고네스족

다누비우스강

겨울숙영지

베손티오
(브장송)

헬베티족

리게르강

픽토네스족

하이두이족
비브락테(오툉)

세콰니족

갈리아

게나바(제네바)

아르베르니족

대서양

산토니족

비엔나(빈)

갈리아
키살피나

가론강

로
다
누
스
강
(
론
강
)

갈리아 트란살피나

0   100km

에스파냐

지중해

(   )안은 현대명

갈리아 원정 1년째(기원전 58년)

제1권
(기원전 58년)

1. 갈리아의 지리와 인종

1 갈리아는 전체가 세 지역으로 분리되어 있다. 그 하나에는 벨가이인, 또 하나에는 아퀴타니인, 그리고 또 하나에는 자신들을 켈타이인이라 부르는, 이른바 갈리인이 살고 있다. 이 가운데 갈리인은 가론강을 경계로 아퀴타니 인과, 마트로나강과 세쿠아나강을 경계로 벨가이인과 따로따로 분리되어 있다.

이 세 부족은 언어와 관습과 제도가 모두 다르다.

그들 가운데에서 가장 늠름한 것은 벨가이인이다. 이는 세련된 로마의 속주에서 멀리 떨어져 있고, 사람을 나약하게 만드는 사치품이 거의 들어오지 않는다는 것과, 레누스강(지금의 라인강)을 사이에 두고 게르마니인과 끊임없이 싸우고 있기 때문이기도 하다. 같은 이유에서, 갈리인 중에서는 헬베티족이 가장 용감하여 매일같이 게르마니인과 무기를 맞대, 경계를 사이에 두고 공방전을 벌인다.

이상의 세 지역 가운데 갈리인이 차지하는 지역은 로다누스강(지금의 론강)에서 시작되는데, 가론강을 거쳐 바다, 더 나아가서는 벨가이인의 영토를 끼고, 세콰니족과 헬베티족의 영토 근처에서는 레누스강까지 이르면서 북쪽으로 전개된다. 벨가이인의 영토는 갈리인의 영토 끝에서 레누스강 하류역까지 미치며 북동쪽을 향하고 있다. 아퀴타니아는 가론강에서 피레네산맥까지, 그리고 에스파냐 부근에서는 바다를 바라보며 북*1서쪽을 향하고 있다.

---

*1 카이사르의 시대에 에스파냐(스페인)는, 실제보다 훨씬 북쪽에 가까워 히베르니아(아일랜드 섬) 근처까지 육박해 있는 것으로 생각되었다. 즉, 피레네산맥 근처에서 바타비아(네덜란드)까지, 갈리아(프랑스)의 해안이 일직선으로 달리고 있고, 그것을 끼고 브리타니아가 가로누워 있으며, 그 서쪽에 히베르니아가 있다는 것이, 고대의 이 지역에 대한 지리 개념이었다.

2. 헬베티족과의 전쟁

2 그런데, 헬베티족 중에서 명성과 재력이 가장 월등했던 사람은 오르게토릭스였다. 이 남자는 마르쿠스 메살라와 마르쿠스 피소가 집정관이었던 해(기원전 61년)에 왕위를 얻고 싶어서, 귀족들과 모의하여 부족 사람들에게 집단 이주를 설득했다. 자신들은 최강의 전사로, 갈리아 전역을 매우 손쉽게 지배할 수 있다는 것이었다.

제안은 그 자리에서 받아들여졌다.

여기에는 그들의 주위가 자연으로 에워싸여 있다는 사정이 작용하고 있었다. 즉, 한쪽에는 대하 레누스가 있어 게르마니인으로부터 격리되어 있고, 또 한쪽에는 유라산이 있어서 세콰니족과의 사이가 막혀 있으며, 또 다른 한쪽에는 레만누스호와 로다누스강(지금의 론강)이 있어서 로마 속주와 경계를 이루는 등, 이러한 지형으로 인해 행동 범위가 한정되어 주변 부족에 대한 공격이 생각대로 잘 되지 않았던 것이다.

뿐만 아니라 그 많은 인구와 무용의 명예를 생각하면, 길이 240마일과 폭 180마일에 불과한 영토 자체가 그들에게는 너무 좁았다.

헬베티족의 이동계획

3 이러한 사정과 아울러 실력자 오르게토릭스의 암시도 있어서, 헬베티족은 결국 원정 준비에 착수하기로 합의한다. 말과 짐수레를 가능한 한 많이 모으고, 최대한 많은 씨를 뿌려 원정에 충분한 양의 곡물을 확보토록 하며, 인근 부족과의 관계도 강화하기로 했다. 또 이 준비에는 2년이면 충분하다고 보고 출발을 3년 후로 정한 뒤, 지도자에는 오르게토릭스를 선출했다.

오르게토릭스는 인근 부족에 대한 사절의 역할까지 자청하고 나섰다. 그는 먼저, 일찍이 세콰니족의 왕이었으며 원로원으로부터 '로마의 친구'로 불리고 있는 카타만탈로에디스의 아들 카스티쿠스에게 접근하여, 아버지와 마찬가지로 왕권을 손에 넣으라고 설복했다.

카이사르의 기술은 그 이전의 그리스인 여행가와 페니키아인 항해자에 의한 정보(책)와 그 자신이 현지에서 얻은 정보를 토대로 삼은 것으로 추정된다. 오늘날의 정확한 지리에서 보면 부정확하지만, 당시의 실정을 생각하면 이 정도로 파악한 것도 대단하다고 할 수 있다.

다음에, 그 무렵 하이두이족의 족장 자리를 차지하여 인망이 두터웠던 디비키아쿠스의 동생 둠노릭스에게도 같은 제안을 하고, 나아가서 그에게 자신의 딸을 시집보냈다.

오르게토릭스는 두 사람에 대해, 곧 자신이 헬베티족의 지배권을 손에 넣을 것이므로 계획을 쉽게 달성할 수 있다고 설득하고, 갈리아 전역에서 자신들의 부족이 가장 큰 세력임을 내세워 재력과 병력, 양면의 지원을 약속했다.

그들은 이 말에 솔깃하여, 왕위에 오르게 되면 최강의 세 부족이 갈리아 전역을 지배할 것을 기약하고, 서로 신의를 맹세했다.

4 그런데 이 음모는 밀고에 의해 발각되고 만다. 그 때문에 오르게토릭스는 부족의 관습에 따라 몸이 결박된 상태에서 해명하지 않을 수 없게 되었다. 유죄가 결정되면 화형이다.

그래서 그는 자신의 영지에서 약 1만 명이나 되는 모든 고용인들을 그러모으고, 역시 막대한 수의 피보호민과 채무자들까지 불러서, 정해진 날에 그들을 재판 장소로 이끌고 가서 그 압력으로 죄를 면했다.

헬베티인들은 이에 분노하여 무력을 동원해서라도 부족의 규율을 행사하려 했으나, 관리들이 사람들을 소집하고 있는 사이에 당사자인 오르게토릭스가 사망하고 만다. 그들이 말하는 것처럼 아마 자결한 것이리라.

5 그러나 당초의 계획은 변경이 없었고, 이동 준비는 차질 없이 진행되었다. 준비가 완료되자, 그들은 각 개인의 건물을 비롯하여 12개 도시와 400곳에 이르는 마을 전부를 불태웠을 뿐만 아니라, 곡물도 휴대할 수 있는 양만 남기고 모두 불 속에 던져 넣었다. 앞날의 고생에 대해 각오를 단단히 다지기 위해 이른바 퇴로를 막아버린 것이다.

이리하여 그들은 각자 3개월분의 식량만 지니게 되었다. 그들은 주변의 라우라키족, 툴링기족, 라토브리기족 등에게도 도시와 마을을 불태우고 함께 떠나자고 설득하고, 나아가서는 최근에 레누스강 건너편에서 노리쿰 지방으로 찾아와 노레이아의 도시를 포위 공격하고 있던 보이족도 이 계획에 끌어들였다.

6 헬베티족이 통과할 수 있는 길은 두 곳밖에 없었다. 그 하나는 유라산과 로다누스강 사이에 있는 세콰니족의 영토를 지나가는 길이었다. 그러나 이 길은 짐마차가 일렬 종대로 간신히 지나갈 수 있는 폭밖에 되지 않고, 게다가 머리 위에는 높은 산이 덮칠 듯이 버티고 있어서, 소수의 적에게도 쉽게 통행을 저지당할 수 있는 길이었다.

또 하나는 '속주'를 통과하는 길로, 이쪽에는 최근에 로마에 의해 평정된 알로브로게스족과 헬베티족 사이에 로다누스강이 흐르고 있는데, 장소에 따라서는 걸어서 건널 수 있는 곳이 있어서 쉽게 지나갈 수 있는 길이었다. 게다가 알로브로게스족의 변경 도시 게나바(지금의 제네바)는 헬베티족의 영토에 가장 가깝고, 건너편 기슭과는 다리로 연결되어 있다.

헬베티족은 알로브로게스족이 로마인을 좋게 생각하고 있지 않은 것을 헤아리고, 영토 통과를 허가해 달라고 설득하거나, 경우에 따라서는 무력으로라도 허가를 받아낼 작정이었다.

출발 준비가 갖춰지자, 로다누스 강변에 집결할 날이 정해졌다. 루키우스 피소와 아울루스 가비니우스가 집정관이었던 해(기원전 58년) 3월 28일이 그날이었다.

카이사르의 경계

7 카이사르는 헬베티족이 '속주' 통과를 기도하고 있는 것을 알고, 급히 로마를 떠나 초강행군으로 외갈리아를 향하여, 곧 게나바 근처에 이르렀다. 그러나 이때 갈리아에 주둔하고 있었던 것은 불과 1개 군단뿐이었다. 그곳에서 그는 '속주'에서 가능한 한 많은 병사를 모집하라고 지시하는 동시에, 게나바에 걸쳐진 다리를 파괴시켰다.

카이사르가 온 것을 안 헬베티족은 남메이우스와 베루클로에티우스를 우두머리로 하는, 같은 부족 중에서 가장 신분이 높은 자들로 구성된 사절단을 보내, 달리 통과할 수 있는 길이 없는데다 로마 속주에 피해를 주지 않고서 통과할 것을 맹세하고 통행 허가를 청했다.

이에 대해 카이사르는 이전의 집정관인 카시우스가 헬베티족에게 살해당한 것과, 그 패배 때 그의 군대가 창문(槍門)*2을 빠져나가야 했던 것을 떠올리고

---

*2 창을 하나씩 양쪽에 세우고 그 위에 또 하나의 창을 가로질러 문을 만든 다음 그 밑을 지나가게 하는 것으로, 패자에게는 굴욕적인 행위였다.

는 요구에 응하고 싶은 마음이 들지 않았다. 로마에 적개심을 품은 민족에게 '속주' 통과를 허락하면, 민중이나 재산에 위해가 미치는 것은 보나마나 뻔한 일이다. 그러나 모집하고 있는 신병의 집결에는 시간이 좀 더 걸린다.

그래서 사절단에게, 검토할 시간이 필요하니 그래도 좋다면 4월 13일에 다시 찾아오라고 대답했다.

8 그 사이에 카이사르는 방비를 강화하는 데 힘썼다. 휘하의 1개 군단과 '속주'에서 모집한 군대를 사용하여, 로다누스강(지금의 론강)으로 흘러드는 레만누스호에서 헬베티족과 세콰니족을 가르는 유라산까지, 연장 19마일에 걸쳐 높이 16피트의 보루를 쌓고 다시 그것과 병행하는 호를 팠다. 공사가 완료되자 곳곳에 성채를 짓고 수비대를 두어, 헬베티족이 강행 돌파를 꾀하더라도 쉽게 저지할 수 있는 태세를 갖추었다.

사절단은 지정한 날에 다시 찾아왔다. 이에 대해 카이사르는 다른 민족에게 속주 통과를 허가하는 것은 로마의 전통에 위배되며, 또한 그런 전례도 없다는 것, 만약 강행한다면 저지할 것이라는 뜻을 밝혔다.

소망이 수포로 돌아간 헬베티족은 낮에 몇 번, 밤에는 빈번하게 배와 뗏목으로, 또 일부는 얕은 곳을 걸어서 저마다 강을 건너려고 했으나, 카이사르군의 방어 시설과 무기, 언덕 위에 집결한 병사들 앞에서 그 시도는 얼마 못 가무너졌다.

야심가 둠노릭스

9 남은 방법은 세콰니족의 영토를 지나가는 길밖에 없었으나, 이것도 길이 좁은 데다가 통과하려면 그들의 승낙이 필요했다. 그러나 자신들의 힘만으로는 설득할 수 있을 것 같지 않았다. 그래서 헬베티족은 하이두이족의 둠노릭스에게 사자를 보내, 그의 중재로 목적을 달성하려고 했다.

둠노릭스는 남에게 호감을 주는 성격과 후한 인심으로, 세콰니족에 대해 큰 영향력을 가지고 있었다. 또 오르게토릭스의 딸이 아내의 한 사람이기도 해서 헬베티족에게는 호의적이었다. 게다가 왕위를 노리는 그에게는 가능한 한 많은 부족에게 은혜를 베풀어 둘 필요가 있어서, 그것을 위해서라도 정변(政變)은 그에게 좋은 기회였다.

그리하여 헬베티족의 의뢰를 받아들인 둠노릭스는, 그들의 통행을 허락하도록 세콰니족을 설득하여, 양쪽 사이에 볼모를 교환하는 것을 성사시켰다.

이리하여 헬베티족은 소란을 불러오는 일 없이 통과할 수 있게 되었고, 한편 세콰니족도 방해 행위를 자제한 것이다.

10 세콰니족과 하이두이족의 영토를 지나 산토니족의 영토로 들어가려고 하는 헬베티족의 움직임 소식은 즉각 카이사르의 귀에 들어왔다.

산토니족의 영토는 '속주' 안의 톨로사테스족의 영토에서 그리 멀지 않다. 만약 그대로 진행될 경우에는, 로마에 적의를 품은 호전적인 부족을 그 광활한 곡창지대에 접근시키는 결과가 되어, '속주'에 중대한 사태를 초래할 수도 있는 상황이었다.

이러한 우려 때문에 카이사르는 먼저 쌓아둔 보루를 부관 라비에누스에게 맡기고 자신은 이탈리아로 돌아갔다. 그는 2개 군단을 새로 모집하는 동시에, 아퀼레이아 부근에서 겨울 숙영 중이던 3개 군단을 불러들여, 그 5개 군단을 이끌고 알프스를 빠져나가는 최단거리를 지나 '속주'로 향했다.

그런데 도중에서 케우트로네스족, 그라이오켈리족, 카투리게스족 등, 고지를 점령하고 있던 부족의 방해 행동이 있었다. 그러나 카이사르는 그들을 차례차례 격퇴하면서, 이탈리아 서쪽 끝에 있는 도시 오켈룸을 거쳐 7일째에는 '속주' 안의 보콘티족의 영토에 이르렀고, 다시 알로브로게스족의 영토를 지나 세구시아비족의 영토로 들어갈 수 있었다. 이 세구시아비족은 '속주' 변경의 로다누스강을 건너면 맨 처음 만나는 부족이었다.

하이두이족의 영토를 침범하는 헬베티족

11 그 무렵, 헬베티족은 이미 좁은 길을 빠져나간 뒤, 세콰니족의 영토를 지나 하이두이족의 영토에 들어가서 그곳을 약탈하던 중이었다.

재산은 고사하고 제 한 몸도 지킬 수 없는 하이두이족은, 로마에 대한 지난날의 변함없는 충절을 내세워 카이사르에게 도움을 청했다. 그들은 로마군의 코 앞이라고 할 수 있는 가까운 곳에서 약탈이 자행되고, 어린아이들이 노예로 끌려가며 도시들이 습격당하고 있는 상황을 보고만 있어도 되는 거냐고 호소했다.

이와 때를 같이 하여, 하이두이족과 동족, 동맹 관계에 있던 암바리족으로부터도, 헬베티족에 의해 영토가 짓밟힌다는 것과 그들의 침공을 막아낼 수 없다는 소식이 전해졌다.

또 로다누스강 건너편의 촌락과 경지를 소유하고 있던 알로브로게스족도 도망쳐 와서, 땅의 흙을 제외하고는 모든 것을 빼앗겨버렸다고 고충을 호소했다.

헬베티족이 동맹 부족의 재산을 모조리 빼앗고 산토니족의 영토로 향하는 것을 그저 보고만 있을 수는 없었다. 카이사르는 즉각 행동을 결의했다.

12 헬베티족은 뗏목과 배다리로 아라르강을 건너고 있었다. 이 아라르강은 하이두이족과 세콰니족의 영토를 지나 로다누스강과 연결되는데, 얼핏 보아 어느 쪽으로 흐르고 있는 건지 알 수 없을 만큼 흐름이 완만한 강이다.

카이사르는 적의 4분의 3은 이미 강을 다 건넜고, 나머지 4분의 1만이 동쪽 기슭에 남아 있다는 것을 알았다. 그는 제3야경시(夜警時 : 한밤중)가 지나자 3개 군단을 이끌고 진지에서 나가, 남아 있던 만족 부대를 습격했다.

헬베티족은 짐 때문에 행동이 방해를 받아 다수가 쓰러졌고, 살아남은 자들은 가까운 숲으로 달아났다.

이 무리는 원래 헬베티족의 네 지역 가운데 하나인 티구리누스 지역의 사람들이었다. 그들은 50년 전에 단독으로 이주를 시작하여, 로마군

로마인의 시각

현재	로마시대	
6시 (오전)	새벽	
7시	제1시	
8시	제2시	
9시	제3시	
10시	제4시	
11시	제5시	
12시	제6시	
13시 (오후 1시)	제7시	
14시	제8시	
15시	제9시	
16시	제10시	
17시	제11시	
18시	일몰	
19시 20시 21시		제1야경시
22시 23시 24시		제2야경시
1시 2시 3시		제3야경시
4시 5시 6시	새벽	제4야경시

과의 싸움에서 집정관 카시우스를 쓰러뜨리고 그 군대에 창문을 빠져나가게 하는 굴욕을 강요한 일이 있다. 그런데 이번에는 우연인지 아니면 천벌인지, 같은 굴욕을 최초로 당해야 하는 신세가 된 것이다.

이로써 카이사르는 로마가 입은 굴욕뿐만 아니라, 자기 개인의 원한까지 푸는 모양새가 되었다. 그것은, 그의 장인인 루키우스 피소의 할아버지 루키우스 피소(같은 이름)도 카시우스와 같은 싸움에서 그들에게 살해당했기 때문이다.

사절 디비코와의 교섭

13 전투를 끝낸 카이사르는 남은 헬베티족을 추격하기 위해 아라르강에 다리를 놓고 건너편으로 군사를 움직였다.

헬베티족은 로마군의 갑작스러운 접근과, 자신들은 적어도 20일이나 걸린 도하(渡河)를 카이사르가 불과 하루 만에 해낸 것에 놀라 사절을 보내왔다. 이 사절의 우두머리는 카시우스와의 전투에서 헬베티족의 지휘관을 맡았던 디비코였다.

디비코는 카이사르에게 다음과 같이 말했다.

"만약 화의를 맺는다면, 어디든 지정하는 곳에 정주할 것이오. 그러나 그쪽이 끝까지 싸울 생각이라면, 먼저 로마군이 경험한 패배와, 일찍부터 이름 높은 헬베티인의 용감성을 떠올리는 것이 좋을 것이오.

강을 다 건넌 동포가 금방 구원하러 달려올 수 없는 것을 틈타, 당신은 한 지역을 불의에 습격했소. 따라서 그 일로 자신의 역량을 과신하거나, 또는 그들의 역량을 경멸해서는 안 될 것이오. 우리는 로마인과는 달리 조상으로부터 정정당당하게 싸우는 것을 배워온 민족이오. 그러니 명심하시오. 그렇지 않으면, 지금 당신이 있는 그 자리는 로마인 재난의 땅으로서, 또 로마군 궤멸의 땅으로서 미래에 이름을 남기게 될 것이오."

14 이에 대해 카이사르는 다음과 같이 대답했다.

"지금 말하는 그 로마인의 재난, 즉 그 부당한 재난을 기억하고 있기 때문에, 해야 할 일에 대해 아무런 주저도 없소. 그때 불온한 행동을 눈치챘더라면 방지책쯤은 쉽게 강구했을 것이오. 그러나 그것은 불의의 사건이었소. 우려해야 할 일은 없다고 생각되었고, 또 이유도 없이 우려해서는 안 되었기 때문이오.

또 설령 그 굴욕을 잊고자 한다 하더라도, 우리의 금지령을 어긴 '속주' 돌파(突破)와, 하이두이족과 암바리족, 그리고 알로브로게스족에 대한 공격 같은, 당신들의 그 뒤의 로마에 대한 모욕적인 행위를 어떻게 잊을 수 있겠소?

당신들이 거만하게도 자랑스럽게 말하는 지난번의 승리도, 오랫동안 징벌을 받지 않고 있는 상황도, 모두 이유는 한 가지요. 신들이 벌을 내리시는 경우, 보통 일시적으로 성공을 허락하면서 상당한 기간 동안 징벌을 미루시지. 상황이 역전되었을 때, 그 불행을 더욱 뼈아프게 느낄 수 있도록 하기 위해서요.

그러나 신청의 보증으로서 볼모를 보내고, 하이두이족과 알로브로게스족에 대해 그들과 그 동맹부족에게 끼친 손해를 보상하겠다면, 흔쾌히 화의를 맺을 수도 있소."

이에 대해 디비코가 말했다.

"볼모는 받는 것이지 주는 것이 아니라는 것이 우리에게 옛날부터 내려오는 방식이며, 이것에 대해서는 로마인도 잘 알고 있을 것이오."

디비코는 이 말을 끝으로 돌아가버렸다.

15 이튿날 헬베티족은 야영을 걷었다.

이와 아울러 카이사르도 진영에서 나가, 속주 각지 외에 하이두이족과 그 동맹부족에서도 모집한 전체 기병 4천 기를 앞질러 보내 그들의 진로를 살펴보게 했다. 그러나 이 기병부대는 추적에 조급해진 나머지, 적의 후미와 불리한 지형에서 교전하게 되어, 그 결과 약간의 사망자를 냈다.

헬베티족은 불과 500의 기병으로 로마군의 대기병부대를 격퇴한 것에 의기양양해져서, 그때부터 대담하게도 몇 번인가 걸음을 멈추고, 후미로 하여금 우리 군을 향해 도발하게 했다.

그러나 당분간 그들의 약탈과 유린을 막은 것으로 만족하고 있었던 카이사르는 그러한 도발에는 응하지 않고, 그로부터 약 2주일 동안 적의 후미와 자기 군대 선두 사이에 적어도 5, 6마일의 거리를 유지하면서 이동을 계속했다.

16 그동안 카이사르는 날마다 하이두이족에게, 그들이 약속한 곡물의 공출을 요구하고 있었다. 그도 그럴 것이, 앞에서 말한 것처럼 이 지방은 북쪽에 위치하고 있어서 기온이 낮기 때문에, 작물이 아직 결실을 맺지 않았던 것이다.

아니, 말여물조차 충분하게 확보할 수 없는 상황이었다.

아라르강을 통해 배로 운반해온 곡물도 헬베티족의 진로 변경 때문에 거의 이용하지 못했고, 또 곡물을 찾다가 그들을 놓칠 수도 없는 일이었다.

하이두이족은 금방 보내겠다거나 이제 곧 보낼 거라는 등 온갖 구실을 붙여서, 하루하루 약속의 실행을 연기하고 있었다.

그들의 지연이 아무래도 지나치게 오래 끈다는 느낌이 있었다. 병사에 대한 배급 날짜도 다가오고 있었다.

그래서 카이사르는 그때 로마군 진영에 있던 하이두이족의 수령들을 소집하여 그들을 신랄하게 힐책했다. 적이 바로 코앞에 있는 데다 곡물의 구입도 징발도 뜻대로 안 되는 비상시에, 전혀 협조를 하지 않다니 어찌된 일이냐는 것이었다.

소집된 수령들 중에는 디비키아쿠스와 리스쿠스도 있었다. 리스쿠스는 이때 하이두이족이 '베르고브레투스'라고 부르는, 동포 부족민에 대해 생살여탈권을 지닌 임기 1년의 최고관직에 있었다.

카이사르는 이번 싸움이 주로 그들의 탄원으로 시작된 것임을 지적하고, 전보다 더욱 격렬한 어조로 그들의 비협조는 결국 배신 행위라는 말까지 했다.

하이두이족 내부의 불화

17 이 말을 듣자 리스쿠스는 그때까지 숨기고 있었던 것을 마침내 털어놓았다.

"우리 부족에는 큰 세력을 가진 자가 몇 사람 있소. 그들은 사사로운 신분이면서도 우리 같은 관직에 있는 사람보다 민중에 대해 강한 영향력을 가지고 있소. 선동적인 언사를 늘어놓으며 곡물 공출을 방해하고 있는 것은 바로 그자들이오. 만약 갈리아에서 패권을 더 이상 유지할 수 없다면, 로마인보다 오히려 갈리인에게 예속되는 편이 낫다는 것이 그들의 주장이오. 또 만약 헬베티족이 로마인에게 패하기라도 한다면, 그것은 다른 갈리인의 경우와 마찬가지로 하이두이족으로부터도 자유를 빼앗기는 것을 의미하는 것이오.

로마 측의 계획과 진중의 상황은 이러한 자들을 통해 적의 귀에도 들어가고 있소. 그러나 나로서는 이것을 어떻게도 할 수가 없소. 왜 여태까지 잠자코 있었느냐고 묻는다면, 그것은 이러한 고백에는 신변의 위험이 따른다는 것을 잘 알고 있기 때문이오."

18 리스쿠스가 이렇게 말하는 것을 듣고 그것이 디비키아쿠스의 동생 둠노릭스를 두고 하는 말임을 눈치 챈 카이사르는, 이 문제를 많은 사람들이 보는 앞에서 논의하고 싶지 않았다. 카이사르는 곧 회의를 해산하고 리스쿠스만 남게 했다.

둘만 남게 되자, 그는 아까의 발언에 대해 다시 한 번 추궁했다. 리스쿠스는 더 이상 숨길 것 없이 대담하게 털어놓았다. 리스쿠스가 말한 것은 짐작대로 둠노릭스가 맞았다.

그의 이야기에 의하면, 둠노릭스는 대담무쌍한 성격과 아울러 후한 인심으로 민중에게 인기를 얻어 정변을 획책하고 있었다. 또 하이두이족 영토 안에서의 통행세와 그 밖의 세금 징수권을 헐값에 사들여 부를 쌓고 있었다. 경매에서 감히 대항하려는 자가 없었기 때문에, 그 부를 뇌물로 사용하는 막대한 재원으로 만든 것이다.

게다가 자비(自費)로 상당수의 기병을 거느렸다. 그들을 언제나 가까이 두고 있었으며, 그 권력은 자국에만 머무르지 않고 인근 부족에까지 미치고 있었다. 나아가서, 세력을 더욱 확장하기 위해 자신의 어머니를 비투리게스족의 최고 유력자 가운데 한 사람과 결혼시키고, 자신은 헬베티족의 여성을 아내로 맞이했다. 또 아버지가 다른 자매와 친척 여자들을 다른 부족에게 시집보내기도 했다. 이러한 인척 관계로 그는, 열성적인 헬베티족 지지자가 되어 있었다.

둠노릭스에게는 개인적으로도 카이사르와 로마인을 증오하는 이유가 있었다. 그것은, 이 타국인의 출현에 의해 위세를 잃고, 형인 디비키아쿠스에게 다시 권력의 자리를 양보하게 되었기 때문이다. 따라서 로마인이 역경에 빠지면 헬베티족의 협조를 얻어 왕위를 손에 넣을 수 있지만, 그 반대의 경우에는 왕위에 오르기는커녕, 현재 자신의 인기조차 잃어버리게 된다는 것이 둠노릭스의 생각이었다.

카이사르 쪽에서도 조사해본 결과, 며칠 전에 로마군 기병부대가 패전한 원인이 밝혀졌다. 그것은 둠노릭스와 그의 지휘하에 있던—하이두이족이 원군으로서 카이사르에게 보낸—기병이 맨 먼저 패하여 달아남으로써, 다른 기병

전체가 전의를 상실했기 때문이었다.

19 이리하여 생긴 둠노릭스에 대한 혐의는, 다음과 같은 의심할 여지없는 사실에 의해 더욱 확실해졌다. 즉, 헬베티족을 세콰니족의 영지로 통과시킨 것도, 양쪽의 볼모 교환도, 실은 둠노릭스의 중재에 의한 것이었다. 그는 카이사르와 하이두이족의 지시도 없이 그 일을 했을 뿐만 아니라 그 일들을 비밀로 부치고 있어서, 하이두이족의 장관으로부터도 비난을 받고 있었다.

이제 카이사르로서는 자신이 직접 나서든 나서지 않든, 둠노릭스를 처벌할 수 있는 충분한 근거를 얻은 셈이었다.

다만 문제는 둠노릭스의 형 디비키아쿠스였다. 그는 로마의 열성적인 지지자로 카이사르와도 매우 가까운 사이였고, 인품도 공정하고 온후하며 충의심이 강한 인물이었다. 동생이 로마인에게 처벌을 받게 되면, 그의 마음에 큰 타격을 줄 것이 틀림없었다.

그래서 가장 먼저 디비키아쿠스를 불러들였다. 그리고 평소의 통역을 물리친 뒤, 자신이 깊이 신뢰하는 친구이자 '속주'의 요인 중 한 사람인 트로우킬루스를 통해 디비키아쿠스와 얘기를 나눴다.

앞의 회의에서 둠노릭스에 대해 들은 얘기를 하고, 이어서 두 사람만의 회담에서 얻은 정보를 털어놓았다. 그리고 친구의 분노를 사고 싶지는 않으니, 직접 조사하여 동생을 스스로 처벌하거나, 아니면 부족 사람들에게 맡기거나, 어느 쪽이든 행동을 취할 것을 부탁했다.

20 디비키아쿠스는 눈물을 흘리며 카이사르를 끌어안고 원만한 조치를 희망했다.

"동생에 대해 한 말은 모두 맞는 말이오. 그것을 나보다 더 유감으로 생각하고 있는 사람은 아무도 없소. 왜냐하면, 내가 일찍이 우리 본국과 갈리아 전역에 크게 세력을 자랑하고 있었을 때, 어리고 힘이 없었던 동생에게 권세를 안겨준 것은 바로 나 자신이기 때문이오. 그런데 그는 그러한 힘을 믿고 내 얼굴에 흑칠을 하는 짓을 하고 있을 뿐만 아니라, 파멸로 밀어넣으려 하고 있소. 하지만 형인 나는 정에 이끌리지 않을 수 없고, 백성의 목소리도 무시할 수가 없어요. 만약 당신이 동생에게 엄벌을 내린다면, 내가 당신의 우정을 얻고 있는 이상, 내가 그것에 동의했다고 모든 사람들이 생각할 것이오. 그리고 만약 그렇게 된다면, 갈리아 전체가 나한테서 떠나게 될 것입니다."

카이사르는 이 디비키아쿠스의 눈물 어린 고백을 한동안 듣고 있다가, 이윽고 그의 손을 잡고 위로하며 더 이상 아무 말도 하지 말라고 요청했다. 그러고는 디비키아쿠스에 대한 자신의 두터운 친애의 정에 대해 말하고, 그렇게까지 그대가 말한다면, 로마의 피해를 덮고 자신의 분노도 거두겠다고 대답했다.

그 뒤 카이사르는 둠노릭스를 부르고 디비키아쿠스도 참석시켜서, 일련의 정보와 부족의 호소에 대해 얘기하는 동시에, 자신도 불만으로 생각하는 이유를 설명하였다. 그리고 앞으로는 의혹의 씨앗을 뿌리지 말라고 주의를 준 뒤, 그때까지의 일에 대해서는 형을 보아 용서하겠다는 뜻을 전했다.

다만 그때부터는 그 행동과 대화 상대에 대해 놓치는 일이 없도록, 둠노릭스를 감시하에 두었다.

비브락테 근교에서의 전투

21 같은 날 정찰대로부터, 헬베티족이 로마군 진영에서 8마일 거리에 있는 언덕 기슭에 포진하고 있다는 보고가 들어왔다. 카이사르는 병사를 보내 지형을 살피게 했다. 보고에 의하면, 진군하기에 어려운 곳은 없었다.

그래서 제3야경시(자정이 지나) 부관 라비에누스에게 계획을 얘기하고, 지리를 잘 아는 자들을 길안내로 앞세워 2개 군단을 이끌고 언덕 꼭대기에 오르도록 지시했다. 한편, 자신은 제4야경시(동트기 전)에 헬베티족이 온 길을 더듬어, 기병부대를 선두로 적진을 향했다.

또 이에 앞서 정찰대를 내보냈는데, 이 정찰대에는 술라와 크라수스 밑에서 싸운 경력이 있어 싸움에 능하다는 평판을 듣고 있던 푸블리우스 콘시디우스를 붙여두었다.

22 동틀 무렵 라비에누스는 벌써 언덕 꼭대기를 점거하고, 카이사르 쪽도 적진에서 불과 1마일 반 정도 되는 곳까지 육박해 있었다. 그 뒤의 포로의 얘기에 의하면, 적은 라비에누스의 접근도, 카이사르의 접근도 눈치채지 못했던 모양이다.

그러나 이때 콘시디우스가 달려와, 라비에누스가 향한 언덕이 적의 수중에 들어갔다고 보고했다. 갈리인의 무기와 군장을 보고 그것을 알았다는 것이다.

카이사르는 근처의 언덕으로 군사를 후퇴시키고 그곳에서 전열을 가다듬었다. 라비에누스 쪽은 카이사르가 명령한 대로, 카이사르의 부대가 적진 가까이까지 육박하여 아군이 사방에서 일제히 공격할 수 있는 태세가 갖춰질 때까지 교전을 미루고 있었다.

진상이 밝혀진 것은 그날도 상당히 시간이 흐른 뒤였다. 정찰대에 의하면, 언덕을 점거하고 있던 것은 로마군이고, 헬베티족은 이미 진을 옮긴 뒤였다. 콘시디우스가 공포심에서 보지도 않은 것을 본 것처럼 얘기했던 것이다.

그리하여 그날은 적과의 사이에 평소의 간격을 유지하면서 나아가, 진영도 적진에서 3마일 거리를 두고 설치했다.

23 이튿날 하이두이족 최대의 도시 비브락테(지금의 오툉)에서 불과 18마일 지점까지 온 카이사르는, 곡물 배급일이 이틀 뒤로 다가와 있었기 때문에 식량 확보를 우선하기 위해, 적의 진로를 벗어나 이 풍요로운 도시로 향했다.

그런데 카이사르 휘하 갈리인 기병부대의 지휘관 루키우스 아이밀리우스의 노예 하나가 도망쳐, 로마군의 새로운 움직임을 적에게 알렸다.

헬베티족은 이 움직임을, 겁을 먹고 진로를 변경한 것으로 해석했다. 아마, 전날 유리한 상황에 있으면서도 싸움을 걸지 않았기 때문일 것이다. 어쩌면 우리의 곡물 조달을 저지할 수 있다고 생각한 건지도 모른다. 어쨌든 그들도 진로를 변경하여 우리 군을 추격해 와서 후미를 괴롭히기 시작했다.

24 이것을 본 카이사르는 전 군단을 가까운 언덕으로 옮기고, 기병부대를 보내 적의 공격에 응전하게 했다. 또 그 사이에 언덕 중턱에 정예 4개 군단을 3열로 배치하고, 최근에 이탈리아에서 모집한 2개 군단과 모든 원군을 언덕 위에 집결시켜, 언덕 비탈 전체를 병사들로 메웠다. 휴대물은 한곳에 모아놓고, 높은 곳에 포진한 부대에 그것을 지키게 했다.

한편, 짐수레를 끌고 육박해온 헬베티족도 이곳에 이르러 짐을 한군데로 모았다. 그리고 전열을 밀집시켜 우리 쪽의 기병부대를 물리치자마자, 다시 밀집 대형을 짜서 이쪽의 제1전열을 목표로 공격해 들어왔다.

25 카이사르는 자신의 말을 비롯하여, 모든 말을 보이지 않는 장소로 옮겨 전선을 이탈할 가능성을 없애고 전원이 위험을 함께 하도록 한 뒤, 병사들을 격려하고 자신도 전투에 가담했다.

로마군은 높은 곳에서 창을 던져 이내 적의 밀집 대형을 무너뜨리고, 그 어지러운 전열을 향해 칼을 뽑아 돌진했다. 갈리인은 마음 먹은 대로 움직일 수가 없었다. 하나의 창이 방패를 몇 개나 관통하여, 그것을 하나로 꿰어버리는 형국이었기 때문이다. 게다가 그 창 끝이 구부러져 버려 뽑으려 해도 좀처럼 뽑히지 않았다.

왼손이 묶인 갈리인은 평소처럼 움직이지 못하고, 몇 번이나 창을 뽑으려고 헛되이 시도한 끝에, 대부분 방패를 던져버리고 무방비한 상태로 싸우게 되었다. 그들은 부상을 입고 지쳐서, 이윽고 1마일 정도 떨어진 언덕 쪽으로 퇴각하기 시작했다.

적이 언덕에 도착하자 우리 군은 계속해서 쫓아갔다. 그런데 그때 적의 후미를 맡고 있던 1만 5천 명의 보이족과 툴링기족이 갑자기 돌아서서, 우리 군의 오른쪽을 치고 들어와 포위하고 말았다. 언덕으로 퇴각하고 있던 헬베티족도 이것을 보고 다시 공세로 돌아섰다.

로마군은 방향을 바꿔 두 패로 갈라졌다. 궤주하고 있던 적에게는 제1, 제2 전열을 내보내고, 내습해온 적에게는 제3전열을 할당했다.

26 이 두 방면의 전투는 오랫동안 치열하게 계속되었다. 그러나 이윽고 로마군의 공격에 더 이상 버틸 수 없게 되자 헬베티족은 다시 언덕으로 후퇴하고, 보이족과 툴링기족도 짐을 모아두었던 지점으로 퇴각했다. 전투는 정오부터 저녁까지 계속되었으나 적은 시종일관 격렬하게 응전했고, 달아나는 자는 한 사람도 보이지 않았다.

짐이 있었던 지점에서는 밤이 이슥해질 때까지 전투가 계속되었다. 적들은 짐수레를 늘어놓아 장벽을 만들고, 그곳에서 공격해 오는 로마 병사들을 향해 창의 세례를 퍼부었다. 짐수레와 수레바퀴 사이에서도 길고 짧은 창을 던지는 적의 공세에, 다수의 병사들이 부상을 입었다.

그러나 오랜 전투 끝에 우리는 진지를 빼앗고 짐을 손에 넣었을 뿐만 아니라, 오르게토릭스의 딸과 아들 하나도 사로잡았다.

살아남은 헬베티인은 약 13만 명. 그들은 밤을 새워 도주를 계속하여, 나흘째에 링고네스족의 영지에 도착했다. 그동안 우리는 부상자를 치료하고 전사자를 매장하느라 추적에 나설 수가 없었다.

헬베티족의 항복

27 헬베티족은 모든 물자가 바닥이 나자 항복 사절을 보내왔다. 이 사절은 진군해 오는 카이사르를 만나자, 그의 발 아래 무릎을 꿇고 눈물을 흘리며 화의를 청했다.

이에 대해 카이사르는 로마군이 도착할 때까지 그들을 지금 있는 곳에서 기다리게 하고 자신이 그곳에 이르자 헬베티족을 향하여, 볼모를 비롯하여 무기와 도망 노예의 인도를 요구했다.

그러나 그것을 위한 수색과 징집이 실시되는 가운데, 밤이 되자 곧 베르비게누스라는 곳의 주민 6천 명이 레누스호반의 게르마니인 영토를 향해 달아나기 시작했다. 무기 인도가 끝나면 살해될 거라고 생각했거나, 아니면 이렇게 많은 포로 가운데 일부가 도주하는 것쯤 발각되는 일은 없을 거라고 생각한 것이리라.

28 이 움직임을 알게 된 카이사르는 도망자가 지나가고 있는 토지의 부족에게, 결백의 증거로서 그들을 잡아올 것을 명령했다. 도망자들이 끌려오자 그들을 처형하고, 볼모와 도망 노예, 그리고 무기 인도가 완료된 단계에서 그 밖의 사람들에 대해서는 항복을 인정했다.

그리하여 헬베티족, 툴링기족, 라토브리기족은 각각 고국으로 귀환시키기로 했다. 또 이들 부족의 영지에는 이미 먹을 것이 없었기 때문에, 알로브로게스족에게 그들에게 곡물을 제공할 것을 지시하고, 헬베티족에게는 스스로 불태운 도시와 마을의 재건을 명령했다.

이렇게 명령을 내린 주된 이유는, 만약 그들의 토지를 무인(無人)의 땅으로 방치하면, 그 비옥함을 노리고 레누스강 건너편의 게르마니인이 헬베티족의 영토로 침입할 우려가 있었기 때문이다. 그렇게 되면 '속주'와 알로브로게스족은 서로 이웃하게 된다.

보이족에 대해서는, 무용에 대한 평판이 높았기 때문에 하이두이족이 자기 영토에 수용하기를 원했으므로 그것을 허락하기로 했다. 약속대로 하이두이족은 그들에게 토지를 나눠주고, 나중에는 권리와 자유에 대해서도 자신들과 동등한 입장을 인정했다.

29 헬베티족의 진영에서 어떤 서류가 발견되어 카이사르에게 전달되었다. 그것은 무기를 잡을 수 있는 이주자의 수를 그리스 문자로 상세하게 기록한 것으로, 거기에는 여자, 어린이, 노인의 수도 저마다 기재되어 있었다.

그 명부에 의하면, 총수 36만 8천 명. 그 내역은 헬베티족 26만 3천 명, 툴링기족 3만 6천 명, 라토브리기족 1만 4천 명, 라우라키족 2만 3천 명 및 보이족 3만 2천 명. 이 가운데 무기를 잡을 수 있는 자는 9만 2천 명으로 되어 있었다. 또한, 귀국한 자는 카이사르의 지시로 인구 조사를 한 바, 11만 명임이 밝혀졌다.

3. 게르마니인 아리오비스투스와의 전쟁

전 갈리아 회의
30 헬베티족과의 싸움이 끝나자, 갈리아 대부분의 지역에서 각 부족의 수장과 사절들이 카이사르에게 축하하기 위해 달려왔다.

그들이 말했다.

"이번 싸움은 일찍이 로마인에게 부정을 저지른 헬베티족에 대한 징벌이었지만, 이것은 로마인뿐만 아니라 갈리인에게도 다행한 일이다. 왜냐하면, 매우 풍요로운 곳임에도 헬베티족이 고국을 버린 것은, 갈리아 전역을 정복하여 패권을 확립하고, 비옥한 토지를 빼앗아 그곳으로 이주하는 동시에, 다른 부족을 종속 부족으로 삼으려는 속셈이 있었기 때문이다."

이어서 전 갈리아 회의의 개최를 인정해달라고 청했다. 모든 부족이 합의한 뒤 요청하고 싶은 것이 있다는 것이었다.

카이사르가 승낙하자 그들은 날짜를 정하고, 전원으로부터 권위를 위임받은 자 외에는, 의사 내용을 일절 발설하지 않기로 서로 맹세했다.

아리오비스투스를 두려워하는 갈리인

31 회의를 마치자, 수장들은 다시 카이사르를 찾아와서 은밀한 회담을 요청했다. 자신들에게는 물론이고, 갈리아 전역과도 관련이 있는 문제에 대해 얘기하고 싶다는 것이었다.

면회가 허락되자, 전원이 눈물을 흘리며 카이사르 앞에 무릎을 꿇고 말했다.

"이 밀담이 밖으로 새나갈까 봐 두려워하고 있소. 이것은 우리의 소망이 이루어지는 것 못지않게 매우 중요한 일이오. 왜냐하면, 만약 탄로라도 나게 되면 가혹한 처사가 기다리고 있기 때문이오."

그리고 모두를 대표하여, 하이두이족의 디비키아쿠스가 다음과 같이 말했다.

"갈리아는 지금 두 개의 당파로 갈라져 있소. 하나는 하이두이족이 이끄는 그룹이고, 또 하나는 아르베르니족을 주로 하는 파지요. 양쪽은 이미 오랫동안 치열한 패권 다툼을 되풀이해 왔소. 그 결과, 지금은 아르베르니족과 세콰니족이 게르마니인의 힘을 빌리는 사태에 이르렀소.

맨 처음 레누스강을 건너온 게르마니인들은 1만 5천 명 정도였소. 그러나 그들이 이 땅의 쾌적한 자연과 문화를 접하게 되자 새롭게 동족을 불러들여, 현재 갈리아에 있는 게르마니인의 수는 약 12만 명에 이르고 있소.

우리 하이두이족은 우리를 따르는 모든 부족과 함께 여러 번 게르마니인과 싸웠으나, 그때마다 참패를 당하여 귀족과 원로는 말할 것도 없고 기사 신분인 자들까지 잃었소. 그래서 로마와의 맹약을 배경으로 실력으로 쟁취한 갈리아 전역에 대한 패권도 잃어버리게 되니, 세콰니족에게 신분이 높은 인사를 볼모로 보내지 않을 수 없었소. 그런 데다, 볼모의 회수를 기도하지 않을 것과 로마인에게 구원을 청하지 않을 것, 나아가서는 영구히 복종할 것까지 맹세해야 했소."

디비키아쿠스는 계속했다.

"하이두이족 가운데 이 서약을 어기고 자식을 볼모로 보내지 않은 것은 오직 나 한 사람뿐이오. 그것이 바로, 원로원에 도움을 청하기 위해 내가 고국을 빠져나와 로마로 올 수 있었던 배경이지요. 그런데 이번의 격동은 패자인 하이두이족보다 승자인 세콰니족 쪽에 훨씬 큰 재앙을 가져다주는 결과가 되었소.

그것은, 게르마니인의 왕 아리오비스투스가 세콰니족의 영토에 눌러앉아, 그 토지의 3분의 1에 해당하는, 갈리아에서 가장 풍요로운 지역을 점거하기에 이르렀기 때문이오.

그뿐만이 아니오. 이제 아리오비스투스는 세콰니족에게 다시 3분의 1의 토지에서도 퇴거하도록 압박하고 있소. 몇 달 전에 찾아온 하루데스족 2만 4천 명을 위한 정주지 확보가 그 목적이오. 아마 몇 년만 지나면 갈리아의 전 주민은 이 땅에서 쫓겨나고, 대신 모든 게르마니인이 레누스강을 건너오게 될 것이오. 갈리아는 토지의 비옥함과 생활 수준 면에서 게르마니아에 비할 바가 못 되기 때문이오.

아리오비스투스는 마게토브리가 전투에서 갈리아 연합군을 격파하자, 모든 명가의 자녀들을 볼모로 강요하고, 조금이라도 명령을 어기려 하면 온갖 고문을 가하는 등, 끔찍한 폭군의 모습을 보여주고 있소. 그는 성격이 급하고 포악한 남자요. 우리는 그 지배를 더 이상 견딜 수가 없소. 로마인이 도와주지 않는다면 우리로서는 일찍이 헬베티족이 취한 것과 같은 행동을 하지 않을 수 없소. 다시 말해, 고국을 버리고 운을 하늘에 맡긴 채, 게르마니인으로부터 멀리 떠나 정주지를 구하는 수밖에 없소.

지금 여기서 얘기한 것이 아리오비스투스의 귀에 들어가는 날에는, 그의 구속하에 있는 볼모 전원에게 처참한 보복이 가해질 것은 불을 보듯 명백한 일이오. 그러나 카이사르의 위대한 광채와 최근의 승리, 즉 로마군의 무위(武威)가 있으면, 게르마니인의 새로운 대량 유입과 갈리아 전역에 미치는 그자의 횡포를 막을 수 있을 것이오."

32 디비키아쿠스가 이렇게 말을 마치자, 일동은 비통한 눈물을 흘리며 카이사르에게 도움을 청했다.

그러나 그 가운데 세콰니족 사람들만은 고개를 숙인 채, 바닥을 무덤덤하게 바라볼 뿐이었다. 이를 의아하게 여긴 카이사르가 그 까닭을 물었다. 그들은 대답하지 않고 여전히 고개를 숙이고 있었다. 몇 번이나 거푸 물어도 돌아오는 대답은 한 마디도 없었다.

한참 뒤 디비키아쿠스가 다시 입을 열었다.

"세콰니족의 상황은 다른 어느 부족보다 훨씬 비참하오. 남몰래 이러한 호소도 할 수 없을 정도지요. 아리오비스투스가 아무리 멀리 떨어져 있어도 바로 눈앞에 있는 것처럼 그를 두려워하고 있기 때문이오. 다른 부족은 달아날 수 있지만, 세콰니족은 자신들이 불러들인 아리오비스투스에게 모든 도시를 지배당하고 있기 때문에, 그들이 하는 대로 모든 고통을 당할 수밖에 없소."

33 사정을 안 카이사르는 그들을 격려한 뒤 온당한 대처를 약속했다. 그리고 자신의 권위뿐만 아니라 아리오비스투스에게 자신이 베풀고 있는 은혜가 있으니, 횡포를 막을 수 있을 거라고 말하고 모임을 해산했다.

카이사르는 지금 들은 이야기뿐만 아니라 다른 모든 상황에 대해서도 단호한 조치를 취할 필요가 있다고 생각했다.

가장 심각한 문제는, 일찍이 원로원으로부터 종종 '로마인의 혈연' '로마인의 친구'로 불렸던 하이두이족이 바야흐로 게르마니인 밑에 예속상태에 있는 것과, 아리오비스투스와 세콰니족에게 볼모가 잡혀 있는 것이었다. 로마의 위세를 생각하면, 그것은 고국에 있어서나 자신에게 있어서나 굴욕이었다.

또 게르마니인이 대대적으로 레누스강을 건너와 갈리아에 정착하는 사태가 빈번해진다면, 로마인에게 있어서도 중대한 사태가 아닐 수 없다. 세콰니족과 '속주' 사이에는 로다누스강(지금의 론강)밖에 없다. 광포한 만족이 갈리아 전역을 손에 넣을 경우, 그들에게 있어서 다음의 유혹은 저항하기 어려울 정도로 크기 때문이다. 즉, 일찍이 킴브리족이나 테우토니족이 한 것처럼 로마의 속주를 침략하고, 나아가서는 이탈리아로 눈을 돌릴 것이다.

이러한 사태에는 즉시 대처하지 않으면 안 된다. 또 아리오비스투스 개인에 대해서도 그 거만함을 더 이상 못 본 척할 수가 없었다.

아리오비스투스와의 교섭
34 이렇게 생각한 카이사르는 아리오비스투스에게 사절을 보내, 양쪽 나라에 있어서 매우 중요한 사항을, 어디든 중간 지점에서 협의하고 싶다는 뜻을 전했다. 이에 대한 아리오비스투스의 대답은 다음과 같은 것이었다.

"내가 만나고 싶을 때는 내 쪽에서 갈 것이다. 마찬가지로, 만약 카이사르가 만나고 싶다면 카이사르 쪽에서 오라. 또한, 카이사르의 지배하에 있는 갈리아 지역으로 가게 될 때는 군대를 거느리고 갈 것이다. 그때는 병사를 모집하는

데 여러 가지로 까다로운 준비가 필요하다. 그렇다 쳐도, 이쪽이 쟁취한 갈리아 땅에, 카이사르, 또는 로마가 도대체 어떤 용무가 있다는 것인가."

35 이에 대해 카이사르는 아리오비스투스에게 다시 사절을 보내 다음과 같이 전하게 했다.

"이 카이사르가 집정관이었을 때 원로원에서 '왕'이나 '친구'로 불렸을 정도로 우리로부터 후대를 받았으면서도, 협의 요청을 거부하고 공통의 문제에 관심을 보여주지 않는 것은 비례(非禮)의 극치이다. 따라서 다음과 같은 것을 요구한다.

첫째로, 게르마니인을 더 이상 갈리아로 불러들여서는 안 된다. 두 번째는 하이두이족 볼모를 돌려보내는 동시에 세콰니족이 억류하고 있는 볼모에 대해서도 그 반환을 인정하고, 세 번째는 하이두이족에 대한 학대는 물론이고 그들과 그 우방에 대한 전쟁도 금지한다.

이상의 요구에 응한다면, 나로서도 로마로서도 앞으로 좋은 관계를 유지할 것이다. 그러나 만약 거부한다면, 마르쿠스 메살라와 마르쿠스 피소가 집정관이었던 해(기원전 61년)의 원로원 결의, 다시 말해 갈리아 속주의 총독은 누구를 막론하고, 국익으로 생각되는 한 로마의 모든 우방을 보호해야 한다는 결의에 따라, 하이두이족을 학대한 죄로 처벌할 것이다."

36 이에 대해 아리오비스투스는 다시 다음과 같이 대답했다.

"승자는 패자를 마음대로 다룰 수 있는 것이 전쟁의 법칙이다. 실제로 로마인 역시 제삼자의 지시에 의해서가 아니라, 그쪽의 재량으로 피정복민을 지배하고 있지 않은가.

로마인이 그러한 권리를 행사하는 것에 대해 나는 간섭하지 않고 있다. 따라서 이쪽의 권리 행사에 대해서도 간섭하지 말기 바란다. 하이두이족이 연공을 바치고 있는 것도 그들 스스로가 일으킨 전쟁에서 패자가 된 결과일 뿐이다. 그러나 그대의 출현으로 그러한 세수가 줄어들어 심각한 타격을 입고 있다. 볼모를 돌려줄 마음은 없다. 다만, 그들이 연공을 계속 바치는 한 부당하게 전쟁을 거는 일은 삼갈 것이다. 그것을 지키지 않을 경우에는 '로마의 친구'라는 이름이 무슨 소용이 있겠는가.

하이두이족에 대한 학대를 모르는 척할 수 없다는 그대의 협박은 상대할 가치도 없다. 나에게 도전해 온 자 가운데 자멸하지 않은 자는 한 사람도 없다. 싸움을 하고 싶다면 도전해 보라. 그때는 싸움을 잘하고 패전이라는 것을 모르며 14년 동안 한 번도 지붕을 인 적이 없는 게르마니인의 무용이 어떤 것인지 알게 되리라."

37 카이사르가 이 보고를 받고 있는 중에 하이두이족과 트레베리족의 사절이 도착했다. 하이두이족 대표가 호소하기를, 최근에 갈리아로 옮겨온 하루데스족이 자신들의 영토를 짓밟고 있으며, 볼모를 제공했음에도 아리오비스투스한테서는 평화를 얻을 수 없다는 것이었다. 또 트레베리족 대표는, 이미 레누스 강변까지 와 있던 수에비족의 많은 사람들이 나수아와 킴베리우스라는 형제의 지휘로, 이제 곧 강을 건너려 하고 있다고 보고했다.

수에비족의 대집단이 아리오비스투스의 정예부대와 합류하면 골치 아픈 문제가 된다. 위기감을 느낀 카이사르는 즉각 대응하기로 결의한다. 즉시 곡물 조달의 방편을 마련하여, 강행군으로 아리오비스투스가 있는 곳으로 향했다.

38 사흘 뒤, 다시 새로운 정보가 들어왔다. 세콰니족 최대의 도시 베손티오 (지금의 브장송)를 점령하기 위해, 아리오비스투스가 전 병력을 이끌고 그곳으로 급히 진군하고 있다는 것이었다. 그는 그 시점에 이미 자신의 영토를 벗어나, 사흘이 걸리는 지점에 도착해 있었다.

베손티오에는 전쟁에 필요한 모든 물자가 저장되어 있다. 이 도시는 절대로 적의 손에 넘겨주어서는 안 된다.

그곳은 두비스강이 주위를 거의 완전한 원형으로 에워싸고 있는데, 원이 일부 끊어진 부분이 있다 해도 그 거리는 불과 600피트*3에 지나지 않으며, 더욱 이 앞쪽에는 높은 산이 가로막고 서 있어 그 산기슭이 양쪽 모두 강변까지 뻗어 있다. 게다가 주위를 에워싸는 방벽 때문에 이 산은 일종의 성채가 되어 도시와도 연결되어 있었다.

카이사르는 밤낮을 가리지 않고 그곳으로 강행군하여, 도시를 점거하고 그

---

*3 DC(600) 페스(피트)가 아니라 MDC(1600) 페스(피트)로 되어 있는 사본도 있다.

곳에 수비대를 배치했다.

게르마니인에 대한 소문에 겁먹은 병사들

39 곡물과 그 밖의 물자 조달을 위해 베손티오 근교에 며칠 머무는 동안, 병사들은 갈리인과 상인들로부터 게르마니인에 대한 정보를 얻을 수 있었다. 거기에 의하면, 그들은 체격이 엄청나게 크고, 믿을 수 없을 만큼 용감하며, 무서우리만치 전투에 능숙하다는 것이었다. 그 중에는, 많은 전투에서 경험한 일로서 그들의 무서운 생김새와 날카로운 눈매는 견딜 수 없을 정도라고까지 말하는 자도 있었다.

게르마니인에 대한 이러한 소문은, 모든 우리 군 병사들을 공포로 몰아넣어 전의를 잃게 했다. 그것은 대대장과 원군 대장, 그리고 카이사르의 각별한 보살핌을 바라고 로마에서 따라온, 실전 경험이 부족한 자들로부터 시작되었다.

그들 대부분은 카이사르에게 퇴각해야 하는 이유를 이리저리 둘러대며 출발 허가를 청했다. 일부는 자책감에서, 또는 겁쟁이라는 평가를 얻는 것이 두려워서, 차마 행동으로 옮기는 것만은 억제하고 있었지만 마음의 동요를 숨기지 못하고, 막사에 들어가자마자 혼자 또는 동료와 함께 불운을 탄식했다. 그뿐이랴, 모든 진영에서 유서를 남기는 일까지 있었다.

공포에 사로잡힌 자들의 이야기에, 이제는 백인대장(百人隊長)과 기병대장을 비롯한 노련한 병사들까지 동요의 빛을 보이기 시작했다.

겁쟁이로 보이고 싶지 않은 자들은 적이 두려워서가 아니라, 반드시 지나가야 하는 좁은 길이나 아리오비스투스가 있는 곳까지 이어지는 깊은 숲이 염려된다거나, 식량을 확보하기가 어렵다고 생각하기 때문이라고 말하기도 했다. 그들 중에는 직접 카이사르에게, 전진 명령을 내려도 적에게 겁을 먹고 있는 병사들은 따르지 않을 거라고 말하는 자까지 있었다.

카이사르의 질타와 격려

40 이러한 사태에 카이사르는 모든 계급의 백인대장을 회의에 불러모아 그들을 엄하게 질책했다.

"진군의 목적과 목적지에 대한 질문과 억측은 주제넘은 행동이다. 내가 집정관으로 있을 때, 아리오비스투스는 로마와의 우호관계를 강력하게 요청해 왔다. 그러한 자가 경솔하게 은혜를 배신하는 행위로 나온단 말인가. 그가 이쪽의 요구를 알고 제안이 공평하다는 것을 안다면, 우리의 호의를 거절할 수는 없는 일이다.

그러나 설령 아리오비스투스가 망상에 사로잡혀 도전하고 나온다 하더라도 두려워할 것 없다. 너희들의 용기와 이 카이사르의 지휘가 있지 않느냐.

선대 때 로마는 그들과 싸웠다. 가이우스 마리우스가 킴브리족과 테우토니족을 격퇴했을 때의 일이다. 그때의 승리는 최고사령관뿐만 아니라, 모든 부대에 커다란 명예를 가져다주었다. 최근의 사건으로는 이탈리아에서 일어난 노예 반란*4을 들 수 있다. 이 싸움에서는, 우리한테서 배운 전술을 구사하며 저항하는 노예들을 진압했다. 이것은 확고한 용기가 얼마나 큰 힘이 되는지 말해주고 있다.

사실, 로마인은 오랫동안 무기를 지니지 않은 노예들을 이유도 없이 두려워했지만, 조금 시간이 흐르자 무기를 가지게 되고 게다가 승리로 사기가 높아진 그들을 격파했다.

우리가 지금 싸우려 하는 게르마니인은, 일찍이 헬베티족이 자기 영토는 물론 게르마니아에서도 종종 싸워 대부분 격파한 그 상대와 같은 자들이다. 더욱이 헬베티족조차 우리의 상대가 될 수 없지 않았느냐.

갈리인이 게르마니인과 싸워 패주한 일로 마음이 편치 않은 자가 있다면, 그자는 그때의 상황을 잘 모르고 있는 것이다.

그때는 아리오비스투스가 늪으로 에워싸인 진지에 틀어박혀 교전할 기회를 주지 않았기 때문에, 질질 끄는 전쟁에 싫증이 나서 진영을 막 거두려 하고 있을 때 갑자기 습격당한 것이다. 요컨대 게르마니인의 무용보다는 아리오비스투스의 술책에 의한 것이었다.

그러한 술책은 전쟁 경험이 적은 상대에게는 통할 수 있을지도 모른다. 그러나 우리에게도 그것이 통하리라고는 아리오비스투스 자신도 설마 생각하지

---

*4 기원전 73~71년의 '스파르타쿠스의 노예 반란'을 가리킨다. 카푸아에 있었던 검투사 노예 양성소의 검투사 노예 76명이 트라키아 출신 검투사 스파르타쿠스를 추대하고 다른 노예가 이에 가담, 2년에 걸쳐 몇 번이나 로마군을 격파했다. 이 반란은 당시 법무관이었던 크라수스에 의해 진압되었다. 그리고 6천여 명의 노예들은 십자가에 매달려 로마 시에서 카푸아까지의 아피아 가도에 내걸린 뒤, 새에게 쪼아먹혔다고 한다.

않을 것이다.

두려움을 숨기기 위한 것이라 해도, 식량이나 진로가 어쩌니 하고 말하는 것은, 지휘관으로서의 의무를 포기하고 명령하는 것과 같은 참으로 건방진 소행이다.

그러한 문제에는 이 카이사르 자신이 대처하고 있다. 곡물은 세콰니족과 레우키족, 그리고 링고네스족으로부터 조달하고 있는 중이다. 또 현지의 밭도 이미 수확철을 맞이하고 있고, 길에 대해서도 즉시 상황을 파악할 수 있다.

병사들이 명령에 따르지 않을 것이라는 얘기는 조금도 개의치 않겠다. 군의 불복종은 패전으로 불명예를 입었거나, 지휘관이 숨기고 있었던 부정이 밝혀진 상황에 처한 경우에 한한다.

그 점에 있어서의 카이사르의 청렴결백함은 지금까지의 생애를 보면 알 수 있고, 지휘 능력은 헬베티족과의 전쟁에서 이미 증명되었다.

시기를 조금 늦추려고 생각하고 있었지만 이제부터 바로 실행에 들어간다. 다음 제4야경시(동트기 전)에 진을 거두고 출진한다. 너희들의 명예심과 의무감이 더 강한지, 아니면 공포심이 더 강한지 확인하기 위해서다.

설령 한 사람도 따르지 않는다 해도 전혀 상관하지 않겠다. 그때는 제10군단만 간다. 그들은 반드시 나를 따르고 나를 지켜줄 것이다."

카이사르는 이 군단을 특별히 우대하는 동시에 가장 신뢰하고 있었다.

41 이 카이사르의 열변은 모든 병사들의 사기에 불을 붙였다. 먼저 제10군단 병사들이 대대장을 통해 자신들에 대한 높은 평가에 감사의 뜻을 표하는 동시에, 전투 준비가 되어 있다는 것을 카이사르에게 보고해 왔다. 이어서 다른 군단도 의심과 공포심을 일으킨 적이 없으며, 사령관의 직무인 전쟁 총지휘에 개입할 생각도 결코 없었다고 대대장과 상급 백인대장을 통해 전해왔다.

카이사르는 이 해명을 받아들이고, 갈리인 중에서 가장 신뢰하고 있던 디비키아쿠스에게 진로를 조사하라고 명령했다. 그 결과, 50마일 정도 우회하여 평원을 빠져나가는 길로 나아가는 것이 좋다는 결론을 내렸다.

그리하여 전군은, 앞에서 말한 대로 제4야경시에 출발했다. 그로부터 7일째 되던 날, 정찰대로부터 아리오비스투스의 부대가 24마일 앞에 있다는 보고가 들어왔다.

아리오비스투스와의 회담과 중도 결렬

42 카이사르가 접근해 오는 것을 안 아리오비스투스는 사자를 보내, 근처까지 왔으니 회담에 응하겠다는 뜻을 전했다. 이제 위험은 없을 것으로 생각한 것이리라.

카이사르는 아리오비스투스의 제안을 거절하지 않았다. 지난번에 거절한 것을 자기 쪽에서 다시 제안해 온 것을 보면, 그에게 제정신이 돌아온 듯했다. 또 로마 정부와 이 카이사르가 베푼 은혜도 있지 않은가. 따라서 아리오비스투스가 이쪽의 요구 내용을 알면 지금까지의 태도를 바꿀 것이 틀림없다. 카이사르는 그렇게 생각했다.

회담 날짜는 닷새 뒤로 결정되었다. 그동안 서로 수없이 사절이 오갔다. 책략에 의한 신병의 구속을 염려한 아리오비스투스는, 회담 때 보병을 대동하지 말 것을 요구해 왔다. 양쪽 다 기병만 수행하는 것으로 하고 싶다, 그렇지 않으면 갈 수 없다는 것이었다.

카이사르는 아리오비스투스에게 회담을 취소할 구실을 주고 싶지는 않았다. 그렇다고, 신변의 안전을 갈리인 기병에게만 맡길 수도 없는 일이었다.

그래서 갈리인 기병을 말에서 내리게 하고, 전폭적인 신뢰를 두고 있는 제10군단의 보병을 그들의 말에 태워 데리고 가기로 했다.

그 준비가 진행되고 있을 때, 군단병 하나가 재치 있는 농담을 던졌다.

"카이사르는 약속한 것 이상의 것을 해준다. 제10군단을 최고사령관의 호위대로 삼는다는 말은 들었지만, 기사로까지 만들어 줄 줄이야."

43 드넓은 평원에 약간 높은 둔덕이 있었다. 양쪽 진영에서 거의 같은 거리이다. 두 사람은 약속한 대로 회담을 위해 그 장소로 갔다.

카이사르가 말에 태워 데리고 온 군단병은 그 둔덕에서 200파수스(약 100미터)인 곳에서 대기했고, 상대의 기병도 같은 거리에서 멈춰 섰다. 이어서 아리오비스투스 쪽에서 각각 기병 10기를 거느리고 말에 탄 채 회담하고 싶다는 요청이 들어왔다.

두 사람이 한복판이 되는 지점에서 만나자 카이사르가 먼저 말문을 열고, 로마 측이 베푼 수많은 은혜에 대해 이야기했다.

"로마는 당신에게 '왕이자 친구'라는 칭호를 내리고 호화로운 선물을 수없이 베풀었소. 그러한 후대는 보통, 우리나라에 특별한 공이 있는 자에게만 주어지는 것이오. 그러나 당신에게는 그러한 특별 대우를 요구할 자격이 없으며, 그것은 오로지 카이사르와 원로원의 관대한 호의에 의한 것이오.

하이두이족은 오랫동안 우리나라와 우정의 유대로 맺어져 있었소. 원로원도 이 부족에게는 지금까지 여러 번 경의를 표해 왔소. 그들은 우리와의 사이에 우호 관계를 맺기 전부터 이미 갈리아 전체의 패자였소.

로마는 이제까지 우방의 영토 보전뿐만 아니라 세력 확장에 대해서도 협력해 왔소. 따라서 하이두이족이 우리의 친구가 되기 전부터 소유하고 있었던 것을 빼앗겼는데, 어떻게 그것을 못 본 척할 수 있겠소?"

이어서 카이사르는 지난번에 사절에게 지시한 내용을 직접 말했다.

"하이두이족과 그 동맹 부족에 대한 전쟁을 중지하고 볼모를 돌려보내시오. 또 게르마니인을 고국으로 돌려보내는 건 무리라 하더라도, 앞으로 새로이 레누스강을 건너게 해서는 안 됨을 명심하시오."

44 이러한 요구에 대해 아리오비스투스는 짤막하게 대답한 뒤, 자신의 행위에 대해서 장황하게 늘어놓았다.

"레누스강을 건너온 것은 갈리인의 요청이 있었기 때문이지 스스로 자청한 일이 아니오. 또 고향을 떠나는 것인만큼 나름대로 큰 보상이 필요했소. 요컨대 내가 지금 갈리아에서 차지하고 있는 토지는 갈리인 자신으로부터 양도받은 것이며, 데리고 있는 볼모는 그들이 자발적으로 보낸 것이오.

또 현재 징수하고 있는 조세 또는 공물도, 통상적으로는 승자의 권리로 간주되고 있는 것이오. 전쟁을 걸어온 것은 갈리인 쪽이오. 즉, 갈리아의 모든 부족이 한 덩어리가 되어 공격해 왔기에 그것을 단숨에 쳐부쉈을 따름이오.

그들이 만약 다시 싸우고자 한다면, 이쪽도 거기에 응할 용의가 있소. 그러나 평화를 원한다면, 이제까지 자발적으로 납부해 온 세금을 거부하는 것은 부당한 일이오.

로마인의 우정은 명예로운 보장이 되어야 하며, 성가신 장애가 되어서는 안 되오. 적어도 그런 생각으로 그것을 요청한 것이오. 만약 로마인 때문에 공납도 볼모도 사라진다면, 그 우정을 요청했을 때 못지않게 기꺼이, 이번에는 그것을 거절하겠소.

또 내가 게르마니인을 대량으로 갈리아에 들여놓은 것은 나의 신변을 보호하기 위한 것이지, 갈리인을 공격하기 위한 것이 아니오. 갈리인의 요청을 받고 비로소 이주해 온 것과, 그들의 공격을 받아 어쩔 수 없이 응전한 것이 그 증거요.

그리고 이 땅에 온 것도 로마인보다 우리가 더 빠르오. 이제까지 당신들은 이른바 '속주'를 넘어서 이쪽으로 온 일이 없지 않소? 도대체 무엇 때문에 우리 영토로 들어온 거요? 갈리아에서도, 저쪽이 로마인의 영토인 것처럼 이쪽은 내 영토요. 그러니 로마인의 영토를 침범하는 일이 허용되지 않는 것과 마찬가지로, 나의 지배권에 대한 간섭도 허용할 수 없소.

하이두이족은 '로마의 친구'라 불리고 있다고 하지만, 지난 번 알로브로게스족과의 전투(기원전 61년) 때 그들이 로마군을 지원하지 않은 것도, 또 반대로 하이두이족이 우리나 세콰니족과 싸웠을 때 로마인이 그들을 지원하지 않았던 것도 모두 잘 알고 있소. 나는 그런 것을 모를 정도로 무지하지도 미개하지도 않소.

갈리아 진주(進駐)는 우정에서라고 하지만, 진짜 목적은 나를 쓰러뜨리는 데 있다고 생각하지 않을 수 없소. 따라서 이 땅에서 철수하지 않는 한, 그대를 적으로 간주할 수밖에 없소. 그대를 죽이면 로마 귀족과 지도자들 대부분이 기뻐할 것이오. 그것은 그러한 인사가 보내온 사자들을 통해 잘 알고 있소.

그러나 만약 당신이 군을 철수하고 갈리아를 이쪽의 자유로운 지배에 맡겨둔다면, 그 대가로 충분한 선물을 하고, 필요할 때는 당신을 위해 모든 전쟁을 떠맡아줄 것이오."

45 이에 대해 카이사르는 이번 일을 단념할 수 없는 이유에 대해 상세하게 설명했다.

"나도 로마도 지금까지 중요한 우방을 외면한 적이 한 번도 없소. 또 갈리아가 그쪽의 것이라는 견해는 인정할 수 없소. 아르베르니족도 루테니족도, 이미 퀸투스 파비우스 막시무스가 이전(기원전 121년)에 정복했소. 다만 그때는 관대하게 그들의 영토를 로마의 속주로 삼거나 공납을 강요하지 않았을 뿐이오.

따라서 시간이 오래된 것으로 따진다면, 갈리아의 지배권은 로마인 쪽에 있소. 또 원로원의 결정에 따른다면, 갈리아는 자유롭지 않으면 안 되오. 원로원은 싸움에 진 그들에 대해서도 자치를 허용했기 때문이오."

46 회담이 진행되고 있는 가운데, 아리오비스투스의 기병이 둔덕에 다가오더니 이쪽의 기병이 있는 곳까지 가까이 다가와 돌과 창을 던지고 있다는 보고가 들어왔다.

카이사르는 이야기를 중단하고 부하들이 있는 곳으로 돌아가 응전을 하지 말도록 지시했다. 아군의 정예 병사로써 적의 기병을 격퇴하는 것은 손쉬운 일이었지만, 만약 여기서 그들을 격파하면 카이사르가 술책을 부려 회담 중에 포위했다는 구실을 줄 수도 있기 때문이었다.

회담에서 아리오비스투스가 로마인에게 오만하게도 갈리아 전역에서의 퇴거를 명령한 것과 아군 기병대가 공격당한 것, 그리고 그 일로 회담이 결렬된 것 등이 일반 병사들에게까지 알려지자, 로마군의 사기와 투쟁심은 전보다 더욱 높아졌다.

47 이틀 뒤 아리오비스투스는 카이사르에게 사자를 보내왔다. 교섭 중단으로 끝난 안건에 대해 다시 얘기하고 싶으니 그 회담 날짜를 정해주기 바란다, 만약 카이사르가 직접 회담을 원하지 않는 경우에는 대리를 보내도 상관없다는 것이었다.

카이사르는 새롭게 협의해야 할 이유를 찾을 수가 없었다. 게다가 전날 아리오비스투스가 게르마니인 기병을 제지하지 못한 것을 보면 더 생각할 것도 없는 일이었다.

대리를 보낸다 해도, 그렇게 광포한 자들에게 부관 한 사람을 보내는 것은 위험하기 짝이 없는 일이었다. 이 경우, 가장 좋은 방법은 가이우스 발레리우스 프로킬루스와 마르쿠스 메티우스 두 사람을 보내는 것이다. 카이사르는 그렇게 생각했다.

프로킬루스는 발레리우스 플라쿠스로부터 로마 시민권을 얻은 발레리우스 카부루스의 아들로, 용기와 인격이 모두 뛰어난 믿음직한 청년이었다. 그는 아리오비스투스가 오랫동안의 습득으로 유창하게 사용하고 있던 갈리인의 언어에도 능숙했다. 또 한쪽인 메티우스도 아리오비스투스가 호의를 표시했던 인물이었다.

카이사르는 이 두 사람에게 아리오비스투스의 속셈을 잘 확인하고 돌아오라고 지시했다.

그런데 그들이 진중에 들어온 것을 본 아리오비스투스는, 부하들이 보는 앞에서 "여긴 뭐하러 왔느냐? 정찰하러 온 것이냐?" 하고 소리치기가 무섭게, 그들이 대답하려는 것을 막으며 두 사람을 쇠사슬로 포박하고 말았다.

48 같은 날, 아리오비스투스는 전진하여 카이사르 진영에서 6마일 떨어진 산기슭에 포진했다. 그리고 이튿날에는 카이사르 진영 너머 2마일 앞의 지점으로 진을 옮겼다. 세콰니족과 하이두이족이 로마군에 보내는 곡물과 그 밖의 물자 보급을 차단하는 것이 목적이었다.

이에 대해 카이사르는 아리오비스투스가 싸움을 원하는 경우에는 언제라도 그에 응전할 수 있도록, 닷새에 걸쳐 자군을 진영 앞에 배치하고 전투 태세를 갖췄다.

그러나 아리오비스투스는 그동안 매일 기병전만 걸어올 뿐, 주력부대를 내보내는 일은 한 번도 없었다.

게르마니인이 훈련하던 전법은 다음과 같다. 우선 기병의 수 6천 기. 여기에 같은 수의 보병이 이어진다. 보병은 전군에서 선발된 용감하고 민첩한 자들로, 기병 1기에 각 한 명씩 붙어서 호위한다. 그들은 기병과 함께 전투에 임하면서, 기병이 부상을 입고 말에서 떨어지는 등의 위험한 상황을 보면, 모두 그곳으로 달려가 그를 에워싼다. 장거리 전진이나 신속한 퇴각 때는 말에 매달려서 질주한다. 그들은 그렇게 훈련받고 있었다.

49 아리오비스투스가 출격을 자제하고 있는 것을 안 카이사르는 물자 보급을 더 이상 차단당하지 않도록, 게르마니인이 멈춰선 지점의 건너편 약 600파수스(약 900미터)인 곳에 야영지로서 적당한 장소를 골랐다. 그러고는 그곳으로 3열의 전진(戰陣)을 짜고 진군한 뒤, 제1전열과 제2전열에는 교전에 대비하게 하고 제3전열에는 요새의 구축을 명령했다.

앞에서 말한 것처럼, 적진에서 이 지점까지의 거리는 약 600파수스(약 900미터). 아리오비스투스는 구축 공사를 방해하고 위협하기 위해, 이곳으로 모든 기병과 경장병 약 1만 6천 명을 보냈다.

그러나 카이사르는 처음의 결정대로 두 전열에는 적을 격퇴하게 하고, 세 번째 전열에는 공사를 속행시켰다. 그리고 진영이 완성되자 그곳에 2개 군단과 원군 일부를 남겨두고, 나머지 4개 군단은 큰 쪽의 진영으로 데리고 돌아갔다.

50 이튿날 카이사르는 평소처럼 양쪽 진영에서 부대를 내보내, 큰 진영에서 얼마 안 되는 곳까지 전진시켰다. 요컨대 적을 유인한 것이다. 그러나 그래도 상대는 나오지 않았다. 그래서 하는 수 없이 정오 무렵에 다시 진영으로 병사들을 철수시켰다.

그러나 그 뒤에 아리오비스투스는 마침내 병력 일부를 작은 진영으로 내보냈다. 저녁까지 장렬한 싸움이 계속되었다. 적과 아군 할 것 없이 다수가 다치고, 아리오비스투스는 해가 지고 나서야 자기 진영으로 물러갔다.

카이사르는 포로 심문을 통해, 상대가 결전을 미루고 있는 까닭을 알았다. 게르마니인들에게는 결혼한 여자가 제비뽑기나 점을 통해 전투 일시를 정하는 관습이 있는데, 그 여자가 새 달이 되기 전에 싸우면 게르마니인은 이길 수 없다고 말했기 때문이라는 것이었다.

게르마니인과의 결전

51 다음 날 카이사르는 충분하다고 판단되는 규모의 수비대를 양쪽 진영에 남기고, 모든 익군(翼軍)—즉 원군—을 적에게 잘 보이도록 작은 진영 앞에 배열했다. 군단병의 수가 적의 군세보다 적기 때문에 일종의 허세를 취한 것이다. 그리고 자신은 3열로 전진하며 적에게 가까이 다가갔다.

여기에 이르자 적도 마침내 출진했다. 하루데스, 마르코마니, 트리보키, 반기오네스, 네메테스, 에우두시, 수에비 등 각 부족이 같은 간격으로 전개하고, 그 뒤에는 도주를 막기 위해 에워싸듯이 사륜마차와 이륜차를 배치했다.

보아하니, 그 차들에는 여자들이 타고 있었다. 그들은 싸우러 가는 남자들에게 두 손을 내밀고, 자기들을 로마인의 노예로 만드는 일이 없도록 해달라고 눈물을 흘리며 애원하고 있었다.

52 카이사르는 각 병사들의 싸우는 모습을 잘 알 수 있도록, 각 부관과 재무관에게 각각 1개 군단씩 할당하고, 자신은 적의 가장 약점이라고 본 부분을 치기 위해 우익을 이끌고 전투에 나섰다.

우리 군은 신호와 함께 힘차게 공격하기 시작했다. 그러자 적도 갑자기 맹렬하게 달려들었다. 그 때문에 창을 던질 사이도 없었다. 이내 창을 버리고 칼을 휘두르는 백병전이 전개되었다.

게르마니인은 평소처럼 재빨리 밀집진을 짜고 이에 응전했다. 그러나 우리 병사의 대부분이 이 밀집진에 뛰어들어, 방패를 젖히고 위에서 상대를 칼로 찔렀다.

그리하여 적의 좌익을 패주시켰다. 그러는 한쪽에서는 대군을 거느린 적의 우익에 고전하기 시작했다. 기병을 지휘하고 있던 청년 푸블리우스 크라수스*5가 이를 간파했다. 싸움터 안을 뛰어다니는 자들보다 시야에 여유가 있었기 때문이다. 그는 당장 제3전열을 구원군으로 내보냈다.

53 이리하여 우리가 형세를 회복하자마자 적은 전군이 패주로 돌아서서, 전투 지점에서 약 5마일 앞에 있는 레누스강까지 계속 달아났다. 그리고 극소수만이 용감하게 강을 헤엄쳐 건너거나 작은 배로 곤경에서 벗어났다.

아리오비스투스도 그 가운데 한 사람이었다. 그는 강변에 매여 있던 작은 배를 발견하자마자 그것을 타고 달아났다. 그 밖의 사람들은 우리 군의 기병 부대에 쫓겨 전원이 살해되었다.

희생자 중에는 아리오비스투스의 두 아내도 있었다. 한 사람은 그가 고향에서 데리고 온 수에비족 여자였고, 또 한 사람은 노리쿰의 왕 보키오의 누이로 그가 갈리아 땅에서 이 왕에게서 선물 받은 여자인데, 두 사람 다 이때의 혼란 속에서 목숨을 잃었다. 아리오비스투스의 두 딸 중에서 한 사람은 살해되고 한 사람은 포로가 되었다.

또 이때, 삼중의 쇠사슬에 묶인 상태에서 감시인에게 끌려다니고 있던 발레리우스 프로킬루스는, 기병과 함께 적을 추격하고 있던 카이사르를 만났다.

이 운 좋은 사건은, 카이사르에게 승리에 못지않은 기쁨을 안겨주었다. '속주'에서 가장 고귀한 인품을 지녔을 뿐만 아니라, 자신의 친구이자 빈객이기도 했던 인물을 적의 손아귀에서 되찾은 것이니, 말할 것도 없는 일이었다. 만약

---

*5 '삼두정치'의 한 사람인 크라수스의 차남 푸블리우스 리키니우스 크라수스를 가리킨다. '청년'이라고 붙인 것은, 이 젊은이에 대한 카이사르의 친밀감을 나타낸 것이다. 그는 그 뒤 아버지의 파르티아 원정(기원전 53년)에 참여하기 위해 갈리아를 떠나, 카르하이 전투에서 전사한다. 또한 형인 마르쿠스 크라수스도 재무관으로서 갈리아 원정에 참여했다.

이 인물이 그대로 재난에서 구출되지 못했다면, 승리의 기쁨은 크게 반감했을 것이다.

프로킬루스의 말로는, 게르마니인은 그가 보는 앞에서 세 번 제비를 뽑아 그를 즉시 불태워 죽일 것인지, 아니면 훗날로 미룰 것인지를 점쳤다고 한다. 그 결과 요행히 목숨을 건진 것이다.

프로킬루스뿐만 아니라 마르쿠스 메티우스도 발견되어 카이사르에게 돌아왔다.

54 이 전쟁 소식이 레누스강 건너편까지 전해지자, 그 강변까지 와 있던 수에비족은 고국으로 발걸음을 돌렸다. 그러나 그들의 공황 상태를 안 레누스강 부근의 부족에게 당장 쫓기는 신세가 되어 다수가 살육되었다.

이리하여 카이사르는 여름 한철 동안 두 번의 큰 전쟁을 완결시키고, 시기로는 약간 일렀지만, 군대를 세콰니족 영내에 있는 겨울 숙영지로 보냈다. 그리고 겨울 숙영 기간의 지휘권을 라비에누스에게 맡긴 뒤, 자신은 순회재판*⁶을 위해 북이탈리아로 향했다.

참고(기원전 58년 본국의 상황)

이 해는 카이사르에게는 대체로 평온했던 해였다. 집정관은 두 사람(가비니우스와 장인 피소) 모두 자파(自派)가 차지하여, 성가신 소(小)카토를 시리아 총독으로 보내 수도에서 멀리 떼어놓았고, 보수파의 기둥인 키케로에 대해서도, 평민파 호민관 클로디우스에게 그 감시를 은밀하게 맡기고 있었기 때문이다. 또 폼페이우스에게도 눈에 띄는 움직임은 없었다. 단 한 가지, 카이사르가 예기치 않았던 일은, 클로디우스가 보나 여신제 때의 개인적인 원한에서 키케로를 국외로 추방한 것이었다. 폼페이우스도 카이사르와의 관계 때문에 이때는 키케로를 돕지 않았다.

---

*6 각지의 여러 가지 문제를 처리하기 위해, 관할 내의 주요 도시에서 열리는 각종 재판을 가리킨다. 카이사르는 해마다 겨울철에 내갈리아(북이탈리아)로 돌아가 이 직무를 수행하는 동시에, 본국의 상황, 특히 정계의 움직임을 알기 위해, 로마 시에 있는 자신의 동조자들과 끊임없이 연락하고 있었다. 내갈리아에 두고 있었던 총독 관저는 라벤나에 있었다. 이 라벤나에서 조금 남쪽에 루비콘강이 있고, 이 강이 로마 본국과의 경계를 이루고 있었다.

브리타니아

네르비족

게르마니아

암바아니족

아투아투키족   수에비족

사마로브리바
(아미앵)

노비오두눔 (수아송)

레누스강
(라인강)

벨로바키족

두로코르토룸
(랑스)

세쿠아나강   주에시
카르누테스족   오네스족   레미족
케나붐

다누비우스강

겨울숙영지

(오를레앙)

겨울
숙영지

안데스족

링고네스족

베손티오
(브장송)   헬베티족

리게르강
픽토네스족   투로니족

겨울
숙영지   하이두이족

대서양

갈리아

세콰니족

갈리아
키살피나

산토니족

아르베르니족

에나바 (제네바)

비엔나 (빈)

로
다
누
스
강
(
론
강
)

갈리아 트란살피나

0   100km   에스파냐

지중해

(   )안은 현대명

갈리아 원정 2년째(기원전 57년)

제2권
(기원전 57년)

1. 벨가이인과의 전쟁

벨가이인의 움직임

1 앞에서 말했듯이, 카이사르가 내갈리아(북이탈리아)에서 겨울을 보내고 있었을 때의 일이다. 첫머리에서 설명한, 갈리아의 3분의 1을 차지하는 벨가이인이 음모를 꾸미고 있고, 그에 따라 부족들 사이에 볼모 교환이 이루어지고 있다는 소문이 카이사르의 귀에 몇 번이나 들어왔다. 라비에누스도 그것을 서면으로 보고해왔다.

음모의 이유는 대략 다음과 같다.

첫째, 갈리인이 정복당하면 다음은 자신들이 공격당할 차례라고 두려움을 느낀 것. 둘째, 게르마니인의 오랜 정주와 마찬가지로 로마인의 갈리아 겨울 숙영과 정주(定住)에 대해서도 불쾌하게 생각하는 자들과, 변심으로 지배자의 교체를 원하는 자들의 선동. 셋째, 갈리아에서는 일반적으로 무력과 재력이 있는 자가 왕위에 오르는데, 로마인의 지배하에서는 그것이 어려워질 거라고 본 야심가들의 선동도 있었다.

2 카이사르는 이러한 정보에 위기감을 느꼈다. 그래서 내갈리아에서 새롭게 2개*1 군단을 모집하여, 부관인 페디우스를 지휘관으로 삼아 이른 여름에 '속

---

*1 카이사르는 기원전 58년 겨울에 2개 군단을 새롭게 편성했다. 제13군단과 제14군단이다. 이 것으로 카이사르의 병력은 모두 8개 군단이 된다. 이 병력은 기원전 54년까지 변하지 않았다. 또한 군단에 붙여진 번호는, 모든 군단의 순서를 나타내는 것이 아니며 고유명사 같은 것이었다. 따라서 군단 수에 증감이 있어도 번호는 변하지 않았다.

주'로 보냈다. 그리고 자신은 군량이 넉넉해지기 시작한 무렵 군대로 돌아가, 세노네스족 외에 벨가이인과 경계를 접하고 있는 다른 갈리인에게도 그들의 움직임을 살피게 했다.

이들 부족들이 보낸 보고 내용은 모두 일치하고 있었다. 모두 벨가이인들 사이에 동원이 이루어져 군대가 집결하고 있다는 것이었다.

카이사르는 즉시 진군을 결의한다. 그는 식량이 확보되는 대로 군영을 거두었다. 그리고 약 2주 뒤에는 벨가이인의 영토에 이르러 있었다.

3 느닷없이 질풍처럼 나타난 카이사르에게, 벨가이인 가운데 갈리아와 가장 가까운 레미족이, 동족의 유력자인 이키우스와 안데쿰보리우스를 사절로 보내왔다.

두 사람은 다음과 같이 말했다.

"우리 일족의 신병과 재산을 모두 로마인의 보호와 지배에 맡기고 싶소. 우리는 지금까지 로마인에 대해 다른 벨가이인과 손을 잡고 음모를 꾸민 적이 없소. 볼모 인도와 명령에 대한 복종, 로마군의 성채 진입, 곡물과 그 밖의 물자 제공 등에 대해서도 모두 응할 용의가 있소.

다른 벨가이인은 모두 봉기했고, 거기에 레누스강 이쪽의 게르마니인도 가담하고 있소. 그들은 크게 분노하고 있소. 우리와 같은 법률, 같은 정부, 같은 지배를 받는 수에시오네스족도 예외가 아니며, 그 때문에 이 동포들이 이번 봉기에 합류하는 것을 말릴 수가 없었소."

4 이에 대해 구체적인 부족명과 그 병력 및 전투 능력에 대해 물어본 결과, 다음과 같은 것을 알 수 있었다.

벨가이인의 대부분은 원래 게르마니인이었으나, 갈리아의 비옥한 토지에 매료되어, 아주 먼 옛날에 레누스강을 건너 이 땅에 이주한 뒤 선주민인 갈리인을 몰아냈다고 한다. 그리고 선대 때, 갈리 전역이 테우토니족과 킴브리족에게 유린당했을 때, 그들만이 이 침략자들을 영지에 들여놓지 않았다고 한다. 그러한 경위 때문인지 전쟁에 대해서는 벨가이인의 발언권이 크고 태도도 거만한 듯했다.

또 벨가이인 전체 회의에서 각 부족이 공출을 약속한 병력 수에 대해서도,

레미족은 혈연이나 혼인에 의해 가까운 관계여서 그것을 알 수 있는 입장에 있고, 상세한 정보를 쥐고 있다는 것이었다.

두 사람에 의하면, 벨가이인 가운데 무용(武勇)으로도, 권위로도, 또 인구로도 가장 우위인 것은 벨로바키족으로, 이 부족에는 10만 명의 무장병을 갖출 수 있는 힘이 있다고 한다. 이번에는 그 가운데 정예 6만 명의 공급을 약속했지만, 동시에 전쟁의 전체 지휘권도 요구하고 있다는 것이다.

그리고 그들의 말로는, 수에시오네스족은 바로 이웃 부족이며, 그 토지가 매우 비옥하고 광대하다. 또 수에시오네스족의 지난날의 왕은 갈리아 전역에서 가장 큰 세력을 가지고 있었던 디비키아쿠스*²로, 그는 이 지방의 대부분은 물론이고 브리타니아까지 지배하에 두고 있었다. 현재 왕위에 있는 자는 갈바이다. 갈바는 공정하고 사려 깊은 사람으로, 모든 부족으로부터 전쟁의 전권을 위임받고 있다. 그는 12도시를 소유하고 있으며, 5만 명의 병사를 제공할 것을 약속했다.

벨가이인 중에서 가장 용감하고, 또 가장 멀리 살고 있는 네르비족도 같은 수의 병력을 약속했다.

그 밖에 병력 제공 수는 아트레바테스족이 1만 5천, 암비아니족이 1만, 모리니족이 2만 5천, 메나피족이 7천, 칼레테스족이 1만, 그리고 벨리오카세스족과 비로만두이족도 각각 1만, 또 아투아투키족이 1만 9천이다.

나아가서는 콘드루시, 에브로네스, 카에로에시, 파에마니의 각 부족—합쳐서 게르마니인이라고 한다—도 아마 약 4만 명의 병사를 약속했을 것이라 한다.

악소나 도하(渡河)

5 이에 대해 카이사르는 두 사람에게 친근한 말을 건넨 뒤, 레미족의 평의회 소집과, 지도층의 자녀를 볼모로 제공할 것을 명령했다. 이 명령은 성실하게, 또 지정한 날짜에 실행되었다.

그 뒤 카이사르는 하이두이족의 디비키아쿠스를 만나 그를 격려하는 동시에, 위와 같은 대병력과의 교전을 피하기 위해서는 적의 분산을 도모하는 것

---

*2 여기서는 기원전 100년 무렵의 수에시오네스의 왕. 이 밖에도 이 《갈리아전기》에서 언급되어 있는 같은 이름의 인물은 모두, 앞에도 나온 하이두이족의 수장(친 로마파)을 가리킨다.

이 얼마나 중요한지 설명했다. 그리고 그러기 위해서는, 하이두이족이 벨로바키족의 영토로 공격해 들어가 그 토지를 짓밟아야 한다고 말한 뒤 디비키아쿠스를 돌려보냈다.

그러나 벨가이인의 모든 부대가 집결을 마치고 이미 이쪽을 향하고 있다는 것을 알았다. 또 얼마 안 있어 정찰대와 레미족 양쪽에서도 적의 접근을 알려오자, 즉각 군을 이끌고 레미족의 경계를 이루고 있는 악소나강(지금의 엔강)을 건너, 그 강변에 진을 쳤다.

이 위치에서의 포진은, 강에 의해 배후를 지키는 동시에, 레미족과 그 밖의 부족으로부터 곡물을 반입할 때의 안전을 확보하기 위한 것이었다.

강에는 다리가 놓여 있었다. 카이사르는 그곳에 수비대를 두고, 강 건너편에 6개 대대를 배치한 뒤 부관 사비누스를 남겨두었다. 그리고 진영에는 높이 12피트의 보루와 폭 18피트의 참호를 짓게 했다.

비브락스의 해방

6 이 진영에서 8마일 앞에 비브락스라는 도시가 있었다. 벨가이인은 진군하는 도중에 이 도시를 습격했다. 그들의 맹렬한 공격에 그날은 간신히 버티는 데 그쳤다.

벨가이인의 공략법은 갈리인의 그것과 같았다. 도시의 방벽을 수많은 병사로 에워싼 뒤 사방에서 격렬하게 돌을 던져 수비병을 일소하고 나면, 귀갑진(龜甲陣)의 대형으로 몰려와서 성벽을 무너뜨리는 것이다.

이 전법은 매우 효과적이었다. 억수같이 쏟아지는 돌과 창의 세례 속에서는 어떤 자도 성벽에 버티고 서 있을 수가 없었다.

밤이 되어 습격이 끝나자 이키우스로부터 카이사르에게, 원군을 보내주지 않으면 더 이상 버틸 수 없다는 보고가 들어왔다. 이키우스는 이미 앞에 나온 강화 사절의 한 사람으로, 지위와 인망이 레미족 가운데에서 걸출한 인물로 이때 비브락스의 총독을 맡고 있었던 것이다.

7 한밤중에 카이사르는 이키우스가 보고하러 보낸 자들을 길안내로 삼아, 누미다이인과 크레타이인으로 구성된 궁대(弓隊)와 발레아레스인으로 구성된 투석대(投石隊)를 도시로 보냈다.

이 원군의 도착에 레미족은 수비에 자신감을 얻었을 뿐만 아니라 분위기가 공세로 돌아서고, 성을 공격하는 쪽에서는 도시를 함락할 수 있다는 기대가 사라져버렸다.

적은 한동안 도시 주변에 머물며 일대의 토지를 짓밟고, 마을 마을마다 민가와 곡창을 모조리 불태웠다. 그 뒤 전군은 카이사르의 진영을 향해 서둘러 진군하여, 그곳에서 2마일도 되지 않는 지점에 진을 쳤다. 불과 연기의 모습으로 보아 진영의 폭은 8마일은 충분히 될 것 같았다.

8 카이사르는, 처음에는 적의 많은 인원과 뛰어난 무용을 생각하고 교전을 피하려 했다. 그러나 그 뒤 날마다 기병전을 걸어 서로의 실력을 탐색한 결과, 적이 그다지 강하지 않다는 것을 알게 되었다.

진영 앞에는 포진하기에 이상적인 지형인 평원이 펼쳐져 있었다. 또 진영을 설치한 언덕은 평원보다 약간 높고, 전열을 짜서 적과 대치할 수 있는 넓이인데다, 양쪽은 험준하게 언덕이 솟아 있고 앞쪽은 평원까지 완만한 비탈로 되어 있었다.

그러나 그대로 전열을 짜면, 적의 압도적인 병력에 측면을 포위당할 가능성이 있었다. 그리하여 카이사르는 이 언덕 양쪽에서 세로로 약 400파수스(약 600미터)의 참호를 파고, 참호 끝에는 저마다 성채를 쌓아 각종 발사기를 설치했다. 공사가 끝나자, 최근에 모집한 2개 군단을 필요한 때 원군이 될 수 있도록 진영에 남기고, 다른 6개 군단은 모두 진영 앞에 배치했다.

이에 대해 적도 마찬가지로 진영에서 나와 전군이 전열을 전개했다.

9 양군 사이에는 작은 늪지가 있었다. 적은 우리 군이 그것을 건너기를 기대한 모양이지만, 우리는 무기를 손에 든 채 움직일 수가 없어서, 반대로 적이 건너올 것에 대비하고 있었다. 그동안 양쪽 사이에서는 기병들의 작은 전투가 계속되었다.

상대가 움직이지 않은 데다, 기병전에서도 아군이 유리하게 싸웠기 때문에, 카이사르는 군을 진영으로 철수시켰다. 그러자 적은 앞에서 말한, 우리 군의 배후에 있는 악소나강으로 발길을 돌렸다. 그곳에서 얕은 여울을 발견하자, 일부가 그곳을 건너려고 했다. 부관 사비누스가 지휘하는 성채를 습격하여 다리를 점령하거나, 그것이 불가능하면, 우리를 지원하고 있는 레미족의 땅을 약탈하여 보급로를 끊거나, 둘 중의 하나를 노린 것이리라.

10 사비누스로부터 이 보고를 받은 카이사르는 모든 기병과 누미다이인 경장병, 그리고 투석대와 궁대(弓隊)를 이끌고 다리를 건너 적에게 가까이 다가갔다.

격렬한 전투였다. 우리 군은 강물 속에서 오도 가도 못하고 있는 적을 습격하여 다수를 쓰러뜨린 뒤, 동료의 시체를 타넘고 강을 건너오려 하던 나머지 적들도, 창을 비 오듯이 퍼부어 물리쳤다. 또, 이미 다 건너온 무리도 기병부대가 포위하여 모조리 소탕하였다.

적은 그제야, 비브락스 공략과 악소나 도하의 목적이 빗나간 것과, 우리 군이 불리한 지형에서의 전투를 피하고 있다는 것을 눈치 챘다. 게다가 식량도 바닥이 보이기 시작했다.

그리하여 그들은 회의를 소집하여, 저마다의 영지로 돌아가기로 결정하고, 로마군이 침입해 온 곳에는 사방에서 구원하러 달려가기로 했다. 싸움은 낯선 땅보다 자신들의 영지에서 하는 편이 낫고, 양식도 자기 영토의 곡물로 충당할 수 있다고 판단한 것이다.

그러나 이러한 결정에는 그 밖에도 여러 가지 사정이 얽혀 있었다. 그 가운데에서도 디비키아쿠스와 하이두이족이 벨로바키족의 영토에 가까이 다가와 있었던 것이 큰 요인이었다. 자기들의 영토를 지키러 가겠다는 벨로바키족을 붙잡아 둘 수는 없었다.

11 그리하여 제2야경시(자정 전)에 적은 진을 거두었는데, 그 모습이 혼란스럽기 짝이 없어서, 질서도 지휘 체계도 없이 서로 앞다투어 귀환 길을 경쟁하는 모습은 그야말로 패주(敗走)나 다름없었다.

이 움직임은 척후를 통해 즉시 알려졌다. 그러나 철퇴의 이유를 확인하지 못한 카이사르는 적의 매복을 우려하여, 보병도 기병도 모두 출격시키지 않았다.

동틀 무렵, 정찰대에 의해 그들의 철수가 확인되자, 이번에는 모든 기병을 보내 그들을 추격하게 했다. 적의 후진을 교란시키기 위해서이다. 기병부대의 지휘에 부관 페디우스와 코타를 기용하고, 그 지원을 위해 부관 라비에누스에게 3개 군단을 이끌고 두 사람을 뒤따르게 했다.

기병부대는 목적하는 후진에 다가가 달아나는 적을 몇 마일이나 쫓아가서 다수를 쓰러뜨렸다. 추격을 당한 적의 후진은 과감하게 저항했지만, 위험에서 벗어났다고 생각하여 규율이 풀어져 있던 전방의 부대는, 후방에서 비명소리가 들려오자 공포에 빠져 모두들 달아나기 바빴다.

이리하여 우리 군은 조금의 위험도 없이 해가 있는 동안 적을 계속 살해한 뒤, 해가 지자 명령에 따라 진영으로 돌아갔다.

수에시오네스족과 벨로바키족에 대한 징벌

12 이튿날 카이사르는 적이 혼란을 수습하기 전에, 레미족과 경계를 접하는 수에시오네스족의 영토로 진군하여 노비오두눔*3(지금의 수아송) 공략을 목표로 강행군했다. 이 도시에는 수비대가 없다고 들었기 때문이다.

그러나 수비군 수는 적었지만, 넓은 참호와 높은 성벽 때문에 도시를 좀처럼 함락할 수가 없었다. 그래서 진지를 구축한 뒤 귀갑차*4를 배치하고 새로운 공략 준비에 착수했다.

그런데 이튿날 밤, 달아나던 수에시오네스족의 부대가 돌아와 도시 안에 집결했다

우리는 재빨리 귀갑차를 성벽까지 접근시켜, 성벽에 붙여서 둑을 쌓고 공성루를 세웠다. 이러한 일련의 공사는 규모로 보나 속도로 보나, 갈리인이 일찍이 한 번도 듣도 보도 못한 것이었다. 놀란 수에시오네스족은 카이사르에게 항복 사절을 보내왔다. 그들은 레미족의 중재로 생존을 확보하려 했다.

13 카이사르는 수에시오네스족의 유력자들 외에 왕 갈바의 두 아들을 볼모로 잡고, 도시 안에 있던 무기도 모두 압수하고 나서야 간신히 항복을 인정했

---

*3 '노비오두눔(지금의 수아송)'이란 새로운 도시라는 뜻으로, 비투리게스족에게도, 하이두이족에게도 같은 이름의 도시가 있다. 참고로, 전자는 지금의 누앙(제7권 12~14), 후자는 지금의 느베르(제7권 55)다.
*4 성을 공격할 때 사용하는 이동식 오두막(비네아)을 가리킨다. 이 오두막에 들어가 적의 무기로부터 몸을 보호하면서 전진하거나 공성 시설을 만들기도 했다.

다. 그런 다음 벨로아키족의 영토로 진군했다.

이때 벨로아키족은 전 재산을 지니고 브라투스판티움이라는 도시에 모여 있었다. 로마군이 그곳에서 약 5마일 지점까지 가까이 다가가자, 노인들이 도시에서 나가 이쪽으로 손을 내밀며 애처로운 목소리로 보호를 요청했다. 저항할 생각은 조금도 없다는 것이었다.

그리고 로마군이 도시에 접근하여 그 앞에 포진하자, 이번에는 그들의 풍습에 따라 여자와 어린이들이 성벽 위에서 손을 내밀며 화목을 애걸했다.

14 하이두이족의 부대를 해산하고 카이사르에게 돌아와 있던 디비키아쿠스가, 벨로아키족을 대신하여 다음과 같이 말했다.

"벨로아키족은 전에는 우리 하이두이족의 우정과 보호를 받고 있었소. 그런데 벨로아키족의 유력자들이 우리와의 관계를 끊고 로마와 싸우도록 선동하기 시작했지요. 이제 하이두이족은 카이사르의 노예와 마찬가지이며, 수많은 굴욕을 당하고 있다는 말로 동포를 부추긴 것이오.

그러나 이 계획은 커다란 재난을 불러오게 되었고, 그것을 안 주모자들은 브리타니아로 달아나고 말았소.

벨로아키족뿐만 아니라 우리 하이두이족도, 카이사르 님에게 예전과 같은 관용을 청하고 싶소. 이 청원이 이루어진다면, 벨가이인 사이에서의 하이두이족의 지위는 크게 높아질 것이오. 이것은 매우 중요한 일이오. 왜냐하면 우리는 지금까지 언제나 벨가이인의 지원을 받으며 전시(戰時)를 극복해 왔기 때문이오."

15 이에 대해 카이사르는 디비키아쿠스와 하이두이족의 명예를 위해 벨로바키족의 구명뿐만 아니라 보호까지 약속했다. 그러나 동시에, 그들이 벨가이인 가운데 큰 세력을 유지하고 있고, 또 인구도 가장 많다 하여 600명의 신병을 볼모로 요구했다.

이 요구는 그 자리에서 수용되었다. 카이사르는 성채 안의 무기도 모두 인도받자 그곳을 떠나 암비아니족의 영토로 들어갔는데, 그들도 곧 항복하고 재산까지 내놓았다.

암비아니족의 이웃에 네르비족이 있었다. 그곳에서 이 부족에 대해 물어본 결과, 다음과 같은 것을 알 수 있었다.

그들은 상인의 출입을 허락하지 않고, 포도주와 그 밖의 사치품 수입을 금지하고 있었다. 이유는 그러한 것들에 의해 전사로서의 용맹심이 느슨해지는 것을 우려한 것인 듯했다.

또 그들은 매우 호전적인 부족이라고 했다. 그래서인지, 다른 벨가이인이 전통적인 무용의 명예를 내던지고 로마에 복종한 것을 강하게 비난하는 한편, 자신들에 대해서는 사절의 파견도 강화의 체결도 일체 하지 않겠다고 선언했다는 것이다.

네르비족의 움직임

16 이러한 정보 외에 네르비족의 영토를 사흘쯤 나아갔을 때, 포로를 심문한 결과 다음과 같은 것들을 알게 되었다.

진영에서 10마일 정도 앞에 사비스강(지금의 상브르강)이 있는데, 그 건너편에서 네르비족이 포진하여 로마군이 도착하기를 기다리고 있었다. 여기에는 네르비족에게 설득당하여 로마와의 교전을 결의한 인근의 아트레바테스족과 비로만두이족도 가담해 있었다. 또 그들은 늪지로 에워싸인 안전한 장소에 여자들과 전투에 부적당한 연령의 남자들을 이미 다 옮겨 놓고, 지금 이쪽을 향하고 있는 하이두이족의 군대를 기다리고 있는 상황이었다.

17 이러한 정보를 얻은 카이사르는 백인대장을 몇 명 붙여서 정찰대를 내보내, 진영을 만들기에 적당한 장소를 물색하게 했다.

이때는 이미, 최근에 항복한 벨가이인의 일부를 포함하여 다수의 갈리인이 카이사르와 행동을 같이 하고 있었다. 그런데 나중에 포로한테서 들은 얘기에 의하면, 우리의 낮의 행군을 목격한 그 일부가 밤에 네르비족에게 가서, 각 군단 사이에 치중대의 긴 행렬이 있다는 것을 알려주었다고 한다. 그리고 선두의 군단이 진영에 도착하더라도 나머지 군단은 훨씬 후방에 있으므로, 그것을 습격하는 것이 좋다는 것도 암시한 것 같았다. 그것을 습격하여 보급품을 빼앗아버리면, 다른 부대도 저항할 기운을 잃을 것이라는 생각에서였다.

내통자가 알려준 이 계획은 네르비족에게 편리한 점이 있었다. 그것은 다음과 같은 사정에 의한다.

그들은 옛날부터 기병에는 관심이 없었고 오로지 보병으로만 부대를 구성하고 있으며, 인근 부족의 기병에 의한 공격에 대해서는 그것을 쉽게 막을 수 있는 방법을 고안해두고 있었다. 그 방법은, 어린 나무를 베어 그것을 구부려서 가지가 옆으로 우거지게 한 뒤 그 사이사이에 가시나무를 섞어서, 적이 침입할 수도 없고 속을 들여다볼 수도 없는, 일종의 울타리를 세우는 것이었다.

네르비족은 이러한 장애물로 로마군의 전진을 저지할 수 있다고 생각하고, 그 제안을 실행에 옮기기로 했다.

18 우리 군이 진지로 선택한 장소에는 정상에서, 앞에서 말한 사비스강까지 이어지는 완만한 언덕이 있다. 또 반대쪽, 즉 건너편에도 같은 경사의 언덕이 있는데, 그 기슭에 200파수스(약 300미터) 정도의 평지가 펼쳐져 있고, 거기서 위쪽은 속이 거의 보이지 않는 숲으로 되어 있다.

적의 부대는 그 숲에 숨어 있었고, 강가의 평지에는 경계를 위한 기병을 몇 명 볼 수 있을 뿐이었다. 강의 깊이는 약 3피트.

19 카이사르는 기병부대를 선두에 세우고, 나머지 모든 부대와 함께 그 뒤를 따랐다. 그러나 대오의 편성과 순서는 내통자가 네르비족에게 가르쳐 준 것과는 달랐다.

적에게 접근했을 때, 카이사르는 평소대로 경장한 6개 군단을 직접 이끌고, 군수품은 모두 후방에 남긴 채 신규의 2개 군단에게 지키게 하였다. 이 새로운 부대를 전군의 후진으로 삼은 것이다.

우리 군의 기병부대는 투석대, 궁대와 함께 강을 건너가 적의 기병과 교전했다. 이에 대해 그들은 숲으로 물러갔다가 다시 나타나 공격하는 것을 되풀이했지만, 우리는 평지의 경계를 넘어서 추적하지는 않았다.

그동안 맨 처음 도착한 6개 군단은 측량을 실시하고 진지의 설영에 착수했다.

숲 속에 숨어들어 전투 대형을 짠 뒤 호시탐탐 출격의 기회를 엿보고 있던 적은 치중대의 선두를 보자마자, 그때를 기점으로 공격을 개시하기로 한 약속대로, 모든 병력으로 기병부대를 급습했다.

그러나 우리 군은 적을 쉽게 격파했다. 그들은 강으로 달아났는데, 그 재빠

른 도주는 숲 주변과 강 속뿐만 아니라, 우리가 있는 곳까지 거의 동시에 나타
난 것으로 생각될 정도였다.

적은 또, 같은 속도로 언덕을 달려올라가 우리의 진지로 바싹 다가오면서,
공사 중인 아군 부대를 습격했다.

전투

20 카이사르는 순간적으로 수많은 일을 처리해야 했다. "무기를 들라"는 신
호를 내리고, 나팔을 불게 하여 공사를 중단시키는 일, 식량을 구하러 멀리 나
간 부대를 불러들여 전진을 짜게 하고, 병사를 격려하며 돌격 명령을 내리는
일 등이었다.

그런데 적이 갑자기 다가오는 바람에 그 대부분을 수행할 수가 없었다. 그렇
지만 다음의 두 가지가 이 곤경에서 그를 구해주었다.

그 하나는 위에서의 지시가 없어도, 각 병사들이 자신이 해야 할 일을 스스
로 판단할 수 있게 된 것이다. 이것은 바로 그때까지의 전투 경험이 낳은 결과
였다. 또 하나는 각 군단이 진지가 완성될 때까지 참호에 머물러 있었던 것이
다. 이것은 카이사르의 지시에 의한다. 요컨대 적의 갑작스러운 접근에, 각 지
휘관 모두 자신의 판단으로 적시에 적절한 행동을 취한 것이다.

21 카이사르는 특별히 중요한 명령만 내린 뒤, 우연히 만난 부대를 격려하
기 위해 언덕을 달려 내려갔다. 그것은 제10군단이었다.

그는 병사들을 독려했다.

"용감한 로마군의 전통에 어긋나지 않도록, 평정을 유지하여 적의 강습을 저
지하라."

그리고 적이 던지는 창의 사정거리까지 접근하여 그곳에서 전투 개시 신호
를 내렸다.

마찬가지로 독려를 위해 다른 지점에 가니, 그곳에서도 전투가 벌어지고 있
었다. 위급한 사태인 데다, 백병전을 시도하려는 적이 가까이 다가오고 있어서,
휘장을 내걸 여유는커녕 방패의 덮개를 벗길 시간도, 투구를 쓸 시간도 없었
다. 모든 병사들은 소속 부대의 군기는 찾을 생각도 하지 않고, 참호에서 뛰쳐
나가자마자 맨 처음 발견한 군기 아래에서 싸웠다.

22 이때 우리 군은 정해진 대로 부대를 편성하거나 병사들을 부릴 수가 없었고, 그때그때의 상황에 따라 전개하고 있었다. 각 군단 모두, 각각의 장소에서 독자적인 방법으로 응전하고 있는 것을 볼 수 있었다.

그러나 앞에 말한 그 빽빽한 울타리 때문에 앞을 볼 수가 없어서, 원군을 투입해야 할 순간이나 지점을 확인하거나, 혼자서 모든 부대를 지휘하는 것은 불가능했다.

그러한 상황에서는 당연히 전투 형세도 다양하게 변화했다.

23 전열의 좌익을 구성하고 있던 제8군단과 제10군단은 마주친 아트레바테스족을 향해 마구 창을 날렸다. 적은 이리저리 달리다가 지쳐서, 숨은 턱에 닿고 대부분 부상을 당하여 힘이 거의 빠져 있었다. 우리 군단은 그러한 그들을 단숨에 강으로 몰아넣고, 강을 건너려 하는 자들을 추격하여 대부분을 살해했다.

그 뒤 우리 군은 주저하지 않고 강을 건너, 불리한 지형에 있었음에도 불구하고, 다시 저항해온 적을 격파하여 그들이 달아났다.

한편, 다른 곳에서는 제8군단과 제11군단이 비로만두이족을 언덕에서 강변을 향해 공격하여 격파했다.

그러나 이때, 우익은 제12군단과 그 부근의 제7군단이 지키고 있었는데, 진영의 정면과 왼쪽은 거의 무방비 상태가 되어 있었다.

이때를 놓치지 않고 적이 공격해 왔다. 최고사령관인 보두오그나투스가 모든 네르비족을 이끌고 밀집진으로 다가와서, 그 일부는 오른쪽에서 양 군단을 에워싸고, 또 다른 일부는 정상의 진영으로 공격해 온 것이다.

24 같은 무렵, 최초의 전투에서 패하여 진영으로 퇴각 중이던 로마군 기병부대와 경장보병부대는, 그 도중에 네르비족을 만나 퇴로를 다른 방향으로 돌렸다.

인부들도 그때까지는 진영의 뒷문에서 아군이 순조롭게 진격하고 있는 모습을 보고 자기들도 약탈에 나섰으나, 뒤돌아보니 적이 진영에 있는 것을 보고 놀라서 달아났다. 이와 때를 같이하여 치중대와 함께 와 있던 자들 사이에서도 혼란이 일어나, 전원이 뿔뿔이 흩어져서 달아나기 시작했다.

갈리인 가운데 무용으로 이름 높은 트레베리족 기병부대도 예외가 아니었다. 로마군 진영이 적의 대군으로 가득 차고 군단도 마침내 포위되자, 기병부대와 투석부대도, 또 누미다이인과 종군 인부들도 모두 사방으로 달아났다. 이 모습을 본 원군은, 전황에 절망하면서 발길을 돌렸다. 그리고 고국에 도착하자마자, 로마군은 격파되고 진영과 치중대도 적의 손에 넘어가고 말았다고 부족민들에게 고했다.

로마군의 고전과 카이사르의 분투

25 카이사르는 제10군단을 격려한 뒤 우익 쪽으로 향했다. 그곳에서는 적의 공세에 밀리고 있었다. 제12군단은 군기를 버리고 한데 모여 대오를 정비했지만, 너무 밀집해 있어서 생각처럼 싸우지 못했다. 제4대대에서는 백인대장 전원이 전사했을 뿐만 아니라 기수도 살해되었고, 군기도 사라지고 없었다.

다른 대대도 마찬가지여서, 대부분의 백인대장은 부상 또는 이미 전사했다. 용자 중의 용자였던 수석 백인대장 바쿨루스도 여러 군데 깊은 상처를 입어서 있을 수조차 없는 상태였다. 모든 병사들이 지쳐 있었다. 가장 후미의 병사들 중에는 적의 창을 피하려고 싸움터를 벗어나는 자들도 있었다.

적은 정면에서 연달아 언덕으로 올라왔다. 양익에서도 육박해왔다. 그야말로 위기적 상황이었다. 게다가 투입할 수 있는 지원부대는 더 이상 없었다.

이때 방패를 들고 있지 않았던 카이사르는 재빨리 최후미의 병사의 것을 빼앗아 직접 제1전열에 가담했다. 그리고 백인대장 한 사람 한 사람을 부르고 동시에 일반 병졸도 격려하면서, 칼을 자유롭게 사용할 수 있도록 앞으로 나가며 대오를 펼치라고 소리쳤다.

카이사르가 등장하자 아군은 분발했다. 최고사령관이 보고 있다는 것을 의식한 병사들은, 각자가 궁지에 있으면서도 최선을 다하려고 노력했다. 그 때문에 적의 맹공도 어느 정도 수그러들었다.

26 가까이 있던 제7군단도 적에게 밀리고 있었다. 카이사르는 그 광경을 보고 대대장들에게, 병사를 차례차례 모아서 방향을 바꿔 적을 공격하라고 명령했다.

이 명령이 실행되자 각 병사들은 서로가 서로를 돕는 형태가 되어, 적에게 배후를 에워싸일 우려가 없어졌으므로 훨씬 과감하게 응전하기 시작했다.

그동안 그때까지 후방에서 물자를 지키고 있던 두 군단에도 전투 보고가 들어와, 그들은 속도를 내어 달려갔다. 그 접근이 언덕 위의 적의 눈에도 들어갔다.

한편, 이미 적의 진영을 함락한 라비에누스는, 그 높은 곳에서 아군이 고전하는 것을 보고 즉시 제10군단을 구원군으로 내보냈다.

전황은 심각했다. 로마군 진영도 최고사령관도 위기에 처해 있었다. 기병과 인부들의 도주에서도 상황을 헤아린 제10군단 병사들은 필사적으로 싸움터로 달려갔다.

네르비족의 항복

27 원군이 도착하자 전황은 일변한다. 부상을 당해 쓰러져 있던 병사들이 방패로 몸을 보호하면서 다시 싸우기 시작했고, 이어서 비전투원도 적의 혼란을 틈타 맨손으로 전투에 가담했으며, 심지어 도주하고 있던 기병까지 오명을 씻기 위해 곳곳에서 군단병을 능가할 정도로 용감하게 싸우는 모습을 보여주었다.

그러나 적도 만만치 않았다. 절망적인 상황 속에서 놀라운 힘을 발휘하고 있었다. 앞줄이 쓰러지면 다음 줄이 그 시체 위에 올라서서 싸우고, 이들도 쓰러져 시체의 산을 이루자, 남은 자들이 그 위에서 무기를 던지고 때로는 방패로 받아낸 창을 다시 되던졌다.

생각건대, 그들이 큰 강을 건너고 높은 둑을 넘어서 불리한 곳까지 진격해 온 것은, 바로 이러한 용맹성 때문인 것 같다. 요컨대 그 위대한 담력 덕분에, 그들은 지금까지 수많은 난관을 거뜬히 극복해 온 것이다.

28 그러나 그 네르비족도 이번 싸움에서 거의 괴멸 직전까지 내몰렸다.

여자와 어린아이들과 함께 늪지대와 습지에서 난을 피하고 있던 연장자들은, 전투 결과를 알고 자신들이 처한 상황에 절망하여 카이사르에게 항복 사절을 보내왔다. 그 사절이 이번의 대재난에 대해 말한 바에 따르면, 600명이었던 원로 가운데 살아남은 자는 불과 3명, 무기를 잡을 수 있는 자도 6만 명에서 불과 500명으로 줄었다고 했다.

이것을 들은 카이사르는 동정심을 구하는 상대에 대한 자신의 관용을 보이기 위해, 생존자들의 신변을 보장할 뿐만 아니라 영토와 도시에 대해서도 그 전대로 사용하는 것을 인정하고, 인근의 여러 부족에게도 그들에 대한 위해와 보복을 금지했다.

아투아투키족의 멸망

29 앞에서 말한 대로 네르비족을 지원하기 위해 달려와 있었던 아투아투키족은, 전쟁 결과를 알고 고국으로 발길을 돌렸다. 그리고 고국에 돌아가자마자, 방어하기에 가장 좋은 한 도시에 전 재산을 모아놓고, 다른 도시와 요새는 모두 포기했다.

그곳은 주위가 깎아지른 암벽으로 에워싸여 있어, 접근 통로는 폭 약 200피트인 완만한 언덕이 하나 있을 뿐이었다. 그들은 그곳을 이미 이중의 높은 방벽으로 보강하고 있었는데, 다시 그 방벽 위에 커다란 돌과 뾰족한 각재(角材)를 늘어놓았다.

아투아투키족은 킴브리족과 테우토니족의 후손으로, 이 두 부족이 '속주'와 북이탈리아로 갈 때, 가지고 갈 수 없는 물자를 레누스강 바로 앞에 두고, 일행 가운데 6천 명을 남겨 그 경비를 맡겼던 것이다.

킴브리족과 테우토니족이 멸망한 뒤, 이들은 오랫동안 인근의 여러 부족에게 시달렸다. 때로는 공격을 가하고 때로는 수세에 몰렸으나, 이윽고 전 부족 사이에 강화가 성립되어, 이 무렵에는 그곳에 정주하고 있었다.

30 우리가 이곳에 당도하자, 그들은 처음에는 그 성채에서 종종 출격해 와서 작은 전투를 벌였다. 그러나 얼마 뒤 가까운 간격으로 성채를 쌓고, 높이 12피트, 전체길이 15마일*5의 보루로 주위를 에워싼 뒤부터는 농성으로 일관했다.

그래서 우리는 귀갑차를 전진시켜 성벽에 둑을 쌓고, 먼 곳에는 공성루를 세웠다. 성벽에서 이 광경을 바라본 그들은, 멀리 떨어진 곳에 어마어마하게 큰 건조물을 만든 것에 대해, 이쪽을 비웃으며 큰 소리로 욕설을 퍼부었다. 도

---

*5 15마일이 아니라 5마일로 보는 학자도 있다.

대체 무슨 힘과 방법으로 그렇게 큰 탑을 성벽까지 옮길 거냐는 것이었다.

일반적으로 체격이 큰 갈리인은 로마인의 작은 체구를 조롱하고 있었다.

31 그런데 거대한 건조물이 움직이며 성벽으로 다가오는 모습을 보자, 그 불가사의한 광경에 공포를 느끼고 카이사르에게 강화 사절을 보내왔다. 다음은 그 사절의 변명이다.

"그토록 거대한 건조물을 그토록 빨리 움직일 수 있다는 건, 로마군의 군사 행동을 하늘이 도와주고 있다고밖에 생각할 수 없소. 따라서 우리는 앞으로 신병과 재산 등 모든 것을 로마인의 지배에 맡기겠소.

다만 한 가지 부탁이 있는데, 부디 무기만은 거두어가지 말았으면 하오. 카이사르 님의 자비심에 대해서는 익히 들어 알고 있는 바, 그 깊은 자비심으로 부족의 구명이 허락된다면, 그때는 아무쪼록 무기를 지니는 것만은 인정해 주기 바라오.

왜냐하면, 인근 대부분의 부족들이 우리에게 적의를 품고 우리의 무용을 질시하고 있는 실정이어서, 만약 무기를 몽땅 넘겨주게 되면 몸을 보호할 수단이 없기 때문이오.

그런데 만약 이 바람이 이루어지지 않는다면, 그때는 지금까지 지배해 온 상대에게 짓밟히다가 살해되기보다는, 어떠한 것이든 로마인이 내리는 운명을 달게 받아들이겠소."

32 이에 대해 카이사르는 다음과 같이 대답했다.

"목숨만은 살려주겠소. 그것은 그럴 만해서가 아니라 우리의 관례인 관대함에 따른 것이오. 단, 우리가 성벽 파괴 무기로 공격하기 전에 항복하시오. 또한 무기도 인도하시오. 그렇지 않으면 항복을 인정할 수 없소.

그쪽의 안전에 대해서는 네르비족에게 한 것과 똑같이 할 것이오. 즉, 로마에 복종하는 인민을 괴롭히는 일이 없도록 주변 부족에게 통지하겠소."

이 말을 전해들은 아투아투키족은 명령에 따르겠다고 전해왔다.

그리하여 그들이 대량의 무기를 성벽에서 그 앞의 참호로 던져넣자 산더미처럼 쌓였다. 마침내 성벽과 거의 같은 높이가 되었다. 나중에 안 사실이지만, 그래도 무기의 약 3분의 1이 도시 안에 숨겨져 있었다고 한다.

어쨌든 그날 안에 성문이 열렸고, 하루가 평화롭게 지나갔다.

33 저녁 무렵에 카이사르는 야간의 주민에 대한 위해를 방지하기 위해, 자군 병사들을 도시에서 내보내고 성문을 닫게 했다.

그런데 아투아투키족 쪽에서는 은밀한 음모를 꾸미고 있었다. 그들은 항복하면 로마군이 수비대를 철수시키거나, 아니면 적어도 경계가 완화될 거라고 생각했다. 그들 일부는 성 안에 숨겨두었던 무기를 들고, 나머지는 나무껍질이나 잔 가지로 만든 틀에 모피를 씌운 것을 임시 방패로 삼아, 제3야경시(자정 지나)에 갑자기 성채를 박차고 나와, 비교적 쉽게 오를 수 있을 것으로 보이는 보루를 향해 공격해 왔다.

이에 대해 로마군 쪽은 카이사르가 미리 명령해둔 대로 즉시 봉화를 올려, 부근의 성채에 있던 부대를 그 지점으로 급파했다.

적의 공격은 치열했다. 둑과 공성루에서 무기를 날리는 우리 군에 대해, 그들은 불리한 장소에서도 그야말로 필사적인 힘에 한 가닥 희망을 걸고 용케 분전했다.

이 전투에서 적은 약 4천 명이 전사하고, 생존자는 다시 성 안으로 달아났다.

이튿날, 아무도 지키지 않는 성문은 파괴되어 로마군의 입성을 허락했다. 카이사르는 전리품으로서 모든 주민을 경매에 부쳤다. 구입자들의 보고에 의하면 그 수가 5만 3천 명에 이르렀다고 한다.

2. 대양 연안 부족의 복종

34 같은 무렵, 대양 연안 일대의 각 부족을 토벌하기 위해 1개 군단을 딸려서 보내두었던 크라수스한테서 베네티족, 베넬리족, 오시스미족, 코리오솔리테스족, 에수비족, 아우렐키족, 레도네스족 등, 모든 부족이 로마의 권위와 지배에 굴복했다는 보고가 들어왔다.

35 이리하여 갈리아 전역에 평화가 찾아오고 이번 전쟁에 대한 소식이 만

족 사이에 널리 알려지자, 레누스강 건너편에 사는 여러 부족도 사절을 보내, 볼모의 제공 외에 명령에도 복종할 용의가 있다는 뜻을 전해왔다.

카이사르는 북이탈리아와 일리리쿰으로 서둘러 가야 했기에, 이 사절들에게 내년 초여름에 다시 오라고 요청했다. 그리고 카르누테스족, 안데스족, 투로니족 외에, 이 해에 싸움터가 된 지역 부근의 부족들에 대해서도 겨울에 군단을 주둔시키고, 그것이 끝나자 위의 목적지로 향했다.

이러한 카이사르의 전적이 전해진 로마에서는 보름 동안이나 감사제*6가 열렸다. 그만큼의 영예가 주어진 것은 일찍이 누구에게도 없었던 일이다.

참고(기원전 17년 본국의 상황)

클로디우스의 폭주가 더욱 심화된다. 나중에 카이사르에 의해 철회되지만, 수도 로마 시민에 대한 곡물 무상 배급을 실시했다. 또 이 무렵부터 신변 보호를 구실로 노예들을 거느리며, 원로원파를 상대로 폭력 사태를 불러일으키는 일이 많아졌다. 이에 대해 원로원파의 동료 호민관 밀로도 같은 조직을 만들어 대항했고, 그로 인해 수도가 시끄러워진다. 이러한 정세를 보고, 이 해의 집정관의 한 사람인 원로원파의 렌툴루스가 키케로의 추방을 해제할 움직임을 보인다. 그러자 지난번에는 키케로를 경원했던 폼페이우스도 이를 지지함으로써, 키케로는 민중의 환호 속에 1년 6개월 만에 수도로 돌아왔다. 그리고 다시 정계를 주도하는 입장이 되자, 위의 배급 곡물을 확보하는 명예로운 임무를 폼페이우스에게 안겨주었다. 이 임무는 그것을 위해 지중해 일대에서 육해군력을 구사할 수 있는 대권이 수반된 것이었다. 키케로로서는 이번의 협력에 대한 감사의 뜻인 동시에, 이때 폼페이우스를 민중파로부터 떼어놓으려는 속셈이기도 했다.

---

*6 로마에서는 이러한 국가적 경사에는 감사제를 여는 관습이 있었는데, 그때까지는 열흘이 관례였다. 그것을 넘는 예로는 폼페이우스가 미트리다테스 왕에게 승리했을 때의 12일이 있었다. 그러한 전례에 비추어보면, 카이사르의 경우, 보름 동안이라는 것은 그야말로 이례적인 일이다. 카이사르의 대승리 보고에 원로원은 갈리아가 완전히 정복된 것으로 판단한 것 같다. 그러나 그뿐 아니라, 이 결정에는 로마 시에 있었던 카이사르파의 정치적 공작도 크게 작용했을 것으로 추정된다.

제3권
(기원전 57~56년)

1. 산악 부족과의 전쟁(기원전 57년)

1 카이사르는 북이탈리아로 가던 도중에 난투아테스족, 베라그리족, 세두니족 등에게 세르니비우스 갈바를 파견했다. 그들은 저마다 알로브로게스족의 변경(邊境), 레만 누스호, 그리고 로다누스강에서부터 알프스산맥의 연봉(連峰)에 걸쳐 사는 부족이다.

이 파견에는 제12군단과 기병부대의 일부를 딸려서, 필요할 때는 그 땅에서의 겨울 숙영을 허락하고 있었다. 파견의 이유는, 그때까지 상인들이 큰 위험과 높은 통행세에도 불구하고 지나가지 않을 수 없었던 알프스[*1]를 넘는 길을 개척하고 싶어서였다.

갈바[*2]는 몇 번이나 승리를 거듭하면서 많은 성채를 함락했다. 그 결과, 각지에서 사절의 내방과 볼모 제공이 있었다. 그는 강화를 맺은 뒤, 2개 대대를 난투아테스족의 영내에 주둔시키고, 자신은 군단의 남은 대대와 함께 옥토두루스라는 베라그리족의 마을에서 겨울을 보내기로 했다.

옥토두루스 마을은 주위가 높은 산으로 에워싸인 좁은 골짜기에 자리잡고 있었다. 이 마을은 그곳을 흐르는 강에 의해 두 지역으로 분리되어 있었다. 갈바는 그 한쪽 지역에 마을 주민을 몰아넣고, 그로 인해 비게 된 다른 지역을 자기 부대의 겨울 숙영지로 정하여 그곳을 보루와 참호로 강화했다.

---

*1 오늘날 이탈리아에서 스위스로 들어가는 그랑 생 베르나르 언덕을 넘는 길을 가리킨다.
*2 제3권의 1절부터 6절까지는 기원전 57년 10월에 일어난 사건이다. 카이사르가 이것을 제2권에 수록하지 않은 이유는 잘 알 수 없지만, 권말을 장식하기에는 불충분한 전적이었기 때문으로 생각하는 사람들도 있다. 그럴 가능성은 충분하다.

갈리아 원정 3년째(기원전 56년)

( )안은 현대명

세두니족과 베라그리족의 전쟁

2 겨울 숙영에 들어간 지 며칠이 지났다. 갈바가 곡물 반입을 명령하고 있을 때 척후병으로부터 보고가 들어왔다. 갈리인이 밤 사이에 거주 지역에서 전원 자취를 감추었고, 지금은 세두니족과 베라그리족의 대군(大軍)이 주위 언덕을 모두 점거하고 있다는 것이었다.

갈리인이 다시 전쟁을 결의한 데는 이유가 몇 가지 있었다. 첫째로 로마군에 2개 대대가 빠져 있는 데다, 다수의 병사들이 식량을 확보하기 위해 나가 있어서 병력이 소수가 되었다는 것. 다음은 언덕 위에서 무기로 맹공격하면 금방 격파할 수 있다고 판단한 것. 또 자녀들을 볼모로 빼앗긴 것에 대한 원한이 있었던 것. 그리고 또, 통상로를 개척하기 위해서뿐만 아니라 영구 지배를 위해서도 우리가 알프스 산지를 이웃인 '속주'에 병합하려 할 것이라고 생각한 것 등이다.

3 이 시점에는 진영의 공사도, 식량의 확보도 아직 완전히 끝나지 않은 상태였다. 갈바로서는, 상대가 이미 항복하여 볼모까지 제공하고 있었기 때문에, 새로운 전쟁이 일어나리라고는 전혀 예상 못했던 것이다.

그는 즉시 회의를 열어 의견을 구했다. 그야말로 돌발적이고, 또한 심각한 사태였다. 적은 많은 무장병으로 거의 모든 언덕을 차지하는 한편, 우리의 원군 요청이나 식량 반입을 저지하기 위해 길을 막고 있었다.

사태를 비관적으로 보는 자들 중에는 퇴각을 주장하는 사람들도 있었다. 물자를 버리고 원래 왔던 길을 강행 돌파하여 안전권까지 피해야 한다는 것이었다. 그러나 대부분 그것은 최후의 수단이고, 당분간은 상황을 살피면서 진영을 수비해야 한다는 의견이었다.

4 그로부터 얼마 뒤, 계획대로 전진(戰陣)을 짜고 있을 때였다. 적이 신호와 함께 사방에서 달려내려와 우리 진지에 돌과 창을 마구 던졌다.

로마군은 처음에는 거기에 잘 응전했다. 우리 진지에서 던지는 창은 하나도 빗나가는 것이 없었다. 또 응전하는 자가 없어서 위험하다고 생각되는 곳에는 즉각 구원하러 달려갔다.

그러나 상황은 불리했다. 적 쪽은 병사가 오랜 시간의 전투로 지쳐서 전선을 이탈하더라도 다른 병사로 그것을 보충할 수 있었지만, 아군 쪽은 인원수가 적어서 휴식은커녕, 부상병마저 제 위치를 잠깐 떠나는 것도 불가능했다.

5 전투는 6시간 남짓 계속되었다. 우리 쪽은 필사의 힘도, 던질 무기도 줄어들기 시작했다. 적의 맹공이 더욱더 거세어짐에 따라 진지도 하나 둘씩 무너지고 참호도 메워져 갔다. 그야말로 최악의 사태였다.

이때 앞에서 말한 네르비족과의 전투에서 많은 부상을 입은 수석 백인대장 바쿨루스와, 지용(智勇)을 겸비한 대대장 가이우스 볼루세누스가 갈바에게로 달려왔다. 그들은 이제 치고 나가는 것 외에는 타개책이 없다고 건의하기에 이르렀다.

갈바는 즉시 백인대장을 전원 소집하여 명령을 내렸다. 날아오는 무기를 처리하는 것 외에는 응전을 잠시 중단하고, 병사들의 피로 회복에 힘쓰다가, 신호를 보내면 마지막 희망을 걸고 진영에서 치고 나간다는 것이었다.

6 병사들은 명령대로 움직였다. 모든 문에서 일제히 출격하여 적을 급습하였다. 사태를 파악할 시간도, 태세를 갖출 틈도 주지 않았다.

이에 의해 형세가 역전되었다. 공략을 노리고 있던 적의 대군은, 사방이 포위되어 죽음에 직면하는 신세가 되었다. 그리하여, 진영을 공격해온 약 3만 명이 넘는 적 가운데 3분의 1 이상이 전사했다. 남은 자들도 공포에 질린 채 달아나느라 바빴다. 고지에서도 버티고 남아 있을 수가 없었다.

이리하여 아군은 적을 궤주시키고 무기도 몰수하여 진영으로 돌아왔다.

이 전투 이후 갈바는 모험을 피했다. 원래 겨울 숙영은 다른 목적을 위한 것이었으나, 완전히 예상과 빗나가는 전개가 된 것이다. 게다가 곡물과 그 밖의 식량도 부족했다.

그래서 이튿날, 마을 건물들을 모두 불태우고 '속주'를 향해 귀환 길에 올랐다. 도중에 적의 방해는 전혀 없었다. 무사히 난투아테스족의 영토로 들어간 뒤, 다시 알로브로게스족의 영토로 나아가 그곳에서 겨울을 보내게 되었다.

2. 대양 연안 부족과의 전쟁

7 벨가이인을 격파하고, 게르마니인도 쫓아내고, 알프스 지방의 세두니족도 복종시킴으로써, 갈리아 전역의 평정은 이제 거의 이루어진 것처럼 보였다.

그래서 카이사르는 겨울로 접어들자 일리리쿰으로 향했다. 그 지방의 여러 부족을 찾아가 그곳 사정을 상세히 알고 싶었기 때문이다. 그런데 그때 갈리아에서 다시 전쟁이 발발했다. 그때의 경위는 다음과 같았다.

청년 푸블리우스 크라수스가 제7군단과 함께 바다에서 가까운 안데스족의 지역에서 겨울을 보내는 중이었다. 그런데 그곳에는 곡물이 충분치 못해서, 식량을 구하러 원군대장과 대대장들을 부근 부족에 파견케 되었다. 그리하여 그들 가운데, 테라시디우스는 에수비족에게, 트레비우스는 코리오소리테스족에게, 벨라니우스는 실리우스와 함께 베네티족에게로 저마다 출발했다.

베네티족의 반항

8 이 연안 지방에서 특히 큰 세력을 자랑하고 있었던 것은 마지막에 든 베네티족이었다. 그들은 대선단을 이끌고 그것으로 브리타니아 사이를 오가는 등, 항해술에 있어서도 다른 어느 부족보다 뛰어난 실력을 보였다. 마주 보는 바다는 파도가 거칠고 항구도 드문드문 있을 뿐이었지만, 그러한 항구들 모두 그들이 장악하고 있었고, 바다로 나가려는 자에게는 대부분 통행세를 물리고 있었다.

사건의 발단은, 이 베네티족이 크라수스에게 제공했던 볼모와 교환하기 위해, 앞에 말한 실리우스와 벨라니우스의 신병을 구금한 것이었다. 그들의 행위는 다른 곳에도 파급되었다. 베네티족으로부터의 압력과 갈리인 특유의 충동성 때문에, 인근의 부족도 같은 이유에서 트레비우스와 테라시디우스를 구금했던 것이다.

그들은 당장 사절을 교환하고, 서로의 합의가 없는 한 개별적인 행동을 삼가며 전원이 운명을 함께 할 것을 맹세한 뒤, 다른 부족에게도 조상으로부터 물려받은 자유를 사수하도록 요구했다.

이 호소에 연안 일대가 호응했다. 전 부족을 대표하는 사절이 푸블리우스 크라수스를 찾아가서 로마군 사관과 갈리인 볼모의 교환을 촉구했다.

9 이러한 내용을 크라수스한테서 전해들었을 때, 카이사르는 먼 곳*³에 있었다. 그는 대양으로 이어지는 리게르강(지금의 루아르강)에서 군선을 건조할 것, 사공은 '속주'에서 모집할 것, 또 선원과 키잡이도 적당히 확보해둘 것 등을 지시했다. 이러한 요청이 신속하게 실행되어 이윽고 출정의 계절이 다가오자 서둘러 군대로 돌아갔다.

한편 그의 출현을 안 베네티족과 그 밖의 만족은, 이때 비로소 자신들이 저지른 일의 심각성을 깨달았다. 즉, 모든 민족 사이에서 신성시되고 있던, 사절이라는 임무를 맡은 자를 구속한 데다 투옥까지 하는 폭거에 이르러 있었던 것이다.

그래서 그들은 심각한 사태에 대비하여 군비에 착수하고, 그 중에서 군선 준비에 특별히 신경을 기울였다. 그들은 유리한 지세를 차지하고 있어서 싸움에 큰 기대를 걸고 있었다.

로마군의 전개에 대해서는 대략 다음과 같이 생각했던 것 같다.

"육로는 사방이 개펄로 막혀 있는 데다가 해로에도 문제가 많다. 지리를 잘 모르고 항구가 부족하다. 그리고 식량도 부족하다. 따라서 장기간의 진주는 불가능할 것이다. 또 설령 그렇지 않다 하더라도, 이쪽에는 아직 대함대가 있다. 이에 비해 로마군에는 군선을 얻을 수단이 없다. 뿐만 아니라, 싸움터가 될 것으로 지목되는 일대의 얕은 여울과 항구 그리고 섬들에 대해서도 아는 것이 없다. 더욱이 폐쇄 해역에서의 항해는 넓은 대양에서의 항해와는 다르다."

그리하여 그들은 처음 계획대로 각 도시의 수비를 강화하고, 밭에서 곡물을 반출한 다음, 카이사르의 첫 번째 표적인 베네티족에게서 최대한 많은 배를 모았다. 또 오시스미, 렉소비, 남네테스, 암빌리아티, 모리니, 디아블린테스, 메나피 등 각 부족들을 동맹군으로 불러들이고, 나아가서는 건너편 기슭의 브리타니아에서도 원군을 얻었다.

---

*3 이른바 '루카 회담'을 위해서였다. 카이사르는 4월 초순에 북이탈리아의 라벤나에서 크라수스와 회담한 뒤 함께 루카로 가서, 그곳에서 폼페이우스와 합류하여 셋이서 앞으로의 일에 대해 협의를 나눴다. 그 결과, 카이사르가 두 사람을 기원전 55년의 집정관에 추천할 것, 그리고 그 이듬해의 총독 임지에 대해서는, 폼페이우스에게 양쪽 에스파냐를, 크라수스에게는 시리아를 줄 것, 이에 카이사르에 대해서는 기원전 54년 3월 1일이 기한이었던 갈리아 총독의 임기를 다시 5년 더 연장할 것, 등이 결정되었다.

10 이상과 같이, 이 전쟁에는 큰 어려움이 예상되었다. 그러나 카이사르에게는 그것을 감행하지 않을 수 없는 이유가 있었다. 그것은, 기사계급에 해당하는 자들에 대한 부당한 구속, 항복 뒤의 배반, 볼모 제공 뒤의 변절, 다수에 이르는 부족의 공모 외에도, 이러한 사태를 허용하면 다른 부족까지 같은 행동으로 나올 가능성이 클 것으로 생각되었기 때문이다.

갈리인들은 변화를 좋아하고, 호전적이며, 또 예외 없이 자유를 사랑하고 예속을 싫어했다. 카이사르는 그것을 잘 알고 있었다. 따라서, 새로운 부족이 모반에 가담하기 전에 군대를 나누어 광범위하게 배치할 필요가 있었다.

11 그래서 카이사르는 부관 라비에누스에게 기병부대를 주어, 레누스강 가까이 사는 트레베리족에게로 가게 했다. 레미족과 다른 벨가이인 부족과 접촉하여 그들의 충성을 확보하도록 지시하고, 또 벨가이인으로부터 구원을 요청받았다고 하는 게르마니인이 강을 건너려고 할 경우, 이를 격퇴시키도록 명령했다.

또 크라수스에게는 군단병 12개 대대와 대부대의 기병을 딸려서 아퀴타니아로 보냈다. 이쪽은, 그곳의 여러 부족에게서 갈리아로 원군이 투입되는 것을 막기 위해서였다.

그리고 부관 사비누스에게도 3개 군단을 주어서 베넬리, 코리오소리테스, 렉소비 등의 부족에게 보내, 마찬가지로 적의 진영으로 합류하는 것을 저지하도록 했다.

또 청년 브루투스에게는 픽토네스족과 산토니족, 그 밖에 모든 정복지에서 모은 갈리인의 배를 포함한 로마군 함대의 지휘권을 주어, 베네티족의 영토를 향해 가능한 한 빨리 진군하도록 지시하는 동시에, 자신은 보병부대를 이끌고 현장으로 떠났다.

12 베네티족의 도시는 대부분 모래섬이나 곶의 끝 부분에 세워져 있었다. 그래서 12시간마다 물이 차면 접근할 수 있는 육로가 사라지고, 반대로 물이 빠지면 선박이 좌초한다. 따라서 이러한 성채를 공략하기란 여간 어려운 일이 아니었다.

아군이 큰 제방을 쌓아 바닷물을 차단하고 성벽과 같은 높이로 둑을 쌓아

올리자, 이것을 본 적은 농성을 포기하고 수많은 배 가운데 여러 척을 해안에 대었다. 그러더니 거기에 전 재산을 싣고 가까운 도시로 옮긴 뒤, 거기서도 같은 지리의 이점을 이용하여 다시 농성에 들어갔다.

그들은 거의 여름 내내 이러한 전술을 되풀이했다. 왜냐하면 물살이 빠른 데다 항구도 드물며, 게다가 항해가 위험한 대해(大海)인 데다 악천후까지 만나, 아군의 함선은 전혀 움직일 수 없었기 때문이다.

갈리인의 배

13 갈리인의 배는 다음과 같은 방법으로 건조되었다. 용골(龍骨:배 바닥 중앙을 버티는 긴 목재)은 얕은 여울이나 간조에도 잘 적응할 수 있도록, 아군의 것에 비해 상당히 평평하게 되어 있다. 높이는 이물, 고물 모두 매우 높다. 그래서 높은 파도와 폭풍우에도 잘 견딜 수 있다. 선체는 어떠한 타격에도 견딜 수 있도록, 전체가 떡갈나무 목재로 되어 있다. 가로목은 폭 1피트의 목재로, 이것을 엄지손가락만 한 굵기의 쇠못으로 고정한다. 닻에 연결되어 있는 것은 밧줄이 아니라 쇠사슬이다.

또 돛에는 짐승의 생가죽이나 무두질한 가죽을 사용한다. 아마 그것은 아마가 귀하거나 그 사용법을 몰라서, 또는 아마로는 바다의 폭풍과 돌풍을 견딜 수 없을 거라고 생각했기 때문일 것이다. 또 그것도 아니라면, 무거운 선체를 조종하는 데 아마는 적당하지 않다고 생각한 건지도 모른다.

갈리인의 배에 비해 아군의 배가 뛰어난 것은, 배의 속도와 노에 의한 조선술(操船術)뿐이다. 다른 점에서는 그들의 배가 지형이나 악천후에도 더 잘 적응하고 있었다.

분명히 적의 배는 매우 강하여 이물의 충각(衝角)을 격돌시켜도 선체를 파괴할 수가 없고, 더욱이 높이가 있어서 창을 던지기 곤란할 뿐만 아니라, 갈고리를 던져 거는 것도 쉽지 않았다. 또 적의 배는 바람이 거세더라도 바람 부는 대로 맡긴 채, 어렵지 않게 폭풍을 극복하고 얕은 여울로 쉽게 달아날 수 있었고, 썰물 때 바다에 닿아도 암초를 두려워할 필요가 없었다.

이에 비해 우리의 함대로는 그러한 모든 것이 매우 위험한 일이었다.

베네티족과의 해전과 승리

14 카이사르는 많은 도시를 함락했다. 그러나 모두가 헛수고임을 알게 되었다. 도시는 함락했지만 적의 도주를 허락하여, 승리에 이르지 못했기 때문이다. 그는 함대가 도착하기를 기다리기로 했다.

이윽고 함대가 집결했다. 그것을 보자마자, 적들도 함대를 항구에서 내보냈다. 그 수는 약 220척. 의장도 무장도 충분한 함대였다.

적에게 어떻게 대항해야 할지, 로마군 함대사령관인 브루투스도, 각 함선을 지휘하는 대대장(트리부누스)과 백인대장들도 도무지 알 수가 없었다. 왜냐하면, 앞의 이물에 의한 격돌도 효과가 없고, 또 배 위에 망루를 세워도 상대의 고물 높이에는 이르지 못하며, 밑에서는 창도 제대로 던질 수 없는 데다가, 공격해오는 적의 무기에는 강한 충격력이 있었기 때문이다.

아군이 준비한 것 가운데 매우 도움이 되는 것이 하나 있었다. 그것은 막대 끝에 뾰족한 갈고리를 단, 성벽을 깨뜨릴 때 쓰는 갈고리와 비슷한 도구였다. 돛대에 활대를 고정하고 있는 밧줄을 이것으로 낚아채어 끌어당기며 배를 빨리 저으면, 그 밧줄을 끊을 수 있었다.

밧줄이 끊어지면 활대는 당연히 떨어진다. 적의 배가 의지하고 있는 것은 그 돛과 삭구(索具)였으므로, 그것이 파괴되면 당장 배를 움직이지 못한다.

나머지는 사기 문제였는데, 이 점에서는 동료의 눈을 의식하는 아군이 나았다. 카이사르를 비롯하여 전군이 주시하는 가운데 치르는 해전인만큼, 작은 무용도 놓칠 리가 없었다.

또한 이미 이때는 배를 가까이 내려다볼 수 있는 언덕과 그 밖의 고지는 모두 로마군이 점령하고 있었다.

15 앞에서 말했듯이, 활대를 떨어뜨리고 나면 한 척에 대해 2, 3척의 비율로 적의 함대를 에워싸고, 병사들은 앞다투어 그리로 옮겨타려고 했다. 적은 그런 모습을 보면서도, 아니, 다수의 배가 점령되어도 어떻게 대처해야 할지 몰라, 결국 탈출을 꾀하기 시작했다.

그런데 바람이 부는 방향으로 배를 돌린 순간, 바다가 다시 잔잔해져서 전혀 움직일 수 없게 되고 말았다. 아군에게는 더할 나위 없는 기회였다. 병사들은 적의 함선으로 건너가 차례차례 점령했다.

이렇게 하여 제4시(오전 10시 무렵)부터 해질 때까지 전투가 계속되었다. 어둠을 틈타 육지로 돌아가는 데 성공한 적선은, 전체 가운데 불과 몇 척에 지나지 않았다.

16 베네티족과 해안 지방 전체의 토벌은 이 해전으로 끝이 났다. 그것은 젊은이들뿐만 아니라 지혜와 권위가 있는 노인들까지 모두 전장에 모여 있었던 데다가, 선박도 하나도 남김없이 그곳에 집결시켰기 때문이었다. 그들이 모두 사라진 것이다. 살아남은 자들에게는 이제 피난할 장소도 없고, 성채를 지킬 방법도 없었다. 일이 여기에 이르자, 그들은 몸과 재산을 모두 내던졌다.

이에 대해 카이사르는 사절의 권위를 앞으로 더욱 존중하게 하기 위해 장로 전원을 처형하고, 나머지도 모두 노예로 팔아버리는 엄벌로 다스렸다.

사비누스의 베넬리족 토벌

17 이상과 같은 일이 베네티족의 영토에서 벌어지고 있을 때, 사비누스는 카이사르가 보내준 군대와 함께 베넬리족의 영토로 들어갔다.

이 베넬리족의 수장 비리도빅스는 적의 모든 부족에 대한 지휘권을 장악하고 이미 대군을 거느리고 있었다. 그리고 여기에, 사비누스가 도착하기 며칠 전, 아우렐키족, 에부로비케스족, 렉소비족이 합류했다. 그들은 개전(開戰)을 인정하지 않았다는 이유로 장로 전원을 살해하고 성문을 닫고 있었다. 그 밖에, 경작 같은 일보다 전쟁과 약탈에 큰 기대를 거는 무뢰한과 도적들도 갈리아 전역에서 몰려들었다.

사비누스가 모든 점에서 나무랄 데 없는 장소에 진을 치자, 그곳에서 2마일 되는 지점에 포진하고 있던 비리도빅스는 날마다 싸움을 걸어왔다.

그러나 사비누스는 전혀 응전하지 않았다. 그래서 그는 적에게 비웃음을 사게 되었을 뿐만 아니라, 자신의 군대 내부에서도 이따금 비난을 받고는 하였다.

그리하여 상대가 겁을 먹고 있다고 생각한 적은, 로마군 진영의 보루까지 접근했다.

사비누스가 농성을 고수했던 것에는 이유가 있었다. 그것은 지형적으로도 시기적으로도 전혀 유리한 점을 찾을 수 없는 상황에서 대군의 적을 상대로, 게다가 총사령관도 없이 교전에 들어가는 것은 피해야 한다고 생각한 것이다.

18 겁쟁이라는 인상이 굳어졌을 때 사비누스는 다음 수단으로서, 원군으로 데리고 온 갈리인 가운데 책략에 적격인 자를 골라, 그 영리한 자에게 자신의 계획을 이야기한 뒤 큰 보수를 약속하고 그를 적에게 보냈다.

그 사나이는 탈주자를 가장하여 적에게로 가서 거짓말을 했다. 로마군은 잔뜩 겁을 먹고 있으며, 카이사르 쪽도 베네티족과의 전투에서 궁지에 빠져 있다, 그래서 사비누스는 오늘 밤 몰래 진영을 빠져나가 카이사르를 구출하러 갈 것이라고 말한 것이다.

이 말을 들은 그들은, 이 기회를 놓치지 말고 로마군 진영에 맹공을 퍼부어야 한다고 저마다 외쳤다.

그때까지의 사비누스의 농성, 탈주자가 한 이야기, 자신들의 실책으로 인한 식량 부족, 베네티족의 공세, 게다가 자신에게 유리한 것은 쉽게 믿어버리는 기질 등이, 서로 도와서 그들을 크게 부채질한 것이다.

그들은 공격이 승인될 때까지 비리도빅스와 다른 지도자들을 한 사람도 군사회의장 밖으로 내보내지 않았다. 그리하여 공격이 승인되자 벌써 승리를 쟁취한 것처럼 기뻐하며, 참호를 메우기 위한 잡목과 잔 가지를 모아가지고 로마군 진영으로 향했다.

19 로마군이 진을 치고 있는 언덕에서 아래쪽으로 약 1마일 정도 완만하게 비탈이 뻗어 있었다. 적은 아군이 응전 태세를 갖추기 전에 그 비탈에 당도하려고 숨을 몰아쉬면서 전력을 다해 달려 올라왔다.

사비누스는 마침내 병사들에게 신호를 보냈다. 지니고 있는 짐 때문에 민첩하게 움직일 수 없는 적에게, 두 개의 진문에서 급습을 가한 것이다.

이 전투에는 지리의 이점이 있었다. 게다가 적은 미숙한데다 지쳐 있었다. 그에 비해 아군 병사는 역전의 용사들이다. 적은 우리의 공격을 한 번도 버티어 보지 못하고 이내 발길을 돌렸다. 그런데 퇴각도 생각한 대로 잘 되지 않았다. 아군은 이를 추격하여 다수를 살해했다. 남은 자들도 기병부대가 추격하여,

끝까지 달아난 자는 극소수에 불과했다.

이리하여 사비누스는 해전 결과를, 카이사르는 사비누스의 승리를 각각 동시에 알게 되었고, 그 뒤 모든 부족들이 잇따라 사비누스에게 항복했다.

이와 같은 결말은, 쉽게 싸우려고 덤비지만 역경에는 참을성 있게 버티지 못하는 갈리인의 기질 때문이라고 할 수 있다.

3. 아퀴타니인과의 전쟁

20 이와 거의 같은 무렵, 크라수스는 아퀴타니아에 도착해 있었다. 이미 말했듯이 이 아퀴타니아는 면적에 있어서나 인구에 었어서나 갈리아 전체의 3분의 1에 해당한다. 몇 년 전(기원전 78년) 이 땅에서는 부관 루키우스 발레리우스 프라이코니누스가 패전한 뒤 살해되었고, 총독인 루키우스 만리우스도 물자를 버리고 간신히 난을 피했다. 따라서 웬만한 분투로는 이길 수 없는 곳이었다.

그래서 크라수스는 먼저 식량을 확보하고 원군과 기병부대를 갖추었으며, 이 지방에 인접한 '속주'의 도시 톨로사, 카르카소, 나르보 등에서 정예를 모집하여 군을 편성한 뒤, 그들을 이끌고 소티아테스족의 영토로 들어갔다.

로마군이 접근한 것을 안 소티아테스족은 대군을 모집하여, 그 주력인 기병부대로 행군 중인 아군을 습격했다. 그 기마전에서 패배하자, 이번에는 산간에 매복시켜두었던 보병부대로 로마군을 공격하여 싸움을 새로운 국면으로 전개시켰다.

21 이전의 승리에서 아퀴타니아의 명운이 자신들의 무용에 달려 있다고 자부하게 된 소티아테스족과, 한편, 총사령관과 다른 군단이 없어도 젊은 지휘관의 지휘로 얼마나 싸움이 가능한지 확인하고 싶었던 로마군. 이 양자는 오랫동안 치열한 전투를 벌였으며, 최후에는 로마군이 상대를 제압했다.

크라수스는 달아나는 그들을 다수 살육한 뒤, 곧 소티아테스족이 농성하고 있는 성채를 공격하기 시작했다.

적이 용감하게 응전하자, 아군은 귀갑차와 공성루를 전진시켰다. 그들은 출격을 시도하거나, 보루와 귀갑차가 있는 곳까지 굴을 파기도 했다. 아퀴타니인은 곳곳에 동광(銅鑛)과 채석장을 가지고 있어서 그 기술이 뛰어났던 것이다.

그러나 아군의 경계 앞에서는 그것도 아무 소용이 없었다. 그들은 이것을 알고 마침내 항복 사절을 보내왔다.

22 그들의 탄원이 인정되자, 명령대로 무기 인도가 이루어졌다. 그런데 아군이 거기에 정신을 쏟고 있는 사이에, 적의 총사령관 아디아투아누스가 자신에게 충성을 맹세한 6백 명의 무리를 이끌고 성채 한 모퉁이에서 돌격해 나왔다.

소티아테스족 사이에서는 이러한 자들을 '솔두리'라고 부른다. 그들은 서로 우정으로 맺어져 있어, 평생 동안 모든 이익을 함께 나누는 한편, 재난이 일어날 때도 같은 운명, 또는 죽음도 마다하지 않는다. 사실 이 솔두리들 가운데, 동료가 살해되었을 때 자결을 거부한 자는 그때까지 한 사람도 없었다고 한다.

아디아투아누스가 그들을 이끌고 치고 나오자, 근처의 보루에서 함성이 일어났고, 병사들은 무기를 들고 격전을 치르기에 이르렀다.

적은 성채 안으로 격퇴되었다. 그리고 이상과 같은 경위에도 불구하고, 다른 부족과 같은 조건으로 항복이 인정되었다.

23 크라수스는 무기와 볼모를 잡은 뒤, 이번에는 보카테스족과 타루사테스족의 영토로 향했다.

자연과 기술, 이 이중의 요해로 보호받고 있던 성채가 불과 며칠 만에 함락된 것에 놀란 만족은, 당장 사방에 사절을 보내 공동 방위를 도모했다. 즉, 볼모를 교환하는 동시에 연합부대를 조직하고, 나아가서 아퀴타니아와 경계를 접하고 있는 가까운*4 에스파냐의 여러 부족에게도 사절을 보내, 원군과 지도자를 요청했다. 그리고 거기에 성공하여 권위와 아울러 대군을 거느리게 되자, 이내 전쟁에 나섰다.

지도자로 선출된 것은 오랫동안 세르토리우스*5와 행동을 같이 하면서, 군

---

*4 기원전 197년 이후 에스파냐는 로마의 속주가 되어, '가까운 에스파냐(Hispania Citerior)'와 '먼 에스파냐(Hispania Ulterior)'로 분리되었는데, '가까운 에스파냐'에는 아직 로마에 저항하는 세력이 남아있었다.

*5 기원전 83년에, 가까운 에스파냐 총독이 된 평민파의 퀸투스 세르토리우스를 가리킨다. 마

사에 정통한 것으로 인정받은 자들이었다. 그들은 로마군의 방식을 모방하여 진을 치고 참호를 파고, 우리의 보급로를 끊는 작전으로 나왔다.

로마군 쪽은 수가 적어서 병사를 분산시킬 수 없었던 것에 비해, 적은 자유롭게 전개하여 요소를 차지한 데다 충분한 수의 수비대를 진영에 남겨둘 수 있었다. 이 같은 이유에서 로마군 쪽은 곡물과 물자의 확보가 쉽지 않았던 것에 비해, 적은 날이 갈수록 군세가 증가하고 있었다.

더 이상 결전의 시기를 미룰 수 없다고 생각한 크라수스가, 그 생각을 군사 회의에서 타진하자 전원 모두 같은 의견이었다. 그리하여 그 이튿날을 결전의 날로 정했다.

24 그리고 새벽이 왔다. 크라수스는 전군을 동원하여 전열을 이중으로 짠 다음, 그 사이에 원군을 배치했다. 적의 반응을 떠보려는 목적에서였다.

여기에 대해 그들이 판단한 것은 다음과 같다. "이름 높은 무명(武名)과 더불어 수에 있어서도 큰 차이가 있어서 전투에는 아무런 걱정이 없지만, 훨씬 쉽게—즉 피를 흘리지 않고—승리를 얻기 위해서는 각 요소를 막고 식량 보급로를 차단해야 한다. 그리하여 로마군이 식량 부족으로 퇴각으로 돌아선 뒤, 대오와 물자 때문에 마음대로 움직이지 못하고 사기를 잃었을 때를 노려 치는 것이 좋다."

지도자들은 이 책략에 의견이 일치했다. 그래서 아군이 바싹 다가가도 적은 진영에서 꼼짝도 하지 않았다.

이러한 기색에 만족이 겁을 먹고 있다고 여긴 병사들은 더욱더 싸움에 열을 올렸다. 그리고 더는 공격을 연기할 수는 없다는 목소리가 진영 안 곳곳에서 높아지자 크라수스도 움직이지 않을 수 없어서, 병사들을 격려한 뒤 마침내 적진을 향해 출발했다.

25 적진에 도착한 아군은 한편으로는 참호를 파고, 한편으로는 돌과 창을 던져 성벽과 보루의 수비병을 쓰러뜨렸다. 또 전투력 면에서 크라수스가 그다

리우스파(평민파)였던 세르토리우스는 임지에서 세력을 얻어 거의 독립적인 정부를 세우고, 오랫동안(기원전 80~72년) 원로원 보수파에 저항했으나, 마침내 당시 술라(보수파)의 한 장군이었던 폼페이우스에게 패하여 살해되었다.

지 기대하지 않았던 원군 병사들도, 무기 조달과 잔디 운반 등을 위해 열심히 움직여 전투원과 흡사한 인상을 주었다.

이에 대해 적도 나름대로 응전하는 모습을 보여주었다. 높은 곳에서 던지는 창은 빗나가는 것이 하나도 없었다.

얼마 지나지 않아 적진을 한 바퀴 돌아본 기병으로부터 크라수스에게 보고가 들어왔다. 뒷문 부근의 방비가 허술하니 그곳에서 쉽게 접근할 수 있다는 것이었다.

26 크라수스는 각 기병부대 대장에게 작전 내용을 설명하고, 큰 보수를 약속하여 부하들을 더욱더 분발시키라고 지시했다.

대장들은 명령대로 움직였다. 진영을 수비하고 있던 병사들을 이끌고 적이 눈치채지 않도록 크게 우회하여, 모두들 눈앞의 전투에 정신을 빼앗기고 있는 틈에 앞에서 말한 뒷문으로 다가가 그것을 파괴한 뒤, 적이 상황을 미처 깨닫기 전에 재빨리 그들의 진영을 점거해버렸다.

아군은 뒷문 근처에서 함성이 오르는 것을 듣자, 늘 그랬듯이 승리가 바로 눈앞에 다가왔을 때처럼 새로운 힘을 얻어 전보다 더욱 용감하게 싸웠다.

주위가 포위된 적은 그 상황에 체념하고 보루에서 뛰어내려 달아나기 시작했다.

기병부대는 몸을 가릴 것 없는 평원으로 달아나는 그들을 추격하여 살해한 뒤, 아퀴타니인과 칸타브리족에게서 모집된 것으로 알려진 적군 5만 명 가운데 4분의 1정도를 남겨두고, 밤늦게 진영으로 돌아왔다.

27 이 전투에 대한 이야기를 전해들은 아퀴타니아의 부족들은 크라수스에게 항복하고 자발적으로 볼모를 보내왔다.

그 중에는 타르벨리, 비게리오네스, 프티아니, 보카테스, 타루사테스, 엘루사테스, 가테스, 아우스키, 가룬니, 시불라테스, 코코사테스 등의 부족이 있었다.

그러나 변경의 부족 중에는 다가오는 겨울철을 기대하고, 거기에 가담하지 않는 부족들도 있었다.

4. 북방 부족과의 전쟁

28 거의 같은 시기, 즉 여름이 끝나가던 무렵에 카이사르는 모리니*⁶족과 메나피족의 토벌에 나섰다. 갈리아 전역이 투항해오는 가운데, 두 부족만이 아직 무장을 해제하지 않고 볼모도 보내지 않고 있었기 때문이다.

카이사르는 이 토벌을 단기간에 끝낼 수 있을 거라고 생각했다. 그런데 그렇게 되지 않았다. 그 이유는 그들의 독특한 전법에 있었다. 즉, 큰 세력을 자랑하고 있던 여러 부족이 정복된 것을 알자, 숲과 늪지가 펼쳐진 일대에 전 재산을 가지고 옮겨버린 것이다.

카이사르는 그 숲의 입구에 이르렀지만 적의 모습이 보이지 않자, 우선 진영부터 설치하기로 했다.

그런데 작업을 위해 병사를 분산시키자마자, 사방의 숲에서 적이 출현했다. 아군은 즉시 무기를 들고 응전하여, 다수를 죽이고 그들을 다시 숲 속으로 몰아넣었다. 그때 장애물이 많은 곳에 너무 깊이 들어가는 바람에, 약간이기는 하지만 아군에도 희생자가 나왔다.

29 카이사르는 남은 며칠 동안 숲을 벌채하여, 베어낸 나무의 끝이 적 쪽을 향하게 양쪽에 쌓아올려 보루 역할을 하도록 했다.

불과 며칠 만에 광대한 지역이 벌채되자, 그로 인해 가축과 치중대의 후방 부분을 아군에게 빼앗긴 적은 깊은 숲 속으로 후퇴했다.

그런데 이때 폭풍우가 몰아쳐 어쩔 수 없이 공사를 중단해야 했다. 줄기찬 빗줄기 때문에 더 이상 야영도 할 수 없게 되었다.

그러자 카이사르는 적의 영토를 휩쓸며 농가와 곡창을 불태운 뒤, 그곳에서 철수했다. 아우렐키족과 렉소비족, 그 밖에 최근에 봉기한 부족의 토지에 저마다 군단을 보내 겨울을 나게 했다.

참고(기원전 56년 본국의 상황)

이 해의 중요한 사건이라 하면, 역시 제9절의 주에서도 지적한 '루카 회담'일

---

*6 브리타니아 건너편의 대륙 연안부에 살며, 브리타니아와의 교역을 위한 항구를 장악하고 있던 부족이다.

것이다. 원로원파의 재공세로 점차 느슨해지기 시작한 삼두의 결속이, 이에 의해 다시 강화되었다. 이때는 원로원 의원 총수 600명 가운데 200명 이상의 의원이 이 북이탈리아의 도시로 갔다. 여기에는 정부 고관을 의례적으로 선도하는 관리(릭토르)가 120명이나 수행했다. 이 공공연한 '카이사르 참배'는 갈리아에서 얻은 부를 맘껏 활용한 그의 정계 공작에 의한 것이다. 여기에는 각 의원의 부인에 대한 선물까지 들어 있었다고 하니, 참으로 카이사르답다고 하겠다. 이 회담 뒤, 폼페이우스는 전 해에 키케로한테서 위탁받은 곡물 확보를 위해, 서둘러 배를 타고 지중해 각지로 떠난다. 한편, 크라수스 쪽도 밀약으로서 집정관직과 그 뒤의 총독 임지로 시리아를 확보함으로써 만족한 마음으로 돌아갔다. 크라수스에게 있어서 그것은 염원하던 군사적 영광의 기회, 즉 파르티아 원정을 의미하는 것이었다.

갈리아 원정 4년째(기원전 55년)

( )안은 현대명

제4권
(기원전 55년)

1. 게르마니인과의 전쟁

게르마니인의 위협

1 이어지는 겨울, 즉 폼페이우스와 크라수스가 집정관을 지내던 해에, 게르마니인의 우시페테스족과 텐크테리족이 크게 일어나, 바다에서 그다지 멀지 않은 레누스강을 건넜다. 이유는 수에비족으로부터 오랫동안 압박을 받아 더 이상 농업이 불가능하게 되었기 때문이다.

수에비족은 게르마니인 중에서도 체구가 크고 또 매우 호전적인 부족이었다. 들은 바에 의하면, 그들의 영토에는 백 개의 행정구역이 있는데, 그 저마다의 구역에서 해마다 천 명의 무장 병사가 외국에서의 전쟁을 위해 소집되고 있었다. 본국에 남은 자는 그러한 병사들을 지원하며, 이듬해에는 병역을 교대했다. 이러한 방식이므로 농업과 전쟁 둘 다 중단되는 일이 없었다. 또, 그들에게는 토지의 사유가 없을 뿐만 아니라, 한 곳에 1년 이상 거주할 수 없었다.

곡물은 조금밖에 먹지 않고 주로 우유와 고기로 생활했으며, 따라서 사냥이 활발했다. 그리고 그러한 음식과 훈련, 게다가—어린 시절부터 의무나 예절교육을 받지 않아 마음에 내키지 않는 일은 절대로 하지 않는—분방한 생활 때문에 성정이 거칠고 체격도 유난히 컸다.

아주 추운 지방에서도 약간의 모피 외에는 옷을 걸치지 않고, 신체의 대부분을 노출시키는 습관이 있었다. 또 몸을 씻는 것도 강에서 했다.

2 상인을 영토로 끌어들이는 것은 외래품을 사기 위해서라기보다는 전리품을 팔기 위해서인 것 같다. 사실, 갈리인이 매우 좋아하며 비싼 값으로 사들이는 역마(役馬)조차, 게르마니인은 사지 않는다. 자신들의 집에서 태어난 빈약하

고 볼썽사나운 말을 잘 훈련시켜 무슨 일이든 할 수 있게 만든다.

기병전에서도 말에서 내려 싸우는 일이 드물지 않은데, 말은 그동안 그 자리에 머물도록 훈련되어 있기 때문에, 필요한 때 재빨리 다시 거기에 올라탄다. 그들의 사고방식으로는, 안장을 사용하는 것만큼 수치스럽고 비겁한 행위는 없다. 따라서, 안장을 갖춘 적의 기병이 자신들보다 상당히 수가 많아도 그들은 공격에 나선다.

포도주 수입은 일체 금지하고 있다. 사람을 나약하게 만든다고 생각하기 때문이다.

3 그들은 영토의 경계에 광대한 빈 터를 가지고 있는 것을 부족의 자랑으로 여겼다. 그것은 그러한 공지가 다른 부족에 대한 군사적 우위를 나타내는 것이라는 생각에서이다. 분명히 수에비족의 경계는 한쪽이 약 600마일에 걸쳐 빈 터이고, 다른 쪽은 우비족과 접하고 있다고 한다.

우비족은 게르마니인 치고는 일찍부터 크게 번영하고 있었다. 지금도 다른 부족에 비하면 약간 개화한 편이다. 그것은 레누스강과 가까워 상인의 왕래가 빈번한 데다, 지리적 관계에서도 갈리아의 풍습이 들어와 있기 때문이었다.

이 우비족에 대해 수에비족은 몇 번이나 정복을 시도했으나, 그 인구와 전투력 앞에 목적을 달성하지 못했다. 그러나 현재로는 세금을 부과함으로써 약체화에 성공한 것 같다.

4 앞에 말한 우시페테스족과 텐크테리족도 사정은 마찬가지였다. 이 두 부족도 오랫동안 수에비족의 압박에 저항해 왔지만, 결국 그 영토에서 쫓겨나 게르마니아 각지를 3년 동안 떠돈 뒤 레누스강에 이르렀다. 그 지역에는 메나피족이 살고 있고, 레누스강 건너편에는 그들의 토지와 곡창, 그리고 마을도 있었다.

그곳에 많은 무리가 출현한 것이다. 놀란 메나피족은 게르마니아 쪽의 거주지를 버리고 갈리아 쪽으로 건너간 뒤, 게르마니인의 도하를 저지하기 위해 강변에 수비대를 두었다.

게르마니인은 여러 가지로 손을 써봤지만, 배가 부족하고 엄중한 감시 때문에 강을 건널 수가 없었다. 그래서 고향으로 돌아가는 척하고 일단 사흘 동안 물러간 뒤, 그곳에서 다시 되돌아섰다. 게르마니인 기병부대는 이 거리를 불과 하룻밤에 달려가 메나피족의 허를 찔렀다. 정찰대를 통해 상대가 철수한 것을 안 메나피족은, 완전히 안심하고 건너편 마을로 돌아가 있었기 때문이다.

이리하여 게르마니인은 그들을 살육한 뒤 배를 빼앗았다. 또 갈리아 쪽에 남아 있던 메나피족이 사실을 알기 전에 강을 건너가 곡창을 제압하고, 그 곡물로 남은 겨울을 연명했다.

5 이러한 사실을 안 카이사르는 갈리인의 동요를 우려했다. 변화를 찾아 무분별하게 일을 벌이는 자들을 신용할 수는 없었다.

갈리인은 강제로 여행자를 붙들고 모든 것에 대해 정보를 얻기 위해 누구든 가리지 않고 캐묻고, 도시에서는 민중이 상인을 에워싸고 어디서 왔으며 어떤 것을 알고 있는지 억지로 이야기를 시킨다. 그리고 들은 이야기와 소문을 토대로 일을 벌이고는 이내 후회한다. 유언비어를 쉽게 믿는 갈리인에게, 정보 제공자의 대부분은 그들이 좋아할 만한 이야기만 하기 때문이다.

6 이러한 사정을 잘 알고 있는 카이사르는, 사태가 심각해지는 것을 막기 위해 예년보다 일찍 군대로 돌아갔다.

그런데 도착하자마자, 우려했던 것이 어느새 현실이 되어 있다는 것을 알았다. 몇몇 부족이 이미 게르마니인에게 사절을 보내, 레누스강으로부터 진출할 것을 촉구하는 동시에, 필요한 것은 제공하겠다는 약속까지 했다는 것이다.

이제 게르마니인은 더욱더 이동 범위를 넓혀, 트레베리족에게 종속되어 있는 콘드루시족과 에브로네스족의 영토까지 도달해 있었다.

카이사르는 즉시 갈리아의 각 수장들을 불러냈다. 그러나 이상과 같은 정보를 밝히지는 않고, 게르마니인과의 전쟁을 위해 그들을 위로하거나 격려하며, 기병의 제공을 요청하는 데 그쳤다.

게르마니인과의 결전

7 카이사르는 식량을 확보하고 기병부대를 편성하자마자 게르마니인이 있다고 들은 지역을 향해 출발했다.

그러자 겨우 며칠 나아간 곳에서 상대로부터 사절이 도착했다. 이 사절은 다음과 같이 말했다.

"게르마니인은 로마인에게 전쟁을 거는 짓은 하지 않을 거요. 그러나 상대편에서 걸어온다면 응할 것이오. 공격해 오는 자에 대해서는, 화의를 청하지 않고 맞서는 것이 우리 민족의 전통이오. 하지만 미리 말해두는데, 이 땅에 온 것은 어디까지나 고향에서 쫓겨났기 때문이오. 만약 로마인이 원한다면, 우리의 우정은 그쪽에 큰 도움이 될 것이오. 따라서 토지의 소유를 허락하거나, 아니면 무력으로 획득한 것에 대해서는 인정해주기 바라오. 영원한 신들조차 감당하기 힘든 수에비족은 모르지만, 그 밖에는 어느 누구든 우리가 정복할 수 없는 상대는 없소."

8 카이사르는 이에 적당히 대답했는데, 결론적으로는 다음과 같은 내용이었다.

"갈리아에 머무는 한, 우호 따위는 있을 수 없소. 또 자신의 영토도 지킬 수 없는 자가 어떻게 남의 영토를 빼앗을 수 있단 말이오? 무엇보다, 갈리아에는 당신들 같은 대군에게 척척 나눠줄 수 있는 토지가 없소. 다만, 우비족의 영내라면 정주를 인정할 수 있소. 마침 그들의 사절이 이쪽에 와서 수에비족의 횡포를 호소하며 도움을 청하고 있으니, 우비족에게 수용할 것을 명령할 수 있소."

9 이에 대해 사절은 그 내용을 동포에게 전하고 잘 협의하여 사흘 뒤에 다시 찾아오겠다고 말했다. 그와 동시에 그동안 진영을 접근시키지 말아달라고 요청했다.

카이사르는 그러한 요청에는 응하지 않았다. 그 이유는 약탈과 곡물 확보를 위해, 그들이 며칠 전에 기병부대의 대부분을 모사강 앞의 암비바리티족의 영토로 보낸 것을 알고 있었기 때문이다. 그들은 이 기병부대의 귀환을 기다리고 있는 것이 틀림없었다. 바로 그것 때문에 시간을 끈 것이라고 본 것이다.

10 모사강은 링고네스족의 영내에 있는 보세구스산에서 흘러나와, 바칼루스강이라는 레누스강의 지류와 만나서, 그곳에 바티비족이 살고 있는 섬을 만

든 뒤, 바다에서 불과 80마일을 앞둔 곳에서 레누스강으로 흘러들어간다.

한편, 레누스강은 알프스 지방의 레포티족 영내에서 시작되어 난투아테스·헬베티·세콰니·메디오마트리키·트리보키·트레베리 등 부족의 영토를 지나, 바다 근처에서 몇 개의 지류로 갈라져 큰 섬을 여러 개 형성하면서, 마지막으로 다수의 하구를 통해 바다로 흘러들어간다.

이러한 섬들에는 대부분 기질이 사나운 야만인이 살고 있었다. 그들 가운데에는 물고기와 새알만으로 살고 있는 자들도 있는 듯하다.

11 카이사르가 적으로부터 불과 12마일 거리까지 접근했을 때, 약속대로 사절이 다시 찾아왔다. 그리고 우리가 진군 중인 것을 보고 더 이상 나아가지 않도록 요구했다.

카이사르가 이를 거절하자, 그러면 먼저 가고 있는 기병부대에 전령을 보내 교전을 저지하고, 또 우비족에게 사절을 파견하는 것도 인정해달라고 요청했다. 만약 우비족이 서약을 한다면, 카이사르가 제시한 조건을 받아들여도 좋다는 것이었다. 그리고 그 교섭을 위해 사흘의 말미를 달라고 했다.

이번 간청도 전과 마찬가지로 시간을 벌기 위한 것이 틀림없다고 생각했다. 그러나 카이사르는 일단 그날은 물의 보급을 위해 전진은 4마일에 그칠 거라고 대답하고, 이어서 게르마니인의 요망 사항을 잘 확인했으니, 내일 이쪽으로 되도록 많은 사람들을 모으라고 명령했다.

이와 병행하여, 기병부대와 함께 앞으로 나아가고 있던 대장들에게 전령을 보내 교전을 미루게 하고, 만약 공격을 받은 경우에도 자신이 본대와 함께 도착할 때까지 움직이지 말라고 지시했다.

12 그런데 적은 로마군 기병부대 5천 기를 보자, 그때─모사강을 건너 식량을 조달하러 나갔던 자들이 돌아오지 않았기 때문에─불과 8백 기였음에도 불구하고 공격을 걸어와서 아군을 혼란에 빠뜨렸다. 사절이 물러간 지 얼마 되지 않은 데다 그날은 휴전이었으므로, 아군은 경계를 서지 않았던 것이다.

이윽고 응전으로 돌아서자 그들은 관습에 따라 말에서 내려, 이쪽의 말을 찔러 기병을 말에서 떨어뜨리고 나머지는 패주시켰다.

이 전투에서 로마군 기병은 74명이 목숨을 잃었다. 그 가운데는 아퀴타니인의 용사 피소도 들어 있었다. 그는 명문 출신으로, 그곳의 왕인 할아버지는 로마의 원로원으로부터 '친구'로 불리고 있었던 인물이다.

피소는 적에게 포위된 동생을 구하려다가 구출에는 성공했으나, 자신과 말은 부상을 당하여 필사적인 저항 끝에 적에게 포위되고 말았다. 그는 많은 상처를 입고 결국 숨을 거두었다.

전장을 벗어났던 동생이 이것을 보고 말을 달려 적에게 도전했으나 마찬가지로 전사하고 말았다.

13 전투가 끝난 뒤 카이사르는 생각했다. 화의를 청해놓고 급습하는 비겁한 상대의 사절과 그들의 제안에는 앞으로 일체 응해서는 안 된다. 하물며, 그 군세의 증강과 기병부대의 귀환을 허용하는 건 어리석기 짝이 없는 일이다. 갈리인의 무분별함으로 보아, 게르마니인이 이번 싸움에서 얻은 그들에 대한 영향력은 상당한 것이리라. 더 이상 적에게 군사회의를 열 여유를 주어서는 안 된다.

그리하여 각 부관과 재무관에게 즉시 공격에 나설 뜻을 전했다. 그런데 때마침 다행한 일이 일어났다.

이튿날 아침, 모든 수장과 장로를 포함한 게르마니인들의 무리가 아군 진영을 찾아온 것이다. 전날의 배신 행위에 대한 해명과 휴전 연장을 인정해달라는 것이었다. 물론 이것도 음모임이 틀림없었다.

카이사르는 속으로 쾌재를 부르며 즉각 그들의 구금*1을 명령했다. 동시에 전군을 출진시키고, 지난 전투에서 간담이 서늘해졌을 것이 틀림없는 기병부대는 최후미에 두었다.

14 로마군은 3열의 전진을 짠 뒤 8마일을 단숨에 달려가, 게르마니인이 눈치채기 전에 그들의 진영에 바싹 다가갔다.

이 카이사르의 압박에 지도자도 없었던 적은 공황 상태에 빠져, 응전할 것

---

*1 앞에 자신의 사절이 구금당했을 때는 그 신성한 역할을 강조하며 상대를 규탄했던 카이사르가, 여기서 자신도 같은 행위를 하고 있다. 객관적으로 보면 이것은 국가 간의 신의를 중시한 로마인의 정신에 위배되는 행위다. 카이사르의 정적이었던 카토는 이 일을 원로원에서 도마에 올려 카이사르를 비난하고, 그를 게르마니인에게 인도하라는 말까지 했다고 한다.

인지 농성할 것인지, 아니면 달아날 것인지조차 판단할 수 없었을 뿐만 아니라, 거의 무기를 들 시간도 없었다.

전날의 적의 배신에 분노하고 있던 아군 병사는, 환성과 소음을 듣고 적진 내에 혼란이 일어난 것을 알아차리고 돌격하기 시작했다.

이에 대해 적은 재빨리 무기를 챙긴 약간의 병사들이 짐수레 사이에서 잠시 저항했으나, 지닐 수 있는 물건만 지닌 채 고향에서 따라온 다수의 여자들과 어린이를 포함한 나머지 사람들은 즉시 사방으로 달아나기 시작했다. 아군 기병들이 그들을 추격했다.

15 후방에서 나는 비명에 뒤돌아보고 동료가 살해되는 것을 본 게르마니아인은 무기와 군기를 버리고 진영에서 뛰쳐나갔다. 모사강과 레누스강의 합류 지점 부근까지 달아난 그들은 심신이 모두 지쳐 많은 자들이 아군의 칼날에 쓰러지고, 강물로 뛰어든 나머지도 공포와 피로 때문에 강물 속에서 기력이 다하고 말았다.

로마군은 43만 명이 되는 대군을 상대로 한 전투였음에도 불구하고, 극소수가 부상을 입었을 뿐 전원 무사히 귀환했다.

진영에 붙잡아둔 포로들을 카이사르가 풀어주려고 하자, 영토를 짓밟은 일에 대한 갈리인의 보복을 두려워한 나머지 그들은, 카이사르의 진영에 머물게 해달라고 요청했다. 카이사르는 이를 인정했다.

2. 최후의 게르마니아 원정

16 이렇게 게르마니아인과의 전쟁을 끝낸 카이사르는 몇 가지 이유에서 레누스강을 건너기로 결정한다.

가장 큰 이유는 갈리아 침입을 시도하는 게르마니아인에게 로마군의 레누스 도하를 과시하여, 그들을 견제하기 위해서였다. 두 번째는 약탈과 식량 확보를 위해 모사강 건너편에 건너가 있던, 앞에 말한 우시페테스족과 텐크테리족 기병부대의 일부가, 동족이 궤멸한 뒤 레누스강을 건너 수감브리족의 영토에 들어가 이 부족과 합류해 있었기 때문이다.

카이사르는 그들에게 사절을 보내, 자신과 갈리인에게 싸움을 건 자들의 인도를 요구했다. 이에 대해 그들은 이렇게 대답했다. "로마인의 지배권은 레누스강까지다. 게르마니인의 갈리아 진입은 부당하다고 하면서, 당신들은 무엇 때문에 레누스강을 건넜는가. 이쪽까지 지배권을 주장하는 것인가?"

한편, 레누스강 건너편의 부족 가운데 유일하게 우비족만은 카이사르에게 사절을 보내 볼모를 제공하고, 수에비족에게 압박받고 있는 상황을 호소하며 도움을 청했다. 만약 특별한 국사(國事)를 위해 그것이 불가능하다면 군대만이라도 레누스강을 건너게 해주기 바란다, 그것만으로도 당분간 안전에는 충분하며 앞으로 희망도 가질 수 있게 된다, 왜냐하면 아리오비스투스를 격퇴한 일과 아울러 이번 전쟁에서 또 승리한 일로, 로마군의 명성은 게르마니아 변경의 부족들에게도 널리 알려져 있으니, 그러한 로마와의 우호만으로도 적에 대한 견제력이 될 수 있다는 것이었다.

또한 그들은 로마군의 도하에 필요한 다수의 배도 준비하겠다고 약속했다.

레누스강의 가교(架橋)

17 이상과 같은 사정에서 레누스강을 건너려는 카이사르의 결심은 굳어졌다. 다만, 배를 사용하는 것은 반드시 안전하다고는 할 수 없으며, 또 자신과 로마의 위엄을 손상시키는 행위이기도 하다. 따라서 강폭과 깊이와 흐름의 속도로 보아 어려운 일이기는 하지만, 다리를 놓아야 한다. 그렇지 않으면 건너서는 안 된다고 생각했다.

다리를 놓는 방법은 다음과 같다. 먼저 끝이 뾰족한 굵기 1피트 반의 목재 두 개를 한 쌍으로, 2피트 간격을 두고 서로 묶는다. 목재의 길이는 강 깊이에 맞춘다. 다음에 이렇게 묶은 한 쌍의 목재를 활차로 강물 속에 집어넣고, 말뚝 박는 기계로 강바닥에 박아넣는다. 그 각도는 일반적인 말뚝처럼 수직이 아니라, 강의 흐름에 따라 하류 쪽으로 비스듬하게 한다. 마찬가지로 거기서 40피트 떨어진 하류에도 또 한 쌍의 목재를 집어넣은 다음 상류 쪽으로 비스듬하게 고정한다.

그리고 이 두 개의 교각에 굵기 2피트의 목재를 걸쳐 그 양끝을 각각의 교각 사이에 넣고, 각각 한 쌍의 고정장치로 고정한다. 이에 의해 교각이 일정한

카이사르가 레누스강에 설치한 다리

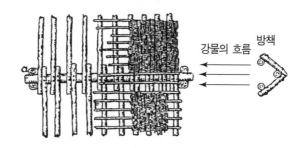

강물의 흐름　방책

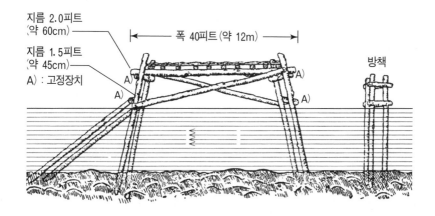

지름 2.0피트
(약 60cm)

지름 1.5피트
(약 45cm)

A) : 고정장치

폭 40피트 (약 12m)

방책

간격을 유지하고, 또 양쪽이 서로 팽팽하게 저항하는 상태가 된다. 따라서 견고한 구조와 자연의 법칙에서, 흐름이 강하면 강할수록 양쪽 모두 훨씬 더 튼튼하게 고정되는 것이다.

그런 다음 여기에 여러 개의 가로대를 지르고, 그 위에 나무막대나 나뭇가지 엮은 것을 깐다.

그 뒤 다리 하류 쪽에도 말뚝을 비스듬하게 박아넣는다. 이러한 말뚝은 다리 전체와 일체가 되어 강물의 압력을 버티는 지주 역할을 한다. 마찬가지로 다리에서 약간 떨어진 상류에도 말뚝을 박아넣어 울타리를 치고, 적이 배나 통나무를 띄워 공격해와도 그것으로 다리를 보호할 수 있게 했다.

18 자재를 준비한 지 열흘 뒤에 공사가 끝나, 모든 군단이 강을 다 건너자, 카이사르는 다리 양쪽에 충분한 병력의 수비대를 남기고 수감브리족의 영토로 향했다. 도중에 많은 부족들이 잇따라 사절을 보내와 평화와 우호를 요청했으나, 카이사르는 관대하게도 볼모 외에는 아무것도 요구하지 않았다.

이때 수감브리족은 모든 것을 가지고 영토를 떠나 이미 숲 속으로 숨어버린 뒤였다. 그들과 같이 있었던 텐크테리족과 우시페테스족의 재촉으로, 다리 공사가 시작된 시점에 달아날 계획이었던 것이다.

19 카이사르는 며칠 동안 그들의 영토에 머물며 마을의 인가와 곡창을 불태우고 밭의 작물을 베어버린 뒤, 우비족의 영토로 돌아가 수에비족으로부터의 새로운 압박에 대해 구원을 약속했다. 동시에 그곳에서 다음과 같은 정보를 얻었다.

정찰대를 통해 로마군의 가교 공사를 안 수에비족은 평의회를 열자마자 각지에 사자를 보내 대응책을 전했다는 것이다. 즉, 한 사람도 남김없이 도시를 떠나, 여자와 어린이와 재산을 숲으로 옮기는 동시에, 무기를 들 수 있는 자에게는 소정의 장소로 집합할 것을 명령한 것이다. 그리고 그 집합지로는, 수에비족이 지배하는 지역의 거의 중앙 지점이 선택된 것 같다. 이곳에서 로마군을 기다리다가 단숨에 해치우려는 작전이었다.

이에 대해 카이사르는 이미 명예도 이익도 확보되었다는 판단에서, 다리를 파괴하고 갈리아로 돌아갔다. 사실, 레누스강을 건넌 지 98일 동안, 게르마니인에 대한 위협과 수감브리족에 대한 보복, 우비족의 해방 등, 처음의 목적*2은 모두 달성한 셈이었다.

3. 최초의 브리타니아 원정

20 갈리아 전체가 북쪽에 위치하고 있어서, 여름도 끝나감에 따라 이곳은

---

*2 게르마니아 침공은 징벌적인 의미의 것이었으나, 원로원의 사전 승인 없이 관할 속주 밖에서 군사행동을 취하는 것은 총독의 권한을 넘는 것이었다.

벌써 추워지고 있었지만, 카이사르의 가슴에는 브리타니아 원정*³에 대한 구상이 싹트고 있었다.

갈리아에서 싸운 적의 대부분이 브리타니아 섬에서 지원받고 있었기 때문이다. 그 밖에, 전투의 계절은 지나갔지만 그곳에 상륙하여 민정과 지세, 항만, 그리고 상륙 지점 등을 미리 알아두면 매우 유리할 거라고 판단한 것도 있었다. 갈리인에게는 그러한 것에 대한 지식이 거의 없었다.

상인 외에는 이 섬을 방문하는 사람이 없었다. 또 그 상인들도 연안과 브리타니아 건너편 지방 외에는 전혀 모르는 상황이었다. 실제로 여러 곳에서 상인을 불러들여 알아봤지만, 섬의 크기에 대해서도, 인구와 성격, 습관과 전쟁 방법에 대해서도, 또 다수의 대형선을 받아들일 수 있는 항구의 유무에 대해서도, 아무런 정보를 얻을 수 없었다.

원정 준비

21 그래서 카이사르는 원정에 앞서 그러한 정보를 얻기 위해, 이 역할에 적임으로 생각되는 볼루세누스를 군선에 태워 보냈다. 이때 볼루세누스에게 내린 명령은 여러 가지 사항을 관찰하고 가능한 한 빨리 돌아오라는 것이었다.

한편 카이사르 자신은 전군을 이끌고, 브리타니아로 가는 최단 거리에 위치한 모리니족의 영토로 향했다. 또 이와 병행하여, 주변 일대에서 모은 배와 그전해 여름에 베네티족을 토벌하기 위해 건조해 두었던 군선도 모두 이곳에 집결하라고 명령했다.

카이사르의 계획은 이미 상대방에게 알려져 있었다. 상인들의 입에서 소식이 전해지자, 브리타니아 대부분의 부족들은 사절을 보내, 볼모 제공과 로마에 대한 복종을 자청했다.

이에 대해 카이사르는 접견한 사절에게 관대한 언질을 주고, 지금의 결심을 끝까지 지키도록 격려하여 돌려보냈다. 그리고 그들에게 콤미우스를 딸려서 브리타니아로 보냈다.

콤미우스는 카이사르가 아트레바테스족을 정복한 뒤 왕위에 앉아 있었던

---

*3 카이사르는 게르마니아 침공과 마찬가지로, 브리타니아 침공도 방위상의 책략이라는 관점에서 이야기하고 있다. 그러나 더욱 큰 동기로서, 게르마니아 침공의 경우와 마찬가지로 개인적인 영광을 높일 수 있는 좋은 기회라는 생각이 있었다고 보아도 무방할 것이다.

인물로, 용감하면서도 사려가 깊고 충성심도 의심할 여지가 없을 뿐만 아니라, 관찰한 바로는 이 일대에서 큰 영향력을 가지고 있었다. 카이사르는 이 콤미우스에게 가능한 한 많은 부족을 방문하여 로마인의 보호하에 들어오도록 권하고, 그 자신이 가까운 시일 내에 방문할 것임을 알리라고 명령했다.

한편 볼루세누스는 상륙하여 만인(蠻人)과는 접촉하지 않고 배 위에서 가능한 한 모든 섬을 관찰한 뒤, 닷새 뒤에 돌아와 그곳 상황을 카이사르에게 보고했다.

22 배를 준비하기 위해 카이사르가 그곳에 머무는 동안, 모리니족의 거의 모든 마을에서 사절이 찾아와, 아군에게 화살을 겨눈 것에 대해 사죄했다. 자신들의 야만성과 로마인의 관습에 대한 무지로 말미암아 그러한 폭거에 이르게 되었다며, 앞으로는 카이사르의 명령에 따를 것을 맹세했다.

그들의 제안은 카이사르에게는 더할 나위 없이 다행한 일이었다. 왜냐하면, 후방에 적을 남기는 것은 되도록 피해야 했고, 또 싸움을 시작하려 해도 계절이 이미 지나갔으며, 더욱이 그러한 사소한 문제보다 브리타니아 정복이 훨씬 더 먼저 해야 할 과제였기 때문이다.

그리하여 카이사르는 적지 않은 수의 볼모를 요구했다. 그리고 볼모가 제공되자 그들을 자신의 보호하에 두었다.

2개 군단을 수송하는 데 충분한 화물선을 80척 정도 모으고, 가지고 있는 군선을 재무관과 부관, 그리고 원군 대장들에게 저마다 할당했다. 이 밖에 바람 때문에 그 장소에서 8마일 되는 곳에서 발이 묶여 지정한 항구로 들어가지 못한 화물선이 18척 있었는데, 그것은 기병부대용으로 돌렸다.

나머지 군대는 부관 사비누스와 코타에게 맡겨, 메나피족과 사절을 보내오지 않은 모리니족의 일부 마을로 보내기로 했다. 그리고 또 한 사람의 부관 루푸스에게는 충분한 수의 병사를 주어 항구를 지키도록 명령했다.

23 이러한 조치가 끝나자, 때마침 날씨가 좋아서 제3야경시(자정 바로 다음 시각)에 배를 내도록 했다. 기병부대에는 더 앞에 있는 항구에 가서, 그곳에서 승선하여 자신을 따르도록 지시했다.

그들의 대응은 예정보다 약간 늦어졌다. 카이사르는 그날 제4시(오전 10시)

무렵에 제1선단과 함께 먼저 브리타니아에 도착했다. 그때 그가 목격한 것은, 언덕이라는 언덕을 모조리 메우고 있는 대군(大軍)의 모습이었다. 게다가 그곳의 지세는 언덕 위에서 던진 창이 해변까지 닿을 만큼 산이 해안까지 뻗어 있었다.

좀처럼 그곳에 상륙할 수 없을 것 같다고 판단한 카이사르는, 제9시(오후 3시) 무렵까지 닻을 내리고 다른 함대가 도착하기를 기다렸다. 그동안 부관과 대대장들을 불러모아 볼루세누스의 보고와 자신의 계획에 대해 이야기하는 동시에, 특히 바다 위에서의 작전행동의 어려움을 호소하고, 그러한 끊임없이 돌변하기 쉬운 상황에서는 명령의 신속한 실행이 얼마나 중요한지를 설명했다.

그들이 해산하자, 그때부터 바람도 물결도 잔잔해졌다. 그래서 즉시 닻을 올리고 약 7마일쯤 나아간 곳에서 넓고 평탄한 해안을 발견하여 그곳에 배를 정박시켰다.

상륙을 저지하려는 원주민

24 그러나 이쪽의 의도를 간파한 원주민은 먼저 그들의 상투 수단인 기병부대와 전차*⁴부대를 내보낸 뒤, 나머지 부대를 따라가게 하여 아군의 상륙을 저지하려 했다. 상륙은 난관에 부딪쳤다. 무엇보다 그 크기 때문에 깊은 곳이 아니면 배를 정박시킬 수가 없었다. 게다가 미지의 땅이었다. 또 병사들은 배에서 뛰어내려야 하는데, 두 손이 무거운 장비 때문에 자유롭지 못했다. 설사 뛰어내린다 해도 파도 속에서 버둥거리며 싸우지 않으면 안 되었다.

이러한 로마군에 비해 지리도 잘 알고 있고 두 손도 자유로운 원주민은 훈련된 말을 타고, 때로는 잠시 물에 들어가기도 하면서 맹렬하게 창을 던져댔다.

이런 종류의 전투에 익숙지 않아서 겁을 먹고 주춤하는 아군 병사들에게서는, 육상에서 보여주던 평소의 움직임과 사기를 전혀 찾아볼 수 없었다.

---

*4 브리타니아인의 전차는 두 마리 말이 끄는 이륜마차로, 여기에 마부 한 명과 전투원 한 명이 탄다. 이런 종류의 전차 잔해가 오늘날 영국뿐만 아니라, 프랑스에서도 고고학적 발굴을 통해 수없이 발견되고 있다. 그러나 카이사르 시대의 갈리아에서는 전차에서 기병으로 벌써 이행하고 있었던 것 같다.

25 그것을 본 카이사르는 군선에 대해, 화물선에서 조금 떨어져서 전속력으로 적의 오른쪽에 붙어, 모든 무기를 사용하여 물리치라고 지시했다. 군선은 조종하기가 쉽고, 또 원주민에게는 낯선 것이었다.

이 작전은 주효했다. 선체의 형태와 노의 움직임, 그리고 신기한 무기를 목격한 적은 공격을 중지하고 약간 후퇴했다.

아군 병사는 그래도 움직이지 못하고 있었다. 그러한 상황에서 제10군단의 기수가 하늘에 도움을 구하는 기도를 한 뒤 소리쳤다.

"군기를 적의 손에 빼앗기고 싶지 않다면 뛰어들어라. 적어도 나는 국가와 최고사령관에 대한 나의 의무를 다할 것이다!"

이렇게 소리치고 나더니 그는 배에서 뛰어내려 군기를 들고 적을 향했다.

그러자 다른 병사들도 서로 격려하면서 불명예를 면하기 위해 일제히 배에서 뛰어내렸다. 가까이 있던 배의 병사들도 이들을 따라 적에게 다가갔다.

원주민 격퇴

26 양군 모두 분투했다. 그러나 로마군은 전열을 짜는 것은 말할 것도 없고, 제대로 서 있을 수조차 없었다. 이들은 군기를 따르지도 못하고, 다른 배의 병사들이 눈에 띄는 군기로 모여드는 바람에 혼란에 빠지고 말았다.

아군 병사가 뿔뿔이 흩어져서 상륙하고 있는 것을 본 적들은, 말을 달려와서 다수가 소수를 에워싸고는 (방패가 없는) 오른쪽에서 긴 창을 마구 던졌다.

이 광경을 본 카이사르는 군선의 작은 배 외에 정찰선에도 병사를 태워, 고전하고 있는 아군에게 보냈다. 그들이 육지에 오르자 전원이 이를 따라 공격하기 시작하여 마침내 적은 싸움에 져서 달아났다.

그러나 멀리까지 추격할 수는 없었다. 기병부대가 예정 항로에서 벗어나 브리타니아에 도착하지 않았기 때문이다. 이 실수를 제외하면, 카이사르의 여느 때의 완전한 승리와 다름 없었다.

27 전쟁에 패한 그들은 패주의 혼란을 수습한 뒤 강화 사절을 보내, 볼모 제공과 명령에 대한 복종을 약속했다.

카이사르가 현지에 파견했던 아트레바테스족의 콤미우스도 이 사절과 함께 돌아왔다. 그의 이야기에 의하면, 상륙하여 카이사르의 사절로서의 용건을 이야기하고 있는 중에, 붙잡혀서 쇠사슬이 채워졌다고 한다.

그랬다가 이렇게 돌려보낸 것은 이번 전쟁의 결과 때문으로, 그들은 강화를 청하면서 이번 일을 일반민중의 책임으로 돌리고, 무지에서 나온 소행이라며 용서를 구했다.

이에 대해 카이사르는 자신이 대륙에 있었을 때 사절을 보내 강화를 청해놓고, 이유도 없이 다시 화살을 겨누었던 부족에 대해 분노를 느꼈던 경험을 이야기한 뒤, 볼모 제공을 조건으로 그 어리석은 행위를 용서하기로 했다.

요구한 인원수 가운데 일부는 금방 인도되었지만, 나머지는 멀리서 데리고 와야 하기 때문에 며칠이 걸린다고 했다.

그동안 적은 병사들을 저마다의 고향으로 돌려보내고, 각지에서 모인 수장들은 일족과 함께 카이사르의 손에 맡겨졌다.

28 이리하여 강화가 성립되었다. 카이사르가 브리타니아에 도착한 지 나흘째가 되는 날, 기병부대가 타고 있던, 앞에서 말한 18척의 배는 북쪽 항구에서 순풍을 타고 출항했다.

그런데 이 섬에 다가가 로마군 진영이 시야에 들어왔을 때, 갑자기 맹렬한 폭풍이 불어닥쳤다. 그래서 한 척의 배도 방향을 유지하지 못한 채, 어떤 배는 출항했던 항구로 돌아가고, 어떤 배는 아래쪽, 즉 서쪽으로 흘러갔다.

그래도 후자는 가까스로 정박할 수 있었지만 파도에 심하게 흔들려, 결국 밤을 무릅쓰고 다시 바다로 나가 대륙으로 돌아가지 않을 수 없었다.

함선의 난파

29 그날 밤은 우연히도 보름날이어서, 바다에서는 조수가 가장 높은 날이었다. 그러나 아군은 그것을 알지 못했다.

그래서 부대의 수송에 대비하여 뱃짐을 풀었던 군선이 침수되고, 닻에 연결되어 있던 먼 바다의 화물선도 거친 파도에 시달렸다. 그것을 구하고 싶어도 아군에게는 아무런 방법이 없었다.

그리하여 많은 배가 난파하고, 나머지 배들도 밧줄과 닻을 비롯하여 모든 삭구를 잃어버려 항행 불가능한 상태가 되었다. 전군이 경악에 휩싸인 것은 말할 것도 없다. 이제 돌아갈 배도 없다. 수리에 필요한 것도 모두 부족한 상태였다. 겨울은 갈리아에서 보낼 예정이었기 때문에 겨울 숙영을 위한 식량을 확보해두지도 않았다.

다시 화살을 겨누는 원주민

30 강화가 성립된 뒤 카이사르 진영에 모여 있던 브리타니아 수장들은 이 사실을 알고 회의를 열었다. 그들은, 로마군에는 기병도 배도 식량도 없다는 것과, 진영의 규모로 보아 소규모라는 것—게다가 보급품을 가지고 오지 않아서 훨씬 적게 보였다—을 알자, 아군의 식량 보급을 차단하고 겨울까지 상황을 끌어가기로 작정했다. 이 군대를 격파하거나 귀환을 방해하면, 브리타니아를 공격해오는 자가 없을 거라고 생각한 것이다.

그리하여 그들은 지난번처럼 결탁하여, 몇 명씩 진영을 나가 각지에서 은밀하게 동료들을 불러모으기 시작했다.

31 카이사르는 수장들의 음모를 몰랐지만, 선단의 난파와 그에 따른 볼모 인도의 중단 등에서 불온한 움직임을 느끼고 있었다. 그래서 비상사태에 대비하기 시작했다. 즉, 매일 곡물을 반입하고, 상태가 나쁜 배에서 목재와 구리를 모아 다른 배의 수리에 충당하면서, 필요한 것은 대륙에서 보내도록 했다.

복구 작업은 맹렬한 기세로 진행되었다. 그 결과 12척 외에는 모두 항해에 견딜 수 있는 상태가 되었다.

32 그 사이에, 늘 그랬듯이 제7군단을 곡물 조달을 위해 내보내고 있었다. 아직 밭농사를 짓고 있는 주민도 있는가 하면, 로마군 진영에 출입하고 있는 원주민도 있었기 때문에, 싸움이 일어날 기미는 어디에도 없었다.

그런데 진문 앞에서 망을 보고 있던 병사들로부터, 제7군단이 나간 방향에서 평소보다 큰 모래 연기가 보인다는 보고가 들어왔다.

원주민이 새로운 시도를 하고 있는 것이 틀림없었다. 이 사태를 눈치챈 카이사르는, 망을 보던 대대를 데리고 문제의 방향으로 갔다. 보초의 임무는 다른 2개 대대에 맡기고, 그 밖의 부대에는 즉시 무장하고 뒤를 따르라고 명령했다.

카이사르가 진영에서 약간 나아가자, 제7군단이 적에게 압도되어 한곳에 엉켜 있고, 적이 사방에서 창을 던지고 있는 광경이 눈에 들어왔다.

수확이 끝나지 않은 곳은 그곳뿐이었기 때문에 로마군이 그곳으로 올 것을 예상한 적은 밤에 숲 속에 몸을 숨기고, 이튿날 군단 병사들이 무기를 놓고 저마다 작물을 수확하고 있는 것을 갑자기 습격한 것이다.

그리하여 아군은 이미 몇 명이 살해되었고, 전열을 짤 사이도 없이 혼란에 빠져 기병부대와 전차부대에 포위되고 만 것이다.

33 그들의 전차 전법은 대략 다음과 같다.

먼저, 종횡으로 전차를 달리면서 창을 던져, 그 기동성과 굉음으로 적을 혼란에 빠뜨린다. 그런 다음 기병부대 속에 들어가서 전차에서 뛰어내려 걸어가며 싸운다. 마부는 그 사이에 전장에서 벗어나, 전투원이 적에게 밀릴 경우에 금방 퇴각할 수 있는 위치에 전차를 세워둔다. 이렇게 하여 기병의 기동성과 보병의 안정성을 발휘하는 것이다.

험한 비탈을 달려 내려가고, 순간적으로 멈춰서 방향을 바꾼다. 수레 채를 따라 달리고, 멍에 위에 서고, 그러다가 다시 전차로 되돌아온다. 이러한 것은 나날의 훈련과 실전을 통해 어렵지 않게 할 수 있었다.

34 이 독특한 전법 앞에 혼란을 드러내던 제7군단을 카이사르가 구해주었다. 그의 출현에 적은 움직임을 멈췄고, 아군은 용기를 되찾은 것이다. 그러나 공세를 걸기에는 불리한 상황이었으므로, 카이사르는 그 자리를 지키다가 잠시 뒤 병사를 진영으로 철수시켰다. 아군이 이러한 전투에 정신을 빼앗기고 있는 동안, 밭에 남아 있던 자들은 자취를 감추고 말았다.

그 뒤 며칠 동안 격렬한 폭풍이 몰아쳤다. 아군은 진영에 머물렀고 적도 공격을 자제했다. 그동안 그들은 사방으로 사자를 보내, 우리가 소규모라는 것과, 따라서 지금 로마군을 몰아내면 막대한 전리품을 얻을 수 있는 동시에 브리타니아가 영원히 해방될 수 있다며 참전을 설득했다. 그리하여 잠깐 사이에 보병과 기병으로 구성된 대군을 편성하여 로마군 진영으로 몰려온 것이다.

다시 격파

35 카이사르는 이번에도 지난번과 같은 일이 되풀이될 거라고 생각했다. 즉, 격퇴하더라도 적은 재빨리 달아나 난을 피할 거라고 본 것이다.

그러나 앞에 말한 아트레바테스족의 콤미우스가 데리고 온 기병이 30기 정도 있었으므로, 군단병에게 진영 앞에서 전열을 짜게 하여 전투를 시작하였다. 그러자 적은 아군의 공격을 오래 버티지 못하고 퇴각으로 돌아섰다. 아군은 힘이 미치는 한 달아나는 적을 추격하여 다수를 죽이고, 광범위하게 건물을 불태운 뒤 진영으로 돌아왔다.

36 같은 날, 적의 사절이 강화를 위해 찾아왔다. 이에 대해 카이사르는 지난번에 정한 볼모의 수를 배로 늘리고, 그들을 대륙으로 보내라고 명령했다.

계절은 추분 직전. 빈약한 선단을 겨울 바다에 세워 놓는 것은 현명한 처사가 아니었다. 그래서 날씨가 좋은 날을 골라 한밤중이 지나 출항한 뒤, 무사히 대륙으로 돌아왔다. 다만 화물선 2척만은 약간 남쪽으로 떠내려가, 다른 배들과 같은 항구에 들어오지 못했다.

4. 북방민족과의 전쟁

모리니족과 메나피족에 대한 승리

37 상륙한 약 300명의 병사들이 진영을 향해 발걸음을 서둘렀다. 카이사르가 대륙을 떠나기 직전에 강화를 인정했던 모리니족은 약간의 병사들로 이들을 포위했다. 목숨이 아깝거든 무기를 내려놓으라는 것이었다. 약탈할 욕심에 사로잡힌 것이다.

병사들은 둥그렇게 진을 짜고 방어했다. 이때 싸움의 함성을 듣고 새롭게 약 6천 명이 몰려왔다. 한편, 이 사실을 안 카이사르도 진영에서 모든 기병을 구원군으로 보내왔다.

그동안 아군은 적의 공격을 견디며 4시간 이상 분투했다. 큰 피해를 입지 않고 오히려 많은 적을 쓰러뜨리고, 그 뒤에도 로마군 기병부대를 보고 달아나는 그들을 추격하여 다수를 죽였다.

38 다음 날, 카이사르는 브리타니아에서 데리고 돌아온 군단을 부관 라비에누스에게 주어 모리니족을 토벌하도록 했다.

지난해에 그들은 습지로 난을 피했지만 지금은 그 습지도 말라 있었다. 그래서 거의 전원이 라비에누스의 군문에 투항했다.

한편, 메나피족을 토벌하러 갔던 두 부관 사비누스와 코타는, 만족이 깊은 숲 속에 몸을 숨기고 있는 동안, 작물을 베어내고 건물을 불태워 그들의 토지를 침해한 뒤 진영으로 돌아왔다.

카이사르는 벨가이인의 영토를 전군의 겨울 숙영지로 정했다. 여기에 볼모를 보내온 것은 브리타니아의 두 부족뿐으로, 나머지는 약속을 지키지 않았다. ·

이상의 전과에 대해 카이사르로부터 보고를 받은 원로원은 20일*5 동안의 감사제를 열기로 결정했다.

참고(기원전 55년 본국의 상황)

전 해의 '루카 회담'에서 결정한 대로 실행되었다. 평민파 호민관의 제안으로, 폼페이우스와 크라수스 두 사람이 기원전 70년에 이어서 두 번째 집정관에 취임. 그리고 총독 임지는 집정관 선출에 앞서 결정되는 것으로 정한 셈프로니우스법을 무시하고, 카이사르가 집정관이었을 때와 마찬가지로, 각각 이듬해의 총독 임지도 희망대로 되었다. 앞에서 말했듯이, 폼페이우스는 양(兩) 에스파냐, 크라수스는 시리아다. 임기도 양쪽 다 이례적인 5년. 인정받은 군단 수는 각 10개 군단이었다. 카이사르에 대해서는 집정관이 된 두 사람의 제안으로 갈리아 총독 임기 5년 연장과, 마찬가지로 10개 군단의 편성권이 인정되었다. 또한, 이 해에 로마 시민은 처음으로 돌로 지은 야외극장을 보았다. 폼페이우스가 그리스를 모방하여 지은 것으로, 그곳에서 호화로운 제전을 열어 로마 시민의 환심을 크게 샀다. 로마 시에 석조 건물이 늘어나는 것은 이때부터였다. 또 이 해에는 카이사르의 사랑하는 어머니 아우렐리아가 사망했다.

---

*5 기간이 앞의 '보름'(제2권 말)보다 닷새나 많은 '20일'이 된 데는, 게르마니아 원정과 브리타니아 원정이 크게 작용한 것으로 생각된다.

갈리아 원정 5년째(기원전 54년)

( )안은 현대명

제5권
(기원전 54년)

1. 제2차 브리타니아 원정

원정 준비

1 루키우스 도미티우스와 아피우스 클라우디우스가 집정관이었던 해(기원전 54년), 카이사르는 예년처럼 겨울 숙영지에서 북이탈리아로 부임하면서, 각 군단을 맡긴 부관들에게 겨울 동안 가능한 한 많은 배를 건조하고 낡은 배들을 수선하라고 명령했다.

그리고 새로이 배를 만들 때에는 다음과 같이 하라고 그 형태와 양식을 제시했다. 갈리아 앞바다는 조류의 변화가 심하지만 파도는 그리 높지 않으니, 지중해에서 사용되고 있는 배보다 선체를 약간 낮게 하여 짐을 싣고 내리기 쉽도록 할 것. 또 짐과 가축의 수송도 고려하여, 다른 바다에서 사용되고 있는 것에 비해 선체의 폭도 약간 넓게 할 것. 그리고 낮은 선체를 살려 모든 배를 노를 저어 갈 수도 있고 돛대에 바람을 받아 갈 수도 있게 만들 것 등이었다.

또한 배에 필요한 장비는 모두 에스파냐에서 가져올 것도 지시했다.

그런 다음 카이사르는 내갈리아(북 이탈리아)에서의 순회재판을 처리한 뒤, 피루스타에족이 변경을 휩쓸고 다닌다는 보고가 들어와 있는 일리리쿰으로 향했다. 현지에 도착한 그는 각 부족에게 병역을 부과하고 집합 장소를 정했다.

피루스타에족은 이 소식을 듣고 사절을 보내 그 폭거는 모두 일부 사람들의 짓이며, 피해를 배상할 용의가 있다고 전해왔다. 이에 대해 카이사르는 볼모를 조건으로 하여 그 제의를 받아들이되, 지정일까지 볼모를 보내지 않을 때는 공격에 나서겠다고 통지했다.

볼모는 명령한 대로 지정일까지 도착했다. 카이사르는 부족 사이의 중재자를 뽑아 각지의 피해를 조사하고 배상액을 사정하게 했다.

2 그 일이 끝나고 일리리쿰에서의 재판도 끝나자 내갈리아로 돌아간 카이사르는, 부대에 도착하는 즉시 모든 겨울 숙영지를 시찰했다. 병사들은 기대에 잘 부응하고 있었다. 필수품이 부족한데도 불구하고, 그가 지시한 배가 약 6백척, 군선도 28척이 각각 완성되어, 며칠 뒤에는 모든 것을 진수할 수 있는 상태가 되어 있었다.

카이사르는 배의 건조에 참여한 장병들을 치하한 뒤 필요한 지시를 내리고, 모든 배를 이티우스 항에 집결시키라고 명령했다. 이티우스 항에서 브리타니아로 건너가는 것이 매우 쉽기 때문이다. 실제로 대륙에서의 거리가 30마일 정도밖에 되지 않는다.

그 뒤 카이사르는 배의 집결작업에 충분한 수의 병사를 남겨두고, 경무장한 4개 군단과 800기의 기병부대를 이끌고 트레베리족의 영토를 향해 길을 서둘렀다. 트레베리족은 지난번 회의에도 나오지 않고 그의 명령에도 따르지 않은 데다가, 또 정보에 의하면 레누스강 건너편의 게르마니인까지 선동하고 있다는 소문이 있었기 때문이다.

트레베리족의 속사정
3 트레베리족은 갈리아 안에서 압도적으로 강한 기병을 자랑하는데다 보병까지 대군을 이루고 있었다. 앞에서 말했듯이 이 부족은 레누스강을 경계로 하고 있는데, 그들 사이에서는 인두티오마루스와 킨게토릭스 두 사람이 패권을 다투고 있었다.

킨게토릭스는 카이사르의 군단이 온 것을 알자, 그에게 달려와 부하들과 함께 충성을 맹세하고, 로마와의 우호관계를 지킬 것을 약속했다. 나아가서는 트레베리족의 속사정에 대해서도 털어놓았다.

한편, 인두티오마루스는 즉시 기병과 보병을 소집하는 동시에 노인과 어린이를 '아르두엔나의 숲'에 숨기는 등 개전 준비를 시작했다. 아르두엔나 숲은 매우 광대하여, 레누스강에서 트레베리족의 영토 한복판을 거쳐, 레미족의 경계에까지 이르고 있다.

그 뒤로도 트레베리족의 수장들 중에는 킨게토릭스와의 친분과 로마에 대한 두려움에 못 이겨 카이사르를 방문, 개인적으로 부탁하는 자들이 있었다. 그들 부족에 대해서는 포기한 셈이었다.

이러한 움직임 속에서 자신이 모두에게 버림받을 것으로 판단한 인두티오마루스는, 카이사르에게 사절을 보내 변명하느라 쩔쩔맸다. 카이사르를 찾아오지 않은 것은 부족과 함께 있음으로써 동포의 충성을 확보하여, 귀족층이 이반하는 경우에도 무지한 민중이 어리석은 행동을 하지 않도록 하기 위한 배려 때문이었다고 했다. 따라서 자신은 트레베리족의 지배자로서 카이사르의 승낙만 있으면, 모든 부족민과 함께 신병과 재산을 이쪽의 보호에 맡기고 싶다는 제의였다.

4 카이사르는 무슨 속셈으로 이런 말을 하는지, 또 그 계략을 방해하고 있는 사정이 무엇인지 잘 알고 있었지만, 브리타니아 원정 준비가 이미 끝났기 때문에, 트레베리족의 일로 한여름을 소비할 수는 없어서 볼모 200명만을 요구했다. 그리고 인두티오마루스의 아들과 친척 등, 지명한 자들까지 포함한 볼모가 도착하자, 그를 위로하는 동시에 결코 모반을 기도하는 일이 없도록 다짐했다.

한편, 다른 수장들을 전원 소집하여, 한 사람 한 사람에게 킨게토릭스에 대한 지지를 요청했다. 킨게토릭스에게 그만한 자격이 있었던 것도 그 이유지만, 무엇보다 자신에게 호의를 가진 인물의 세력 확대가 필요했기 때문이다.

이러한 카이사르의 행동은 인두티오마루스에게는 불길한 일이었다. 세력의 쇠퇴를 느낀 그는 전보다 더욱 맹렬하게 로마군에 대해 적의를 불태웠다.

5 이상의 문제를 처리한 카이사르는 군단을 이끌고 이티우스항으로 향했다. 그곳에 도착한 그는 멜디족의 땅에서 건조된 60척의 배가 악천후에 떠내려가 원래의 항구로 되돌아간 것을 알았다. 그러나 다른 배들은 모두 만전의 장비가 끝나, 당장이라도 출범할 수 있는 상태라는 것도 알 수 있었다.

카이사르는 갈리아 전역에서 도합 4천 기의 기병과 전 부족의 수장들을 불러모아, 그들 가운데 충성심을 믿을 만한 몇 명을 갈리아에 남겨두고, 다른 자들은 자신이 없는 동안 반란을 일으킬 가능성이 있었기 때문에 모두 볼모로 데려가기로 했다.

둠노릭스의 음모

6 그 가운데는 앞에 말한 하이두이족의 둠노릭스도 있었다. 카이사르는 특히 그를 가까이 두기로 했다.

그것은, 이 요주의 인물이 정변을 좋아하고 패권을 원하고 있다는 것과, 성격이 호담하여 갈리인들 사이에서 큰 세력을 가지고 있다는 것을 알고 있었기 때문이다. 또 하이두이족의 회의에서 카이사르로부터 왕위를 받았다고 말하고 있는 점과, 그 말에 부족 전체가 분개하면서도 그 일에 대해 이쪽에 호소하지도 못하고 있다는 것을, 자신의 손님을 통해 듣고 있었기 때문이다.

둠노릭스는 처음부터 항해에는 서투르다느니, 바다가 무섭다느니, 종교상의 이유로 브리타니아에는 갈 수 없다느니 하면서, 온갖 구실을 붙여 갈리아에 머물게 해달라고 끈질기게 요구했다.

그러나 그 요망이 일축되자 모든 희망이 사라진 것으로 판단한 그는, 갈리아의 수장들을 개별적으로 불러 브리타니아에 가지 말 것을 귀띔했다. 카이사르가 갈리아의 전 귀족에게 동행을 요구하고 있는 데는 까닭이 있으며, 갈리인이 보고 있는 곳에서는 죽일 수 없는 자들을 섬나라에서 처치하려는 것이라는 말로 수장들의 공포심을 부추겼다. 그리고 갈리아를 위해 서로 협력할 것을 제안하고 자기가 먼저 그것을 맹세한 다음, 그들에게도 같은 서약을 요구했다.

그러나 이 음모는 여러 사람을 통해 카이사르의 귀에 들어갔다.

7 하이두이족은 중요한 우방인만큼 어떻게 해서든 둠노릭스의 움직임을 봉쇄할 필요가 있었다. 그의 광기는 이제 의심할 여지가 없었다. 따라서 공사(公私) 양면으로 피해를 입는 일이 없도록 경계가 필요했다.

카이사르는 이렇게 생각하면서, 거의 항상 불고 있는 북서풍 때문에 약 25일 동안 그곳에 발이 묶여 있는 동안, 둠노릭스의 변심을 막기 위해 노력하는 한편, 그의 움직임을 사소한 것도 놓치지 않고 있었다. 그리고 이윽고 순풍이 불어오자 승선을 시작했다.

이때를 틈타 둠노릭스는 하이두이족 기병부대와 함께 몰래 진영을 빠져나가

고향으로 달아났다.

카이사르는 이 사실을 알고 출항을 중지하고 작업도 모두 중단한 뒤, 기병 대부분을 보내 그를 추격했다. 이때 주어진 명령은 둠노릭스를 데리고 돌아오되 저항할 경우에는 죽이라는 것이었다. 자기 앞에서 명령을 무시하는 자가 자신이 없는 동안 어떤 행동을 할지 믿을 수 없었기 때문이다.

아니나다를까, 둠노릭스는 카이사르의 귀환 명령에 대해 무력으로 저항하는 태도를 보이며, 자신은 자유로운 민족의 자유로운 백성임을 몇 번이나 강조하면서 동료에게도 도움을 청했다.

추격자들은 명령대로 그를 에워싸고 목숨을 빼앗았다. 하이두이족 기병들은 전원 카이사르에게로 돌아왔다.

브리타니아 상륙

8 이리하여 현안이 처리되자, 카이사르는 라비에누스를 3개 군단과 기병 2천 기와 함께 대륙에 남겨두기로 하고, 항구의 경호와 곡물 조달 외에 갈리인의 동향을 감시하면서 적절히 대처하라고 명령했다.

한편 자신은 5개 군단과 함께, 대륙에 남은 기병부대의 규모에 상당하는 기병 1대를 거느리고, 해질녘에 항구를 떠나 남서풍을 타고 나아갔다.

그런데 한밤중이 되자 바람이 딱 멎고 말았다. 진로를 유지할 수 없게 되었다. 새벽이 되자 브리타니아가 멀리 좌현 방향에 보일 정도로 조수에 크게 떠내려가고 말았다.

그래서 조류의 방향이 바뀌기를 기다렸다가, 바뀌자마자 열심히 노를 젓게 하였다. 작년 여름, 절호의 장소로 점찍어 두었던 해안으로 향했다. 이때의 병사들의 분투는 절찬할 만한 것이었다. 움직임이 둔한 수송용 배임에도 불구하고 쉴 새 없이 힘껏 노를 저어, 군선에 결코 뒤지지 않게 나아갔다.

모든 배가 브리타니아에 도착한 것은 거의 정오 무렵. 적의 모습은 전혀 보이지 않았다. 나중에 포로한테서 들으니, 그들은 그때까지 그곳에 많이 모여 있었다고 한다. 그런데 대선단을 보고 겁을 먹고, 해안을 떠나 고지에 몸을 숨기고 말았다는 것이다. 분명히 이때의 선단 규모는 작년부터 있었던 배에 개인[1]

---

[1] 브리타니아 원정에 동행한 상인들의 배를 말하는 것으로 추정된다.

이 소유한 배도 가세하여 800척이 넘었다.

9 부대의 상륙이 끝나고 진지 장소도 결정되었다. 카이사르는 포로로부터 적이 있는 장소를 알아내어, 10개 대대와 기병 300기를 남겨 선박을 경호하게 한 뒤, 자신은 제3야경시(자정 지나) 무렵에 적을 향해 출발했다.

바위가 없는 트인 해안에 정박했기 때문에 선박의 안전에 대한 불안은 없었다. 위의 경호대의 지휘는 아트리우스에게 맡겼다.

밤에 12마일 정도 나아간 곳에서 적과 마주쳤다. 적들은 기병부대와 전차부대를 언덕에서 강 쪽으로 옮기고 아군의 전진을 저지하려고 싸움을 걸어왔지만, 이쪽의 기병부대에 격퇴당해 숲 속으로 달아났다.

그 숲에는 자연을 잘 이용한 훌륭한 요새가 있었다. 모든 입구를 수많은 베어낸 나무로 막고 있는 것으로 보아, 부족 내의 전투를 위해 이전에 만들어 두었던 것 같다.

이윽고 적은 몇 명씩 숲에서 나타나 아군의 돌입을 저지하려고 했으나, 별효과를 발휘하지 못했다. 귀갑진 대형으로 다가가 둑을 쌓은 제7군단 병사들은 요새를 점령하고 그들을 숲에서 쫓아버렸다. 아군의 피해는 경미했다. 깊이 추격하는 건 피하기로 했다. 지리를 잘 모르는데다, 이미 해가 상당히 기울어져서 진지 구축을 서두를 필요가 있었기 때문이다.

함선의 대파

10 이튿날 아침 카이사르는 보병과 기병을 셋으로 나눠 추격을 위한 원정대를 내보냈다. 원정대는 상당한 거리를 나아간 곳에서 적의 후미를 발견했다.

그런데 이때 아트리우스가 보낸 전령이 도착하여, 전날 밤의 폭풍으로 대부분의 배가 손상을 입고 기슭으로 밀려 올라갔다고 보고했다. 닻도 밧줄도 아무 소용이 없었고, 선원도 키잡이도 폭풍 앞에 속수무책이라, 대부분의 배가 서로 충돌하여 대파했다는 것이다.

11 카이사르는 원정대를 불러들이는 동시에, 자신은 함대로 돌아가 사태를 자기 눈으로 직접 확인했다. 그 참상은 거의 보고 그대로였다. 잃어버린 배는 약 40척, 나머지도 상당한 수리가 필요해 보였다.

카이사르는 군단병 중에서 공병을 차출하고 나머지를 대륙에서 징발하도록 명령하는 한편, 라비에누스에게도 편지를 보내 그곳에 있는 군단으로 새로운 배를 가능한 한 많이 건조하도록 지시했다.

이제 모든 배를 양륙(揚陸)하여, 그것을 하나의 방어시설로서 진지와 연결하는 것이 최선의 방책으로 생각되었다. 그래서 그로부터 약 열흘 동안 밤낮을 가리지 않고 작업을 계속했다. 양륙을 마치고 진지 구축도 완전히 끝나자, 전과 같은 부대를 선박의 경호로 남긴 뒤, 자신은 원래 있던 곳으로 돌아갔다.

도착해 보니, 그곳에는 각지에서 모인 브리타니인이 대부대를 이루고, 전 부족의 합의하에 카시벨라우누스가 총지휘를 맡고 있었다.

그자의 영토는 바다에서 80마일 정도 떨어진 곳에 있는데, 타메시스라고 불리는 강(지금의 템스강)이 해안지방 여러 부족과의 사이에 경계를 이루고 있었다. 그는 지금까지 다른 부족과 끊임없이 싸워온 듯했으며, 우리의 출현에 깜짝 놀란 그곳 주민으로부터 급히 전쟁 총사령관에 추대된 것 같았다.

브리타니아와 브리타니인

12 브리타니아 내륙부에는 옛날부터 토착민으로 살아오던 자들이 거주하고 있는 데 비해, 연안지방에는 벨기움에서 약탈을 해 온 자들―대부분 도래 전 출신지의 부족명으로 불리고 있다―이 살고 있다. 후자는 정주한 뒤 이곳에서 경작을 시작했다고 한다.

섬에 사는 주민의 수가 엄청나게 많고 건물도 밀집해 있다. 갈리아의 광경과 매우 비슷하다. 가축도 무척 많다.

그들은 동화와 금화, 또는 일정한 무게의 쇠막대를 화폐로 사용하고 있다. 브리타니아 내륙부에서는 주석이 산출되고, 연안지방에서는 철이 산출된다. 그러나 양은 많지 않다. 그들이 사용하고 있는 구리는 수입한 것이다.

목재는 너도밤나무와 전나무를 제외하고, 갈리아에서와 마찬가지로 모든 종류의 것이 다 있다. 토끼와 닭, 더욱이 거위를 먹는 것은 좋지 않다고 여기고 있고, 그것을 키우는 것은 단지 오락을 위한 것이다. 기후는 갈리아보다 온화하고 추위도 그다지 심하지 않다.

13 섬의 모양은 삼각형을 이루고 있고, 그 한 변이 갈리아에 접해 있다. 그

한 귀퉁이는 칸티움(지금의 켄트)에 해당하며, 동쪽을 바라보고 있다. 갈리아에서 오는 배는 대부분 이곳으로 들어온다. 아래쪽 모서리는 남쪽을 향하고 있다. 이 한 변의 길이는 약 500마일이다. 또 하나의 변은 에스파냐와 서쪽을 향하고 있다. 이 방향에는 크기가 브리타니아의 반 정도로 보이는 섬 히베르니아[2]가 있다. 그곳까지의 거리는 갈리아와 브리타니아 사이의 거리와 같다.

또한 두 섬 중간에는 모나[3]라고 하는 섬이 있다. 그 밖에도 수많은 작은 섬들이 드문드문 있는 것으로 추정된다.

책에 의하면, 동지 무렵이면 그곳에는 밤이 한 달이나 계속된다고 한다. 여기에 대해서는, 물시계에 의한 정확한 측정으로 대륙보다 밤이 짧다는 것은 알았지만, 그 밖에는 아무런 정보도 얻을 수 없었다. 다만, 현지인의 얘기로는 이 변의 길이가 700마일이라 했다.

세 번째 변은 북쪽을 향하고 있다. 이곳에서 보이는 섬은 없고, 방향으로 보아 멀리 게르마니아가 있을 뿐이다. 이 변의 길이는 800마일로 되어 있다. 따라서 브리타니아의 전체 둘레는 약 2천 마일이다.

14 이 섬에서 가장 문화적인 곳은 칸티움이다. 전역이 연안에 위치하고 있기 때문이기도 하지만, 갈리아와 그다지 다르지도 않다.

내륙부에서는 곡물은 거의 재배하지 않고, 주민은 우유와 고기로 생활하고 있다. 입고 있는 것은 모피이다.

브리타니인은 모두 대청(大靑)이라는 풀로 몸을 푸르게 칠하고 있다. 그래서 전투할 때의 모습은 무시무시하다. 머리를 길게 기르고, 머리와 코 밑 외에는 온몸의 털을 깎는다.

10명 내지 12명 정도가 한 그룹이 되어 여러 명의 아내를 공유한다. 특히 형제와 부자 사이에서도 마찬가지다. 그러나 태어난 아이는 그 어머니가 처녀였

---

[2] 이 대목의 기술도 실제의 지리와는 상당히 동떨어져 있다. 고대 사람들은 다음과 같이 잘못 생각하고 있었다. 에스파냐(스페인) 북부는 브리타니아(영국) 서부 근방까지 북쪽으로 다가가 있고, 그 사이에 히베르니아(아일랜드)가 있으며, 또 피레네 산맥은 북쪽에서 남쪽으로 달리고 있다는 등.

[3] '모나'란 오늘날의 맨 섬 또는 그 남쪽에 있는 앵글시 섬을 가리킨다. 철자에서 보면 맨 섬으로 생각되지만, 고대의 저술가가 '모나'라고 할 때는 앵글시 섬을 가리키는 경우가 많았던 것으로 전해지고 있다.

을 때 맨 처음 데리고 온 남자의 자식으로 간주된다.

브리타니인과의 전쟁

15 아군 기병부대는 행군 중에 적의 기병부대와 전차부대로부터 공격을 받았다. 그러나 치열한 전투 끝에 이를 제압하여 그들을 숲과 언덕으로 몰아넣었다. 다만, 그 뒤 너무 깊이 추격하여 약간의 희생자가 났다.

그로부터 얼마 지나지 않아 다시 아군이 경계심을 풀고 진지를 구축하고 있을 때, 숲 속에 있던 적이 진지 앞에서 경비하고 있던 병사들에게 기습을 가해왔다.

격전이었다. 이에 대해 카이사르는 두 군단의 제1대대를 각각 구원군으로 내보냈다. 양쪽의 간격이 가까워졌을 때 갑자기 적의 기묘한 전법에 동요하는 바람에 중앙이 돌파되었다. 이는 그대로 퇴각을 허용하는 결과가 되었다. 그뿐 아니라, 이 전투에서 대대장 라베리우스 두루스까지 전사하고 말았다.

그 뒤 몇 개 대대를 투입하여 간신히 적을 물리칠 수 있었다.

16 진영 앞에서 벌어진 이 전투를 전원이 주시하고 있었다. 그리하여 알게 된 것은 아군의 무장이 너무 무거워서, 물러가는 적을 추격하거나 전열에서 벗어날 수가 없다는 것이었다. 요컨대, 이런 종류의 상대에게는 적절하지 않은 무장이었던 셈이다.

아군 기병에게도 마찬가지로 큰 위험이 닥쳤다. 적은 종종 일부러 퇴각하여, 이를 쫓는 기병이 군단병으로부터 조금이라도 떨어지면, 즉각 전차에서 뛰어내려 싸우는 전법을 썼기 때문이다. 그것은 아군에게 불리한 전투였다.

기병의 전법도 그 점에서 다를 것이 없었다. 쫓아갈 때도 물러갈 때도 같은 위험이 뒤따랐다.

또, 적은 한데 뭉치는 일이 없이 서로 충분한 간격을 두고 싸우는 데다, 예비병을 대기시켜 두어 퇴각할 때 서로 돕거나 지친 병사와 교대했다.

17 이튿날, 적은 로마군 진영에서 멀리 떨어진 언덕에 포진했다. 그들은 몇 명씩 모습을 드러내어 이쪽의 기병부대에 공격을 가해 왔다. 다만 전날만큼 격렬하지는 않았다.

정오 무렵에 카이사르가 부관 트레보니우스에게 3개 군단과 전 기병을 주어 군량을 징발하러 내보냈다. 그러자 이번에는 갑자기 이 징발대를 사방에서 습격하여, 그 기세를 타고 정규 전열이 있는 곳까지 공격해 왔다.

그러나 우리 군단은 과감하게 응전하여 이를 격퇴한 뒤 철저하게 추격했다. 한편, 기병부대 쪽도 후방에 있는 군단을 보자 다시 용기를 내어, 적을 맹렬하게 공격하여 다수를 살육했다. 한 곳에 집결할 여유도, 자기 위치를 지킬 여유도, 전차에서 내릴 여유도 전혀 주지 않았다.

각지에서 원군으로 와 있던 자들은 이 패주를 알고 발길을 돌렸고, 적들도 그 뒤로는 전력을 다해 교전하는 일이 없었다.

18 그들의 책략을 안 카이사르는, 그들의 수령 카시벨라우누스의 영토로 들어가기 위해, 타메시스강(지금의 템스강)으로 진군했다. 이 강에는 걸어서 건널 수 있는 곳이 한 군데밖에 없었다. 그러나 그것도 수월한 일은 아니었다.

카이사르는 그곳에 도착했다. 건너편에 적의 대군이 보였다. 강변에는 끝이 뾰족한 말뚝이 늘어서 있었다. 포로와 탈주자의 말로는, 물에 가려 보이지 않지만 강바닥에도 같은 말뚝이 박혀 있다는 것이었다.

그래서 카이사르는 기병부대를 먼저 보내고, 그 뒤를 군단이 따르게 했다. 이때의 군단병의 돌진은 참으로 대단한 것이었다. 그 덕분에, 물 위로 머리만 겨우 나오는 상태에서도 맹렬한 공격으로 적을 강변에서 몰아내어, 마침내 패주시킬 수 있었다.

19 카시벨라우누스에게는 이제 항전의 희망은 완전히 사라지고 없었다. 그래서 그는 약 4천의 전차병 외에는 군대를 모두 해산시킨 뒤, 전차부대만 이끌고 길에서 조금 떨어진, 통과하기 힘든 숲 속에 몸을 숨긴 채, 그곳에서 로마군의 움직임을 지켜보기로 했다. 그리고 우리가 나아가는 곳곳마다 사람과 가축을 숲 속으로 몰아내고, 아군 기병이 그것을 약탈과 유린의 좋은 기회로 보고 밭으로 흩어지려고 하면, 숲 여기저기서 전차대를 내보내 아군을 위험에 빠뜨렸다.

이렇게 되면 광범위한 전개는 불가능하다. 그래서 카이사르는 군단의 대오에서 멀리 떨어지는 행동은 자제시키고, 군단이 진군하는 길 위에서 할 수 있는 범위 안에서 토지를 휩쓰는 것만 허락했다.

20 한편, 그동안 이 지방에서 가장 유력한 부족이었던 것으로 보이는 토리노반테스족으로부터, 로마의 보호를 요청하기 위해 사절이 찾아왔다. 이 부족은, 왕이었던 이니아누베티티우스가 카시벨라우누스에게 살해되었을 때, 왕자 만두브라키우스가 난을 피해 대륙으로 건너가서 카이사르를 의지하고 있었던 인연이 있다.

사절은 카이사르에 대한 복종을 맹세하는 동시에, 왕자를 카시벨라우누스의 위해로부터 보호하여 왕위에 오를 수 있게 해달라고 요청했다.

이에 대해 카이사르는 40명의 볼모와 군량을 요구하고, 왕자를 그들에게 돌려보냈다. 볼모와 군량은 요구한 대로 즉시 인도되었다.

21 토리노반테스족이 카이사르의 보호하에 들어감으로써 병사들의 폭행으로부터 보호를 받게 되자, 케니마그니족, 세곤티아키족, 안칼리테스족, 비브로키족, 카시족 등 각 부족도 사절을 잇달아 보내 카이사르에게 복종할 것을 맹세했다.

그들 이야기에 따르면, 현지에서 그리 멀지 않은 곳에 카시벨라우누스의 요새가 있는데, 그곳은 숲과 늪으로 에워싸여 있고 수많은 사람들과 가축이 모여 있다는 것이었다.

브리타니인들은 사람이 지나가기 힘든 숲을 보루와 참호로 에워싸고 그것을 요새라 부르면서, 적의 내습이 있을 때는 그곳에 모여 난을 피하곤 했다.

카이사르는 군단을 이끌고 그 요새를 향했다. 도착해 보니, 분명히 그곳은 자연과 기술을 활용하여 만든 요새였다.

카이사르는 두 방면에서 공격을 단행했다. 적은 한동안 응전했지만 끝내 견디지 못하고 요새의 다른 쪽으로 달아났다. 요새 안에는 엄청난 수의 가축이 남아 있었다. 아군은 적을 몰아내면서 다수를 생포하고 다수를 죽였다.

22 그곳에서 이 사건이 일어나고 있을 때, 카시벨라우누스는 칸티움(지금의 켄트)에 사자를 보내, 모든 병력을 결집하여 해안의 로마군 진영을 기습하도록 명령했다. 앞에서 말한 대로 해안에 자리잡고 있는 칸티움에는 킨게토릭스, 카

르빌리우스, 탁시마굴루스, 세고박스 등 네 사람의 왕이 있었다.

적이 진영으로 다가오자, 아군도 출격하여 다수를 죽이고, 특히 귀족 출신 지도자 루고토릭스를 생포하였다. 그러고는 별다른 피해 없이 진영으로 물러났다.

보고를 받은 카시벨라우누스는 참패를 당한 것과 황폐화한 영지, 그리고 무엇보다 다른 부족의 반역으로, 어쩔 수 없이 아트레바테스족의 콤미우스를 통해 카이사르에게 항복 사절을 보내왔다.

이에 대해 카이사르는 볼모와 연공(年貢)을 부과하고, 만두브라키우스족과 트리노반테스족에 대한 가해 행위를 금하는 것으로 매듭을 지었다. 갈리아에서의 예측할 수 없는 사태에 대비하여 대륙에서의 겨울 숙영을 예정하고 있는 데다가 아울러 여름도 얼마 남지 않아서, 사태가 오래 지연될 우려가 있었기 때문이다.

갈리아로의 귀환

23 볼모를 인도하고, 카이사르는 군단을 이끌고 해안으로 돌아갔다. 배의 수리는 이미 끝나 있었다. 그러나 다수의 포로가 있는 데다, 지난번의 폭풍으로 배를 여러 척 잃어버렸기 때문에, 군대를 두 번에 걸쳐 수송하기로 했다.

그런데 이 계획은 그리 순탄치 않은 결과를 낳았다. 작년부터 지금까지 대규모 선단으로 그토록 여러 번 항해하면서도 잃어버린 배는 단 한 척도 없었다. 그러나 이때는 최초의 수송 이래 대륙에서 브리타니아로 돌아와 있던 빈 배와, 그 뒤 라비에누스가 건조한 60척의 배 가운데 목적지에 도착한 것은 극히 일부분이었다. 대부분 되돌아가지 않을 수 없었던 것이다.

카이사르는 오랫동안 기다렸지만 선단은 보이지 않았다. 추분이 다가오고 항해의 계절도 끝나가고 있었다. 그래서 하는 수 없이 바다가 완전히 잔잔해졌을 때, 병사를 가득 싣고 제2야경시 첫 무렵(오후 9시 지나)에 출범하였다. 대륙에 도착한 것은 새벽녘이었다. 모든 배는 무사히 입항했다.

2. 에브로네스족에 의한 제14군단의 괴멸

겨울 숙영의 배치

24 배의 양륙을 마치고 사마로브리바에서의 갈리인의 회의도 끝나자, 겨울 숙영 준비에 들어갔다. 그 해에는 심한 가뭄으로 인해 작황이 좋지 않았기 때문에, 전해와는 달리 군단을 다수의 부족 사이에 분산하여 배치하지 않을 수 없었다.

그래서 각 부관에게 1개 군단씩 맡기고, 각각 겨울 숙영에 들어가기로 했다. 파비우스는 모리니족에게, 키케로*4는 네르비족에게, 로스키우스는 에수비족에게, 라비에누스는 트레베리족과 경계를 접하는 레미족에게 보냈다. 또 벨가이인에게는 3개 군단을 할당하고, 재무관 마르쿠스 크라수스,*5 부관 플란쿠스, 부관 트레보니우스를 각각 지휘관으로 임명했다.

최근에 파두스강(지금의 포강) 북쪽에서 모집한 1개 군단은 5개 대대를 딸려서 에브로네스족에게 보냈다. 이 부족은 대부분 모사강(지금의 뫼즈강)과 레누스강 사이에 살며, 암비오릭스와 카투볼쿠스의 지배를 받고 있었다. 그 부대의 지휘는 사비누스와 코타 두 부관에게 맡겼다.

카이사르는 이러한 군단의 분산에 의해, 식량 부족도 어려움 없이 극복할 수 있을 거라고 생각했다. 군단의 겨울 숙영지는 로스키우스에게 할당한 평온한 토지를 제외하면 모두 100마일 범위 안에 위치하고 있었다.

카이사르 자신은, 모든 군단이 목적지에 도착하여 각각 진영을 확보한 것이 확인될 때까지, 갈리아에 머물기로 했다.

25 카르누테스족 가운데 귀족 출신으로, 조상이 동족의 왕이었던 타스게티

---

*4 그 유명한 웅변가 키케로의 동생 퀸투스 툴리우스 키케로를 가리킨다. 그는 키케로의 동생이라는 점에서 카이사르의 총애를 받고 있었던 것 같다. '청년'이라는 호칭도 그 표현이다. 기원전 54~52년에 원정에 종군한다. 그러나 그 뒤 내전에서는 폼페이우스 쪽에 기울어, 기원전 43년에 카이사르파인 안토니우스에게 살해된다.

*5 '삼두정치'의 한 사람인 크라수스의 아들이다. 아버지와 같은 이름으로, 마르쿠스 리키니우스 크라수스. 기원전 54년부터 기원전 53년에 걸쳐 재무관으로 종군한다. 그 뒤 기원전 49년에는 내갈리아(이탈리아) 총독을 지냈다. 《전기》 전반에 나온 '청년' 푸블리우스 크라수스의 형이다.

우스라는 자가 있었다. 그는 그때까지의 전공과 충성 덕분에, 카이사르에 의해 조상의 지위로 돌아가 있었다.

그런데 즉위한 지 3년째 되던 해, 부족 가운데 많은 지지자를 얻은 정적에게 공공장소에서 살해되고 말았다.

이를 안 카이사르는 관계자가 다수에 이르는 것에서, 그들의 선동으로 부족 전체가 반역을 꾀하게 될 것을 우려했다. 그래서 루키우스 플란쿠스에게, 벨기움에서 군단을 이끌고 카르누테스족에게 급히 가서 그곳에서 겨울 숙영에 들어가는 동시에, 타스게티우스를 살해한 장본인으로 추정되는 자들을 붙잡아 자신에게 보내라고 명령했다.

그동안 군단을 맡은 부관과 재무관으로부터, 겨울 숙영지에 도착하여 모든 준비를 끝냈다는 보고가 들어와 있었다.

에브로네스족의 반란

26 로마군이 겨울 숙영지에 들어간 지 약 2주일 뒤에 반란이 일어났다. 주모자는 암비오릭스와 카투볼쿠스였다. 두 사람은 사비누스와 코타를 자국 영토에 맞이하여 겨울 숙영지에 식량을 제공하고 있었음에도 불구하고, 트레베리족의 인두티오마루스가 보낸 사자의 부추김으로 동료를 선동하여 무기를 들었다. 그들은 벌채하고 있던 로마군 병사를 습격한 뒤, 대대적으로 진영까지 공격해 들어왔다.

아군은 즉시 무기를 들고 보루에 올라가는 동시에, 진문 하나를 열어 에스파냐 기병부대를 내보냈다. 그리고 기병전을 치른 끝에 적을 퇴각시켰다.

얼마 뒤 상대 쪽에서 그들의 독특한 방법인 큰 소리*6를 지르며 회담을 요청했다. 분쟁을 없애기 위해 서로의 문제에 대해 대화를 나누고 싶으니 몇 사람이 건너와 주기 바란다는 것이었다.

27 아군은 사비누스의 친구인 로마 기사 가이우스 아르피네이우스와 또 한 사람, 카이사르의 사자로서 암비오릭스를 종종 방문한 적이 있는 에스파냐 출신의 퀸투스 유니우스를 보냈다.

---

*6 로마인처럼 사절을 보내는 것이 아니라 큰 소리를 질러 전달하는 방법이, 카이사르에게는 무척 인상적이었으리라.

암비오릭스는 두 사람에게 다음과 같이 말했다.

"솔직하게 말해서, 카이사르에게는 빚을 지고 있소. 이웃인 아투아투키족에 대한 오랜 공납에서 벗어난 것도, 또 볼모였음에도 불구하고 노예처럼 취급받고 있던 아들과 조카가 송환된 것도 카이사르의 노력 덕분이었기 때문이오.

우리가 진영을 공격한 것은 사실이오. 그러나 그것은 나의 판단에 의한 것도 아니고 본의도 아니었소. 부족민의 요청에 휩쓸려서 그랬던 것이오. 원인은 나의 지배력이 약하다는 데 있소. 즉, 내가 우리 부족민을 지배하는 것만큼 우리 부족민도 나를 지배하고 있기 때문이오.

또 그러한 우리 부족민이 싸움에 가담한 것은, 갈리아 전역에 미치고 있는 공모의 움직임에 호응하지 않을 수 없었기 때문이오. 이것은 나 자신의 무력함으로도 증명할 수 있소. 우리 군이 로마군을 이길 수 있다고 생각할 만큼 나는 어리석지 않소.

어느 군단도 다른 군단을 구원할 수 없도록 한 날에 모든 겨울 숙영지를 일제히 습격한 것은, 바로 갈리인 전체가 공모한 것이오. 갈리인으로서 동포의 뜻을 거부하기란 어려운 일이오. 자유 회복이라는 공통의 문제에 대한 경우는 특히 더 그렇소.

그러나 그 애국심을 만족시킨 지금, 카이사르의 호의에 대한 감사를 금할 길이 없소. 그래서 나의 빈객이기도 한 사비누스에게 그 신변과 군대의 안전을 도모하라고 진심으로 충고하는 바요.

게르마니인의 대부대가 고용되어 이미 레누스강을 건너고 말았소. 이틀 뒤에는 이곳에 나타날 것이오.

그러니, 가까운 부족이 눈치 채기 전에 병사들을 겨울 숙영지에서 철수시키고, 카이사르나 라비에누스에게로 돌아가는 것이 좋을 것이오. 카이사르가 있는 곳까지는 약 50마일이고, 라비에누스 쪽은 좀 더 멀 거요.

내 영토를 지나갈 때는 맹세코 안전을 보장하겠소. 그렇게 되면, 겨울 숙영지의 부담에서 해방되어 부족에도 득이 되는 한편, 카이사르에 대해서는 은혜에 대한 보답도 될 것이오."

이렇게 말하고 암비오릭스는 돌아갔다.

군사회의에서의 격론

28 아르피네이우스와 유니우스는 들은 얘기를 그대로 전달했다. 이 보고에 놀란 부관들은, 적의 말이지만 무시할 수 없다고 판단했다. 에브로네스족 같은 약소한 부족이 자청하여 로마에 도전하는 것은 생각도 할 수 없는 일인 만큼, 그들의 당혹감은 이만저만한 것이 아니었다.

그래서 이 일이 회의에 부쳐지자 격론이 벌어졌다.

코타를 비롯하여 다수의 대대장과 상급 백인대장들은 성급하게 행동해서는 안 되며, 또 겨울 숙영지에서 철수하려면 카이사르의 명령이 필요하다는 의견이었다. 그들은 주장했다.

"게르마니인이 아무리 많아도 겨울 숙영지의 방비로도 저지할 수 있소. 실제로 적의 첫 공격에 잘 버텼고, 상대에게 적지 않은 타격도 주지 않았소? 식량은 충분하고, 가까운 겨울 숙영지와 카이사르 쪽에서 원군도 달려올 것이오. 어쨌든, 중대한 문제에 대해 적의 충고에 따르는 것만큼 무분별한 일이 어디 있겠소?"

29 이에 대해 사비누스가 소리 높이 반론했다.

"게르마니인이 가세한 적의 대군이 공격해온 시점에는 이미 때는 늦소. 아니면 이웃 부족의 겨울 숙영지가 재난을 당한 시점에도 마찬가지요. 더 이상 의논하고 있을 시간이 없소.

카이사르는 북이탈리아로 떠났을 거요. 그렇지 않다면, 카르누테스족이 타스게티우스를 살해했을 리가 없고, 또 로마군 진영을 습격하는 불손한 폭거를 자행할 리도 없소.

중요한 것은 적의 충고가 아니라 사실이오. 레누스강은 가깝소. 아리오비스투스의 죽음과 지금까지의 패배는 게르마니인에게는 견디기 힘든 일이었을 거요. 갈리인도, 로마의 지배에 복종한 이후 받고 있는 굴욕과, 옛날부터 자랑해온 무용이 무너진 것에 크게 분노를 느끼고 있소. 어쨌든 암비오릭스가 뚜렷한 이유도 없이 지금과 같은 행동으로 나오는 건 납득하기 어렵소.

나의 의견은 결국 안전이오. 심각한 일만 일어나지 않는다면, 특별한 어려움 없이 가까운 군단에 합류할 수 있을 것이오. 만약 갈리아 전체가 게르마니인과 공모하고 있다면, 취해야 할 것은 신속한 행동밖에 없소.

코타를 비롯하여, 나와 의견이 다른 자들을 따른다면 과연 어떤 결과가 될 것 같소? 그러한 의견으로는 당분간은 위험이 없더라도, 장기간 농성하게 되면 굶어죽을 것이 뻔하오."

30 이렇게 서로의 주장이 끝나자, 코타와 상급 백인대장들이 거세게 항변했다. 이에 대해 사비누스는 병사들에게 잘 들리도록, 평소보다 더욱 목소리를 높여서 말했다.

"그렇다면 마음대로 하시오. 우리 모두 가운데 내가 특별히 죽음을 두려워하고 있는 것은 아니오. 곧 알게 될 것이오. 심각한 사태가 일어나면 책임은 그쪽에 있소. 당신만 좋다고 하면, 모레쯤이면 가까운 겨울 숙영지에 도착하여 다른 동료들과 함께 싸울 수가 있소. 동료로부터 멀리 떨어진 곳에서 부상과 굶주림으로 죽는 일은 없을 것이오."

31 주위 사람들이 자리에서 일어나 두 사람을 제지했다. 자신의 주장을 고집해서는 안 된다, 대립은 위험을 부른다, 나가든 머물든 모두가 단결하면 일은 쉬워진다는 것이었다.

논의는 심야까지 이어졌다. 그러나 결국 코타가 설복당하여 사비누스의 의견이 채택되었다. 즉, 동이 트는 동시에 출진하기로 한 것이다.

이 결정이 알려지자 병사들은 그날 밤을 꼬박 새워야 했다. 각자가 휴대할 수 있는 소지품과 두고 가야 할 겨울 숙영용 장비 등을 정리해야 했기 때문이다. 그동안, 왜 나가는 쪽이 안전한가 하는 이유들이 다양하게 나왔다. 불면에 의한 피로로 위험은 더욱 높아져 있었다.

그리하여 날이 새자마자 진영을 나가게 되었다. 그것은 마치 친밀한 친구의 권유에 따르는 것 같은 모습이었다. 대열은 매우 길었고, 치중대의 짐도 무척 많았다.

부관들의 죽음

32 야간의 소음에서 로마군의 움직임을 눈치챈 적은, 2마일 정도 떨어진 숲속의 매복하기 좋은 장소에 복병을 2대로 나눠 잠복시키고 로마군을 기다렸다. 그러다가 대열의 대부분이 깊은 골짜기로 내려가자, 갑자기 양쪽에서 나타

나 아군의 후위를 기습하는 한편 전위가 달아나는 것을 저지하는, 아군에게는 가장 불리한 전투를 걸어왔다.

33 예기치 않은 사태에 당황한 사비누스는 이리저리 쫓아다니며 각 대대에 지시를 내렸으나, 그것조차 실제로는 어떻게 해야 좋을지 자신도 모르는 모습이었다. 사전에 상황을 예측하지 못한 자에게 흔히 있는 일이다.

한편, 이동 중에 이러한 사태가 일어날 가능성을 예측하고 출진에 반대했던 코타는, 만전의 안전책을 강구해두고 있었다. 그래서 지휘관으로서도 부대를 침착하게 격려하고, 또 한 병사로서도 잘 싸울 수 있었다.

그러나 대열이 너무 길어서, 두 사람이 모든 사람에게 대응하는 것은 불가능한 일이었다. 그래서 전군에 대해 짐을 버리고 원진(圓陣)을 짜라는 지령을 내렸다.

비상시의 이 지령은 비난받을 만한 일은 아니었다. 그러나 결과적으로는 좋지 않았다. 절망적인 상황이 아니면 그런 일은 있을 수 없다고 생각한 아군에게서는 희망이 사라지고, 한편, 적은 전의가 더욱 높아졌기 때문이다.

당연한 결과라고 할까, 전선 이탈이 시작되었다. 치중대로 달려가 자신의 귀중품을 찾는 병사들의 외침과 탄식하는 소리가 전장 곳곳에서 들려왔다.

34 적 쪽에는 취할 수단이 얼마든지 있었다. 사기를 북돋우는 지령이 전군에 전달되었다. 전열을 벗어나서는 안 된다, 전리품은 너희들의 것이 된다, 로마군이 남긴 것은 무엇이든 가져도 좋다, 그 모든 것이 승리에 달려 있음을 명심하라!

전국은 한동안 백중지세. 지휘관에게서도 행운으로부터도 버림받은 아군은, 오직 자신의 무용에 희망을 걸고 각 대대 모두 돌격할 때마다 다수의 적을 쓰러뜨렸다.

이것을 본 암비오릭스는 새롭게 지령을 내렸다. 멀리서 투창을 던져 가까이 접근하지 못하게 하라, 상대가 돌격해올 때는 물러가라. 가벼운 무장과 나날의 훈련에 의해 그러한 안전한 전개가 가능했던 적은, 병사들이 대열로 돌아가려고 하자 다시 추격해왔다.

35 그들은 이 전법을 충실하게 지켰다. 아군 대대가 원진에서 나와 돌격하려고 하면 즉시 물러갔다. 그러면 원진은 필연적으로 그 부분이 열리게 된다. 적은 그 열린 측면을 향해 창을 던졌다. 그리고 돌격한 부대가 돌아오려고 하면, 후퇴하고 있던 적과 가까이 있던 적이 이를 에워쌌다. 반대로 원진을 떠나지 않으려 하면, 아군 병사는 무용을 발휘할 여지도 없이, 밀집한 상태에서 다수의 적이 던지는 창을 피할 방도가 없었다.

이 전투에서, 지난해의 수석 백인대장으로 신망이 두터웠던 용사 발벤티우스가 양쪽 대퇴부를 창으로 관통당한 것 외에, 같은 수석 백인대장인 루카니우스도 분투한 끝에 적에게 포위된 아들을 구하려다가 목숨을 잃었다. 또 부관 루키우스 코타도 부하와 부대를 격려하다가 얼굴에 돌을 맞아 부상을 입었다.

36 이러한 상황에 간담이 서늘해진 사비누스는 부하를 독려하고 있는 암비오릭스를 멀리서 바라보고는, 통역인 폼페이우스를 그에게 보내 목숨을 구걸했다.

암비오릭스는 이렇게 대답했다.

"회담을 원한다면 응하겠다. 로마군의 구명에 대해서는 부족들의 승낙을 얻을 수 있을 것이다. 어쨌든 그쪽에서 이쪽으로 오기 바란다. 신변의 안전은 보장하겠다."

사비누스는 코타와 연락을 취하여, 전투를 중지하고 암비오릭스와 대화를 할 생각이 있는지 물었다. 전군의 구명을 성사시킬 수 있다고 하면서.

그러나 코타는 무장한 적에게 가는 것을 단호히 거절했다.

37 사비누스는 주위에 있던 대대장과 상급 백인대장들을 따르게 하여 암비오릭스에게로 다가가서, 시키는 대로 무기를 버리고 수행자들도 그렇게 하게 했다.

두 사람이 강화회담에 들어가자 암비오릭스는 일부러 장광설을 늘어놓았다. 그러면서 그 사이에 사비누스를 서서히 포위하더니 마침내 그를 죽이고 말았다.

그들은 승리했을 때의 독특한 함성을 지른 뒤, 괴성을 지르면서 급습하여 아군을 혼란에 빠뜨렸다.

코타는 대다수의 병사와 함께 전사하고, 남은 자들은 진영으로 퇴각했다. 병사들 가운데 기수 페트로시디우스는, 수많은 적에게 포위되자 군기를 보루 속에 던져 넣고 진영 앞에서 분전하다가 전사했다. 그 밖의 병사들도 해질녘까지는 잘 버텼지만, 밤이 되자 절망에 빠져 모두 자결하고 말았다.

전장에서 달아난 자는 극히 일부였다. 그들은 길도 없는 숲을 헤치고 빠져나가 부관 라비에누스의 진영에 도착하여, 사건[*7]의 경위를 보고했다.

3. 네르비족의 키케로 진영 공격

38 승리에 의기양양해진 암비오릭스는 즉시 기병부대를 이끌고 이웃인 아투아투키족의 영지를 향한다. 그는 밤낮을 가리지 않고 길을 서둘렀다. 보병부대가 그 뒤를 따르게 했다. 그리고 전승 이야기로 아투아투키족을 흥분시키고, 이튿날에는 네르비족의 영토로 들어가 그들을 선동했다. 폭정을 휘두른 로마인에게 복수하고 영원한 자유를 획득할 수 있는 이 좋은 기회를 놓치지 말라고 한 것이다.

이어서 로마군 부관 두 사람이 전사한 것과 거의 모든 부대가 궤주한 것을 얘기했다. 그리고 키케로의 지휘하에 겨울을 보내고 있는 군단을 급습하면 쉽게 괴멸시킬 수 있을 거라고도 했으며, 그것을 위해 자기들도 가세하겠다고 제안했다. 그리하여 네르비족을 간단하게 설복했다.

네르비족의 반란

39 케우트로네스족, 구루디족, 레바키족, 플레우목시족, 게이둠니족 등, 네르비족의 지배하에 있던 10부족에게도 즉시 사자가 파견되었다. 그들은 최대한 많은 병사를 모아서 키케로의 겨울 숙영지를 기습했다. 이때는 아직 사비누스

[*7] 제14군단(10개 대대)과 다른 군단에서 차출된 5개 대대, 모두 15대대, 병력수만 해도 9천 명이 전사한, 사비누스의 불상사에서 일어난 이 참사는, 카이사르의 원정 중 가장 타격이 큰 것이었다. 이를 들은 카이사르는 복수를 할 때까지 머리도 수염도 깎지 않겠다고 맹세했다고 한다.

의 전사 소식이 키케로에게 전해지기 전이었다.

그래서 보루용 목재와 장작을 구하러 숲 속에 들어간 부대도 적의 기병에게 급습을 당했다. 에브로네스족, 네르비족, 아투아투키족 외에, 그들과 동맹 또는 종속 관계에 있는 모든 부족으로 구성된 대군에게 사방에서 공격받은 것이다.

아군은 재빨리 무기를 들고 보루로 달려갔다. 전투는 치열하기 그지없었고 아군에게 매우 위험했다. 적이 이 기습에 모든 운명을 걸고 있었기 때문이다. 이를 제압하면 영원한 승리를 얻을 수 있다고 믿었던 것이다.

40 키케로는 즉시, 사자에게 큰 보수를 약속하면서 카이사르에게 편지를 전하고자 했다. 그런데 모든 길이 막혀 있어서 전원이 붙잡히고 말았다.

로마군은 야간을 틈타 보루용 목재로 120개나 되는 망루를 서둘러 짓고, 필요한 곳은 보강했다.

이튿날, 적은 더 많은 대군으로 몰려와 참호를 가득 메웠다. 이에 대해 아군도 전날과 마찬가지로 응전했고, 그 이후에도 그러한 일은 되풀이되었다.

한편, 공사는 밤새도록 계속되어 병자와 부상자까지 쉴 틈이 없었다. 끝부분을 태운 말뚝과 기다란 성채 방어용 창을 수없이 늘어놓고, 망루를 높이고, 나뭇가지를 엮어서 흉벽(胸壁)을 쌓는 등, 밤 사이에 다음 날의 방어에 필요한 모든 것을 준비했다.

쇠약해져 있었음에도 불구하고 밤에도 쉬려고 하지 않던 키케로는, 걱정하는 병사들의 재촉으로 간신히 휴식을 취했다.

41 네르비족의 지도자와 유력자들 가운데 키케로의 친구 또는 지인을 자처하고 있던 자들이 그에게 회담을 청해왔다. 그에 응하자 그들은 암비오릭스가 사비누스에게 말한 것과 똑같은 말을 했다. 전 갈리아의 봉기, 게르마니인의 레누스강 도하, 그리고 카이사르와 그 밖의 겨울 숙영지에 대한 습격 등이다.

· 또 사비누스의 죽음에 대해서도 얘기하고, 그 증거로서 암비오릭스가 그곳에 있다는 사실을 밝혔다. 그리고 말했다.

"절망적인 상황에 있는 자에게 지원을 기대한들 무슨 소용이 있겠소? 우리는 키케로와도 로마인과도 싸울 생각이 없소. 다만, 이곳에서의 겨울 숙영은 인정할 수 없소. 그러한 일이 영구화할 우려가 있기 때문이오. 겨울 숙영지에서 철수할 때는 안전을 보장하겠소. 어디든 가고 싶은 곳으로 가게 해주겠소."

이에 대해 키케로는 이렇게만 대답했다.

"무장한 상대가 제시하는 조건을 받아들이는 것은 로마인의 방식이 아니오. 만약 무기를 내려놓을 용의가 있다면, 내가 중재할 테니 카이사르에게 사절을 보내도록 하시오. 카이사르의 정의감에 호소하면 탄원을 인정받을 수 있을 것이오."

42 예상이 빗나간 네르비족은 높이 10피트의 보루와 폭 15피트의 참호로 진영을 에워쌌다. 이 방식은 몇 년 동안 우리에게서 배우거나, 포로가 된 로마 병사로부터 배운 것이다. 다만, 작업에 적합한 철기류가 없었기 때문에, 잔디를 떼어내는 데 칼을 사용하고, 흙을 운반하는 데도 손이나 망토를 사용했다.

그러한 상황을 통해 상당한 군세임을 알 수 있었다. 그들은 3시간도 채 안되어 둘레 3마일의 보루를 완성시켰다. 그 다음에는 며칠 만에 마찬가지로 포로로부터 배운 대로 보루와, 똑같은 높이의 공성용 망루와 파성용(破城用) 갈고리와 귀갑차까지 만들었다.

43 농성한 지 이레째 되는 날, 강풍이 몰아쳤다.

적은 이때라는 듯이, 갈리아식에 따라 짚으로 지붕을 인 오두막을 겨냥하여, 새빨갛게 달군 점토 탄환과 불을 당긴 투창을 맹렬하게 던져댔다. 오두막은 당장 불길에 휩싸였고, 바람을 타고 진영 전체에 불이 번져갔다. 적은 벌써 승리를 거둔 것처럼 환성을 지르며 공성용 망루와 귀갑차를 접근시켰고, 보루에는 사다리를 걸치고 올라왔다.

그러나 아군 병사는 용감하고 침착했다. 주위가 불길에 휩싸인 데다 비처럼 쏟아지는 투창 속에서, 더욱이 군수품과 개인 소지품이 모두 불타고 있다는 것을 알면서도, 보루에서 달아나는 자는 한 사람도 없었고, 거의 모두 뒤도 돌아보지 않고 과감하게 응전했다.

이날 아군은 매우 위태로운 상황에 처했으나, 적이 한꺼번에 보루 아래까지 몰려와서 앞줄의 후퇴를 뒷줄이 방해하는 결과가 되어, 전투가 시작된 이래 가장 많은 적을 쓰러뜨렸다.

얼마 뒤 불길이 약간 수그러들자, 적은 망루 하나를 보루 가까이 접근시켰다. 이것을 본 제3대대의 백인대장들은 자신들이 먼저 물러나고 부하들도 전원 후퇴시킨 뒤, 몸짓까지 섞어서 큰 소리로 적의 돌입을 유도했으나 한 사람도 다가오는 자가 없었다. 그래서 사방에서 돌을 던져 적병을 떨어뜨리고 망루에 불을 질렀다.

44 이 군단에는 상급 백인대장의 지위에 가까운, 풀로와 보레누스라고 하는, 용감한 백인대장 두 사람이 있었다. 그들은 끊임없이 서로 경쟁하며 해마다 승진을 다투고 있었다.

보루 앞에서 한창 격전이 벌어지는 속에서 그 한 사람인 풀로가 말했다.

"우물거리지 마라, 보레누스. 용기를 보여줄 때가 바로 지금이다! 오늘은 기필코 결론을 내자."

그러고는 보루에서 뛰쳐나가 적이 가장 밀집해 있는 곳으로 돌진했다. 보레누스도 주위 사람들이 보는 앞이라 보루에 머물 수가 없어서 그의 뒤를 따랐다.

적의 눈앞까지 다가간 풀로는, 많은 병사들 중에서 달려나온 한 병사에게 창을 던졌다. 적병이 그 창을 맞고 쓰러졌다. 그러자 동료가 그를 방패로 보호하며 풀로의 전진을 저지하려고 투창을 마구 던졌다.

그 가운데 한 개가 풀로의 방패를 뚫고 검대에 꽂히는 바람에 칼집의 위치가 바뀌었다. 그래서 풀로가 오른손으로 칼을 뽑는 것이 늦어져 그만 적에게 포위되고 말았다.

그것을 본 보레누스는 풀로를 구하기 위해 달려갔다. 적은 풀로가 투창에 맞아 죽은 줄 알고, 일제히 보레누스에게 달려들었다. 보레누스는 칼을 들고 백병전을 시도하여 한 사람을 쓰러뜨리고 나머지는 약간 후퇴시켰다. 그런데 너무 깊이 돌진하는 바람에 눈 깜짝할 사이에 움푹 꺼진 웅덩이에 떨어져, 자신이 포위되는 신세가 되었다. 그러자 이번에는 풀로가 보레누스를 구출했다. 그리하여 두 사람은 수많은 적을 쓰러뜨리고 커다란 갈채 속에 무사히 보루로 돌아왔다.

경쟁하는 두 사람 사이에 행운이 이렇게 서로를 돕게 했으므로, 어느 쪽이 더 용감한지 결정할 수가 없었다.

45 날이 갈수록 더욱 치열해지는 적의 공세에 병사 대부분이 부상을 입어, 싸울 수 있는 자의 수가 점차 줄어들었다. 그에 따라 카이사르에게 사자를 보내는 수는 늘어났고, 그 가운데 몇 명은 붙잡혀 아군이 지켜보는 가운데 고문을 당하다가 죽어갔다.

이때 진영에 베르티코라는 네르비족 명문 출신의 남자가 있었다. 그는 공격이 시작되자, 키케로에게 와서 난을 피하면서 충절을 다하고 있었다.

이 베르티코가, 자기 노예에게 자유와 큰 포상을 주기로 약속하고 그 노예 편에 카이사르에게 편지를 전하기로 했다. 노예는 편지를 투창에 묶어서 가지고 나갔다. 그는 갈리인의 한 사람으로서 아무런 의심도 받지 않고 카이사르에게 갈 수 있었다. 그리하여 키케로와 군단의 위태한 상황이 전해졌다.

카이사르의 도움

46 카이사르가 편지를 받은 것은 그날 제11시(오후 5시) 무렵. 카이사르는 즉각 25마일 앞에 있는 벨로바키족의 영토에서 겨울을 보내고 있던 재무관 크라수스에게 전령을 보내, 한밤중에 군단을 이끌고 달려가라고 명령했다. 크라수스는 명령을 받자 즉시 진영을 출발했다.

카이사르는 부관 파비우스에게도 전령을 보내, 자신이 통과할 예정으로 있는 아트레바테스족의 영토에 군단을 이끌고 오도록 명령하고, 나아가서 라비에누스에게도 지장이 없으면, 군단과 함께 네르비족이 있는 곳으로 달려가라고 지시했다. 다른 부대는 너무 멀리 떨어져 있어서 기대할 수가 없었다. 기병은 가까운 겨울 숙영지에서 약 400기를 소집했다.

47 제3시(오전 9시) 무렵 크라수스의 선발대로부터 본대가 도착했다는 소식을 알게 된 카이사르는, 그날 20마일 정도를 행군했다. 그리고 사마로브리바를 크라수스에게 맡기고, 그를 위해 1개 군단을 내주었다. 그곳에는 군수품과 볼모, 공문서 외에 겨울 숙영에 필요한 곡물을 보관하고 있었다.

파비우스는 명령에 따라 군단과 함께 곧 행군 중에 합류했다.

한편, 라비에누스는 사비누스의 전사와 대대의 전멸을 알았으나, 트레베리족이 이번 승리로 의기양양해져 전군을 동원, 육박해오고 있었다. 이때 달아나듯이 겨울 숙영지를 떠나면 적의 공격을 막아내지 못하게 될 우려가 있었기 때문에, 카이사르에게 편지를 보내 겨울 숙영지에서 철수하는 것은 위험하다는 것을 알렸다. 또 에브로네스족이 있는 곳에서 일어난 사건 외에, 트레베리족 기병부대와 보병부대가 자신의 진지에서 3마일 지점에 포진하고 있다는 것도 보고했다.

48 카이사르는 라비에누스의 진언을 받아들였다. 그러나 그로 인해 3개 군단이 아니라 2개 군단밖에 동원할 수 없게 되었다.

어쨌든 전군을 구하기 위해서는 신속한 행동밖에 없다는 생각에서, 카이사르는 강행군하여 네르비족의 영토로 들어갔다. 그리고 그곳에서 포로로부터, 키케로의 겨울 숙영지에서 일어나고 있는 사태의 심각성을 전해들었다.

카이사르는 갈리인 병사 한 사람을 큰 포상으로 설득하여, 키케로에게 편지를 전달하기로 했다. 사자가 사로잡혀도 적이 내용을 알 수 없도록 편지는 그리스어로 썼다. 사자에게는 만약 진영에 접근할 수 없는 경우에는, 편지를 창의 가죽끈에 묶어서 보루 속으로 던져 넣으라고 지시했다.

편지의 내용은, 카이사르가 군단을 이끌고 구원하러 가고 있다, 곧 도착할 것이니 그때까지 평소의 강인함을 견지하라는 것이었다.

갈리인 사자는 두려운 나머지 시키는 대로 창을 던졌다. 창은 다행히 망루에 꽂혔지만 이틀 동안 누구에게도 발견되지 않다가, 사흘째 되는 날 간신히 한 병사에게 발견되어 키케로에게 전달되었다.

그것을 훑어본 키케로는 병사들 앞에서 큰 소리로 읽어주었다. 병사들은 기쁨의 환성을 질렀다. 그때 멀리서 건물을 태우고 있는 연기가 보였다. 그것은 명백하게 카이사르가 구원하러 오고 있음을 나타내는 것이었다.

49 갈리인은 정찰대로부터 사정을 알아내자, 포위를 풀고 일제히 카이사르를 향해 돌아섰다. 그 수는 무장한 병사 약 6만 명이었다.

키케로는 이번에도 앞에서 말한 갈리인 병사 베르티코에게 카이사르에게 보내는 편지를 맡기며, 가는 길에 부디 조심하라고 일렀다. 편지 내용은, 적이 화살의 방향을 겨울 숙영지에서 카이사르의 군으로 돌렸음을 전하는 것이었다.

한밤중에 편지를 받은 카이사르는 적의 내습을 전군에 알리고, 전투에 앞서 병사들을 독려했다. 이튿날 새벽 무렵, 진을 거두어 4마일 정도 나아간 곳에서,

골짜기와 강 저편에 있는 적의 대군을 발견했다.

아군으로서는 병력이 적은 데다 지형도 불리하면 싸움은 매우 위험해진다. 게다가 키케로는 이미 농성에서 해방되었으므로 이제 그 점에 있어서는 우려가 없었다. 그래서 카이사르는 걸음을 늦춰야 한다고 생각하여, 진군을 중지하고 근처의 적당한 장소에 진을 쳤다.

7천 명이 채 안 되고 군수품도 없었지만, 적을 속이기 위해 가능한 한 통로를 좁게 하여 실제보다 더 소규모인 것처럼 보이게 하고, 그동안 사방에 척후를 보내 골짜기를 건널 수 있는 가장 좋은 길을 찾게 했다.

50 그날은 물가에서 기병들끼리 벌인 작은 전투를 제외하면, 양군 모두 진지에서 움직이지 않았다. 갈리인 쪽은 지원하러 오는 중인 대군을 기다리고 있었다. 카이사르 쪽은 겁을 먹고 있는 척하며 적을 유인하여, 골짜기 이쪽의 진지 앞에서 싸우거나, 그것이 불가능하면 길을 찾아서 안전하게 골짜기와 강을 건널 계획이었다.

날이 밝자, 적의 기병부대가 내습하여 아군 기병부대와 전투를 벌였다. 카이사르는 기병을 거짓으로 퇴각시켰다. 그리고 진영 주위의 보루를 높이고 모든 문을 봉쇄하는 동시에, 이러한 작업이 공포에 의한 대혼란 속에서 이루어지고 있는 것처럼 연출했다.

51 이러한 일련의 계략에 적은 속아 넘어갔다. 그들은 불리한 지형에서 전열을 짜기에 이르렀고, 나아가서는 아군이 보루에서 모습을 감추는 것을 보고, 더욱 가까이 다가와 사방에서 진영 안으로 무기를 던졌다. 이때 적의 전령이 진지 주위를 달리면서 소리쳤다. "갈리인이든 로마인이든 제3시(오전 9시)까지 나오는 자에게는 안전을 보장한다. 그러나 그 이후에는 용서하지 않겠다."

적은 로마군을 얕보고 있었다. 진문을 위장하여 잔디 한 겹만 덮었을 뿐인데도, 거기서 돌입하는 것은 불가능하다고 생각했는지 손으로 보루를 허물고 참호를 메우기 시작했다.

카이사르는 그쯤에서 모든 문을 통해 군단병을 돌격시키고, 이어서 기병을 보내 눈 깜짝할 사이에 적을 궤주시켰다. 누구 한 사람도 이에 응전하는 자는 없었다. 그리하여 다수의 적을 죽이고 대량의 무기를 빼앗았다.

52 그러나 도중 곳곳에 숲과 늪이 있는데다, 공격할 만한 것이 이제 거의 남아 있지 않아서, 깊이 추격하지는 않기로 했다. 카이사르는 아무런 피해도 입지 않은 채 전군을 이끌고 그날 안에 키케로와 합류했다.

적이 만든 망루와 방어시설은 훌륭한 것이었다. 한편, 키케로의 군단을 열병한 결과, 부상을 당하지 않은 자는 열 명에 한 명도 되지 않았다. 이것은 위기 상황 속에서 병사들이 얼마나 분전했는지를 말해주는 것이었다.

카이사르는 키케로와 군단의 용맹함에 대해 칭찬을 아끼지 않았다. 그리고 키케로의 증언을 토대로, 특별히 전공을 세운 대대장과 백인대장들 한 사람 한 사람에게 치하의 말을 했다. 그 뒤 사비누스와 코타의 죽음에 대해서도 포로로부터 상세한 내용을 전해들었다.

이튿날, 전군을 소집하여 상황을 설명한 뒤, 병사들을 위로하고 격려했다.

"패배는 부관의 오판과 과실에 의한 것이니 전혀 동요할 필요가 없다. 게다가 신의 가호와 여러분들의 무용에 의해 재앙은 이미 보상받았다. 적의 기쁨은 오래 가지 않았고, 우리의 슬픔은 이것으로 끝났다."

4. 북방민족들의 반란 확대

53 그동안 카이사르가 승리했다는 소식은, 레미족을 통해 눈 깜짝할 사이에 라비에누스에게 전해졌다. 그때 라비에누스는 키케로의 겨울 숙영지에서 약 60마일 떨어져 있었고, 카이사르가 그곳에 도착한 것도 제9시(오후 3시) 지나서였지만, 밤이 깊어지기 전에 이미 라비에누스 진영의 문 앞에서 레미족이 승리의 함성을 지르고 있었다.

카이사르 승리의 소문은 마찬가지로 트레베리족의 인두티오마루스의 귀에도 들어갔다. 다음날 라비에누스 진영의 습격을 계획하고 있었던 그는, 그것을 알자 밤 사이에 진을 거두어 자신의 영토로 철수했다.

카이사르는 파비우스와 그 군단을 겨울 숙영지로 돌려보내고, 자신은 사마로브리바 부근의 세 곳에서 머물고 있는 3개 군단[8]과 함께 그곳에서 겨울을

---

[8] 카이사르가 갈리아에서 겨울을 보내는 것은 이것이 처음이다. 3개 군단이란 그 전에 현지에 남겨두었던 크라수스의 군단, 카이사르와 동행하고 있었던 트레보니우스의 군단, 그리고 키

보내기로 했다. 갈리아의 심각한 소란을 보았기 때문이다.

사비누스가 전사한 재난이 널리 알려지자 갈리아의 거의 모든 부족들은 전쟁을 계획하기에 이르렀다. 그들은 사자와 사절을 사방에 파견하여 다른 부족의 의견과 개전 장소 등을 알아보는 동시에, 밤에는 은밀한 곳에서 협의를 거듭하고 있었다.

그리하여 갈리인의 책모와 폭동에 대한 정보가 들어오지 않는 날이 없었고, 따라서 겨울 동안 카이사르가 마음 편히 쉴 수 있는 시간도 거의 없었다.

제13군단을 맡긴 로스키우스가 보낸 보고도 그러한 정보의 하나였다. 그것에 의하면, 아레모리카이족이라고 하는 갈리인의 대군이 로스키우스가 이끄는 로마군을 공격하기 위해 진영에서 8마일 떨어진 곳까지 접근했으나, 카이사르의 승리 소식을 듣고 달아나듯이 철수했다고 한다.

트레베리족의 반란

54 카이사르는 각 부족의 수장들을 불러모아, 때로는 모든 것을 간파하고 있다고 위협하고, 때로는 크게 격려하며 그 대부분을 복종시켰다.

그러나 갈리인 가운데 가장 세력이 큰 세노네스족만은 카이사르가 생각한 대로 잘 되지 않았다. 그들은 카이사르가 이 부족의 왕으로 앉힌 카바리누스를 죽이려고 획책하고 있었다. 카이사르가 갈리아에 왔을 때 세습 왕위를 물려받았던 것은 형인 모리타스구스였다.

카바리누스는 음모를 눈치채고 달아났지만, 부족민들은 국경까지 그를 추격하여 왕위를 빼앗고 영토에서 추방했다. 그 뒤 카이사르에게 사절을 보내 애써 변명했으나, 장로 전원의 출두를 요구하는 명령에는 따르지 않았다.

전쟁을 준비하는 지도자의 출현에 모든 부족이 움직여 마음을 바꾼 것이다. 그래서 오랜 충절과 최근의 지원으로 후대하고 있었던 하이두이족과 레미족을 제외하면, 아군으로서는 신뢰할 만한 부족이 거의 없는 상황이었다.

그러나 그들의 반역은 특별히 의외의 일은 아니었다. 왜냐하면, 무용 면에서 누구보다 뛰어났던 자들이 지금은 로마인에게 복종을 강요당하게 되었으니, 억누를 길 없는 굴욕감을 느끼는 것은 오히려 당연한 일이었기 때문이다.

케로의 군단을 가리킨다.

55 트레베리족과 인두티오마루스는 겨울 동안 끊임없이 레누스강 건너편에 사절을 보내, 돈을 주겠다고 약속하면서 각 부족을 부추겼다. 로마군은 대부분 괴멸하고 지금 남아 있는 것은 극히 일부분이라는 말도 했다.

그러나 여전히 한 부족도 확실히 설득하지는 못했다. 게르마니인의 말로는, 아리오비스투스의 전쟁과 텐크테리족의 레누스 도하 등, 두 번에 걸쳐 갈리아 진공을 시도했으므로 더 이상 모험을 무릅쓸 생각은 없다는 것이었다.

설득의 전망이 사라진 인두티오마루스는 그래도 포기하지 않고, 다음 수단으로서 병사를 모집하여 훈련하고, 인근 부족으로부터는 말을 사들였다. 그리고 거액의 대가로 갈리아 전역에서 망명자와 범죄자까지 그러모아 곧 갈리아에서 큰 세력을 이루게 되었다. 그 때문에 각지에서 사절이 그를 찾아가서 공사(公私)에 걸친 호의와 우정을 요청했다.

56 인두티오마루스는 그러한 요청을 받고 이렇게 생각했다. '죄의식이나 반항심에서 세노네스·카르누테스·네르비·아투아투키 등의 부족이 로마에 반기를 들려 하고 있는 지금의 상황에서, 영토를 나가 진군을 개시하면 지원병은 얼마든지 있을 것이다.'

그래서 그는 무장 집회를 통고한다. 갈리아의 관습에서 그것은 개전을 의미하는 것이었다. 또 그들 공통의 규칙에 따르면 성인 남자는 무장하여 모이는 것이 의무로 되어 있었고, 가장 늦게 오는 자는 모든 사람들이 보는 앞에서 온갖 고문을 가하여 죽음이 주어진다.

인두티오마루스는 이 집회에서 사위인 킨게토릭스를 공적(公敵)으로 선언하고 재산을 몰수했다. 킨게토릭스가 반대파의 수령일 뿐만 아니라, 앞에서 말했듯이 카이사르의 보호를 받는 친로마파였기 때문이다.

인두티오마루스는 또, 자신의 행동은 세노네스족과 카르누테스족, 그 밖에도 대부분의 갈리인 부족의 요청에 따른 것이며, 라비에누스의 진영을 공격한 뒤에 레미족의 영토를 유린할 생각임을 얘기하고, 거기에 필요한 지시를 내렸다.

57 라비에누스는 자연 조건과 기술의 혜택을 최대한 활용해 진지를 구축함으로써, 방비에 아무런 불안도 없었다. 오직 승리의 기회를 놓치지 않겠다는

생각만 하고 있었다.

그래서 킨게토릭스와 그 일족으로부터 인두티오마루스가 집회에서 한 연설에 대한 내용을 들은 뒤, 이웃 부족들에게 사자를 보내 기병의 공출을 요청하고 그 집결일을 전달했다.

한편, 인두티오마루스는 그동안 거의 매일 모든 기병을 데리고 라비에누스의 진영 주변을 어슬렁거리며, 로마군의 동태를 살피거나 얘기를 걸고 때로는 위협하기도 했다. 그런 때는 거의 언제나 모든 기병이 보루에 투창을 던져 넣었다.

이에 대해 라비에누스는 군단을 진영 안에 집결시키고, 온갖 방법으로 적을 두려워하는 척 가장해 보였다.

라비에누스의 승리

58 인두티오마루스는 날이 갈수록 경멸의 빛을 더하며 진영으로 접근해 왔다. 그러던 어느 날 밤, 라비에누스는 이웃 부족으로부터 모집한 기병을 진영 안에 두고, 보초를 세워 전군을 주의 깊게 진영 안에 머물게 하였다. 또한 진영 안의 사정이 트레베리족에게 알려지지 않도록 했다.

그동안 인두티오마루스는 여전히 진영이 있는 곳까지 와서 주변에서 오랜 시간 머물렀다. 그의 기병들도 매일같이 투창을 던져 넣고는, 모욕적인 말을 던지며 이쪽의 출격을 유도했다.

아군은 아무도 거기에 반응하지 않았다. 이윽고 해가 지자 그들은 삼삼오오 돌아가기 시작했다. 바로 그때 라비에누스가 두 개의 문으로 모든 기병을 출격시켰다.

라비에누스는 적이 당황해서 달아나기 시작하면, 모두들 인두티오마루스 한 사람만 추격하여 우선 그놈을 먼저 처치하라고 병사들에게 엄명을 내렸다. 다른 자들을 추격하는 동안 달아날 틈을 주어서는 안 된다고 생각한 것이다. 그리고 인두티오마루스를 처치한 자에게는 큰 포상을 약속하는 한편, 몇몇 대대를 보내 기병 부대를 지원하게 했다.

라비에누스의 계획은 보기 좋게 적중했다. 전원이 인두티오마루스만을 목표로 함으로써, 그를 얕은 여울에서 붙잡아 처형할 수 있었던 것이다. 또한 그의 목을 진영으로 가지고 돌아가면서도 다른 자들을 추격하여 최대한 많은 적을 죽였다.

결집해 있던 에브로네스족과 네르비족의 군대는 이 소식을 듣고 발길을 돌렸으며, 갈리아에는 그 뒤 얼마 동안 평온한 시간이 계속되었다.

참고(기원전 54년 본국의 상황)

총독이 되어 시리아로 부임한 크라수스는 파르티아를 향해 진공을 개시한다. 이에 비해 폼페이우스는 양 에스파냐의 통치를 부관에게 맡기고 자신은 국내에 머물렀다. 여전히 젊은 아내 곁을 떠나지 못하고 있다는 것이 한결같은 소문이었다. 그런데 그 폼페이우스에게 생각지 않은 불행이 닥친다. 애처 율리아가 산욕열로 사망하고, 태어난 아기도 며칠 뒤에 숨을 거둔 것이다. 어머니의 죽음에 이어 사랑하는 딸마저 죽자 카이사르도 깊은 슬픔에 잠겼다. 한편 주변 사람들은 그녀의 죽음에 의해 실력자 두 사람 사이의 연결고리가 끊어진 것에 위기감을 느꼈다. 타인이 된 두 영웅이 양립할 리가 없었다. 슬픔에서 다시 일어선 폼페이우스에게도, 간신히 자신이 직면한 그러한 현실이 보이기 시작했다. 원로원파가 이것을 호기로 여기고, 폼페이우스를 포섭하러 나선다. 동시에, 평민파에 대한 반격을 강화함으로써 수도는 더욱 혼란의 양상을 드러낸다. 또한 이해에는 카이사르가 국내의 측근을 통해 로마 시의 중심에 있는 광장(포룸)을 확장했다. 전해에 폼페이우스가 극장을 건설한 것을 의식한 일이다. 또 이해의 집정관 선거에서는 양쪽 다 원로원파가 승리했다.

브리타니아

게르마니아

메나피족
네르비족
에브로네스족   겨울숙영지   우비족
사마로브리바   수에비족
(아미앵)   트레베리족
레미족   레누스강
루테티아   두로코르토룸
(파리)   (랭스)
카르누테스족   세노네스족
아게딘쿰 (상스)   겨울숙영지   다누비우스강
리게르강   링고네스족
하이두이족   베손티오   헬베티족
픽토네스족   (브장송)
갈리아   세콰니족
대서양   산토니족   아르베르니족   게나바
(제네바)
비엔나 (빈)   갈리아
로   키살피나
다
누
갈리아 트란살피나   스
가론강   강
0 100km   에스파냐   지중해

(   )안은 현대명

갈리아 원정 6년째(기원전 53년)

제6권
(기원전 53년)

1. 갈리아 전역에서의 반란 확대

1 카이사르는 여러 가지 이유*[1]에서 더 큰 대규모의 반란을 예상하고, 그것에 대비하여 실라누스, 안티스티우스 레기누스, 섹스티우스, 세 부관에게 징병을 명령했다.

동시에 이때 정치적인 이유에서 군사권을 지닌 채 로마 근교에 머물고 있었던 에스파냐 총독 폼페이우스*[2]에게도, 그가 집정관이었을 때 갈리아 키살피나(북이탈리아)에서 군역을 선서하게 했던 자들의 소집과 파견을 의뢰했다. 그것은 전쟁에 의해 어떠한 손해를 입더라도, 그것을 곧 회복할 수 있을 뿐만 아니라, 나아가서는 증강할 수 있는 이탈리아의 인적자원을 갈리인에게 보여주는 것이, 장래를 위해서도 매우 중요했기 때문이다.

폼페이우스는 우정을 위해서도 그것을 응낙했다. 부관들에 의한 징병도 신속하게 시행되었다. 그리하여 봄이 오기 전에 벌써 3개*[3] 군단이 도착했다. 그것으로 사비누스와 함께 잃어버린 대대의 수도 배가되어, 의도한 대로 신속한

---

*1 5권 후반에 언급된 북방 부족들의 반란과 그것에 의해 입은 로마군의 큰 손실을 가리킨다.

*2 원로원은 기원전 55년, 폼페이우스가 집정관이었을 때, 다른 어떤 총독하의 속주에서도 징병할 수 있는 권한을 그에게 주었다. 또 집정관을 지낸 뒤의 지위로서 에스파냐 총독에 임명했다. 그러나 로마 시민에게 배급되는 곡물을 확보하기 위한 식량관리도 위임하게 되었기 때문에, 에스파냐에는 대리를 파견하고 본인은 본토에 머물도록 한 것이다. 또한 교외에 있었던 것은 군사권을 가지고 있었던 것에 의한다.

*3 카이사르의 병력은 이것으로 10개 군단이 되었다. 기원전 54년 겨울에 이탈리아에서 모집한 2개 군단 가운데, 하나는 최근에 괴멸한 사비누스의 군단, 즉 제14군단의 명칭을 이어받았다. 다른 쪽은 제15군단으로 명명되었고, 폼페이우스한테서 빌린 군단은 제1군단으로 불렸다. 이것은 그 뒤 제6군단으로 개칭되어, 파르티아를 토벌하기 위한 병력으로써 반환을 요구받는다.

동원과 그 규모로 로마인의 저력을 갈리인에게 과시할 수 있었다.

2 앞에서 말한 인두티오마루스의 죽음 뒤, 군대의 지휘권은 친척의 손으로 넘어갔다. 그런데 그자들도 마찬가지로 금전을 약속하며 주변의 게르마니인들을 꾀어냈다. 그리고 그것이 불발로 끝나자, 이번에는 멀리 있는 부족에게 공작을 걸어, 어느 정도 아군을 얻을 수 있었다. 그래서 그들과 동맹 서약을 교환하고, 금전의 보증으로서 볼모를 제공했다. 암비오릭스도 이렇게 하여 동맹의 일원이 되었다.

카이사르는 이러한 사정을 아는 것은 물론, 각지에서 개전 준비가 이루어지고 있는 상황도 수집했다. 분명히 네르비족, 아투아투키족, 메나피족, 그리고 레누스강 이쪽의 모든 게르마니인들이 봉기하고 있었고, 세노네스족도 명령을 무시하고 오지 않는 데다, 카르누테스족 외에 가까운 부족과도 내통하고 있었다. 그뿐만이 아니었다. 트레베리족이 다른 게르마니인에게도 활발하게 사절 공세를 퍼붓고 있었다.

카이사르는 평소보다 신속한 대응이 필요하다고 판단했다.

3 그래서 이른 봄에 인근의 4개 군단을 소집한 뒤, 느닷없이 네르비족의 영토로 쳐들어갔다. 그렇게 상대의 허를 찔러 주민과 가축을 다수 사로잡고, 그들을 병사들에게 분배했다. 그리고 토지도 유린하여, 어쩔 수 없이 항복하고 볼모를 보내지 않을 수 없게 했다. 그리하여 일을 단숨에 처리한 뒤 군단을 겨울 숙영지로 돌려보냈다.

초봄에 정기적인 갈리아 회의를 열었다. 그러나 세노네스, 카르누테스, 트레베리 세 부족은 모습을 나타내지 않았다. 이것을 봉기의 시작으로 생각한 카이사르는 모든 것을 뒤로 미루고, 회의 장소를 파리시족의 도시 루테티아(지금의 파리)로 옮겼다. 파리시족은 세노네스족의 이웃 부족으로, 한 세대 전에는 그들과 하나의 공동체를 이루고 있었으나, 이번 모반과는 무관한 것으로 보였다.

카이사르는 단상에서 계획을 설파한 뒤, 그날 안에 군단을 이끌고 세노네스족을 향해 강행군하여 그들의 영토에 들어갔다.

4 이번 모반의 주모자인 아코는, 카이사르가 접근하고 있는 것을 알고 부족민에게 성채로 집결할 것을 명령했다. 부족민은 서둘렀지만 이미 때가 늦었다. 그들은 로마군이 왔다는 보고를 받자 항전할 마음을 버리고, 오랜 비호자인 하이두이족을 통해 사절을 보내왔다.

카이사르는 그 여름을 전쟁으로 보낼 생각인 데다 하이두이족으로부터의 진언도 있어서, 100명의 볼모만으로 그들을 용서하고 하이두이족에게 감시를 맡겼다. 마찬가지로 사절과 볼모를 보내온 카르누테스족에게도, 그들이 복속하고 있던 레미족의 주선을 받아들여 같은 처분을 내렸다. 그리고 회의가 끝난 뒤, 각 부족에게도 각각 기병을 내줄 것을 요구했다.

메나피족과 트레베리족의 토벌

5 이리하여 이 지역을 평정한 카이사르는 이제 전력을 다해 트레베리족과 암비오릭스(에브로네스족)의 토벌에 나선다.

그는 우선 카바리누스와 세노네스족 기병에게 동행을 명령했다. 그것은 이 남자의 거친 기질과 그에 대한 부족민의 증오에서 폭동이 일어날 수도 있었기 때문이다.

그리고 암비오릭스가 싸움을 피하고 있다는 것을 알고, 그가 그 밖에 다른 계략을 꾸미고 있는 것이 아닌지도 추측해보았다.

에브로네스족의 영토 이웃에는 메나피족이 있었다. 그러나 끝없는 숲과 늪지로 보호되고 있는 이 부족만은 여태까지 한 번도 우호 사절을 보낸 적이 없었다. 게다가 암비오릭스는 메나피족에게 친구로 대접받고 있을 뿐만 아니라, 트레베리족의 중재로 게르마니인과 우호관계를 쌓고 있었다. 따라서 그가 궁지에 몰렸을 때 메나피족에게 몸을 숨기거나 레누스강 건너편의 부족과 손을 잡는 일이 없도록, 미리 그러한 의지처를 제거해둘 필요가 있었다.

그래서 트레베리족 영토 내에 있는 라비에누스에게 모든 군수품과 함께 2개 군단을 보내고, 자신은 경장 5개 군단을 이끌고 메나피족을 치러 나섰다.

이에 대해, 지리의 이점만 믿고 병사를 모집하지 않았던 메나피족은 숲과 늪지로 달아나면서 재산까지 모두 그곳으로 옮겼다.

6 카이사르는 부관 파비우스와 재무관 크라수스에게 병사들을 나누어 주

었다. 그러고는 급히 둑길을 만든 뒤 3군으로 나눠 진군, 곡창과 인가를 불태우고 주민과 가축을 다수 사로잡았다.

메나피족은 하는 수 없이 강화 사절을 보내왔다. 카이사르는 볼모를 받아들이고, 만약 암비오릭스와 그 사절을 영토 안으로 맞아들이는 일이 있으면 너희들을 적으로 간주하겠다고 말했다. 이렇게 경고한 뒤, 아트레바테스족의 콤미우스에게 기병을 주어 메나피족을 감시하게 하고, 자신은 트레베리족을 향해 출발했다.

7 트레베리족은 카이사르가 이러한 일에 시간을 빼앗기고 있는 동안 보병과 기병으로 구성된 대군을 모집했다. 자기 영토에서 겨울을 보내고 있는 라비에누스와 그 1개 군단을 습격하기 위해서였다. 그러나 로마군 진영에서 이틀 거리까지 접근했을 때, 카이사르가 보낸 2개 군단이 도착한 것을 알고 진군을 중지한다. 15마일 거리를 두고 진을 친 뒤 게르마니인의 원군을 기다리려는 것이었다.

이를 간파한 라비에누스는 군수품 경호를 위해 5개 대대를 남긴 뒤, 25개 대대와 기병의 대부대를 이끌고 적을 향해 나아가 불과 1마일 앞에 진을 쳤다.

로마군과 적 사이에는 강이 있었다. 강기슭이 험준하여 쉽게 건널 수 있을 것 같지 않았다. 하기는, 라비에누스에게는 강을 건널 생각이 없었고, 또 상대도 건너지 않을 것으로 생각되었다. 그동안 원군에 대한 적의 기대는 날이 갈수록 높아지고 있었다.

라비에누스는 회의에서 게르마니인이 접근하고 있다는 보고가 있었음을 말하고, 신중을 기하여 이튿날 새벽에 철수할 것을 밝혔다. 그런데 이 사실은 어느새 적 쪽에 새나가고 말았다. 당연한 일이지만, 다수의 갈리인 기병 가운데에는 동포를 돕고 싶어하는 자들이 있었기 때문이다.

라비에누스는 밤에 대대장과 상급 백인대장들을 소집하여 계획을 전하고, 진을 거둘 때는 평소보다 큰 소리를 내며 당황하는 기색을 보이라고 지시했다. 이리하여 로마군은 마치 패주하는 것처럼 철수했다.

두 진영이 서로 가깝기 때문에, 이 움직임은 정찰대를 통해 날이 새기 전에 적에게 알려졌다.

8 "겁을 먹은 로마 병사들을 눈앞에 보면서 원군을 기다리고만 있는 것은 답답한 일이다. 상대가 제대로 달아나지도 못하고 있는 이때 공격을 미루는 것은 체면 문제다." 갈리인은 전리품을 놓치지 않으려고 서로 격려하며 주저 없이 강을 건너, 불리한 지형에도 불구하고 싸움을 걸어왔다.

이것을 예측하고 있었던 라비에누스는 적을 모두 강 이쪽으로 유인하기 위해 그대로 퇴각을 계속했다. 치중대를 먼저 보내 약간 높은 곳에 짐을 두게 한 뒤, 병사들을 격려했다.

"기다리고 기다리던 기회가 왔다. 적은 불리한 위치에 있어서 움직임이 자유롭지 않다. 이제까지 최고사령관 밑에서 수없이 보여주었던 무용을 여기서도 발휘해주기 바란다. 최고사령관이 이곳에서 싸움을 지켜보고 있다고 생각하라."

이어서 적을 향해 돌아서서 전열을 짠 뒤, 치중대의 경호에 돌린 일부를 제외하고, 모든 기병들을 양 날개에 배치했다. 아군은 즉시 함성을 지르며 창을 내던졌다.

달아나고 있는 줄만 알았던 상대가 다가오자, 허를 찔린 적은 아군의 공격을 견디지 못하고, 최초의 전투에서 패주로 돌아서서 가까운 숲으로 달아났다.

라비에누스는 기병부대에 이를 쫓게 하여 다수를 죽이고, 또 적지 않은 수의 포로를 얻었으며, 며칠 뒤에는 트레베리족을 항복시켰다.

달려오고 있던 게르마니인 원군은 트레베리족이 패주한 것을 알자 고국으로 돌아갔고, 인두티오마루스의 친척으로 반란을 주도했던 자들도 그들을 따라 트레베리족을 떠났다.

이리하여 앞에서 말한 것처럼 처음부터 로마에 충실했던 킨게토릭스에게, 트레베리족 수장의 지위와 지휘권이 주어졌다.

2. 제2차 게르마니아 원정

9 카이사르는 메나피족의 영토에서 트레베리족의 영토로 들어간 뒤, 두 가지 이유에서 레누스강을 건널 것을 결정했다. 하나는 게르마니인이 자신을 거

역하고 트레베리족에게 원군을 보낸 것, 또 하나는 암비오릭스가 게르마니인에게 달아나는 것을 막을 필요에서였다. 그는 이렇게 결정하자, 전에 부대를 건너게 한 적이 있는 지점보다 조금 위쪽에 다리를 놓기로 했다.

공법은 이미 잘 알고 있는 데다 병사들의 분투 덕분에, 다리는 불과 며칠 안에 완성되었다. 카이사르는 반란에 대비하여, 트레베리족 쪽의 다리 옆에 강력한 수비대를 두고, 자신은 나머지 부대와 기병을 거느리고 강을 건넜다.

이에 대해, 전에 볼모를 제공하고 항복했던 우비족이 변명을 위한 사절을 보내왔다. 사절의 말로는, 트레베리족에게 원군을 파견한 적도 없고 로마에 대한 배신 행위도 하지 않았다는 것이었다. 그리고 그들은 게르마니인에 대한 증오에서 죄 없는 자까지 처벌받는 일이 없도록 해달라고 호소하고, 추가로 볼모가 필요하다면 그것도 제공하겠다고 약속했다.

카이사르가 사정을 조사해보니, 원군을 보낸 것은 수에비족이라는 것이 밝혀졌다. 그는 우비족의 변명을 받아들이고, 수에비족의 영토로 들어가는 길에 대해 상세히 물었다.

10 며칠 뒤, 우비족으로부터 보고가 들어왔다. 수에비족이 전군을 한 곳에 집결하고, 지배하에 있는 부족에게도 보병과 기병으로 구성된 원군을 요청했다는 것이었다.

카이사르는 즉시 곡물을 수배하고 진지를 정했다. 동시에 우비족에 대해, 야만적이고 무지한 그들이 식량 부족으로 불리한 전투를 감행하는 일이 없도록, 가축과 재산을 모두 성채 속으로 들여놓도록 명령했다. 또 수에비족의 움직임을 살피기 위해 상당수의 정찰대를 내보냈다.

명령대로 그들로부터 며칠 뒤에 보고가 들어왔다. 그에 따르면, 로마군의 진군을 안 수에비족은 연합 부족이 다 같이 이미 영토 끝까지 철수한 뒤였다. 그들의 영토에는 그 심장부까지 뻗어 있는 바케니스라고 하는 광대한 숲이 있어, 케루스키족과의 사이에 완충지대를 이루고 있었다. 그들은 이 숲의 입구에서 로마군을 기다릴 계획이라는 것이었다.

3. 갈리인의 제도와 풍습

11 이쯤에서*[4] 갈리아와 게르마니아의 풍습, 두 민족의 차이에 대해 잠시 살펴보는 것도 좋을 것 같다.

갈리아에서는 부족과 마을, 또는 지역뿐만 아니라, 대부분의 가족에도 당파가 있다. 가장 실력자로 인정되는 자가 그 우두머리가 되어 모든 일이 그자의 재량으로 결정된다.

이것은 모든 평민이 유력자 앞에서 고립무원이 되는 일이 없도록 한다는 배려에서 나온 것으로 보인다. 즉, 각 당파의 우두머리는 부하들을 다른 사람들에게 압박과 사취를 당하지 않도록 보호한다. 보호할 수 없는 자에게는 권위가 없다. 이 사고방식은 갈리아 전체에 공통되는 것으로, 어떤 부족도 어김없이 두 개의 당파로 갈라져 있다.

12 카이사르가 갈리아에 왔을 때, 한쪽 당파의 우두머리는 하이두이족이고, 다른 쪽은 세콰니족이었다. 양쪽 가운데 하이두이족이 옛날부터 유력했고, 종속된 부족의 수도 많았다.

열세에 있는 세콰니족은 이에 대항하기 위해, 아리오비스투스를 수장으로 하는 게르마니인에게 접근하여, 큰 대가를 치르고 그들을 자기편으로 만들었다. 그리고 거듭되는 전쟁으로 하이두이족 귀족을 근절하자, 그 지배하에 있었던 부족을 대부분 자신들에게 복종시키고 충성의 맹세를 강요했다. 뿐만 아니라, 먼저 점령해둔 인접 지역의 일부를 병합하는 등 세력을 확립하여, 갈리아 전역의 패권을 장악한 것이다.

이러한 사정에서 디비키아쿠스가 로마의 원로원으로 가서 구원을 요청했지만 뜻대로 되지 않았다.

그런데 카이사르의 출현에 의해 상황은 완전히 뒤바뀐다. 하이두이족은 볼모와 그 전의 종속 부족을 되찾았을 뿐만 아니라, 카이사르의 도움으로 일찍이 우호 관계에 있었던 부족을 후한 대우로 새롭게 종속시킴으로써 세콰니족

---

*4 제11절부터 28절까지, 갈리아와 게르마니아의 박물학적인 사항에 대해 길게 할애되어 있는데, 그것은 게르마니아 원정의 성과가 그다지 바람직한 것이 아니었기 때문에, 독자의 주의를 다른 데로 돌릴 필요가 있었기 때문이 아닌가 하는 시각도 있다.

의 패권을 분쇄한 것이다.

그 뒤, 레미족이 세콰니족의 지위를 계승했지만, 레미족도 카이사르의 우방으로 인정되고 있었기 때문에, 옛날부터의 적대 관계를 바탕으로 하이두이족에게 가세하지 않았던 부족은 레미족에 붙게 되었다. 레미족은 그들을 보호해 주었고, 그로 인해 갑자기 얻은 세력을 유지하고 있었다.

요컨대, 당시의 사정은 하이두이족이 강력하게 패권을 주장하고 있고, 레미족이 그 다음을 차지하는 구도였다.

13 갈리아에서 인간으로서의 가치를 인정받고 있는 것은 두 종류의 인종뿐이다. 그에 비해 민중은 거의 노예로 간주되어 자주적으로는 아무것도 하지 못하고, 어떤 의논에도 참여하지 못한다. 대부분의 사람들은 부채와 무거운 세금, 부정 때문에 예속되는 신세가 되어, 그 주인으로부터 노예 같은 취급을 받고 있다.

앞에 말한 두 종류의 인종이란 드루이드, 이른바 제사장과 기사를 말한다.

제사장은 희생 의식과 종교적인 설교 등 신성한 일에 종사하면서, 가르침을 구하는 많은 젊은이들에게 에워싸여 커다란 존경을 받고 있다. 사실, 공사의 구별 없이 거의 모든 분쟁이 그들에 의해 판결된다. 살인과 그 밖의 범죄, 상속이나 경계에 대한 분쟁 등에 대해서도 마찬가지며, 그러한 경우의 배상과 벌금도 그들이 정한다.

개인이든 부족이든, 제사장의 결정에 따르지 않는 경우에는 위의 의식에 참여할 수 없다. 그것은 갈리인에게는 가장 무거운 벌이다. 희생 의식에 참여할 수 없는 자는 극악무도한 자로 간주되어, 모두들 부정을 타는 것을 두려워하여 대화는커녕 가까이 가려고도 하지 않는다. 아무리 원해도 재판을 받을 수 없고, 물론 어떠한 명예도 주어지지 않는다.

제사장 중에는 가장 권위를 가진 우두머리가 한 사람 있다. 그가 죽으면 다음 지위에 있는 자가 그 자리를 물려받는다. 동등한 자가 여러 명일 경우에는 투표로 후계자가 선출되는데, 때로는 무력으로 결정되기도 한다. 그들은 해마다 일정한 시기가 되면, 갈리아의 중심으로 생각되고 있는 카르누테스족 영내의 신성한 장소에서 회의를 연다. 이 회의에는 분쟁거리를 안고 있는 자들이 갈리아 전역에서 모여들어 그들의 재결을 기다린다.

드루이드의 교의는 브리타니아에서 발생하여 갈리아에 전해진 것으로 되어 있다. 그것을 탐구하고 싶어하는 자들은 대부분, 가르침을 구하여 이 섬으로 건너간다.

14 제사장은 보통 전쟁에 관여하는 일이 없고, 세금을 내지도 않는다. 즉, 다른 사람과는 달리 병역과 그 밖의 모든 의무를 면제받고 있다.

이러한 특전의 매력 때문에 많은 젊은이들이 자청하여, 또는 부모와 친척의 강요에 의해 가르침을 받으러 찾아오고 있다. 그곳에서는 막대한 수의 시구(詩 句)를 암송해야 하는데, 그 때문에 그들 중에는 20년씩이나 머무는 자도 있다 고 한다.

일반적 사항의 기록에는 공사를 불문하고 그리스 문자가 사용되고 있지만, 가르침을 기록하는 것은 좋지 않은 일로 여겨진다. 그것은 아마 교의가 민중 에게 전파되는 것을 방지하기 위한 것과, 문자에 의지하여 기억력의 강화를 게 을리하는 것을 막기 위한 것으로 추정된다. 사실, 문자의 사용은 대부분의 경 우에, 배우는 자의 근면함과 기억력을 손상시키는 듯하다.

드루이드가 첫 번째로 가르치는 것은 성령의 불멸과 환생에 대한 것이다. 그 들에 의하면, 그것이 바로 죽음에 대한 공포를 억제하고 용기를 북돋는 것이 라고 한다.

그 밖에도 천체와 그 운행, 우주와 지구의 크기, 만물의 본성, 불멸의 신들 의 힘과 권능 등, 많은 것을 젊은이들에게 가르치고 있다.

15 또 하나의 인종은 기사[*5]다. 기사는 전쟁이 일어나 봉사가 요구될 경우— 카이사르가 오기 전까지는 각 부족이 해마다 싸우고 있었다—이러한 싸움에 참여한다. 그들은 신분과 재산에 비례하는 수의 신하와 피보호민을 거느리고 있는데, 그것이 각자의 세력을 나타내는 유일한 지표가 된다.

16 갈리인은 모두 종교적 의식에 철저하다. 중병에 걸린 경우나 전쟁, 그 밖

[*5] 갈리아의 기사는 로마의 경우와는 달리 귀족계급을 의미한다. 카이사르의 원정 당시에 갈 리아의 대부분에서는, 이미 왕정에서 벗어나 귀족의 합의제에 의한 정치가 이루어지고 있었 다. 그들은 봉건적인 호족으로서 일종의 농노를 포함한 다수의 부하를 거느리고 있었다.

의 위험에 처한 경우에는 살아 있는 사람을 제물로 바치거나, 또는 바칠 것을 맹세하고, 그 의식을 제사장에게 의뢰한다. 인명에 대해서는 인명이 아니고는 신들을 달랠 수 없다고 생각하고, 이러한 희생 의식은 공적인 행사로서 열리는 경우도 있다.

나뭇가지를 엮어서 거대한 상(像)을 만들어, 그 팔다리에 살아 있는 인간을 넣고 불을 붙여 태워 죽이는 부족도 있다. 절도나 그 밖의 죄를 지어 붙잡힌 자는 신들이 특별히 좋아하는 인신공양이라고 한다. 그런 사람이 없을 때는 대신 죄 없는 자도 희생으로 바친다.

17 신들 가운데 가장 숭배받는 것은 메르쿠리우스이다. 이 신은 모든 기예 (技藝)의 발명자, 모든 여행의 안내자, 그리고 축재와 장사에 큰 영향력을 가진 존재로 믿었다. 그래서 상의 수도 매우 많다.

다음으로 숭배받는 것은 아폴로와 마르스, 유피테르와 미네르바다. 이러한 신들에 대해 믿고 있는 것은 다른 민족과 거의 다르지 않다. 즉, 아폴로는 병마를 물리치고, 마르스는 전쟁을 관장하며, 유피테르는 천상을 다스리고, 미네르바는 일과 기술을 가르친다고 믿는다.

갈리인이 전쟁을 하고자 할 때는 보통 마르스에게 전리품의 봉납을 맹세한다. 전쟁에서 승리하면 사로잡은 동물을 바치고, 다른 전리품은 한 곳에 모은다. 이러한 전리품을 특별한 장소에 쌓아둔 광경은 대부분의 부족에게서 볼 수 있다. 성스러운 맹세를 무시하고 자신의 집에 숨기거나, 정해진 장소에서 가지고 가는 자는 거의 없지만, 만약 그러한 모독 행위를 하는 자에게는 고문과 함께 엄벌이 기다리고 있다.

18 갈리인은 디스*[6](저승세계의 신)를 공통의 조상으로 하고 있다. 이것은 드루이드의 전승에 의한 것인 듯하다. 그래서 달력은 일수(日數)가 아니라 밤의 수로 헤아리고, 생일과 초하루, 설날까지 모두 밤부터 시작된다.

그 밖에 일상 생활에서는 다음과 같은 점이 다르다. 아들이 병역 의무를 할 수 있게 될 때까지 그 아들을 자기 옆에 가까이 오지 못하게 한다. 아버지가

---

*6 디스는 그리스 신화의 플루톤에 해당한다. 이것은 갈리인의 시간 개념 속에서 밤이 낮보다 중요했음을 의미하고 있다.

공공장소에서 어린 아들을 가까이 두는 것은 부끄러운 일로 여겨지고 있다.

19 남자는 아내가 가져온 지참금에 그것과 같은 가치의 재산을 보탠다. 그리고 그 합계를 계산한 것에 대한 이자는 저축한다. 어느 한쪽이 죽으면 남은 쪽이 두 사람의 몫에 그때까지의 이자를 합쳐서 받는다.

남자는 자식에 대해서와 마찬가지로 아내에 대해서도 생살여탈권을 가진다. 명문의 가장이 죽으면 친척들이 모여 사인을 확인하고, 거기에 의문이 있으면 노예를 다룰 때와 같은 방법으로 아내를 조사한다. 그리하여 죄가 밝혀진 경우에는, 화형을 비롯한 온갖 잔인한 방법으로 죽인다.

장례는 갈리아의 생활 수준에 비해 매우 호화롭게 치러진다. 고인이 생전에 사랑했던 물건은 전부, 심지어 동물까지 불 속에 던져진다. 조금 전까지 고인의 총애를 받았다고 인정되는 노예와 피보호자마저 장례가 끝나는 동시에 불태워 죽인다고 한다.

20 잘 통치되고 있는 것으로 보이는 부족의 경우, 공공의 사항에 관한 소문이나 소식을 들은 자는 누구를 막론하고 그것을 발설하면 안 되며, 곧 행정관에게 알리도록 법률로 정하고 있다. 그것은 경솔한 자와 미숙한 자가 유언비어에 겁을 먹고, 범죄나 그 밖의 폭거를 감행하는 일이 흔히 있기 때문이다.

행정관은 그런 보고를 받으면, 자신의 판단으로 숨겨야 할 것은 숨기고 공개해야 할 것은 공개한다. 공적인 모임 외에서 공적인 일을 논의하는 것은 금지되어 있다.

4. 게르마니인의 제도와 풍습

21 게르마니인의 풍습은 이와는 상당히 다르다. 드루이드 같은 제사장도 없고, 희생 의식에 대한 생각도 없다. 신으로 인정되는 것은 불과 달, 태양 같은, 그 혜택이 명백한 것에 한정된다. 다른 신들에 대해서는 소문으로도 들은 적이 없다.

그들의 생활은 대부분 수렵과 전쟁이 차지하고 있으며, 남자는 어릴 때부터

각고의 노력을 기울여 단련한다. 동정을 오랫동안 지킨 자에게는 칭찬이 주어
진다. 금욕을 통해 키가 크고 몸도 강해진다고 믿기 때문이다. 실제로 20세 전
에 여자를 아는 것은 수치스러운 일이고, 그 일에 대해 숨기는 일은 전혀 없다.
실제로 강에서 남녀가 함께 목욕을 하고, 몸에 걸치는 것은 모피든 뭐든 모두
짧아서 거의 알몸이라고 할 수 있다.

22 농경에는 관심이 없고, 주로 동물의 고기나 젖, 치즈 따위를 먹는다.

일정한 밭이나 토지를 소유하고 있는 자는 한 사람도 없다. 함께 생활하고
있는 혈족이나 종족에 대해 각각의 수장이 해마다 적당한 장소에 적당한 넓이
의 토지를 주며, 1년 뒤에는 다른 곳으로 이동한다.

여기에는 몇 가지 이유가 있다. 장기 체류에 의해 전쟁보다 농경을 좋아하게
되는 것, 유력자가 영지 획득에 사로잡혀 힘 없는 자를 쫓아내게 되는 것, 금
전욕이 생겨 분열과 쟁의를 일으키게 되는 것, 평민이 유력자와 빈부에 차이
가 있음을 알고 불만을 품게 되는 것 등을 피하기 위해서라고 한다.

23 어느 부족에게나, 주위를 가능한 한 넓게 황폐화시켜 사람이 살지 못하
게 하는 것이 최고의 명예가 된다. 갈리인에게는 이웃 부족을 주위에 끌어들
이지 않는 것이 무용의 증거인 동시에, 그것은 예기치 않은 내습에서 피할 수
있는 수단이기도 하다.

침략이든 방위든, 전쟁 때는 생살여탈권을 가지는 지도자가 선출된다. 평시
에는 그러한 부족 전체를 다스리는 총사령관이 없다. 각 지방과 각 구역의 수
장이 각각의 지역에서 재판을 열어 분쟁을 해결한다.

그들에 의하면, 자신들의 토지 이외에서의 약탈은 전혀 악행이 아니며, 오히
려 젊은이를 단련시켜 게으름으로부터 보호하는 것으로 본다.

집회 장소에서 유력자 가운데 누군가가 지도자가 될 것을 표명하고 자신을
따를 자를 원하면, 그 목적과 인물됨됨이를 인정한 사람들이 일어나서 협조를
약속한다. 그리고 만장의 갈채를 받는다. 그 뒤 이것을 파기하는 자는 도망자
나 배신자로 간주되어, 그 이후부터는 무슨 일에서든 신용을 얻지 못한다.

방문자를 불친절하게 대하는 것은 경건하지 못한 것으로 여겨진다. 이유가
어떻든 찾아온 자에게는 안전을 보장하고 그를 신성시하며, 집안을 개방하고

식사도 함께 한다.

24 옛날에는 갈리인이 무용 면에서 게르마니인보다 뛰어났던 시기가 있었다. 그때는 인구는 많고 땅은 부족하여 게르마니아로 쳐들어가서 레누스강 건너편에 식민지를 둔 적도 있었다.

그 한 예가 볼카이 텍토사게스족이다. 그들은 그 시대에 게르마니아에서 가장 비옥했던 '헤르키니아의 숲'—에라토스테네스 외에 몇 명의 그리스인도 이것을 알고 있었던 것으로 보이며, 그들은 이 일대를 '오르키니아'라고 부르고 있다—주변을 점령하여 정주한 뒤 오늘날까지 그곳에 살고 있다. 그들은 공정함과 용감함으로 이름을 떨치고 있다. 현재는 게르마니인과 마찬가지로, 궁핍과 그 밖의 고생을 아무렇지도 않게 생각하고 있고, 음식과 의복도 게르마니인과 다르지 않다.

한편, 갈리아는 로마의 속주와 가깝기 때문에 외래품이 유입하여 사치품도 풍부해지고, 갈리인 자체도 수많은 패전을 통해 지배를 받는 것에 점차 익숙해져서, 지금은 게르마니인과 무용을 경쟁하는 일도 사라졌다.

25 앞에 말한 '헤르키니아의 숲'은 아무리 가볍게 무장한 자라도 통과하는 데 아흐레가 걸리는 드넓은 면적이다. 이렇게 표현하는 것 말고는 달리 방법이 없다. 그들에게는 거리에 대한 척도가 없기 때문이다.

숲은 헬베티족, 네메테스족, 라우라키족의 각 경계에서 다누비우스강(지금의 도나우강)을 따라 뻗어 있다. 다키족과 아나르테스족의 경계에 이르러 왼쪽으로 구부러지면서 강줄기에서 떨어진 지역으로 펼쳐진다. 그 광대함으로 인해 많은 부족의 경계에 인접해 있다. 게르마니아의 이 지역에서는 60일이나 걷고도 숲 끝에 도달하지 못한 사람이 있고, 어디가 그 끝인지 들어본 자도 없다고 한다.

숲에는 진기한 동물들이 많이 서식하고 있다. 특히 다음에 설명하는 동물은 이곳만의 독특한 것으로 기록해둘 만한 가치가 있다.

26 먼저, 사슴 새끼같이 생긴 소가 있다. 이 소에게는 우리가 알고 있는 것보다 길고 똑바른 뿔 하나가 이마 한복판에 자라고 있고, 그 끝은 사람 손처

럼 크게 갈라져 있다. 암컷과 수컷 사이에 서로 다른 특징은 없고, 뿔의 모양과 크기도 같다.

27 또 알케스라고 하는 큰 사슴도 있다. 색깔과 생김새는 산양과 비슷하지만 크기는 그것보다 약간 크다. 뿔은 이상하게 짧고 다리에는 혹도 마디도 없다. 잠도 서서 자고, 만약 어쩌다 쓰러지면 일어서지도 못한다. 그들에게는 나무가 잠자리가 된다. 즉, 나무에 기대어 자는 것이다.

사냥꾼이 발자국에서 알케스의 잠자리를 알게 되면, 그곳의 나무 밑동을 베어버리거나, 거기에 깊게 도끼질을 하여 간신히 서 있게 해둔다. 그리고 알케스가 평소처럼 거기에 기대면, 체중을 견디지 못한 나무가 쓰러지면서 짐승도 같이 쓰러지는 것이다.

28 또 하나, '우리'라고 하는 들소의 일종도 있다. 크기는 코끼리보다 약간 작고, 피부색과 생긴 모습은 소와 비슷하다. 힘도 세고 걸음도 빠르다. 인간이든 들짐승이든 눈에 보이는 것은 반드시 공격한다.

그곳 사람들은 흔히 함정을 이용하여 그것을 잡아 죽인다. 젊은이는 이러한 사냥을 통해 단련한다. 우리를 가장 많이 죽인 자는 그 뿔을 증거로 모두에게 보여주고 칭찬을 받는다.

이 동물은 어릴 때 붙잡혀와도, 사람과 친해지거나 사육에 길들여지는 일이 없다. 뿔의 모양과 크기도, 우리가 아는 소와는 크게 다르다. 사람들은 이 뿔을 구하여 가장자리를 은으로 싸서 성대한 연회석에서 술잔으로 사용한다.

5. 에브로네스족의 토벌

29 수에비족이 숲으로 물러간 것을 우비족 정찰대로부터 들은 카이사르는, 앞에서 말했듯이 게르마니인이 농업을 내팽개치고 있는 상황에서 식량부족의 가능성을 우려하여 그 이상의 전진은 중단하기로 했다.

그러나 카이사르가 다시 올 거라는 공포를 심어주는 동시에, 게르마니인의 원군을 지연시키기 위해, 군사를 물린 뒤 우비족 쪽의 다리 끝부분을 200피트 정도 파괴하였다. 갈리아 측의 다리 옆에는 4층의 망루를 세워 12대대로 구성된 수비대를 두고 주변을 보루로 강화했다. 그리고 이 수비대의 지휘는 청년 볼카키우스에게 맡겼다.

한편, 자신은 곡물이 결실을 맺기 시작할 무렵, 암비오릭스를 토벌하기 위해 '아르두엔나의 숲'을 지나갔다. 참고로 말해 두자면, 이 숲은 게르마니아에서 가장 큰 숲으로, 레누스강과 트레베리족의 경계에서 네르비족의 영토까지 이르며, 길이가 500마일이 넘는다.

또한 그때, 신속함과 아울러 행운도 따라주어 순조롭게 성공할 것을 기대하며, 바실루스[7]에게 모든 기병을 딸려서 선발대로 보냈다. 이때, 이쪽의 움직임을 적이 눈치 채지 못하도록 진영에서 불을 피우는 것을 금지하는 동시에, 자신도 바로 뒤따라가겠다고 말했다.

30 바실루스는 명령대로 실행했다. 즉, 아무도 예상하지 못한 속도로 진군하여, 깜짝 놀라는 그곳 사람들을 다수 사로잡은 다음, 그곳에서 암비오릭스가 얼마 안 되는 기병과 함께 있다는 말을 들은 장소로 갔다.

무슨 일이든 그렇지만, 특히 군사(軍事)에서는 운이 매우 크게 작용한다. 바실루스가 자신의 접근이 알려지기 전에 무방비한 상대를 만날 수 있었던 것은 그야말로 우연이었다. 마찬가지로 암비오릭스가, 지니고 있던 무기를 빼앗긴 데다 마차와 말까지 빼앗기고도 죽음을 면할 수 있었던 것도 커다란 행운이었다.

그렇게 된 것에는 다음과 같은 사정이 있었다. 갈리인은 일반적으로 더위를 피하기 위해 숲이나 강 근처에 집을 짓는다. 그때 암비오릭스의 집도 숲으로 에워싸여 있었기 때문에, 주변에 있던 자들이 좁은 장소에서 응전하고 있는 동안, 부하 한 사람이 그를 말에 태워 숲 속으로 달아나게 했던 것이다.

이렇게 위험에 처한 것도, 거기서 달아날 수 있었던 것도, 모두 우연이 크게 작용한 것이다.

31 그 뒤 암비오릭스가 군사를 모으지 않은 것은 교전을 피하려 했기 때문

---

[7] 루키우스 미누키우스 바실루스. 나중(기원전 45년)에 법무관이 되는 인물이다. 그리고 이듬해(기원전 44년)에 카이사르 암살에 가담한다.

인지, 아니면 로마군 기병부대의 기습으로 여유도 없었고 더욱이 본대의 접근을 예상했기 때문인지 확실하지는 않다. 다만 분명한 것은 그가 각지에 사자를 보내 각각 독자적으로 대응할 것을 명령한 사실이다.

그리하여 어떤 자는 '아르두엔나의 숲' 속으로, 어떤 자는 끝없는 늪지로 달아났고, 또 바다 근처에 있던 자는 조수에 의해 생기는 작은 섬에 몸을 숨기는 등, 대부분이 영내를 벗어나 몸과 재산을 완전히 이방인에게 맡긴 것이다.

에브로네스족의 영토의 반을 지배하면서 암비오릭스와도 손을 잡고 있었던 늙은 왕 카투볼쿠스는, 노쇠하여 싸울 힘도 달아날 기력도 없이 봉기의 주모자인 암비오릭스에게 저주의 말을 퍼부은 뒤, 갈리아와 게르마니아에 많이 있는 주목(朱木)의 독을 마시고 목숨을 끊었다.

32 에브로네스족과 트레베리족 사이에 살고 있지만 원래는 게르마니인인—그리고 지금도 그렇게 인정되고 있다—세그니족과 콘드루시족이 보낸 사절이 카이사르에게 도착했다. 사절은 자신들을 적으로 간주하거나, 레누스강에서 바로 앞의 게르마니인이 모두 결탁하고 있다고는 생각하지 말아달라고 간청하고, 로마에 대해 모의한 적도, 암비오릭스에게 가담한 적도 없었음을 강조했다.

이에 대해 카이사르는 포로 심문을 통해 그 진위를 확인했다. 그리고 에브로네스족으로부터 도망하는 자가 있으면 이를 내놓는 것을 조건으로 영토를 침범하지 않겠다고 약속했다.

이어서, 전군을 셋으로 나누고 모든 군수품을 아투아투카에 모았다. 아투아투카란 에브로네스족 영토의 거의 중앙에 있는 성채의 이름으로, 일찍이 사비누스와 코타가 겨울에 숙영한 곳이다. 그곳을 선택한 이유는, 다른 이점도 있지만, 특히 지난해의 진영이 그대로 남아 있어서 병사의 노역을 줄일 수 있었기 때문이다.

군수품을 경비하는 일에는, 최근에 북이탈리아에서 모집한 3개 군단의 하나인 제14군단을 배치했다. 군단과 진영의 지휘는 키케로에게 맡기고 기병 200기를 주었다.

33 이와 같이 삼분할한 뒤 카이사르는 라비에누스에게, 3개 군단을 이끌고

바다 부근의 메나피족과 인접한 지방으로 가도록 명령하였다. 마찬가지로 트레보니우스에게도 같은 수의 군단을 주어 아투아투키족 주변 일대를 유린하게 했다. 그리고 자신은 나머지 3개 군단을 이끌고, 암비오릭스가 소수의 기병을 데리고 달아났다고 하는 방향, 즉 모사강으로 흘러드는 스칼디스강과 아르두엔나 숲의 맨 끝으로 가기로 했다.

또, 수비대에 대한 곡물 배급이 이레 뒤로 다가와 있었기 때문에, 출발할 때 그날 안에 돌아올 것을 약속했다. 그리고 적의 계획에 대해 다시 협의한 뒤에 다음 전투에 임할 수 있도록, 라비에누스와 트레보니우스에게도 상황이 허락하는 대로 같은 날까지 귀환하라고 명령했다.

34 앞에서 말했듯이 에브로네스족에게는 일정한 군대는커녕 자위를 위한 요새나 수비대도 없었다. 그래서 주민들은 사방으로 흩어져서 깊숙한 골짜기나 숲 속, 그리고 장애가 많은 습지 등으로 난을 피하고 있었다. 주변의 주민은 그러한 장소에 대해 잘 알고 있었다.

당황하여 달아난 상대인 만큼 위협이 되지는 않을 것이므로 전군의 안전에 대한 걱정은 없었다. 그러나 병사 한 사람 한 사람의 안전 확보에는 상당한 주의가 필요했고, 경우에 따라서는 개개의 손실이 전체의 안전에 영향을 미칠 수도 있었다. 왜냐하면, 대부분의 병사가 약탈 욕심에 숲 속으로 깊이 들어가려 했고, 그렇다 해도 밀집한 상태에서는 길 아닌 길을 나아가는 것은 불가능했기 때문이다.

만약 토벌을 추진하여 그 악랄한 자들을 근절하고자 한다면, 다수의 부대를 보내 병사들을 폭넓게 전개시킬 필요가 있다. 반대로, 만약 로마군이 늘 하는 방법대로 군기를 중심으로 대오를 유지하고자 한다면, 지형상 야만인들을 칠 수 없을 뿐만 아니라, 거꾸로 개개의 부대가 매복을 만나 포위될 수도 있다.

이러한 문제에 직면한 카이사르는 최대한의 경계 태세를 취했다. 모든 병사가 복수심에 불타고 있었으나, 피해를 내면서까지 공격을 강행하는 것은 상책으로 생각되지 않았다.

그래서 이웃의 여러 부족들에게 사자를 보내, 전리품을 준다는 약속으로 에브로네스족을 약탈하도록 부추겼다. 그렇게 하면 숲 속에서의 위험한 전투에 갈리인을 사용할 수 있고, 동시에 에브로네스족을 대군으로 포위하면 그

악업에 대한 보복으로서 그들을 지상에서 완전히 말살할 수가 있다.

그리하여 사방에서 많은 사람들이 달려왔다.

게르마니인의 내습

35 위의 작전이 에브로네스족의 전역에서 전개되고 있는 동안 약속한 이레째가 다가오고 있었다. 이때 전쟁에서 운의 영향이 얼마나 큰 것인지 알게 된다.

앞에서 말했듯이, 적은 공포로 인해 사방으로 흩어져 있었으므로, 조금이나마 위협이 될 수 있는 군세는 전혀 없었다. 에브로네스족이 약탈을 당하고 있고, 그 약탈에 다른 모든 부족들도 동참하도록 권유받고 있다는 소문이, 레누스강 건너편의 게르마니인의 귀에도 들어갔다.

강에서 가장 가깝고, 앞의 텐크테리족과 우시페테스족을 받아들이고 있었던 수감브리족은, 당장 기병 2천 기를 모집했다. 그리고 카이사르가 다리를 놓고 수비대를 남겨둔 장소에서 하류로 30마일 지점에서 배와 뗏목을 타고 강을 건넜다. 이어서 곧바로 에브로네스족의 영토를 침범하여, 달아나고 있던 부족민을 다수 사로잡고, 만인들이 보물로 여기는 가축까지 적지 않게 손에 넣었다.

약탈 욕심은 그들을 더욱더 앞으로 내몰았다. 전쟁과 강탈을 위해 태어난 이러한 자들에게는 늪도 숲도 아무런 장애가 되지 않았다.

그들은 포로에게 물어서 카이사르가 훨씬 앞쪽을 가고 있다는 것과 로마군이 이미 떠나버렸다는 것을 알아냈다. 이때 한 포로가 이렇게 말했다

"커다란 행운이 미소 짓고 있는데 왜 그런 하찮은 전리품을 쫓아간단 말인가. 세 시간이면 아투아투카에 도착할 수 있다. 그곳에는 로마군의 전 재산이 다 모여 있다. 수비병도 방벽 전체를 지킬 수 있을 만큼 많지 않다. 뿐만 아니라, 보루에서 밖으로 나갈 용기가 있는 자도 아마 없을 것이다."

이 말에 솔깃해진 게르마니인들은 전리품을 눈에 띄지 않는 장소에 숨겨놓고, 그 포로를 안내인으로 세워 아투아투카를 향했다.

36 그때까지 키케로는 카이사르의 지시에 따라 병사들을 줄곧 진영 안에 머물게 하고 인부들도 밖으로 내보내지 않았다. 그러나 카이사르의 전진을 들

은 것과 귀환에 대한 소문이 없었던 것에서, 이레째가 되자 과연 약속 기일이 지켜질지 어떨지 의심이 들기 시작했다.

또 진영 밖으로 나가는 것을 금지하는 상황은 자중이라기보다는 농성이라는 의견도 있어서 거기에도 마음이 움직여졌다. 더욱이 아군의 9개 군단과 강력한 기병부대에 비해 적은 사방으로 흩어져 거의 괴멸 상태에 있는 상황에서는 심각한 사태가—그것도 진영 3마일 이내에서—일어나리라고는 꿈에도 생각할 수 없었다.

그래서 곡물을 징발해오라고, 도중에 언덕이 하나밖에 없는 근처의 밭으로 5개 대대를 내보냈다. 진영에는 병에 걸린 병사가 상당수 남아있었는데, 그때까지 며칠 동안 회복한 자들 가운데 300명 정도로 소대를 편성하여 대대에 동행하게 했다.

그 밖에 다수의 인부에게도 동행이 허락되어, 그들도 진영에서 키우고 있는 많은 가축을 데리고 이를 뒤따랐다.

37 그런데 바로 그때 느닷없이 게르마니인 기병이 나타나, 그대로 뒷문을 통해 진영에 돌입하려는 것이 아닌가. 진영 이쪽에서는 숲에 가려 그들의 접근을 알지 못했고, 방벽 밑에서 천막을 치고 있던 상인들에게는 달아날 틈도 없었다.

예기치 않은 사태에 병사들은 혼란에 빠졌다. 주위를 경계하던 대대가 최초의 공격을 간신히 버티는 게 고작이었다.

적은 돌입할 곳을 찾으려고 문이 아닌 곳으로도 몰려들었다. 그러나 뒷문은 간신히 사수되었고, 다른 입구도 지형과 보루로 인해 가까스로 돌파를 면할 수 있었다.

진영은 당장 공황 상태에 빠졌다. 병사들은 서로 혼란의 이유를 물어보았으나 아무도 대답하지 못했다. 어디에 모여 어디로 가야 하는지 아는 자는 아무도 없었다. 어떤 자는 진영이 이미 함락되었다고 말하고, 어떤 자는 야만인이 로마군을 지휘관과 함께 격파하고, 그 여세를 몰아 이리로 온 것이라고 말했다. 병사들 대부분은 같은 진영에서 일어났던 코타와 사비누스의 재난을 상기하면서, 이 장소의 불길함에 공포를 느꼈다.

모든 병사들이 그렇게 공포에 떨고 있었다. 포로한테서 들은 대로 안에는 수비대가 없는 것으로 믿은 적은, 이 좋은 기회를 놓치지 않으려고 서로 격려하면서 돌입을 시도했다.

38 진영 안에는 앞의 전투 대목에서 언급했듯이, 일찍이 카이사르 밑에서 수석 백인대장을 지냈던 바쿨루스가 있었다. 그러나 이때는 병으로 이미 닷새 동안 아무것도 먹지 못한 상태였다.

자신을 포함하여 전원의 안전에 불안을 느껴 맨몸으로 천막에서 나가본 그는, 적이 육박해오고 있는 것을 보더니 옆에 있던 자에게서 무기를 빼앗아 들고 진문 앞에 섰다. 그러자, 경비에 임하고 있던 대대의 백인대장들도 그를 따라 한동안 함께 응전했다. 바쿨루스는 깊은 부상을 입고 정신을 잃었으나 병사들의 릴레이 운반으로 간신히 구출되었다.

그동안 자신감을 되찾은 다른 병사들은 각자 보루의 수비 위치로 돌아가서 방어 태세를 갖추었다.

39 곡물을 구하러 나갔던 부대가 소동을 들은 것은, 그 징발을 마쳤을 때였다. 기병이 먼저 달려가 보니 정말 위태로운 상황이었다.

두려움에 떠는 자를 받아들일 보루는 없었다. 이제 막 군대에 들어온 신병들은 모두 대대장과 백인대장 쪽에 시선을 보내며 지시를 기다릴 뿐이었다. 예기치 않은 사태에 당황하지 않는 자는 한 사람도 없었다.

멀리서 군기를 본 적은, 포로한테서 멀리 갔다고 들었던 군단이 돌아온 것으로 생각하고 공격을 중지했다가, 그 뒤 병력이 얼마 되지 않는다는 것을 알고 사방에서 다시 공격하기 시작했다.

40 인부 같은 종군자들은 가까운 언덕으로 달아났지만, 당장 추격을 당하여 아군의 전열로 뛰어드는 바람에 병사들을 더욱 당황하게 만들었다.

사태가 여기에 이르자, 쐐기형 진형으로 돌파해야 한다는 목소리가 들려왔다. 진영이 가까우니 일부가 쓰러져도 나머지는 살 수 있다는 것이었다. 이에 대해 언덕 위에서 전원이 한 덩어리가 되어 응전해야 한다는 의견도 나왔다.

후자의 의견은 앞의 분견대와 행동을 함께 하고 있던 고참병의 반대에 부딪쳤다. 그래서 서로 격려하는 가운데 로마 기사 트레보니우스의 지휘하에 중앙

돌파를 시도하여, 과연 한 사람도 부상당하지 않고 진영으로 돌아갈 수 있었다. 그 뒤를 따라간 인부와 기병부대도 보병의 도움을 받아 무사히 귀환했다.

한편, 지형에 의지하여 언덕 위에 남아있었던 신병들은, 그곳에 머물 수도 없고, 고참병이 보여준 과감한 행동을 따라하지도 못한 채, 진영으로 돌아가려고 애를 태우다 불리한 지점으로 내려가고 말았다. 그러나 전공으로 인해 승진하여 이 군단에 온 백인대장을 비롯하여, 모든 백인대장들이 그때까지 쌓아온 무명을 더럽히지 않으려고 죽을 힘을 다해 분투한 끝에, 적이 후퇴한 틈에 일부가 뜻밖에도 무사히 진영에 당도했다. 나머지는 만족에게 포위당해 전사하고 말았다.

강 저편으로의 격퇴

41 게르마니인은 이제 보루가 강화된 것을 보고 진영 돌입을 포기하고, 숲에 숨겨 두었던 전리품을 가지고 레누스강 저편으로 물러갔다.

그러나 로마군 진영에서는 게르마니인이 퇴각한 뒤에도, 그들에 대한 공포가 여전히 크게 남아있었다. 기병부대와 함께 파견된 가이우스 볼루세누스가 그날 밤 돌아와, 카이사르가 무사한 부대를 이끌고 귀환하기 직전이라는 소식을 알려줘도 믿으려는 자가 아무도 없었다.

그야말로 공포에 의해 전원이 온전한 정신이 아닌 것 같았다. 그들은 이렇게 말했다. "아군은 전멸했고 기병부대만이 살아서 돌아온 거야. 그렇지 않다면 게르마니인이 진영을 습격할 리가 없어."

이 공포는 카이사르의 귀환으로 사라졌다.

42 전쟁에서의 운, 그 운의 작용을 잘 알고 있던 카이사르는, 약간의 위험도 무릅써서는 안 된다고 했다. 그는 전초와 수비에 임해야 할 대대를 밖으로 내보낸 것을 책망했을 뿐, 더 이상 아무 말도 하지 않았다.

전쟁에서는, 대부분의 경우에 운이 큰 비중을 차지한다. 적의 갑작스러운 출현도 그렇지만, 적을 보루와 진문에서 격퇴할 수 있었던 것도 어쩌면 그 이상으로 운이 좌우한 일일지 모른다.

그중에서도 특히 신비로운 것은, 암비오릭스의 영토를 약탈할 생각으로 레누스강을 건넌 게르마니인이 로마군 진영을 만남으로써, 암비오릭스에게 더 이상 바랄 수 없는 결과를 가져다준 일이다.

암비오릭스의 도주

43 카이사르는 추격에 나섰다. 다시 진영을 나가 인근의 여러 부족으로부터 다수의 병사를 모집하여 사방으로 파견한 것이다.

이 파견군은 농가고 곡창이고 눈에 들어오는 것은 모두 불을 질렀다. 가는 곳마다 가축을 몰아내고, 작물도 다수의 짐말과 사람들이 최대한 먹어치운 뒤 나머지는 비를 맞아 쓰러지는 대로 내버려두었다. 그것은 적이 어딘가에 몸을 숨기더라도, 아군이 철수한 뒤에 먹을 것이 없어서 굶어죽을 것으로 생각될 정도였다.

많은 기병들을 각 방면으로 파견하였는데, 그들이 잡아온 포로들은 암비오릭스가 막 달아나는 것을 보았다고 했다.

"조금 전까지도 여기 있었는데."

이렇게 말하는 자도 종종 만났다. 그리하여 암비오릭스를 붙잡아서 카이사르의 총애를 얻고 싶은 마음이 기병들에게 의욕을 불어넣어, 그들은 거의 비인간적일 정도로 눈에 불을 켜고 수색했다.

그러나 언제나 간발의 차이로 먹잇감을 놓치곤 했다. 암비오릭스는 믿을 만한 기병 4명만 데리고 숲과 골짜기에 숨어있다가 야음을 틈타 다른 장소로 이동하는 방법으로 달아났다.

44 카이사르는 그리하여 그 지역을 황폐화시키고, 2개 대대를 잃은 뒤, 레미족의 도시 두로코르토룸(지금의 랭스)으로 전군을 철수시켰다. 그는 그곳에서 갈리아 회의를 소집하여, 세노네스족과 카르누테스족의 모반에 대해 조사한 뒤에, 주모자 아코에게는 엄벌을 내려 옛날식*8으로 처형했다. 재판이 두려워 달아난 몇 명은 추방에 처했다.

그 뒤 겨울 숙영을 위해 2개 군단은 트레베리족의 영토로, 마찬가지로 2개 군단은 링고네스족에게, 나머지 6개 군단은 세노네스족의 영토인 아게딘쿰으로 각각 보냈다. 그리고 식량을 확보하자 예년처럼 순회 재판을 위해 북이탈리

---

*8 '옛날식 처형'이란 채찍질을 한 뒤 목을 베는 형벌을 가리킨다.

아로 향했다.

(기원전 53년 본국의 상황)

　지난해의 선거 결과에 따라 이 해의 집정관은 둘 다 원로원파가 되었다. 따라서 원로원파의 공세가 강화된다. 민회에 의한 고급정무관 선거에서는 공공연하게 매수가 자행되어, 매수된 민중이 두 파로 갈라져 무기와 투석을 들고 싸우는 광경을 심심찮게 볼 수 있었다. 그러한 항쟁 끝에 평민파인 클로디우스가 원로원파인 밀로에게 살해된다. 사람들은 독재관(딕타토르)에 의한 지배가 그래도 낫다고 생각하기 시작했다. 그러나 무력으로 독재관이 되는 사태를 허용했다가는 또다시 비참한 내전이 일어날 수도 있었다. 그래서 원로원은 이듬해의 집정관에 폼페이우스 한 사람만 선출하기로 결의한다. 그에 따라 혼란을 일단 수습한 것이다. 그때까지 폼페이우스를 종종 비난했던 카토도, 무정부 상태보다는 낫다 하여 거기에 찬성했다. 한편, 이해에 동방에서 비보가 날아든다. 파르티아 원정 중인 로마군이 적의 교묘한 전술에 의해 괴멸당한 것이다('카이사르의 전투'). 크라수스 자신도 아들에 이어서 전사했다. 4만의 로마군 병사 가운데 귀환자는 1만 명도 채 되지 않는 참상이었다. 참고로, 원정군은 이때 적의 군기가 매우 반짝이는 것을 보았는데, 실은 이때 로마인은 비단이라는 것을 처음으로 본 것이었다.

갈리아 원정 7년째(기원전 52년)

제7권
(기원전 52년)

1. 모든 갈리아의 공모와 지도자 베르킨게토릭스

1 갈리아가 평정되자, 카이사르는 예정대로 순회 재판을 위해 이탈리아로 향했다. 이탈리아에 도착한 그는 클로디우스[1]가 살해된 것과, 이탈리아의 모든 청년들에게 입대 서약을 의무화하기로 한 원로원의 결의를 알았다. 그래서 그는 관할하에 있는 모든 속주에서 징병을 실시하기로 했다.

카이사르가 이탈리아에 갔다는 소식은 알프스 저편의 갈리아에 즉시 전해졌다. 그 소식은 그럴듯한 소문까지 붙여져서 퍼져갔다. 수도의 소란으로 카이사르가 발이 묶여 부대로 돌아올 수 없다는 것이었다.

전부터 로마에 대한 복종을 탄식하고 있던 자들은, 이때라는 듯이 공공연하게 전쟁 준비에 착수한다.

갈리아의 수장들은 은밀한 곳에서 밀담을 나누며 아코의 죽음을 애도했고, 자신들에게도 같은 운명이 닥칠 수 있다는 가능성을 들며 갈리인 전체의 비운을 탄식했다. 마지막으로 그들은 다양한 포상을 약속하며 전쟁을 통해 자유를 사수할 것을 호소했다.

"계획이 드러나기 전에 카이사르를 군대에서 떼어놓는 것이 중요하다. 그것은 그리 어려운 일이 아니다. 왜냐하면, 총사령관이 부재중일 때는 겨울 숙영지에서 군단이 출진할 리가 없고, 원군이 없으면 총사령관이 군단으로 돌아올 리도 없기 때문이다. 어쨌든 조상으로부터 물려받은 자유와 이름 높은 무용을 회복할 수 없을 바에는, 차라리 싸움터에서 죽는 편이 낫다." 이것이 그들의 의견이었다.

---

[1] 사경단(私警團)까지 조직하여 횡포를 일삼던 평민파의 클로디우스가 마찬가지로 폭력조직으로 대항하던 보수파의 밀로에게 암살당한 사건을 가리킨다.

2 이러한 논의에 이어 카르누테스족이 말했다.

"전 갈리아를 위해서라면 어떠한 위험도 마다하지 않을 것이다. 우리가 먼저 전단을 열겠다. 일이 새나갈 우려가 있으니, 그에 대한 보장으로 볼모를 교환하는 것은 당장은 불가능하다. 그러므로, 선봉에 서는 것에 대해 가장 신성한 의식인 군기의 결집을 실시하고, 개전한 뒤에 우리를 버리지 않겠다고 서약해 주기 바란다."

이에 대해 전원이 카르누테스족에게 찬사를 보내며 서약한 뒤, 결행일을 정하고 해산했다.

3 결행할 날이 닥치자 카르누테스족은 무뢰한인 코투아투스와 콘콘네토둠누스의 지휘로 신호와 함께 케나붐(지금의 오를레앙)을 습격했다. 이 습격으로, 장사를 위해 머무르고 있던 로마 시민이 살해되고 재산도 빼앗겼다. 희생자 중에는 카이사르의 명을 받아 곡물을 조달하고 있던 훌륭한 로마 기사 키타도 끼여 있었다.

이 사건은 이내 갈리아 전역에 알려졌다. 갈리아에서는 큰 사건이 일어나면, 멀리 있는 사람에게 큰 소리로 알리고, 그것을 들은 자가 다시 다음 지역에 있는 자에게 같은 방법으로 전달하도록 되어 있었다. 새벽에 케나붐에서 일어난 일을 제1야경시(오후 6시)가 되기도 전에 약 160마일 떨어진 아르베르니족 영토에서 들을 수 있었던 것이다.

젊은 지도자 베르킨게토릭스

4 이때도 같은 방법으로, 청년 베르킨게토릭스가 부하들을 모아서 그들을 부추겼다. 그의 아버지 케르틸루스는 일찍이 갈리아의 최고 유력자였지만, 왕위를 차지하려다가 동족에게 살해되었다.

베르킨게토릭스의 선동에 많은 자들이 곧 무기를 들었다.

이에 대해 숙부 고반니티오를 비롯하여 다른 유력자들은, 위험한 모험이라 하여 이 젊은이를 게르고비아에서 추방했다. 그래도 그는 포기하지 않고 산과 들에서 불량배와 가난한 자들을 그러모아 세력을 이루고, 부족민에게 자신의 생각을 강요했다. 갈리아를 위해 모두들 무기를 들라는 것이었다.

이리하여 대군을 거느리게 된 그는, 먼저 자신을 추방한 자들을 전원 거꾸로 추방했다. 추종자들로부터 '왕'으로 불리게 된 베르킨게토릭스는 각지에 사절을 보내, 저마다에게 서약을 준수할 것을 요구했다. 그는 곧 세노네스, 파리시, 픽토네스, 카두르키, 투로니, 아우렐키, 레모비케스, 안데스 등의 여러 부족 외에 바다 부근의 모든 부족의 지지도 얻어, 전원으로부터 전쟁 지휘권을 위임받게 되었다.

그는 총사령관으로서 각 부족에 대해 볼모를 요구하고, 병력의 신속한 공출을 명령했다. 그 밖에 각자가 만들어야 할 무기의 수량과 기한도 정했다. 그 가운데에서도 기병에 대해서는 특별히 신경을 기울였다.

또 엄격한 규율을 세워, 주저하는 자에게는 엄벌로 대처했다. 무거운 죄를 지은 자는 불을 비롯한 각종 고문으로 살해하고, 죄가 가벼운 자도 귀를 잘라내거나 눈을 도려내어 고향으로 돌려보내는 등, 모든 사람에게 본보기가 되도록 형벌의 엄격함을 강하게 주입시켰다.

5 베르킨게토릭스는 이렇게 하여 군세를 모은 뒤, 카두르키족의 용감한 전사 루크테리우스에게 병력의 일부를 주어 루테니족에게 보내고, 자신은 비투리게스족이 있는 곳을 향해 진군했다.

이 베르킨게토릭스의 내습에 대해 비투리게스족은, 동맹 관계에 있는 하이두이족에게 사절을 보내 원군을 요청했다.

하이두이족은 카이사르가 군대와 함께 남긴 부관들의 조언을 얻어, 기병과 보병으로 구성된 부대를 비투리게스족에게 보냈다.

그런데 이 부대는 두 부족 사이의 경계를 이루고 있는 리게르강(지금의 루아르강)까지 오자, 거기서 걸음을 멈추더니 강을 건너지 않고 며칠 뒤에 도로 돌아갔다. 그들이 로마군 부관들에게 말한 바에 따르면, 강을 건너면 비투리게스족이 아르베르니족과 호응하여 이쪽을 포위할 계획임을 알았기 때문이라는 것이었다.

그러나 그들의 행동이 그러한 이유에서인지 아니면 계획에 의해서인지 확실한 것은 알 수 없다. 어쨌든 원군이 발길을 돌리자 비투리게스족은 곧 아르베르니족과 합류했다.

6 카이사르는 북이탈리아에서 이 사실을 전해들었다. 그때는 이미 폼페이

우스의 힘에 의해 수도의 상황이 개선되었다는 보고를 받은 뒤였으므로, 그는 지체 없이 갈리아 본토로 갔다. 그런데 도착해보니 부대로 쉽게 돌아갈 수 없는 상황이었다.

그렇다고 군단을 '속주'로 불러들이자니 아마도 행군 중에 전투를 피할 수 없을 것 같으며, 반대로 자기 쪽에서 가는 것은 신변의 위험이 따른다. 게다가 최근에 잠잠해 보이는 부족도 이제는 믿을 수가 없다. 카이사르의 가슴에는 이러한 생각들이 교차했다.

7 그동안 루테니족에게 파견되어 있었던 카투르키족의 루크테리우스는 아르베르니족과의 동맹에 성공한다. 이어서 니티오브로게스족과 가발리족에게도 가서 볼모를 제공하고 대군을 모집하자, 곧 '속주'를 침공하기 위해 나르보를 향했다.

카이사르도 그것을 알고, 모든 것을 두고 그 도시로 향했다. 그곳에 도착한 그는 사람들을 격려하고, '속주'에 사는 루테니족, 볼카이 아레코미키족, 톨로사테스족과 나르보 주변, 즉 적에게 가까운 지역에 따로따로 수비대를 두는 동시에, '속주'의 부대 일부와 이탈리아에서 인솔해온 증원부대를 아르베르니족과 경계를 접하는 헬비족의 영토에 집결시켰다.

8 그리하여 로마군의 존재를 과시하고 루크테리우스를 후퇴시킨 그는, 이번에는 헬비족을 목표로 했다.

때마침 혹한기여서, 아르베르니족과 헬비족의 경계를 이루고 있는 케벤나 산(지금의 세벤 산)은 깊은 눈 때문에 통행이 곤란했다. 그러나 병사들의 열성적인 노력에 의해 깊이 6피트의 눈 속에 길을 뚫어, 마침내 아르베르니족의 영토에 당도할 수 있었다.

케벤나 산이 방어해준다고 굳게 믿고 있었던 적의 허를 찌른 셈이었다. 사실, 이 시기에 그곳을 지나간 자는 그때까지 한 사람도 없었기 때문이다.

카이사르는 적을 공포에 빠뜨리기 위해 기병부대를 광범위하게 전개시켰다.

카이사르가 출현한 것은 소문과 보고를 통해 당장 그들에게 전해졌다. 깜짝 놀란 아르베르니족은 베르킨게토릭스에게 모여 눈물로 호소했다. 적의 창끝이 이제 완전히 이쪽을 향하고 있는 것 같으니, 로마군의 약탈을 막고 재산을 지커달라는 것이었다. 베르킨게토릭스는 그들의 비통한 요청에 마음이 움직여, 진지를 비투리게스족의 영내에서 아르베르니족의 영내로 옮겼다.

9 그러나 적의 움직임을 읽고 있던 카이사르는 그곳에는 이틀만 머무르고, 증원부대와 기병부대를 소집하기 위해 부대를 떠난다. 그때 부대의 지휘를 맡긴 청년 브루투스에게는 진영에서 사흘 거리를 넘지 않는 범위에서, 기병을 널리 사방으로 약탈하러 내보내라고 지시했다.

그 뒤 자신은 초강행군으로 비엔나(지금의 빈)로 가서, 불시의 도착으로 아군을 깜짝 놀라게 했다. 그곳에서 상당히 오래 전에 보내두었던 신예 기병부대를 만나자, 그들을 이끌고 밤낮없이 행군하여 하이두이족의 영토를 지나, 2개 군단이 겨울을 보내고 있는 링고네스족의 영토로 갔다. 이 행동도 역시, 하이두이족에게 계략을 세울 틈도 주지 않는 빠르기였다.

겨울 숙영지에 도착하자 다른 군단에도 전령을 보내, 자신의 도착이 아르베르니족에게 알려지기 전에 전 부대를 집결시켰다.

이 사실을 안 베르킨게토릭스는 비투리게스족의 영토에서 다시 병력을 돌려, 보이족의 성채 고르고비나를 공략하러 갔다. 보이족은 헬베티족과의 전쟁에 진 뒤, 카이사르에 의해 이곳에 남겨져 하이두이족의 종속부대가 되어 있었다.

10 베르킨게토릭스의 움직임은 카이사르의 계획에 커다란 문제를 던졌다.

남은 겨울 동안 군단을 움직이지 않는다면, 하이두이족에게 종속되어 있는 자들이 정복당하여 카이사르의 보호가 유명무실해지므로 전 갈리아의 봉기를 불러올 수도 있다. 반대로 군단을 조기에 겨울 숙영지에서 내보내면, 수송 문제로 곡물 조달에 어려움이 예상된다. 그러나 그러한 굴욕을 당하고 우방의 이반을 부르는 것보다는 어떠한 어려움도 견디는 것이 낫지 않을까.

이렇게 생각한 카이사르는 하이두이족을 설득하여 식량을 옮기도록 하는 한편, 보이족에게는 사자를 보내 도착을 알리면서 충성을 지켜 적의 공격을 잘 막아내라고 격려했다. 그런 다음 2개 군단에 전군의 물자를 맡겨 아게딘쿰에 남게 한 뒤, 보이족이 있는 곳을 목표로 삼아 출발했다.

11 이튿날 세노네스족의 도시 벨라우노두눔에 도착한 카이사르는 공격을 결정한다. 배후에 적을 남기지 않고, 또 곡물 조달을 앞당기기 위해서다. 그리하여 이틀 만에 그곳을 포위했다.

사흘째 되는 날, 도시에서 항복 사절이 찾아왔다. 이에 대해 카이사르는 무기 회수와 가축 제공 외에 600명의 볼모 제공을 명령하고, 이들의 감독을 부관 트레보니우스에게 맡겼다. 그리고 자신은 즉시 카르누테스족의 도시 케나붐(지금의 오를레앙)으로 향했다.

벨라우노두눔이 포위되었다는 소식을 들은 카르누테스족은 그것이 오래 갈 것으로 생각하고, 케나붐 방위를 위해 보낼 병사를 모집하고 있었다.

카이사르는 이틀 만에 현지에 도착했다. 그러나 도시 앞에 포진을 마쳤을 때는 해도 이미 기울고 있어서, 공격을 이튿날로 연기하고 남은 시간은 그 준비에 할애했다. 또 도시에서 리게르강(지금의 루아르강)에 다리가 놓여 있어서 주민들이 밤에 달아날 것이 예상되어, 무장한 2개 군단을 경계에 임하게 했다.

아니나다를까, 주민은 자정이 가까워지자 몰래 도시를 빠져나가 강을 건너기 시작했다. 정찰대로부터 그 사실을 전해들은 카이사르는 성문에 불을 붙이고, 대기시켜 둔 군단을 돌입시켜 도시를 함락했다. 그리고 극소수를 제외한 모든 주민을 사로잡았다. 다수가 달아나기에는 다리도 길도 너무 좁았던 것이다.

약탈이 끝난 뒤, 카이사르는 시가지에 불을 지르고 병사들에게 전리품을 나눠준 다음, 부대를 이끌고 강을 건너 비투리게스족의 영토로 들어갔다.

12 카이사르의 접근을 안 베르킨게토릭스는 습격을 중지하고 카이사르 본인을 겨냥했다. 이때 카이사르는 진군 중인 비투리게스족의 도시, 노비오두눔(지금의 누앙) 공략을 생각하고 있었다.

바로 그때 도시에서 사절이 찾아왔다. 죄를 인정하고 구명을 청하러 온 것이다. 그래서 이번 건도 신속하게 처리하기 위해 무기 회수, 수송용 말의 제공, 볼모 제공 등을 요구했다.

얼마 지나지 않아 볼모의 일부가 인도되고, 나머지도 추진되고 있던 중이었다. 백인대장 외에 약간의 병사가 도시에 들어가 무기를 회수하고 수송용 말을 징발하고 있는데, 멀리 기병의 모습이 보였다. 베르킨게토릭스가 보낸 선봉대였다.

원군의 출현에 새롭게 희망이 되살아난 도시의 주민들은, 무기를 들고 함성을 지르며 문을 닫은 뒤 성벽에 버티고 섰다.

시내에 있던 백인대장들은 갈리인의 신호에서 불온한 움직임을 눈치 채고, 칼을 뽑아 문을 장악하여 전원 무사히 진영으로 돌아올 수 있었다.

13 카이사르는 아군 기병부대를 보내 적의 기병부대를 맞이하게 했으나, 얼마 뒤 이쪽이 열세로 기울자 처음부터 데리고 있던 게르마니인 기병을 구원병으로 내보냈다. 그 수는 약 400기. 적의 기병부대는 그들의 공격에 버티지 못하고, 다수의 희생자를 내고 본대로 달아났다.

이 궤주에 다시 공황 상태에 빠진 도시의 주민들은 모반의 주모자들을 붙잡아 카이사르에게 끌고 가서 항복했다.

이리하여 이 사건을 처리한 카이사르는, 비투리게스족의 영토에서 가장 비옥한 토지를 차지하여 철벽의 수비를 자랑하는 최대의 도시 아바리쿰(지금의 부르주)으로 갔다. 이 도시를 탈환함으로써 비투리게스족을 다시 지배하에 넣으려는 목적이었다.

2. 아바리쿰 공격과 점령

14 벨라우노두눔, 케나붐, 노비오두눔 등에서 연달아 세 번이나 패배의 쓴잔을 마신 베르킨게토릭스는, 부하들을 모아놓고 다음과 같이, 앞으로 새로운 전법으로 나갈 것임을 표명한다.

"어떻게 해서든 로마군의 보급로를 끊을 필요가 있다. 기병의 수와 계절을 고려하면 그것은 그리 어려운 일이 아니다. 지금 수확할 수 있는 여물은 없기 때문에 그들은 그것을 사방에서 어떻게든 구해야 한다. 그러므로 기병으로 이들을 하나하나 격파할 수 있다. 또한 전체를 위해서라면 사유재산의 희생도 감수하지 않을 수 없다. 간단하게 말해, 로마군이 여물을 구할 것으로 예상되는 범위 안에 있는 촌락의 가옥과 곡창을 모두 불태우는 것이다. 우리 갈리인은 싸움터가 된 곳에 사는 부족들의 지원으로 그러한 물자를 확보할 수 있다.

로마군은 궁핍을 견디지 못할 것이다. 어쩌면 커다란 위험을 무릅쓰면서까지 진영에서 멀리 떨어질지도 모른다. 상대의 목숨을 빼앗는 것이나 보급품을 빼앗는 것이나 큰 차이는 없다. 어쨌든 손해를 입히면 공세는 불가능해진다.

또 보루와 지형으로 보호받고 있는 곳을 제외하고, 도시에는 모두 불을 지르자. 탈주자의 피난과 로마군의 약탈을 방지하기 위해서다. 이 조치가 너무 타격이 크다면, 그것보다 훨씬 더 큰 타격을 생각해 보라. 즉, 패했을 때는 처자가 노예로 끌려가고 우리 자신도 살해되는 것이다."

15 모두들 이 의견을 납득하고, 하루 안에 비투리게스족의 20개 이상의 도시에 불을 질렀다. 다른 부족도 이를 따라했다. 그리하여 곳곳에서 불길이 이는 것을 볼 수 있었다. 그것은 모든 자에게 견디기 힘든 일이었지만, 승리를 거의 확실시하고 있었으므로 곧 손실을 메울 수 있을 거라는 생각이 위로가 되었다.

아바리쿰에 대해서는, 그곳도 불태워버릴지 지킬지 전체 회의에서 논의가 벌어졌다. 비투리게스족은 참석자들 앞에 무릎을 꿇고, 동족의 보호막이기도 하고 자랑이기도 한, 갈리아에서 가장 아름다운 이 도시를 자신들의 손으로 불태우는 것만은 봐달라고 호소했다. 그리고 지형만으로 쉽게 지킬 수 있다, 거의 곳곳이 강과 늪으로 에워싸여 있고, 접근로는 매우 좁은 곳이 한 군데 있을 뿐이지 않느냐고 말했다.

베르킨게토릭스도 처음에는 반대했지만, 비투리게스족의 애원 앞에 결국 마음을 바꿨다. 그리하여 아바리쿰의 방위를 맡을 자들이 선정되었다.

16 베르킨게토릭스는 약간의 거리를 두고 카이사르를 추격하여, 아바리쿰에서 16마일 지점에 진을 쳤다. 그곳은 숲과 늪으로 에워싸인 곳이었다.

낮에는 매시간 정찰대로부터 들어오는 도시의 상황에 대한 보고에 따라 필요한 지시를 내리는 한편, 로마군의 식량 조달에 대해서도 조사하여, 아군이 어쩔 수 없이 멀리 넓게 산개했을 때를 노려 공격해왔다. 이에 대해 로마군도 시간과 경로를 다양하게 바꿔 대응했으나, 그래도 막대한 손해를 입지 않을 수 없었다.

17 카이사르는 강과 늪이 끊어진, 앞에서 말한 좁은 접근로가 있는 지점에 진을 쳤다. 이어 성벽에 접근하기 위한 둑을 쌓고, 보이지 않도록 덮어서 가린 귀갑차를 접근시킨 다음, 두 개의 망루를 짓기 시작했다. 그곳에서는 지형상 포위하기가 어려웠기 때문이다.

식량 조달에 대해서는 그동안 내내 보이족과 하이두이족에게 그것을 내놓도록 촉구했다. 그러나 보이족은 약소해서 충분한 비축이 없었고, 지니고 있던 것은 다 먹어버린 상황이었다. 또 하이두이족도 성실하게 응하지 않아 이렇다 할 도움이 되지 못했다.

그래서 곡창도 불에 타버리고 곡물 조달이 지극히 어려워지자, 병사들은 며칠이나 곡기는 입에도 대지 못하고, 멀리서 구해온 가축으로 굶주림을 달래야 했다. 그래도 로마인으로서 또 승리자로서 어울리지 않는 말을 하는 자는 한 사람도 없었다.

뿐만 아니라, 작업에 임하는 군단 병사들에게 궁핍을 견딜 수 없으면 포위 공격을 중단할 용의가 있다고 전하자, 전원이 거기에 반대하는 것이었다.

"오랫동안 카이사르의 지휘하에서 불명예를 입은 적은 한 번도 없고, 싸움을 중간에 포기한 적도 결코 없었습니다. 시작한 공위를 포기하는 것은 불명예가 아닙니까? 갈리인의 배신에 의해 케나붐에서 목숨을 잃은 동포의 복수를 포기하지 말고, 모든 어려움과 맞서는 편이 낫습니다."

그들은 이 말을 카이사르에게 전해달라고 백인대장과 대대장들에게 부탁했다.

18 공성용 망루를 성벽에 접근시켰을 때, 카이사르는 포로한테서 적이 이동했다는 얘기를 들었다. 베르킨게토릭스가 여물을 다 써서 진영을 아바리쿰(지금의 부르주) 가까이 옮겼다는 것이었다. 또 이 포로는, 베르킨게토릭스가 기병 외에 기병과 함께 싸울 경무장한 보병을 이끌고, 이튿날 아군의 식량 징발부대가 찾아올 것으로 예상되는 지점에서 매복하고 있다고 했다.

그래서 카이사르는 한밤중에 몰래 출발하여 이튿날에는 적진에 육박했다. 베르킨게토릭스는 정찰대로부터 곧 로마군이 접근했다는 보고를 받고, 짐수레를 숲 속에 숨기고 활짝 트인 높은 곳에 모든 부대를 배치했다. 그것을 안 카이사르는 즉시 모든 병사의 배낭을 한 곳에 모으고 전투 태세에 들어가도록 명령했다.

19 그 언덕은 기슭에서 완만한 경사를 이루며, 거의 전체가 늪으로 에워싸여 있었다. 늪의 폭은 50피트 정도밖에 되지 않지만 건너기 어려운 늪이었다. 적은 둑길을 허물어버림으로써 지형에 자신감을 가지고 언덕 위에 진을 친 뒤, 부족별로 늪 주변의 수풀과 얕은 여울도 장악하고 있었다. 로마군이 강행 돌파할 경우, 늪에서 고전하고 있을 때를 기다려 위에서 맹공격을 퍼부을 작정이었다.

적이 그토록 가까운 곳에서 아군과 마주하고 있는 모습은, 자못 대등한 전투를 할 것 같은 인상을 주었으나, 그것은 지리의 이점을 확보하고 있었기 때문일 뿐, 양쪽의 지형상의 차이를 아는 자의 눈에는 오히려 야만족의 허세가 빤히 보였을 것이다.

병사들은 갈리인이 가까운 거리에서 바라보고 있는 것을 발견하고 분개하여, 카이사르에게 전투 신호를 재촉했다. 이에 대해 카이사르는, 승리에는 심각한 피해와 다수의 전사자를 수반한다는 것을 지적하고, 자신을 위해 위험도 불사하려는 마음은 알지만 부하의 생명을 경시하는 총사령관은 비난을 면할 수 없다는 말로 그들을 달랬다. 그리고 그날은 진영으로 병사를 철수시키고, 아바리쿰의 포위 공격에 필요한 다른 일에 착수했다.

20 본대로 돌아온 베르킨게토릭스에게는 배신자라는 비난이 기다리고 있었다. 로마군 가까이 진영을 옮긴 것, 모든 기병을 이끌고 나간 것, 대군을 지휘관이 없는 상태로 남겨둔 것, 그 뒤 곧 로마군의 급습이 있었던 것 등이 그 이유였다.

이러한 일이 아무런 계획도 없이 우연히 일어날 리는 없다, 다시 말해, 동포보다 오히려 카이사르를 통해 왕위에 오르기를 원하고 있다는 증거가 아니냐는 것이었다.

이 비난에 대해 베르킨게토릭스는 다음과 같이 대답했다.

"진을 옮긴 것은 여물의 부족과 아울러, 모든 기병이 권유했기 때문이다. 또 로마군에 접근한 것은 그 지점이 방어에 적합한 장소라는 것을 확신했기 때문이다. 늪지에서는 기병이 할 일이 없으며, 내가 간 그 장소야말로 기병이 필요한 곳이다.

본대를 떠나면서 지휘권을 다른 사람에게 맡기지 않은 데는 까닭이 있다. 즉, 모두가 인내에 한계를 느끼고 의지가 약해져서 싸움을 원하고 있다는 것을 잘 알고 있기 때문에, 대리자가 동료들의 요구에 밀려 개전 신호를 보내게 될 것을 우려했기 때문이다.

로마군의 출현이 우연이었다고 한다면 그것은 행운이 아닌가. 또 내통자가 있어 그들을 불러들인 것이라면, 그 내통자에게 감사해야 할 것이다. 왜냐하면, 적의 세력이 적다는 것을 언덕 위에서 확인하고, 그들이 전투도 하지 않고 진영으로 달아나듯 돌아간 비겁함을 조롱할 수 있었기 때문이다.

카이사르 쪽으로 돌아누워 갈리아의 지배권을 손에 넣으려는 생각은 털끝만큼도 없다. 그것은 이미 우리의 손 안에 있는 것이나 다름없는 승리를 통해 이룰 수 있다.

아니, 만약 모두가 이 베르킨게토릭스한테서 도움을 받고 있는 것이 아니라 오히려 나에게 명예를 주고 있다는 식으로 생각하고 있다면, 나는 그 명예를 반납하겠다. 내 말에 거짓은 없다. 의심스럽다면 로마인에게 물어 보라."

이렇게 말한 베르킨게토릭스는 아군 진영의 노예를 몇 명 끌어냈다.

며칠 전의 식량 징발 때 사로잡혀 굶주림과 고문으로 괴로워하고 있던 그들은, 질문에 대한 대답을 이미 귀띔을 받은 터라, 자신들을 곡물과 가축을 찾기 위해 진영을 나온 군단병이라고 밝혔다. 그리고 로마군 전체가 궁핍에 허덕이고 있고, 모두들 지칠 대로 지쳐 더 이상 노동도 할 수 없는 상황에 있으며, 그 때문에 총사령관도 포위 공격에 진전이 없으면 사흘 뒤에는 언덕에서 철수할 생각인 것 같다고 말했다.

여기서 베르킨게토릭스가 그들의 말을 받아 이렇게 말했다.

"이러한 전개도 모두가 말하는 이 '배신자'가 이룬 것이다. 나의 공작에 의해 한 사람의 피도 흘리지 않고, 그 패배를 모르는 군대가 굶주림으로 전멸하고 있다는 얘기를 들었는가. 뿐만 아니라, 적이 명예롭지 못한 패주로 돌아섰을 때는 어떠한 부족의 영토에도 들어갈 수 없도록 미리 손써 두었다."

21 이 말에 모두 환성을 지르며, 찬성할 때 보여주는 그들의 독특한 방식대

로 무기를 부딪친 뒤, 베르킨게토릭스를 뛰어난 지도자라고 찬양했다. 그리고 그 신의는 의심할 여지가 없으며, 그보다 훌륭한 기략(機略)으로 싸울 수 있는 자는 없을 거라고 말했다. 그리고 비투리게스족에게만 의지해서는 안 된다며, 전군에서 선발한 병사 1만 명을 아바리쿰에 투입할 것을 결정했다. 아바리쿰만 사수하면 최종적인 승리를 얻을 수 있다고 판단한 것이다.

22 로마군의 뛰어난 무용에 대해 적은 갖은 책략을 다해 대항했다. 원래 갈리인은 창의력이 풍부하여 보고 들은 것은 뭐든지 그대로 흉내 낸다. 예를 들면, 그들은 공성 갈고리에 올가미를 걸어서 떼어낸 뒤, 투석기를 이용하여 그것을 성 안으로 끌어넣는다.

더욱 기술적인 것으로, 성벽에 기대어 쌓은 둑 밑으로 굴을 파서 둑을 함몰시키기도 했다. 갈리아에는 커다란 철광산이 여러 개 있어서 각종 굴삭 기술을 터득한 것 같다.

또 성벽 주변에 망루를 지어 거기에 가죽을 씌우기도 했다. 그리고 밤낮을 가리지 않고 빈번하게 출격하여 둑에 불을 놓거나, 공사 중인 병사를 습격하기도 한다. 나아가서는 아군의 망루 높이가 둑의 공사에 의해 높아질 때마다, 자신들의 망루도 층을 늘려 같은 높이가 되게 하고, 우리의 갱도에 굴을 파거나, 끝을 태워 뾰족하게 만든 목재나 뜨겁게 끓인 역청 또는 커다란 돌로 방해하는 등, 성벽으로 접근하는 것을 허용하지 않았다.

23 갈리아의 성벽은 대개 다음과 같이 만들어진다. 우선 성벽의 선에 대해 직각이 되도록 2피트 간격으로 목재를 지면에 세워놓고, 그것을 안에서 서로 연결하여 그 속에 대량의 흙을 담는다. 그리고 목재와 목재 사이의 전면에 커다란 돌을 끼워 넣는다. 이렇게 하여 제1층을 만들면 그 위에 제2층을 쌓는다. 이때도 목재를 같은 간격으로 늘어놓고, 마찬가지로 그 사이에 하나하나 돌을 넣어 튼튼하게 고정한다. 이런 방법으로 원하는 높이가 될 때까지 차례차례 성벽을 쌓아간다.

이렇게 하여 완성된 성벽은 목재와 돌이 서로 직선으로 늘어 놓인 형태가 되어, 보기에 좋을 뿐만 아니라 돌이 화재를 막고, 목재가 파성추(破城鎚)를 막아내기도 한다. 그것은 보통 40피트의 목재가 내부에서 서로 고정된 상태이기 때문에 그것을 파괴하는 것은 어려운 일이었다.

24 이와 같은 사정과 더불어, 차가운 장맛비가 내려 작전이 지연되기는 했지만, 병사들의 끊임없는 노력으로 그 장애를 극복하고, 25일 뒤에는 폭 330피트, 높이 80피트의 둑을 쌓을 수 있었다.

성벽까지는 이제 얼마 남지 않았다. 잠시의 중단도 허용되지 않았다. 카이사르는 여느 때처럼 밤에도 현장을 떠나지 않고, 공사에 임하고 있는 병사들을 격려했다.

제3야경시 조금 전에 둑에서 연기가 피어오르는 것이 보였다. 적이 갱도를 파고 밑에서 불을 지른 것이다. 그리고 성벽 전체에서 함성이 오르는 순간, 갑자기 공성용 망루를 향해 두 개의 성문에서 출격을 감행하는 동시에, 성벽에서도 아군이 쌓은 둑을 향해 횃불과 목재, 역청, 그 밖에 불길을 일으키는 것은 모두 던져 넣는 것이었다. 그래서 어디를 공격하고 어디를 수비해야 하는지 도무지 판단할 수가 없었다.

그러나 카이사르는 2개 군단이 진영 앞에서 항상 경계하는 가운데, 많은 병사들이 교대로 공사를 시행하도록 지시했다. 그리하여 일부는 적의 내습에 맞서고, 다른 일부는 망루를 후퇴시켜 둑을 무너뜨렸으며, 진영에서도 전원이 나와 불을 끄는 등 간신히 이에 대응할 수 있었다.

25 새벽이 되어서도 곳곳에서 전투는 여전히 계속되고 있었다. 아군 망루의 흙벽이 불타고 있는 데다 엄폐물이 없이는 구원하러 오기 어렵다는 것을 알자, 적들은 승리를 예감하였다. 그들은 전 갈리아의 운명이 바로 이 순간에 달렸다고 보고, 지친 병사들을 새로운 병사들로 끊임없이 교대시키고 있었다.

바로 그때, 우리의 눈 앞에서 기억해둘 만한 일이 벌어졌다.

성문 앞에 한 갈리인이 서서, 건네받은 짐승 기름과 역청 덩어리를 불타오르는 아군 망루 하나에 던져 넣고 있었다. 이 갈리인이 오른쪽 옆구리에 화살을 맞아 쓰러지자, 가까이 있던 한 사람이 쓰러져 있는 병사의 몸 위에 다리를 벌리고 서서, 그 역할을 대신 맡은 것이다. 그리고 이 두 번째 병사도 마찬가지로 화살을 맞아 쓰러지자, 또 다른 병사가 이를 대신했고, 이어서 이 세 번째 병사도 다른 병사에 의해 교체되었다. 그리하여 둑의 불이 진화되고 모두 격퇴되어 전투가 끝나는 와중에도, 적들은 그 장소만은 끝까지 지켜냈다.

26 모든 수단을 다한 갈리인은 베르킨게토릭스의 명령이라고도 할 수 있는 권고에 따라 도시에서의 탈출을 시도한다.

밤중에 달아나면 희생을 최소한으로 줄일 수 있다. 베르킨게토릭스의 진영까지는 짧은 거리이고, 게다가 그 사이에는 늪이 이어져 있어서 로마군도 추격할 수 없다고 생각한 모양이었다.

그런데 그들이 그 준비를 하고 있을 때, 갑자기 여자들이 집 안에서 뛰쳐나왔다. 그들은 남편들 앞에 몸을 던지고 눈물을 흘리며 자신들을 적의 손에 넘어가게 하지 말라고 호소했다. 여자와 아이들은 달아나려 해도 달아날 힘이 없다는 것이었다.

그러나 궁지에 빠진 상황에서는 흔히 공포가 동정심을 몰아낸다. 남자들의 결심은 확고했다.

그것을 안 여자들은 일제히 소리를 질러, 달아나려 한다는 것을 우리에게 알렸다. 그 때문에 남자들은 로마군 기병이 길을 막을 것을 두려워한 나머지 탈출을 포기하지 않을 수 없었다.

27 이튿날, 망루를 전진시켜 먼저 지시해 두었던 공사를 완성시킨 카이사르는, 때마침 내리는 호우를 틈타 계획을 시행하기로 했다. 악천후로 성벽의 경비가 평소보다 느슨해졌기 때문이다.

그래서 병사들에게 작업이 귀찮고 힘든 것처럼 행동하게 하고, 계획을 설명한 다음 그들을 위장한 귀갑차 속에 몰래 대기시켰다. 그리고 지금까지의 노력의 성과인 승리가 눈앞에 있다며, 맨 먼저 성벽에 오르는 자에게는 포상을 약속한 뒤, 신호를 보냈다. 병사들은 사방에서 일제히 뛰쳐나가 눈 깜짝할 사이에 성벽을 점령했다.

28 적은 공황 상태에 빠져 곧 성벽과 망루에서 소탕되었다. 그러나 광장과 공터에서는 쐐기형의 진을 짜고 어떤 방향에서의 공격에도 정규 전열로 대응하려고 했다.

그러나 로마군이 한 사람도 내려오지 않고 그저 성벽만 에워싸고 있는 것을 보고, 달아날 길이 막힐까 봐 무기를 버리고 도시 저편으로 필사적으로 달려갔다. 그 결과 일부는 성문의 좁은 통로에 쇄도했을 때 아군 보병에게 습격당하고, 다른 일부도 성문에서 나갔을 때 기병의 습격을 받았다. 약탈은 없었다.

그러나 게나붐의 학살과 공격의 피로에 울분이 터진 병사들은 남녀노소를 불문하고 가차없이 무찔렀다. 그 때문에 처음에 있었던 4만 명 가운데 베르킨게토릭스의 진영에 무사히 도착할 수 있었던 것은, 최초의 비명 소리를 듣고 도시에서 뛰쳐나간 800명이 채 안 되는 자들뿐이었다.

베르킨게토릭스는 도망자의 유입과 일반 병사의 동정심으로 소동이 일어나는 것을 우려하여, 밤이 깊은 뒤 그들을 조용히 맞아들였다. 자신의 동료와 각 부족의 수장을 멀리 있는 한길까지 내보내 도망자를 맞이하게 하고, 처음부터 부족마다 할당되어 있었던 진영 내의 저마다의 장소로 데리고 가게 한 것이다.

29 이튿날 베르킨게토릭스는 회의를 열어, 이번 패배에 낙담하거나 동요하지 말라고 일동을 격려했다.

"로마인의 승리는 용기 때문도 전투 때문도 아니며, 우리 갈리인이 몰랐던 전술 때문이다. 전쟁에서 언제나 승리하기만을 기대하는 것은 잘못된 것이다. 모두들 알고 있는 바와 같이, 나는 원래 아바리쿰의 방위에는 반대했다. 다시 말하면, 이번 패배는 다름 아닌, 비투리게스족의 경솔함과 그에 대한 다른 부족의 추종 때문이다.

그러나 이제 곧 대승리를 거두어 패배를 만회하면 된다. 이제까지 비협조적이었던 부족도 내가 잘 합류시키겠다. 그리하여 한 사람도 반대할 수 없는 전 갈리아의 협력 체제를 수립할 것이다. 이것은 이미 거의 실현된 것이나 다름없다. 우선 모두가 구원받기 위해서는, 적의 기습에 쉽게 대응할 수 있도록 진지를 강화하는 것이 필수다."

30 이 말을 갈리인들은 거부하지 않았다. 그것은 대참패 뒤에도 베르킨게토릭스가 낙담하고 몸을 숨기거나 모두의 시선을 피하지 않았기 때문이다. 또 처음부터 아바리쿰을 불태울 것과, 나중에는 그 포기를 호소했던 그의 깊은 통찰력이 떠올랐기 때문이기도 했다.

이와 같이 다른 지도자 같으면 역경에 의해 권위를 잃었겠지만, 베르킨게토릭스는 오히려 그러한 대재난에 의해 더욱더 위신을 높였다.

이제 갈리인들은 그의 말에서 다른 부족의 합류에 기대를 걸었다. 그리고 이때 처음으로 진영의 강화에 착수하여, 이런 종류의 노력에는 익숙지 않으면서도 어떤 지시든 따르려고 했다.

31 이에 대해 베르킨게토릭스 쪽도, 약속한 대로 다른 부족의 합류를 위해 열심히 노력했다. 선물과 약속에 의한 권유와 함께, 능숙한 변설과 친분관계 등, 이 목적에 잘 맞는 자들을 뽑아서 그들도 이용했다.

그런 한편, 아바리쿰이 함락된 뒤 피신해온 자들에게는 무기와 의복을 주거나, 부대 인원의 감소를 보충하기 위해 각 부족에서 병사를 징용하는 동시에, 갈리아에 풍부하게 있는 궁병을 모두 자신에게 보내게 했다.

아바리쿰에서 입은 손해는 이렇게 하여 신속하게 보충되었다.

그동안 니티오브로게스족의 왕 테우토마투스가, 자신이 거느리고 있는 다수의 기병과 아퀴타니아에서 모은 용병을 이끌고 찾아왔다. 이 테우토마투스의 아버지 올로비코는 로마 원로원으로부터 '친구'라 불리던 인물이다.

3. 게르고비아 전투와 공략 포기

32 카이사르는 아바리쿰에 며칠 머무는 동안, 그곳에서 곡물과 그 밖의 물자를 대량으로 얻어 병사들을 피로와 궁핍에서 구할 수 있었다.

겨울도 끝나가고, 계절은 정복전의 재개를 재촉하고 있었다. 카이사르도 싸움을 걸어보아, 적을 숲이나 늪에서 유인해 내거나 아니면 봉쇄를 강화하거나, 어느 한쪽의 가능성을 시험해볼 작정이었다.

그런데 이때 하이두이족의 유력자가 찾아와서 동족의 위기를 호소하며, 다음과 같이 카이사르에게 도움을 청했다.

"이제까지는 한 사람이 선정되어 1년 동안 수장의 지위에 오르는 것이 관습이었으나, 지금 두 사람이 그 최고 관직을 차지하고 앉아 모두 합법적으로 선출되었다고 주장하고 있소.

그 한 사람은 콘빅톨리타비스이고, 또 한 사람은 코투스요. 콘빅톨리타비스

쪽은 평판이 좋고 뛰어난 젊은이지요. 한편, 코투스 쪽은 매우 유서 깊은 가문으로, 본인도 세력가이고 유력한 친구들도 많소. 사실 지난해에는 형인 발레티아쿠스가 수장의 지위에 있었소.

이러한 두 사람 때문에 지금은 부족 전체가 무기를 들고, 장로회의와 민중도 두 패로 갈라져 있어요. 더욱이 양쪽이 저마다 피보호민을 거느리고 있지요. 만약 이 싸움이 장기화하면 내란으로 발전할 것이오. 그러므로 카이사르의 힘으로 그러한 사태를 꼭 막아주기를 부탁드리오."

33 전선을 떠나는 것은 유감이었으나, 이런 종류의 분쟁이 큰 재앙을 부른다는 것을 카이사르는 잘 알고 있었다.

하이두이족과 로마는 밀접한 관계에 있다. 카이사르도 항상 이 부족을 원조해 왔다. 그러한 그들이 내란에 빠지게 되면, 불리한 쪽은 베르킨게토릭스에게 도움을 청하지 않을 수 없다. 그렇다면 그 예방이 무엇보다 먼저 할 과제가 아닌가.

이렇게 생각한 카이사르는 최고 관직자가 영토 밖으로 나가는 것을 금한 하이두이족의 법률을 무시했다고 생각하지 않도록, 자기 쪽에서 나가 장로와 분쟁 당사자를 데케티아에 불러 모았다.

여기에는 거의 모든 장로가 참석했다. 그들에 의하면, 한 가문에서 두 사람이 생전에 수장이 되는 일뿐만 아니라, 함께 장로가 되는 일도 법률로 금지되어 있음에도 불구하고, 코투스의 임명은 그의 형의 발표에 의한 것이라 한다. 그것도, 묘한 장소에서 묘한 시간에 은밀하게 열린 작은 회의에서 이루어진 것 같았다.

그래서 카이사르는 코투스에게는 퇴위를 촉구하고, 공석일 때의 관습에 따라 성직자가 선정한 콘빅톨리타비스에게 수장의 지위를 주었다.

34 이러한 조치 뒤, 카이사르는 하이두이족에게 갈리아가 평정되는 날에는 포상을 내릴 것을 약속하고, 함께 단결하여 당면한 전쟁에 임해달라고 호소했다. 동시에 곡물 공급을 호위할 수비대로서 기병 전원과 보병 1만 명을 신속히 보내달라고 요구했다.

그리고 부대를 둘로 나눈 다음, 4개 군단을 라비에누스에게 주어 세노네스족과 파리시족에게 보내고, 자신은 6개 군단으로 엘라베르강을 따라 아르베르니족의 도시 게르고비아로 향했다. 또한 기병 일부는 라비에누스에게 보내고, 나머지는 자신을 따르게 했다.

베르킨게토릭스는 카이사르의 이러한 움직임을 알자, 강에 놓인 다리들을 모두 파괴하고, 강을 따라 건너편 기슭을 행군하기 시작했다.

35 양군은 서로 보이는 거리에서 거의 대치하는 형태로 포진했다. 베르킨게토릭스는 로마군이 다리를 놓아 강을 건너는 것을 막기 위해 곳곳에 보초를 세웠다.

엘라베르강은 보통 가을이 되기 전에는 건널 수 없는 강이었다. 이 여름에도 마찬가지로 건널 수 없을 것 같았다.

카이사르는 사태의 타개책을 도모해야 했다. 적이 파괴한 다리 하나와 마주 보는 숲에 진을 치고, 이튿날 자신은 2개 군단과 함께 그곳에 보이지 않게 머물며, 나머지 군단은 모든 군수품과 함께 평소처럼 먼저 보냈다. 이때 몇 개의 대대를 분할하여, 군단의 수가 줄어들지 않은 것처럼 보이도록 했다. 그리고 이 본대를 가능한 한 멀리 보내 다음 설영지에 도착할 때를 기다렸다가, 아랫부분이 완전하게 남아있는 교각 위에 다시 다리를 놓고 데리고 있던 부대를 건너보낸 뒤, 곧 설영하기에 좋은 장소를 찾자 앞의 본대를 되돌아오게 한 것이다.

이것을 안 베르킨게토릭스는 불리한 상황에서의 교전을 피하기 위해 강행군으로 앞으로 나아갔다.

36 카이사르는 그곳에서 닷새의 행군으로 게르고비아에 도착했다. 첫날은 기병에게 가벼운 전투를 시켰을 뿐, 나머지는 지형을 조사하는 데 동원했다.

도시는 높은 곳에 있어서 어느 방향에서도 접근이 어렵다는 것을 알았다. 그래서 공략을 연기하고 식량을 확보할 때까지 봉쇄를 미루기로 했다.

한편, 베르킨게토릭스 쪽은 도시 근처에 포진하고, 주위에 각 부족의 부대를 좁은 간격으로 배치했다. 눈에 보이는 언덕이란 언덕, 정상은 모두 점령되어 그 광경은 참으로 위협적이었다.

베르킨게토릭스는 매일 새벽에 작전회의와 관련된 각 부족의 수장을 불러

협의와 전달을 하는 한편, 거의 하루도 빠지지 않고 기병과 궁병을 전투에 내보내, 동료들의 사기와 무용을 시험하고 있었다.

도시 정면의 산기슭에는 주변이 급경사를 이루고 있는 언덕이 있었다. 아군이 자연의 요해인 이 언덕을 점거하면, 적의 식수와 식량 보급선을 차단할 수가 있다. 그런데 그곳에는 그다지 강하지 않은 수비대가 있었다.

카이사르는 밤에 조용히 진영에서 나가, 도시로부터 원군이 도착하기 전에 수비대를 일소하고 언덕을 점거했다. 그곳에 2개 군단을 두고, 그 작은 진영에서 본영 사이에 폭 12피트의 호를 이중으로 파서, 한 사람씩이라도 기습에 노출되는 일이 없이 오갈 수 있게 했다.

37 이러한 일이 게르고비아에서 벌어지고 있을 때, 카이사르 덕분에 최고 관직에 오른 콘빅톨리타비스가 아르베르니족으로부터 뇌물을 받고, 명문 리타비쿠스와 그 형제를 중심으로 한 청년들과 교섭을 가졌다. 그는 받은 뇌물을 그들에게 나눠주고, 자신들이 자유로운 지배자여야 하는 몸이라는 사실을 주입했다.

"갈리인의 승리를 방해하고 있는 것은 우리 하이두이족의 존재요. 우리의 위세 때문에 다른 부족은 행동을 주저하고 있소. 따라서 하이두이족만 등을 돌리면 로마군은 갈리아에 발을 들여놓을 수 없게 되오.

물론 카이사르에게는 약간의 도움을 받았소. 그것은 내 주장에 명백한 정당성이 있었기 때문이오. 그러나 개인적인 일보다 갈리아의 자유가 더 중요하오. 또 우리의 권리와 법률에 관한 일인데도, 왜 카이사르에게 그 결정을 요청하지 않으면 안 된단 말이오."

젊은이들은 이내 콘빅톨리타비스의 뇌물과 변설에 넘어가서 맨 먼저 협력에 동의했다.

그렇다면 어떤 방법으로 할 것인가, 그것이 문제였다. 하이두이족을 전쟁에 끌어들이기란 쉬운 일이 아니었다.

협의한 결과, 카이사르의 원군으로 지목되었던 1만 명의 병사들은 리타비쿠스가 지휘하고, 형제들은 먼저 카이사르에게 달려가게 되었다. 또 그 밖의 일에 대해서도 계획이 결정되었다.

38 앞에서 말한 부대를 거느린 리타비쿠스는 게르고비아까지 가던 도중, 약 30마일 지점에서 갑자기 모든 병사를 집결시켜 놓고 눈물을 흘리며 호소했다.

"병사 여러분, 우리는 어디로 가고 있는 중인가? 우리 부족의 귀족과 기사뿐만 아니라, 수장인 에포레도릭스와 비리도마루스도, 배신자가 되어 재판도 받지 않고 로마인에게 살해되고 말았다. 살육의 현장에서 도망쳐온 자들한테서 이 일에 대해 이야기를 들어보자. 나는 형제와 친척을 한 사람도 남김없이 살해당한 슬픔으로 인해 사건을 제대로 잘 전할 수가 없다."

이렇게 말한 리타비쿠스가 그자들을 앞으로 불러내자, 그들은 병사들을 향해 미리 짜둔 대로 이렇게 말했다.

"하이두이족의 수많은 기사가 아르베르니족과 교섭을 했다는 억지 트집으로 살해되었다. 우리는 로마 병사들 속에 섞여서 그 현장에서 도망쳐온 것이다."

이 말을 들은 사람들은 일제히 소리치며 리타비쿠스에게 지시를 청했다. 이에 대해 그는 대답했다.

"게르고비아로 달려가서 반드시 아르베르니족과 합류할 필요는 없다. 잔인무도한 로마인들이 우리를 죽이려고 이미 이쪽으로 오고 있을지도 모른다. 그래서 말인데, 우리에게 힘이 있다면 그 도적들을 제물로 바쳐, 억울한 죽음을 당한 자들의 원수를 갚아야 하지 않겠는가."

그곳에는 리타비쿠스의 보호를 믿고 동행한 로마 시민들이 있었다. 그는 그 로마인들에게서 대량의 곡물과 그 밖의 식량을 빼앗은 뒤, 고문 끝에 죽이고 말았다. 그리고 하이두이족의 모든 지역에 사자를 보내, 그들의 기병과 유력자가 살해되었다고 하는, 앞에서와 같은 거짓 이유를 들어 동족을 선동하고, 자신이 먼저 한 방법으로 로마인에게 복수할 것을 제안했다.

39 기병부대에는 카이사르의 특별한 요청에 응하여, 하이두이족의 에포레도릭스와 비리도마루스가 가세하고 있었다. 이 두 청년 가운데 에포레도릭스는 명문에서 태어나 동족 사이에서 가장 큰 세력을 가지고 있었던 것에 비해, 비리도마루스 쪽은 나이와 성망은 에포레도릭스와 같아도, 신분에는 차이가 있었다. 그러나 카이사르는 그러한 낮은 출신임에도 불구하고, 디비키아쿠스

의 추천을 받아 그를 최고의 지위까지 발탁했다.

두 사람은 수장의 자리를 둘러싼 분쟁에서 한쪽은 콘빅톨리타비스를, 다른 쪽은 코투스를 저마다 지지하면서 열심히 싸웠다.

에포레도릭스는 리타비쿠스의 책모를 알고 한밤중에 그 사실을 카이사르에게 보고했다. 그리고 못된 젊은이들의 폭거 때문에 로마인과의 우호가 손상되는 사태를 막아달라고 호소했다. 만약 리타비쿠스의 군세가 베르킨게토릭스 쪽에 붙게 되면, 그들의 안전에 대해 친족은 물론이고 부족으로서도 그냥 두고만 볼 수 없기 때문이라는 것이었다.

40 하이두이족에 대해 늘 관대했던 카이사르에게 있어서, 이 보고는 커다란 충격이었다. 그는 진영의 수비에 2개 군단을 배치하고 그 지휘를 부관 파비우스에게 맡긴 뒤, 곧 모든 기병과 함께 경무장한 4개 군단을 이끌고 출발했다. 일의 성패가 신속함에 달려 있는 상황에서는 진영을 축소할 시간이 없었다.

리타비쿠스 형제의 체포를 명령했으나, 조금 전에 적에게로 달아났다고 한다.

비상시의 강행군에서도 냉정을 유지하라고 병사들을 격려했다. 그에 따라 전원이 의기양양하게 25마일 정도 나아가니 하이두이족의 모습이 보였다. 카이사르는 기병부대를 보내 그들의 행군을 가로막았다. 그러나 죽이는 것은 금지했다. 그리고 그들이 죽은 줄로 알고 있는 에포레도릭스와 비리도마루스에게, 기병들 사이를 달리면서 동족에게 호소하게 했다.

두 사람을 보고 리타비쿠스의 거짓말을 안 하이두이족은 두 손을 들어 항복 의사를 전달하고, 무기를 놓고 구명을 청했다.

리타비쿠스는 피보호민과 함께 게르고비아로 달아났다. 참고로, 피보호민이 그를 따랐던 것은 곤경에서 주인을 버리는 것을 죄업이라고 생각하는 갈리인의 관습에 의한 것이다.

41 카이사르는 하이두이족에게 사자를 보내, 전쟁 규칙으로는 죽여도 되는 자들을 자비심에서 살려준 것을 일깨웠다. 그리고 병사들을 밤에 3시간 정도 쉬게 한 뒤 게르고비아를 향해 출발했다.

그런데 행군하는 도중에 파비우스가 보낸 기병이 도착하여, 진영이 위기에 처한 것을 알렸다. 진영이 대군의 습격을 받았다는 것이다. 지친 병사들을 잇따라 새로운 병사로 교체하면서 밀려오는 적 앞에, 아군은 보루에 서서 큰 진영을 쉬지 않고 지켜내야 했다. 그로 인해 병사들이 몹시 지친 데다 활과 창 등에 다수가 부상을 당했지만, 각종 무구(발사기) 덕분에 간신히 버틸 수 있었다는 것이었다. 또 적이 퇴각한 지금은 문을 두 개만 남겨두고 모두 폐쇄하는 동시에, 보루에 흉벽을 설치하여 다음날의 습격에 대비하고 있다고 했다.

이 말을 들은 카이사르는 즉시 그쪽을 향했다. 병사들도 열심히 분발한 결과, 새벽이 되기 전에 진영에 도착할 수 있었다.

42 게르고비아 방면에서 이러한 일이 벌어지고 있을 무렵, 리타비쿠스한테서 첫 번째 소식을 들은 하이두이족은, 그것을 그대로 믿어버렸다. 어떤 자는 탐욕에서, 어떤 자는 분노했을 때의 갈리인 특유의 무모함에서, 그 정보를 진짜로 받아들이고 만 것이다. 그 결과, 로마 시민의 재산을 빼앗은 뒤, 일부는 살해하고 나머지는 노예로 만들어버리는 만행을 저질렀다.

콘빅톨리타비스는 이러한 폭거를 부채질하여 민중으로 하여금 악행을 거듭하게 함으로써, 돌이킬 수 없는 사태로 몰아넣었다. 그의 부추김으로 민중은, 군단으로 돌아오던 중인 대대장 아리스티우스를 신변의 안전을 보장한다는 구실로 카빌로눔 시에서 끌어내고, 그곳에 살고 있던 로마 상인들에게도 같은 짓을 되풀이했다. 그리고 그들을 노상에서 습격하여 짐을 빼앗고, 저항하는 자들을 만 하루 동안 포위하여, 양쪽에 다수의 사망자가 나자 더욱 많은 자들을 무장시켰다.

43 그동안 하이두이족 병사 전원이 카이사르의 지배하에 놓였다는 정보가 들어왔다. 당황한 그들은 아리스티우스에게 달려가, 하이두이족이 스스로 도모한 것은 아무 것도 없다고 부정했다. 그리고 약탈당한 재산에 대해 조사하게 하고, 리타비쿠스와 그 형제의 재산을 몰수하는 동시에, 동족을 되찾기 위해 카이사르에게 해명하는 사자를 보냈다.

그러나 약탈품으로 얻을 수 있는 이익에 맛을 들이는 등, 이미 악에 물들어 있는 데다 많은 자들이 관련되어 있기 때문에, 엄벌을 피할 수 없을 것으로 보고 겁을 먹었다. 결국 그러한 공포심 때문에 싸울 것을 모색하는 동시에, 다른 부족에게도 사절을 보내 동조를 구했다.

카이사르는 이 움직임을 눈치 채고 있었다. 그렇지만 겉으로는 사절에게 정중한 태도로, 그들의 어리석은 행동 때문에 부족을 엄벌에 처하거나 지금까지의 우대를 바꾸지는 않을 거라고 말했다.

그러나 사실은 큰 반란이 예상되었다. 그래서 그는 모든 부족에게 포위당하는 일이 없도록, 게르고비아에서 철수하는 방법에 대해 생각하고 있었다. 또 반란이 두려워서 달아난 것으로 보이지 않도록 전군을 집결시키는 방법에 대해서도 궁리했다.

44 궁리 중이던 카이사르의 머리에 이윽고 묘안이 떠올랐다. 공사(工事) 상황을 시찰하기 위해 작은 진영에 갔을 때, 적의 수중에 떨어진 언덕에 사람이 아무도 없는 것을 알았기 때문이다. 그때까지 그곳은 입추의 여지없이 수많은 사람들로 가득 차 있던 곳이었다.

의외라고 생각한 카이사르가 날마다 끊이지 않고 찾아오는 적의 탈주자들에게 이유를 물어보았다. 그들의 대답은 이미 정찰대가 가져온 정보를 증명하는 것이었다.

즉, 그 언덕은 거의 평평하고 폭이 좁다. 그곳에서 도시의 반대쪽으로 숲이 이어지고 있다. 적은 이 일대에 대해서 몹시 신경을 곤두세우고 있다는 것이었다. 이 언덕마저 로마군에게 점령당한다면, 포위되는 것이나 다름없는 상태가 된다. 전원의 탈출도, 식량의 확보도 불가능해질 거라고 생각한 것 같았다. 그래서 베르킨게토릭스가 모든 병사를 이 언덕에 배치했다고 한다.

45 카이사르는 밤중에 다수의 기병을 그곳으로 보냈다. 그들에게 시끄러운 소리를 내며 일대를 잠시 뛰어다니게 했다. 그리고 새벽이 되자 진영에서 많은 짐말과 노새를 보냈다. 짐 안장을 벗겨내고 마부에게 투구를 씌워 기병으로 보이게 했다. 그러고는 거기에 약간의 기병을 보태어, 보란 듯이 멀리까지 달려가게 하고, 길을 크게 우회하여 같은 장소에 모이게 했다.

게르고비아에서는 진지를 아래로 내려다볼 수 있기 때문에, 적은 이러한 움직임을 모두 보고 있었지만, 거리가 꽤 멀어서 이쪽의 의도를 정확하게 파악할 수는 없었다.

카이사르는 1개 군단을 산등성이 쪽으로 보냈다. 그들을 조금 나아간 곳의 저지대에서 행군을 멈추고 숲 속에 숨게 했다. 이에 대해, 적은 더욱 의심을 느꼈다. 적은 수비를 위해 모든 부대를 그곳으로 이동시켰다.

카이사르는 적의 진영이 비어 있는 것을 보자, 투구의 장식물을 숨기게 하고 군기를 덮어 도시의 주민들이 눈치 채지 못하도록 한 뒤, 병사를 몇 명씩 큰 진영에서 작은 진영으로 옮겼다.

이어서 각 군단을 지휘하는 부관들에게 주의를 주었다. 부하들이 전투와 약탈에 사로잡혀 너무 깊게 추격하는 것을 막을 것, 또 지형 면에서는 매우 불리하므로 기습 외에는 방법이 없다는 것 등을 알렸다. 그 지시를 마치자, 그는 진군 신호를 보내는 동시에, 오른쪽의 다른 길을 통해서 하이두이족을 올려보냈다.

46 언덕이 시작되는 평지에서 도시의 성벽까지는 직선거리로 약 1200파수스(약 1800미터)가 되었다. 그러나 경사가 완만한 우회길을 돌아가니 거리가 상당히 늘어났다.

갈리인은 로마군의 진격을 조금이라도 저지하기 위해, 산 중턱에 산의 모양에 따라 커다란 바위로 높이 6피트의 방벽을 쌓았다. 그러고는 언덕의 낮은 곳을 열어두는 한편, 높은 곳은 도시의 성벽까지 진지로 가득 메우고 있었다.

로마군은 신호가 떨어지자 그 요새로 다가가, 금세 그것을 넘어서 세 진지를 함락했다. 그 전광석화 같은 속도에, 천막에서 낮잠을 자고 있던 니티오브로게스의 왕 테우토마투스는 웃통을 벌거벗은 채 부상당한 말을 타고, 약탈하기 위해 몰려온 병사의 손길에서 간신히 벗어났다.

47 계획대로 성취한 카이사르가 퇴각 나팔을 불게 했다. 그가 이끄는 제10 군단은 그 자리에서 걸음을 멈췄다.

그러나 깊은 골짜기 저편에 있던 다른 부대에는 그 신호가 들리지 않았다. 부관과 대대장들은 카이사르가 지시한 대로 그들을 제지하려 했지만, 그때까지의 승리와 함께 지금도 적의 도망을 목격하여 기세가 등등해진 병사들은, 내친김에 단숨에 해치우고 싶어서 추격을 중지하지 않고 금세 도시 앞까지 오고 말았다.

그러자 도시 여기저기서 비명 소리가 들려왔다. 이 갑작스러운 소동에 멀리 있던 자들은 깜짝 놀라, 로마군이 돌격해온 것으로 생각하고 도시에서 달아나기 시작했다.

아낙네들은 성벽에서 옷과 은화를 던지고 앞가슴을 풀어헤치며, 두 팔을 벌려 살려달라고 애원했다. 아바리쿰에서처럼 여자들까지 죽이지는 말아달라는 것이었다. 그중에는 병사들의 도움으로 성벽을 내려가 그들에게 몸을 맡기는 여자들도 있었다.

제8군단의 백인대장인 파비우스는, 그날 동료 가운데 누구보다 먼저 성벽에 올라가, 카이사르가 아바리쿰에서 약속한 포상을 차지하겠노라고 호언했다. 그 말대로 그는 부하 세 사람의 도움으로 성벽에 올라간 다음, 한 사람 한 사람에게 손을 내밀어 병사들을 끌어올렸다.

48 도시 저편에 모여 있던, 앞에 말한 적들은 비명 소리를 들은 뒤 얼마 안 되어, 도시가 로마군에 점령당했다는 소식을 되풀이해 들었다. 그래서 기병이 앞서고 본대의 보병이 그 뒤를 따랐다.

갈리인은 도착하자마자 한 사람 한 사람 성벽 밑에 섰다. 그 수는 점차 늘어갔다.

그러자 바로 조금 전까지 로마군 병사를 향해 성벽에서 팔을 벌리고 있었던 여자들은, 이번에는 동족 남자들을 향해 갈리아식으로 머리를 풀어헤치고 구원을 청했다. 그들은 어린아이의 모습까지 보여주기 시작했다.

장소로 보나 숫자상으로 보나 로마군이 불리했을 뿐만 아니라, 계속 달리면서 싸우느라 지칠 대로 지쳐서 새로운 적에게 응전하는 것은 어려운 일이었다.

49 카이사르는 아군이 불리한 장소에서 싸우고 있는 데다 적의 수가 점차 늘어가고 있는 것을 보고 앞일을 염려했다. 그는 수비를 위해 작은 진영에 남겨두었던 부관 섹스티우스에게 전령을 보냈다. 곧 몇몇 대대를 언덕 기슭으로 보내 적의 우익과 대치하는 형태로 늘어서서, 아군이 퇴각해오는 경우 적의 추격을 저지하라는 것이었다.

그리고 그 자신은, 데리고 있는 군단을 이끌고 약간 전진하여 전황을 지켜보기로 했다.

50 전투는 장렬한 백병전이 되었다. 적은 지리상의 이점과 많은 인원수에 의지했고, 아군은 뛰어난 무용에 의지했다.

그때였다. 카이사르가 적을 분산시킬 속셈으로 오른쪽에서 다른 길로 올라가게 했던 하이두이족이, 아군의 오른쪽에 갑자기 나타나 아군을 크게 혼란시킨 것이다. 그들의 무기가 적의 것과 비슷했다. 원군의 표시인 오른쪽 어깨의 노출은 보았으나, 그것을 그만 적의 책략이라고 잘못 생각했던 것이다.

그때 앞의 백인대장 루키우스 파비우스와, 그와 함께 성벽을 올라간 자들이 적에게 포위되어 살해된 채 성벽에서 내던져졌다.

또 한 사람, 성문을 부수려고 하던 같은 군단의 백인대장 페트로니우스도 많은 부상을 입었다. 그는 죽음을 각오하고, 자신을 따르던 부하들에게 말했다.

"내 몸과 너희들을 동시에 구할 수는 없다. 공명심에서 위기에 처하게 되었으나 너희들만은 살리고 싶다. 기회를 만들 테니 그때 달아나라."

그리고 다음 순간, 적 속에 돌진하여 두 사람을 죽이고, 다른 자들을 성문에서 약간 후퇴시켰다. 부하가 구출하려 하자 소리쳤다.

"나를 구하려 해도 헛일이다. 피를 너무 많이 흘려서 체력이 없어. 어서 가거라. 자, 움직일 수 있을 때 군단이 있는 곳으로 돌아가라니까."

이리하여 잠시 뒤 쓰러질 때까지 싸움을 계속하면서 부하들을 구출했다.

51 아군은 곳곳에서 압박을 받아 46명의 백인대장이 목숨을 잃었다. 그러나 이러한 때를 위해 제10군단이 약간 평탄한 곳에서 대기하고 있었으므로, 적의 추격은 면할 수 있었다. 그리고 이번에는 작은 진영에서 나와 높은 곳을 점거하고 있었던, 부관 섹스티우스가 이끄는 제13군단의 몇몇 대대가 그들을 구출했다.

평지에 이르자, 각 군단은 모두 그곳에서 걸음을 멈추고 전열을 수습했다. 한편, 베르킨게토릭스는 언덕 기슭에서 다시 보루 속으로 부대를 이동했다.

이날 잃은*² 병사의 수는 700명 가까이에 이르렀다.

---

*2 카이사르 자신이 갈리인으로부터 입은 대패배로서는 이것이 유일한 것이다. 병사들이 각 지휘관의 지시에 따르지 않았던 것이 가장 큰 원인이지만, 그 전에 후퇴 신호인 나팔소리(제7권 47절)가 실제로는 들리지 않는 거리에서 났던 것도 하나의 유인(誘引)이었을 것이다.

52 이튿날 카이사르는 병사들을 검열하고, 그들의 무모함을 엄하게 꾸짖었다. 나아가는 것도 물러나는 것도 제멋대로 판단하고, 퇴각 신호에도 멈추지 않았으며, 부관과 대장들의 제지에도 따르지 않은 것은 어찌된 일이냐고 호통쳤다.

그리고 불리한 지형이 가져다주는 손해에 대해 설명하고, 아바리쿰에서 생각한 것을 밝혔다. "지휘관도 기병도 없는 적을 습격하면서도 그것을 중단한 것은, 불리한 지형에 의해 조금이라도 희생자가 나오는 것을 염려했기 때문이다. 요새고 높은 곳이고, 성벽이고 아랑곳하지 않는 용감함은 크게 칭찬할 만하다. 그러나 전황이나 전망에 대해 사령관보다 잘 판단할 수 있다는 듯이 행동하는 것은 결코 용서할 수 없는 짓이다." 이렇게 말하며 병사들에게 무용과 의기에 못지않게 규율과 자제가 필요하다고 역설했다.

53 그리고 마지막으로, 이러한 일로 낙담하거나 지형으로 인한 불상사를 적의 무용으로 돌리지 않도록 병사들을 격려했다. 그러고 나서 전에 생각해둔 대로, 부대를 진영에서 내보내 적절한 장소에 전열을 펼쳤다. 그러나 베르킨게토릭스가 평지로 내려오지 않아서, 기병끼리의 가벼운 전투를 유리하게 이끌었을 뿐, 전 부대를 진영으로 다시 불러들였다.

카이사르는 이튿날에도 같은 승리로 갈리인의 기를 꺾고 아군에게는 용기를 준 뒤 하이두이족의 영토를 향했다.

적은 그래도 추격해오지 않았다. 사흘째에 엘라베르강에 이르자 다리를 고치고 부대를 건너편으로 이동시켰다.

4. 갈리인의 봉기

54 그때 하이두이족의 비리도마루스와 에포레도릭스가 찾아왔다. 두 사람은, 리타비쿠스가 모든 기병을 이끌고 동족을 선동하러 갔다고 말했다. 따라서 모반을 막기 위해서는 그자를 앞지르지 않으면 안 된다는 것이었다.

여러 가지 정황에서 하이두이족의 배신을 간파하고 있었던 카이사르는, 두 사람의 출발이 그들의 봉기를 앞당길 것으로 헤아렸지만 말리지는 않았다. 위해를 가하는 것처럼 보이거나, 그들을 두려워하고 있는 것으로 보이고 싶지 않았기 때문이다.

다만 두 사람이 떠날 때, 그때까지 자신이 하이두이족에게 베풀어온 원조에 대해 짤막하게 설명했다.

그들이 성과 요새에 갇혀 토지와 재산을 빼앗긴 데다, 세금이 부과되고 나아가서는 볼모까지 강요받는 비참한 상황에 처했을 때, 그들을 도와 옛날의 지위를 되찾아주었을 뿐만 아니라, 그 어느 때보다도 위세를 높여주지 않았느냐고 말하고 두 사람을 보내주었다.

55 하이두이족의 도시 노비오두눔(지금의 느베르)은 리게르 강변에 있는, 지리상의 이점이 많은 도시였다. 카이사르는 그곳에 갈리아의 모든 볼모와 곡물과 군자금, 자신의 물자와 군수품의 대부분을 두고 있었다. 또 이번 전쟁을 위해 이탈리아와 에스파냐에서 마련한 다수의 말도 이곳으로 보내고 있었다.

에포레도릭스와 비리도마루스는 이 도시에 도착하자, 이내 부족의 상황을 파악했다. 즉, 하이두이족의 도시 가운데 가장 유력한 비브락테(지금의 오튕)가 리타비쿠스를 맞아들였고, 수장인 콘빅톨리타비스와 장로의 대부분도 그에게 모여 있었다. 또 베르킨게토릭스에게 강화 사절이 보내졌다는 것이다.

이것은 두 사람에게는 절호의 기회로 보였다.

그래서 노비오두눔의 수비대와 이 도시에 있던 로마 상인들을 살해하고 돈과 말을 절반씩 나눈 다음, 여러 부족의 볼모를 비브락테의 장관에게 보냈다. 또 도시를 장악할 수 없다고 보고, 로마인에게 이용당하는 일이 없도록 도시에 불을 지르고, 쉽게 반출할 수 있는 곡물은 배에 싣고, 나머지는 강물 속에 던져 넣거나 불태워버렸다.

이어서 인근에서 병사를 모집하여, 리게르강을 따라 보초를 세우고 수비대를 둔 뒤, 사방으로 기병을 달리게 하며 위협하는 행동으로 나왔다. 로마군의 식량 보급로를 끊거나 아니면 식량 부족으로 몰아넣어, '속주'로 철수시키려는 속셈이었다.

때마침 리게르강(지금의 루아르강)은 눈이 녹아 물이 불어서 걸어서 건널 수 있는 상황이 아니었다. 그것은 두 사람의 계획으로 볼 때 크게 다행한 일이었다.

56 이것을 안 카이사르는 서둘러야 한다고 생각했다. 다리를 건설하는 도중에 싸워야 한다면, 적의 수가 불어나기 전에 싸울 필요가 있었다. 공포에 사로잡힌 자들을 생각하면, 계획을 바꿔 '속주'로 철수하더라도 하는 수 없는 일이다. 그러나 그것은 굴욕 이외의 아무것도 아니었다. 아울러 케벤나 산이 가로막고 서 있어서 도중의 길도 험준했다. 게다가 무엇보다 부관 라비에누스와 그에게 딸린 군단이 걱정이었다.

그리하여 카이사르는 밤낮을 가리지 않고 강행군을 계속하여 아무도 예상하지 못한 속도로 리게르강에 도달했다. 그리고 강을 들여다보더니, 기병을 풀어놓아 병사들이 무기와 어깨를 적시지 않을 정도로 얕은 여울을 찾게 했다. 그러고는 흐름을 완만하게 하기 위해 기병 부대를 그곳에 늘어놓고, 놀라는 적이 보는 앞에서 전군을 무사히 강 건너편으로 이동시켰다. 이어서, 인근에서 곡물과 가축을 발견하고 전군의 식량을 확보했다. 다음은 세노네스족이 목표였다.

57 그동안 라비에누스는, 최근 이탈리아에서 도착한 보충부대를 군수품 경비대로서 아게딘쿰에 남기고, 4개 군단을 이끌고 루테티아(지금의 파리)로 향했다. 루테티아는 파리시족이 세콰나강(지금의 센강)의 섬 위에 건설한 도시였다.

적은 카이사르의 접근을 알고 인근의 여러 부족에게서 대군을 모집하여, 전체 지휘권을 아우렐키족의 카물로게누스에게 맡겼다. 노약했음에도 불구하고 카물로게누스가 총사령관에 선정된 것은, 그가 군사적인 사항에 밝았기 때문이다.

카물로게누스는 건너기 힘든 늪지가 세콰나강까지 계속되고 있음을 알고, 그곳에서 머물며 로마군의 통과를 저지하는 작전으로 나갔다.

58 라비에누스는 처음에는 귀갑차를 준비하여, 늪지를 흙이나 잡목으로 메워 길을 닦을 작정이었다. 그러나 그것이 어렵다는 것을 알고, 제3야경시(자정 지나)에 은밀하게 진영을 나가, 왔을 때와 같은 길을 지나 메티오세둠(지금의 물 랭)으로 갔다.

메티오세둠은 앞의 루테티아와 마찬가지로, 세노네스족이 세콰나강의 섬 속에 건설한 도시다. 이때 도시의 주민들은 대부분 전투를 위해 다른 곳에 모여 있었다.

라비에누스는 약 50척의 배를 빼앗은 뒤, 그것을 부교로 삼아 병사를 섬에 상륙시켰다. 이어 남아 있던 주민을 기습하여 공포에 빠뜨림으로써, 제대로 싸우지도 않고 도시를 제압했다. 그런 다음, 전날 적이 파괴한 다리를 수리하여 모든 부대를 건너게 하여, 루테티아를 향해 강을 내려갔다.

적은 도망쳐온 자들로부터 상황을 들었다. 그들은 루테티아에 불을 지르고 그곳에 놓여 있던 다리도 모두 무너뜨린 다음 늪지에서 나와 세콰나강에 이르렀다. 강을 사이에 두고 라비에누스 진영의 정면에 포진했다.

59 이때는 이미 카이사르의 게르고비아 철수가 널리 알려지고, 하이두이족의 모반과 갈리아 봉기에 대해서도 소문이 나돌고 있었다. 갈리인의 이야기에 의하면, 카이사르는 리게르(지금의 루아르강) 도하를 저지당하고 식량 부족 때문에 '속주'로 퇴각했다는 것이었다.

이 소문을 듣고, 전부터 로마에 충실하지 않았던 벨로바키족이 당장 반기를 들었다. 그들은 병사를 모아 공공연하게 전쟁 준비를 시작했다.

이러한 상황의 소용돌이 속에서 라비에누스 쪽도 계획을 변경했다. 적지의 점령이나 적군의 격파보다는 부대를 아게딘쿰에 무사히 귀환시키는 것이 급선무라고 판단한 것이다.

벨로바키족은 갈리아에서 무용으로 가장 이름을 떨치고 있는 부족이다. 그 벨로바키족이 한쪽에서 육박해오고 있고, 또 한쪽에는 장비를 갖추고 훈련을 받은 카물로게누스의 군대가 기다리고 있었다. 게다가 군단은 큰 강에 의해 치중대와 수비대에서 떨어져 있는 상태였다.

이 갑작스러운 난국에 라비에누스는 숙고했다. 그리고 대담한 행동 외에는 활로가 없다고 결론을 내렸다.

60 그리하여 저녁에 작전회의를 열어 명령의 철저한 수행을 요구했다. 그리고 로마 기사에게 메티오세둠(지금의 물랭)에서 끌고 온 배를 한 척씩 주어, 제1 야경시가 끝(오후 9시)나갈 때쯤 조용히 강을 내려가, 4마일 정도 하류에서 자기를 기다리라고 지시했다.

또 전투에 가장 부적당하다고 생각되는 제5대대를 진영 수비대로 남기고,

같은 군단의 나머지 5개 대대에는 모든 군수품을 맡겨서 밤중에 큰 소음을 내며 상류를 향해 출발할 것을 지시했다. 또 작은 배를 모아 역시 이것도 시끄러운 소리를 내며 저어서 같은 방향으로 향하게 한 뒤, 자신도 곧 3개 군단을 이끌고 출발하여, 선단의 목적지로 지시한 지점을 향했다.

61 도착해 보니, 적의 정찰병이 강을 따라 배치되어 있었지만, 그들은 때마침 부는 폭풍에 정신이 팔려 이쪽을 눈치 채지 못하고 있었다. 그래서 기습으로 그들을 제압한 뒤, 즉시 라비에누스가 지시한 대로 로마 기사의 지휘 하에 모든 부대가 강 건너편으로 건너갔다.

자정 전에 아군의 움직임이 속속 적에게 전해졌다. 로마군 진영에서 이상한 소음이 들려왔다, 장사진이 강 상류를 향하고 있고, 노 젓는 소리도 들린다, 약간 하류 쪽에서는 부대가 배를 이용하여 강을 건너고 있다 등등.

적은 이러한 보고에, 아군이 세 지점에서 강을 건너고 있으며, 하이두이족의 배반으로 혼란에 빠져 도주를 시도하고 있는 거라고 판단한다. 그들도 즉각 군세를 셋으로 나누었다. 하나는 로마군 진영 정면에 수비대로 남기고, 또 하나는 소부대를 메티오세둠 쪽을 향해 선단이 나아간 지점까지 가게 한 뒤, 나머지는 라비에누스 쪽으로 보냈다.

62 새벽에 모든 부대가 도하를 마치자, 적의 진영이 보였다.

라비에누스는 병사들에게 지금까지의 무용과 전적을 칭찬하고, 모두를 역전의 용사로 길러낸 카이사르가 지금 이 자리에 있는 것으로 생각하라며 그들을 격려한 뒤, 마침내 전투 신호를 내렸다.

제7군단이 차지하고 있던 우익은 초전에 적을 격파하여 패주로 몰아넣었다. 한편 제12군단이 차지하고 있던 좌익은 활을 쏘아 상대의 선봉은 분쇄했지만, 한 사람도 물러서지 않는 후열의 저항에 고전을 치렀다.

적의 총지휘관인 카물로게누스가 직접 전장에서 적 병사들을 독려하고 있었다.

전투의 귀추는 여전히 불투명했다. 그러한 가운데, 좌익의 전황을 전달받은 제7군단의 대대장들이 적의 배후에 부대를 보내 공격하게 했다.

그래도 여전히 적은 한 사람도 달아나지 않았다. 그래서 결국 그들은 포위되어 전원이 살해되고 말았다. 총지휘관인 카물로게누스도 이때 같이 전사했다.

라비에누스 진영의 정면에 남겨졌던 수비대는 전투가 시작된 것을 알고 구원하러 달려와 언덕을 점거했다. 그러나 아군의 공격을 견디지 못하고 패주해 온 동료와 뒤섞여 혼란에 빠졌다. 이리하여 숲과 언덕으로 난을 피한 자 외에는 모두 아군 기병에게 살해되고 말았다.

전투를 마친 라비에누스는 전군의 군수품을 둔 아게딘쿰으로 돌아가, 그곳에서 모든 부대를 이끌고 카이사르에게로 돌아갔다.

63 하이두이족의 배반이 널리 알려지자 전화(戰火)는 더욱 확대된다. 하이두이족은 사방으로 사자를 보내 자신들의 호의와 금전, 권위 등, 온갖 수단을 동원하여 부족들을 끌어들이는 한편, 주저하는 부족에 대해서는 카이사르한테 맡기고 있는 볼모를 죽이겠다고 협박했다.

또 베르킨게토릭스에게는 자신들에게 와서 작전을 세우도록 요구했다. 베르킨게토릭스가 그것을 받아들이자, 이번에는 그에게 총지휘권을 양보하라고 주장했으나, 이 문제에 대해서는 결말이 나지 않았다. 그리하여 비브락테(지금의 오툉)에서 전 갈리아 회의가 열리게 되었다.

회의에는 각지에서 많은 사람들이 모여, 위와 같은 사건이 표결에 부쳐졌다. 결과는 만장일치로 베르킨게토릭스가 총지휘관에 추대되었다.

레미족과 링고네스족, 그리고 트레베리족은 회의에 불참했다. 앞의 두 부족은 모두 로마와 우호를 원하고 있었고, 트레베리족은 거리가 워낙 먼 데다 게르마니인의 공세에 시달리고 있었기 때문에, 직접적으로나 간접적으로나 이 전쟁에 전혀 관여하지 않았기 때문이다.

총지휘권을 거부당하자 낙담하여 위세의 실추를 한탄하던 하이두이족은, 카이사르의 총애마저 잃은 것을 후회했지만, 한번 반기를 든 이상 다른 부족과 결별할 수는 없었다. 그리하여 야심에 불타는 두 젊은이, 에포레도릭스와 비리도마루스는 마지못해 베르킨게토릭스를 따르게 되었다.

64 베르킨게토릭스는 기일을 정하여 부족들에게 볼모를 요구하면서 동시에 기병 1만 5천 기 모두에게 즉시 집결할 것을 명령했다. 이어서, 지난 전투 때

의 보병으로 충분하다는 것, 흥정이나 회전을 치를 생각은 없다는 것, 기병이 많으므로 적의 보급로를 쉽게 차단할 수 있다는 것 등을 들고, 마지막으로 자신들의 손으로 곡물과 건물을 파괴하는 초토작전을 감행하여 항구적인 자유를 얻어야 한다고 설득했다.

그리하여 위와 같은 사항이 결정되자, '속주'와 이웃한 하이두이족과 세구시아비족에게도 보병 1만 명과 기병 800기를 부과하여, 에포레도릭스 동생의 지휘로 알로브로게스족을 공격하게 했다.

그 밖에 가발리족과 이웃인 아르베르니족의 각 구역의 주민들은 헬베티족의 토지로, 루테니족과 카두르키족은 볼카이 아레코미키족의 토지로 저마다 약탈을 위해 보내졌다.

그런 한편, 베르킨게토릭스는 알로브로게스족에게도 은밀하게 사자를 보내 그들을 끌어들이려고 했다. 몇 해 전에 로마군에 패배했던 일이 마음속에 아직 응어리져 있을 가능성을 생각한 것이다. 그리고 유력자에게는 금전을 약속하고, 부족에게는 '속주'의 지배권을 보장했다.

65 이러한 사태에 대비하여 부관 루키우스 카이사르[*3]가 그 '속주'에서 모집한 22개 대대가 수비대로서 모든 지점에 배치되었다.

헬베티족은 주변의 여러 부족에게 전쟁을 걸었지만 격퇴당하고, 카부루스의 아들인 수장 돔노타우루스와 그 밖의 많은 자들이 살해되어, 어쩔 수 없이 도시와 방벽 속으로 피신하지 않을 수 없었다.

한편, 알로브로게스족은 로다누스강을 따라 다수의 수비대를 배치하고 경계에 만전을 기하고 있었다.

기병에 있어서는 적이 더 우수한 것으로 생각되었고, 길도 모두 막혀 있어서 '속주'와 이탈리아로부터의 지원도 기대할 수 없었다.

그래서 카이사르는 이미 평정한 레누스강 건너편에 사는 게르마니인 부족들에게 사자를 보내, 기병과 거기에 섞여서 싸울 경장보병을 모집했다. 그러나

---

*3 루키우스 율리우스 카이사르. 사령관 카이사르와는 사촌 사이이다. 기원전 63년의 집정관. 카이사르와 함께 내전을 치르고, 카이사르가 사망한 뒤에는 조카인 안토니우스에게 협력하지만, 그 뒤 두 사람은 사이가 틀어진다. 안토니우스의 어머니 율리아는 이 루키우스 카이사르의 누이이다.

모여든 자들의 말이 좋지 않아서, 대신 대대장과 다른 로마 기사, 그리고 현역 병의 말을 그들에게 할당했다.

66 그동안 적 쪽에서는 갈리아 전역에서 징집된 기병과 아르베르니족이 보내온 부대가 집결해 있었다.

'속주'에서 지원을 받기 쉽도록 하기 위해, 카이사르는 링고네스족의 변경을 지나 세콰니족의 영토로 향했다. 그때 베르킨게토릭스는 집결한 대병력을 이끌고 로마군 진영에서 약 10마일 지점에 3개의 진영을 쌓고, 기병부대의 대장들을 모아 승리의 그날이 온 것을 알렸다.

"로마군은 갈리아를 떠나 속주로 달아나고 있다. 이것으로 당분간 자유가 충분히 확보될 것이다. 그러나 미래에 걸친 안태에 있어서는 그것만으로는 아직 불충분하다. 그들은 대군을 이끌고 돌아올 것이고 싸움은 끝없이 계속될 것이다.

따라서 적이 군수품을 수송하고 있을 때를 노려야 한다. 보병이 치중병을 구원하러 달려가면 로마군은 앞으로 나아갈 수 없게 된다. 아마 그렇게 되리라 생각하지만, 만약 그들이 신변의 안전을 위해 군수품을 버리게 되면, 필요한 물자와 지금까지의 명예를 한꺼번에 잃게 된다. 왜냐하면, 적의 기병이 대오를 벗어나서 이쪽으로 오는 것은 생각도 할 수 없는 일이기 때문이다.

그래서 말인데, 사기를 크게 진작시키기 위해 전군을 로마군 진영 앞에 정렬시켜 그들을 공포에 빠뜨리는 거다."

베르킨게토릭스의 이 말에 모든 기병이 함성을 지르며, 로마군의 대오를 또다시 앞지르지 못한다면 가족에게 돌아가지 않겠다고 서로 맹세했다.

67 이 제안은 받아들여졌고 전원이 선서했다. 이튿날 기병부대는 셋으로 갈라져, 그 가운데 둘은 아군의 양쪽에 육박해오고, 다른 하나는 전위를 가로막으려고 했다.

이것을 알고 카이사르도 기병부대를 셋으로 나눠 적에게 대항했다. 곳곳에서 전투가 벌어졌다. 대오는 걸음을 멈췄고, 군단은 물자를 에워쌌다. 아군이 고전하고 있으면, 카이사르는 그쪽으로 군단병을 보내 전열을 짜고 적의 추격을 저지함으로써 아군에게 용기를 불어넣었다.

그로부터 얼마 뒤, 아군의 게르마니인 기병부대가 오른쪽에 보이는 언덕 정상을 빼앗고 적을 격퇴했다. 그들은 베르킨게토릭스가 보병부대와 함께 있는 강변을 향해 달아나는 적을 추격하여 다수를 살육했다.

그것을 본 나머지 적이 포위당할 것이 두려워 달아나기 시작하자, 곳곳에서 살육이 전개되었다.

그리하여 하이두이족의 신분 높은 세 명이 사로잡혀 카이사르에게 연행되었다. 그 한 사람은 앞의 선거에서 콘빅톨리타비스와 다투었고 이 전투에서는 기병부대를 지휘하고 있었던 코투스이고, 또 한 사람은 리타비쿠스의 배반으로 보병부대의 지휘권을 차지한 카바릴루스이며, 세 번째는 카이사르가 오기 전에 벌어진 하이두이족과 세콰니족 사이의 전투에서 지휘관을 맡았던 에포레도릭스였다.

68 기병부대가 궤주하는 것을 본 베르킨게토릭스는, 진영 앞에 배치해 두었던 부대를 데리고 즉시 만두비족의 도시 알레시아를 향했다. 또한 군수품도 곧 진영에서 내보내 그 뒤를 따르라고 명령했다.

카이사르는 가까운 언덕에 군수품을 옮기고 2개 군단을 그 수비에 돌린 뒤, 땅거미가 질 때까지 추격하여 적의 후위 약 3천 명을 살해했다. 다음날에는 알레시아 부근에 진을 쳤다.

이어서 주변을 시찰하여, 적이 가장 의지하고 있었던 기병의 패주로 공황상태에 빠져 있는 것을 알고, 그들을 포위하기 위해 병사들을 격려하여 공사에 착수했다.

69 알레시아 공략에는 포위 외에는 다른 방법이 없었다. 도시 자체가 매우 높은 언덕 위에 있을 뿐만 아니라, 양쪽 기슭에는 강이 흐른다. 게다가 3마일 정도의 평원이 펼쳐진 그 전면 말고는, 어디에나 같은 높이의 언덕이 상당히 가까운 간격으로 에워싸고 있기 때문이다.

적은 동쪽 성벽에서 기슭을 향해 언덕의 비탈면을 병사들로 가득 메우고, 그 앞에는 참호와 높이 6피트의 방벽도 지어놓고 있었다.

이에 비해 로마군이 쌓은 보루는 둘레가 11마일에 이르렀다. 유리한 지형에 진영을 정하고 거기에 23개의 성채를 쌓은 뒤, 그 저마다에 낮에는 경비병을 두어 기습에 대비하고, 밤에는 보초와 수비대를 두어 경비했다.

70 포위 공사가 시작되자, 앞에서 말한 3마일의 평원에서 양군의 기병이 교전했다. 양쪽 모두 분투했다.

이윽고 아군이 고전하고 있는 것을 본 카이사르는 게르마니인 기병을 구원군으로 보내는 한편, 적 보병의 불의의 돌격을 막기 위해 군단병을 진영 앞에 정렬시켰다. 이 후방 지원으로 아군의 사기는 치솟았고, 적은 패주로 돌아서서 많은 인원으로 인해 서로가 서로에게 방해되는 형국으로 좁은 문을 향해 쇄도했다.

게르마니인 기병부대는 이들을 보루까지 맹렬하게 추격했다. 대살육의 시작이었다. 적 중에는 말을 버리고 참호를 건너 방벽을 타 넘으려는 자들도 있었다.

카이사르는 진영 앞에 세워두었던 군단병을 조금 전진시켰다. 그러자 보루 안에 있던 자들까지 혼란에 빠졌다. 아군의 돌격을 예상한 것이리라. 그들은 소리를 지르며 무기를 들었고, 일부는 공포로 인해 도시로 달아났다. 베르킨게토릭스는 진영이 텅 비게 되는 것을 우려하여 성문을 닫게 했다.

대살육을 마친 게르마니인 기병부대는, 다수의 말을 사로잡아 진영으로 돌아왔다.

71 여기에 이르자, 베르킨게토릭스는 로마군의 공사가 완성되기 전에 모든 기병을 밤중에 내보낼 것을 기도한다. 그리고 그들을 내보낼 때 각자 저마다의 부족에게 급히 달려가, 무기를 잡을 수 있는 연령인 자는 전원 소집하라고 명령했다. 또한 자신의 공적에 대해 언급하고, 동시에 자기 신변의 안전에 대해서도 촉구했다.

"민족의 자유를 위해 모든 것을 바친 나를 적의 손에 넘어가도록 내버려 두지는 않을 테지. 만약 모두가 임무를 주저한다면 8만 명의 정예가 나와 함께 목숨을 잃게 된다. 최대한 절약하면 30일 정도의 곡물이 있다. 배급량을 더욱 줄이면 좀 더 버틸 수 있을 것이다."

이렇게 말한 그는 제2야경시(자정 전)에 아군의 공사를 틈타 기병들을 조용히 내보냈다. 또 사람들에게 곡물 조달을 명하고, 이에 따르지 않는 자에게는 사형을 예고했다. 그리하여 가축―대부분 만두비족이 이끌고 온 것이었다―
을 한 사람 한 사람에게 나눠주고, 곡물은 한 번에 조금씩 배급하기로 했다.
그런 다음 도시 앞에 배치해두었던 군대를 남김없이 안으로 들어오게 하고,
갈리아 전역에서 원군이 오기를 기대하면서 전투 준비에 들어갔다.

72 포로와 탈주병을 통해 이 같은 사실을 안 카이사르는 보루를 짓기 시작
했다. 먼저 바깥둘레로서 폭 20피트의 참호를 팠다. 호는 단면을 수직으로, 즉
위와 바닥의 폭이 같도록 했다. 그리고 다른 보루는 모두 이 참호에서 400파수
스*4(약 600미터) 정도 후퇴시킨 곳에 쌓았다. 보루 자체가 너무 넓어서 주위에
병사를 배치하기가 곤란했기 때문에, 대군인 적의 야습과 주간에 작업 중인
병사에 대한 화살 공격을 우려한 조치였다.

이 간격을 두고, 폭도 깊이도 같은 15피트인 참호를 2개 판 뒤, 안쪽 참호의
낮고 평평한 곳에 강물을 끌어들였다. 참호 뒤에는 방책도 포함하여 높이 12
피트인 토루(土壘)를 쌓았다. 그리고 거기에 총안(銃眼)을 뚫은 흉벽을 만들고,
나아가서는 적이 기어오르는 것을 막기 위해, 그러한 장벽과 토루가 만나는 부
분에 커다란 녹채(鹿砦)를 늘어놓았다. 또 전체 둘레에 걸쳐 80피트 간격으로
망루를 세웠다.

73 자재와 곡물 조달, 그리고 광대한 보루의 구축을 위해, 병력을 분산하여
진영에서 멀리 떨어진 곳으로 보내야 했다. 그렇게 하자 적은 여러 개의 성문
에서 박차고 나와 공사현장을 습격했다.

그래서 카이사르는 소수로도 보루를 지킬 수 있도록 장애물을 추가했다.

나무줄기와 튼튼한 가지를 꺾어 끝의 껍질을 벗겨 뾰족하게 만든 뒤, 그것
을 깊이 5피트의 긴 참호에 박았다. 그것들은 뽑혀나가지 않도록 낮은 부분에
서 묶어두고, 가지는 그대로 나와 있게 했다. 이것을 각 참호에 5열로, 서로 연
결되어 얽혀 있는 형태로 세워놓은 것이다. 거기에 발을 들여놓는 자는 나뭇가
지에 꿰이게 되는 구조였다. 병사들은 그것을 '무덤'이라고 불렀다.

---

*4 사본에는 400페스(약 120미터)로 되어 있지만, 발굴 조사에 의해 400파수스(약 600미터)라
는 것이 밝혀졌다. 참고로, 1페스(족폭)는 29.57센티미터로 거의 영어의 1피트에 해당한다. 1
파수스(보폭)는 1.48미터이다.

이 '무덤' 앞에는 바닥으로 갈수록 폭이 좁아지는 깊이 3피트짜리 구덩이를 다섯 개 오각형으로 팠다. 그런 다음, 끝을 뾰족하게 한 뒤 불에 태운, 사람의 넓적다리만 한 통나무를 지표에서 4인치만큼 올라온 형태로 묻은 뒤, 통나무가 움직이지 않도록 1피트 정도 지면을 밟아 다지고, 구덩이의 나머지 부분은 함정이라는 것을 감추기 위해 잔 가지와 잡목으로 덮었다. 이러한 함정을 3피트 간격으로 8열을 만들었다. 이것은 그 모양으로 보아 '백합'이라고 불렀다.

또, 그 앞에도 쇠갈고리로 고정한 길이 1피트의 작은 말뚝을, 곳곳에 약간의 간격을 두고 완전히 묻었다. 이것은 '가시'라고 불렀다.

74 공사가 완성되자, 이번에는 바깥쪽의 적에 대비하여 지형이 좋은 곳을 골라, 전체 둘레가 14마일인 똑같은 보루를 쌓았다. 그것은 보루의 수비대가 적의 대군에 포위될 가능성을 일소하기 위해서였다.

그 밖에, 위험을 무릅쓰면서까지 진영 밖으로 나가지 않아도 되도록, 각자 30일분의 식량을 준비하게 했다.

5. 알레시아 결전

75 알레시아가 이러한 상황일 때, 갈리인의 각 지도자들은 한곳에 모여 회의를 열었다. 그들은 무기를 잡을 수 있는 자는 모두 소집해야 한다는 베르킨게토릭스의 주장과는 달리, 각 부족이 일정한 수의 병력을 동원하는 것에 의견 일치를 보았다. 대군세로는 부하의 통솔은 고사하고 구별도 하지 못할 것이고, 곡물 배급에도 어려움이 예상되었기 때문이다.

그리하여 각 부족에게 다음과 같이 할당하였다. 하이두이족과 그 종속 부족인 세구시아비, 암비바레티, 아우렐키 브란노비케스, 블란노비에게는 3만 5천. 아르베르니족과 그 지배하에 있는 주변 부족 엘레우테티, 카두르키, 가발리, 벨라비 각 부족에게도 마찬가지로 3만 5천. 세콰니, 세노네스, 비투리게스, 산토니, 루테니, 카르누테스족에게 저마다 1만 2천. 벨로바키족에게 1만. 레모비케스족으로부터도 마찬가지로 1만. 픽토네스, 투로니, 파리시, 헬베티족에게 저마다 8천. 수에시오네스, 암비아니, 메디오마트리키, 페트로코리, 네르비, 모리니, 니티오브로게스족 등에게도 따로따로 5천. 아우렐키 케노마니족에게도 같은 수. 아트레바테스족에게는 4천. 벨리오카세스, 렉소비, 아우렐키 에부로비케스족에게는 저마다 3천. 라우라키족과 보이족에게는 각 2천. 아레모리카이족이라는 총칭하에 있는 바닷가의 각 부족, 즉 코리오솔리테스, 레도네스, 암비바리, 칼레테스, 오시스미, 베네티, 레모비케스, 베넬리에게는 모두 2만씩. 이상*5이다.

이 가운데 벨로바키족만은 할당을 채우지 않았다. 로마인과는 독자적으로 싸우고 다른 자의 지시는 받지 않겠다는 것이 그 이유였다. 그러나 그 뒤 콤미우스의 간청으로 그와의 친분에서 2천 명을 보내게 되었다.

76 앞에서 말한 것처럼, 콤미우스는 지난해에 브리타니아에서 진심으로 카이사르에게 크게 협조했다. 그 공적에 대해 카이사르는, 그의 부족(아트레바테스족)에게는 세금을 면제하고 자치를 인정했으며, 모리니족을 그들에게 귀속시켰다.

그러나 자유의 사수와 무명의 부흥을 노리는 이번 갈리인의 일치단결은 매우 확고했다. 그래서 그때까지의 은혜와 우정에는 움직이지 않고, 전원이 이 전쟁에 총력을 기울이게 되었다.

기병 8천 기와 보병 약 25만 명이 집결하자, 하이두이족의 영지에서 열병이 이루어졌고, 점호한 뒤 각 대장이 선정되었다. 총사령관에는 아트레바테스족의 콤미우스, 하이두이족의 비리도마루스와 에포레도릭스, 그리고 아르베르니족 베르킨게토릭스의 사촌동생 베르카시벨라우누스가 저마다 지명되었다. 그리고 각 부대에서 선정된 대표들이 각료를 구성하게 되었다.

이리하여 전군이 의기양양하게 알레시아를 향해 출발했다. 이러한 대군을 목격하고 응전할 수 있는 상대는 아무도 없을 것으로 생각되었다. 특히 도시에서의 출격과 밖으로부터의 대공세가 동시에 이루어지는 양면 공격이었으니 더 말할 것도 없었다.

77 한편 알레시아에서 포위되어 있던 자들은, 하이두이족의 영토에서 진행

---

*5 사본들 사이에 숫자에 약간의 차이가 있다. 각종 번역을 참고하여 선정했다.

중인 일을 알 방법이 없었다. 그들은 기대했던 원군의 도착일이 지나고 곡물도 바닥을 드러내자, 회의를 열어 자신들의 앞날을 의논했다.

지금 당장 항복해야 한다는 자, 충분한 여력이 있을 때 출격해야 한다는 자, 다양한 의견이 있었다. 그 중에서 특기할 만한 것은 크리토그나투스의 연설일 것이다. 그것은 참으로 무도한 것이었다.

아르베르니족의 명문 출신으로, 큰 세력을 가지고 있었던 이자는 다음과 같이 주장했다.

"항복이라는 이름하에 예속을 설득하려는 자들에게는 아무 것도 말할 것이 없소. 이러한 자들에게는 동포로서의 자격도 이 회의에 참석할 자격도, 일체 주어져서는 안 되오. 나는 출격을 대비하는 자들하고만 교섭할 작정이오. 바로 그러한 생각에, 예부터의 무용이 남아있는 것으로 생각되기 때문이오. 이에 대해서는 모두들 공감할 것이오.

잠시의 궁핍을 견딜 수 없는 것은 어디까지나 나약함 때문이오. 인내하면서 고통을 견디는 것보다 용기를 내어 사지로 뛰어드는 것이 차라리 더 쉽소. 만약 우리가 목숨을 내던지는 것 말고는 달리 방법이 없다면, 권위 있는 자들의 그러한 의견에 따를 뿐이오.

그러나 작전을 세우는 데는, 우리가 도움을 바라고 있는 전 갈리아를 생각하지 않으면 안 되오. 8만 명이 한곳에서 살해되고, 그들의 시체 속에서 가족과 친지들이 싸우지 않을 수 없다면, 그 사기(士氣)가 어떠할지 생각해 보시오.

위험을 무릅쓰면서 우리를 돕는 자들을 여기서 버리는 짓을 해서는 안 되오. 어리석음과 경솔함으로 인해 갈리아 전역에 영원한 예속 상태를 초래하는 일이 있어서는 안 될 것이오.

예정일까지 오지 않았다고 해서 그들을 의심하는 거요? 그렇다면 저기를 보시오. 로마인이 매일같이 저런 곳까지 보루를 쌓고 있는 것은 도락을 위해서란 말이오?

모든 길이 막혀 있어 전령에 의한 확인이 불가능하다면, 그것이야말로 원군이 오고 있다는 증거라고 할 수 있소. 그래서 적은 밤낮을 가리지 않고 공사를 서두르고 있는 것이오.

그럼 우리는 어떻게 해야 하나?

그것은 이렇소. 이번만 한 규모는 아니었지만, 우리의 조상들이 옛날에 킴브리족이나 테우토니족과 싸웠을 때 한 일을 하면 되오. 즉, 조상들은 농성하면서 지금과 비슷하게 궁핍한 상황에 있었을 때, 늙어서 전쟁에 도움이 되지 않는 자들을 먹으면서 목숨을 연명하며 끝까지 항복하지 않았소.

설령 그러한 선례가 없더라도 자유를 위해서는 그만한 일을 하고, 그 일을 아름다운 모범으로서 후손에게 전해야 한다고 생각하오.

그때의 전쟁에 대해 들은 적이 있을 것이오. 킴브리족은 갈리아를 황폐화시키고 크나큰 재난을 불러왔소. 그러나 이윽고 물러갔고, 우리의 권리와 법률, 토지와 자유는 결국 수호되었소.

로마인은 그러한 게르마니인과는 다르오. 그들을 움직이고 있는 것은 바로 선망하는 마음이오. 우리가 전쟁을 통해 명성과 권력을 얻은 것을 알고, 저들도 이제 이곳에 이주하여 우리를 영원히 지배하려는 것이오.

로마인이 그 밖의 목적으로 전쟁을 건 적은 지금까지 한 번도 없었소. 먼 나라에서의 사건을 알지 못한다면, 이웃인 갈리아를 보면 되오. 로마의 속주가 되어 권리도 법률도 바뀌고, 그 지배하에서 완전한 예속 상태에 있지 않소?"

78 논의 끝에 다음과 같이 결정되었다.

질병이나 나이 때문에 싸움에 도움이 되지 않는 자는 도시에서 나갈 것. 크리토그나투스의 의견을 수용하기 전에 모든 방법을 다 시도해볼 것. 긴박한 사태에서, 그래도 여전히 구원군이 도착하지 않을 경우에는, 항복이나 그와 유사한 조건을 받아들이기보다는 차라리 크리토그나투스의 안을 채용할 것 등이었다.

그리하여 다른 갈리인을 받아들였던 만두비족은 여자, 어린이와 함께 도시에서 나갈 것을 강요당했다. 그들은 로마군의 보루에 와서 먹을 것*6을 청하고, 자신들을 노예로 써달라고 눈물을 흘리며 애원했다.

카이사르는 보루에 보초를 세우고 그들의 수용을 거부했다.

---

*6 만두비족의 그 뒤의 상황에 대해서는 한 마디도 적혀 있지 않지만, 많은 사람들이 굶어 죽는 대참극이 일어났던 것만은 확실하다. 어디에 가도 그들을 부양할 수 있는 식량원은 없었으니, 위와 같이 이 책에 기록되지 않은 심각한 부분이 많이 있는 것도 머릿속에 넣어둘 필요가 있을 것 같다.

79 그동안 총지휘권을 맡고 있던 콤미우스 외 모든 지도자들이, 전군과 함께 알레시아에 도착한다. 바깥쪽 언덕을 점령하고, 아군의 보루에서 1마일 이내에 포진했다. 이튿날 진영에서 기병부대를 보내, 위에서 말한 3마일에 이르는 평원을 메우고, 그곳에서 약간 떨어진 조금 높은 일대에도 보병을 늘어세웠다.

이 평원은 알레시아 시에서 내려다볼 수 있기 때문에, 원군을 본 도시 주민들은 흥분하여 모였고 성 안은 온통 환희로 들끓었다. 그들은 병사를 성벽 밖으로 내보내어 가장 가까운 참호를 잡목으로 뒤덮고 흙으로 메운 뒤, 출격과 그 밖의 모든 공세를 위한 준비에 착수했다.

80 카이사르는 보루 양쪽에 전군을 배치하고, 필요한 경우에는 각자가 제 위치를 지키도록 한 뒤, 기병부대를 진영에서 내보내어 출격을 명령했다.

이 평원은 언덕 위의 어느 진영에서도 내려다볼 수 있어서, 전투에 병사들의 시선이 쏠렸다.

갈리인은 퇴각해오는 자를 도와 아군의 기병부대에 응전할 수 있도록, 자군의 기병 사이사이에 궁병과 경장보병을 배치하고 있었다. 그 때문에 많은 아군이 생각지 않은 부상을 입고 전장을 떠났다.

적은 대군에 의한 자신들의 압도적인 공세를 보고, 보루에 의해 가로막혀 있던 자들도, 구원하러 달려온 자들도 곳곳에서 함성을 지르며 서로 사기를 북돋았다.

모두가 지켜보는 곳에서는 명예도 불명예도 숨길 수가 없다. 적도 아군도 칭찬을 바라고, 또는 남의 이목을 생각하여 필사적으로 싸웠다.

정오부터 해질녘까지 승부의 행방은 알 수 없었지만, 이윽고 게르마니인 기병이 한 곳에 집결한 뒤 돌격을 감행하여 적을 궤주시켰다. 곧바로 추격에 나서, 궁병을 포위하고 전원을 살해했다. 다른 곳에서도 흩어져 달아나는 적을 그 진영까지 쫓아가, 집결할 틈을 주지 않았다.

이 광경에, 알레시아에서 출격한 자들은 거의 승리를 포기하고 낙담하여 도시로 물러갔다.

81 적의 구원군은 하루 만에 잡목 다발과 사다리, 그리고 갈고리를 매단 장

대 등을 대량으로 만들어, 한밤중에 조용히 진지에서 나가 평지의 보루에 접근했다. 그리고 갑자기 우렁차게 소리를 질러 농성측에 도착을 알리는 동시에, 잡목 다발을 참호에 던져 넣고 화살과 투창으로 아군 병사를 보루에서 쫓아내자, 그로부터 본격적인 공격 준비에 들어갔다. 한편, 베르킨게토릭스도 이 외침 소리를 듣고 곧 부하들에게 신호를 보내 도시 밖으로 부대를 내보냈다.

이에 대해 로마군은 전날과 마찬가지로 제각각 보루의 제 위치에 서서, 창을 날리는 발사기를 비롯하여 각종 무기로 그들을 쫓아냈다.

앞이 보이지 않는 암흑 속에서 양군에 다수의 부상자가 나왔다.

그곳의 방위를 맡고 있던 두 부관 안토니우스와 트레보니우스는, 아군이 열세인 곳에는 먼 요새에서 원군을 내보냈다.

82 갈리인은 보루까지 상당히 거리가 멀 때는 화살을 대량으로 사용하여 우세했지만, 가까이 오자 갑자기 어떤 자는 '가시'를 밟고 어떤 자는 '백합'에 빠져 몸이 관통되었다. 어떤 자는 보루와 망루에서 던지는 중창(重槍)을 맞아 쓰러졌다.

적은 곳곳에서 부상을 입고 보루 돌파는 실패로 끝났다. 그리하여 동이 터오자 약간 높은 진영에서 출격한 부대에 오른쪽이 뚫려, 포위될 것을 우려하여 동료들이 있는 곳으로 물러났다.

한편 안쪽에 있던 자들도, 베르킨게토릭스가 명령한 출격을 위한 도구를 옮기고 앞쪽의 참호를 메우고 있었다. 그들은 그러느라 시간이 걸려, 보루에 접근하기도 전에 자기 편이 퇴각한 것을 알고 헛되이 도시로 발길을 돌렸다.

83 두 번이나 심각한 패배를 맛본 갈리인은 사후 대책을 협의했다. 이 협의에는 현지의 지리를 잘 아는 자들을 불러, 그들에게 높은 진지의 지형과 수비에 대해서도 물어보았다.

북쪽에는 언덕이 있었다. 주위가 너무 넓어서 공사에 포함시킬 수 없었던 곳으로, 그곳에서는 어쩔 수 없이 비탈면에 진영을 설치하지 않을 수 없었다. 이 진영은 부관 안티스티우스 레기누스와 카니니우스 레빌루스가 2개 군단과 함께 지키고 있었다.

정찰대를 통해 지형을 안 적의 지도자들은 무용으로 이름난 부족 중에서 6

만 명의 병사를 뽑은 뒤, 작전에 대해 은밀하게 협의하여 정오 무렵을 출격 시간으로 정했다.

이 대부대의 지휘는 베르킨게토릭스의 친척으로, 4명의 지도자 가운데 한 사람인 아르베르니족의 베르카시벨라우누스가 잡게 되었다.

베르카시벨라우누스는 제1야경시(저녁 때)에 진을 나가 새벽 무렵에는 예정한 행정을 마친 뒤, 언덕 뒤쪽에 몸을 숨기고 부대에 휴식을 명령했다. 그리고 정오가 가까워졌을 무렵, 앞에서 말한 진지로 돌진해왔다. 그와 동시에, 적의 기병부대도 평원의 보루를 향해 나아갔고, 나머지 부대도 진지 앞에서 시위 행동을 시작했다.

84 베르킨게토릭스는 알레시아의 요새에서 자기 편의 움직임을 보고, 도시에서 나와 공격에 대비하여 준비해둔 잡목 다발, 긴 장대, 귀갑차, 파성구 등을 성 밖으로 옮겼다.

곳곳에서 동시에 전투가 시작되었다. 적은 갖은 방법을 동원하여, 아군의 약점으로 생각되는 곳을 공격했다. 로마군은 수비 범위가 넓어서 곳곳에서 힘겹게 응전해야 했다.

싸우고 있는 배후에서 들려오는 우렁찬 함성은 듣는 자로 하여금 자신의 안전이 다른 자의 손아귀에 있는 것처럼 느끼게 하여, 아군의 기를 꺾어놓았다. 무슨 일에서든, 사람은 보이지 않는 것에 대해 큰 공포를 느끼는 듯하다.

85 카이사르는 각 지점의 전황을 알 수 있는 장소를 찾아다니며, 고전하고 있는 곳에는 구원부대를 보냈다.

양군 모두 이 전투에 사력을 다했다. 갈리인은 보루만 격파하면 상황을 타개할 수 있다고 생각했고, 로마군은 이번만 버티면 모든 고생이 끝날 거라고 생각했다.

최대 격전은 앞에서 말한 베르카시벨라우누스가 파견되어 있던 언덕의 진영 부근에서 전개되었다. 그곳 경사면이 아군에게 큰 화를 초래한 것이다.

적의 일부는 투창을 던지고, 다른 일부는 귀갑진으로 육박해왔다. 지친 병사는 곧 새 병력으로 교체되었다. 전원이 일체가 되어 참호를 메우고 돌격로를 만들었다. 흙 속에 숨겨두었던 것은 모두 묻히고 말았다. 아군은 무기도 기력도 바닥을 드러내기 시작했다.

86 이것을 안 카이사르는 라비에누스에게 6개 대대를 딸려, 고전하고 있는 곳을 구원하러 보냈다. 그때, 만약 막아내지 못한다면 대대를 동원하여 돌격하라, 단, 불필요한 공격은 삼가라고 명령해두었다.

그 뒤 자신은 남은 부대가 있는 곳으로 가서, 지금까지 고생한 성과는 이때에 달려 있다며 병사들을 격려했다.

안쪽의 적은 보루가 너무 커서 평지를 포기하고, 그 대신 험준한 경사면을 오르려고 그때까지 준비해둔 도구를 그쪽으로 옮겼다. 그런 다음 망루에 있는 병사에게는 창을 던지고, 흙과 잡목 다발로 참호를 메운 뒤, 파성구로 보루와 흙벽을 무너뜨리기 시작했다.

87 카이사르는 우선 청년 브루투스에게 몇 개 대대를 붙여서 보내고, 다음에 부관 파비우스에게 다른 대대를 딸려 보냈다. 그리고 전투가 한층 더 치열해지자, 대기하고 있던 부대를 이끌고 직접 구원하러 나섰다.

그리하여 기세를 회복하고 적을 격퇴하자, 라비에누스를 보낸 곳으로 달려갔다. 이어서 가까운 성채에서 4개 대대를 차출하여 기병의 일부는 자신을 따르게 하고, 다른 기병에게는 바깥쪽 보루를 도와서 적의 배후를 치라고 지시했다.

라비에누스는 참호로도 보루로도 적을 막아낼 수 없다는 것을 알고, 가까운 수비대에서 뽑은 11개 대대를 합쳐서 카이사르에게 전령을 보내 타개책을 전달했다.

카이사르는 전투에 가담하려고 길을 서둘렀다.

88 카이사르의 도착은 전투할 때 입는 외투의 색깔(진홍색)로 알 수 있었다. 적은 높은 장소에서 내려다보이는 경사면에서 카이사르가 기병부대와 대대를 이끌고 있는 것을 보고 공격을 걸어왔다.

적도 아군도 함성을 질렀고 보루에서도 마찬가지로 함성이 올랐다. 아군은 창을 버리고 칼을 뽑아들었다.

갑자기 적의 배후에 로마군 기병부대가 나타났다. 다른 대대도 육박해오고

있었다. 적은 등을 돌렸고, 달아나는 그들을 기병이 추격하여 대학살을 전개
했다.

그리하여 레모비케스족의 수장이자 지휘관이었던 세둘리우스가 전사하고,
아르베르니족의 베르카시벨라우누스도 도주 중에 사로잡혔다. 적의 군기 74개
가 카이사르 앞에 쌓였다. 그만한 병력 가운데 진영으로 무사히 돌아온 자는
극소수뿐이었다.

도시에서 동료의 참사와 궤주를 목격한 적은 이러한 전황에 절망하여 보루
에서 부대를 철수시켰고, 그것을 안 진영의 갈리인도 이내 달아났다. 아마 빈
번한 구원과 온종일 뛰어다닌 분투로 지쳐 있지 않았더라면, 아군은 적을 전
멸시켰을 것이다.

자정 무렵, 나가 있던 기병부대는 적의 후위를 추격하여 다수를 사로잡고
다수를 살해했다. 달아난 자들은 저마다 자신의 부족에게 돌아갔다.

89 이튿날 베르킨게토릭스는 회의를 열어 자신의 각오를 말했다.

"내가 전쟁을 시도한 것은 모두의 자유를 위해서이지 사리사욕 때문이 아니
었다. 하지만 운명에 따르지 않을 수 없는 이상, 나를 죽이고 로마인에게 속죄
하든, 아니면 산 채로 넘겨주든 마음대로 하라."

그들은 이 일에 대해 아군에게 사절을 보내왔다. 이에 대해 카이사르는 무
기 인도와 수장들의 연행을 명령했다. 그런 뒤 진지 앞 보루에서 기다렸다.

그곳으로 지도자들이 끌려왔다. 베르킨게토릭스[7]도 인도되었고 무기도 버
려졌다.

카이사르는 하이두이족과 아르베르니족에게는 다시 한 번 충성을 기대하며
그들을 유보했고, 다른 포로에 대해서는 전리품으로서 모든 병사에게 한 사람
씩 나눠주었다.

---

[7] 베르킨게토릭스의 투항은 인상적인 것이었다. 그는 지도자로서의 매무새를 갖추고, 정성들
여 털을 빗긴 말을 타고 성채에서 나와 카이사르에게 오자, 그 둘레를 엄숙하게 한 바퀴 돈
뒤, 말에서 내려 카이사르의 발 밑에 조용히 앉아 끌려갈 때까지 미동도 하지 않았다고 한
다. 그리하여 베르킨게토릭스는 로마시의 옥사에 갇혔고, 6년 뒤인 기원전 46년, 카이사르
가 개선식을 거행할 때 구경거리로 공개된 뒤 사형되었다. 당시의 일이라고는 하나, 운명의
가혹함이여! 오늘날 이 옛날의 우국지사는 프랑스의 영웅으로 대접받고 있다.

6. 하이두이족과 아르베르니족의 항복

90 위의 사건을 처리한 카이사르는 하이두이족의 영토에 들어가 그 항복을 인정했다. 아르베르니족이 보낸 사절이 도착하여 명령에 따를 것을 약속했다. 그들에게는 다수의 볼모를 요구했다. 그러한 사정에서 두 부족에게는 약 2만 명의 포로를 돌려보냈다.

군단의 겨울 숙영에 대해서는 다음과 같이 할당했다.

라비에누스에게는 2개 군단과 기병부대를 이끌고 세콰니족의 영토로 가도록 명령하고, 셈프로니우스 루틸루스를 딸려 보냈다. 부관 파비우스와 바실루스는 2개 군단과 함께 레미족의 영토에 주둔시켰다. 그것은 레미족을 이웃인 벨로바키족으로부터 보호하기 위한 것이었다. 그리고 안티스티우스는 암비바레티족에게, 섹스티우스는 비투리게스족에게, 카니니우스는 루테니족에게 저마다 1개 군단씩 딸려서 보냈다.

또 곡물을 조달하기 위해 키케로와 술피키우스를 아라르강 부근에 있는 도시 카빌로눔과 마티스코에 저마다 주둔시켰다. 그리고 카이사르 자신은 비브락테(지금의 오툉)에서 겨울을 보내기로 했다.

이상의 전적이 전해지자, 로마에서는 20일 동안의 감사제가 개최되었다.

참고(기원전 52년 본국의 상황)

전해의 밀로에 의한 클로디우스 살해의 여파는 폼페이우스가 단독 집정관으로서 일단 진정시켰다. 그러나 앞날은 여전히 예측할 수 없는 상황. 자금력을 키운 카이사르의 국내공작도 여전히 계속되었다. 폼페이우스는 이해에 명문 출신의 원로원 의원 메텔루스 피우스 스키피오(원로원파)의 딸 코르넬리아와 재혼한다. 참고로, 그녀의 전 남편은 전해의 파르티아 원정에서 아버지와 함께 전사한 푸블리우스 크라수스였다. 원로원은 자기들이 폼페이우스를 단독 집정관으로 선출해놓고, 어쩌면 그로 인해 오히려 그가 독재관 같은 존재가 되지 않을까 하는 두려움을 느끼고 있었다. 그래서 임기의 절반이 지나자, 예년과 같은 체제로 돌아갈 것을 폼페이우스에게 요구했고, 그는 위의 장인을 동료 집정관으로 지명했다. 이에 따라, 폼페이우스의 에스파냐와 북아프리카(리비아) 총독 임기는 5년 더 연장되었다. 이에 대해 평민파가, 갈리아 땅에서 조국의 영토 확장에 공헌하고 있는 카이사르에게도 같은 임기 연장이 인정되어야 한다고 주장한 것은 당연한 일이었다. 그리하여 이 기원전 52년은 새로운 정쟁의 위기를 잉태한 채 흘러간다.

카이사르의 수기는 여기까지의 전7권으로 끝난다. 다음의 제8권은 갈리아 원정에 동행했던 친구 아울루스 힐티우스가 기록한 것이다. 《갈리아전기》 제2판을 낼 때 보충된 것으로 추정된다.

제8권

(기원전 51~50년)

1. 서문

친애하는 발부스[1]여, 당신의 거듭되는 요청과, 또 계속 거절해온 것이 나의 게으름 때문이라고 생각하게 해서는 안 되겠다는 마음에서, 결국 이 어려운 일을 맡게 되었구려.

이것은 카이사르의 《갈리아전기》와 그 뒤에 그가 저술한 《내전기》 사이의 빠져 있는 공백을 메우고, 또 《내전기》에도 기록되지 않은 알렉산드리아[2] 전쟁 이후의 부분에 대해서도 보충한 것이오. 다만 후자에 대해서는 내전이 언제 끝날지 몰라 결말까지 쓸 수는 없어서, 그의 죽음으로 끝나고 있소.

원컨대, 독자 여러분에게는 내가 이 일을 어쩔 수 없이 마지못해 떠맡았음을 알아주기만 바랄 뿐이오. 그로 인해, 카이사르의 저작 속에 자신의 글을 끼워넣는 어리석고 주제넘은 행동에 대한 비난을 면할 수 있지 않을까 하고 생각하기 때문이오.

참으로 그의 전기만큼 훌륭하고 간결한 저작은 아마 없을 것이오. 원래 카이사르가 이러한 글을 발표한 동기는, 그만한 사건에 대해 역사가들이 아무런 지식도 얻지 못하는 일이 있어서는 안 된다는 생각에서였소. 그런데 그것은

---

*1 에스파냐 출신의 루키우스 코르넬리우스 발부스를 가리킨다. 신분은 로마 기사. 외국인 최초의 집정관(기원전 40년). 카이사르가 먼 에스파냐 총독이었을 때, 카이사르로부터 로마시민권을 얻어 로마군의 공병대장을 맡았다. 카이사르의 갈리아 원정 때도, 그 뒤의 내전 때도, 로마시에서 카이사르를 위해 충성을 다했다.

*2 카이사르의 《내전기》가 다루고 있는 범위는 기원전 49년의 루비콘 도하부터 기원전 48년의 폼페이우스에 대한 승리까지인데, 내전은 그 뒤에도 십수 년에 걸쳐 계속되어, 옥타비아누스가 안토니우스를 악티움 해전에서 격파하고, 혼자 절대적인 실력자가 됨으로써 가까스로 종식되었다.

브리타니아

게르마니아

레누스강
(라인강)

우비족

수에비족

아트레바테스족
겨울숙영지(카이사르)
벨로바키족
네메토켄나
(아라스)

카르누테스족
케나붐
(오를레앙)

링고네스족

리게르강

픽토네스족
겨울숙영지
하이두이족
알레시아

투로니족
겨울숙영지
비브락테
(오툉)

세콰니족

다누비우스강

헬베티족

대서양

갈리아
비투리게스족
게나바
(제나바)

레모비케스족
겨울숙영지
옥셀로두눔

비엔나(빈)

갈리아
키살피나

가론강
로다누스강

갈리아 트란살피나

0 100km 에스파냐

나르보
(나르본)

지중해

( )안은 현대명

갈리아 원정 8년째(기원전 51년)

그 자체로 세상의 절찬을 받았고, 역사가들에게 저술의 기회를 주는 게 아니라, 오히려 그 기회를 빼앗는 결과가 되고 말았소.

그러나 우리의 감탄하는 마음은 그 이상이라오. 왜냐하면, 우리는 세상 사람들이 인정하고 있는 그 훌륭한 완성도 외에도, 그것이 단숨에 술술 쓰였다는 사실도 알고 있기 때문이오. 실제로 그는, 간결하고 품격 있는 문장을 쓸 줄 아는 기량뿐만 아니라, 자신의 생각을 쉽고도 명확하게 전할 수 있는 능력도 지니고 있었소.

나 자신은 알렉산드리아 전쟁에도 아프리카 전쟁에도 참가했지만, 이러한 전쟁에 대해서는 카이사르한테서 부분적으로 들었소. 그렇지만 새로운 것에 대한 호기심에서 듣는 것과, 증언으로 남기기 위해 듣는 것은 사정이 다르오.

어쨌든, 카이사르와 비교되고 싶지 않은 이유를 이래저래 드는 것조차, 내가 그와 나란히 생각될 가능성을 생각한 행위이므로, 그런 의미에서는 분명히 불손한 행위라고 할 수 있을 것이오. 그럼 이만.

2. 비투리게스족, 카르누테스족, 벨로바키족의 반란

1 갈리아 전역(全域)을 평정한 지금, 카이사르로서는 전해 여름부터 함께 싸움으로 지샜던 병사들을 겨울 동안 쉬게 해주고 싶었다. 그런데 그렇게 생각하고 있던 찰나, 몇몇 부족이 다시 싸울 뜻을 세우고 모의를 거듭하고 있다는 보고가 들어왔다.

모의 이유는 다음과 같은 것을 들 수 있다. 아무리 대군세라 해도, 한곳에 모여 있으면 로마군에 대항할 수 없지만, 다수의 부족이 저마다 다른 장소에서 동시에 공격하면, 병력과 그 밖의 면에서 상대의 공세에 구멍을 낼 수 있을 것이다. 따라서, 그러한 작전을 취함으로써 다른 부족에게 자유가 주어진다면, 그 임무를 맡아야 할 부족은 그것을 거부해서는 안 된다. 대부분이 이렇게 생각하고 있었던 것이다.

2 카이사르는 야만족 사이에서 그러한 생각이 깊어지는 것을 우려했다. 그래서 비브락테의 진영을 재무관 안토니우스에게 맡기고, 자신은 12월 29일 호

위 기병부대와 함께 도시를 출발하여, 하이두이족의 국경에서 그리 멀지 않은 비투리게스족의 영내에 주둔시킨 제13군단으로 가서, 가까이 있던 제11군단을 거기에 합류시켰다.

그리고 2개 대대를 군수품 경비를 위해 남겨두고, 나머지를 모두 이끌고 비투리게스족의 영내에서 가장 비옥한 지대로 들어갔다. 그곳은 영토가 넓고 도시의 수도 많았기 때문에, 불과 1개 군단의 주둔만으로는 그들의 전쟁 준비와 맹약의 체결 등을 막을 수 없을 것 같았기 때문이다.

3 카이사르의 출현은 상대에게는 갑작스러운 일이었다. 그래서 아무 걱정 없이 곳곳의 밭에 나가 있던 자들은 도시로 달아날 사이도 없이 기병부대에 붙잡히고 말았다.

침략할 때의 통상적인 경고인 곡창을 불태우는 행위를 하지 않은 것이 그러한 포획으로 연결된 것이다. 이번에 카이사르가 평소의 경고를 금지한 것은, 그 이후의 만일의 진공에 대비하여 식량 확보가 필요했기 때문이며, 그러한 화공(火攻)으로 상대를 공포 속에 몰아넣고 싶지 않았기 때문이다.

주민이 수천 명이나 붙잡히자 비투리게스족은 공황 상태에 빠졌다. 로마군의 최초의 공격을 면한 자들은 개인적인 관계와 부족 간의 동맹에 의지하여 가까운 부족에게로 달아나려고 했다.

그러나 그것은 헛수고였다. 카이사르는 강행군으로 곳곳에 나타나, 어느 부족에게도 다른 부족까지 생각할 여유를 주지 않았고, 오히려 이러한 신속한 행동에 의해 우방을 묶어두고 의심스러운 부족에 대해서는 위협으로 강화를 강요했다.

비투리게스족은 카이사르가 자비를 베풀어, 원래의 우호관계로 돌아갈 수 있다는 것과, 이웃의 여러 부족이 처벌도 받지 않고, 볼모 제공만으로 다시 로마의 보호하에 있게 된 것을 알고, 자신들도 그와 같은 행동을 취했다.

4 얼어붙는 듯한 추위와 힘든 행군을 아랑곳하지 않고, 병사들은 겨울 동안 분발했다. 이에 대해 카이사르는 병졸 한 사람 한 사람에게 200세스테르티우스, 또 백인대장에게도 저마다 2천 세스테르티우스를, 전리품을 대신하여 줄 것을 약속한 다음, 군단을 각 겨울 숙영지로 돌려보내고 자신은 40일 만에

비브락테로 돌아갔다.

이리하여 현지에서 재판을 처리하고 있을 때, 비투리게스족이 사자를 보내 카르누테스족에게 공격당한 것을 호소하고 도움을 청해왔다.

이 말을 들은 카이사르는 그곳에 간 지 불과 18일밖에 지나지 않았음에도 불구하고 다시 몸을 일으켜, 곡물 마련을 위해 아라르 강변에 주둔시켜 두었던 2개 군단, 즉 제14군단과 제6군단*³을 이끌고 카르누테스족을 징벌하러 나섰다.

5 이때, 지난번 패전에서 많은 도시를 잃고 남은 도시와 마을에서 임시가옥을 지어 겨울을 견디고 있던 카르누테스족은 로마군의 접근을 알자, 다른 부족이 당했던 재난을 떠올리고는 사방으로 흩어져 달아났다.

마침 그때는 날씨가 좋지 않았다. 카이사르는 병사들을 생각하여 카르누테스족의 도시 케나붐(지금의 오를레앙)에 진을 두기로 했다. 병사들을 갈리인의 주거에 들이고, 그렇게 하지 못한 나머지 병사들에게는 동계용 천막에 짚으로 지붕을 덮어 급조한 오두막을 할당했다. 그러나 추적의 고삐를 늦추지 않고, 적이 달아난 것으로 짐작되는 모든 방면으로 기병과 원군의 보병을 보냈다. 예상한 대로, 그들은 기대에 부응하여 대량의 전리품을 가지고 돌아왔다.

카르누테스족은 혹독한 추위와 점점 더해가는 공포에 시달리다가 거주지에서 쫓겨났지만, 어디에도 정착할 용기가 없었다. 그래서 극심한 악천후 속에서 숲 속에도 숨지 못하고, 결국 다수의 동포를 잃은 뒤 뿔뿔이 흩어져서 주변 부족에게 몸을 의탁했다.

6 군사행동을 하기에는 가장 곤란한 계절이었기 때문에, 결집해 있는 상대를 흩어지게 함으로써 전쟁의 싹을 도려낼 수 있었던 것만으로도 다행이다. 이것으로 아마 여름까지는 큰 전투는 없을 것이다.

이렇게 생각한 카이사르는 자신이 이끌고 있던 2개 군단을 트레보니우스에게 의탁하여 케나붐(지금의 오를레앙) 진영에 두고, 자신은 불온한 움직임이 보고되고 있던 벨로바키족에 대한 대책에 임하기로 했다.

---

*3 '제6군단'의 이름이 나온 것은 이것이 처음이다. 이 명칭은 기원전 54년 겨울에 폼페이우스 한테서 빌린 군단(당시의 명칭은 '제1군단')을 개칭한 것이다.

몇 번이나 내방한 레미족 사절에 의하면, 무용 면에서 갈리인이나 벨가이인보다도 뛰어난 벨로바키족과 그 주변 부족이, 코레우스(벨로바키족)와 콤미우스(아트레바테스족)의 지휘하에 레미족의 종속 부족인 수에시오네스족의 영토를 침공하기 위해 병사를 집결시키고 있다는 것이었다.

그로서는 자신의 명예뿐만 아니라 안전을 위해서도, 로마에 크나큰 공헌을 하고 있는 동맹부족을 보호할 필요가 있었다.

그래서 다시 제11군단을 진영에서 불러내고 파비우스에게도 편지를 보내, 데리고 있는 2개 군단을 이끌고 수에시오네스족의 영토로 들어가도록 지시했다. 그리고 티투스 라비에누스에게도 2개 군단 가운데 하나를 보내라고 했다.

카이사르는 이렇게 각 겨울 숙영지의 상황과 전략상의 사항이 요구하는 범위에서 자신도 노력하는 한편, 원정에 대한 부담을 각 군단 사이에 배분했다.

7 위의 병력을 모으자 카이사르는 벨로바키족의 영토로 들어갔다. 그곳에 진영을 설치한 다음, 적의 계획을 알아낼 수 있도록 부족민을 잡아오라고 영지 전역에 기병을 보냈다.

기병은 임무를 훌륭하게 완수했다. 보고에 따르면 집 안에는 사람이 별로 없으며, 더욱이 이자들은 경작을 위해서가 아니라—벨로바키족은 이미 모든 영토에서 떠났으므로—첩보를 위해 되돌아온 것이라고 한다.

카이사르는 벨로바키족의 주요 거처와 작전에 대해 그 포로에게 물어보았다. 그러자 다음과 같은 대답이 돌아왔다.

전투 능력이 있는 부족민은 모두 한곳에 집결해 있다. 암비아니족, 아우렐키족, 칼레테스족, 벨리오카세스족, 아트레바테스족이 참여하고 있다. 진지는 늪으로 에워싸인 숲 속의 약간 높은 장소에 자리잡고 있다. 짐도 모두 깊은 숲에 모아두고 있다.

주전론을 주장하는 수장 가운데 부족민이 가장 신뢰하고 있는 것은 코레우스인데, 그것은 로마인에 대한 그의 증오를 모두들 잘 알고 있기 때문이다. 며칠 전에는 아트레바테스족의 콤미우스가 게르마니인에게 원군을 요청하기 위해 진지를 떠났다. 게르마니인은 바로 이웃에 있고, 그 군세도 어마어마한 규모이다.

또 모든 수장이 인정하고 부족민도 강력하게 지지하고 있으며, 만약 소문대로 카이사르가 3개 군단만 이끌고 온다면, 지금이야말로 싸울 작정인 듯하다. 그렇게 하면 나중에 가서 어쩔 수 없이 혹독한 상황하에서 싸워야 하는 사태를 피할 수 있다는 판단에서이다. 반대로 대군이 온다면, 지금의 장소에서 응전하며 버티다가, 로마군이 계절적으로 부족한 말여물과 곡물, 그 밖의 물자를 구하러 올 때까지 숨어서 기다려야 한다고 생각하고 있다는 것이었다.

8 카이사르는 다시 몇 명의 포로한테서도 같은 증언을 들었다. 거기서 판단하건대, 적의 계획은 기발한 전략으로 가득 차 있어 야만족의 무모함과는 거리가 먼 듯했다. 그렇다면, 적이 아군의 적은 병력을 얕잡아보고 싸우려고 덤비도록 모든 수단을 강구해야 한다고 그는 생각했다.

이때의 휘하 병력은 역전의 용사들로 구성된 제7, 제8, 제9의 3군단과, 유망한 청년들로 구성된 제11군단이었다. 다만 마지막의 젊은 군단은 이미 병역 8년째이기는 하지만, 경험과 무용 면에서는 아직 앞의 3군단 만한 명성은 없었다.

카이사르는 군사회의를 열어, 입수한 모든 정보를 일동에게 전하고 병사들을 고무했다. 그리고 불과 3개 군단으로 적을 전투로 유인하기 위해, 그들이 바라는 군세밖에 눈에 띄지 않도록 제7, 제8, 제9군단을 앞세우고, 모든 치중대—평소의 원정과 마찬가지로 그 수는 그다지 많지 않았다—를 그 뒤에 따르게 한 뒤, 제11군단을 후미로 돌리는 행군 대형을 편성했다. 이렇게 하여 거의 방형진을 채택하여, 적이 예상한 것보다 빨리 그들 앞에 모습을 드러낸 것이다.

9 갈리인은 로마군이 전열을 짜고 다가오는 것을 보자, 그 자신감에 찬 작전에도 불구하고 전투가 두려웠는지, 아니면 허를 찔려서인지, 그것도 아니면 이쪽의 의도를 탐색하기 위해서인지, 어쨌든 진영 앞에 병사를 정렬시키기만 하고 내려오지는 않았다.

카이사르는 싸우기를 원했지만, 적의 병력이 너무 많아 교전은 삼가고, 깊은 골짜기를 사이에 두고 적진의 정면에 포진했다. 그리고 주위를 높이 12피트의 보루로 에워싸고 거기에 알맞은 높이의 흉벽을 설치했다. 또 폭 14피트의 수직 참호를 이중으로 설치한 뒤, 3층의 망루를 짧은 간격으로 배치하여 그것을 구름다리로 연결하고, 그 전면을 저마다 나뭇가지로 엮은 흉벽으로 가렸다.

이것은 이중의 참호와 아울러, 이중의 대응을 생각한 방어이다. 즉, 다리 위에 있는 자는 그 높이 때문에 아무 걱정 없이 투창을 마음껏 멀리 던질 수 있고, 보루에 있는 자도 적에게 가깝지만 구름다리가 있기 때문에 적이 던지는 무기에 맞을 염려가 없다. 그 밖에 진문에도 문짝과 높은 망루를 설치했다.

10 이러한 방어태세에는 두 가지 목적이 있었다. 하나는 공사의 규모에서 이쪽이 공포에 빠져 있는 것처럼 보이게 하여 갈리인을 과신하게 만드는 것, 또 하나는 식량 조달을 위해 먼 곳으로 나가야 할 경우에, 소수의 인원으로 진영을 지킬 수 있도록 하는 것이다.

그러던 중, 양 진영 사이에 있는 늪지에서 빈번하게 작은 전투가 벌어졌다. 때로는 아군의 갈리인 보조부대와 게르마니인 보조부대가 늪지를 건너가 적을 습격하고, 때로는 적이 이쪽으로 넘어와서 아군의 응전부대를 격퇴했다.

매일같이 식량을 조달하기 위해 곳곳으로 나가야 했다. 그 때문에 분산된 부대가 종종 얄궂은 장소에서 적에게 포위되기도 했다. 그러한 경우의 피해는 인부와 짐말만의 경미한 것이었지만, 벨로바키족은 그러한 공세에도 기뻐 날뛰는 모습을 보여주었다.

그와 아울러 게르마니인에게 원군을 청하러 간 콤미우스가 기병 1대를 이끌고 돌아왔다. 그 병력은 겨우 500기에 지나지 않았지만 그들의 사기는 훨씬 높아졌다.

11 적은 늪지와 그 밖의 자연이 보호해주는 진영에 며칠이나 틀어박혀 있었다. 이를 공격하면 크나큰 손해를 초래할 것이고, 그것을 포위하기에는 병사의 수가 적다고 카이사르는 생각했다. 그는 섹스티우스에게 편지를 보내 곧 달려오라고 명령했다. 부관 섹스티우스와 함께 비투리게스족의 영토에서 겨울을 보내던 제13군단을 급히 불러들여, 데리고 있는 병력과 합쳐서 3개 군단으로 달려오라고 한 것이다.

또 레미족과 링고네스족, 그 밖의 부족으로부터 징집한 다수의 기병을 번갈아가며 식량 징발대의 경호대로 보내 적의 기습에 응하게 했다.

12 같은 일이 매일 되풀이되어 습관이 되어버린 건지—이런 경우에 흔히 있는 일이지만—적은 경계심을 잃어가기 시작했다.

아군의 기병부대가 매일 머무는 장소를 알게 된 벨로바키족은, 선발된 보병을 숲 속에 숨겨두었다. 그리고 이튿날에는 기병도 그곳으로 보낸 다음, 이쪽을 유인해내어 포위 공격을 가해왔다.

이 전투에서 그날의 담당이었던 레미족이 큰 타격을 입었다. 그들은 자신들이 목격한 기병의 수가 적은 것을 보자, 그들을 얕잡아보고 추격에 열중한 나머지 적의 보병에게 포위되고 만 것이다.

그때의 혼란은 평소의 기마전에서는 보기 드물 만큼 극심했다. 그로 인해 부족의 수장이자 기병부대의 대장이었던 베르티스쿠스가 퇴각하다가 목숨을 잃었다.

베르티스쿠스는 고령이어서 말도 제대로 탈 수 없는 몸이었지만, 게르마니인이 으레 그렇듯이, 나이를 이유로 지휘를 사퇴하는 일 없이 모든 전투에 참가하려 했다.

전투를 우세하게 이끈 적은 명실공히 레미족의 지도자였던 인물을 쓰러뜨린 일로 의기양양해졌고, 생각지도 않은 피해를 입은 아군은, 충분히 조사한 뒤에 전초지를 정해야 한다는 것과 추격에도 신중을 기해야 한다는 것을 배웠다.

13 전투는 양 진영에서 보이는 얕은 늪지에서 날마다 계속되었다. 그러던 어느 날, 카이사르가 레누스강 건너편에 원군으로 소집해두었던 게르마니인 보병부대가, 과감하게 늪지를 건너가 저항하는 소수를 모두 죽이고, 남은 적도 집요하게 추적했다.

이 광경에, 백병전에서 이미 압도당한 자들과 화살과 투창으로 부상을 입은 자들은 말할 것도 없고, 멀리서 대기하고 있던 예비병들까지 겁을 먹고, 모두 꼴사나운 모습으로 달아나기 바빴다. 대부분 유리한 땅을 버리고 자기 쪽 진영에 도달할 때까지 달아났다. 그 가운데에는 자신의 명예롭지 못한 행위를 부끄럽게 여겨, 더욱 멀리 달아난 자들도 있었다.

그 정도 일로 전군이 혼란에 빠진 것은, 그들이 작은 성공에도 이내 기뻐서 날뛰는 성격 때문인지, 아니면 사소한 불운에도 겁을 먹는 성격 때문인지, 어느 쪽으로도 판단하기 어려웠다.

14 그 뒤, 적은 며칠 동안 같은 진영에서 농성으로 일관했다. 그러나 그들은 부관 트레보니우스가 이끄는 로마군단의 접근을 알고, 알레시아의 실패를 되풀이하게 될까봐 포위당하기 전에 손을 쓰기 위해 움직이기 시작했다. 밤이 되자 노약자와 무기가 없는 자들을 모든 짐과 함께 진영 밖으로 내보낸 것이다.

두려움에 떠는 비전투원의 혼잡한 행렬—갈리인은 경장일 때도 많은 짐수레를 끌고 가는 것이 보통이었다—을 정리하느라 시간을 빼앗기는 가운데, 벌써 날이 밝아오고 있었다. 그래서 짐의 행렬이 멀리 가기 전에 로마군에게 추적을 허용해서는 안 되겠다 여기고 진영 앞에 병사들을 늘어세웠다.

그러나 카이사르는 공격을 미루고 있었다. 가파른 언덕 위에서 응전 태세에 있는 적을 공격하는 것은 현명하지 않은 일이다. 먼저 적에게 퇴각이 어렵다고 생각하게 할 수 있는 정도까지 충분히 접근해야 한다고 생각한 것이다.

양 진영 사이에는 장애물인 늪지가 가로놓여 있어 추적의 맥이 끊기지 않을 수 없었다. 그러나 적의 진영까지 이어지는 늪지 저편의 산등성이에 딱 한 군데 열려 있는 작은 협곡이 있었다.

그것을 안 카이사르는 늪지에 둑길을 만들어 군단을 건너가게 하고, 양쪽 모두 경사가 급한 산등성이 위로 올라갔다. 그 평탄한 정상에서 군단을 정비한 뒤 능선이 끝나는 지점까지 오자, 화살과 투창이 적의 전열에 도달할 수 있는 지점에 진을 쳤다.

15 갈리인은 지형을 믿고, 로마군이 언덕을 올라오려 할 경우에는 일전을 불사할 생각이었다. 그들은 각소에 병력을 분산시키면 자기 편 사이에 동요를 불러올 수 있다고 보고 계속 전열을 유지하고 있었다.

카이사르는 적이 움직이지 않는 것을 보고, 20개 대대로 전열을 짜는 한편, 나머지에는 진영의 구축을 명령했다. 그 공사가 끝나자, 그 앞에 군단을 늘어세운 다음, 기병부대에도 만전의 준비를 하게 하여 전초에 배치했다.

벨로바키족은 로마군이 언제라도 추격할 수 있는 태세를 갖춘 것을 알았다. 그래서 그 이상 그곳에 머무르는 것은 고사하고 그날 밤도 그대로는 위험하다는 것을 깨달은 나머지 다음과 같은 방법으로 퇴각하기 시작했다.

그때 진영에 대량으로 비축되어 있던 짚과 잡목 다발—그들은 앉을 때 그러한 것을 깐다—을 전열 앞에 죄다 늘어놓고, 저녁 무렵 신호와 함께 일제히 그 짚과 잡목에 불을 붙였다. 그리고 불길이 이내 빈틈없는 연막을 피워 로마군의 시야를 완전히 차단하자, 이때라는 듯이 잽싸게 달아난 것이다.

16 카이사르는 연막에 가려 적의 움직임을 알 수 없었다. 그러나 그러한 수단의 배후에는 퇴각이 있다고 보고, 군단을 전진시키고 기병부대에도 추격을 명령했다. 또 갈리인이 퇴각하는 것처럼 꾸미고 아군을 불리한 장소로 유인하는 경우도 생각할 수 있었기 때문에, 적의 매복을 경계하면서 신중하게 나아갔다.

그런데 연기와 불길이 너무 무시무시했다. 기병들은 그 속으로 들어가는 것을 주저하고, 용감하게 들어간 자도 자기가 타고 있는 말의 머리조차 보이지 않는 데다, 한편으로 매복을 경계하는 동안 적에게 퇴각할 여유를 주고 말았다.

공황에 빠져 있었기는 하지만, 책략을 부려 완전한 퇴각에 성공한 벨로바키족은, 그로부터 10마일 정도 물러나 유리한 지반에 새롭게 진영을 설치했다. 그리고 거기서 기병과 보병을 복병으로 내보내 매복시켜두었다가, 식량을 조달하러 나온 로마군 부대에 심각한 피해를 입혔다.

17 그러한 피해가 거듭되는 가운데 카이사르는, 벨로바키족의 수장 코레우스가 정예 보병 6천 명과 기병 1천 기를 골라 아군의 식량 징발부대가 찾아올 것 같은 장소에 숨겨두고 있다는 이야기를 포로한테서 들었다.

그래서 그는 여느 때보다 많은 군단을 보내는 동시에, 식량 마련에 언제나 지원부대 역할을 하고 있던 기병부대를 선발대로 보내고, 나아가서는 그들 사이에 경무장 보병도 원군으로 가세시킨 뒤, 자신도 군단과 함께 적에 대한 최대한의 접근을 시도했다.

18 갈리인이 매복한 장소는 사방이 어두운 숲과 강으로 에워싸인 곳으로, 그들은 모든 방향으로 1마일 정도밖에 되지 않는 그 평원을 포위하듯이 숨어 있었다.

이미 복병이 있는 것을 눈치 챈 아군 기병은, 소대별로 그 평원으로 나아갔다. 언제라도 전투할 준비가 되어 있었다. 게다가 군단병도 뒤따라오고 있었다.

얼마 지나지 않아 로마군 기병부대를 본 코레우스는 공격할 때가 왔다고 판단했는지, 소수를 이끌고 모습을 드러내어 가까운 곳을 습격했다.

아군 기병은 침착하게 응전하며 한곳에 뭉치지는 않았다. 참고로, 기병의 전투에서는 두려움 때문에 한곳에 모여드는 경우가 있는데, 그런 경우에는 반드시 피해를 입게 된다.

19 아군의 각 기병소대는 곳곳으로 흩어져 번갈아가며 측면을 지원하여, 적에게 포위되는 것을 서로 방지했다. 이윽고 다른 갈리인 부대도 숲 속에서 뛰어나옴으로써 극심한 혼전이 벌어졌다.

혼미 상태는 오래 계속되었다. 그러나 이윽고 적의 보병부대가 점차 숲에서 나타나자, 아군 기병부대는 퇴각하지 않을 수 없었다.

그러나 이때, 군단에 앞서서 원군으로 가 있던 경무장 보병부대가 즉각 기병 사이에 산개하더니 침착하게 싸우며 그들을 도왔다.

전투는 한동안 백중지세였으나—전투의 이치에서도 알 수 있는 것처럼—복병의 최초의 공격을 큰 피해 없이 버팀으로써 결국 아군의 우세로 돌아섰다.

군단도 이미 가까이 다가와 있었다. 아군뿐만 아니라 적 쪽에도, 최고사령관이 군세를 이끌고 이쪽으로 급히 오고 있다는 보고가 잇따라 들어갔다.

그 보고에 아군은 더욱더 분투했다. 군단병을 기대하고는 있지만, 승리의 영광을 그들과 나눠가질 마음은 없었기 때문이다.

적은 싸울 의욕을 잃고 달아날 길을 찾기 시작했지만 소용 없는 일이었다. 로마군을 포위하는 데 절호의 장소라고 선택한 험한 곳이 오히려 자신들에게 재앙을 갖다준 셈이었다. 그들은 커다란 피해를 입었다. 그러면서도 여전히 숲과 강을 향해 달아났다. 아군은 그들을 추격하여 차례차례 쓰러뜨렸다.

그래도 코레우스에게 겁을 먹은 기색은 없었다. 숲으로 퇴각하지도 않고 항복 권유에도 응하지 않은 채, 오로지 맹렬하게 싸우며 다수에게 상처를 입혔다. 아군 병사들은 화가 머리끝까지 나서 이 적장을 향해 투창을 비 오듯이 던져댔다.

20 카이사르가 도착한 것은 그 전투 흔적이 아직도 생생하게 남아 있을 때였다.

적의 진영은 그곳에서 불과 8마일 정도밖에 떨어져 있지 않았다.

적은 대참패를 보고받으면 진영을 버릴 것이 틀림없다고 생각한 카이사르는, 단숨에 강을 건너 건너편으로 진군했다.

한편 그 진영에 있던 벨로바키족과 다른 부족은, 숲 덕분에 목숨을 건진 도망병과 부상병의 출현에 놀랐다. 그들은 코레우스의 전사를 비롯하여 기병부대와 정예보병의 괴멸 등 자기 편의 대참사를 알자, 로마군의 내습을 예측하고 즉시 나팔을 불어 회의를 소집했다. 사절과 볼모를 카이사르에게 보내야 한다는 의견이 나왔다.

21 위의 의견이 만장일치로 인정되자, 아트레바테스족의 콤미우스는 이번 전투를 위해 원군을 보낸 게르마니인에게 달아났다.

남은 자들은 곧 카이사르에게 사절을 보내 새로운 처벌은 하지 말아달라고 호소했다. 카이사르의 자비로운 성격으로는 도저히 생각도 할 수 없는 타격을 이미 입었다는 것이었다.

"아군은 기병전에서 괴멸당했습니다. 선발된 보병만 해도 수천 명이나 목숨을 잃고, 이 패배를 전한 자들만 간신히 살육을 면했을 뿐이지요. 그나마 그 대참사 중 한 가지 다행이었던 것은, 모반 주모자 코레우스가 살해된 것입니다. 왜냐하면 그가 살아있었을 때는 그 사람 때문에, 장로회에는 무지한 민중만큼의 힘도 없는 상태였기 때문입니다."

22 이에 대해 카이사르는 대답했다.

"작년에 갈리아 전역이 일제히 봉기했지만, 그중에서도 특히 벨로바키족이 가장 적개심이 강하여, 다른 부족이 항복해도 여전히 정신을 차리지 못했다. 죽은 자에게 책임을 전가하기는 쉽다. 지도자들이 탐탁해하지 않고 장로회를 비롯하여 양식 있는 자들이 다 반대하는데, 민중의 빈약한 지원만으로 싸우다니, 도대체 누가 그럴 수 있다는 말인가? 하지만 어쨌든, 새로운 징벌은 하지 않겠다."

23 사절은 다음 날 밤, 카이사르의 회답을 가지고 돌아가, 볼모를 모았다.

그동안 벨로바키족의 거동을 지켜보려고, 다른 부족으로부터 사절이 잇따라 카이사르를 찾아왔다. 그들은 볼모를 제공하고 명령에도 따랐다.

그러나 단 한 사람 콤미우스만은 경계심에서 자신의 신변 안전을 남에게 맡기려 하지 않았다. 그것은, 지난해에 카이사르가 순회재판을 위해 이탈리아에 갔을 때, 콤미우스가 다른 부족과 모반을 획책하고 있다는 것을 안 라비에누스가, 반역자를 말살하는 것은 서약위반이 아니라는 태도를 보였기 때문이다.

이때 라비에누스는 콤미우스를 불러내도 오지 않을 것으로 여기고, 그러한 일로 상대의 경계심을 부채질하기보다는 회담을 구실로 볼루세누스를 보내 그를 살해하려 했다.

회담에는 그것을 위해 선발된 백인대장들이 참석하여, 미리 의논한 대로 볼루세누스가 콤미우스의 손을 잡았다. 그러나 익숙지 않은 일에 동요한 탓인지, 아니면 콤미우스의 측근이 재빨리 저지했기 때문인지, 그를 죽이지는 못하고 첫 번째 가격으로 머리에 깊은 상처만 입히는 것으로 끝났다.

즉각, 양쪽 모두 칼을 뽑았으나, 그것은 양쪽 다 싸우기 위해서가 아니라 달아나기 위한 것이었다. 우리 쪽은 콤미우스가 치명상을 입은 것으로 판단했고, 갈리인 쪽은 속았다는 것을 알고 근처에 다수의 복병이 있을 것이 틀림없다고 생각한 것이다.

이 사건 뒤, 콤미우스는 로마인이 있는 곳에는 절대로 가지 않기로 결심했다고 한다.

24 특별히 호전적인 부족은 이것으로 모두 평정했으므로 더는 대항할 부족은 없을 것으로 생각되었다. 그러나 로마인의 지배에서 벗어나기 위해 전답을 두고 도시를 떠나는 자들이 상당수 있는 것을 보고, 카이사르는 군대를 각 방면에 파견하기로 했다.

그래서 우선 재무관 마르쿠스 안토니우스[*4]와 제12군단을 휘하 병력에 합류시켰다. 또 부관 파비우스에게 25개 대대를 딸려서 갈리아 남쪽으로 보냈다.

[*4] 나중에 클레오파트라와의 사랑으로 유명해지는 마르쿠스 안토니우스를 가리킨다. 갈리아 원정 때는 재무관이었다. 그 뒤 기원전 49년에 호민관이 되고 기원전 44년에는 집정관이 된다. 어머니(율리아)가 카이사르의 사촌이어서 카이사르의 총애를 받았다.

이 파견 이유는, 그 지방의 부족 중에 반기를 든 부족이 있는데, 그곳에 주둔하고 있는 부관 카니니우스 지휘하의 2개 군단으로는 그에 대한 대응으로 충분하지 않다고 판단한 것에 의한다.

그리고 부관 라비에누스도 자기 곁으로 불러들이는 한편, 라비에누스와 함께 겨울을 보내고 있던 제15군단은, 전해에 테르게스테(지금의 트리에스테)에서 일어난 로마 시민에 대한 원주민의 약탈 행위 같은 사건을 미연에 방지하기 위해 이탈리아로 보냈다.

카이사르 자신은 암비오릭스의 영토를 유린하러 갔다. 그러나 두려워서 달아나는 암비오릭스를 사로잡을 수는 없을 것 같아서, 본보기를 위해 부족민과 건물, 가축 등 모든 것을 그 땅에서 말살하기로 했다. 그렇게 하면 살아남은 자들이 암비오릭스를 증오하여 그에게 귀환을 허락하지 않을 거라고 생각했기 때문이다.

25 카이사르는 군단과 원군을 사방으로 보내, 살육과 약탈과 방화 등 온갖 수단을 동원하여 암비오릭스의 영토를 유린하는 동시에 다수를 포로로 삼았다.

이어서, 라비에누스에게 2개 군단을 주어 트레베리족을 토벌하러 보냈다. 이 부족은 게르마니아와 가깝기 때문에 날마다 게르마니인과의 전투로 단련되어 있는 데다, 성격이 매우 거칠어 무력이 아니고는 복종시키기 어려운 상대였다.

26 한편 그동안 부관 카니니우스에게, 픽토네스족의 두라티우스한테서 동족의 영토에 대군이 집결해 있다는 보고가 들어왔다. 두라티우스는 그 전에 동포의 일부가 모반으로 돌아섰을 때도 로마에 대한 충성을 고수했던 인물이다.

카니니우스는 레모눔(지금의 푸아티에)으로 향했다. 또 도시와 가까운 곳에서 포로를 통해, 안데스족의 두무나쿠스가 지휘하는 수천 명의 군세가 두라티우스가 있는 레모눔을 포위하고 있다는 정보를 얻었다. 그러나 지금의 적은 병력으로 적과 맞서는 것은 위험하여, 방어하기에 적당한 장소에 진을 쳤다.

로마군의 출현을 안 두무나쿠스는 전군을 이 진영의 공격에 돌렸으나, 며칠 동안에 걸친 공격과 다수의 희생자에도 불구하고 보루 하나도 함락하지 못하자, 결국 다시 레모눔 포위로 돌아갔다.

27 같은 무렵, 부관 파비우스는 대부분의 부족에게 귀순을 받아들이고 충성의 증거로 볼모를 받았다. 그리고 카니니우스가 보낸 편지로 픽토네스족의 영내에서 일어나고 있는 사건을 안 다음 두라티우스를 구출하러 갔다.

파비우스의 접근을 안 두무나쿠스는 로마군과 도시, 이 두 방면에 동시에 대응하다가는 죽음을 면하기 어렵다는 판단하에 급히 진을 거두었다. 그러나 충분한 안전권까지 물러나려면 리게르강(지금의 루아르강)을 건너야 했고, 그러기 위해서는 강폭으로 보아 다리를 놓을 필요가 있었다.

이 시점에는 적의 시계에 들어가지 않았고, 카니니우스와 합류하지도 않은 파비우스는 그 일대를 잘 아는 자들한테서 얻은 정보를 토대로, 적이 공황에 빠져 있는 상황과 퇴각하고 있는 방향을 추측했다.

그래서 목적하는 다리로 병력을 이동하는 데 있어서, 말이 지치지 않고 후방의 본영으로 돌아올 수 있는 범위에서 행동하도록 지시하고 기병부대를 선발대로 보냈다.

로마군 기병부대는 지시대로, 짐을 가지고 기는 듯이 달아나고 있던 두무나쿠스 군을 추적 습격하여 다수를 죽이고 대량의 전리품을 빼앗는 등, 더할 나위 없는 성과를 거두고 진영으로 돌아왔다.

28 다음날 밤 파비우스는, 자신이 따라잡을 때까지 적을 공격하여 전진을 늦추라는 지시와 함께 기병부대를 먼저 보냈다.

지용을 겸비한 기병부대의 대장 아티우스는 작전을 지시대로 수행하도록 동료를 격려한 다음, 즉시 추적에 들어가, 부대 일부는 적절한 장소에 배치하고 나머지는 교전하게 했다.

적의 기병부대는 보병의 후원을 얻어 이에 맹렬하게 응전한다. 적의 보병부대는 모두 행군을 멈추고 기병을 지원했다.

격전이었다. 아군 기병은 전날의 승리로 상대를 얕잡아본 데다, 군단이 뒤에 따라오고 있는 것을 알고 있었기 때문에, 이 전투를 자력으로 해결하려고 적의 보병을 상대로 열심히 분발했다. 적도 전날 얻은 정보에서 새로운 병력이 나타나는 일은 없을 것으로 보고, 이 전투를 로마군 기병부대를 섬멸할 수 있는 기회라고 보았다.

29 치열한 전투가 상당히 오랫동안 계속되는 가운데, 두무나쿠스가 기병부대를 지원하기 위해 보병부대에 정규 전열을 짜게 하고 있을 때, 갑자기 전투태세로 다가오는 로마군단의 모습이 보였다.

이를 본 적은 기병도 보병도 모두 공포에 사로잡히고, 치중대도 혼란에 빠지는 등, 전원이 비명을 지르면서 뿔뿔이 달아나기 시작했다.

한편, 그때까지 필사적으로 싸우던 아군 기병부대는 그것을 보고 사방에서 승리의 함성을 지르며, 달아나는 적을 에워싼 뒤, 말도 오른팔도 완전히 지칠 때까지 살육을 계속했다. 그리하여 두려움 속에 당황한 나머지 무기를 내던진 자까지 포함하여 1만 2000명이 넘는 적병을 살해하고, 군수품도 모조리 손에 넣었다.

30 이 전투 뒤 얼마 지나지 않아 세노네스족의 드라페스가 '속주'를 침공하려 한다는 정보가 들어왔다. 드라페스는 갈리아 전역이 봉기하자 자유를 미끼로 노예를 끌어들이고, 각 부족으로부터 추방당한 자를 불러모은 뒤, 무뢰한들까지 가세시켜 세력을 모았다. 그런 뒤 로마군의 보급로를 끊고, 위의 도망병 2000명 정도로 구성된 병력을 이끌고 '속주'를 향하고 있다고 했다. 또 갈리아의 봉기 당초에 '속주' 침공을 기도했다고 《전기》의 전권(前卷)에서도 언급되어 있는 카두르키족의 그 루크테리우스도 같은 속셈인 것 같다는 것이었다.

부관 카니니우스는 그러한 무리에 의해 '속주'에 피해와 공황이 초래된다면 심각한 불명예가 될 거라고 생각했다. 그는 2개 군단을 이끌고 그들을 추적하러 나섰다.

31 한편, 파비우스는 카르누테스족과 그 밖에 두무나쿠스와의 전투 때 큰 타격을 입은 각 부족이 있는 곳으로 갔다. 지난번의 대패를 생각하면 그들의 복종은 의심할 여지가 없었지만, 사이를 두면 두무나쿠스에게 선동되어 다시 반기를 들 수도 있다는 생각에서였다.

결과적으로 파비우스는 이들 부족을 별다른 어려움 없이 귀순시키는 데 성공했다. 거듭되는 피해에도 불구하고 강화를 요청한 적이 없었던 카르누테스족도 볼모를 보내어 항복했고, 또 갈리아에서 가장 먼 바다 근처에 사는, 이른바 아레모리카이라 불리는 부족들도 파비우스가 나타나자 카르누테스족이 한 것처럼 즉시 항복했다.

이제 두무나쿠스는 자신의 영토에서도 쫓겨나, 갈리아의 변두리를 향해 홀로 도피행을 해야 하는 신세가 되었다.

3. 욱셀로두눔 공위와 점령

32 드라페스와 루크테리우스 쪽은 카니니우스가 군단을 이끌고 육박해오는 것을 알았다. 그래서 '속주' 안에서 마음대로 약탈하고 돌아다닐 기회가 사라졌을 뿐만 아니라, 침공은 자신에게 파멸을 가져올 뿐이라고 판단하고, 카두르키족의 영내에서 걸음을 멈췄다.

루크테리우스는 이전의 평화로웠던 시기에 카두르키족 가운데 큰 세력을 가지고 있었다. 그는 변란 때의 지도자로서 지금도 동족들에게 상당한 영향력을 지니고 있었다. 그 실력대로 일찍이 자신의 보호하에 있었던 요해의 도시 욱셀로두눔을 드라페스와 협력하여 함락한 뒤, 주민들을 자신의 군대에 편입시켰다.

33 카니니우스는 즉시 그곳으로 달려갔다. 그러나 도시는 사방이 깎아지른 절벽으로 에워싸여 있었다. 설령 적이 없다 해도 오르는 것 자체부터 어렵다고 판단했다. 그런 한편, 도시의 주민들이 몰래 달아난다 해도, 가지고 있는 많은 짐 때문에 기병뿐 아니라 보병까지도 그것을 막을 수 없을 것 같았다.

그래서 병력을 셋으로 나눠 높은 곳에 3개의 진영을 두었다. 그곳에서 각부대의 능력에 따라 도시를 에워싸는 보루를 서서히 쌓기 시작했다.

34 주민들은 아군의 의도를 눈치 챘다. 그들은 알레시아의 재난을 떠올리면서, 자신들도 같은 꼴을 당하는 게 아닌가 하고 두려워했다. 이러한 상황을 보고, 알레시아에서 누구보다 고생을 겪었던 루크테리우스는 식량 확보가 급선무라는 것을 설득했다. 그리하여 그들 전원의 동의를 얻어 병력의 일부를

도시에 남겨두고, 드라페스와 함께 경무장 보병부대를 이끌고 곡물을 마련하러 가기로 했다.

두 사람은 이튿날 밤, 계획한 대로 무장한 자 2000명을 도시에 남기고 나머지를 모두 이끌고 도시를 출발했다. 그리고 카두르키족의 영내에 며칠 동안 머물면서, 그들을 지원하는 지역에서의 공급 외에, 우격다짐 격인 강제 징발로 대량의 곡물을 손에 넣었고, 더욱이 그동안 몇 번이나 아군 요새에 야습을 걸어왔다.

이에 대해, 카니니우스는 포위를 위해 추진하고 있던 보루의 구축을 늦추기로 했다. 공사를 완성시켜도 그것을 지킬 수 없는 경우를 생각했고, 무엇보다도 적은 병력을 더욱 분산시키는 것은 피해야 했기 때문이다.

35 드라페스와 루크테리우스는 곡물을 대량으로 모으자, 도시에서 10마일 정도 되는 지점에 진지를 두고, 징발한 곡물을 그곳에서 조금씩 도시로 반입하기로 했다. 그것을 위해 드라페스는 부대의 일부와 함께 남아 진지를 지키고, 루크테리우스는 도시까지 짐말을 호위하는 역할 분담이 두 사람 사이에 이루어졌다.

이리하여 곳곳에 수비대가 배치되자, 동이 트기 전에 루크테리우스의 1대가 숲의 오솔길을 통해 곡물을 운반하기 시작했다.

그런데 아군 보초가 그 소리를 들었고 곧 정찰대가 파견되었다. 이에 의해 적의 움직임을 안 카니니우스는 가까운 성채에서 몇몇 대대를 즉시 불러모아, 동이 트자마자 그 수송대를 공격했다.

적은 뜻밖의 상황에 당황하여 수비대가 있는 곳으로 달아나려 했지만, 그것을 본 아군은 무장한 자들을 맹렬하게 공격하여 한 사람도 남김없이 살해했다.

루크테리우스는 몇 명의 부하와 함께 그곳에서 달아난 뒤로 진지에 돌아가지 않았다.

36 그 뒤 카니니우스는 드라페스와 적의 병력 일부가 12마일 앞의 진지에 있다는 것을 포로한테서 듣고 알았다. 이 정보는 다른 여러 사람들의 얘기에서도 확인되었다.

한쪽의 지도자가 달아남으로써 공황 상태에 빠져있는 또 한 쪽의 적을 격파하는 것은 간단할 것이고, 지난번의 살육을 면하고 진지로 돌아온 자는 한 사람도 없으므로, 그 참사에 대한 소식은 아직 드라페스의 귀에 들어가지 않았을 것이다. 이건 바로 절호의 기회가 아닌가. 또 기습을 가하는 데도 아무런 위험이 없을 것으로 생각되었다.

그리하여 카니니우스는 기병부대와 발이 빠른 게르마니인 보병부대를 적진을 향해 먼저 보내고, 1개 군단을 세 진영에 나누어 배치한 뒤, 자신은 나머지 1개 군단을 경무장한 채 이끌고 갔다.

적에게 다가가자, 먼저 보낸 정찰대로부터 적이 평소에 하는 방법대로 진지를 높은 장소에서 강변으로 옮기고 있다는 보고가 들어왔다. 또 기병부대와 게르마니인 보병부대가 이미 기습을 가하여 교전하고 있다는 것이었다.

그래서 카니니우스는 군단병을 무장시키고 전열을 짠 뒤, 신호를 보내 각 방면에서 일제히 그 고지에 기습을 가하게 하여 그곳을 점거했다.

기병부대와 게르마니인 부대는 군단기를 보자 더욱더 흥분했다. 군단 병사들도 곧 사방에서 공격을 가하여 한 사람도 남김없이 죽이거나 사로잡았을 뿐만 아니라, 대량의 전리품까지 손에 넣을 수 있었다. 드라페스도 이 전투에서 사로잡혔다.

37 부상자를 거의 내지 않고 대승리를 거둔 카니니우스는 다시 도시의 봉쇄에 들어간다. 그때까지는 포위를 위해 병력을 분산하는 것이 주저되었으나, 밖의 적이 괴멸한 지금은 걱정할 것이 아무것도 없었기 때문에, 도시의 주변 전체에 걸쳐 포위 공사를 시작한 것이다. 이튿날, 파비우스도 휘하 병력과 함께 거기에 합류하여 공사의 일부를 떠맡았다.

38 카이사르는 그동안 벨가이인이 두 번 다시 반기를 들지 못하도록, 재무관인 안토니우스를 15개 대대와 함께 벨로바키족의 영내에 남겨두고, 자신은 다른 부족들을 일일이 찾아가서 볼모를 추가로 요구하는 한편, 위로의 말을 하며 두려워하고 있는 그들을 격려했다. 그러고 나서 카르누테스족을 방문했다. 그들은 총봉기의 선봉을 맡았다—책 《전기》의 전권에 나와 있는 대로—는 죄의식에서 전전긍긍하고 있는 기색이었다.

카이사르는 그러한 두려움을 제거하기 위해, 그 포악한 장본인이자 지난 봉기의 주모자였던 구투아테르의 처벌을 요구했다.

이자는 동료에게조차 자기가 있는 곳을 가르쳐주지 않았다. 그러나 철저한 수색 끝에 발견되어 로마군 진영에 끌려왔다. 구투아테르가 체포되자 병사들이 대거 모여들었다. 카이사르는 자신의 뜻과 상관없이, 그의 처형을 병사들의 손에 맡길 수밖에 없었다. 병사들이 이번 전쟁에서 당한 위험과 손해를 그의 탓으로 여기고 있었기 때문이다.

그리하여 구투아테르는 채찍에 맞아 숨을 거둔 뒤 목이 잘렸다.

39 이 카르누테스족의 영내에 있을 때, 카니니우스한테서 카이사르에게, 드라페스와 루크테리우스에 의해 일어난 일과 욱셀로두눔 주민들의 집요한 반항심에 대해 여러 번 보고가 들어왔다.

수는 많지 않지만 그들에게는 엄벌로 임해야 할 필요가 있었다. 왜냐하면, 자기들에게 부족한 것은 병력이 아니라 불굴의 의지라는 생각이 갈리아 전역에 퍼지거나, 아니면 다른 부족도 그들을 모방하여 지리의 이점을 믿고 자유를 사수하는 움직임으로 나올 가능성도 있었기 때문이다.

앞으로*5 여름 한철만 지나면 카이사르의 총독 임기가 끝난다는 것을 모든 갈리인이 알고 있고, 그때까지만 버티면 위험은 사라질 거라고 생각하고 있다는 것을 카이사르는 잘 알고 있었다.

그래서 부관 칼레누스에게 2개 군단을 맡기고, 표준 행군 속도로 뒤에서 따라오도록 명령한 뒤, 모든 기병을 이끌고 서둘러 카니니우스에게 갔다.

40 카이사르의 출현은 모든 사람들을 놀라게 했다.

아군은 욱셀로두눔을 봉쇄하고 있었고, 무슨 일이 있어도 포위 공격을 관철할 각오로 보였다. 또 탈주병의 얘기로는 도시에는 식량이 충분하다는 것이었다.

그러한 상황에서 카이사르는 물길을 끊는 작전으로 나갔다.

욱셀로두눔 시는 언덕 꼭대기에 있고, 그 언덕을 거의 에워싸는 듯한 골짜

---

*5 카이사르의 임기는 기원전 49년 3월 1일로 끝나게 되어 있었다.

기의 바닥에는 강이 흐르고 있다. 지형상 강물을 다른 방향으로 돌리는 것은 불가능하다. 강물은 가장 낮은 곳을 흐르고 있어서 호를 파고 물을 뺄 수는 없다.

그러나 도시의 주민들이 강으로 가려면 절벽을 내려가는 수밖에 없다는 것은, 아군에게는 아무런 위험도 없이 그들의 오르내림을 저지할 수 있다는 것을 의미했다.

카이사르는 이 점을 알고, 궁병과 투석병을 곳곳에 배치한 뒤, 가장 경사가 완만한 언덕을 향해 각종 발사기를 설치하여 도시의 수원을 끊는 방책으로 나갔다.

41 그때부터 주민들은 물을 찾아, 수량이 풍부한 샘으로 모여들었다. 샘은 성벽 바로 아래 300피트 정도 되는, 강으로 에워싸여 있지 않은 부분에 있었다.

아군이 저마다 이 수원마저 끊을 수 있는 방법이 없을까 하고 궁리하는 가운데, 오직 한 사람, 그 방법을 알고 있었던 카이사르는 샘 바로 맞은편에서 귀갑차를 언덕 쪽으로 전진시키고 성벽을 향해 둑을 쌓기 시작했다.

이것을 본 적이 달려 내려와 안전한 거리에서 공격을 가하여, 접근을 시도하는 아군 병사들을 다수 부상시켰다.

그러나 어느 누구도 물러서는 기색 없이 귀갑차를 위로 전진시켜, 맹렬한 분투로 불리한 지반을 극복했다. 뿐만 아니라 아무런 방해도 받지 않고, 아니, 적이 알아채지도 못하는 가운데, 귀갑차에서 샘까지 갱도를 파는 데도 성공했다.

그리하여 둑을 60피트 높이로 쌓은 뒤 그 위에 10층의 망루를 세웠다. 그것은 성벽 높이에 도달하는 것이 목적이 아니라—그것은 불가능한 일이었다—샘보다 높은 위치를 확보하기 위한 것이었다.

이제 아군은 샘에 다가가는 자를 망루에서 화살과 창 등으로 공격할 수 있게 되었다. 반대로 그들은 물이 있는 곳에 다가갈 수 없게 되어, 가축과 짐말뿐만 아니라 대부분의 주민들도 목이 말라 고통스러워했다.

42 이러한 상황에 경악한 적은 하는 수 없이 궁여지책으로 나왔다. 나무통

에 짐승의 기름과 역청, 지저깨비 등을 채워 넣고 불을 붙여, 그것을 공성 시설을 향해 굴리는 동시에, 불을 끄지 못하도록 방해하기 위해 맹렬하게 공격을 가해온 것이다.

곧 공성 시설에서 커다란 불길이 치솟았다. 언덕에서 굴러떨어진 통이 귀갑차와 둑에 부딪쳐 정지하자, 그 일대의 장애물은 온통 불길에 싸이고 말았다.

이에 대해 아군 병사는 지형과 상황의 불리함에도 아랑곳하지 않고 용감하게 이를 돌파했다. 높은 곳에서 전개되는 이 전투를 전군이 주시하고 있었기 때문이다. 양쪽에서 큰 함성이 올랐다.

이러한 상황에서는, 무용을 보여주면 보여줄수록 그만큼 적의 불덩이와 무기에 더욱 몸을 노출시키게 된다.

43 카이사르는 많은 부상자가 생긴 것을 알고 모든 대대에 명령하여, 사방에서 언덕을 올라가 성벽을 점거한 것처럼 곳곳에서 환성을 지르게 했다. 이에 놀란 도시 주민들은 다른 곳에서 일어나고 있는 일에 대해 불안을 느끼고, 성밖에서 분투하고 있는 병사들을 불러들여 성벽 위에 세워두었다.

그리하여 전투가 중지되자, 아군은 즉시 불타고 있는 곳의 불을 끄거나 파괴하기 시작했다.

갈증으로 인해 다수가 쓰러졌음에도 불구하고 도시의 저항은 여전히 계속되었다.

그러나 아군이 샘의 수맥을 끊고 흐름을 다른 방향으로 돌려 샘을 말려버리자, 그들은 그것을 신이 한 일로 믿고 마침내 절망에 빠져 어쩔 수 없이 투항해왔다.

44 카이사르는 그들에 대해 엄벌로 조치하기로 했다. 자신의 관대함에 대해서는 널리 알려져 있기 때문에, 엄격한 형벌을 부과해도 피도 눈물도 없는 사람으로 생각하지는 않을 것이고, 또 무엇보다 각지에서 똑같은 반란이 잇따라 일어나면 수습하기 어렵게 되므로, 새로운 반란을 미연에 방지하기 위해서라도 본보기가 필요했던 것이다.

이렇게 결심한 그는 자기에게 무기를 겨눈 자들의 양손을 잘라, 반역에 대

한 처벌이 얼마나 무서운지를 보여주었다.*6

이미 말했지만 드라페스가 카니니우스에게 사로잡혔다. 그런데 그는 포로로서의 굴욕 때문인지, 아니면 더욱 가혹한 엄벌에 대한 공포 때문인지, 며칠 동안 아무것도 먹지 않더니 그대로 죽고 말았다.

또 전장에서 달아난 루크테리우스도 끊임없이 거처를 옮기며 의지할 상대를 바꾸어보았지만, 그래도 신변의 위험을 계속 느낀 데다 자신에 대한 카이사르의 증오를 생각하여, 결국 아르베르니족의 에파스낙투스에게 몸을 의탁했다.

그러나 로마를 강력하게 지지하고 있었던 이 아르베르니족의 지도자는 루크테리우스를 그 자리에서 붙잡아 카이사르에게 넘겼다.

라비에누스의 트레베리족 토벌

45 한편 라비에누스는 트레베리족의 영토에서 기병전을 벌여 승리를 거두었다. 그는 또한 로마인에 대한 저항을 지원하고 있던 게르마니인에게도 큰 타격을 입혔다. 이때 잡힌 지도자들 중에는 하이두이족의 수루스도 있었다. 그는 혈통뿐만 아니라 무용 면에서도 손꼽히는 인물로, 동족 가운데 혼자서 저항을 계속하고 있었다.

46 카이사르는 위와 같은 보고를 받고, 지금까지의 정복전으로 갈리아 전역이 이제 완전히 평정된 것으로 보았다. 그는 2개 군단을 이끌고 아퀴타니아를 향했다. 그곳은 푸블리우스 크라수스*7가 이미 일부를 평정했지만 카이사르는 아직 방문한 적이 없었기 때문에, 시찰을 겸하여 여름의 마지막 기간을 그곳에서 보내기 위해서였다.

아퀴타니아에서는 모든 일이 신속하고도 순조롭게 진행되었다. 그곳의 모든 부족들이 사절을 보내 볼모를 제공해온 것이다.

그 뒤 카이사르는 호위기병만 데리고 나르보로 향하면서, 부관들에게 군단

---

*6 카이사르가 대체로 관대했던 것은 동시대인의 대부분이 증언하고 있다. 그러나 만족에 대해서는 반드시 그렇지는 않았다.
*7 기원전 56년 크라수스의 아퀴타니아 원정을 가리킨다.

을 맡겨 저마다 다음과 같이 겨울 숙영지로 가게 했다. 4개 군단은 안토니우스, 트레보니우스, 바티니우스에게 주어 벨가이인의 영토로, 2개 군단은 갈리아에서 큰 세력을 휘두르고 있던 하이두이족의 영토로 보냈다. 또 바닷가 일대를 장악하기 위해 카르누테스족의 이웃인 투로니족의 영토에도 2개 군단을 보냈다. 나머지 2개 군단*⁸은 아르베르니족의 영토에서 그리 멀지 않은 레모비케스족의 영토로 보냄으로써, 부대를 갈리아 전역에 골고루 배치했다.

  카이사르가 '속주(프로빈키아)'에 있었던 것은 불과 며칠에 지나지 않았다. 그렇지만 그는 그동안에 순회재판을 위해 한 차례로 돌며 모든 공적인 분쟁을 처리하고, 공로자에게는 그에 합당한 포상을 내렸다. 지난번 갈리아의 대규모 봉기를 타개할 수 있었던 것도 그 속주들의 충성과 지원 덕분이었다. 그때 모두가 보여준 로마에 대한 태도를 직접적으로 확인할 수 있는 기회를 얻었기 때문이다.

  그 뒤 카이사르는 벨가이인의 영토에 주둔하고 있는 군단과 합류하여, 네메토켄나(지금의 아라스)에서 겨울을 보낸다.

콤미우스의 항복

  47 네메토켄나에 도착한 카이사르는, 아트레바테스족의 콤미우스와 아군 기병부대 사이에서 교전이 있었음을 알게 된다. 안토니우스가 이 겨울 숙영지에 온 뒤로는 아트레바테스족에게 불온한 움직임이 없었는데, 그 콤미우스가 다시 문제를 일으킨 것이다.

  콤미우스는 앞에서 말한 대로 부상한 뒤, 동포들 사이에 모반의 움직임이 있을 때는 즉시 거기에 호응하여 지도자로 나설 작정이었다. 그런데 아트레바테스족이 로마인에게 복종하자, 부하 기병들을 이끌고 도적이 되어 중요한 길목마다 출몰하면서 로마군의 겨울 숙영지에 수송되는 식량을 약탈했다.

---

*8 카이사르가 갈리아에 가지고 있던 병력은 각 겨울 숙영지에 배치된 이 10개 군단이었다. 그런데 하나, 제15군단은 이미 이탈리아로 돌려보낸 뒤였다. 새롭게 징집된 군단은 제5군단. 로마 시민이 아니라 속주민(갈리인)으로 구성된 군단으로서는 이것이 최초다. 현지의 군단병이 '속주'에 많이 서식하고 있는 종다리의 깃털을 투구에 꽂고 있었던 것에서, 종다리를 이름에 붙여 '제5 종다리군단'으로도 불렀다.

48 따라서 안토니우스는, 마찬가지로 기병부대의 대장으로서 겨울을 보내고 있던 볼루세누스에게 콤미우스의 추적을 명령했다.

타고난 용맹성에 더해 콤미우스에 대한 증오심에 불타던 볼루세누스로서는, 이 명령은 더할 나위 없이 반가운 것이었다. 그는 곳곳에 복병을 배치하여 적의 기병을 몇 번이나 습격하는 공훈을 세웠다.

그러나 마지막 전투는 여태껏 보지 못한 처절한 것이었다.

콤미우스를 단숨에 토벌하고 싶은 마음에 볼루세누스가 소수의 병력을 이끌고 추격하자 콤미우스는 번개같이 달아났다. 그렇게 볼루세누스를 유인하여 먼 곳까지 이르렀을 때, 콤미우스는 큰 소리로 동료들을 불렀다. 로마군 대장한테서 입은 깊은 원한을 드디어 풀 수 있도록 도와달라는 것이었다. 그러고는 갑자기 방향을 바꿔, 대담하게도 혼자서 볼루세누스를 향해 돌진했다. 그러자 적 기병들도 그것을 따라 소수인 아군을 향해 돌아섰다.

볼루세누스를 향해 맹렬한 기세로 육박하던 콤미우스는, 말의 위치가 나란히 되자 혼신의 힘을 다해 창을 던져 볼루세누스의 허벅지를 맞혔다.

그러나 대장의 부상에도 불구하고 이쪽의 저항은 전혀 수그러들지 않았다. 오히려 말의 방향을 돌려 맹렬히 적을 격퇴했다. 아군의 완강한 돌격으로 적은 다수가 부상을 입고, 달아나다가 말에서 떨어지거나 창과 칼을 맞고 쓰러졌다.

콤미우스는 말의 질주 덕분에 그 자리에서 벗어날 수 있었다. 한편, 중상을 입은 볼루세누스는 목숨이 위태롭게 되어 진영으로 후송되었다.

아마 분노가 가라앉은 건지, 아니면 다수의 부하를 잃었기 때문인지, 그 뒤 콤미우스는 안토니우스에게 사자를 보내, 어떠한 명령에도 복종할 용의가 있으며, 요구한다면 볼모도 제공할 생각임을 전해왔다. 다만 직접 이곳에 출두하라는 것만은 그만둬달라는 것이었다. 공포 때문이라고 한다.

이에 대해 안토니우스는 별 무리가 없는 간청이라 여겨, 그의 탄원대로 볼모만 받는 것으로 일을 마무리했다.

카이사르는 1년에 1권씩 《갈리아전기》를 썼지만, 나의 경우에는 그럴 필요가 없다고 생각한다. 왜냐하면 이듬해, 즉 파울루스와 마르켈루스*9가 집정관이었던 해에는 갈리아에서 큰 전쟁이 한 번도 일어나지 않았기 때문이다. 다만, 그때 카이사르와 그의 군대가 있었던 장소를 밝혀두기 위해, 거기에 대해 약간 언급하여 《전기》에 덧붙이고자 한다.

4. 내전의 그림자-카이사르와 원로원의 갈등

49 카이사르가 벨가이인의 땅에서 겨울을 보내면서 생각한 것은, 각 부족의 충성을 확실하게 다짐으로써 봉기의 가능성을 없애는 것이었다. 그것은 자신이 가버린 뒤에 다시 군사행동이 필요해지는 사태만은 피하고 싶었기 때문이다. 사실, 반란의 불씨를 이대로 남긴 채 물러가면, 위협이 사라졌다고 보고 갈리아 전체가 봉기할 수도 있는 상황이었다.

그래서 카이사르는 그들을 명예로운 이름으로 부르며, 각 수장들에게 호화로운 선물을 듬뿍 안겼다. 또 새로운 요구는 피하면서 그들을 따뜻한 말로 달랬다. 이로써 잇따른 패배로 피폐해진 갈리아를 평화 속에 유지할 수 있었다.

50 겨울이 끝나자 카이사르는 예년과 달리 이탈리아로 길을 서둘렀다. 성직자 후보*10로 추천한 재무관 안토니우스에 대한 지지를 요청하기 위해서였다. 그러자면 자치시와 식민시를 방문해야 했다.

안토니우스는 입후보를 위해 먼저 보내놓고, 이 절친한 친구를 위해 카이사르는 발 벗고 나설 생각이었다. 그런 한편, 안토니우스를 낙선시킴으로써 카이

---

*9 《전기》 제8권에는 마르켈루스라는 이름을 가진 인물이 모두 세 사람 등장한다. 모두 사촌 사이다. 그 구별은 다음과 같다.
· 기원전 50년의 집정관 가이우스 클라우디우스 마르켈루스(제8권 48, 55)
· 기원전 49년의 집정관, 위와 같은 이름(제8권 50)
· 기원전 51년의 집정관 마르쿠스 클라우디우스 마르켈루스(제8권 53)
*10 복점관(卜占官)이란, 새가 나는 방법과 그 밖의 거동을 보고 정치와 군사의 길흉을 점치는 자이다. 공화정 초기에 이러한 성직자의 임명권은 그들의 독점이었으나, 여러 번 변경을 거쳐, 카이사르가 최고신기관(最高神祇官)이었을 때 다시 로마 시민의 선거에 의하는 것으로 개정되었다. 그래서 각지의 로마 시민에 대해 이러한 선거 운동이 필요했던 것이다.

사르의 영향력을 깎아내리려 하는 소수의 유력자에 대해서는 맹렬한 적의를 불태우고 있었던 것 같다.

그런데 이탈리아로 가는 도중에 안토니우스가 복점관(卜占官)에 선출되었다는 소식이 들어왔다. 그래도 그는 자치시와 식민시 방문을 취소해서는 안 된다고 생각했다. 그것은 안토니우스를 많은 사람이 지지해준 것에 대한 감사의 뜻을 표하고, 동시에 이듬해에 열릴 집정관직 선거를 위해 얼굴을 비치기 위해서였다.

후자에 대해서는, 카이사르한테서 명예와 관직을 빼앗기 위해 렌툴루스와 마르켈루스를 집정관에 선출한 것과, 영향력이나 추천자의 수에서 단연 우세했던 갈바를 그의 친구이자 부관이었다는 이유로 낙선시킨 것 등을 정적이 공공연하게 자랑하고 있었기 때문이다.

51 카이사르의 방문은 갈리아 전역을 평정한 뒤 처음 있는 일로, 모든 자치시와 식민시에서 믿을 수 없을 만큼 대환영을 받았다.

지나가는 곳의 문과 도로, 그리고 카이사르가 방문하는 곳은 모두 아름답게 장식되었고, 모든 시민이 아이들과 함께 이 로마 장군을 환영하러 나왔다. 가는 곳마다 산 제물을 바치는 의식을 거행하고, 광장과 신전에서는 침대 의자*11를 늘어놓고 향연을 열었다. 그것은 더없이 훌륭한 개선식의 기쁨을 먼저 만끽하는 듯한 광경이었다. 이렇게 부유한 사람들은 호화로움을 선사하고, 가난한 사람들은 열광을 보여준 것이다.

52 카이사르는 '토가의 갈리아'(이탈리아)의 모든 지역을 잇따라 방문하고, 네메토켄나에 남아있는 군대로 급히 돌아갔다. 그러고는 각 군단을 저마다의 겨울숙영지에서 트레베리족의 영토로 집결시킨 뒤, 자신도 그곳으로 가서 전군을 사열했다.

그 뒤 집정관직 선거에서 많은 지지를 얻기 위해 라비에누스를 '토가의 갈리아'로 보내고, 자신은 병사들의 건강을 고려하여 풍토가 바뀌는 곳까지 여행

─────────────

*11 향연용 침대 의자에는 신들의 조상이 놓였고, 따로따로 음식 등의 공물이 바쳐졌다. 로마인은 정식 식사 매너로서 침대 의자에 비스듬히 누워서 먹었기 때문에 침대 의자(토리크리니움)가 등장했다. 이러한 행사는 렉티스테르니움(신들의 향연)이라 불렸다.

을 계속했다.

그 여행길에 또다시 뜻밖의 정보가 들어왔다. 정적이 라비에누스[*12]에게 유혹의 손길을 뻗치고 있다는 것이었다. 그뿐 아니라 원로원의 권고를 이용해 자신에게서 군대 일부를 빼앗으려고 한다는 얘기도 있었다. 그러나 그는 라비에누스에 대한 소문을 믿으려 하지 않고, 원로원의 권고를 거역하는 행동도 하지 않았다. 원로원의 의결에 부정이 없는 한, 자신의 주장이 곧 통할 것으로 생각했기 때문이다.

호민관 쿠리오는 카이사르의 주장과 입장을 옹호하려고 몇 번이나 원로원에 협조를 약속하고 있었다. 쿠리오는 이렇게 제안했다.

"카이사르의 군사력이 걱정된다면, 마찬가지로 군사력을 배경으로 한 폼페이우스의 독선적 행위에 이미 모든 의원들이 두려움에 떨고 있는 상황이니, 두 사람의 무장해제를 건의합니다. 두 사람을 무장해제하면 국가는 자유와 독립을 되찾을 것입니다."

뿐만 아니라, 쿠리오는 이 동의(動議)의 의결까지 촉구했다. 그러나 그의 제안은 폼페이우스의 친구와 집정관들의 반대에 부딪쳤고, 그들의 지연작전 때문에 실행에 이르지는 않았다.

53 이 일은 원로원 전체의 생각을 여실히 드러내는 것으로, 그때까지의 태도에서 아무것도 달라진 것이 없었다. 즉, 그 전해에 마르켈루스는 카이사르의 품위를 손상시켰으므로 그의 임기 만료 이전에 주둔지에서의 카이사르의 직위를 박탈하자고 건의했다. 이것은 폼페이우스와 크라수스의 법률에 어긋나는 처사였다. 마르켈루스는 자기의 품위를 격상시켜보려는 의욕에서 카이사르에 대한 질시를 일으켜, 그의 명성을 깎아내리려 했으나, 투표 결과는 원로원 전체가 그의 제안을 반대하는 것이었다.

그래도 카이사르의 적대자들은 물러서지 않았다. 그들은 그 뒤에도 원로원

---

*12 원로원파들에게 에워싸인 폼페이우스가 라비에누스를 유혹하고 있다는 말이다. 두 사람의 관계는 오래전으로 거슬러 올라간다. 실은 본래 라비에누스 집안은 폼페이우스 집안의 피보호민이었다. 그런 사정도 있어서인지, 강직한 군인인 라비에누스는 그 뒤 카이사르와 결별한다. 말할 것도 없이 쓰디쓴 선택이었을 것이다. 그리고 내전에서 카이사르와 싸워서 패배하고 목숨까지 잃게 된다.

이 인정하지 않을 수 없는 방법으로 그때까지의 주장을 강경하게 전개한다.

54 얼마 뒤 원로원은 파르티아 전쟁*¹³을 위해 폼페이우스와 카이사르에게서 1개 군단씩 차출하기로 결정했다. 그것은 카이사르 한 사람한테서 2개 군단을 빼앗는 것이나 마찬가지였다. 왜냐하면, 폼페이우스가 자신의 군대에서 빌려주는 것처럼 하여 카이사르에게 파견했던 제1군단은, 사실은 카이사르 관할의 속주에서 모집했던 군단이기 때문이다.

카이사르는 적대자들의 의도를 잘 알고 있으면서도, 그 군단을 폼페이우스에게 돌려보냈다. 그리고 원로원 결의에 따라 다시 자신의 군대 중 이탈리아(내갈리아)에 두었던 제15군단을 내주고, 대신 제13군단을 이탈리아로 보내 제15군단이 그때까지 맡고 있던 수비대 임무를 맡게 했다.

겨울 숙영을 위한 군단의 배치에 있어서는, 트레보니우스에게 4개 군단을 붙여서 벨가이인의 영토로, 또 파비우스에게도 같은 수의 군단을 붙여서 하이두이족의 영토로 보냈다. 그것은 매우 호전적인 벨가이인과 큰 세력을 가진 하이두이족을 로마군이 견제하고 있는 한, 갈리아는 안전할 거라는 판단에 따른 것이었다.

그 뒤 카이사르 자신도 이탈리아를 향해 출발했다.

55 이탈리아에 도착한 카이사르는, 원로원의 결의를 받아들여 파르티아 원정을 위해서 보낸 2개 군단이, 실은 집정관 마르켈루스의 지시로 폼페이우스에게 인도되어 이탈리아에 머물고 있다는 것을 알았다.

카이사르에 대한 음모가 진행되고 있다는 것은 이제 누구의 눈에도 확실했지만, 무력에 의한 해결이 아니라 합법적인 해결의 여지가 남아있는 한, 카이사르는 어떠한 조치도 받아들이려고 했다.

그래서 그는……*¹⁴

---

*13 기원전 53년에 로마군이 패하여 크라수스가 목숨을 잃고, 많은 로마 병사들이 포로가 되어 먼 곳으로 끌려간 파르티아 원정의 실패는, 이후 로마인의 마음을 무겁게 짓누르고 있었다. 그래서 비불루스를 지휘관으로 다시 파르티아 원정을 시도하게 되었고, 그것을 위해 원로원은 폼페이우스와 카이사르에게 따로따로 1개 군단을 내줄 것을 요구한 것이다.

*14 사본은 이와 같이 중간에서 끝나고 있다. 남은 행은 얼마 안 되는 것으로 보이는데, 그 마지막 부분에 대해 여러 학자들이 추측하고 있는 내용은 대략 다음과 같다.

참고(기원전 51년 이후, 내전발발까지의 본국의 상황)

이해 봄에 이 책《갈리아전기》(전8권)가 나온다. 국내의 정치상황이 안정되지 않은 것과 아울러, 얼마 전의 파르티아 전쟁의 패배로 포로가 된 수많은 동포의 신변을 염려하여 마음이 어두웠던 로마 시민들은, 카이사르의 이 쾌거에 다시 한 번 열광했다. 그러나 평민파는 집정관직을 완전히 잃은 지 이미 2년이었다. 이 해에도 자파의 후보를 당선시키지 못하고, 이듬해에도—또 그 이듬해에도—원로원파에게 집정관직을 허용한다. 카이사르의 갈리아 총독 임기는 앞으로 얼마 남아 있지 않았다. 원로원파는 카이사르에게 임기 만료와 동시에 총독직을 내놓을 것을 요구한다. 이에 대해 사인(私人)이 되었을 때의 신변의 안전을 염려한 카이사르는, 다시 한 번 임기 연장을 요구했다. 국내의 평민파 분자를 통해 원로원파와의 절충이 계속되었다. 그러나 보수강경파에 의해 카이사르의 제안은 원로원 승인을 좌절당했다. 그 결과, 마지막에는 앞의 주에서도 언급했듯이, 폼페이우스도 군사권을 내놓는 것을 조건으로, 자신도 그렇게 한다는 선까지 카이사르도 양보했으나, 카토 등 일부의 강력한 반대로 결국 이 제안도 물거품으로 돌아갔다.

협상이 결렬된 뒤, 사태는 한동안 교착 상태로 흘러갔다(기원전 50년 후반). 수도에서는 거짓 선전이 난무하고, 긴장은 날이 갈수록 고조되어 갔다. 그러한 일촉즉발의 상황 속에서 원로원은 기원전 49년에 들어서자마자 평민파 의원을 추방하고, 그것에 이어 카이사르에 대해서는 지금까지와 같은 내용의 최종 명령을, 폼페이우스에 대해서는 무제한의 대권 부여를 하기로 결의했다.

궁지에 몰린 카이사르는 자신이 취해야 할 길에 대해 심사숙고한다. 그 무렵 널리 알려져 있었던, 그리스의 시인 메난드로스가 한 말 '주사위를 던져라'가 때마침 뇌리를 스치고 지나갔다. 이리하여 며칠 뒤(기원전 49년 1월 12일), 카이사르는 로마와의 사이에 국경을 이루고 있었던 루비콘강 앞에서 잠깐 주저한 뒤, 자신을 주시하는 측근에게 힘차게 결단의 말을 내뱉는다.

"주사위는 던져졌다."

'그래서 그는 마지막 수단으로서 원로원에 편지를 보내 자신의 결심을 전했다. 다른 최고 사령관도 자신이 한 대로 한다면 군 지휘권을 포기할 용의가 있지만, 그렇지 않으면 군대를 해산하지 않고 이대로 본국으로 돌아가겠다고'.
이 글은 다음의 카이사르의 《내전기》(전3권)와 자연히 연결된다.

내전기

제1권

(기원전 49년)

로마의 정치상황

1 카이사르의 급한 서신*[1]이 두 집정관*[2]에게 전달되었다. 집정관은 호민관들의 강력한 항의를 받은 뒤에야 마지못해 원로들 앞에서 그 내용을 공개하도록 허락했다. 그러나 카이사르가 보낸 급보의 내용을 공개한 뒤에도 그 내용을 토론하게 해달라는 요청은 받아들여지지 않았다. 그 대신 두 집정관은 '로마의 문제'에 대한 토의를 시작하도록 했다. 먼저 집정관 루키우스 렌툴루스가 발언을 시작했다. 렌툴루스는 만일 원로원이 용감하고 확실하게 자신들의 견해를 표명한다면 자신은 국가에 대한 의무를 성실히 이행하겠지만, 그렇지 않고 지금까지 그래왔듯 카이사르의 행동을 지켜보면서 그의 비위를 맞추려 한다면, 자신은 원로원의 견해에 따르지 않고 독자적으로 행동할 것이라고 선언했다. 그러고는 이렇게 일침을 가했다. "나 또한 카이사르에 대한 호의와 친분을 피난처 삼아 그 속에 안주할 수도 있다." 이어 스키피오도 같은 맥락으로 연설을 했다. 만일 원로원이 폼페이우스를 지지한다면 그는 로마에 대한 의무를 충실히 수행할 준비가 되어 있지만, 원로원에서 나약한 모습을 보이고 머뭇거린다면 나중에는 그에게 도움을 청해봐야 소용이 없을 것이라는 것이 그

---

*1 카이사르가 이 책에 앞서 쓴 《갈리아전기》 마지막 장은 '그래서 그는……'로 끝난다. 마지막 문장에는 몇 단어가 없는데, 이는 카이사르가 원로원에 보내는 급한 서신임을 암시한다. 그렇게 해석하면 이 책 《내전기》의 첫 문장과 자연스럽게 이어진다. 그 급보는 총독 주재지인 라벤나에 있던 카이사르가 호민관 쿠리오를 통해 보낸 것이었다. 만일 폼페이우스가 군대 지휘권을 포기하면 자신도 지휘권을 포기하겠다는 제안과 함께, 원로원이 그 제안을 거부하더라도 카이사르는 자신과 로마의 권리를 지킬 수밖에 없다는 입장이 담겨 있었다.

*2 기원전 49년도의 신임 집정관 루키우스 렌툴루스와 가이우스 마르켈루스의 임기 첫날인 기원전 49년 1월 1일에 신임 집정관 취임식이 끝나자마자 일어난 일이다. 렌툴루스와 마르켈루스 둘 다 강력한 카이사르 반대파이다.

요지였다.

2 원로원 회의는 로마에서 열렸고 폼페이우스는 회의장 밖*3에 있었으므로, 스키피오의 연설은 폼페이우스 본인의 입에서 나온 것으로 여겨졌다.

몇몇 원로가 보다 온건한 견해를 밝혔다. 먼저 마르쿠스 마르켈루스*4는, 이탈리아 전역에서 군대를 소집해 원로원이 군대의 보호 아래 무사히 원로원 포고를 통과시킬 수 있을 때까지 이 의제*5를 연기하자고 했다. 마르쿠스 칼리디우스는 폼페이우스가 그의 속주로 돌아가면 전쟁이 일어날 이유가 없으므로 그렇게 하는 편이 옳다고 피력했다. 카이사르는, 폼페이우스가 그에게서 빼앗은 2개 군단*6을 로마 근처에 주둔시키고 있는 게 그를 해하기 위함이 아닐까 우려된다고 주장했다.*7 마르쿠스 루푸스의 연설도 그와 비슷한 맥락이었다.

루키우스 렌툴루스는 이 연설자들을 신랄하게 비난했다. 그는 칼리디우스의 제안을 노골적으로 거부한 다음 마르켈루스까지 날카롭게 몰아세우며, 그역시 자신의 주장을 거둘 수밖에 없도록 했다. 집정관의 장광설이 더해지고, 군대도 가까이 있고, 폼페이우스 지지자들이 협박을 가하는 상황에서 대부분

---

*3 법률에 따라 군사 지휘권을 가진 전직 집정관(속주 총독)은 수도 로마의 성문 안으로 들어갈 수 없었다. 플루타르코스에 따르면 폼페이우스는 전직 집정관 자격으로 당시 에스파냐(오늘날의 스페인)의 총독이었기 때문에, 로마 남서쪽에 있는 자신의 저택에 머물렀다고 한다.

*4 신임 집정관 가이우스 마르켈루스의 사촌이자 기원전 51년도의 집정관이었다. 연설 내용은 온건했을지 모르나 그 역시 강력한 카이사르 반대파였다. 그는 갈리아 전쟁이 끝났으니 카이사르를 총사령관에서 해임하여 본국으로 소환하자는 의견을 내놓았지만 원로원과 폼페이우스의 지지를 얻어내진 못했다.

*5 카이사르가 급보를 통해 제시한, 카이사르와 폼페이우스 둘 다 군대를 해산하자는 제안을 말한다.

*6 원로원은 시리아 속주를 방어하기 위해, 카이사르와 폼페이우스의 병력 가운데 1개 군단씩 차출하여 파병하라고 명령했다. 이에 폼페이우스는 기원전 53년에 카이사르에게 빌려준 1개 군단을 돌려받아 시리아로 보내겠다는 뜻을 전해 왔다. 결국 카이사르는 폼페이우스에게 빌린 1개 군단과 자신의 의무인 1개 군단을 합하여 2개 군단의 병력을 잃는 셈이다. 이 명령은 갈리아 전쟁을 치르면서 점점 영향력과 대중의 인기가 높아지는 카이사르의 군사력을 약화시키려는 목적임이 분명했다.

*7 카이사르는 원로원의 뜻에 따라 15군단을 폼페이우스에게 돌려보내고 자신은 14군단을 보냈으나, 그 두 군단은 시리아로 파병되지 않고 폼페이우스의 옛 부하들이 모여 사는 이탈리아 남부의 카푸아에 있었다.

의 원로원 의원들은 마지못해 스키피오의 의견에 동의했다. 그 의견은 다음과 같았다.

"카이사르는 정해진 날짜 이전에 군대를 해산해야 한다. 그러지 않을 시에는 반역을 꾀하는 것으로 간주하겠다."[*8]

그러자 두 호민관, 마르쿠스 안토니우스[*9]와 퀸투스 카시우스가 거부권을 행사했다. 그러나 원로원은 호민관의 거부권을 무시하고 더 가혹한 방법들을 제안했다. 양심이 담긴 잔혹한 연설이 거듭될수록 카이사르의 적들은 더욱 크게 환호했다.

3 저녁 무렵 원로원 회의가 끝나자 폼페이우스는 모든 원로원 의원을 도시 밖으로 불러모았다. 그는 자신에게 자발적으로 복종하는 자들에게는 칭찬과 격려를 해주고, 동료들의 눈치를 보는 자들에게는 자신의 뜻에 따를 것을 촉구하며 훈계했다. 그는 또한 휘하의 많은 고참병을 로마 주변으로 불러모아 보상과 승진을 약속으로 내걸었고, 카이사르에게서 넘겨받은 2개 군단 중에서도 많은 병사를 소집해놓았다. 로마 시내에는 군관, 백인대장, 고참병들이 민회 광장을 가득 메웠다. 또한 두 집정관의 측근과 폼페이우스의 지지자, 그리고 카이사르에게 오래전부터 원한을 품어온 자들이 모두 원로원에 소집되었다. 그들의 압도적인 수와 소란은 마음 약한 자들에게는 겁을 주었고, 동요하는 자들에게는 그들 편으로 합류하게끔 했으며, 다수의 자유로운 결정권은 짓밟아버렸다.

이 와중에 감찰관인 루키우스 피소와 법무관인 루키우스 로스키우스는 자신들에게 6일간[*10]의 말미를 주면 카이사르를 찾아가 현재의 상황을 알리겠노라고 제안했다. 더 나아가 몇몇 사람들은 카이사르에게 대표단을 보내 원로원의 견해를 통보해줘야 한다고 주장했다.

4 그러나 이 모든 제안은 두 집정관인 렌툴루스와 마르켈루스, 그리고 스키

---

*8 이른바 '원로원 최종 권고안'이 제출된 것이다.

*9 쿠리오에 이어 호민관이 된 마르쿠스 안토니우스는 카이사르파로, 카이사르에게만 군대 해산을 명령한 스키피오의 제안에 거부권을 행사하여 표결을 연기시켰다.

*10 로마와 카이사르가 있는 라벤나 사이를 왕복하는 데 걸리는 시간이다.

피오와 카토의 연설 속에 파묻혀버렸다. 그들에겐 나름대로 이유가 있었다. 카토는 카이사르의 오랜 정적인데다 선거에서 패한 것에 앙심을 품고 있었다.

엄청난 빚을 지고 있는 렌툴루스는 군사 지휘권을 행사하는 속주 총독이 되어, 속주 통치자들로부터 왕권을 인정해주는 대가로 막대한 뇌물을 받겠다는 희망에 부풀어 있었다. 그는 측근들에게 자신이 제2의 술라가 되어 최고 지휘권을 쥐고 로마를 지배하겠노라고 떠벌렸다.

스키피오도 속주와 군대를 욕심내고 있었다. 스키피오는 혼인으로 친척이 된 폼페이우스와의 관계*11를 등에 업고 그와 함께 군대를 지휘하겠다는 기대를 품고 있었다. 게다가 그는 재판을 몹시 두려워하는 터라 영향력이 큰 정치가들과 법무관들의 입김에 민감했을 뿐 아니라, 그 자신과 그들의 과시욕에도 쉽게 흔들렸다.

폼페이우스 본인으로 말하자면, 어느 누구도 자신과 동등한 지위에 오르는 것을 원하지 않았다. 이 밖에도 그는 카이사르의 적들에게 둘러싸인 탓에 카이사르와의 우호적인 관계를 완전히 끊고 말았다. 폼페이우스가 타협한 대부분의 적들은 그가 카이사르와 혼인으로 동맹을 맺을 당시 카이사르의 힘을 빌려 그와 대적했던 자들이었다. 게다가 그는 아시아와 시리아에 파견할 2개 군단을 빼돌려 자신의 권력 기반으로 삼은 뒤로는 자신의 이런 불명예스런 행동 때문에 불안감을 느끼고 있었다. 결국 폼페이우스는 어떻게든 전쟁이 일어나기를 고대하고 있었다.

5 이런 이유로 그들의 모든 행동은 성급하고 혼란스러웠다. 카이사르의 지지자들에게는 카이사르에게 이런 상황을 보고할 시간조차 허락되지 않았으며, 호민관들은 거부권을 행사할 기회는 물론이고 생명의 위협*12 앞에 숨죽여야 했다. 거부권은 루키우스 술라조차도 빼앗지 않았던 호민관의 가장 기본적인 권리다. 더구나 과거에는 고집스럽기로 유명했던 호민관들이 몇 개월 동안이

---

*11 폼페이우스는 카이사르의 딸 율리아와 결혼했는데, 율리아는 기원전 54년에 사망했다. 이 듬해에 카이사르는 자신의 조카의 딸인 옥타비아를 아내로 주겠다고 제안했으나 폼페이우스는 이를 거절하고, 스키피오의 딸이자 크라수스 아들의 미망인인 코르넬리아와 재혼했다.

*12 원로원의 최종 권고가 통과됨으로써 카이사르는 물론이고 그를 지지했던 호민관들마저도 반역자로 몰릴 수 있었다.

나 거부권을 행사하곤 했지만, 이번 호민관들은 불과 6일 만에 목숨을 위협받았다.

원로원은 최종 권고를 발동했다. 비상 사태를 위한 원로원 최종 권고는 로마가 몰락의 위기에 처했거나, 로마인이 악랄한 입법자들의 술수로 위태로워졌을 때를 제외하고는 한 번도 발동된 적이 없었다. 이번 원로원 최종 권고는 "로마 근처에 있는 모든 집정관, 법무관, 호민관, 전직 집정관은 공화국이 피해를 입지 않도록 만반의 조치를 취해야 한다"고 명령했는데, 1월 7일자로 기록되어 있었다. 그러므로 원로원은 이들의 취임일을 제외하고 렌툴루스가 업무를 시작한 날부터 고작 5일 동안 회의를 열어 카이사르의 군사 지휘권에 대해, 그리고 뛰어난 부장들과 호민관들에 대해 가혹하기 짝이 없는 결정을 내린 것이다. 호민관들은 즉시 로마를 탈출해 카이사르가 머물고 있는 라벤나로 향했다. 그 때까지도 카이사르는 원로원의 답변을 기다리고 있었다. 자신의 지극히 온당한 요구에 대해 원로원이 공정한 판단을 내려 모든 문제가 평화롭게 해결되기를 바랐던 것이다.

6 그 뒤 며칠 동안 원로원은 로마 밖에서 모임을 열었다. 이 자리에서 폼페이우스는 스키피오를 통해 제안했던 대책을 다시 강조했다. 그는 원로원의 용기와 한결같음을 칭찬한 다음, 자기 휘하에 10개 군단*13이 있다고 발표하여 막강한 군사력을 과시했다. 게다가 카이사르의 군대를 분열시켜 그들이 카이사르를 방어하지도 따르지도 않게 할 수 있는 정보를 입수했다고 주장했다. 원로원은 머뭇거림 없이 후속 조치에 들어가 이탈리아 전역에서 군대를 모집하고 폼페이우스에게 자금을 지원하기로 결정했다. 또한 유바 왕*14에게 '로마의 동맹이자 친구'라는 호칭을 부여하자는 제안이 나왔으나, 마르켈루스는 그에 대한 논의는 차후로 미뤄야 한다고 주장했다. 또한 파우스투스 술라를 신속히 마우레타니아*15로 파견하자는 제안도 있었으나 호민관 필리푸스가 거부권을

---

*13 카이사르에게 빼앗은 2개 군단과 에스파냐의 7개 군단, 그리고 에노발부스가 지휘하는 1개 군단일 것으로 추정된다.

*14 북아프리카에 위치한 누미디아 왕국(오늘날의 알제리)의 유바 1세로, 당시에 폼페이우스를 지지했다.

*15 현재의 모로코와 알제리 지방으로, 당시에는 누미디아의 지배를 받았다.

행사했다. 원로원은 그 밖의 문제에 대해서는 포고문에 적힌 바와 같이 공표했다.

원로원은 총독 관할의 2개 속주와 법무관 관할의 나머지 속주들을 개개인들에게 배정했다. 시리아는 스키피오에게, 갈리아는 에노발부스에게 할당하는한편, 필리푸스와 코라*¹⁶는 개인적인 동의하에 카이사르 편에 넘겨주고 그들의 운명에 간섭하지 않기로 했다. 나머지 속주에는 법무관들을 파견했다. 신임 총독들에게는 군사지휘권에 대한 민회의 승인을 기다리지 않고 즉시 총사령관 예복*¹⁷을 걸치고 총독 서약을 한 다음 로마를 떠날 수 있도록 허락했다. 집정관들은 로마를 떠나기 전에 개인 자격으로 수행원*¹⁸들을 거느리고 로마 시내와 유피테르 신전을 다녔다.

집정관이 로마를 떠나는 것이나 개인이 수행원을 거느리는 것은 모두 전례가 없는 일이었다. 원로원은 이탈리아 전역에서 군대를 소집하고 무기를 징발했다. 또한 모든 도시에서 자금을 거둬들였을 뿐 아니라, 신과 인간의 차이를 무시하고 많은 신전의 재물도 빼앗았다.*¹⁹

카이사르의 반격

7 이 모든 소식을 전해들은 카이사르는 병사들을 집합시켜, 그의 적이 수차례에 걸쳐 그에게 저지른 부당 행위들을 낱낱이 설명했다.

"그들은 나의 위신을 질투하고 비하하여 폼페이우스를 그들 편으로 끌어들였다. 그러나 본인은 변함없이 폼페이우스를 지지했으며, 그가 출세하고 명성을 높이도록 도움을 주었다.

그들은 지금 로마 역사에 새로운 전례를 만들었다. 지금까지는 호민관의 거부권을 되살리기 위해 군사력을 이용했다. 그러나 이제는 거꾸로 군사력이 호민관의 거부권을 억압하고 유린하고 있다. 술라조차도 호민관의 모든 특권을

---

*16 온건파 출신의 전직 집정관이다.
*17 총사령관이 입는 진홍색 망토를 말한다.
*18 릭토르(lictor). 막대기 다발 사이에 양날 도끼를 끼운 권위 표지를 들고 집정관이나 전직 집정관(속주 총독)을 따라다니던 호위대를 말한다.
*19 카이사르가 이미 로마를 향해 남하하고 있다는 소문이 퍼졌기 때문에 폼페이우스파는 로마를 탈출하고자 시도했다. 그들은 기원전 49년 1월 17일 로마를 버리고 도망쳤다. 카이사르는 기원전 49년 1월 12일 원로원 최종 권고를 무시하고 루비콘강을 건넜다.

박탈할 때, 그들이 자유롭게 거부권을 행사할 권리만큼은 남겨두었다. 그런데 폼페이우스는, 호민관의 권리를 되살린 공로는 인정하나 정작 그들이 한 번도 빼앗기지 않았던 권리, 즉 거부권을 박탈하고 말았다.

총독들에게 로마를 구할 대책을 촉구하는 원로원 최종 권고는 로마인들에게 무장할 것을 요구하는 포고이다. 이는 악법이 제정되거나 호민관들이 난동을 일으키거나, 혹은 군중이 반란을 일으켜 로마를 지배하는 신전과 산들을 점령했던 때를 제외하고는 결코 선포된 적이 없었다.

그리고 이전 시대의 원로원 최종 권고들은 사투르니누스나 그라쿠스 형제의 몰락*20을 가져왔다는 점에서 의미가 있었다. 그러나 최근에는 이런 일이 벌어진 적도, 계획된 적조차 없었다. 문제가 되는 법안이 하나도 제출되지 않았고 어떤 반란도 일어나지 않았다.

본인은 9년 동안 그대들의 총사령관이었다. 로마를 위한 그대들의 노고는 본인의 지휘와 하늘의 도움으로 빛나는 전과를 만들어냈다. 그대들은 수많은 전투를 승리로 이끌었고 갈리아와 게르마니아 온 지역을 평정했다. 이제 나 카이사르는 나의 명성을 지키고 적들을 격퇴할 것을 그대들에게 호소하는 바이다."

13군단 병사들*21은 우렁찬 함성을 지르며, 그들의 총사령관과 호민관들이 겪고 있는 부당한 대우에 언제라도 복수할 준비가 되어 있다고 외쳤다. 병사들의 충성을 확인한 카이사르는 13군단을 이끌고 아리미눔*22으로 향하면서, 나머지 군단에도 동계 진영을 떠나 그와 합류하라고 명령했다.*23

---

*20 기원전 121년, 그라쿠스 형제 중 동생인 가이우스 그라쿠스가 원로원 최종 권고 때문에 역적으로 몰려 목숨을 잃었고, 형제가 추진해온 개혁도 중단되었다. 또한 기원전 100년, 마리우스의 명성을 이용하여 하층민 우대정책을 실행에 옮기려 한 호민관 사투르니누스도 원로원 최종 권고에 의해 역적으로 몰려 죽었다.

*21 카이사르는 내전 초기에 13군단을 소환했다. 나머지 군단들은 아직 도착하지 않았다. 따라서 폼페이우스는 2개 군단을 거느리고 있는데, 카이사르 곁에는 1개 군단밖에 없었다.

*22 오늘날의 리미노로, 이탈리아 북동부 루비콘강 앞에 있다.

*23 연대의 전후 관계에 모호한데 의도적인 냄새가 짙다. 사실 카이사르는 원로원 최종 권고가 발표되기 이미 3주 전에 갈리아 벨기카와 하이두이족 영토에서 겨울을 나던 나머지 군단들을 불러들인 것이 분명하다. 그러나 무장하는 모습이나 전쟁을 미리 준비하고 있다는 인상을 주지 않기 위해 고심했던 것이다. 한편, 카이사르가 머물고 있던 라벤나에서 아리미눔까지의 거리는 50킬로미터다. 그런데 30킬로미터쯤 왔을 때 루비콘강이 앞을 막는다.

8 카이사르는 아리미눔에서 로마를 탈출한 호민관들*24을 만난 뒤, 폼페이우스 측의 어느 부장의 아들인 젊은 루키우스 카이사르*25를 접견했다. 루키우스는 먼저 카이사르와 인사를 나눈 다음, 폼페이우스와 카이사르의 개인적 관계에 대해 폼페이우스가 보낸 서한을 전달했다.

폼페이우스는 카이사르에게 자신의 결백을 호소하면서, 그가 로마를 위해 취한 조치들을 개인적인 모욕으로 받아들이지 말라고 간청했다. 그는 항상 개인적인 친분보다 국가의 이익을 우선시했으며, 카이사르 역시 그의 지위에 맞게 로마의 이익을 생각하여 개인적인 야심과 불만을 자제하고, 개인적인 적들에 대한 분노와 복수심으로 인해 로마에 피해를 입히는 일이 없어야 할 것이라고 전했다.

루키우스는 여기에 몇 마디 덧붙이며 폼페이우스의 행동에 대해 이해를 구했다. 법무관 로스키우스도 비슷한 말로 카이사르에게 간청하면서 그것이 폼페이우스의 말을 그대로 전하는 것임을 분명히 밝혔다.

9 그러나 폼페이우스 서한 그 어디에도 부당한 행위를 바로잡겠다는 언급은 없었다. 그럼에도 자신의 뜻을 폼페이우스에게 전달할 전령들이 생긴 셈이므로 카이사르는 두 사람에게, 그들이 폼페이우스의 전갈을 가져왔으니 이번에는 자신의 전갈을 폼페이우스에게 전해주길 바란다고 말했다. 그 내용은 다음과 같았다.

"폼페이우스여, 당신이 조금만 노력을 기울인다면 중대한 분쟁을 끝내고 전 이탈리아를 공포에서 해방시킬 수 있소. 나에겐 언제나 명성이 목숨보다 중요했으며, 그것은 지금도 마찬가지요. 로마인이 나에게 부여한 특권을 나의 적들이 모욕적으로 박탈하고, 나의 지휘권*26을 6개월이나 빼앗으려는 것을 잠자

카이사르는 13군단과 함께 한밤중에 출발하여 상징적인 국경인 루비콘강을 다음 날 아침, 그러니까 기원전 49년 1월 12일 아침에 건넜다. '루비콘강 도하'를 시도하는 이 역사적 상황을 그는 1–7과 1–8로 이어지는 '아리미눔 도착 사실'로만 서술하고 있다.

*24 원로원 최종 권고가 포고되면서 로마를 탈출했던 호민관 안토니우스와 카시우스가 아리미눔에서 기다리고 있었다. 쿠리오는 원로원 의원이 되어 자유롭게 국경을 오갈 수 있었기 때문에 라벤나로 가 카이사르와 합류했을 것이다.

*25 카이사르와는 먼 친척뻘 되는 청년이다.

*26 가이우스 그라쿠스의 셈프로니우스 법에 따라, 원로원은 매년 집정관 선거가 치러지는 여

코 지켜만 보기가 괴로웠소. 더구나 부재자 후보 등록을 인정한 로마 시민의 뜻을 어기고 나를 로마로 소환하려 하다니…… 그러나 로마의 이익을 위해 본인은 그 모든 결정을 너그럽게 받아들였소.

본인은 양쪽 군대 모두의 해산을 제안했으나 원로원은 그것마저도 허락하지 않았소. 그들은 이탈리아 전역에서 군대를 소집하고 있으며, 파르티아 원정에 파견한다는 명목으로 나에게서 뺏은 2개 군단을 로마 근처에 주둔시키고 있을 뿐 아니라 온 로마인에게 무장을 촉구하고 있소.

이 모든 조치의 목적이 나를 파멸시키는 것이 아니면 대체 무엇이란 말이오? 그러나 본인은 로마를 위한 결정이라면 무엇이든 참고 복종할 준비가 되어 있소. 이에 카이사르의 조건은 다음과 같소. '폼페이우스는 그의 속주로 돌아가야 한다. 폼페이우스와 카이사르는 동시에 군대를 해산하고, 이탈리아에 있는 모든 군대도 해체해야 한다. 또한 폭압적인 공포정치를 중단해야 한다. 자유로운 선거를 실시하여 국가의 모든 권한을 원로원과 로마 시민에게 넘겨야 한다.'

름 이전에 차기 집정관이 될 사람이 맡을 속주를 배정해야 했다. 그러나 기원전 55년 폼페이우스―리키니우스 법에 따라 카이사르의 지휘권은 기원전 50년까지 5년 연장되었다. 이 법의 정확한 내용은 불확실하지만, 카이사르의 속주를 기원전 50년 3월 1일 이전까지는 다른 누구에게도 배정하지 않도록 한 것으로 추정된다. 이제 카이사르의 5년 임기가 끝났으므로 그의 속주는 기원전 49년의 두 집정관 중 한 명에게 배정될 수 있었다. 그 집정관은 기원전 49년 여름에 실시되는 기원전 48년도 집정관 선거가 끝난 후에 로마를 떠나 속주를 넘겨받을 수 있었다(기원전 49년 여름까지의 기간이 카이사르가 말하는 6개월이다). 카이사르는 이미 집정관 선거에 부재자 후보 등록을 해도 된다는 승인을 받았다. 그러므로 최소한 자신이 집정관으로 선출되기 전까지는 셈프로니우스 법에 따라 그의 속주와 군대 지휘권을 유지하기를 바라고 있었다.

기원전 52년에 폼페이우스는 전년도의 원로원 포고를 토대로 집정관이나 법무관의 임기가 끝나고 속주 총독이 되려면 5년을 기다려야 한다는 법을 제정했다. 이 법은 셈프로니우스 법을 백지화하는 효과가 있었다. 5년 이상 동안 속주를 배정받지 못한 전직 집정관과 법무관들에게 즉시 속주를 배정해 줄 수 있었기 때문이다(웅변가로 유명한 키케로도 그들 중 한 명이었다). 카이사르가 보기에 그들은 자격이 없는 개인에 불과했다. 카이사르의 지지자들은 폼페이우스의 도움을 받아 기원전 50년 3월 1일에 카이사르의 속주들을 재분배하는 문제를 유보시켰다. 그러나 기원전 49년 1월에 속주를 포기하라는 원로원 최종 권고가 카이사르에게 떨어졌다. 카이사르는 이전의 법들과 부재자 후보 등록의 특권으로 이후 6개월간 군사 지휘권을 유지할 수 있었으나 원로원 최종 권고로 인해 그 시간을 빼앗기게 되었다고 항변하고 있다.

이 모든 일을 보다 쉽게 추진하고 분명한 조건하에 반드시 수행할 것을 맹세하기 위해, 본인은 폼페이우스가 나를 만나러 오든지 아니면 내가 만나러 갈 수 있게 해줄 것을 제안하는 바이오. 회담을 통해 합의점을 찾으면 모든 문제가 해결되리라 믿소."

10 로스키우스는 카이사르의 명에 따라 젊은 루키우스를 데리고 카푸아*[27]로 가 폼페이우스와 두 집정관에게 카이사르의 요구를 전달했다. 그들은 논의를 한 후 똑같은 전령을 통해 카이사르에게, 아리미눔을 떠나 갈리아로 돌아가 군대를 해산할 것과, 그가 그렇게 하면 폼페이우스도 에스파냐의 속주로 돌아갈 것이라는 골자의 명령서를 보냈다. 그리고 카이사르가 약속을 이행하겠다는 서약을 보내기 전에는 군대 소집을 중단하지 않겠다는 말도 덧붙였다.

11 이것은 여러 가지로 불공평한 요구였다. 먼저 폼페이우스는 카이사르에게 아리미눔을 떠나 갈리아로 돌아갈 것을 요구하면서도, 정작 자신은 속주와 다른 사람의 군단까지 가로채고 있었다. 더구나 폼페이우스 자신은 군대를 소집하고 있었음에도 카이사르에게는 군대를 해산하라고 요구한 것이다. 폼페이우스 자신도 속주로 돌아가겠다고 약속은 하면서도 구체적인 날짜를 명시하지 않고 있었다. 카이사르의 임기가 끝났을 때 폼페이우스가 속주로 돌아가지 않아도 서약을 어겼다고 주장할 수 없었다. 게다가 카이사르와 면담할 기회를 마련하지 않는다는 사실로 보아 폼페이우스는 평화로운 해결을 원하지 않는 것이 분명했다. 따라서 카이사르는 아리미눔에서 마르쿠스 안토니우스와 5개 대대를 아레티움*[28]으로 파병하고 그 자신은 2개 대대와 함께 아리미눔에 남아 군대를 소집하는 한편 피사우룸, 파눔, 안코나*[29]에 저마다 1개 대대를 배

---

*27 폼페이우스는 카이사르가 루비콘강을 건넜다는 소문을 듣고 무방비 상태에 있는 로마를 탈출해, 카이사르에게서 빼앗은 2개 군단이 머물고 있는 카푸아로 도피했다. 집정관과 원로원 의원들 대다수도 급히 수도 로마를 버리고 탈출했다. 따라서 이 사실을 모르고 있던 젊은 루키우스는 로마로 갔다가, 도망간 폼페이우스와 원로원 의원들을 찾아 카푸아까지 가야 했다.

*28 오늘날의 아레초다.

*29 오늘날의 페자로, 파노, 안코나. 쿠리오에게 3개 대대를 맡겨 이 지역들을 공격하게 하여 모두 승리하였다.

치하여 그곳을 지키게 했다.

12 한편 법무관 테르무스가 이끄는 5개 대대가 이구비움*[30]을 점령하고 도시의 방비를 강화하고 있으나, 이구비움의 주민들은 모두 카이사르를 강력히 지지하고 있다는 소식이 들려왔다. 카이사르는 쿠리오에게 피사우룸과 아리미눔에 주둔해 있던 3개 대대를 주고 이구비움으로 출동시켰다. 테르무스는 주민들의 분위기가 수상쩍다고 생각하던 차에 쿠리오가 온다는 소식이 들리자, 즉시 군대를 도시 바깥으로 철수시킨 뒤 이들을 거느리고 달아났다. 퇴각하는 도중에 병사들은 테르무스를 버리고 고향으로 돌아갔다. 쿠리오는 주민들의 대대적인 환영 속에 이구비움에 닿았다.*[31]

이 소식을 들은 카이사르는 이탈리아 도시들의 지원을 믿을 수 있다고 판단하여, 요새에 주둔해 있던 13군단의 대대들을 이끌고 아욱시뭄*[32]으로 이동했다. 아티우스 바루스는 이 도시에 몇 개 대대를 주둔시켜 놓고 그 지방의 판관들을 사방으로 파견해 피케눔*[33] 전역에서 군대를 소집하고 있었다.

13 카이사르가 진군한다는 소식에, 도시의 판관들은 모두 아티우스에게 몰려가 이렇게 말했다.

"우리는 감히 이 문제를 결정할 수 없소. 그리고 그들이나 도시의 주민들은, 로마군의 총사령관으로서 지금까지 수없이 많은 전쟁을 빛나는 승리로 이끌면서 로마에 공헌한 카이사르를 도시나 성문에서 쫓아버리게 그냥 놓아둘 수 없소."

아울러 아티우스에게 앞으로 닥칠 위험을 생각해보라고 경고했다. 이 말에 깜짝 놀란 아티우스는 즉시 진지를 거두고 군대를 철수했다.

카이사르가 출동시킨 소규모 부대가 아티우스를 추격해 길을 가로막자, 아티우스의 병사들은 형식적으로 저항하는 시늉만 하다가 지휘관을 버리고 뿔뿔이 흩어졌다. 많은 자들이 고향으로 돌아갔고 나머지 병사들은 카이사르

---

*30 이탈리아 중부에 있는 오늘날의 구비오를 말한다.
*31 이제 수도 로마까지는 이틀 정도의 행군이면 가능한 거리였다.
*32 오늘날의 오시모로, 폼페이우스의 개인 영지가 꽤 있는 곳으로 폼페이우스의 본거지다.
*33 이탈리아 동부 지역에 해당한다.

에게 투항했다. 이들과 함께 수석 백인대장인 루키우스 푸피우스*34가 포박되어 왔는데, 그는 전에 폼페이우스의 군대에서도 수석 백인대장을 지낸 자였다. 카이사르는 투항한 병사들을 치하하고, 포로로 잡힌 푸피우스를 석방하였다. 또한 아욱시뭄 주민들에게는 고마움을 표하고 그들의 충성을 잊지 않겠노라 약속했다.

14 이 소식이 알려지자 로마는 공포에 휩싸였다. 결국 집정관 렌툴루스는 원로원 포고에 따라 폼페이우스에게 자금을 내주기 위해 국고*35를 열어주고는 즉시 로마를 탈출했다. 카이사르가 기병을 이끌고 다가오는 중인데 당장이라도 로마에 도착할 것이라는 소문이 나돌았기 때문이다.

이것은 헛소문이었지만 마르켈루스마저도 렌툴루스의 뒤를 이어 대부분의 관리들과 함께 로마를 탈출했다. 로마 근처에 머물고 있던 폼페이우스도 그 전날 겨울 주둔지인 아풀리아로 돌아가, 카이사르에게서 빼앗은 2개 군단과 합류했다. 로마인근에서 실시하던 징집은 중단되었다.

로마에서 카푸아에 이르는 지역은 어느 곳도 믿을 수가 없다는 생각에서였다. 카이사르가 맨 처음 군사를 모집해 사기를 드높인 곳도, 율리우스 법에 따라 그곳에 정착한 퇴역 군인들을 다시 소집해 군대를 조직한 곳도 카푸아였다.*36 렌툴루스는 카이사르의 검투사들을 광장에 모아놓고, 자유를 주겠다는 약속과 함께 그들에게 말을 지급하여 그를 따르도록 명했다.

그러나 뒤에 그러한 행동이 만인의 비난을 받고 있다는 지지자들의 충고에 따라, 카푸아 지역의 치안을 위해 검투사들을 자신의 지지자들에게 분배했다.

15 아욱시뭄을 떠난 카이사르는 서둘러 피케눔 지방을 통과했다. 그 지역의 모든 도읍*37이 카이사르와 그의 군대를 열렬히 환영하였고 필요한 물자

---

*34 루키우스 푸피우스는 폼페이우스와 오리엔트 원정을 함께 치른 자로, 폼페이우스의 심복이었으므로 석방 후 그에게 돌아왔다.

*35 노예에게 자유를 주는 대가로 거둔 차금의 5퍼센트를 적립한 돈으로 비상시에만 사용할 수 있었다. 다른 몇몇 출처에는 카이사르가 이 국고를 열었다고 기록되어 있다.

*36 카이사르가 집정관이던 해(기원전 59년)에 통과된 이 법에 따라 비옥한 캄파니아 지방을 비롯해 사람이 살지 않던 땅이 가난한 시민들에게 분배되었다.

*37 prefecture : 도시로서의 독립된 권한이 없고 행정 장관이 로마의 이름으로 통치하던 도시와

를 기꺼이 제공했다. 심지어 라비에누스*38가 자비를 들여 건설한 도시 킹굴룸*39에서도 사절단을 보내, 카이사르가 어떤 명령을 내리든 기꺼이 따르겠노라고 맹세했다. 그들은 카이사르의 요청에 따라 병력을 지원했다. 그 사이 12군단이 합류했다.

카이사르는 기존의 13군단과 새로 합류한 12군단을 이끌고 아스쿨룸*40으로 이동했다. 아스쿨룸에는 스핀테르와 10개 군단이 주둔하고 있었다. 카이사르가 진군한다는 소식에 스핀테르는 군대를 이끌고 도시를 탈출했지만, 대부분의 병사들이 탈영해 소수의 병력만이 스핀테르를 따랐다. 도중에 스핀테르는 폼페이우스가 피케눔 주민들의 충성을 확인하기 위해 파견한 비불리우스 루푸스를 만났다. 스핀테르의 입을 통해 피케눔의 상황을 전해들은 루푸스는 군대를 넘겨받고 그 자리에서 스핀테르를 해임했다. 그런 다음 그는 폼페이우스의 명에 따라 대기하고 있던 모든 병력을 소집하고, 카메리눔에 주둔하고 있다가 도시를 탈출한 6개 대대를 루킬리우스 히루스로부터 넘겨받아 총 13개 대대를 편성했다.

루푸스는 이 군대를 이끌고 강행군으로 코르피니움에 주둔하고 있는 에노발부스*41에게 달려가, 카이사르가 2개 군단을 이끌고 이동하는 중이라고 보고했다. 에노발부스는 즉시 알바, 마르시족 영토, 파엘리그니족 영토와 그 주변 지역에서 약 12개 대대의 병력을 끌어모았다.

코르피니움 정복

16 카이사르는 피르뭄의 항복을 받아들였다. 또한 렌툴루스 스핀테르가 해임된 후에 흩어진 병사들을 찾고 새로운 군대를 소집할 것을 명령했다. 그는

부락을 말한다.

*38 카이사르의 옛 부장인 리투스 라비에누스로, 평민 출신이며 카이사르와 동갑이었다. 카이사르와 13년을 동고동락했으며 갈리아 전쟁도 함께 치른 그는 카이사르가 가장 신임한 부하였다. 그러나 폼페이우스와 원로원파가 접근하자 결국 카이사르에게 등을 돌리고 폼페이우스파에 합류한다. 이로써 이 두 남자는 내전 기간 동안 적대적 관계가 된다.

*39 리투스 라비에누스의 고향으로, 카이사르는 라비에누스의 배신에 대한 보복 차원에서 그 지역의 병력을 요구했다.

*40 아스쿨룸은 폼페이우스 사유지의 중심 도시로, 기원전 57년도 집정관인 렌툴루스 스핀테르가 10개 대대를 이끌고 수비를 맡고 있었다.

*41 카이사르 후임으로 갈리아 속주 총독에 임명된 자이다.

피르뭄에 하루 동안 머물면서 군량을 확보한 다음 즉시 코르피니움으로 향했다. 코르피니움에서 약 4.3킬로미터 떨어진 곳에 이르자, 에노발부스가 파견한 5개 대대가 강[42]을 가로지르는 다리를 한창 파괴하고 있었다. 에노발부스의 병사들은 카이사르의 선발대와 교전을 벌였지만 공격을 견디지 못하고 도시로 후퇴했다. 카이사르는 군대를 이끌고 강을 건너 성벽까지 이르러 그곳에 진지를 구축했다.

17 이 사실을 보고받은 에노발부스는 막대한 보상금을 내걸고 아풀리아 지방을 잘 아는 사람들을 고용했다. 그런 후 폼페이우스에게 다음과 같이 지원을 요청하는 전갈을 보냈다. "이곳의 통로는 좁으므로 두 군대가 함께 움직이면 카이사르의 식량 반입을 쉽게 차단할 수 있습니다. 그러나 만일 폼페이우스가 구원병을 보내지 않는다면, 수많은 로마 기사들과 원로원 의원들은 물론이고 나 자신과 30여 개의 대대까지 위기에 처할 것입니다." 에노발부스는 폼페이우스의 회답을 기다리면서 병사들을 격려하고 성벽 곳곳에 투척기를 설치했다. 또한 병사들에게 도시 방어를 위한 임무를 구체적으로 지시했다. 아울러 병사들을 모아놓고 자신의 토지에서 일인당 25에이커의 땅을 나눠주고, 백인대장과 고참병들에게는 더 큰 상을 내리겠노라고 약속하면서 병사들을 북돋웠다.

18 그 사이 코르피니움에서 10킬로미터 떨어진 지점에 있는 술모의 주민들은 카이사르를 지원하길 간절히 원하고 있었다. 하지만 7개 대대를 이끌고 도시를 손에 넣은 원로원 의원 퀸투스 루크레티우스와 파엘리그니 사람인 아티우스 때문에 나서지 못하고 있었다. 이 정보가 도착하자 카이사르는 마르쿠스 안토니우스에게 13군단의 5개 대대를 주어 술모로 진군시켰다.

술모의 주민과 병사들은 아군의 군기를 보자마자 성문을 열고 뛰쳐나와 안토니우스를 열렬히 환영했다. 루크레티우스와 아티우스는 성벽에서 뛰어내려 도망치려 했다. 그러나 아티우스는 생포되어 안토니우스 앞으로 끌려왔는데, 카이사르를 직접 만나게 해달라고 부탁했다. 안토니우스는 그날로 아티우스와

---

*42 아레르누스강을 말한다.

그의 대대들을 이끌고 카이사르가 있는 곳으로 돌아왔다.

카이사르는 술모의 대대들을 자신의 군대에 편입시키고 아티우스를 무사히 풀어주었다. 그 뒤 카이사르는 나머지 군단이 도착하길 기다리면서, 며칠에 걸쳐 진영 둘레에 거대한 방어시설을 만들고 주변의 도시들에서 식량을 모았다. 이틀 뒤 갈리아에서 얼마 전 모집한 22개 대대와, 노리쿰의 왕이 지원한 3천 기병과 함께 8군단이 도착했다. 카이사르는 즉시 도시 반대편에 제2진지를 세우고 쿠리오에게 지휘를 맡겼다.[43] 그 뒤 며칠 동안 카이사르는 흙으로 보루를 쌓고 포대(砲臺)들을 세워 코르피니움을 에워쌌다.

19 폼페이우스의 회신을 본 에노발부스는 지휘관 회의를 소집했다. 그러고는 답신 내용은 비밀에 부친 채, 폼페이우스가 곧 도착해 지원할 것이라고 말했다. 에노발부스는 지휘관들에게 사기를 잃지 말고 코르피니움 방어에 필요한 준비를 철저히 하라고 격려했다.

그런 다음 그는 몇몇 측근들과 함께 은밀히 모여 도시를 탈출하기로 결정했다. 그러나 에노발부스가 왠지 안절부절못하고 조급해 보였으며, 더욱이 평소와 달리 오랫동안 사석에서 측근들과 밀담을 나누는 반면 지휘관 회의나 병사들의 모임에는 나타나지 않았기 때문에 진실은 곧 밝혀지고 말았다. 실은 폼페이우스가 다음과 같은 회신서를 써보냈던 것이다. "나는 결코 상황을 위태롭게 만들지 않을 것이오. 에노발부스 그대는 나의 충고나 동의를 구하지 않고 멋대로 코르피니움에 가지 않았소? 그러니 기회가 온다면 즉시 온 병력을 이끌고 내게 합류하시오." 그러나 카이사르의 포위망이 이미 좁혀들어 왔으므로, 폼페이우스의 지시를 따르기란 불가능했다.

20 에노발부스의 계획이 입소문을 타고 퍼져나갔다. 그러자 코르피니움의 병사들은 군관이나 백인대장 또는 존경받는 병사들의 주도하에 이른 저녁 곳곳에 모여 그 문제를 논의하기 시작했다. 병사들 사이에는 다음과 같은 말이 오갔다.

"우리는 카이사르에게 포위당했으며, 성을 공격하기 위한 그들의 시설도 이

---

[43] 카이사르가 안토니우스보다 쿠리오를 더 신임했음을 보여준다.

미 완성 단계다. 우리는 지금까지 에노발부스를 믿고 따르면서 변함없이 충성을 바쳤지만, 지금 그는 우리를 버리고 달아나려 하고 있다. 이제는 우리 스스로 살길을 찾는 것이 최선의 방책이다."

에노발부스의 탈출 계획을 몰랐던 마르시족은 이 제안에 반대했다. 그러면서 적의 침입을 막기에 가장 좋은 곳을 점거하고 나섰다. 심지어 어떤 자들은 무기를 들고 난동을 부리는 것도 불사할 정도로 강력하게 반대했다. 그러나 양쪽 집단*44이 서로 전령을 교환한 끝에 마르시족도 진실을 알게 되었고, 결국 전체 군대가 만장일치로 에노발부스를 붙잡아 감시병을 붙이기로 합의했다. 그리고 사절단을 구성해 카이사르에게 보냈다. 그들이 준비한 내용은, 카이사르가 명령을 내리면 언제든 성문을 열 준비가 되어 있으며 에노발부스를 산 채로 넘기겠다는 것이었다.

21 카이사르는 병사들이 뇌물이나 선동 혹은 잘못된 소문으로 인해 마음을 바꾸기 전에 되도록 신속하게 도시를 접수하고 도시의 대대들을 그의 진영으로 받아들이는 것이 중요함을 잘 알고 있었다(전쟁에서는 사소한 일들이 종종 크게 확대되어 엉뚱하고 심각한 결과를 낳는 법이다). 그러나 어둠이 깔리면 그의 병사들이 약탈의 유혹에 빠질 수 있다고 보고, 사절단의 전갈을 받자마자 그들에게 성벽과 성문의 경계를 계속 강화하라는 명령을 내렸다. 그런 뒤 사절을 즉시 도시로 돌려보내고 계속 토루 주변에 머물면서 공사를 감독했다.

토루는 일정한 간격을 두고 드문드문 완공되었던 며칠 전과는 달리, 이제는 초소와 초병들이 좁은 간격을 두고 한 줄을 이을 정도로 거의 전체가 완성되었다. 그는 외인군 대장들과 군관들*45을 초소 주변에 배치하고, 도시 안에서 돌격을 감행하는 것뿐 아니라 병사들이 몰래 성 밖으로 탈출하는 것도 주의 깊게 감시하라고 명령했다. 실제로 그날 밤 카이사르의 군대에는 그의 명령을 잊고 게으름을 피우거나 휴식을 취한 자가 단 한 명도 없었다. 병사들은 저마다 현재의 상황이 어떻게 끝날 것인가에 신경을 곤두세우면서 여러 문제를 골똘히 생각했다. "코르피니움의 주민들은 어떻게 될까? 에노발부스와 렌툴루스

---

*44 에노발부스의 로마군과 마르사족 주민을 가리킨다.
*45 외인군 대장은 기병대장을 가리킨다. 군관은 군단을 지휘하는 장교로 1개 군단에 6명이 원로원에 들어갈 수 있는 우선권이 부여되었다.

스핀테르, 그리고 그 밖의 사람들은 어떻게 될까? 그들은 어떤 결말을 맞이하게 될까?"

22 그날 밤이 다 지날 무렵 렌툴루스 스핀테르*⁴⁶는 성벽 위에 서서, 경계 중인 우리 보초병들을 향해 카이사르와 면담하게 해달라고 외쳤다. 카이사르의 허락을 얻은 그는 병사들의 호위를 받으며 성 밖으로 나왔다. 에노발부스의 병사들은 렌툴루스 스핀테르가 카이사르의 막사로 들어갈 때까지 그의 곁을 떠나지 않았다. 카이사르를 만난 렌툴루스 스핀테르는 두 사람의 오랜 우정과 카이사르가 그에게 베풀었던 온갖 은혜를 상기시키며 목숨만은 살려달라고 애원했다.

실제로 그는 카이사르에게 막대한 은혜를 입었다. 카이사르의 후원 덕분에 제사장이 될 수 있었고, 법무관 임기가 끝난 후에는 에스파냐 총독이 되었으며, 집정관 선거에 출마할 때에도 카이사르의 도움을 받았다. 카이사르가 그의 말을 가로막았다.

"내가 나의 속주를 떠난 것은 누군가를 해치기 위함이 아니오. 단지 적들의 중상모략으로부터 나 자신을 보호하고, 나의 일에 관여했다는 이유로 로마에서 쫓겨난 호민관들의 지위를 회복시키기 위함이오. 또한 나 자신과 로마 시민을 과두정치로부터 해방시키기를 원할 뿐이오."

렌툴루스는 카이사르의 말에 크게 안심하여 도시로 돌아가게 해달라고 요청했다. "카이사르가 나의 목숨을 살려주었다는 사실이 다른 자들에게 큰 안도와 희망을 줄 것입니다. 어떤 자들은 겁에 질린 나머지 스스로 목숨을 끊을 생각도 하고 있습니다." 그는 카이사르의 허락을 받고 도시로 돌아갔다.

23 카이사르는 동이 틀 무렵 모든 원로원 의원과 그들의 아들들, 그리고 군관과 기사들에게 한자리로 모이라고 명령했다. 그러자 다섯 명의 원로원 의원인 에노발부스, 렌툴루스 스핀테르, 루키우스 카에킬리우스 루푸스, 재무관 섹스투스 퀸틸리우스 바루스, 루키우스 루브리우스, 그리고 에노발부스의 아들과 몇 명의 젊은이들, 또 여러 명의 로마 기사와 그 지방의 도시에서 에노발

---

*46 1–15에서 언급된 인물로, 카이사르가 진군한다는 소식에 아스쿨룸을 탈출한 자이다.

부스가 소집해놓은 유력자들이 모였다.

이들이 모이자 카이사르는 아군 병사들의 모욕과 야유로부터 그들을 보호하면서, 짤막한 연설을 통해 그들이 카이사르에게 막대한 은혜를 입고도 감사의 빛을 보인 적이 없다고 언급한 다음, 그들 모두를 석방했다.*47 코르피니움의 판관들이 카이사르 앞으로 6백만 세스테르티우스를 가져왔다. 에노발부스가 가져와 코르피니움의 금고에 보관해놓았던 돈이었다. 폼페이우스가 병사들의 급료를 주기 위해 보낸 공금이었는데, 카이사르는 그 돈을 에노발부스에게 돌려줌으로써 그 자신은 인명은 물론이고 금전에 대한 욕심도 없음을 분명히했다.

카이사르는 에노발부스의 병사들에게 카이사르에 대한 충성을 맹세하게 한다음, 도착한 지 7일째 되는 그날 코르피니움을 떠났다. 그리고 하루 종일 마루키니족, 프렌타니족, 라리나데스족의 영토를 차례로 통과하면서 아풀리아로 진군했다.

폼페이우스, 로마를 탈출하다

24 코르피니움에서 일어난 일을 전해들은 폼페이우스는 루케리아를 떠나먼저 카누시움으로 간 다음 다시 그곳에서 브룬디시움으로 떠났다. 그는 최근에 모집한 모든 병력을 브룬디시움으로 집결시키는 한편, 노예들과 양치기들에게도 말과 무기를 지급하여 약 3백 기의 기병대를 조직했다.

알바에서 탈출한 법무관 루키우스 만리우스가 6개 대대와 함께 도착했고, 법무관 루틸리우스 루푸스가 3개 대대를 이끌고 타라키나에서 도착했다. 그러나 루푸스의 병사들은 멀리 비비우스 쿠리우스가 이끄는 카이사르의 기병대가 보이자 그들의 지휘관을 버리고 아군 쪽으로 달려와 군기를 쿠리우스에게바쳤다.

뿐만 아니라 그 후에도 몇 개 대대가 행군 중인 카이사르의 보병 대열과 기병대에 합류했다. 폼페이우스 휘하의 부장으로 공병대를 지휘하던 크레모나출신의 누메리우스 마기우스가 행군 도중에 생포되어 카이사르 앞에 끌려왔

---

*47 이들은 모두 폼페이우스파로 카이사르에게는 분명한 적이다. 그런데 카이사르는 이들 모두를 풀어주었다. 이에 대해 키케로는 '적을 용서하는 카이사르와 자기 편을 버리는 폼페이우스'라는 표현으로 두 사람을 비교했다.

다. 카이사르는 그에게 전갈을 주어 폼페이우스에게 돌려보냈다.

"지금까지는 회담을 열 기회가 없었으나 이제는 내가 브룬디시움에 도착할 예정이니, 나와 폼페이우스가 대화를 나눈다면 로마와 만인에게 이익이 될 것이오. 또한 이렇게 멀리 떨어진 곳에서 전령을 통해 서로의 제안을 주고받을 때보다는, 직접 대면한 자리에서 모든 문제를 털어놓고 의논할 때 훨씬 더 큰 성과를 얻을 수 있을 것이오."

25 카이사르는 이 전갈을 보낸 후 6개 군단을 이끌고 브룬디시움*⁴⁸에 도착했다. 그중 3개 군단은 경험이 풍부한 병력이었고, 나머지 3개 군단은 최근에 모집하여 행군 중에 군단으로 편성한 병력이었다. 에노발부스의 대대들은 코르피니움에서 곧바로 시칠리아로 보냈다.*⁴⁹ 카이사르는 집정관들이 대규모 군대를 이끌고 디라키움*⁵⁰으로 떠났으며 브룬디시움에는 폼페이우스와 20개 대대가 남아있는 것을 알게 되었다.*⁵¹ 폼페이우스가 브룬디시움에 남은 이유가, 그리스 해안과 이탈리아의 끝에서 아드리아 해 전체를 보다 쉽게 지배하면서 양쪽으로 작전을 펼치기 위해서인지, 아니면 단지 배가 부족했기 때문인지는 분명치 않았다.

그러나 카이사르는 폼페이우스가 이탈리아를 떠나지 않기로 결정했을지도 모른다는 생각에, 브룬디시움 항을 봉쇄하고 항구로서의 기능을 마비시키기로 결정했다. 그 공사는 다음과 같이 진행되었다. 먼저 항구로 드나드는 통로 중 가장 좁은 길목 양쪽에서부터 음으로 거대한 제방을 쌓았다. 공사를 시작한 곳은 수심이 얕았지만 더 깊은 곳은 흙으로 메우기가 불가능했기 때문에, 카이사르는 사방 9미터의 뗏목 두 개를 각각 제방 끝에 설치하고 파도에 흔들

---

*48 이탈리아 동남쪽에 있으며 그리스를 마주보고 있는 오늘날의 브린디시를 말하며, 카이사르는 기원전 49년 3월 9일에 이곳에 도착했다.

*49 시칠리아에서 이 병력을 인도받은 쿠리오는 이들을 데리고 아프리카 원정에 나선다.(2–23 참조)

*50 그리스 북부 아드리아 해의 항구도시로, 오늘날의 두러스이다. 내전 기간 동안 폼페이우스의 주요 보급 기지가 된다.

*51 브룬디시움에 도착한 폼페이우스와 두 명의 집정관, 그리고 원로원 의원들은 두 패로 나뉘어 본국 이탈리아까지 버리고 탈출하게 된다. 1차로 두 집정관이 30개 대대를 이끌고 그리스의 디라키움으로 떠났으며, 폼페이우스는 브룬디시움에 남아 수송선단이 1차 병력을 내려놓고 회항해 오기를 기다렸다.

리지 않도록 네 귀퉁이에 닻을 매달아 뗏목을 단단히 고정시켰다. 두 개의 뗏목이 자리를 잡자 이번에는 비슷한 크기의 다른 뗏목들을 연결시켜 다리를 만들고 그 위에 흙을 고르게 덮어, 병사들이 방어를 위해 다리로 진입할 때 쉽도록 했다. 또한 각 뗏목의 앞면과 양쪽 면은 섶나무와 차단막으로 보호하고, 네 번째 뗏목마다 2층 높이의 탑을 세워 군선의 공격과 방화를 막아낼 수 있게 했다.

26 이에 맞서 폼페이우스는 브룬디시움 항에서 징발한 커다란 상선들을 개조했다. 그는 갑판 위에 3층 높이의 탑을 세우고 여기에 온갖 종류의 발사기와 투척기를 장착한 다음, 카이사르의 뗏목과 다리를 파괴하기 위해 선박들을 출동시켰다. 양쪽 군대는 일정한 거리를 두고 화살과 투척 무기를 쏟아부으며 매일같이 전투를 벌였다. 그 와중에 카이사르는 평화적 해결의 가능성을 열어두기 위해 신중을 기했다. 그런데 그의 전갈을 들려 폼페이우스에게 보냈던 마기우스가 돌아오지 않는 것에 몹시 의아해하고 있었다. 사실, 협상을 위한 꾸준한 시도는 신속한 작전을 지연시키는 장애물이었다. 그러나 카이사르는 가능한 모든 방법을 동원해야 한다고 생각하고 있었다.

그래서 그의 부장이자 스크리보니우스 리보의 절친한 친구인 카니니우스 레빌루스를 리보에게 보냈다. 카이사르는 레빌루스에게, 리보를 통해 어떻게든 화해를 이끌어내고 특히 카이사르와 폼페이우스의 정상회담을 주선하도록 그를 설득하라고 지시했다. 카이사르는 리보에게, 만일 카이사르가 폼페이우스를 만나 정상회담을 연다면 양군은 동등한 조건으로 적대 행위를 중단하게 될 것이 분명한데, 그 회담이 리보의 제안과 노력으로 성사된다면 누구보다 리보에게 커다란 명예가 돌아갈 것이라는 메시지를 보냈다.

카니니우스의 이야기를 들은 리보는 폼페이우스를 찾아갔으나 이내 부정적인 답변을 가지고 돌아왔다. 집정관들이 현재 브룬디시움에 없으므로 협상을 벌일 수 없다는 것이 폼페이우스의 설명이었다. 이 말을 전해들은 카이사르는 이제 헛된 노력을 중단하고 전쟁에 전념하기로 결심했다.

27 카이사르가 9일에 걸쳐 공성 공사를 절반 가량 끝마쳤을 때, 집정관들과 첫 번째 병력을 싣고 디라키움에 당도했던 배들이 브룬디시움 항으로 되돌

아왔다.

폼페이우스는 카이사르의 공격 태세에 불안감을 느꼈는지, 아니면 처음부터 이탈리아를 떠날 생각이었는지 선단이 귀환하자마자 곧 출발 준비를 했다. 철수를 준비하는 동안 폼페이우스는 카이사르의 공격을 막고 그의 병력이 도시로 들어오는 것을 차단하기 위해, 성문들을 봉쇄하고 모든 길목에 차단물을 설치했으며, 도로 곳곳에 호를 파고 그 속에 날카로운 말뚝과 잔가지들을 박은 뒤 표면을 흙으로 평평하게 덮었다.

뿐만 아니라 항구로 통하는 성벽 외곽의 두 도로에는 끝을 날카롭게 깎은 커다란 통나무들로 울타리를 세웠다. 폼페이우스는 이 모든 준비를 마친 뒤 고참병들 중에서 선발한 경보병 부대 그리고 궁수와 투척병들을 성벽과 탑 위에 일정한 간격으로 배치하고, 그 사이에 나머지 병력을 브룬디시움에서 조용히 철수시킬 계획이었다. 또한 모든 병력이 승선을 마치면 마지막에는 그의 경호 부대를 약속된 신호로 일제히 불러들여, 가까운 곳에 대기시켜 놓은 몇 척의 빠른 범선에 태우고 떠날 예정이었다.

28 브룬디시움의 시민들은 그들을 버리고 떠난 폼페이우스 군대의 비겁한 행동과 폼페이우스 본인의 모욕적인 행동에 분노를 금치 못하고 카이사르 편으로 돌아섰다. 따라서 폼페이우스의 출발 계획을 눈치 챈 시민들은 병사들이 분주히 돌아다니며 출발 준비에 여념이 없는 것을 보고는 지붕으로 올라가 아군 쪽으로 신호를 보냈다.

카이사르는 공격 기회를 놓치지 않기 위해 공성용 사다리를 준비시키고 병사들에게 무장을 명했다. 폼페이우스는 해질녘에 출항했다.*52 성벽에 배치된 경호 부대는 약속된 신호가 떨어지자 지체 없이 정해진 길을 따라 범선 쪽으로 달려갔다. 카이사르의 병사들은 사다리를 놓고 성벽을 올랐는데, 시민들이 함정과 그 속에 박힌 말뚝을 조심하라고 일러주었다. 그에 따라 병사들은 진격을 중단하고 주민들이 안내하는 길로 멀리 우회하여 항구에 도달했다. 아

---

*52 결국 카이사르는 폼페이우스가 브룬디시움을 떠나 그리스로 가는 것을 막지 못했다. 기원전 49년 3월 17일 밤에 일어난 일이다. 이로써 내전은 이탈리아를 벗어나 장기전으로 돌입하게 된다. 전쟁 지역이 이탈리아 반도를 벗어나 지중해 전역으로 확장되면 폼페이우스에게 절대적으로 유리하기 때문이다. 내전의 제2막이 시작되는 셈이다.

군은 소형 범선과 거룻배를 몰고 나가, 제방에 충돌한 두 척의 배와 배에 타고
있던 병사들을 나포했다.

29 카이사르는 폼페이우스가 그리스 함대로 전력을 보강하기 전에 함대를
조직해 추격하는 것이 문제 해결을 위한 가장 좋은 방법이라고 생각했다. 그러
나 폼페이우스가 모든 배를 징발했기 때문에 함대를 조직하려면 시간이 많이
필요할 수밖에 없었다. 차선책으로는 갈리아와 피케눔 그리고 시칠리아 해협
과 같은 먼 지방에서 선박이 도착하기를 기다리는 방법이 있었다. 그러나 이
역시 계절상의 이유로 위험하고 시간도 오래 걸릴 것 같았다. 한편 카이사르는
1개 상비 부대와 에스파냐의 두 속주가 폼페이우스에 대한 충성을 재확인하
도록 놔두어서는 안 된다고 생각했다. 더구나 에스파냐의 한 속주는 폼페이우
스에게 막대한 은혜를 입었기 때문에,*53 카이사르가 자리를 비우면 그곳에서
외인군과 기병을 모집해 이탈리아와 갈리아를 괴롭힐 수도 있었다.

카이사르와 원로원

30 그에 따라 카이사르는 당분간 폼페이우스를 뒤쫓는 작전은 포기하고 대
신 에스파냐로 진군하기로 결정했다. 카이사르는 이탈리아 모든 도시의 최고
위원들에게 선박을 모아 브룬디시움으로 보내라고 명령했다. 그리고 부장 발
레리우스에게 1개 군단을 주어 사르디니아로 보내고, 쿠리오에게 2개 군단을
주어 시칠리아를 장악하게 했으며, 시칠리아를 확보한 후에는 병력을 이끌고
아프리카로 진군하라는 특별 명령을 내렸다.

사르디니아는 마르쿠스 코타의 속주였고, 시칠리아는 마르쿠스 카토의 속주
였으며, 아프리카는 투베로에게 돌아가기로 정해져 있었다. 사르디니아의 카랄
리스 주민들은 발레리우스가 아직 이탈리아를 출발하진 않았지만 조만간 그
곳으로 파견될 것이라는 소식을 듣고 즉시 코타를 도시 밖으로 추방해버렸다.
속주민 전체가 적대감에 사로잡혀 있다는 사실에 두려움을 느낀 코타는 즉시
사르디니아를 떠나 아프리카로 도망쳤다.

한편 카토는 시칠리아에서 낡은 배들을 수리하고 각 도시로부터 새 선박을

---

*53 폼페이우스는 기원전 72년 가까운 에스파냐에서 세르토리우스를 꺾고 승리한 뒤에 많은
에스파냐 사람들에게 로마 시민권을 주었다.

공급받기 위해 온 힘을 쏟고 있었다. 그는 자신의 부장들을 루카니아와 브루티움으로 파견해 로마 시민들을 징집하는 한편, 시칠리아의 여러 도시에서 기병과 보병을 모집하고 있었다. 이러한 계획이 거의 마무리될 무렵 쿠리오가 진군하고 있다는 소식이 들려오자, 카토는 공개적인 자리에서 자신이 폼페이우스에게 배신당하고 버림받았다며 이렇게 불만을 토로했다. "폼페이우스는 전혀 준비가 되어 있지 않은 때에 불필요한 전쟁을 시작했고, 나를 비롯한 원로원의 여러 의원들이 이의를 제기하는데도 전쟁 준비가 모두 끝났다고 선언했다." 카토는 이렇게 집회에서 불만을 토로한 뒤 곧바로 속주를 탈출했다.

31 이렇게 해서 발레리우스와 쿠리오는 총독이 없는 속주에 군대를 이끌고 들어가 손쉽게 임무를 완수했다. 투베로는 아프리카에 도착했으나 여기에는 아티우스 바루스가 버티고 있었다.

앞서 말한 대로 아티우스는 아욱시뭄에서 군대를 잃은 후 즉시 아프리카로 도주했다. 그리고 총독이 없는 속주에 스스로 총독으로 취임했다. 아티우스는 몇 해 전 법무관을 지낸 후 북아프리카 총독을 지낸 바 있으므로, 이때 쌓았던 경험과 속주 주민들과의 친밀한 관계를 바탕으로 병사를 소집하여 2개 군단을 편성했다. 투베로가 군선을 이끌고 우티카로 접근하자 아티우스는 도시와 항구로 접근하는 길목을 막고, 심지어 병이 든 투베로의 아들이 상륙하는 것마저 허락하지 않았다. 때문에 투베로는 할 수 없이 닻을 올리고 그곳을 떠나야 했다.

32 카이사르는 모든 작전을 완료한 뒤 주변 도시들에 군대를 배치해 남은 기간 동안 휴식을 취하게 하고 그 자신은 로마로 향했다. 그리고 그곳에서 원로원을 소집해[54] 적이 자신에게 어떤 부당한 짓을 했는지 낱낱이 설명했다. 그는 어떤 특권도 요구한 적이 없으며, 차기 집정관 선거에 출마하기까지 법으로 정해진 기간[55] 동안 모든 시민에게 주어진 정당한 권리를 행사하는 데 만

---

*54 기원전 49년 4월 1일에 소집된 원로원 회의이다. 카이사르는 루비콘강을 건넌 지 두 달 만에 무혈입성으로 폼페이우스와 두 집정관, 그리고 상당수의 원로원 의원들이 떠난 로마를 제패하게 된 것이다.

*55 술라가 제정한 법에 따라, 전직 집정관이 다음에 다시 집정관에 출마하기 위해서는 10년이

족했다는 것이었다. 또한 '카이사르는 수도에 없더라도 입후보를 허용해야 한다'고 10명의 호민관이 법안을 제출했고, 그것은 이미 통과된 상태였다. 그 무렵 카이사르의 적들은 한목소리로 법안에 반대했는데, 특히 카토는 자신의 오랜 수법에 따라 며칠 동안이나 토론을 끌면서 격렬히 반대했다. 카이사르는 이렇게 말했다.

"당시의 집정관은 폼페이우스였소.[56] 폼페이우스가 반대했다면 왜 그 법안이 통과되도록 놔두었겠소? 그가 찬성했다면 왜 나로 하여금 로마 시민들의 관대함을 누릴 수 없게 가로막는거요?[57] 나는 극도의 인내심을 발휘해, 모든 권위와 지위를 잃어버리는 것도 마다하지 않고 양측 군대의 해산을 제안했소. 그러나 적들이 내게 앙심을 품고 있었소. 그것은 다른 자에게는 요구하는 바를 정작 그들 자신은 따르길 거부하고, 군사 지휘권을 포기하는 대신 온 로마를 혼란에 빠뜨리려는 행위에서 똑똑히 볼 수 있소. 나는 두 군단을 빼앗기는 부당한 일을 당했소. 또한 호민관들의 거부권이 박탈당하는 것을 보고 모욕과 분노를 느꼈소. 그럼에도 타협안을 제시하고 회담을 제안했으나 그들은 이 모두를 거부했소. 따라서 본인은 이 자리에 참석한 의원들에게, 이제 나와 힘을 합쳐 로마의 통치권을 넘겨받기를 진심으로 요청하는 바이오. 만일 두려움 때문에 이 일에서 손을 떼고 싶다면 말리지 않겠소. 여러분이 나서지 않는다면 내가 직접 통치할 것이오. 우리가 먼저 해야 할 일은 이 문제를 논의하기 위해 폼페이우스에게 사절을 파견하는 것이오. 폼페이우스는 최근에 원로원에서, 사절을 파견하는 것은 단지 상대방의 권위를 높이고 파견하는 쪽의 두려움을 드러낼 뿐이라고 말했으나, 본인은 그런 말 따위는 전혀 두렵지 않소. 그런 생각은 나약하고 소심한 영혼의 산물이오. 나는 지금까지 누구보다 뛰어난 업적을 이루었소. 그런 만큼 나의 목적은 여전히 누구보다 공정하고 당당하게 행동하는 것이오."

33 원로원은 사절단 파견에 동의했으나 보낼 사람이 마땅치가 않았다. 신변의 위험을 느끼고 모두가 뒤로 물러섰다. 폼페이우스가 로마를 떠나기 전 원로

지나야 했다.
[56] 폼페이우스가 집정관이던 기원전 52년을 말한다.
[57] 법안이 통과될 때에는 찬성했으나 이제는 반대하는 견해로 돌아섰음을 지적하고 있다.

원 회의에서, 로마에 남는 자는 모두 카이사르의 편으로 간주하리라고 한 말을 기억하고 있었기 때문이다. 논의와 변명 속에 사흘이 지났다. 더구나 카이사르의 적들에게 매수당한 호민관 루키우스 메텔루스가 문제의 결정을 미루며 카이사르의 다른 제안들마저 계속 반대하고 나섰다. 며칠이 지난 뒤에야 카이사르는 그들의 음모를 간파하고, 더 이상 시간을 허비하지 않기 위해 모든 문제를 덮어둔 채 갈리아 트란살피나*58로 떠났다.

마실리아*59의 전운

34 속주에 도착한 카이사르는 며칠 전에 그가 코르피니움에서 사로잡았다가 풀어준 비불리우스 루푸스가 폼페이우스의 명을 받고 에스파냐로 파견되었다는 소식을 들었다.

또한 에노발부스가 마실리아를 점거하기 위해, 이길리움과 코사의 주변 지역에서 개인들에게서 징발한 일곱 척의 속도 빠른 선박에 그 자신의 노예와 해방 노예, 소작인들을 가득 싣고 떠난 것도 알게 되었다.

게다가 마실리아 출신 귀족 가문의 젊은이들이 전령으로 미리 파견되어 있었다. 그들이 로마를 떠날 때 폼페이우스가 이렇게 권했다. "카이사르가 관대함을 베풀더라도, 지난날 내가 베푼 은혜를 잊지 말아 달라."

마실리아의 젊은이들은 폼페이우스의 명령에 따라 성문을 굳게 닫고 카이사르에게 저항했다. 그런 한편, 마실리아 북부 산악지방에 살면서 줄곧 이 도시에 충성을 바쳐온 야만인 부족인 알비키인도 불러들였다. 이들은 주변 마을과 도시의 길목에 자리 잡은 모든 성채로부터 식량을 거두고, 무기를 만드는 대장간을 짓거나, 성벽과 성문과 함대도 보강했다.

35 카이사르는 마실리아의 15인 위원회에 사자를 보내, 가문의 젊은이들이 먼저 싸움을 시작하는 죄를 짓지 말도록 할 것과, 그들이 한 사람의 의지에 복종하기보다 이탈리아 전체의 통치를 따르는 것이 마땅하다는 뜻을 전했다. 그리고 그들이 카이사르의 생각을 신중히 고려할 때 비로소 합리적인 결과에 이를 것임을 강조했다. 카이사르의 사자는 다음과 같은 공식 서한을 갖고 돌아

---

*58 알프스 너머 서쪽으로 프랑스 남부에 해당하는 로마 속주를 말한다.
*59 오늘날의 마르세유다.

왔다.

"로마인이 둘로 분열되었음을 우리도 안다. 그러나 어느 편이 정의로운가를 결정하는 것은 우리의 판단력을 벗어나는 일이다. 양쪽의 통수권자인 그나이우스 폼페이우스와 율리우스 카이사르는 둘 다 우리 부족의 은인이다. 한 명은 우리 부족에게 볼카이 아레코미키족과 헬비족의 땅을 공개적으로 양도해 주었고, 다른 한 명은 살리에스족을 정복한 뒤 그들을 속국*60으로 주어 우리의 세수입을 늘려주었다. 따라서 우리 부족은 두 사람에게 똑같은 빚을 진 만큼 똑같은 호의를 보여야 하고, 어느 한쪽을 무시하여 다른 쪽을 일방적으로 돕거나 어느 한쪽만을 우리의 도시와 항구에 들여서는 안 될 것이다."

36 이 교섭이 진행되는 동안 에노발부스가 선단을 몰고 들어와, 마실리아와 그 군사 지휘권을 장악했다. 마실리아는 에노발부스의 명령에 따라 각지로 함대를 내보내, 눈에 띄는 배는 상선까지 모두 나포해 항구로 끌고 왔다. 이렇게 탈취한 배들 가운데 못이나 목재 또는 삭구가 전투에 부적합한 배는 다른 배들을 수리하는 데 썼다. 또한 도시가 포위될 것을 대비해 모든 곡식을 징발해 배급제를 실시했으며, 그 밖의 물자와 식량도 남김없이 끌어모았다.

카이사르는 이런 부당한 행위를 두고 볼 수 없다고 판단하여 3개 군단을 이끌고 마실리아에 도착했다.*61 그는 포위 공격을 위해 공성탑과 엄호물들을 수송해오고, 아렐라테에 12척의 배를 건조하도록 명령했다. 목재를 자르기 시작한 지 30일 만에 모든 배가 완성되고 장비까지 갖추었다. 그것을 이끌고 마실리아로 들어오자 카이사르는 데키우스 브루투스*62에게 선단을 맡기고, 가이우스 트레보니우스에게는 마실리아 공격의 지휘권을 주었다.

일레르다 전투

37 카이사르는 마실리아 공격을 준비하는 한편, 나르보 안팎에서 겨울을

---

*60 로마 속주의 각 도시는 주변의 광범위한 지역을 다스릴 책임이 있었다. 도시로서 완전한 권리를 갖기에 부적합하다고 간주되는 지역의 주민들은 각 도시에 예속되어 그 권위에 복종하고 재정적 의무 등을 부여받았다.

*61 기원전 49년 4월 7일 로마를 떠나 4월 19일에 마실리아에 도착했다.

*62 갈리아 전쟁을 치르면서 대서양 연안의 레네리족을 격파하여 로마 최고의 해전 전문가가 되었으며, 이후 카이사르 암살에 가담하게 된다.

나던 3개 군단을 가이우스 파비우스에게 주어 에스파냐로 출동시켰다.*63 그의 임무는 폼페이우스의 부장 루키우스 아프라니우스가 장악하고 있는 피레네 산맥의 고갯길들을 점령하는 것이었다. 카이사르는 더 먼 곳에서 겨울을 나던 나머지 군단들에게도 파비우스를 뒤따르라고 명령했다. 파비우스는 카이사르의 지시대로 순식간에 고개들을 점령하고 경비대를 몰아낸 다음 강행군해 아프라니우스의 군대와 전투를 벌였다.

38 아프라니우스는 3개 군단으로 '가까운 에스파냐(Hispania Citerior)'를 관할하고 있었다. '먼 에스파냐(Hispania Ulterior)'는 폼페이우스의 부장인 마르쿠스 바로*64가 2개 군단을 지휘하며 카스툴로의 고갯길에서부터 아나스강에 이르는 지역을 지켰고, 또 다른 부장인 페트레이우스가 역시 2개 군단으로 아나스강에서 시작되는 루시타니아 지역을 점거하고 있었다. 폼페이우스가 보낸 비불리우스 루푸스가 도착하자 그들은 관할 지역을 다시 정했다. 그 결과 페트레이우스는 자신의 온 병력을 이끌고 루시타니아를 출발해 베토네스족의 영토를 지나 아프라니우스와 합류하기로 하고, 바로는 자신이 지휘하는 2개 군단 병력으로 먼 에스파냐 전체를 관할하기로 합의했다. 이 결정을 실행에 옮기기 전에 페트레이우스는 루시타니아 전역에서, 아프라니우스는 켈티베리아 지방과 해안 지방에 거주하는 칸타브리아족과 그 밖의 모든 야만인 부족들 사이에서 기병과 외인부대를 모집했다. 페트레이우스는 계획대로 병력을 소집한 다음 신속하게 베토네스족 영토를 통과하여 아프라니우스에게 합류했다. 두 사람은 머리를 맞대고 협의한 끝에, 지형상 가장 유리한 일레르다*65에서 전투를 벌이기로 결정했다.

39 앞서 말한 대로 아프라니우스에겐 3개 군단, 페트레이우스에겐 2개 군단이 있었고, 이 밖에도 가까운 에스파냐에서 모집한 중무장 외인군*66과 먼

*63 카이사르보다 한 달 먼저 에스파냐로 들어갔다.
*64 그 무렵 67세로 2개 군단과 함께 에스파냐 남부를 지키고 있었다. 그러나 후에 카이사르에게 항복한다.
*65 스페인 카탈루냐 지방 레리다 주의 주도인 오늘날의 레리다를 말한다. 세그레강 연안에 위치한다.
*66 긴 나무 방패인 스쿠툼(scutum)으로 무장한 부대이다. 《갈리아전기》에는 가볍고 둥근 가죽

에스파냐에서 모집한 경무장 외인군이 약 80개 대대, 두 속주에서 온 기병이 약 5천 기에 이르렀다. 카이사르는 먼저 6개 군단을 에스파냐로 보냈다. 그에겐 외인군 보병이 없었지만 지금까지 모든 전쟁에서 그와 함께 싸운 약 3천의 기병과, 가장 용감하고 신분이 높은 갈리아의 최고 귀족들 가운데에서 그가 직접 선발한 비슷한 수의 기병이 있었다. 여기에 아퀴타니족과 갈리아 속주에 잇닿은 산악 부족들 사이에서 선발한 최고의 정예 기병대가 추가되었다.

폼페이우스가 군단들을 이끌고 마우레타니아 지방을 가로질러 조만간 에스파냐에 당도할 것이란 정보가 입수되었다. 카이사르는 즉시 군관들과 백인대장들에게 돈을 빌려 병사들에게 나누어 주었다. 이는 백인대장들의 충성과 병사들의 사기를 한꺼번에 확보하는 일석이조의 방책이었다.*[67]

40 파비우스는 서신과 사자를 통해 주변 부족들을 끌어들였다. 그는 시코리스강에 4.5킬로미터 간격으로 두 개의 다리를 건설해놓았다. 강 이쪽에는 군마의 먹이가 바닥난 상태였기 때문에, 그는 말꼴을 구하기 위해 다리 너머로 병사들을 보냈다. 폼페이우스 군대의 지휘관들도 같은 이유로 강을 건넜기 때문에 양쪽 기병대는 자주 충돌을 일으켰다.

어느 날 파비우스의 2개 군단이 평소처럼 징발 부대를 경호하기 위해 진지를 나섰다. 두 개의 다리 중 가까운 쪽의 다리로 군단들이 먼저 강을 건너고 수송대와 기병대가 그 뒤를 따라갈 때, 갑작스럽게 불어닥친 돌풍과 불어난 강물로 다리가 무너져 많은 수의 기병이 강을 건너지 못하고 말았다.

페트레이우스와 아프라니우스는 둘 다 강물에 떠내려오는 토사와 다리의 잔해를 보고 사태를 파악했다. 아프라니우스는 파비우스의 2개 군단을 공격하기 위해 즉시 4개 군단과 온 기병을 이끌고 자신의 진영 앞에 건설해놓은 돌다리를 건넜다. 아프라니우스가 출동했다는 소식에, 2개 군단을 지휘하고 있던 루키우스 플란쿠스는 긴박한 상황에 대응하여 먼저 고지대를 선점한 다음, 적의 기병에 포위당하지 않도록 2개 군단을 양 방향으로 배치했다. 플란쿠

방패인 켄트라(centra)가 자주 등장한다.

*67 즉 카이사르에게 돈을 빌려준 지휘관들은 전쟁에서 지게 되어 돈을 못 받는 사태가 벌어지지 않도록 하기 위해서라도 열심히 싸웠다. 일종의 격려금을 받은 병사들은 그에 보답하기 위해 최선을 다해 용감하게 싸우기 때문이다.

스는 비록 병력은 열세였지만 적절한 대응 덕분에, 적의 군단과 기병이 퍼붓는 맹공을 막아낼 수 있었다. 기병전이 벌어지고 있을 때 멀지 않은 곳으로부터 2개 군단의 독수리 깃발들이 양쪽 병사들의 시야에 들어왔다. 파비우스가 이런 일을 예상하고 아군을 지원하기 위해 먼 쪽의 다리로 출동시킨 병력이었다. 파비우스는 적의 지휘관들이 이 기회를 통해 아군을 제압하려 할지 모른다고 생각했던 것이다. 지원군이 도착함으로써 양쪽 군대는 전투를 끝내고 각자의 진지로 돌아갔다.

41 이틀 후 카이사르가 자신의 신병 호위대로 구성된 9백의 기병을 이끌고 도착했다. 그리고 폭풍에 부서졌던 다리가 거의 완공되어 있었는데, 그것을 그날 밤 안으로 완성하라고 지시했다.[*68] 주변 지역의 형세를 직접 확인한 카이사르는 다리와 진지를 방어하기 위해 수송대 전부와 6개 대대를 남겨두었다. 그리고 모든 병력을 3열 종대로 이끌고 일레르다로 진군했다.

카이사르는 아프라니우스의 진영 가까운 곳에 이르러 잠시 병사들에게 무장을 풀지 말라고 지시한 뒤, 평지에서 적이 어떻게 나오는지 탐색했다. 그러자 아프라니우스도 군대를 이끌고 진영 아래로 나오더니 언덕 중간에 자리를 잡았다. 아프라니우스가 도전에 응할 뜻이 없음을 파악한 카이사르는 그 언덕의 기슭에서 600미터쯤 떨어진 곳에 진지를 구축하기로 결정했다.

카이사르는 병사들에게 방어벽을 쌓지 말라고 명했다. 방어벽을 쌓으면 멀리서도 적의 눈에 띌 테고, 병사들이 진지 공사에 몰두하고 있을 때 적의 습격을 받으면 공포와 혼란에 빠져 공사가 중단될 것이 분명했기 때문이다. 대신 병사들에게 적과 마주한 곳에 폭 4.5미터의 참호를 파라고 지시했다. 제1열과 제2열의 병사들이 무장을 하고 정렬해 있는 동안 제3열 병사들이 은밀히 공사를 진행했다. 결국 아프라니우스가 진영의 방어시설이 구축되고 있음을 알아차리기 전에 모든 공사가 완료되었다. 카이사르는 저녁 무렵 참호 뒤로 군단을 후퇴시켰다. 그리고 다음 동이 틀 때까지 그곳에서 무장한 채로 기다리게 했다.

[*68] 갈리아에서의 식량 보급을 위해서라도 다리를 새로 건설해야 했다.

42 이튿날에도 카이사르는 병사들을 참호 뒤에 대기시켰다. 방책 재료를 상당히 먼 곳에서 구해야 했기 때문에 당분간 전 병력을 투입시켜 같은 작업을 하도록 했다. 그는 1개 군단을 진영 양쪽에 정렬시켜 첫 번째 참호와 똑같은 규모로 참호를 파라고 명하고, 나머지 군단들은 군장을 풀고 경무장으로 적과 대치했다.

아프라니우스와 페트레이우스는 우리 병사를 위협해 공사를 중단시킬 목적으로 대규모 병력을 이끌고 언덕 기슭까지 내려왔다. 우리 군을 전투에 끌어들이기 위해서였다. 그러나 카이사르는 이에 맞서는 대신, 전면에 완성된 참호와 3개 군단의 방비를 믿고 공사에만 몰두했다.[*69]

적은 그리 오래 머물지 않았다. 언덕 기슭에서 잠시 머물다가 이내 자신들의 진지로 철수했다. 사흘째에 방책과 함께 새 진지가 완성되자 카이사르는 예전의 진지에 남겨두었던 병력과 군수품을 옮기라고 명령했다.

43 일레르다에서 페트레이우스와 아프라니우스의 진영이 있는 언덕까지는 폭이 약 450미터에 이르는 평지가 펼쳐져 있고, 평지 가운데에는 작은 언덕이 솟아 있었다. 카이사르는 이 언덕을 먼저 차지해 요새를 구축하면, 도시에서 아프라니우스 진영 앞에 놓인 돌다리로 이어지는 길을 차단할 수 있다고 확신했다. 그 길은 적이 도시 안에 모아놓은 군수물자를 아프라니우스의 진영으로 운반하는 보급로였다.

카이사르는 3개 군단을 이끌고 진지를 빠져나와 적당한 자리에서 전투대형을 갖췄다. 그런 다음 1개 군단의 제1열을 두 줄로 세우고 진군을 명하여 그 언덕을 점령하게 했다. 이것을 본 아프라니우스는 고지를 선점하기 위해, 진영 전면을 둥글게 감싸며 경비를 서고 있던 대대들을 서둘러 출동시켰다. 양군이 충돌하여 전투가 벌어졌지만, 더 짧은 거리 덕분에 언덕을 선점한 아프라니우스의 군대가 우세를 보이기 시작했다. 더구나 적의 지원군까지 도착하자 우리 군은 전투를 중단하고 독수리 깃발 밑으로 후퇴할 수밖에 없었다.

44 폼페이우스 군대의 전투방식은 초반에 무서운 공격으로 상대를 제압해

[*69] 1개 군단이 참호를 파고 3개 군단이 방어를 맡았으므로 2개 군단이 방책 공사에 투입되었을 것이다.

고지를 점령하는 것이었다. 병사들은 대오를 유지하는 데 별 주의를 기울이지 않고 흩어져 싸웠다. 따라서 패배하게 되면 수치심 따위는 생각하지 않고 후퇴하기에 바빴다. 폼페이우스 병사들은 루시타니아족을 비롯한 야만인 부족들과 전쟁을 치르면서 이런 방식에 익숙해져버린 것이다. 병사들이 한 지역에서 오래 복무하면 그곳의 풍습에 영향을 받기 마련이다.

아군은 그들의 전투방식을 전혀 몰랐기 때문에 당황하고 말았다. 적병들이 흩어져 달려오는 것을 보고 아군의 노출된 곳*70을 포위하기 위한 작전으로 생각하여 대오를 유지한 채 군기 주변을 떠나지 않았다. 중대한 이유가 아니면 절대로 자신의 위치에서 물러서지 말아야 한다고 생각한 것이다. 결국 전위부대가 혼란에 빠지자 그쪽 날개에 배치되어 있던 군단은 적의 공격을 버티지 못한 채, 가까이에 있는 높은 지형으로 후퇴했다.

45 예상치 못한 사건이 벌어지자 거의 모든 아군 병사가 공포에 휩싸였다. 카이사르는 즉시 병사들을 독려하는 한편 9군단을 출동시켜 다른 군단들을 지원했다. 적은 아군 병사들을 맹렬히 추격해오다가, 지원군이 공격을 해오자 즉시 방향을 돌려 일레르다로 후퇴해 성벽 아래에서 멈추었다. 그러나 9군단 병사들이 패배를 되갚겠다는 열의에 사로잡혀 무모하게 적을 추격하는 바람에 성곽이 시작되는 산기슭의 위험한 지역으로 들어서고 말았다.

병사들은 그곳에서 벗어나려 했지만 적은 즉시 높은 곳에서 공격을 퍼붓기 시작했다. 아군은 좌우 옆면이 매우 가파른 경사면에 있었는데, 그 폭은 3개 대대가 전투대형을 갖출 정도밖에 되지 않았다. 따라서 양쪽 날개로 지원군을 보낼 수도, 위기의 상황에 기병을 보내 도울 수도 없었다. 한편 도시 쪽으로 약 650미터까지는 완만한 내리막이 펼쳐져 있었다. 무모한 열정에 사로잡혀 너무 멀리까지 전진한 것을 깨달은 아군 병사들은 이곳에서 전열을 재정비했다.

그들이 전투를 치를 곳은 지형이 불리했다. 공간이 워낙 좁은 데다 적의 위치가 훨씬 높았기 때문에, 적이 던지는 무기는 모조리 아군에게 피해를 입혔다. 그러나 병사들은 수많은 부상을 입으면서도 용기와 인내심을 잃지 않고

---

*70 방패를 들지 않은 오른쪽 측면을 가리킨다.

싸웠다. 적은 진지에서 새로운 대대들을 계속 내려보내 병력을 늘리는 동시에 지친 병사를 새 병사로 교체했다. 카이사르도 이에 맞서 지친 병사들이 물러나 쉴 수 있도록 계속해서 새 대대를 출동시켰다.

46 전투가 다섯 시간 동안 쉴 새 없이 계속되었다. 아군은 던질 무기가 바닥났고 병사들은 수적 열세를 절감하기 시작했다. 그러자 아군 병사들은 검을 뽑아들고 적을 향해 언덕 위로 돌진하여, 몇몇 병사를 쓰러뜨리고 나머지를 퇴각시켰다. 적은 성벽으로 물러났고, 공포에 사로잡힌 일부 병사는 아예 도시 안으로 도망쳤다. 그래서 아군은 마침내 퇴각할 여유를 얻었다. 게다가 언덕 아래쪽에 대기하고 있던 아군 기병이 양쪽 경사면을 용감하게 타고 올라 두 군대 사이로 뛰어들었다. 덕분에 아군 병사들은 더욱 안전하고 쉽게 후퇴할 수 있었다.

이날의 전투는 승자와 패자를 가릴 수 없었다. 아군은 첫 번째 교전에서 약 70명이 전사했다. 그중에는 14군단의 수석 백인대장*71인 퀸투스 풀기니우스가 있었다. 풀기니우스는 병사 출신으로 6백여 차례나 부상을 당하면서도 뛰어난 용맹함을 보여 수석 백인대장까지 오른 자였다. 아프라니우스의 군대에서는 200명 이상의 병사와, 수석 백인대장인 티투스 카이킬리우스를 포함해 다섯 명의 백인대장이 전사했다.

47 양쪽 군대는 모두 그날의 전투가 자신들의 승리였다고 생각했다. 아프라니우스의 병사들은 승리를 자축하며 만세를 불렀다. 열세라는 평가에도 불구하고 그렇게 오랫동안 접근전을 펼치며 우리 군의 맹공을 막아냈고, 양군이 쟁탈전을 벌였던 언덕을 먼저 점령하여 첫 번째 교전에서 우리 군을 물리쳤다

---

*71 카이사르 시대에 1개 군단은 10개 대대로 구성되었고, 각 대대는 6개의 백인대로 구성되어 있었다. 6개의 백인대는 3열 전투대형을 구성할 수 있도록 2대씩 3그룹으로 나뉘었다. 1개 군단의 대대는 병사들의 경력에 따라 1대대부터 10대대까지 순서가 정해졌는데, 백인대장의 승진은 서열이 높은 대대로 배치되는 것이었다. 군단 전체의 수석 백인대장은 제1대대 제1열 백인대의 백인대장인 프리미필루스(primipilus)였다. 프리미필루스는 카이킬리우스라는 자였고, 풀기니우스의 계급은 프리무스 하스타투스(primus hastatus)였다. 이 시기에는 프린키페스(제1중대)와 트리아리(제2중대)가 하스타티(제3중대)보다 우위였던 것 같다. 따라서 풀기니우스는 제1대대 소속 하스타티 선임중대의 백인대장이었을 것이다.

는 이유에서였다. 반면 아군 병사들은 나름대로 자신들이 승자라고 생각했다. 비록 불리한 지형에서 싸웠고 수적으로도 열세였지만 다섯 시간 동안이나 전투를 계속했기 때문이다.

아군 병사들은 검을 뽑아들고 언덕을 오르며 돌격을 감행했고, 고지대에 자리 잡은 적을 퇴각시켜 도시 안으로 물러나게 만들었다. 아프라니우스의 병사들은 쟁탈전의 표적이었던 작은 언덕 위에 대규모 방어시설을 짓고 경비대를 배치했다.

48 이틀 후 아군에게 예상치 못한 불운이 찾아왔다. 맹렬한 폭풍과 함께 그 지역에 한 번도 내리지 않았던 세찬 폭우가 쏟아져, 산 위에 쌓여 있던 눈이 녹고 강물이 제방을 넘어 파비우스가 놓은 두 개의 다리를 하루 만에 휩쓸었다. 카이사르의 군대는 큰 어려움에 빠졌다.

앞서 말한 대로*72 아군의 진지는 약 10킬로미터 떨어져 있는 두 개의 강, 즉 슈리스강과 세그레강 사이에 있었다. 그런데 어느 강도 건너기가 불가능해졌기 때문에 병사들은 그야말로 꼼짝없이 감옥에 갇힌 꼴이 되고 말았다. 그동안 우호적인 관계를 맺었던 부족들로부터도 식량을 공급받을 수 없게 되었고, 먼 들판으로 짐승들의 꼴을 거두러 나간 징발대는 강 건너편에 고립되어 돌아오지 못하고 있으며, 이탈리아와 갈리아에서 보낸 대량의 군수품도 진지로 들어올 수가 없었다.

게다가 작년에 수확한 곡식은 바닥을 드러내고 올해의 곡식은 아직 여물지 않은, 한 해 중 가장 어려운 때였다. 또 카이사르가 도착하기 전에 아프라니우스가 거의 모든 곡식을 일레르다로 가져가버렸을 뿐 아니라 그나마 남아있던 식량마저 카이사르 군대가 모두 소비했기 때문에 주변 부족들에게도 식량이 남아있지 않았다. 필요할 때에는 현지의 가축이 곡물의 대용품이 될 수도 있었지만, 그마저도 전투 때문에 주변 부족이 끌고 먼 곳으로 대피시켜 놓은 상태였다. 식량과 가축의 먹이를 구하기 위해 출동한 부대들은 루시타니아족과 가까운 에스파냐 출신 경보병 부대에게 습격을 당하곤 했다. 그들은 그 지역을 잘 알았을 뿐 아니라, 원정에 나설 때는 언제나 짐승의 방광을 갖고 다녔기

---

*72 저자인 카이사르의 실수다. 이에 대해 앞에서 언급한 적이 없다.

때문에 헤엄을 쳐서 강을 쉽게 건너다녔다.

49 반면 아프라니우스의 부대에는 어떤 물자든지 넘쳐흘렀다. 아군보다 먼저 식량을 충분히 거둬들였을 뿐만 아니라 모든 속주에서 많은 곡식을 수송해왔다. 말꼴 또한 풍부했다. 그들은 일레르다의 돌다리 덕분에, 카이사르 군이 건너갈 수 없는 강 건너편 지역의 모든 물자를 수송해올 수 있었다.

50 홍수는 며칠 동안 계속되었다. 카이사르는 다리를 재건하려고 시도했지만 강물이 높고 공사현장이 강둑에 배치된 적의 대대들에게 훤히 보였기 때문에 일을 진행하기가 힘들었다. 무엇보다 큰 문제는 그 강 고유의 특성과 홍수의 위력이었다. 게다가 아군 병사들은 강둑 어디에서나 적의 투척 무기를 맞을 위험이 있는 한정된 공간에서 일을 해야 했다. 아군 병사들은 강한 물살에 맞서 싸우는 한편, 강둑에서 퍼붓는 무기를 피하면서 공사를 하느라 고생이 심했다.

51 한편 카이사르의 진지로 들어가는 대규모 행렬과 호송대가 강 앞에 도착해 있다는 소식이 아프라니우스의 귀에 들어갔다. 그곳에는 갈리아의 관습에 따라 루테니족 출신의 궁수 부대와 갈리아 출신의 기병이 길게 늘어선 마차와 짐을 호위하고 있었다. 또한 약 6천 명에 이르는 남자들과 하인, 어린이들이 따라오고 있었지만 그들 사이에는 어떤 조직이나 권위도 없는 듯 모두가 제각기 편하고 자유롭게 여행하고 있었다.

대열 중에는 원로원 의원이나 기사 계급처럼 높은 가문의 젊은이들도 있었고 여러 부족이 보낸 공식 사절단도 있었으며 카이사르의 부장도 몇 명 있었다. 이들이 모두 강물 때문에 꼼짝도 못하고 있었다. 아프라니우스는 이들을 향해 한밤중에 모든 기병과 3개 군단을 출동시켰다. 그는 먼저 기병대를 내보내 기습 공격을 가했지만 갈리아 기병대는 즉시 대형을 갖추고 방어에 나섰다. 아군 기병은 수적으로 크게 불리했지만 조금도 굴하지 않고 대등하게 싸웠다. 그러나 군단들의 깃발이 다가오고 약간의 전사자가 발생하자 갈리아 병사들은 가까운 언덕으로 물러났다. 이 전투에서는 갈리아 기병의 항전이 나머지 사람들의 생명을 구하는 데 결정적인 역할을 했다. 그들이 싸우는 동안 다른 사람들은 높은 지대로 물러날 수 있었기 때문이다. 그날 아군은 약 200명의 궁병과 몇몇 기병 그리고 적은 수의 종군자[73]와 가축을 잃었다.

52 그러나 이 모든 상황으로 인해 곡물 가격이 치솟고 말았다. 이런 일에는 대개 현재의 부족함뿐 아니라 미래에 대한 걱정이 작용하는 법이다. 곡물 가격은 이미 1펙당 50데나리온[74]에 달했다.

식량 부족[75]은 병사들의 체력까지 바닥나게 해 하루하루 어려움을 더했다. 단 며칠 만에 상황이 완전히 변하고 전운의 명암이 뒤바뀌었다. 아군은 모든 필수품이 부족한 상태에서 괴로움을 겪는 반면, 적의 군대는 모든 것이 풍족했을 뿐 아니라 전력마저 우세하다고 여겨지기 시작했다.

식량이 바닥날 무렵 카이사르는 자기 편에 선 부족들에게 가축을 공급하도록 요청하고, 비전투 종사자들을 보다 먼 부족들에게로 보냈다. 한편, 그 자신도 당면한 문제를 해결하기 위해 가능한 모든 수단을 동원했다.

53 아프라니우스, 페트레이우스와 그들의 측근들은 이 사실에 대해 로마에 있는 지지자들에게 편지를 써 보냈다. 모든 상황을 과장하고 사소한 것들까지 부풀린 내용이었다. 이 내용은 덧칠되고 부풀려져, 전쟁이 거의 끝났다는 소문으로 일파만파 퍼졌다. 급보를 든 전령들이 로마에 도착하자 수많은 사람들이 아프라니우스의 저택에 모여들어 축하의 말을 늘어놓았고, 많은 자들이 이탈리아를 떠나 폼페이우스 진영에 합류했다.[76] 어떤 자들은 승전보를 가장 먼저 전하는 영예를 얻으려고 서둘렀고, 또 어떤 자들은 전쟁의 결과를 앉아서 기다린 것처럼 보이지 않기 위해 서둘렀다.

54 아프라니우스와 그의 군대로 인해 모든 길이 가로막히고 다리를 보수할 기회마저 차단된 어려운 상황에서, 카이사르는 몇 년 전 브리타니아에서 터득한 경험을 살려 병사들에게 배를 건조하라고 지시했다. 용골과 늑재는 가벼운

---

*73 종군 노예, 종군 상인 등의 민간인들을 가리킨다.
*74 1펙은 약 9리터, 1데나리온은 은 3.8그램에 해당한다.
*75 로마인의 주식은 밀이었다. 밀의 평균 가격은 보통 1펙당 3.5 내지 4세스테르티우스였지만 이제 200세스테르티우스가 된 것이다.(1데나리온＝4세스테르티우스).
*76 이전까지 중립을 가장하고 있던 원로원 의원들이 카이사르가 패배했다는 소문을 듣고 폼페이우스 쪽으로 합류했다. 키케로도 이때 폼페이우스 측에 가담하기로 결정했다.

나무로 처리했으며, 그 밖의 부분은 버드나무를 꼬아 만들고 짐승 가죽을 덮었다. 카이사르는 배가 완성되자 여러 대의 마차를 연결하여 그 위에 배를 실은 다음, 한밤중에 진지에서 약 30킬로미터까지 이동했다. 그는 병사들을 이 작은 배들에 태워 강 건너편으로 보내 강둑과 연결된 언덕을 느닷없이 점령하고, 이쪽이 무슨 일을 하는지 적군이 알아채기 전에 그곳에 요새를 쌓았다.

그런 다음 1개 군단을 이동시키고 강의 양쪽으로부터 다리를 건설하기 시작해 불과 이틀 만에 완성시켰다. 이리하여 마침내 물자 수송과 말꼴 공급을 안전하게 복구하고 식량 공급의 어려움을 해결했다.

55 이날 카이사르는 강 너머로 대규모 기병을 출동시켰다. 그들은 습격을 걱정하지 않고 여기저기 흩어져 말꼴을 모으고 있던 적의 징발대를 습격해 다수의 우마와 적을 생포했다. 적의 경보병 대대들이 구조를 위해 출동하자 아군 기병은 영리하게 두 부대로 나뉘어 한쪽은 전리품을 지키고, 다른 한쪽은 다가오는 적을 공격해 그들을 쫓아버리기로 했다.

그중 주력 부대보다 먼저 무모하게 출격한 1개 대대를 포위해 전멸시켰다. 아군 기병은 아무런 손실도 입지 않은 채 많은 전리품을 챙겨 들고 같은 다리를 건너 진지로 돌아왔다.

마실리아 해전

56 한편 마실리아 주민들은 에노발부스의 명령에 따라 17척의 군선을 준비하고 그중 11척의 군선에는 갑판을 댔다. 단지 엄청난 숫자만으로도 아군 함대를 위협할 수 있기를 바라며 여러 척의 작은 배를 추가로 건조했다. 배 위에는 보상을 약속하고 끌어들인 많은 수의 궁병과, 앞서 언급했던 알비키족 병사들을 태웠다.

에노발부스는 자신이 지휘할 특별 함대를 요구하고, 이길리움과 코사 지역에서 데려온 농부와 목부*77들을 수병으로 배치했다. 그들은 함대가 완전히 갖춰지자, 데키우스 브루투스의 지휘하에 마실리아의 섬 근처에 주둔해 있는 아군의 배들을 향해 위풍당당하게 전진했다.

---

*77 이탈리아 중부와 남부의 사유지에서 가축을 돌보는 목부는 주로 노예 신분으로, 수용소와 막사 같은 곳에서 죄수처럼 생활했다.

57 브루투스의 함대는 수적으로 큰 열세였다. 하지만 각 군선에는 카이사르가 온 군단에서 가장 용맹한 병사들과 제1열 병사들, 그리고 백인대장들 중에서 특별히 선발했을 뿐 아니라 모두 자발적으로 전투에 지원한 정예 병력이 배치되어 있었다. 아울러 갈고랑쇠와 장대를 갖추었고, 충분한 수의 창과 쇠살과 그 밖의 투척 무기들을 준비해놓고 있었다.

따라서 적이 다가온다는 정보가 들어오자 우리 군은 닻을 올리고 마실리아 군대와 전투를 벌였다. 적군도 아군도 용감하게 싸웠다. 알비키족의 용맹함은 우리 병사들 못지않았다. 산악 부족인 그들은 원래 전투에 능숙했을 뿐 아니라, 그들을 끌어들인 마실리아 사람들의 보상 약속을 생생히 기억하고 있었다. 에노발부스의 목부들 역시 자유를 주겠다는 약속을 되새기며 주인의 눈앞에서 최선을 다해 싸우는 모습을 보이려 했다.

58 마실리아 병사들은 군선의 속도와 조타수들의 조타 기술을 믿고 수차례나 아군의 공격을 피해 도망을 다녔다. 또한 공간이 허락하는 대로 넓게 포진해 아군 함대를 포위하거나 몇 척의 배로 아군의 배를 고립시켰으며, 배 가까이 접근해 노를 낚아채곤 했다. 근거리에서 전투가 벌어지면 이번에는 조타 기술 대신 산악 부족의 용맹함을 과시했다.

반면 아군은 최근에 수송선에서 선원들을 급히 끌어모아 장비의 이름조차 모르는 자들이 있었기 때문에 노잡이의 기술도 서툴고 조타수의 경험도 부족했다. 무엇보다 아군 함선은 무겁고 느리다는 것이 심각한 결점이었다. 덜 마른 목재로 급하게 건조했고, 신속한 기동 작전에 필요한 장구와 훈련이 부족했기 때문이다.

그런 상황에도 불구하고 아군 병사들은 근거리에서 전투할 기회가 주어지면 적의 배가 두 척이라도 기꺼이 그들을 상대했다. 병사들은 갈고랑쇠로 두 척을 동시에 끌어당긴 다음 양면에서 싸움을 벌이면서, 적의 군선으로 올라가 다수의 알비키족 용병과 목부들을 살해했다. 아군은 몇 척의 배를 침몰시키고 수많은 병사와 선원들을 생포했으며 나머지는 항구로 쫓아버렸다. 그날 마실리아 군대는 포획된 배를 포함해 모두 아홉 척의 배를 잃었다.[78]

---

[78] 그동안 고전을 면치 못한 카이사르 측 진영에서는 오랜만에 들려온 승전보였다. 기원전 49년 6월 28일에 벌인 해전에서의 승리였다.

카이사르의 승리, 에스파냐 전투

59 전투 결과*[79]가 일레르다의 카이사르에게 보고되었다. 또한 다리가 완공되자 전운의 명암도 순식간에 뒤바뀌었다.

적은 아군 기병대의 용맹함을 두려워하여 마음대로 징발대를 출동시키지 못하게 되었다. 때로는 재빨리 퇴각할 수 있도록 진지에서 가까운 지역으로 출동해 좁은 지역에서만 말꼴을 거두었고, 또 때로는 아군 초소와 기병 소대를 피하기 위해 먼 길로 돌아갔다. 행여 약간의 차질이라도 발생하거나 멀리 아군 기병이 눈에 띄면 즉시 짐을 버리고 도망쳤다. 결국 그들은 평소 행동과는 정반대로 며칠씩 간격을 두고 밤에만 징발대를 내보냈다.

60 한편 오스카*[80]와 오스카의 속국인 칼라구리스의 주민들이 카이사르에게 사절단을 보내 충성을 맹세했다. 그 뒤를 이어 타라코*[81]의 주민들, 그리고 이아케타니족과 아우세타니족도 사절단을 보냈고, 며칠 뒤에는 에브로 강변에 사는 일루르가보넨세스의 주민들도 사절을 보내왔다. 카이사르는 그들 모두에게 식량을 보내줄 것을 요청했다. 그들은 식량 공급을 약속한 후 자신들의 영토 전역에서 말과 소를 모아 카이사르의 진지로 식량을 수송했다. 또한 일루르가보넨세스의 한 대대는 부족의 정책이 전해지자 즉시 군기를 앞세우고 진지를 떠나 카이사르를 찾아왔다.

모든 상황이 순식간에 변하고 말았다. 다리는 완공되었고, 유력한 다섯 부족이 카이사르에게 우호 관계를 청해왔으며, 그에 따라 식량 부족도 해결되었다. 또한 폼페이우스가 지원군단들을 이끌고 마우레타니아 지방을 건너오고 있다는 소문이 가라앉자, 아프라니우스 편에 섰던 먼 지역의 여러 부족들마저 카이사르 편으로 넘어왔다. 이 모든 것이 카이사르의 적들을 두려움에 빠뜨렸다.

61 이제 카이사르는 다리를 통해 먼 길로 기병대를 출동시키지 않기 위해 적당한 장소를 골라 9미터 너비로 몇 개의 운하를 파라고 명령했다. 슈리스강

---

*79 앞에서 묘사된 데키우스 브루투스의 해전 승전보를 말한다.
*80 스페인 북동부 아라곤 지방의 도시로 오늘날의 우에스카.
*81 스페인 북동부 카발로냐 지방의 도시로 오늘날의 타라코나.

물의 일부를 돌려 강 중간에 걸어서 건널 수 있는 여울을 만들기 위해서였다. 공사가 거의 끝나가자, 아프라니우스와 페트레이우스는 카이사르의 막강한 기병대로 인해 식량과 말꼴의 보급로가 차단될 것을 우려해 일레르다를 떠나 켈티베리아*82로 이동하기로 결정했다.

그 이유는 그곳의 야만인 부족들 사이에서는 카이사르의 이름이 잘 알려지지 않은 반면에, 과거의 전쟁에서 세르토리우스를 지지했던 부족들은 폼페이우스가 떠난 지금에도 그의 이름과 권위에 두려움을 느끼고 있었기 때문이다. 더욱이 폼페이우스에게 충성하고 막대한 보상을 받은 부족들은 그를 열렬히 지지하고 있었다.

아프라니우스와 페트레이우스는 켈티베리아로 가면 많은 수의 기병과 외인 지원군을 확보할 것이라 기대했고, 적당한 장소를 선택해 전쟁을 겨울까지 끌고 가기를 바랐다. 그들은 결정을 내린 후 에브로 강*83변의 모든 지역에서 배를 징발해 그들 진지에서 약 45킬로미터 떨어진 에브로 강변의 도시 옥토게사에 집결시키라고 명령했다. 그리고 징발한 배들을 연결해 그곳에 다리를 놓으라고 명령한 다음, 2개 군단을 슈리스강 너머로 보내 진지를 구축하고 3.5미터 높이의 방어벽을 세웠다.

62 카이사르는 정찰병을 통해 이 모든 작전에 대한 정보를 얻었다. 밤낮으로 운하를 파서 물길을 돌린 덕분에 이제 약간의 어려움은 있어도 기병대는 강을 건널 수 있었고, 실제로 일부 기병들은 대담하게 강을 건너기도 했다. 그러나 보병이 건너기에는 아직 강물이 가슴까지 차올랐고 물살마저 거센 편이었다. 그러나 적이 건설하고 있는 에브로강의 다리가 거의 완공되어 간다는 보고가 들어온 바로 그 순간, 슈리스강에도 걸어서 건널 수 있는 여울이 완성되었다.

63 아프라니우스와 페트레이우스는 더욱 절박함을 느끼고 서둘러 출발하

---

*82 이베리아 반도 북동부에 있으며 일레르다보다 남쪽에 위치한 누만티아를 중심으로 한 지역이다.

*83 일레르다로부터 남쪽으로 약 45킬로미터 떨어진 지점에 있으며 서에서 동으로 흘러 지중해로 들어간다.

기로 결정했다. 그들은 외인군 2개 대대를 남겨 일레르다를 지키게 하고 나머지 병력을 이끌고 슈리스강을 건너, 며칠 전에 먼저 강을 건넌 2개 군단과 합류하여 진지를 구축했다.

카이사르에게 남은 유일한 방책은 기병을 출동시켜 적의 행군을 방해하는 것이었다. 아군이 건설한 다리를 이용하면 먼 길을 돌아야 했고, 그 결과 적은 훨씬 짧은 거리로 에브로강에 도착할 수 있었다. 따라서 카이사르는 기병을 강 건너로 출동시켰다. 그들은 제3야경시(자정~새벽 3시)에 진지를 철수하고 떠난 폼페이우스 군대의 후미를 따라잡아 교란 작전을 펼치며 행군을 방해했다.[84]

64 동이 트자 카이사르의 진지에 잇닿은 고지대에서는 아군 기병이 적의 후미 대열에 맹공을 퍼붓는 모습이 보이기 시작했다. 적의 후미는 가끔씩 행군을 중단하기도 하고 본대로부터 멀리 처지기도 했으며, 때로는 몇 개 대대가 군기를 앞세우고 전투대형을 갖춰 돌격을 감행하기도 했다. 그러나 아군 기병은 교전을 피하여 뒤로 물러섰다가 조금 뒤 다시 모여 추격을 계속했다.

아군 진지에서는 병사들이 삼삼오오 모여 이 광경을 보고 애석해했다. "총사령관이 적에게 배를 타고 빠져나갈 기회를 주고 있다니. 불필요하게 전쟁을 오래 끌고 있는 게 아닌가?" 병사들은 백인대장과 군관들을 통해, 자신들은 어떤 노고나 위험도 마다하지 않으니 망설이지 말고 진군 명령을 내리라고 카이사르에게 요구했다. 이미 기병이 건넌 곳으로 강을 건널 준비가 되어 있고, 또 그럴 능력도 갖추었다는 것이다.

병사들의 열의에 감동한 카이사르는 비록 그들을 거센 강물 속으로 들여보내고 싶진 않았지만, 이제 도하를 감행할 때가 되었다고 판단했다. 그래서 모든 백인대에 용기가 부족하거나 체격이 작아 이 모험에 부적합할 것 같은 병사들을 가려내라고 명령한 다음, 1개 군단을 뒤에 남겨 진지를 방어하게 했다. 그리고 나머지 군단들은 경무장을 시키고 강 상류와 하류에 수많은 짐 말을 나란히 배치한 후 병사들을 도하시켰다. 간혹 거센 물살에 중심을 잃고 떠내려가는 병사도 있었지만, 하류 쪽에 늘어선 기병이 붙잡아준 덕에 단 한 명도

---

[84] 적이 일단 에브로강을 건너면 전쟁은 장기전으로 들어갈 수밖에 없으므로 카이사르는 어떻게 해서든 도하를 막아야 했다.

잃지 않고 무사히 강을 건널 수 있었다.

그러자 카이사르는 3열 대형을 갖추고 이동하기 시작했다. 병사들은 얕은 여울로 건너기 위해 9킬로미터나 우회했고 시간도 많이 지체했지만 열의를 다해 행군한 끝에, 제3야경시에 출발한 적의 후미를 제9시(오후 3시)가 되기 전에 따라잡았다.

65 멀리 아군의 모습이 갑자기 보이자 아프라니우스와 페트레이우스는 소스라치게 놀라 행군을 멈추고, 높은 지대에 병사들을 포진시켜 전투를 준비했다.

카이사르는 행군으로 지친 병사들에게 휴식을 취할 틈을 주기 위해 전투를 피하고 평지에 자리를 잡았다. 그리고 적이 다시 이동하려 하자 추격을 재개해 행군을 막았다. 아프라니우스는 어쩔 수 없이 계획보다 일찍 진지를 세웠다. 사방이 산으로 가로막힌 데다 길이 좁고 험한 지역이었기 때문에 7킬로미터밖에 전진하지 못했다.

적은 험한 산속으로 들어가 카이사르의 기병을 따돌리고 고갯길에 경비대를 배치해 아군의 길을 차단한 다음 안전하게 에브로강을 건너려 했다. 적은 반드시 이 계획을 실행해야 했고 무슨 일이 있어도 성공해야 했지만, 하루 종일 전투를 치르며 힘겹게 행군한 탓에 계획을 다음 날로 미뤘다. 카이사르도 가까운 언덕에 진지를 세웠다.

66 자정 무렵에 마실 물을 구하려고 위험을 무릅쓰고 적의 진지에서 너무 멀리 출동한 병사들이 아군 기병에게 생포되었다. 카이사르는 그들의 입을 통해, 적의 사령관들이 병력을 이끌고 몰래 진지를 빠져나가고 있다는 사실을 알게 되었다. 카이사르는 즉시 출동 신호를 울리고 진지를 철수할 때 내는 구령 소리를 크게 내라고 지시했다. 아프라니우스와 페트레이우스는 이 소리를 듣자 출발을 중지시키고 진지에 머무르도록 했다. 군대가 야밤에 군장을 맨 상태로 전투에 휘말리거나 카이사르의 기병이 좁은 고갯길에서 가로막을까 두려웠기 때문이다.

이튿날 페트레이우스는 소규모 기병을 이끌고 은밀히 나가 그 지역을 탐색했다. 카이사르 진영에서도 루키우스 데키디우스 삭사가 기병 몇 기를 이끌고 나가 똑같은 임무를 수행했다.

두 부대 모두 각자의 진지로 돌아와 보고한 내용은 같았다. 즉 7.5킬로미터 전방까지는 평탄한 길이 계속되지만 그 너머에는 바위투성이인 산이 펼쳐져 있는데, 그곳의 길목들을 먼저 점거하는 쪽이 비교적 손쉽게 상대편을 물리칠 수 있다는 것이었다.[85]

67 페트레이우스와 아프라니우스는 작전회의를 열어, 정찰대의 보고를 토대로 출발할 시간에 대해 논의했다. 대부분의 지휘관들은 카이사르 군대가 알아채기 전에 길목을 장악하려면 밤중에 행군해야 한다는 의견을 내놓았다. 다른 지휘관들은 전날 밤 카이사르가 철수를 명한 것으로 보아 몰래 빠져나가기는 불가능하다고 주장했다. 그들은 이렇게 설명했다. "밤이 되면 카이사르의 기병대가 널리 포진해 모든 지점과 길목을 가로막을 것입니다. 더욱이 같은 국민끼리 싸우는 경우 밤에는 병사들이 의무감보다는 공포심에 흔들릴 가능성이 높습니다. 반면에 낮에는 다른 자들의 시선을 의식하기 때문에, 병사들은 군관과 백인대장들이 지켜보는 자리에서는 부끄러운 행동을 할 수가 없습니다. 병사들이 지휘관의 통제에 따르고 충성심을 유지하는 것도 그런 이유에서입니다. 따라서 어떤 일이 있어도 철수는 낮에 해야 합니다." 즉 다소 손실을 입더라도 낮에 철수해야 본대는 목표 지점으로 무사히 이동할 수 있다는 것이다. 결국 회의에 참석한 지휘관들은 이 의견에 따라 이튿날 새벽에 출발하기로 결정했다.

68 카이사르는 주변 지형을 파악한 뒤 동이 트자마자 전 병력을 이끌고 진지를 빠져나왔다. 그리고 아무런 표시도 없는 먼 길로 돌아가기 시작했다. 그 이유는 옥토게사와 에브로강에 이르는 일직선 상에 적의 진지가 가로놓여 있었기 때문이다.

카이사르의 병사들은 깊고 험준한 골짜기를 건너고 가파른 암벽을 넘어야 했다. 그럴 때면 무기를 손에서 손으로 전달하고 빈손으로 행군했다. 앞뒤의 동료를 도와야 했기 때문이다.

---

[85] 바로 그 산 너머에 에브로강이 흐르고 있다. 산에 먼저 도착하는 쪽이 전쟁의 주도권을 잡게 되는 상황이다.

그러나 단 한 사람도 힘든 기색을 보이지 않았다. 에브로강 앞에서 적을 가로막고 식량 공급을 차단하면 고생도 끝이라고 생각했기 때문이다.

69 아군 병사들의 이동을 안 아프라니우스의 병사들은 처음에는 기쁨을 감추지 못하고 진영 밖으로 뛰쳐나와 아군 병사들을 뒤쫓으며 모욕적인 말들을 퍼부었다. "식량 부족 때문에 어쩔 수 없이 도망치는 것이다. 일레르다로 후퇴하는 것이다."

행군 방향이 목적지에서 멀어졌기 때문에 마치 우리 군이 반대 방향으로 도망치는 듯 보였을 것이다. 더구나 군수품이나 우마도 없이 진지를 떠나자 적군의 지휘관들은 아군이 식량 부족으로 더는 견디지 못하고 떠난 것이라 믿고, 자신들은 진지에 남기로 결정한 것에 대해 서로 축하의 말을 건네고 치하했다.

그러나 아군 행렬이 조금씩 오른쪽으로 돌아 그들의 진지를 포위하는 형국이 되자, 모든 병사가 다급함을 느끼고 지체 없이 진지를 떠나 아군을 막기 위해 달려왔다. "무기를 들라!"는 함성과 함께, 진지를 사수할 몇 개 대대만 남고 적군의 모든 병력이 가장 빠른 길로 에브로강을 향해 이동했다.

70 이것은 아군과 적군 중 어느 쪽이 고갯길에 먼저 닿느냐는 경주와 같았다. 승부는 오직 '속도'에 달려 있었다. 카이사르의 군대도 험한 길 때문에 지체되고 있었지만, 아프라니우스의 군대 또한 바짝 뒤쫓으며 행군을 방해하는 카이사르의 기병 때문에 지체되고 있었다. 그러나 아프라니우스의 군대는 이미 곤란한 상황에 빠져들고 말았다. 만일 그들이 어렵사리 목적지인 고갯길에 먼저 도착한다면 그들 자신은 위험에서 벗어날 수 있지만, 뒤에 남은 대대들과 모든 군수품은 되찾을 수 없게 된다.

그 길은 이미 카이사르의 군대에 차단되어, 진지에 남은 병력을 도울 수 없었기 때문이다. 결국 행군을 먼저 끝낸 쪽은 카이사르였다. 그는 바위산 중턱의 평지에서 전투대형을 갖추고 적을 기다렸다. 아군이 먼저 고갯길을 장악한 데다 아군 기병이 대열의 후미를 끊임없이 괴롭히자 아프라니우스는 언덕 위에서 행군을 멈추었다. 그러고는 시야에 들어오는 산들 가운데 가장 높은 산으로 경보병 4개 대대를 출동시켜 그 산을 점령하라고 명령했다. 나머지 병력도 그 산으로 이동시킨 다음 행군로를 바꿔 능선을 타고 옥토게사로 이동할 생각이었다.

4개 대대가 옆길로 빠져 목표 지점으로 이동할 때 카이사르의 기병이 그들을 발견하고 공격을 퍼부었다. 적은 상당히 오랫동안 저항했으나, 양쪽 군대가 지켜보는 가운데 모든 병사가 포위를 당하여 죽음을 맞이했다.

71 마침내 승리의 기회가 찾아왔다. 카이사르는 적군이 치명적인 패배를 목격한 이상 공포에 사로잡혀 더는 저항하지 못하리라 확신했다. 더구나 전투가 벌어진다면 적은 탁 트인 넓은 평지에서 아군의 기병에게 완전히 포위될 것이 분명했다. 카이사르의 모든 부대는 즉시 적을 공격하자고 재촉했다. 모든 부장과 백인대장과 군관들이 카이사르를 둘러싸고, 모든 병사가 무기를 들고 전의를 불사르고 있으니 즉시 전투를 벌이자고 촉구했다. 반면에 아프라니우스의 군대는 모든 면으로 보아 공포에 사로잡힌 것이 분명하다고 지적했다. 그들은 동료를 구하기 위해 지원군을 보내지도 않았고, 언덕에서 내려오지도 않았으며, 아군 기병이 공격하면 당장이라도 궤멸될 것처럼 보였다. 또 병사들이 대형을 갖추고 부대기 곁에 정렬한 것이 아니라, 한곳에 모인 부대기들처럼 병사들도 그 곁에 아무렇게나 모여 있다는 것이었다. 따라서 지형상 불리한 것이 카이사르의 마음에 걸릴 수도 있지만 전투의 기회는 어느 장소에서건 찾아올 수 있는 상황이었다.

지휘관들은 카이사르에게 이렇게 주장했다. "아프라니우스는 틀림없이 언덕 밑으로 내려올 것입니다. 그곳에서 물 없이는 오래 머물 수 없을 테니까요."

72 카이사르는 이미 적의 식량 보급로를 차단했으므로 아군의 손실 없이 전투를 끝내고자 했다. 그가 물었다.

"아무리 승리를 위한 것이라 해도 왜 쓸데없이 병사들을 희생시켜야 하는가? 왜 나를 위해 땀과 눈물을 바친 병사들에게 부상을 입혀야 하는가? 요컨대 왜 내가 하늘의 뜻을 어기고 모험을 해야 하는가? 훌륭한 사령관이라면 검을 휘두르기보다는 작전으로 더 큰 승리를 얻어야 하지 않겠는가? 게다가 카이사르는 죽어 마땅하다고 생각하는 로마 시민들[86]에게도 동정심과 연민을

─────────────

[86] 아프라니우스 진영의 로마 병사들을 가리킨다.

느끼고 있다. 나는 그들을 해치지 않고 승리를 얻고자 한다."

병사들은 카이사르의 의견에 수긍하지 않았다. 오히려 공공연히 이렇게 말하고 있었다. "그렇게 좋은 승리의 기회를 외면한다면 뒷날 카이사르가 전투를 원해도 싸우지 않겠노라."

그러나 카이사르는 뜻을 굽히지 않았고, 조금 뒤로 후퇴하여 적에게 숨 돌릴 틈을 주었다. 기회를 얻은 페트레이우스와 아프라니우스는 즉시 방향을 돌려 진지로 돌아갔다. 카이사르는 주변 언덕에 경비대를 배치해 에브로강으로 가는 길을 완전 봉쇄하고, 되도록 적의 진지에서 가까운 곳에 아군 진지를 구축했다.

73 이튿날 아프라니우스와 페트레이우스는 에브로강에 이르러, 식량을 확보할 가망이 완전히 사라진 것에 크게 당황하였다. 그들은 남아있는 방책이 무엇인지 논의했다. 한 가지 방책은 일레르다로 되돌아가는 것이었고, 다른 방책은 타라코로 가는 것이었다. 두 사람이 머리를 맞대고 숙고하는 동안, 물을 길러 진영 밖으로 나간 병사들이 자주 우리 기병의 공격을 받는다는 보고가 들어왔다.

그에 따라 적장들은 기병 소대와 외인군 대대로 구성된 경비대들을 여러 곳에 가까운 간격으로 배치하였다. 또 각 경비대 사이에는 군단병 대대들을 배치했으며, 진지에서 개울까지 보루를 쌓기 시작했다. 자신들의 병사들이 기병의 공격을 염려하거나 호위병을 대동하지 않고도 방어시설 안에서 안전하게 물을 공급하도록 하기 위해서였다. 페트레이우스와 아프라니우스는 각자의 병사들에게 일을 공평하게 분배한 후 진지에서 멀리 나가 공사를 감독했다.

74 사령관들이 멀리 떠나자 적군 병사들은 거리낌없이 아군 병사들에게 심정을 털어놓았다. 많은 병사들이 진지를 벗어나 카이사르의 진영으로 다가와 동료나 고향 사람을 찾으며 이름을 부르기 시작했다. 우선 그들은 한결같이 전날 죽음의 공포에 직면했을 때 목숨을 살려준 것에 대해 아군 병사들에게 감사를 표하며 "자네들 덕분에 목숨을 구했네"라고 말했다.

이어서 그들은 카이사르를 믿어도 되는지, 그리고 그들의 운명을 카이사르의 손에 맡겨도 되는지 물었다. 그들은 애초에 카이사르의 편에 서지 않은 것이나, 친구나 친척을 따라 전쟁에 나선 것을 후회했다. 어느 정도 이야기가 오가자 적군 병사들은 용기를 내어, 페트레이우스와 아프라니우스의 목숨을 살려주겠다는 카이사르의 확답을 받아달라고 요구했다. 동료들을 배반했다는 오명을 남기고 죄의식으로 고통받고 싶지 않아서였다.

목숨을 살려주겠다는 카이사르의 확답이 떨어지자 그들은 즉시 부대기를 건네주겠다고 맹세하고, 수석 백인대장들로 구성된 대표단을 보내 카이사르와 해결책을 논의했다. 한편 어떤 병사들은 아군 병사들을 그들의 진지로 불러들여 두 진지는 마치 하나로 합쳐진 것 같았다. 또한 여러 명의 군관과 백인대장들이 카이사르를 찾아와 그의 밑에서 복무하기를 청했다.

이런 일이 일어나자 폼페이우스 군대에 의해 차출되어 인질로 억류돼 있던 에스파냐 귀족들도 카이사르의 진지로 찾아왔다. 이들 역시 아는 사람이나 가문의 옛 친지들을 찾았고, 자신의 호의를 증명할 수 있도록 카이사르를 만나게 해달라고 부탁했다. 심지어 아프라니우스의 젊은 아들까지도 카이사르의 부장인 술피키우스를 통해 부친과 그 자신의 안전을 보장해달라고 간청했다.

모든 사람이 기쁨과 자축 속에 하나가 되었다. 한쪽은 죽음의 공포에서 벗어난 것에 감사했고, 다른 쪽은 피를 보지 않고 승리를 거머쥔 것에 기뻐했다. 이제 모두의 눈앞에서 카이사르의 자비가 결실을 맺었으며 모두가 그의 결정이 옳았음을 인정하게 되었다.

75 이 소식을 보고받은 아프라니우스는 즉시 공사현장을 떠나 진지로 돌아왔다. 표정으로도 알 수 있듯이 그는 어떤 상황이 닥치든 평온하고 침착하게 받아들일 준비가 되어 있었다. 반면 페트레이우스는 고집을 꺾지 않았다. 그는 자신의 노예들을 무장시키고 또한 자신의 호위대로 사용하던 경보병 대대와 소수의 야만족 기병을 앞세워 불시에 진지*87로 들이닥쳐 병사들의 대화를 중단시켰다. 그리고 우리 병사들을 진영 밖으로 내몰면서 닥치는 대로 칼을 휘둘러 살해했다. 나머지 병사들은 갑작스런 공격에 놀랐지만, 아군 진지가 가깝다는 사실을 떠올리고는 즉시 한곳에 집결하여 방어하였다. 양손에 방패와 검을 들고 경보병과 기병의 공격을 막아내면서 아군 진지로 퇴각하여, 진문을 경

---

*87 문맥으로 보아 페트레이우스의 진지일 것으로 추정된다.

비하던 대대들의 도움을 받았다.

76 이 일이 있은 뒤 페트레이우스는 자신의 중대들을 직접 돌면서, 이곳에 없다고 해서 총사령관인 폼페이우스를 배신하지 말 것이며, 그 자신을 적 앞에 내놓아 형벌을 당하게 하지 말라고 눈물로 호소했다. 많은 병사들이 사령부 앞으로 모여들었다. 페트레이우스는 그들에게 군대와 사령관을 버리지 않을 것과, 자신의 이익을 위해 동료들을 버리고 이기적으로 행동하지 않을 것을 맹세하라고 요구했다. 그리고 자신이 먼저 맹세한 후 아프라니우스에게도 똑같은 맹세를 강요했다. 나아가 군관과 백인대장의 뒤를 이어 병사들까지 백인대 별로 나와 똑같이 맹세하게 했다.

카이사르의 병사를 한 명이라도 막사에 들였다면 모두 내놓으라는 명령이 떨어졌다. 끌려나온 자는 사령부 앞에서 공개적으로 처형되었다. 그러나 카이사르의 병사를 초대해 식사를 대접한 병사들은 대부분 밤중에 방벽 틈새로 그들을 도주시켰다. 아프라니우스와 페트레이우스는 이렇게 병사들을 위협하고, 무자비한 형벌을 가하고, 맹세와 복종을 강요함으로써 당분간 항복의 기대를 억누르는 데 성공했다. 그들은 병사들의 마음을 돌려 전선을 다시 긴장으로 몰아넣었다.

77 카이사르는 화해 분위기 속에서 그의 진지를 찾아온 적군 병사들에게는 최고의 대우를 한 후 돌려보내라고 명령했다.

그러나 꽤 많은 수의 군관과 백인대장이 자발적으로 그의 진지에 남기를 희망했다. 카이사르는 이들에게 경의를 표한 다음 백인대장들에게는 전과 똑같은 지위를 주고, 기사 신분을 가진 자들에게는 군관의 지위를 부여했다.

78 아프라니우스의 병사들은 여전히 말꼴과 물을 구하지 못했다. 일레르다를 떠날 때 22일분 식량을 준비하라는 명령이 내려진 덕분에 군단병들에겐 약간의 식량이 남아있었다. 그러나 경보병 외인군은 식량도 없고 식량을 구해 올 장비도 부족했으며, 짐을 수송하는 말에도 신체적으로 익숙하지 않았다. 그 결과 많은 수의 외인군이 매일 카이사르의 진영으로 탈주했다. 폼페이우스 군대로서는 매우 심각한 상황이었다. 사령관들은 두 가지 방책을 놓고 고심했다.

쉬운 방법은 일레르다로 돌아가는 것이었다. 일레르다에는 식량이 조금 남아 있으므로 일단 그곳에 도착하면 새로운 작전을 구상할 수 있다고 믿었기 때문이다.

타라코는 일레르다보다 더 멀었으며, 이동할 거리가 멀수록 그들에게 닥칠 불운도 더 많을 것이라 생각했다. 그에 따라 두 사령관은 일레르다로 돌아가기로 결정하고 이동을 시작했다. 카이사르는 기병을 출동시켜 적군 대열의 후미를 공격하여 지체시키는 동시에, 그 자신은 군단들을 이끌고 그 뒤를 따랐다. 적의 후미는 즉시 아군 기병의 공격을 막아내고 반격을 가해 왔다.

79 전투는 다음과 같이 벌어졌다. 적군의 후위는 경무장을 한 여러 대대들의 호위를 받았다. 평지에 이르면 몇몇 대대가 행군을 멈추고, 퇴각하는 다른 병사들을 호위했다. 언덕을 오를 때에는 지형의 특성상 쉽게 위험에서 벗어났다. 앞서 간 병사들이 높은 곳에 자리를 잡은 후 뒤따라 올라오는 동료들을 엄호했기 때문이다.

그러나 계곡을 지나거나 내리막이 나오면 매우 위험한 상황이 펼쳐졌다. 앞서 간 병사들이 뒤따라오는 동료들을 도울 수 없으며, 카이사르의 기병들이 지대가 높은 후방에서 무기를 투척했기 때문이다.

이 문제를 해결하기 위해 적은 일단 높은 지대에 오르면 행군을 멈추고 아군을 공격했다. 아군이 멀찌감치 물러가면 적은 전속력으로 달려내려가 계곡을 건넌 다음 다시 높은 지대에 이르러 행군을 멈췄다.

적에게도 많은 수의 기병이 있었지만 군단병들에게 도움이 되기는커녕, 몇 번의 전초전에서 사기가 완전히 꺾인 탓에 대열 중간에 틀어박혀 몸을 사리기만 했다. 카이사르의 기병이 던진 무기를 맞고 쓰러지기 전에는 어느 누구도 행군 대열을 벗어나려 하지 않았다.

80 대개 이런 식의 작은 전투를 치르면서 전진할 때에는 항상 그렇듯이, 적의 행군은 느리고 답답했으며 동료를 돕기 위해 정지하는 일이 빈번했다. 6킬로미터 가량 전진했을 때 아군 기병이 맹공을 퍼붓자 적은 높은 언덕으로 올라가 진지를 구축했으나, 그러는 동안 우마의 등에서 짐을 풀진 않았다.

그날 정오경 카이사르가 진지를 구축하고 막사를 세울 때였다. 아군 기병이 말꼴을 거두기 위해 출동한 틈을 타 적이 불시에 돌격을 감행해 아군을 혼란에 빠뜨리고 그 틈에 행군을 다시 시작했다. 이것을 본 카이사르는 충분한 휴식을 취한 자신의 군단들을 이끌고 적의 뒤를 쫓았다. 또한 몇몇 대대를 뒤에 남겨 군수품을 지키게 하고 제10시(오후 4시)에 그를 따라오라고 명령했다. 또한 기병과 징발대도 즉시 불러들였다.

기병은 곧 평소처럼 행군 대열에 합류해 폼페이우스 군대의 후미에 맹공을 퍼부었다. 이 공격으로 후미의 거의 모든 병사가 패주하고 몇몇 백인대장을 비롯해 많은 병사가 사망했다. 이와 함께 카이사르의 본대가 공격을 개시하여 적을 한꺼번에 위협하기 시작했다.

아프라니우스군의 항복

81 이때 적군은 더 이상 전진할 수도 없고 진지를 세우기에 마땅한 자리도 찾을 수 없는 상황에 몰렸다. 그들은 궁여지책으로 행군을 멈추고, 물을 공급할 수 있는 곳으로부터 아주 멀고 지형도 불리한 곳에 진지를 구축했다. 그러나 위에서 말한 바로 그 이유 때문에 카이사르 역시 전투를 펼칠 수가 없었다. 그날부터 카이사르는 아군 진지에 막사를 세우지 말라고 지시했다. 적이 밤이든 낮이든 언제 달아나려 하더라도 신속하게 추격할 수 있는 태세를 갖추어놓기 위해서였다. 적은 진지의 불리함을 극복하기 위해 밤새워 방어시설을 구축하면서 진지를 넓히고 전진했다. 그러나 물을 공급할 수 있는 곳으로부터는 계속 멀어졌기 때문에, 기존의 어려움이 새로운 어려움으로 대체되는 형국을 벗어나지 못했다.

첫날밤에는 누구도 물을 뜨러 진지를 나서지 않았다. 이튿날 적은 진지에 경비대를 남겨두고 전 병력이 물을 뜨러 출동했지만, 말꼴을 구할 병력은 전혀 내보내지 못했다. 카이사르는 전투를 벌여 패배를 안겨주기보다는 적이 이런 어려움에 지쳐 스스로 항복하기를 원했다. 그러나 한편으로는 궁지에 몰린 적이 갑자기 탈출을 시도할 수도 있다는 판단에, 적의 길목을 차단하기 위해 토루와 참호를 만들고 적의 진지를 포위했다.

그러자 적의 사령관들은 모든 짐말과 소를 죽이라는 명령을 내렸다. 더 이상 우마에게 먹일 말꼴이 없을 뿐 아니라 행군의 부담을 줄이기 위해서였다.

82 아군이 토루를 설계하고 축조하기까지는 이틀이 걸렸고, 사흘 째가 되자 거의 모든 부분이 완성 단계에 들어갔다. 폼페이우스 군대는 공사가 진척되는 것을 막기 위해 제9시(오후 3시)경에 신호를 울리고 군단들을 출동시켜 진영 바로 아래에서 전투대형을 갖추었다. 카이사르도 공사현장으로부터 군단병들을 불러들이고 전 기병을 소집해 전투대형을 갖췄다.

그의 병사들이나 세상 사람들의 믿음과 달리 카이사르가 전투를 피하는 모습을 보이면 그의 명성에 씻을 수 없는 오점이 남을 수 있었다. 그러나 앞에서 말한 것처럼 전투를 피하고자 하는 카이사르의 마음은 조금도 흔들리지 않았으며, 더욱이 적을 물리친다 해도 협소한 공간 때문에 결정적인 승리를 얻어내기는 어려웠다. 사실 두 진영 간의 거리는 3킬로미터에 불과했다. 양쪽 군대가 이 공간의 3분의 2를 차지했으므로, 돌격하고 공격할 수 있는 공간은 나머지 3분의 1에 불과했다. 또한 양쪽 진지가 서로 가까웠기 때문에, 전투가 벌어지더라도 패한 군대는 재빨리 후퇴해 진영 안으로 숨을 수 있었다. 따라서 카이사르는 선공을 펼치는 대신 적이 먼저 공격하기를 기다렸다가 방어에 치중하기로 결심했다.

83 아프라니우스는 앞쪽 두 열에 5개 군단을 배치하고 제3열에는 외인군 대대들을 예비 부대로 배치했다.

카이사르 측도 3열 대형을 갖췄다. 제1열에는 5개 군단에서 각각 4개 대대를 선발해 배치하고, 제2열과 제3열에는 5개 군단에서 각각 3개 대대를 선발해 예비 부대로 배치했다. 중앙에는 궁수와 투석병 부대를, 양 날개에는 기병을 포진시켰다.

양군의 사령관들은 이런 배치를 통해 각자의 목적을 달성하고 있었다. 카이사르는 불가피한 경우가 아니면 전투를 벌이지 않으려 했고, 아프라니우스는 카이사르의 공사를 방해하려 했던 것이다. 교착 상태 속에서 양쪽 군대는 전투대형을 유지하였고 해질녘이 되어서야 진지로 돌아갔다.

이튿날 카이사르는 토루 공사를 끝낼 준비를 했고, 폼페이우스 군대는 마른 길을 통해 슈리스강을 건너려 했다.*88 이것을 본 카이사르는 게르만 경보

---

*88 일레르다로 퇴각하기 위해서는 슈리스강을 다시 건너야 했다. 결국 아프라니우스와 페트레이우스는 에브로강을 건너는 데 실패한 것이다.

병과 기병대의 일부를 강 건너로 출동시켜 강둑을 따라 견고한 경비망을 구축했다.

84 이로써 폼페이우스 군대는 완전히 궁지에 몰렸다. 넷째 날이 되자 소와 말에게 먹일 게 바닥났고 물과 땔감, 식량도 바닥을 드러내기 시작했다. 결국 아프라니우스와 페트레이우스는 카이사르에게 양측 병사들로부터 멀리 떨어진 장소에서 비공개로 만나자고 제안했다. 그러나 카이사르는 은밀한 곳이 아닌 공개적인 장소에서 회담을 연다면 응하겠다고 대답했다. 적의 사령관들은 아프라니우스의 아들을 인질로 내놓은 다음 카이사르가 정한 장소에서 만났다. 아프라니우스는 양쪽 군대의 병사들이 듣는 자리에서 이렇게 말했다.

"그대는 나와 페트레이우스, 그리고 우리 병사들에게 악의를 품지 말아야 하오. 우리는 단지 우리의 총사령관인 폼페이우스에게 충성했을 뿐이기 때문이오. 우리는 지금까지 최선을 다해 맡은 바 임무를 다했고 온갖 고초를 겪음으로써 충분한 벌을 받았소. 지금 우리는 짐승처럼 감금되어 있소. 물을 구하러 갈 수도 없으며, 다른 곳으로 이동할 수도 없소. 육체적인 고통과 굴욕감이 견딜 수 없는 지경에 이르렀소. 우리는 패배를 인정하겠소. 진심으로 간청하노니, 일말의 동정심이 남아있다면 부디 극형만은 삼가주시오."

아프라니우스는 더없이 비굴하고 절망적인 자세로 애원했다.

85 이에 대해 카이사르는 이렇게 대답했다.

"양쪽 군대의 지휘관과 병사들을 통틀어 불평을 늘어놓고 자기 연민을 늘어놓을 자격이 그대들만큼 적은 사람도 없을 것이오. 다른 자들은 모두 자신의 본분에 충실했소. 먼저 나는 시간과 장소와 조건이 유리할 때에도 화해의 가능성을 무산시키지 않기 위해 싸우기를 거부했소. 우리의 병사들도 마찬가지요. 그들은 극악무도한 일을 겪고 심지어 동료들이 죽음을 당하는 순간에도 수중에 있는 적의 병사들을 감싸고 보호했소. 폼페이우스 진영의 병사들 역시 모든 동료의 목숨을 구해야 한다는 일념으로 카이사르를 찾아와 화해를 구했소. 이렇듯 모든 자가 동정을 구하고 이해하는 편에 섰으나 오직 그대들만이 화해를 외면했소. 휴전과 회담의 관례를 짓밟은 자가 바로 그대들이었고, 대화할 기회를 갖자는 제안에 속아 진지를 방문한 순진한 병사들을 잔인하게 죽인 것도 바로 그대들이었소. 그래서 그대들이 완고하고 거만한 자에게 닥치는 운명을 그대로 겪은 것이오. 이제 그대들은 조금 전까지 경멸해 마지 않던 회담과 타협에 의지하면서 화해를 구걸하고 있소. 그러나 본인은 그대들의 굴욕이나 현재 상황을 이용해 나 자신의 이익을 추구할 생각은 추호도 없음을 밝히는 바이오. 단지 그대들이 나와 싸우기 위해 여러 해 동안 유지해 온 저 군대의 해산을 요구할 뿐이오.

본인은 '나와 싸우기 위해서'라고 말했소. 그대들은 오직 그 이유로 6개 군단을 에스파냐로 파견하고, 이곳에서 또 한 군단을 모집하고, 대규모 함대들*89을 준비하였으며, 노련한 사령관들*90을 파견하지 않았소? 이 중에 그 무엇이 에스파냐를 평정하거나 속주를 통치하기 위한 수단이었소? 이곳은 오랫동안 평화로웠으므로 그런 수단이 전혀 필요치 않았단 말이오. 그대들이 오랜 시일에 걸쳐 그 모든 수단을 준비한 것은 오직 나를 공격하기 위해서였소. 오직 카이사르를 공격하기 위해 새로운 절대 지휘권을 탄생시켜 한 사람*91이 로마의 성문 밖에 머물면서 로마의 정치를 좌지우지하고, 바로 그 사람이 전쟁 준비가 완료된 두 개의 속주를 여러 해 동안 속주 밖에서 통치해 왔소. 오직 카이사르를 공격하기 위해 총독의 권한을 뜯어고치고,*92 그럼으로써 관례대로 법무관과 집정관 임기가 끝난 직후에 총독으로 파견하는 대신, 소수의 파벌이 총독을 선출하고 승인하게 되었소.

오직 카이사르를 공격하기 위해 복무 연한을 무용지물로 만들어, 전쟁을 치르며 충분히 복무한 자들*93을 또다시 불러내 군대를 지휘하게 만들었단 말이오. 오직 카이사르만이 모든 사령관에게 주어지는 권리를 부여받지 못했소. 원정을 승리로 이끈 자가 군대를 해산하고 귀환할 때에는, 대단한 명예를 누리진 못해도 최소한 모욕을 당하진 말아야 하는 법이오. 그러나 본인은 인내심을 발휘해 이 모든 것을 참았고, 앞으로도 그럴 것이오. 또한 지금의 상황에서 마음만 먹으면 쉽게 할 수 있는 일이지만, 그대들의 병사를 빼앗아 나의 군대

---

*89 카토가 시칠리아에서 1개 함대를 조직했다. 또한 마실리아의 함대와, 바로가 에스파냐에서 조직한 함대를 가리키는 것으로 추정된다.
*90 아프라니우스, 페트레이우스, 바록 에노발부스, 비불리우스 루푸스를 가리킨다.
*91 폼페이우스를 말한다.
*92 속주 분배에 대한 기원전 52년의 폼페이우스 법을 가리킨다.
*93 군무의 면제를 요구하는 고참 장교들을 가리키는 것으로 추정할 수 있으나 불확실하다.

로 받아들일 생각도 없소. 본인은 단지 그대들이 군대를 이용해 나와 대적하지 않기를 바랄 뿐이오.*94 이것이 평화를 위해 카이사르가 내놓는 유일하고도 최종적인 조건이오.”

86 폼페이우스 측 병사들은 당연히 형벌을 받을 것으로 예상했으나, 요구하지도 않은 제대가 허용되자 기쁨을 감추지 못했다. 병사들은 매우 솔직하게 기쁜 심정을 드러냈다. 군무를 마감할 시간과 장소를 심의하는 동안 병사들은 방벽 위에서 소리를 지르고 손을 저으면서 즉시 제대시켜 주기를 바란다는 뜻을 나타냈다.

심의하는 자리에서 어떤 서약이 이루어지든 동원 해제가 뒤로 미뤄지면 그 서약이 과연 시행될지 믿을 수 없다는 뜻에서였다. 짧은 논의 끝에, 에스파냐에 가족과 재산이 있는 병사들은 즉시 제대시키고, 나머지 병사들은 바루스강*95에 도착하면 제대시킨다는 결정이 내려졌다. 카이사르는 누구도 처벌하지 않을 것이며, 누구에게도 군무 서약을 강요하지 않을 것임을 약속했다.

87 뿐만 아니라 바루스강에 도착할 때까지 병사들에게 식량을 배급할 것을 약속하고, 전쟁 중에 잃어버린 재물이 행여 아군 병사의 수중에 있다면 반드시 되돌려주겠다고 약속했다. 카이사르는 병사들에게, 그렇게 취득한 재물의 가격을 공정하게 계산해 물건 대신 현찰로 지불하라고 명령했다. 그 후로 병사들은 분쟁이 일어나면 자진해서 카이사르에게 보고하고 판정을 기다렸다. 폼페이우스의 군단병들이 급료를 요구하며 소란을 피우고, 아프라니우스와 페트레이우스 측에서는 아직 봉급날이 되지 않았다는 해명을 내놓아 분쟁이 일어났을 때에도 사람들은 카이사르에게 문제를 조사해달라고 요청했으며, 양쪽 모두 그의 판결을 만족스럽게 받아들였다.

카이사르는 그 뒤 이틀 동안에 폼페이우스 군대의 3분의 1을 해산시켰고, 나머지 병사들은 카이사르의 2개 군단 뒤를 바짝 따르게 하여 그들과 나란히 야영을 하게 했다. 호송 책임은 퀸투스 푸피우스 칼레누스에게 맡겼다. 카이사르의 지시대로 폼페이우스 군 병사들은 에스파냐를 벗어나 바루스강으로 이

---

*94 군대 해산을 명령하는 것이다.
*95 오늘날의 바르강으로, 남프랑스와 북이탈리아의 경계 지방을 흐른다.

동한 다음 군무를 마치고 해산했다.*⁹⁶

---

*96 기원전 49년 8월 2일의 일이었다. 카이사르가 에스파냐에서 주도권을 잡은 지 일주일 만에
그는 에스파냐의 폼페이우스 군대를 해산시켰다. 폼페이우스 군 사령관인 아프라니우스와
페트레이우스에게는 향방을 결정할 자유가 주어졌는데, 그들은 둘 다 폼페이우스가 있는
그리스로 떠나는 쪽을 선택했다.

제2권

(기원전 49년)

마실리아 공략

1 에스파냐에서 일이 이렇게 진행되는 동안, 마실리아 공격을 지휘하기 위해 뒤에 남은 카이사르의 부장 가이우스 트레보니우스는 도시의 양편에 공성용 방어벽을 쌓고*1 차단막과 공성탑을 세웠다. 두 방벽 가운데 하나는 항구와 부두 쪽에, 다른 하나는 론강 하구와 가까우며 갈리아와 에스파냐 방면에서 도시로 들어가는 성문 쪽에 세워졌다.*2

트레보니우스는 이 공사를 마무리 지으려고 모든 속주에서 수많은 인력과 우마를 징발하고 버드나무와 목재를 조달했다. 이런 재료들을 가지고 그는 25미터에 달하는 방어벽을 완공했다.

2 그러나 마실리아 군대는 오래전부터 도시 안에 수많은 무기와 각종 발사기를 준비해 놓았던 터였다. 그래서 버드나무를 엮어 만든 차단막이 아무리 튼튼한들 그들의 맹공격을 막아내기는 힘들었다. 한쪽 끝에 쇠못을 박은 3.5미터 길이의 통나무를 거대한 투척기로 발사하면, 버드나무 차단막을 네 개나 겹친 방호벽도 우르르 땅 속에 처박혔다.

따라서 아군 병사들은 두께가 30센티미터인 목재로 방호벽 위에 지붕을 얹고 토루에 쓸 재료를 손에서 손으로 운반해 아래쪽을 보강했다. 방호벽 앞쪽의 지면을 평평하게 다질 때에는 길이 18미터의 '귀갑차'*3를 동원했다. 이것

---

*1 여기서는 이전과 달리 대루(對壘 : 적의 요새 앞에 쌓는 공격용 보루)의 건설 과정을 언급하지 않았다. 대루를 쌓았다면 분명 도시 양쪽의 공성용 방벽들과 직각을 이루었을 것이다.

*2 마실리아는 삼면이 바다로 둘러싸여 있고 한 면만이 육지와 연결되어 있다. 바로 이 한 면의 가파른 계곡 너머에 성채가 있었기 때문에 공성 공사는 길고도 힘든 작업이었을 것이다.

*3 테스투도(testudo). 거북의 등껍질을 뜻하는 라틴어. 병사들이 방패로 머리를 막고 진격하는 대형을 가리키기도 하고, 성벽의 기초를 허물거나 해자를 파는 병사들을 보호하는, 경사진

역시 튼튼한 목재로 만들었고, 겉면이 돌과 횃불을 막아낼 수 있는 온갖 재료로 덮여 있었다.

　그러나 공성 시설의 규모, 방어벽과 탑의 높이, 투척기의 수가 어마어마했으므로 전체적인 공사는 매우 더디게 진행되었다. 게다가 틈만 나면 알비키족이 돌격을 감행해 아군의 보루와 공성탑에 횃불을 던졌다. 그러나 아군은 그들의 불과 무기를 쉽게 막아냈을 뿐 아니라, 돌격을 감행한 자들에게 큰 피해를 입혀 도시로 쫓아버렸다.

　3 한편 폼페이우스는 에노발부스와 마실리아 군대를 지원하기 위해 루키우스 나시디우스와 군선 16척을 파견했다. 그중 몇 척에는 청동 충각(衝角)*⁴이 달려 있었다. 쿠리오*⁵는 나시디우스가 나타날 것을 예상하지 못한 채 완전히 방심하고 있었기 때문에 나시디우스는 시칠리아 해협을 유유히 건너 메사나로 들어갔다. 메사나의 지도자들은 공포에 사로잡혀 도시를 빠져나갔다. 나시디우스는 부두에서 배 한 척을 징발해 자신의 함대에 편입시킨 뒤 다시 마실리아를 향해 항해를 계속했다. 그는 몇 척의 배를 먼저 보내 에노발부스와 마실리아 사람들에게 그가 온다는 것을 알리는 동시에, 그가 몰고 오는 지원 함대와 마실리아의 함대가 함께 데키우스 브루투스에게 다시 도전할 것을 강력히 주장했다.

　4 마실리아 군대는 지난번의 패배*⁶ 이후 함대를 보충하기 위해, 선창에 매둔 낡은 배들을 끌고 나와 열심히 수리하고 장비를 갖췄다. 더불어 조타수와 노잡이를 충분히 확보하고, 고깃배들을 징발해 노잡이들이 투척 무기에 맞지 않도록 갑판처럼 씌우고 그 안에 궁수와 투척기를 가득 배치했다.

　함대를 갖춘 후 출항할 시간이 되자 도시의 모든 노인과 아낙네와 젊은 여

지붕과 바퀴가 있는 구조물을 뜻하기도 한다.

*4 군함의 이물(뱃머리의 튀어나온 부분)에 붙인 쇠나 그 밖의 금속으로 된 돌기를 말한다.

*5 카이사르파다. 전직 호민관으로, 원로원이 카이사르에게 군대 해산을 명하는 최종 권고 의결안을 호민관 거부권을 발동하여 지연시켰다. 그 무렵에는 로마의 곡창이라고까지 불린 시칠리아를 장악하고 있었다.

*6 1-58에서 마실리아 군대는 데키우스 브루투스 함대에 의해 해전에서 패배했다. 수적으로 우세였음에도 불구하고 그들은 그 전투에서 배 아홉 척을 잃었다.

자들이 몰려나와 눈물을 흘리며 기도하면서, 이 비참한 궁핍에서 그들의 도시를 구해달라고 애원했다. 마실리아 군대는 이전과 똑같은 용기와 자신감을 회복했다. 인간은 누구나 보이지 않거나 알지 못하는 것 때문에 지나친 자신감이나 두려움을 품는 오류를 범하는데, 이때가 바로 그런 경우였다.

루키우스 나시디우스가 도착함으로써 사람들의 마음에 희망과 열정이 가득 채워졌다. 병사들은 적당한 바람을 타고 항구를 떠나, 그들의 요새 중 하나인 타우로이스에 정박한 나시디우스의 함대와 합류했다. 이곳에서 함선에 전투장비를 갖추고 다시 싸우겠다는 결의를 다지면서 작전을 논의했다. 마실리아 군대가 오른쪽 날개를 맡고 나시디우스가 왼쪽 날개를 맡기로 했다.

5 브루투스도 서둘러 그곳으로 출동했다. 그의 함대는 규모가 더욱 커졌다. 카이사르의 명령에 따라 아렐라테에서 건조한 함선들 외에 마실리아군에게서 나포한 배 6척이 더해졌기 때문이다. 브루투스는 이미 이 배들을 수리하고 전투에 필요한 장비를 완벽하게 구비했다. 그는 병사들에게 이렇게 강력히 권고했다. "그 세력이 완전무결할 때에도 우리는 이미 그자들을 패배시켰다. 우리가 싸워 이겼던 자들이다. 마음껏 경멸하라!" 그들은 자신감과 용기로 충만한 함대를 이끌고 출진했다.

가이우스 트레보니우스의 진지에서는 물론이고 지대가 높은 곳에서도 마실리아가 한눈에 보였다. 도시에 남은 병사들과 모든 노인들, 그리고 아녀자와 아이들이 광장이나 망루, 성벽 위에 모여 두 손을 높이 치켜들고 기도를 올리거나, 신전에 모셔진 불멸의 신들을 찾아가 엎드려 승리를 기원하고 있었다. 자신들의 모든 운명이 그날의 결과에 달려 있다는 것을 모르는 사람이 없었다. 모든 연령대에서 각기 최고의 전사로 인정받는 자들이 지명되어 마실리아 시민들의 간절한 부탁을 받고 배에 올랐기 때문이다. 그 결과 그들의 군대가 패배한다면 저항을 시도해 볼 가능성마저 사라질 것이 분명했다. 반면에 승리한다면 자신들의 힘과 외부의 도움으로 도시를 보호했다는 자부심을 가질 수 있었다.

6 전투가 시작될 때 마실리아군의 용맹함은 하늘을 찌를 듯했다. 병사들은 조금 전에 시민들로부터 받은 부탁과 격려를 기억하고 있었다. 이 전투에서 패

하면 기회는 다시 오지 않을 것이다, 전투에서 그들의 생명을 위협하는 자들이라면 도시를 점령한 후에는 남아있는 시민들의 운명까지 잔인하게 끝낼 것이라 믿고 전력을 다해 전투에 임했다.

아군의 군선들이 점차로 흩어지자 적은 조타 기술과 군선의 기동력을 활용할 기회를 잡았다. 아군 병사들이 적의 배에 접근해 갈고랑쇠를 던지려 하면 적은 사방에서 달려와 곤경에 빠진 동료들을 구했다. 그들은 또한 알비키족과 나란히 백병전을 치르면서 아군 병사들에 뒤지지 않는 용맹함을 보였다. 이와 동시에 얼마간 떨어져 정박해 있던 작은 배 여러 척에서 아군을 향해 쉴 새 없이 무기를 투척한 결과, 이런 공격을 전혀 예상하지 못하고 전투에 몰두해 있던 많은 아군 병사들이 뜻밖의 부상을 입고 말았다.

데키우스 브루투스의 배에는 사령관 깃발이 달려 있어 쉽게 알아볼 수 있었다. 결국 군선 두 척이 그의 배를 발견하고 각기 다른 방향에서 전속력으로 돌진했다. 그러나 경계태세를 늦추지 않고 있던 브루투스는 즉시 속도를 높여 그들을 피했다. 그러자 표적을 잃은 두 군선이 서로 충돌해 심하게 파손되었고 그중 한 척은 선수가 파괴되어 배 전체가 침몰하기 시작했다. 가까이에서 이것을 본 브루투스의 군선들이 몰려와 공격을 퍼붓자 두 척의 군선은 이내 물 속으로 가라앉았다.

7 그러나 나시디우스의 함선들은 지원공격을 하지 않고 재빨리 퇴각했다. 나시디우스의 수병들은 마실리아 땅을 보고 고향을 생각하거나, 목숨을 걸고 싸우라는 친족들의 부탁을 기억하고 전의를 다질 이유가 없었기 때문이다.[7] 따라서 나시디우스의 함대는 한 척도 파손되지 않았다. 마실리아 함대에서는 5척이 침몰하고 4척이 나포되었으며 1척은 나시디우스 함대를 따라 먼 에스파냐 쪽으로 도망쳤다.

남은 마실리아군선 1척이 마실리아로 들어가 패전 소식을 알렸다.[8] 그 배가 도착하자 온 주민이 전투 결과를 들으려고 쏟아져 나왔고, 패전 소식을 듣자 마치 도시마저 빼앗긴 양 놀라고 절망했다. 그런 와중에서도 마실리아 사

---

[7] 나시디우스 함대의 수병들은 마실리아 사람들이 아니기 때문이다. 그들은 폼페이우스가 지원군으로 보낸 로마 병사들이다.

[8] 두 번째 해전에서도 데키우스 브루투스가 승리한 것이다.

람들은 도시를 지키기 위해서라면 어떤 일도 마다하지 않으려고 했다.

8 포위망의 오른쪽 부분을 맡고 있던 아군 군단병들은, 성벽 가까이에 벽돌로 탑을 쌓아 일종의 요새이자 은신처로 이용하면 적의 잦은 돌격을 효과적으로 막을 수 있음을 깨달았다. 병사들은 우선 작고 낮은 구조물을 만들어 적의 갑작스런 공격을 막아냈다. 그것은 대피소로도 쓰여, 적이 맹공을 퍼부으면 아군은 그 속으로 들어가 공격을 막아내고 때로는 돌격을 감행해 적을 격퇴하고 추격했다.

탑은 가로 세로 9미터였지만 벽의 두께는 1.5미터나 되었다. 그러나 '경험은 행동의 스승'이라는 말처럼 얼마 후 병사들은 탑을 높이 쌓으면 대단히 쓸모가 있다는 사실을 자연스럽게 깨달았다. 탑 쌓기는 다음과 같이 이루어졌다.

9 탑이 1층 높이만큼 올라가자 병사들은 적이 던진 횃불이 미끄러 떨어지도록 2층 바닥의 대들보 끝을 바깥벽 안으로 들어오게 했다. 나무로 짠 2층 바닥 위에는 다시 벽돌로 벽을 쌓았는데, 공성용 엄호차*9와 차단막이 보호할 수 있는 높이까지 최대한 쌓았다. 병사들은 이 벽 위에 거의 바깥벽 끝까지 올 만큼 긴 대들보 두 개를 가로질러 놓고, 대들보 위에는 탑의 지붕 역할을 할 목재 뼈대를 올려놓았으며, 이 대들보들 위에 직각으로 이음보를 대어 단단히 고정시켰다. 대들보 위에 놓은 목재 뼈대는 외벽 밖으로 튀어나오도록 약간 더 길게 만들어 여기에 적의 투척 무기를 튕겨낼 수 있는 덮개를 매달았고, 그 안쪽에서 계속 벽돌을 쌓아올렸다. 또한 목재 뼈대 윗면에 벽돌과 진흙을 덮어 적이 불을 던져도 피해가 없도록 했고, 그 위에는 다시 밝은 천을 깔아 노궁(弩弓)으로 쏜 창이 목재를 관통하거나 노포(弩砲)로 쏜 화살에 벽돌이 빠져나가지 않게끔 했다.

또한 닻줄을 엮어 폭 1.2미터의 방호 덮개를 세 개 만든 다음, 적에게 노출된 세 외벽을 따라 벽 밖으로 튀어나온 나무들 끝에 방호 덮개를 매달았다. 병사들은 이렇게 만든 방호 덮개는 적이 아무리 강력한 투척기로 활이나 창

---

*9 경사진 지붕에 가죽이나 천을 씌우고 밑에는 바퀴를 달아 이동하면서, 공사를 하는 병사들을 보호하는 장치의 하나이다.

을 발사해도 뚫을 수 없다는 것을 다른 곳에서 경험해 알고 있었다.*10 이렇게 완성된 탑 위에 지붕을 얹어 적의 무기를 막아낼 수 있게 되자 병사들은 엄호차들을 다른 곳으로 옮긴 다음, 2층 바닥에서 지레를 이용해 탑의 지붕을 전체적으로 들어올렸다. 그리고 지붕과 함께 올라가는 방호 덮개 속에 몸을 숨긴 채 그 안에 벽돌을 쌓아올렸고, 그 뒤에는 다시 지붕을 들어올려 공간을 만들었다. 다음 층의 바닥을 만들 때가 되면 병사들은 또다시 외벽의 보호를 받으면서 대들보를 얹어 바닥을 만들고 지붕과 방호 덮개를 들어올렸다. 이런 식으로 사상자 없이 안전하게 6층까지 쌓아올렸고, 벽돌을 쌓는 과정에서 적당한 곳에 투척기로 무기를 발사할 수 있는 공격용 구멍을 뚫었다.

10 이 탑에서 주변의 모든 공사를 엄호할 수 있다는 자신감이 들자 병사들은 탑에서부터 적의 성벽과 능보(稜堡)*11까지, 가로 세로 60센티미터의 목재로 18미터 길이의 지붕 달린 통로*12를 만들었다. 그것을 만든 방법은 다음과 같다. 먼저 똑같은 길이의 기초목 두 개를 1.2미터 간격으로 지면에 놓고 그 위에 1.5미터 높이의 기둥들을 세웠다. 그 위에는 완만한 박공*13 형태로 서까래를 놓아 판자를 얹을 수 있게 했다. 서까래 위에는 가로 세로 60센티미터의 판자들을 놓고 도리와 못으로 고정시켰다. 지붕의 처마를 따라 판자의 가장자리에는 가로 세로 약 8센티미터의 지지대를 붙여, 지붕 위에 놓은 벽돌이 흘러내리지 않게 했다.

이렇게 경사진 통로를 완성하고 박공 형태의 판자를 얹은 뒤에는 기와와 진흙으로 지붕을 덮어, 성벽 위에서 던지는 불이 소용없도록 했다. 또한 성벽 위에서 관을 통해 물을 흘려보내도 기와가 쓸려 내려가지 않도록 기와 위에는 짐승 가죽을 덮었고, 다시 가죽 위에는 불과 돌을 막을 수 있도록 천을 이어 붙인 덮개를 덧씌웠다. 차단막으로 적의 공격을 막으면서 적의 능보에 이르는 모든 공사를 마친 병사들은, 적이 경계를 풀고 방심하는 사이에 통로를 능보

＊10 《갈리아전기》에는 갈리아 부족들이 투척기를 썼다는 부분이 없다. 또한 카이사르는 브리타니아인들에게도 투척기가 없다고 말했다. 《로마 공화정》을 쓴 라이스 홈스는 위의 언급이 현재의 공성 과정에서 얻은 경험을 가리키는 것이라 추정한다.

＊11 성을 지키기 위해 성벽 귀퉁이에 만든 돌출부를 말한다.

＊12 귀갑형(龜甲形) 엄호차와 비슷하지만 그보다 더 길고 끝이 뚫려 있다.

＊13 책을 펼쳐서 엎어놓은 듯한 八자 모양의 지붕을 말한다.

와 나란해지도록 이동시켰다. 선박 기술을 응용해 통로 밑에 굴림대를 죽 깔고 그것을 옮겼던 것이다.

11 갑작스런 재난에 당황한 마실리아 주민들은 능보 위에서 지렛대로 움직일 수 있는 가장 큰 바위들을 통로 위로 떨어뜨렸다. 그러나 구조물은 워낙 강한 데다 지붕이 박공 형태였기 때문에, 충격을 이겨내고 무거운 바위들을 옆으로 굴러 떨어뜨렸다. 이것을 본 적들은 방법을 바꿔, 이번에는 나무통에 장작과 역청을 가득 채워 불을 붙인 다음 성벽 아래로 굴리기 시작했다. 불 붙은 나무통이 성벽 아래로 떨어져 통로 옆면에 걸렸지만 아군 병사들이 장대와 갈퀴로 그것들을 밀어냈다. 그 사이 통로 밑에서는 아군 병사들이 지레로 능보의 기초를 이루는 돌들을 빼내기 시작했다.

이와 동시에 벽돌탑에서는 적을 향해 창과 투척기로 공격을 퍼부었다. 결국 적은 성벽과 능보에서 뒤로 물러나 성벽을 방어할 만한 시야가 막히고 말았다. 능보의 기초를 이루는 돌들을 몇 개 빼내자 능보의 일부가 갑자기 무너지더니 나머지는 윗부분부터 기울기 시작했다. 이것을 본 마실리아 사람들은 두려움에 휩싸여 모두 무기를 버리고 흰색 머리띠*14를 두른 채 성문 밖으로 달려나왔다. 그러고는 아군을 향해 두 손을 내밀며 목숨만은 살려달라고 애원했다.

12 새로운 사태가 벌어지자 아군은 모든 작전을 중단했다. 병사들은 승리의 순간을 직접 보고 듣기 위해 지키던 자리에서 달려나왔다. 적들은 아군 부장들과 병사들 앞으로 달려와 발 아래 엎드린 다음 카이사르가 올 때까지 기다려달라고 애원하면서 이렇게 말했다.

"보이는 바와 같이 우리의 도시는 점령되었소. 포위망이 완성되고, 능보가 허물어지는 것을 두 눈으로 똑똑히 보았소. 그러니 이제 성을 지키려는 노력이 모두 무슨 소용이겠소? 카이사르가 도착해 명령을 내렸을 때 우리가 그것을 이행하지 못한다면, 그때라도 그대들은 도시를 마음껏 약탈할 수 있을 것이오. 또한 능보가 완전히 무너지면 언제라도 도시 안으로 달려가 자유롭게 약탈하고 파괴할 수 있지 않소?"

---

*14 신에게 목숨을 맡기고 보호를 받는다는 징표로 머리에 두르는 모직 띠. 여기에서는 신에게 모든 것을 맡겨달라는 탄원자들의 호소가 담겨 있다.

그들이 슬피 울면서 이같이 능숙한 웅변가*15처럼 애원하자 아군은 동정심이 크게 일었다.

13 이들의 호소에 마음이 움직인 아군 지휘관들은 공격을 잠시 중단하고 경비대만 남긴 채 병력을 모두 철수시켰다. 지휘관들은 동정심에 이끌린 나머지 비공식적으로 휴전을 맺고 카이사르가 도착하기를 기다렸다. 적도 성벽 위에서 무기를 투척하지 않았고, 아군도 공격을 전면 중단했다.

전투가 종료되기라도 한 듯 모든 병사가 긴장을 풀고 편히 쉬었다. 더구나 얼마 전에 카이사르가 트레보니우스에게 급보를 보내, 무력을 앞세워 도시를 습격하지 말라는 강력한 지시를 내린 터였다. 아군 병사들이 적들의 저항에 대한 증오와 모욕감에 사로잡혀 있는데다가 오랜 전투로 인해 감정이 격한 상태에서 마실리아의 젊은이들을 살육할 수도 있다는 이유에서였다. 실제로 병사들은 당장이라도 살육을 벌일 태세였으며 그런 충동을 가까스로 억누르고 있었다. 그들은 지금 도시를 점령하지 못하는 것이 트레보니우스의 과오 때문이라 믿으며 분통을 터트렸다.

14 그러나 적은 진심이 아니었다. 단지 시간을 벌면서 다른 기회를 노렸던 것뿐이다. 며칠 후 아군 병사들이 기나긴 공성 공사의 노고를 달래며 무기를 내려놓거나 덮개로 씌워놓은 채 경계를 풀고 휴식을 취하고 있을 때였다. 그때 심지어 어떤 병사들은 부대를 벗어나 먼 곳으로 나가 있었다. 정오가 되자 갑자기 성문들이 열리고 적들이 달려나오면서 아군의 공성 시설에 일제히 불을 질렀다.

때마침 강한 바람이 불어 공성용 벽과 차단막, 엄호차, 공성탑, 투척기 등이 걷잡을 수 없이 불타 모두가 보는 앞에서 순식간에 잿더미로 변했다. 예상치 못한 기습공격이었지만 아군 병사들은 당황하지 않고 손에 잡히는 대로 무기를 들었으며, 진지에서도 더 많은 병사들이 달려나와 반격에 합류했다. 병사들은 도망치는 적을 공격했지만 성벽 위에서 쏟아지는 투척 무기와 화살 때문에 그들을 추격하진 못했다. 아군의 공격이 주춤한 사이 적은 성벽 아래에 모여,

---

*15 갈리아 트란살피나에서 마실리아는 지식의 중심 도시였고 수사학을 가르치는 학교들로 유명했다.

아군이 만든 통로와 벽돌탑에 불을 질렀다. 몇 달에 걸친 공사가 적의 속임수와 강한 바람 속에 잿더미가 되는 순간이었다.

마실리아 군대는 이튿날에도 똑같은 작전을 폈다. 바람은 전날과 똑같았지만, 적은 훨씬 더 많은 횃불을 가지고 더욱 대담하게 나와 다른 탑과 공성벽에 불을 지르려 했다. 그러나 아군 병사들은 경계를 완전히 풀었던 전날의 사건을 교훈 삼아 완벽한 방어 준비를 갖추고 있었다. 그 결과 아군은 마실리아 부대가 목적을 달성하기도 전에 수많은 적을 죽이고 나머지를 도시 안으로 몰아넣었다.

15 트레보니우스는 파괴된 공성 시설을 수리하고 재건하기 시작했다. 애써 완성한 설비들이 송두리째 붕괴되는 것을 두 눈으로 목격한 병사들은 더욱 힘써 작업에 몰두했다. 자신들의 용기가 적의 기만적 술수의 노리개로 전락해서는 안 된다는 생각 때문이었다.

마실리아 주변에서 멀리 떨어진 곳에 있는 나무까지 모두 벌채했기 때문에 인근 지역에서는 공성벽에 쓸 재료를 구할 수가 없었다. 따라서 병사들은 지금까지 유례가 없는 새로운 방법으로 공성벽을 쌓기 시작했다. 즉 벽돌로 1.8미터 두께의 이중벽을 쌓은 다음 목재로 그 위를 덮어서, 목재를 쌓아 만들었던 과거의 벽과 거의 똑같은 폭의 공성벽을 탄생시킨 것이다. 벽 사이의 공간이나 구조상 취약한 부분에는 필요하다고 판단되면 땅 속에 말뚝을 박고 그 위에 가로장을 대 벽을 보강했다. 목재로 이루어진 지붕 위에는 가는 가지들을 엮어 만든 판을 얹고 진흙을 두껍게 발랐다.

병사들은 머리 위엔 지붕이 있고, 좌우엔 벽이 있으며, 전면은 차단막으로 막은 상태에서 필요한 모든 작업을 안전하게 수행할 수 있었다. 공사는 신속하게 진행되었다. 병사들은 뛰어난 분별력과 강인함을 발휘해, 적이 무너뜨린 오랜 노동의 결실을 어느새 복구했다. 공성벽 중에서 돌격을 감행하기에 적당한 곳들은 드나들 수 있도록 남겨두었다.

16 마실리아 사람들은 아군이 붕괴된 공성 시설을 복구하려면 막대한 시간과 노력이 들 것이라 예상했다. 하지만 기대와 달리 며칠 만에 모든 것이 빠르게 복구되는 것을 보았다. 그들은 이제 속이는 전술로 공성 시설을 파괴할 수

도, 투척 무기로 카이사르의 병사들을 공격하거나 공성 시설에 불을 지를 수도 없음을 깨달았다.

또한 아군의 공성탑이 도시의 성벽 전체를 둘러싸자, 도시에서 육지로 통하는 유일한 부분이 아군의 공성벽과 탑으로 둘러싸이면 도시를 방어할 수 있는 유리한 입장마저 빼앗기게 될 것임을 깨달았다. 게다가 아군의 공성벽이 그들의 성벽과 아주 가까워 손으로도 무기를 던질 수 있었기 때문에 그들로서는 큰 기대를 걸었던 투척기들을 제대로 사용할 수도 없었고, 설령 성벽과 탑에서 대등한 조건으로 맞붙는다 해도 아군의 용맹함을 당할 수 없음을 잘 알고 있었다. 결국 마실리아 사람들은 전과 똑같은 조건으로 다시 한 번 백기를 들었다.

에스파냐 최종 장악

17 마르쿠스 바로는 먼 에스파냐에서 이탈리아의 상황을 전해들었을 때, 처음에는 폼페이우스가 승리할 가능성이 적다고 보고 카이사르에 대해 대단히 호의적인 발언을 했다. "나는 비록 폼페이우스의 부장으로서 속주를 다스리는 임무에 충실해야 하지만, 그에 못지 않게 카이사르와의 친분도 대단히 두텁다. 또한 신뢰를 받는 지휘관으로서 어떤 의무를 수행해야 하는지, 그 능력의 정도와, 속주 전체가 카이사르에게 얼마나 호의적인지를 잘 안다." 그는 입을 열 때마다 이런 뜻을 밝혔지만 실제로는 어느 편으로도 움직이지 않았다.

그러나 후에 카이사르가 마실리아에 묶여 있고, 페트레이우스의 병력이 아프라니우스와 합류했다는 소식이 들려왔다. 대규모 외인군이 소집되었을 뿐 아니라 더 많은 병사가 소집될 예정이고, 가까운 에스파냐 전체가 폼페이우스를 지지한다는 소식도 차례로 그의 귀에 들어왔다. 아울러 일레르다에서 카이사르가 식량 부족으로 어려움을 겪고 있다는 소식을 아프라니우스의 전령을 통해 과장된 이야기로 자세히 듣게 되었다. 그러자 그도 역시 전운에 편승하기로 결심했다.

18 마르쿠스 바로는 속주 전역에서 군대를 모아 완전한 2개 군단을 편성하고 그 외에도 약 30개에 이르는 외인군 대대를 조직했다. 또한 마실리아, 아프라니우스와 페트레이우스에게 보낼 많은 양의 식량을 모으는 한편, 가데

스*16 부족에게 12척의 군선을 건조하라고 명하고 추가로 히스팔리스*17 주민들에게도 몇 척의 군선을 더 만들게 했다. 아울러 헤라클레스 신전에 있던 모든 돈과 장식품을 탈취해 가데스로 옮기고, 속주에서 가데스로 6개 대대를 수비대로 파견했다. 그 지휘는 로마 기사이자 에노발부스의 친구이며 에노발부스의 유산 관리자로 파견 나와 있던 가이우스 갈로니우스에게 맡겼다.

갈로니우스는 개인의 소유물이든 공공재산이든 가리지 않고 모든 무기를 자신의 집으로 끌어모았다. 한편 바로는 군중 집회를 열어 카이사르를 맹렬히 비난했다. "카이사르는 패배했다. 수많은 병사들이 그를 버리고 아프라니우스 진영으로 넘어갔으며, 이런 소식들은 권위 있는 사람들과 믿을 만한 사자를 통해 전해졌다."

이런 이야기들을 듣고 속주 내의 로마 시민들이 불안해하자 바로는 시민들에게 공공 자금의 명목으로 1,800만 세스테르티우스와, 은 2만 파운드와 밀 12만 적을 강제로 부과했다. 어느 한 지역이 카이사르에게 호의적인 것 같으면 그들에겐 더 무거운 짐을 부과했으며, 그곳에 군대를 배치하고 개개인들을 재판에 회부했다. 그 자리에서 누구라도 로마의 정책에 이의를 제기하면 그의 재산을 몰수했다.

바로는 모든 속주민들에게 강제로 그 자신과 폼페이우스에 대한 충성을 맹세하게 했다. 그리고 가까운 에스파냐의 상황을 알게 된 순간부터 전쟁을 준비했다. 그러나 속주 전체가 카이사르의 편이었으므로, 이제 그가 세울 수 있는 작전은 2개 군단을 이끌고 가데스로 가서 군선과 모든 식량을 그곳에 모아놓고 기다리는 일뿐이었다.

일단 그 섬에 식량을 비축하고 함대를 집결시켜 놓으면 전쟁을 치르기 어렵지 않을 것이라 생각했다. 카이사르는 여러 가지 긴급한 사정 때문에 이탈리아로 돌아가야 했지만, 에스파냐의 어느 지역에도 전쟁의 불씨를 남겨놓지 않기로 결심했다. 가까운 에스파냐는 폼페이우스의 혜택을 입은 자들과 그의 피보호민*18들이 특별히 많은 곳이었다.

---

*16 지브롤터 해협 근처의 식민 도시로 오늘날의 카디스를 말한다.
*17 스페인 남부에 있는 오늘날의 세비야이다.
*18 유력자의 보호를 받는 대가로 그에게 충성을 바치는 자유민을 가리킨다.

19 카이사르는 호민관인 퀸투스 카시우스에게 2개 군단을 맡겨 먼 에스파냐로 오게 한 뒤, 그 자신도 6백의 기병을 이끌고 강행군으로 먼저 그곳에 도착했다. 카이사르는 전 부족의 위원과 족장들에게 며칠 후 코르두바*[19]에 모여 회의를 열겠다는 칙령을 공포했다.

이 칙령이 속주 전역에 전달되자 모든 부족이 정해진 시간에 유력한 지도자들을 코르두바로 보냈고, 명망 있는 로마 시민들도 빠짐없이 그곳으로 모였다. 이와 동시에 코르두바의 로마 시민들은 자발적으로 성문을 닫아 바로를 막고 탑과 성벽에 경비병과 파수꾼을 배치했으며, 때마침 그곳에 와 있던 2개 대대의 식민지 병사*[20]로 하여금 도시를 방어하게 했다.

이 기간에 속주 전역에서 가장 강력한 부족으로 꼽히는 카르모*[21] 주민들은 마르쿠스 바로가 성채 방어를 위해 배치해 둔 3개 대대를 도시 밖으로 몰아내고 성문을 닫아버렸다.

20 그래서 바로는 육로나 해로가 차단될 것을 우려해 최대한 서둘러 가데스로 이동했다. 한편 먼 에스파냐 주민들은 속주 전역에서 카이사르에게 강력하고 열광적인 지지를 보냈다. 카이사르가 얼마간 전진했을 때 가데스에서 전령이 다음과 같은 내용의 급보를 들고 달려왔다. "카이사르의 칙령이 공포되었다는 소식을 듣자 가데스의 지도자들은, 즉시 수비 대대들의 군관들과 뜻을 모아 갈로니우스를 추방하고 도시와 섬을 접수한 다음 카이사르를 기다리기로 결정했다.*[22] 이에 따라 그들은 갈로니우스에게, 자진해서 가데스를 떠나면 안전을 보장해 주겠지만 그렇지 않으면 전투도 불사하겠다고 경고했다. 이런 위험에 갈로니우스는 겁에 질려 즉시 가데스를 떠났다."

이 소식이 바로의 진영에 알려지자, 2개 군단 중 원주민 군단*[23]으로 알려진 1개 군단의 병사들은 바로가 옆에서 지켜보는 가운데 그들의 진지에서 부대기들을 거둔 다음 히스팔리스로 철수했다.

---

*19 오늘날의 코르도바이다.

*20 로마 식민지에서 징집한 병사들을 그렇게 불렀다.

*21 오늘날의 카르모나를 말한다.

*22 마르쿠스 바로는 가데스에 수비대로 6개 대대를 보내면서 그 지휘를 갈로니우스에게 맡겼다.

*23 식민지 원주민들로 구성된 군단을 가리킨다.

병사들은 히스팔리스의 민회 광장과 주랑에 주둔했지만 어느 시민에게도 해를 끼치지 않았다. 히스팔리스의 로마 시민들은 그들의 행동에 강한 지지를 보내면서 병사들을 기꺼이 집 안으로 받아들였다. 이런 상황을 전해들은 바로는 놀라움과 공포에 사로잡혀, 즉시 경로를 바꾸어 이탈리카*24로 가겠다는 통보를 보냈다. 그러나 이탈리카의 주민들도 성문을 모두 닫아버렸다는 소식이 돌아왔다. 바로는 더 이상 갈 곳이 없자 카이사르에게 전령을 보내, 카이사르가 지명한 자에게 자신의 군단을 넘기겠다고 통보했다. 카이사르는 섹스투스 카이사르를 보내 바로의 군단을 인수하게 했다. 바로는 군단을 넘긴 후 코르두바로 건너가 카이사르를 만났다. 그곳에서 자신의 공금에 대해 숨김없이 설명하고 수중에 있는 돈을 모두 넘겼으며 함선과 식량의 소재지도 모두 밝혔다.*25

21 카이사르는 코르두바에서 회의를 열고 모든 계층에게 일일이 감사의 뜻을 표했다. 로마 시민들에 대해서는 그들 스스로 도시를 지켜낸 열성과 관련해, 에스파냐 인들에 대해서는 수비대를 몰아낸 용기와 관련해, 가데스 주민들에 대해서는 적의 계략을 미리 차단하고 독립을 지켜낸 것에 고마움을 전했다. 또한 가데스를 지킨 수비대의 군관들과 백인대장들에게는 병력을 내어 주민들의 결정을 지지한 것을 치하했다.

카이사르는 로마 시민들이 마르쿠스 바로 앞에서 국고에 지불하기로 약속했던 돈을 모두 면제해주었고, 솔직한 발언으로 재산을 몰수당한 사람들에게도 그 소유를 되돌려주었다. 또한 공이 많은 집단과 개인들에게는 상을 내리고, 나머지 사람들에게는 앞날에 대한 희망을 심어주었다.

그렇게 코르두바에서 이틀을 보낸 뒤 가데스를 향해 떠났다. 바로가 헤라클레스 신전에서 빼앗아 어느 개인의 저택에 보관하고 있던 돈과 공물을 모두 신전으로 반환하라고 명령했다. 카이사르는 퀸투스 카시우스에게 4개 군단을 주어 속주를 맡긴 다음, 바로의 지시에 따라 가데스 주민들이 건조했던 군선들을 이끌고 그곳을 떠났다.

---

*24 히스팔리스 북쪽에 있는 도시로 오늘날에도 이탈리카라 부른다.
*25 싸워보지도 않고 투항한 바로도 카이사르는 풀어주었다. 바로는 아프라니우스와 페트레이우스처럼 폼페이우스가 있는 그리스로 가는 쪽을 선택했다.

며칠 후 그가 도착한 타라코*26에는 가까운 에스파냐의 거의 모든 지역에서 보낸 사절단들이 그를 기다리고 있었다. 며칠 전처럼 카이사르는 몇몇 부족과 개인들에게 특별한 명예를 수여한 뒤 타라코를 떠나, 육로로 나르보에 들렀다가 다시 마실리아로 이동했다. 마실리아에 도착한 카이사르는 원로원에서 독재관을 승인하는 법이 통과됐으며, 법무관 마르쿠스 레피두스가 다름 아닌 카이사르 자신을 후보로 지명했음을 알게 되었다.

마실리아의 항복

22 마실리아 사람들은 갖은 고생을 겪으면서 지칠 대로 지쳐갔다. 무엇보다 식량이 극도로 부족했다. 또한 해전에서 두 번이나 패배했고, 잦은 돌격은 번번히 격퇴당했으며, 오랜 고립과 부실한 음식으로 지독한 역병까지 번지고 있었다. 그들은 너나 할 것 없이 위급한 상황에 대비해 오래전에 비축해 두었던 묵은 기장과 썩은 보리를 먹으며 연명하고 있었다. 게다가 능보 하나가 무너졌고 성벽의 기초도 많은 부분이 훼손되었다. 속주와 군대는 이미 카이사르의 수중에 들어갔으므로 지원군이 오리란 희망도 사라진 지 오래였다. 결국 마실리아 사람들은 이번에야말로 진심으로 항복하기로 결정했다.

그러나 며칠 전 마실리아 사람들의 계획을 알게 된 에노발부스는 군선 3척을 준비한 뒤 그중 2척을 지지자들에게 맡기고 자신은 나머지 1척에 올라, 폭풍우가 몰아치자 즉시 마실리아로 이동했다. 그러나 정찰 임무를 띠고 시칠리아 해협을 감시하던 브루투스의 함선들이 에노발부스의 함대를 발견하고는 즉시 닻을 올리고 추격을 시작했다. 에노발부스가 탄 배는 폭풍의 도움 속에 계획된 항로를 따라 꾸준히 도망친 끝에 곧 아군의 시야에서 사라졌지만, 나머지 두 척은 아군의 군선들과 마주치자 놀란 나머지 출발했던 항구로 되돌아가고 말았다. 마실리아 사람들은 지시에 따라 무기와 투척기를 도시 밖으로 실어 나르고, 군선들은 항구와 부두 밖으로 끌어내는 한편, 국고의 돈은 모두 넘겨주었다.

그런 뒤 카이사르는 자신에 대한 시민들의 충성 때문이라기보다는 마실리아의 역사와 명성을 참작하여 주민들은 처형하지 않기로 결정하고 2개 군단

---

*26 기원전 49년 9월 25일에 카이사르는 타라코에 도착했다. 아프라니우스와 페트레이우스의 항복을 받아낸 후 에스파냐 전체를 장악하는 데는 거의 두 달이 걸린 셈이다.

을 수비대로 남겨두었다.*27 카이사르는 나머지 병력을 이탈리아로 보냈다. 그 자신은 로마를 향해 출발했다.*28

쿠리오의 아프리카 전투

23 거의 같은 시기에 가이우스 쿠리오는 시칠리아를 떠나 아프리카*29로 이동했다. 그는 애초부터 푸블리우스 아티우스 바루스*30를 얕보았기 때문에, 카이사르로부터 위임받은 4개 군단 중 2개 군단과 5백의 기병만을 출동시켰다.*31 이틀 낮과 사흘 밤을 항해한 끝에 그는 안퀼라리아라는 곳에 도착했다. 클루페아에서 약 33킬로미터 떨어진 안퀼라리아는 육지에서 튀어나온 두 개의 곶(메리쿠리우스 곶과 아폴리니스 곶)으로 둘러싸여 있어 여름철의 정박지로 상당히 좋은 곳이었다.

클루페아에는 젊은 루키우스 카이사르*32가 군선 10척을 이끌고 쿠리오가 도착하기를 기다리고 있었다(그 배들은 푸블리우스 아티우스 바루스가 해적과의 전쟁이 끝난 뒤 우티카에 정박시켜 이 전투를 위해 완벽하게 수리해 놓은 것들이었다). 그러나 쿠리오의 함대가 나타나자 루키우스 카이사르는 그 규모에 놀라 재빨리 항구로 돌아왔다. 그는 자신의 군선을 가장 가까운 해안으로 몰고 가 해변 위에 배를 버려두고, 가이우스 콘시디우스 롱구스와 1개 군단이 주둔하고 있는 하드루메툼으로 걸어서 도망쳤다.

루키우스 카이사르가 도망치자 나머지 함선들도 하드루메툼으로 돌아갔다. 재무관 마르쿠스 루푸스는 쿠리오가 시칠리아를 떠날 때 병력을 호위하기 위해 몰고 왔던 12척의 군선을 이끌고 루키우스 카이사르를 추격했다. 그의 배가 해변에 좌초된 것을 보고 마르쿠스 루푸스는 밧줄로 배를 끌어낸 다음, 함

---

*27 카이사르는 마실리아의 빛나는 문화와 역사를 인정해 마실리아가 독립국으로 존속하는 것을 허용했다.

*28 기원전 49년 10월 25일, 지중해 서부 최고의 항구도시 마실리아가 마침내 카이사르에게 함락된 것이다. 마실리아 공성전이 시작된 지 거의 6개월 만에 이루어낸 승리다.

*29 오늘날의 튀니지로, 쿠리오는 시칠리아를 정복하고 기원전 49년 8월 11일 북아프리카에 상륙했다.

*30 아티우스는 아욱시뭄에서 카이사르에게 패하여 군대를 잃은 후 아프리카로 도주했다. 북아프리카 총독을 지낸 바 있는 그는 그곳에서 병사를 소집하고 2개 군단을 편성했다.

*31 나머지 2개 군단은 시칠리아 수비를 위해 남겨두었다.

*32 폼페이우스 군대에 속한 부장의 아들로 카이사르와는 친척뻘이다.(1-8 참조)

대를 이끌고 가이우스 쿠리오가 있는 곳으로 돌아왔다.

24 쿠리오는 마르쿠스와 함대를 먼저 우티카*[33]로 보낸 다음, 그 자신은 군대를 이끌고 이틀 후 바그라다강에 도달했다. 그곳에서 가이우스 카니니우스 레빌루스 부장에게 군단들을 맡긴 뒤, 그는 기병과 함께 먼저 코르넬리우스 진지*[34]의 지형을 조사했다.

그곳은 진지를 구축하기에 매우 적당해 보였다. 지형이 바다 쪽으로 곧게 뻗어 있고 양쪽은 매우 가파르고 험했는데, 반면 우티카로 향하는 쪽은 거의 평지에 가까웠기 때문이다. 더욱이 우티카까지의 거리는 일직선으로 1.5킬로미터에 불과하지만 그 중간에는 밀물이 깊은 곳까지 들어오는 개울이 있고, 개울 주변으로 넓은 습지가 펼쳐져 있었다. 습지를 피해 도시로 가려면 9킬로미터는 돌아가야 했다.

25 그 지역을 탐색하던 쿠리오의 눈에 아티우스 바루스의 진지가 들어왔다. 적의 진지는 이른바 '바일*[35]의 문'이라 불리는 성문 옆으로 성벽과 맞닿아 있었는데 가히 천연의 요새라 할 만했다. 한쪽에서는 우티카 도시 자체가 진지를 보호했고, 다른 쪽에서는 도시 앞쪽으로 거대한 극장이 서 있었는데, 이 극장의 기초 부분이 워낙 거대했기 때문에 진지로 접근할 수 있는 유일한 통로는 아주 좁고 험한 길뿐이었다.

쿠리오는 도시로 통하는 도로들이 짐을 나르고 가축을 모는 사람들로 붐비는 것을 보았다. 그들은 갑작스런 공격을 걱정하면서 주변에서 가져온 물자를 도시 안으로 운반하고 있었다. 쿠리오는 그들을 공격하여 물자와 사람을 전리품으로 포획하기 위해 기병을 출동시켰다. 이에 맞서 아티우스 바루스도 주민들을 돕기 위해, 수일 전에 유바 왕*[36]이 지원 병력으로 보낸 누미디아 기

---

*33 아프리카 북단인 튀니지 북부의 고대 도시로, 북아프리카 최대의 항구다.
*34 한니발과의 전쟁에 푸블리우스 코르넬리우스 스키피오(훗날 스키피오 아프리카누스)가 진지를 세운 곳이다. 아프리카인들은 쿠리오가 위대한 스키피오를 모방해 그곳에 진지를 세울 것이라 예상하고 주변 지역의 물에 독을 탔다. 그 결과 병사들 사이에 이상한 전염병이 퍼졌기 때문에 쿠리오는 습지를 피해 진지를 옮겨야 했다.
*35 페니키아 신화에서 각 도시의 수호신으로 숭배되었다.
*36 북아프리카에 위치한 누미디아 왕국(오늘날의 알제리)의 유바 1세로 폼페이우스파를 지지

병 600기와 보병 400명을 성 밖으로 출동시켰다. 유바 왕은 오래 전부터 폼페이우스 가문과 친분이 두터웠을 뿐 아니라, 쿠리오가 호민관이었을 때 유바의 영토를 로마의 재산으로 몰수하자는 법안*37을 제출한 적이 있었으므로 쿠리오에게 원한을 품고 있었다.

아군과 적군 사이에 기병전이 벌어졌다. 누미디아 기병은 아군의 첫 번째 공격조차 견디지 못한 채 약 120명의 전사자를 내고 진지로 퇴각했다. 한편 쿠리오는 군선들이 도착하자 우티카 항 주변에 정박 중인 약 200척의 보급선들에게 포고를 내리라고 명령했다. 지금 당장 범선을 몰고 코르넬리우스 진지로 건너가지 않는 자는 모두 적으로 간주하겠다는 내용이었다. 보급선들은 즉시 닻을 올리고 우티카를 떠나 쿠리오가 명한 곳으로 이동했다. 이렇게 해서 아군은 모든 종류의 군수품을 확보하게 되었다.

26 쿠리오가 바그라다 강변의 진지로 돌아오자 모든 병사들이 예를 갖추고 그를 '대장군'*38이라 부르며 찬양했다. 이튿날 쿠리오는 병사들을 이끌고 우티카로 가서 도시 근처에 진지를 구축했다. 진지 공사가 아직 한창일 때 경계를 보고 있던 기병으로부터, 누미디아의 유바 왕이 지원군으로 보낸 대규모의 기병과 보병이 우티카로 오고 있다는 보고가 들어왔다. 그와 동시에 거대한 먼지 구름이 보였고 곧이어 대열의 선두가 시야에 들어왔다. 예상치 못한 사태에 깜짝 놀란 쿠리오는 기병을 출동시켜 선제 공격으로 적의 행군을 저지하라 명령하고, 그 자신은 군단들을 이끌고 재빨리 물러나 전투대형을 갖췄다.

유바 왕의 군대는 경계를 풀고 대오마저 유지하지 않은 채 행군하고 있었으므로 신속한 작전을 펼치기가 불가능했다. 그 결과 아군의 기병이 공격을 퍼붓

했다.

*37 1년 전인 기원전 50년에 쿠리오가 제출한 법안을 가리킨다. 폼페이우스의 반대로 통과되지 못했다. 카르타고와 로마의 제2차 포에니 전쟁(기원전 218~201)에서 누미디아의 왕 마시니사는 로마의 스키피오 편을 들었으므로 이후 누미디아는 로마의 특별한 번속국(종주국에 군대를 파견하고 조공을 바치지만 내정에 대해서는 자율권을 인정받는 종속국)으로 인정받았다. 그러나 쿠리오의 법안에 이어 기원전 46년에 결국 로마의 속주로 편입되었다.

*38 임페라토르(imperator). 원래는 전장을 승리로 이끈 장군의 지휘 능력을 인정하여 병사들이 환호로서 붙여주는 명예로운 칭호였으나 제정기에는 황제의 공식 명칭 중 하나가 되었다. 황제를 뜻하는 단어 emperor의 어원이기도 하다.

자 적은 우왕좌왕하면서, 군단병들이 대형을 갖추기도 전에 썰물처럼 패주하고 말았다. 유바 왕의 기병대는 해안을 따라 전속력으로 도주한 다음 도시 안으로 피신했기 때문에 사상자가 거의 없었지만, 많은 수의 보병은 아군의 공격에 목숨을 잃었다.

27 이튿날 밤 마르시족*³⁹ 출신의 백인대장 두 명이 휘하의 중대 병력 중 22명을 데리고 쿠리오의 진지를 빠져나와 아티우스 바루스 쪽으로 넘어갔다. 그들이 진정으로 아티우스 바루스의 승리를 예견한 것인지, 아니면 단지 아티우스에게 듣기 좋은 말을 한 것인지는 알 수 없다(사람은 자신이 원하는 대로 믿는 경향이 있고, 다른 사람도 자신과 똑같이 생각하기를 바란다). 어쨌든 그들은 아티우스에게 이렇게 말했다. "쿠리오의 모든 병사가 불만을 품고 있습니다. 따라서 그들을 직접 만나 그 마음을 가늠해 보아야 합니다."

탈주병들의 말을 믿은 아티우스는 이튿날 아침 병력을 이끌고 진지에서 나왔다. 쿠리오도 그의 병력을 이끌고 나와 좁은 골짜기 맞은편에서 전열을 갖췄다.

28 아티우스 바루스의 진영에는 섹스투스 퀸틸리우스 바루스가 있었다. 앞서 말한 대로 그는 코르피니움에서 카이사르로부터 석방된 후 아프리카로 건너왔다. 지금 쿠리오의 군대는 카이사르가 코르피니움에서 넘겨준 군단*⁴⁰들이었다. 몇몇 백인대장이 바뀌기는 했지만 병사들은 과거와 똑같은 계급과 중대를 유지하고 있었다. 퀸틸리우스는 이 병사들과 이야기할 기회가 오자 말을 타고 쿠리오의 대열을 돌면서 병사들에게, 에노발부스와 재무관인 그에게 맹세했던 최초의 군무 서약*⁴¹을 잊지 말라고 애원했다. 또한 그들과 전운을 함께하면서 포위 공격을 견뎌냈던 동지들을 향해 무기를 들지 말 것과, 그들에게 탈주병이란 오명을 안긴 자들을 위해 싸우지 말 것을 호소했다. 그리고 그와 아티우스 바루스를 따르는 자들에게는 자신의 재산을 풀어 경제적인 보상

---

*39 로마의 남쪽, 이탈리아 중부에 거주하는 부족이다.
*40 갈리아 전쟁 때부터 카이사르와 함께 해온 군단이 아니라, 코르피니움에서 투항한 폼페이우스 군단들을 말한다.
*41 로마 병사는 사령관에게 충성을 바치고 군기로부터 도망치지 않을 것을 맹세했다.

을 해주겠노라고 약속했다. 그러나 쿠리오의 병사들은 어떤 반응도 보이지 않았다. 양쪽 군대에 아무런 움직임이 없자 사령관들은 각자의 병력을 이끌고 진지로 돌아갔다.

29 그렇지만 쿠리오의 병사들은 저마다 강한 불안에 사로잡혔고 그 불안은 곧 그들 사이에 떠도는 여러 가지 말들 때문에 더욱 깊어졌다. 사실 모든 병사가 다른 병사들로부터 들은 내용에 자신의 근심을 덧칠하면서 은밀한 견해를 키우고 있었다. 한 사람이 직접 보고 들은 것을 몇몇 사람에게 전하면, 각자가 그것을 다른 사람에게 전하면서 자신이 직접 보고 들은 것처럼 말을 했다.

이것은 내전이었다. 내전에 참가한 병사들은 자유롭게 행동해도 괜찮으며, 어느 쪽 편을 들어도 정당하다는 것이 병사들의 생각이었다. 그들은 얼마 전까지도 적진*42에 속해 있었다. 카이사르는 후한 보상을 약속했지만, 약속이 반복될수록 효과는 반감되었다. 마르시족과 파엘리그니족*43으로 대등하게 구성된 병사들은 출신지에 따라 두 패로 나뉘었다. 한쪽에서는 전날 밤 막사를 빠져나가 적진으로 넘어간 자들과 그들의 동료에 대해 여러 가지 불쾌한 심기를 역력히 드러냈다. 다른 쪽 병사들은 그들의 의심에 강하게 반발했다. 어떤 자들은 단지 상대방보다 더 그럴싸해 보이도록 없는 이야기를 꾸며내기도 했다.

30 이런 상황을 본 쿠리오는 작전회의를 소집해 전반적인 문제를 논의했다. 어떤 자들은 어떤 희생을 치르더라도 아티우스 바루스의 진지를 공격해야 한다고 주장했다. 현재와 같은 분위기에서 가장 위험한 것은 병사들의 나태함이라는 이유에서였다. 그들은 마지막으로 이렇게 말했다. "병사들에게 배신당하고 버림받아 비참한 고통에 처하느니, 차라리 용기를 내어 전장에 나가 모든 것을 운명에 맡기는 편이 낫습니다." 한편 또 다른 자들은 이른 새벽에 코르넬리우스 진지로 퇴각해야 한다고 주장했다. 병사들에게 정신을 차릴 시간을 줘야 할 뿐 아니라, 적의 공격을 받으면 대규모 함대를 이용해 보다 신속하고 안

---

*42 폼페이우스 측 병사들이었다는 뜻이다.
*43 로마의 동쪽, 이탈리아 북동부의 부족이다.

전하게 시칠리아로 퇴각할 수 있다는 이유에서였다.

31 쿠리오는 두 의견에 모두 반대했다. 하나는 무모했고 다른 하나는 나약했다. 한쪽은 불리한 상황에서 전투를 벌이려 하고 있었고 다른 한쪽은 굴욕적인 도주를 생각하고 있었다. 쿠리오는 이렇게 말했다.

"방비가 훌륭할 뿐 아니라 지형적 이점까지 뛰어난 적의 진지를 어떻게 점령할 수 있겠소? 큰 손실로 궁지에 몰리다 결국 공격을 포기하고 물러나야 한다면 대체 얻는 것이 뭐냔 말이오. 전쟁에 승리하면 사령관이 병사들에게 호감을 사게 되지만, 패배는 증오를 안겨주지 않소? 또한, 진지를 옮긴다면 굴욕적인 후퇴 외에 무엇을 더 얻을 수 있겠소? 그것은 희망의 종말이고, 아군의 분열을 조장할 뿐이오. 명예를 중히 여기는 자들은 서로의 신뢰를 의심하지 말아야 하오. 그러지 않으면 열성이 식기 때문이오. 또한 불온한 자들에게는 두려움을 내보이지 말아야 하오. 우리의 두려움은 단지 그들의 오만을 키울 뿐이오. 본인은 아군이 분열되었다는 주장이 완전한 거짓이거나 적어도 실제보다 과장된 이야기라고 믿소. 그러나 행여 그 말이 사실이라 해도 그것을 행동으로 확인시켜주는 것보다는 감추고 덮어두는 편이 훨씬 낫지 않겠소? 적에게 희망을 심어 주지 않으려면 몸에 입은 부상을 숨겨야 하듯이 아군의 어려움도 감춰야 하지 않겠소? 게다가 어떤 자들은 한밤중에 철수해야 한다고 충고하지만, 그것은 부정한 행위*44를 시도하려는 자들에게 더 좋은 기회를 부여할 뿐이오. 그런 행동을 억누르는 것은 대개 두려움이나 수치심 때문인데, 어둠 속에서는 그런 감정이 효력을 상실하기 때문이오. 본인은 희망도 없이 적의 진지를 공격할 만큼 무모하지 않으며, 모든 희망을 포기할 만큼 소심하지도 않소. 아군은 가능한 방편을 모두 시도할 것이오. 당면한 문제에 대해 그대들과 내가 올바른 결정에 도달하리라 믿소."

32 쿠리오는 작전회의를 끝내고 병사들을 소집했다. 그는 병사들에게 코르피니움에서 그들의 열의에 의해 카이사르가 얼마나 열심히 싸웠는지, 그리고 병사들의 애정과 충성으로 카이사르가 어떻게 이탈리아의 대부분을 얻게 되

---

*44 탈영을 가리킨다.

었는지 상기시켰다.

"그대들과 그대들의 행동은 모든 도시의 본보기가 되었다. 카이사르가 그대들에게 크나큰 애정을 품는 것과 카이사르의 적들이 그대들을 증오하는 데에는 충분한 이유가 있다. 폼페이우스가 이탈리아를 떠난 것은 전투에서 패했기 때문이 아니다. 그를 이탈리아에서 몰아낸 것은 그대들의 행동이었다. 그대들의 행동이 다가올 미래를 보여주었기 때문이다.

카이사르는 그대들의 충성심을 믿고 그가 소중히 여기는 본인과, 두 속주인 시칠리아와 아프리카를 그대들에게 맡겼다. 두 속주가 없으면 로마와 이탈리아는 유지될 수가 없다.*45 이곳에 모인 병사들 중에는 카이사르와 본인을 버려야 한다고 주장하는 자들이 있다. 단언하건대 우리의 적은, 그대들이 카이사르와 본인을 배신함으로써 그대들의 마음에 가증스런 죄의식이 싹트기를 바랄 것이다. 그들은 분노에 사로잡힌 나머지 그대들의 비참한 운명을 상상할 것이다. 그것은 바로 그대들이 그대들 덕분에 모든 것을 이룬 사람을 배신하고, 그대들을 파멸의 원인으로 생각하는 자들 밑으로 들어가는 것*46 아니겠는가?

카이사르가 에스파냐에서 거둔 승리에 대해 듣지 못했는가? 카이사르는 두 군대와 두 장수를 격파하고 두 속주를 손에 넣었다. 그리고 적 앞에 모습을 드러낸 지 40일 만에 그 모든 업적을 이루었다. 온전했을 때에도 저항하지 못했던 자들이 파멸에 이른 지금 우리에게 대항할 수 있겠는가? 그대들은 승리가 불확실할 때 카이사르를 따랐다. 전운이 판가름난 지금, 그동안 흘린 땀의 대가를 수확해야 할 때에 왜 그대들은 패자를 좇으려 하는가?

적들은 최초의 서약*47을 들먹이면서 그대들이 배신했다고 말한다. 그러나 병사들이 에노발부스를 버렸는가, 에노발부스가 병사들을 버렸는가? 그 모든 운명을 기꺼이 견디려는 병사들을 버린 것이 그 아니었는가? 에노발부스는 오직 자신의 목숨을 구하기 위해 병사들 몰래 도망치려 하지 않았던가?*48 그대

_____

*45 로마의 주요한 곡창지대였으므로 적이 이곳을 지배하면 로마는 기아에 허덕일 수밖에 없었다.

*46 카이사르를 배신하고 폼페이우스 군대에 다시 합류하는 것을 말한다.

*47 앞서 언급했던 군무 서약을 말한다.

*48 코르피니움에서 에노발부스는 지원군을 보내줄 수 없다는 폼페이우스의 급보를 받고 병사들을 버리고 도망칠 계획을 폈다. 그러나 이내 발각되어 병사들이 그를 카이사르에게

들이 에노발부스에게 배신당한 것이었다. 그때 그대들이 목숨을 부지할 수 있었던 것은 카이사르의 너그러움 때문이 아니었는가? 사령관이 총독의 표지와 지휘권을 내팽개치고 사사로운 개인으로 돌아가 다른 자의 포로가 된 마당[49]에 어떻게 그대들이 서약을 지킬 수 있겠는가? 지금 그대들 앞에는 새로운 의무가 던져져 있다. 사령관의 항복과 배신으로 무효가 돼버린 과거의 서약을 지키기 위해 현재 그대들이 지키고 있는 서약을 무시하라는 논의가 우리에게 제시되어 있다.

그대들은 카이사르를 믿고 따르므로 현재의 불만은 나를 향한 것임을 안다. 내가 그대들을 위해 해온 일들을 열거할 생각은 없다. 나의 노력은 나 자신의 의도와 그대들의 기대에 미치지 못했다. 그러나 병사의 노고는 전쟁이 끝난 뒤에 보상받는 법이다. 그리고 그대들은 이 전쟁의 결과를 믿어 의심치 않을 것이다. 나의 성실함과 운이 어떠했는지 지금까지의 과정을 돌이켜보라. 나는 단한 척의 배도 잃지 않고 무사히 바다를 건넜다. 그에 대해 불만이 있단 말인가? 항해 중에는 첫 번째 교전을 벌여 적의 함대를 격파했다. 또한 이틀에 걸쳐 두 번이나 기병전을 승리로 이끌었다. 200척의 범선과 그 위에 실린 물자를 적의 항구에서 포획했고, 그럼으로써 적의 육로와 해로를 통한 물자 공급을 차단시켰다.

그런 천운과 그런 사령관을 무시하겠는가? 코르피니움에서 당한 굴욕과, 이탈리아에서 도망친 장군[50]과, 에스파냐에서의 초라한 항복[51]을 보라. 그 속에 아프리카에서 벌어지는 전쟁의 결과가 새겨져 있지 않은가? 나는 자랑스럽게 카이사르의 군인임을 인정한다. 그대들은 나를 대장군이라 부르며 찬양했다. 그 마음이 변했다면 그대들이 선사한 이름을 기꺼이 돌려주겠다. 그 명예가 조롱의 뜻이었다면 나 자신의 이름을 돌려주기 바란다."

33 쿠리오의 연설에 병사들이 술렁였다. 실제로 병사들은 연설 중간에 몇

넘겼다.(1-19 참조)

*49 당시 사령관이었던 에노발부스가 카이사르에게 생포되어 포로가 된 상황을 말하는 것이다.

*50 폼페이우스를 말한다.

*51 에노발부스의 항복을 뜻한다.

번이나 그의 말을 가로막았고, 충성을 의심받고 있다는 사실에 몹시 괴로워했다. 병사들은 쿠리오가 자리를 뜨려 하자, 그에게 담대히 전투를 벌여 자신들의 용기와 충성을 시험하라고 재촉했다.

병사들의 열의와 주장에 마음이 흔들린 쿠리오는, 기회가 오면 주저하지 않고 전투를 통해 그들의 충성을 확인하기로 모든 병사와 만장일치로 결의했다.

이튿날 쿠리오는 병력을 이끌고 진지를 나서 이전과 같은 장소에 전투대형을 갖췄다. 아티우스 바루스도 아군을 선동하거나 유리한 위치에서 싸울 기회를 놓치지 않기 위해 곧바로 병력을 출동시켰다.

34 앞서 말한 대로 아군과 적군 사이에는 골짜기가 있었다. 그다지 크지는 않았으나 오르기에는 경사면이 가팔랐다. 두 군대는 유리한 위치에서 전투를 벌일 작정으로 상대가 먼저 건너오기를 기다렸다. 갑자기 아티우스 바루스의 왼쪽 날개에서 모든 기병이 수많은 경보병과 뒤섞여, 아군이 보는 가운데 골짜기를 내려오기 시작했다. 쿠리오는 즉시 기병과 마루키니족*52 출신의 2개 대대를 출동시켜 적의 도전에 응했다. 적의 기병은 아군의 공격을 견디지 못하고 저마다 말고삐를 놓은 채 달아났으나, 기병과 함께 진격했던 경보병은 미처 퇴각하지 못하고 아군에 포위되어 대부분이 살해되었다. 아티우스 바루스의 진영에서도 그들이 도망치고 쓰러지는 것을 모든 병사가 지켜보았다.

그러자 폭넓은 군사 경험 때문에 쿠리오가 시칠리아 섬에서 데려온, 카이사르의 부장인 레빌루스가 말했다. "쿠리오, 겁에 질린 적의 모습이 보이지 않소? 기회가 왔는데 무엇을 망설이시오?" 이에 쿠리오는 병사들에게 전날의 맹세를 기억하라고 외친 뒤 "나를 따르라" 명하고 즉시 선두에 서서 적을 향해 돌진했다.

골짜기는 매우 험했다. 앞선 병사들은 뒤따라오는 동료의 도움을 받아야만 오를 수 있었다. 그러나 아티우스 바루스의 병사들은 이미 동료들의 패주와 죽음을 보고 두려움에 사로잡힌 터였다. 실제로 적의 병사들은 이미 아군의 기병에 포위되었다고 생각하여, 창이 날아오거나 아군이 가까이 접근하기도 전에 모두 등을 보이며 진영으로 달아났다.

---

*52 이탈리아 동쪽 해안에 거주하는 부족이다.

35 적군이 이렇게 퇴각하는 중에, 파엘리그니족 출신으로 쿠리오의 군대의 하위 백인대장인 파비우스란 자가 도망치는 적군의 선두를 따라잡았다. 그는 아티우스 바루스의 부하로서 무슨 할 이야기가 있다는 듯이 그의 이름을 큰 소리로 불러댔다. 자신의 이름을 수차례나 들은 아티우스 바루스는 말을 멈춰 세운 뒤 그가 누구이며 용무가 무엇인지를 물었다. 그 순간, 파비우스는 검을 뽑아들고 아티우스 바루스의 노출된 팔*53을 향해 힘껏 휘둘렀다. 아티우스는 목숨이 위험할 뻔했다. 그렇지만 바루스는 즉시 방패를 들어 파비우스의 공격을 막아냈다. 그 뒤 파비우스는 근처에 있던 적군들에게 둘러싸여 죽음을 맞이했다.

후퇴하는 적은 진영의 문들이 가로막히고 길도 막힐 정도로 그 숫자가 많고 무질서했다. 그 결과 전투에서 전사하거나 후퇴할 때 죽은 자보다, 부상도 입지 않은 채 진영 앞에서 압사당한 자가 더 많았다. 진영 안에서는 죽은 자들을 맞아들이지 않았기 때문에 일부는 곧장 도시로 옮겨졌다. 그러나 지형의 특성과 진지의 방어시설이 아군의 접근을 막았을 뿐 아니라 출동한 목적이 교전을 치르는 것이었기 때문에, 아군에게는 진지 공격에 필요한 장비가 없었다.

쿠리오는 병사들을 이끌고 다시 진지로 돌아왔다. 아군의 사상자는 오직 파비우스뿐이었으나 적은 약 600명이 전사하고 천여 명이 부상을 입었다. 쿠리오가 떠나자 부상자들과, 마치 부상을 입은 것처럼 행동했던 자들은 모두 두려움에 떨며 진지를 떠나 도시로 들어갔다. 이것을 본 아티우스 바루스는 군대의 사기가 바닥에 떨어졌음을 알고는, 눈속임을 위해 나팔수와 막사 몇 채만을 남겨둔 채 이른 새벽에 나머지 군대를 조용히 도시 안으로 이동시켰다.

36 이튿날 쿠리오는 성벽을 포위하기 시작함으로써 우티카 공략 작전을 개시했다. 우티카의 주민들은 오랫동안 평화를 누린 탓에 전쟁에 익숙지 않았다. 더욱이 과거에 입은 몇 가지 혜택 때문에 카이사르에게 호의적이었다. 도시 안에 거주하는 로마 시민들의 의견은 다양했으나, 몇 번의 패배를 맛본 사람들은 공포에 떨고 있었다. 그리하여 모든 자들이 드러내놓고 항복을 이야기했으

---

*53 방패를 들지 않은 오른쪽 팔을 말한다.

며, 아티우스 바루스에게 더는 자신들의 운명을 위태롭게 하지 말라고 재촉했다. 바로 그때 유바 왕의 전령이 도착해, 왕이 대규모 군대를 이끌고 이리로 오고 있으니 그때까지 도시를 방어하라는 급보를 전했다. 이 소식으로 우티카의 저하된 사기가 금세 올라갔다.

쿠리오의 죽음, 패배의 시작

37 똑같은 소식이 쿠리오에게도 전해졌다. 그러나 쿠리오는 그 사실을 믿지 않았다. 그럴 정도로 아군의 전력에 자신만만했다. 게다가 에스파냐에서 보낸 전령과 급보가 카이사르의 승리를 전해왔다. 쿠리오는 이 모든 것에 들뜬 나머지, 유바 왕이 전투를 피할 것으로 생각했다. 결국 쿠리오는 왕의 군대가 38킬로미터 이내에 접근했다는 확실한 정보를 듣고서야 공성 공사를 중단하고 즉시 코르넬리우스 진지로 철수했다. 그는 이곳에서 비축된 군량을 확인하고, 진지를 강화하고 목재를 모았다. 그리고 즉시 시칠리아로 전령을 보내 다른 2개 군단*[54]과 나머지 기병을 보내라고 명령했다.

아군 진지는 지형적 특성과 방어시설이 장기전을 벌이기에 매우 유리했을 뿐 아니라 바다와 가까워 물과 소금을 얻기가 편리했다. 아군은 이미 주변의 염전에서 많은 양의 소금을 모아놓았다. 또한 주변에 숲이 많아 목재가 풍부했고 넓은 들판에서 충분한 곡식도 확보했다. 쿠리오는 모든 병사들의 뜻에 따라 휴식을 취하고 장기전에 대비하기로 결정했다.

38 그때 도시를 빠져나온 탈주병들로부터 유바 왕이 국경 근처에서 일어난 렙티스*[55] 사람들과의 마찰 때문에 그의 왕국에 발이 묶였고, 대신 사부라라는 이름의 사령관이 많지 않은 규모의 병력을 이끌고 출동해 우티카로 오고 있다는 정보를 입수했다. 이를 곧이곧대로 믿은 쿠리오는 작전을 바꿔 먼저 공격하기로 했다. 그의 젊음, 그의 용기, 지금까지 거둔 승리, 그리고 승리에 대한 자신감이 이런 결정의 원천이었다.

쿠리오는 해질녘에 적의 진지로 모든 기병을 출동시켰다. 바그라다 강변에

---

*54 쿠리오는 아프리카 속주로 들어올 때 그의 4개 군단 중 2개 군단을 시칠리아 수비를 위해 남겨두었다. 그 군단을 아프리카로 불러들이는 것이다.
*55 리비아의 트리폴리 지역에 있던 식민 도시를 말한다.

자리잡은 적의 진지는 탈주병들의 이야기대로 사부라가 지휘하고 있었다. 그러나 유바 왕도 온 병력을 이끌고 사부라의 뒤를 따라와 9킬로미터 뒤에 대기하고 있었다. 아군 기병은 밤 사이에 먼 거리를 달려와 방심하고 있는 누미디아 군대를 급습했다. 적은 야만인의 습관대로 대형도 갖추지 않은 채 여기저기 흩어져 깊은 잠에 취해 있었다. 아군 기병의 공격으로 수많은 자가 살해되었고 살아남은 자들은 겁에 질려 도망쳤다. 아군 기병은 다수의 포로를 끌고 쿠리오에게 돌아왔다.

39 쿠리오는 제4야경시(새벽 4~6시)에 5개 대대를 남겨 진지*⁵⁶를 지키게 한 다음 전 병력을 이끌고 적진을 향해 출발했다. 약 9킬로미터를 행군했을 때 아군 기병이 승리의 소식을 전했다. 포로들을 심문해 보니, 바그라다강의 진지를 지휘하고 있는 장수는 사부라였다. 쿠리오는 행군을 끝내는 데만 정신이 팔려 포로들의 심문을 중단하고 근처에 있는 병사들을 바라보며 이렇게 말했다.

"병사들이여, 포로들의 이야기가 탈주병들의 이야기와 같지 않은가? 그들 모두 유바 왕은 멀리 떨어져 있으며 보잘것없는 병력만을 파견했다고 말한다. 적은 소수에 불과한 아군 기병조차 대적하지 못했다. 그러니 서둘러 명예와 전리품을 손에 넣어 그동안 땀 흘린 대가를 보상받도록 하라."

아군 기병의 승리는 특히 소수의 병력으로 다수의 적을 격파했다는 점에서 매우 훌륭했다. 그러나 우러름 받는 것이 모든 병사들의 바람인지라 그들은 이 승리를 부풀려 떠벌렸다.

또한 많은 전리품과 생포한 다수의 포로와 군마를 구경거리로 보여줬다. 이제 더 이상 지체하지 않고 마지막 승리를 거머쥐는 것이 당연해 보였다. 병사들의 열의 또한 대단했다. 마침내 쿠리오는 기병을 뒤따라오게 한 다음, 적이 아직 공포에 빠져 있을 때 공격을 퍼부어 승리를 매듭짓기 위해 전 병력을 이끌고 강행군을 시작했다.

아군 기병은 밤을 꼬박 새워 전투를 치른 탓에 군단을 따라잡지 못하고 뒤처지고 말았다. 그러나 쿠리오의 자신감을 꺾을 수 있는 것은 이미 아무것도

---

*56 코르넬리우스 진지를 말한다.

없었다.

40 사부라로부터 전날 밤의 전투 소식이 유바 왕에게 닿았다. 그는 평소에 호위대로 거느리던 에스파냐 기병과 갈리아 기병 2천을 비롯해 가장 믿을 만한 보병 부대를 지원군으로 보냈다. 그리고 그 자신은 나머지 병력과 60마리의 코끼리 부대를 이끌고 천천히 진군했다.

사부라는, 아군 기병은 단지 선발대일 뿐 그 뒤에 곧 쿠리오가 도착하리라 예상하고 있었다. 그래서 기병과 보병을 무질서하게 배치한 다음 마치 공포에 사로잡힌 것처럼 행동하면서 조금씩 뒤로 물러나라고 지시했다. 상황을 지켜보다 필요하다고 판단될 때 공격 명령을 내릴 것이란 설명이었다. 한편 눈앞의 상황이 쿠리오의 자신감을 더욱 불태웠다. 적이 퇴각한다고 믿은 쿠리오는 전 병력을 이끌고 높은 지대에서 평원으로 내려왔다.

41 쿠리오는 약 24킬로미터 정도의 꽤 먼 거리를 이동했다. 그런 뒤 지친 병사들에게 휴식을 주기 위해 행군을 멈췄다.

마침내 사부라가 공격 신호를 내렸다. 사부라는 전투대형을 갖춘 다음 대열을 빙 돌면서 병사들의 사기를 북돋웠다. 또한 전시 효과를 노려 보병을 조금 떨어진 곳에 배치하고 실질적인 전투는 기병에게 맡겼다. 위기를 맞은 쿠리오는 아군 병사들에게 그들 자신의 용맹함을 믿으라고 독려했다. 비록 지친 상태였지만 보병이나 기병 모두 전투에 대한 사기와 열의로 충만했다. 그러나 아군 기병은 200기에 불과했고 나머지는 중간에 멈춘 상황이었다.*[57] 기병은 용감하게 적진을 공격했고 그때마다 적을 격파했으나, 달아나는 적을 멀리까지 추격하거나 말을 전속력으로 몰 수가 없었다.

반면에 적의 기병은 아군의 양쪽 측면을 포위하고 병사들을 짓밟기 시작했다. 아군의 몇 대대가 대열을 벗어나 전진 공격을 가하면 누미디아 병사들은 체력과 속도를 이용해 멀리 달아났다가, 아군이 대열로 복귀할 때 병사들을 포위하고 길목을 차단했다. 결국 아군은 전투대형을 유지한 채 방어를 하기도, 적진을 향해 다가가 용맹함을 발휘하기도 어려웠다.

---

*57 쿠리오의 기병대는 전날의 급습 작전으로 지쳐 있었기 때문에 보병의 행군보다 뒤에 처졌다.

유바 왕의 지원군이 속속 도착함에 따라 적의 병력은 계속 늘어갔고, 반면에 아군 병사들은 시간이 지날수록 체력이 바닥나기 시작했다. 게다가 모든 병력이 적의 기병에게 포위되었으므로 부상병을 안전한 곳으로 옮길 수조차 없었다. 아군 병사들은 희망을 버렸다. 막다른 골목에 몰린 자가 그러하듯이 어떤 병사들은 자기 연민에 빠졌고, 또 다른 병사들은 실낱같은 희망을 바라면서 행여 살아남는 자가 있으면 자신의 가족들을 돌봐달라고 외쳤다. 두려움과 슬픔이 모든 병사를 휘감았다.

42 병사들의 공포를 본 쿠리오는 그 어떤 권유나 애원도 병사들의 사기를 되돌릴 수 없음을 깨달았다. 그 비참한 상황에서 살아날 수 있는 방법은 단 한 가지뿐이었다. 쿠리오는 병사들을 가까운 언덕으로 집결시키고 모든 부대 기를 그곳으로 모았다. 그러나 그 즉시 사부라가 기병을 출동시켜 언덕을 선점하고 아군에게 공격을 가했다. 이제 완전한 절망에 사로잡힌 병사들은 도주를 시도하다 적의 기병에게 살해되었고, 어떤 병사들은 부상을 입지 않았음에도 스스로 땅바닥에 몸을 내던지곤 했다.

기병 장교인 그나이우스 도미티우스는 쿠리오 주변에 기병 몇 기를 배치해 그의 목숨을 살리고 안전하게 진지까지 호위하려 했다. 그러나 쿠리오는 군대를 모두 잃었으니 카이사르의 얼굴을 볼 수 없다고 선언한 후 용감히 싸우다 장렬히 전사했다.*58 전장에서 도망친 기병은 극소수에 불과했지만, 앞서 말한 대로 말을 쉬게 하기 위해 후방에 뒤처졌던 기병들은 멀리서 아군의 패배를 지켜본 후 무사히 진지로 돌아갔다. 그러나 보병은 모두 살해되었다.*59

43 쿠리오의 지시로 성채에 남았던 재무관 마르쿠스 루푸스는 전투 소식을 듣자 병사들을 불러모아 사기를 잃지 말라고 간곡히 호소했다. 병사들은 배를 타고 시칠리아로 돌아가자고 애원했다. 마르쿠스 루푸스는 시칠리아로 돌

---

*58 쿠리오의 나이 이제 막 30대에 접어든 때였다.
*59 기원전 49년 8월 20일에 벌어진 이 전투에서 쿠리오 휘하의 2만 명에 달하는 보병이 몰살당했다. 기원전 49년 8월 11일에 아프리카에 상륙한 뒤 불과 열흘 만에 쿠리오가 이끄는 군대는 완패한 것이다. 이것은 내전 기간 동안 카이사르가 겪었던 본격적인 패배로서는 최초이다.

아갈 것을 약속하고 선장들에게 해질녘에 모든 배를 해안 가까이에 대라고 명령했다. 그럼에도 아군 병사들은 너나 할 것 없이 공포에 사로잡혀 있었다. 어떤 자들은 유바 왕의 군대가 오고 있다고 말하고, 또 어떤 자들은 아티우스 바루스의 군단들이 유바 왕의 군대를 따라오고 있으며, 이미 그들이 일으키는 먼지를 보았다고 주장했으나 그 어떤 말도 사실이 아니었다. 어떤 자들은 적의 함대가 아군을 덮칠 것이라고 예상했다. 이렇듯 모든 병사가 저마다 공포에 휩싸여 제 살 길을 찾았다. 군선에 올라 있던 자들이 서둘러 닻을 올리고 떠나자 그것을 본 범선의 선장들도 병사들을 남겨둔 채 출발해버렸다. 이제 철수 명령을 이행할 수 있는 수단은 작은 배들뿐이었다. 그러나 해안으로 몰려온 병사들이 서로 먼저 승선하기 위해 다툼을 벌였고, 그 와중에 배 몇 척이 무게를 이기지 못하고 침몰했다. 그러자 다른 배들도 똑같은 일이 벌어질까 두려워 더 이상 해안으로 접근하지 못했다.

44 결국 개인적인 능력을 이용하거나 동정에 호소하여, 혹은 배까지 헤엄을 쳐서 간 극소수의 병사들과 가장들만이 어렵사리 승선해 무사히 시칠리아에 당도했다. 뒤에 남은 군대는 그날 밤 백인대장들로 사절단을 구성해 아티우스 바루스에게 항복의 뜻을 밝혔다. 이튿날 유바 왕은 도시 앞으로 찾아온 아군 병사들을 전리품으로 취급하여 대부분을 살해하고, 그중 몇 명을 골라 자신의 왕국으로 데려가라고 명령했다.

아티우스 바루스는 유바 왕이 그와의 약속을 깨뜨렸다고 항의했으나 감히 저항하진 못했다.*60 유바 왕은 세르비우스 술피키우스와 리키니우스 다마시푸스를 비롯한 몇몇 원로원 의원들을 거느리고 우티카로 입성했다. 그리고 며칠 동안 원하는 바를 실행하며 필요한 명령들을 내린 뒤 전 병력을 이끌고 자신의 왕국으로 돌아갔다.

---

*60 쿠리오 휘하의 병사들은 코르피니움에서 투항한 폼페이우스 측 병사들이었기 때문에 아티우스 바루스는 그들을 살려주고자 했을 것이다.

제3권
(기원전 48년)

독재관이 된 카이사르, 전쟁 준비하는 폼페이우스

1 카이사르는 독재관*1으로서 여러 선거를 관리했다. 그에 따라 푸블리우스 세르빌리우스와 율리우스 카이사르가 집정관으로 선출되었다.*2 이로써 이해에 카이사르는 합법적으로 집정관*3이 될 수 있었다.

이탈리아 전역에는 빚더미를 안고 있는 사람들이 넘쳐났다. 그중에는 빚을 갚지 못하는 사람들도 상당했다. 따라서 카이사르는 중재인을 임명해 부동산이나 동산을 전쟁 전의 가치로 평가해주고 그 액수를 기준으로 채무자들이 빚을 갚을 수 있게 했다.*4 전쟁과 내전 후에 주로 발생하는 채무 불이행을 막고 채무자들의 신용을 유지시키기 위해서는 이 조치*5가 가장 적절하다고 생각했기 때문이다.

다음으로 폼페이우스가 로마 시내에 병력을 주둔시키고 있을 때 폼페이우

---

*1 카이사르는 기원전 45년 12월 2일 수도 로마에 들어갔다. 그러나 기원전 49년도 집정관인 마르켈루스와 렌툴루스가 폼페이우스를 따라 이탈리아를 탈출하여 그리스로 떠났기 때문에 수도 로마에는 집정관의 자리가 비게 되었다. 두 집정관이 이탈리아를 떠난 상황에서 일종의 비상 대책으로 법무관 마르쿠스 레피두스가 카이사르를 독재관으로 지명했다.

*2 독재관이 된 카이사르는 차기 집정관 선출을 위한 민회 소집권을 행사할 수 있었다. 카이사르는 민회를 소집하여 기원전 48년도 집정관에 당선되었다. 함께 선출된 또 다른 집정관 푸블리우스 세르빌리우스는 카이사르파였지만 원로원 의원이기도 했다.

*3 집정관에 재출마할 수 있는 시기는 첫 번째 집정관 임기 만료 후 10년이다. 카이사르는 기원전 59년도의 집정관이었으므로 기원전 49년 이후에 다시 집정관이 될 수 있었다. 그가 이 점을 일관되게 강조하는 까닭은, 폼페이우스가 이 법을 무시하고 기원전 55년과 기원전 52년에 집정관이 되었기 때문이다.

*4 내전으로 물가가 급등했기 때문에 이 조치는 빚의 일부를 탕감하는 효과가 있었다.

*5 당시 로마의 경제는 내전으로 침체에 빠져 있었다. 채무자는 빚을 갚지 못하게 되고, 채권자도 돌려받을 가망이 없기에 돈을 빌려주지 않으려고 했다. 이런 이유로 돈이 유통되지 않아 경제활동이 위축될 수밖에 없었다. 따라서 자금 유통을 활성화하는 것이 급선무였다.

스 법*6에 따라 부정 행위로 재판을 받고 지위를 박탈당했던 사람들의 권리도 회복시켰다. 이는 법무관과 호민관들이 민회에 제출한 법안에 따른 것이었다. 그때 그들의 재판은 저마다 단 하루 만에 종결되었고, 변론을 들은 배심원들이 아닌 다른 배심원들이 판결을 내렸다.

형을 선고받은 그들은 내전이 발발할 무렵 카이사르에게 필요한 도움을 주겠노라고 약속했었는데, 카이사르는 그것만으로도 실제로 도움을 받은 것으로 간주했다. 그런데 그들이 이전의 지위로 복귀한 것은 카이사르 자신의 친절함 때문이라기보다는 민회의 결정에 따른 것처럼 보여야 한다고 생각했다. 마땅히 그래야 하는데도 감사하지 않는 배은망덕한 사람으로 보이고 싶지도 않았지만, 그와 동시에 민회의 관대함을 앞지르는 오만함을 보이고 싶지도 않았다.

2 이렇게 일을 처리하고 모든 선거와 로마 축제*7를 주관하는 데 11일이 소요됐다.*8 그 뒤 카이사르는 스스로 독재관직을 사임하고 브룬디시움으로 건너가 12개 군단*9과 모든 기병을 소집하라고 명령했다. 그러나 전쟁을 재개한다 해도 남아있는 선박으로는 1만 5천 군단병과 기병 500기밖에 수송할 수 없었다. 바로 이 문제가 신속한 종전의 걸림돌이 되었다.

하지만 막상 배에 오른 군단에는 결원이 많았다. 많은 병사가 오랜 갈리아 전쟁에서 목숨을 잃었고, 에스파냐에서 돌아오는 고된 행군에서도 낙오했다.

*6 폼페이우스가 단독 집정관이던 기원전 52년에 통과된 부패 방지법을 가리킨다. 이 법과 함께 같은 시기에 폭력 사건에 대한 법이 시행되어 새로운 약식 재판 방식이 자리를 잡게 되었다.

*7 라티나 축제로, 로마의 최고 신 유피테르를 찬양하기 위해 매년 알바누스 산에서 거행했다. 원래는 로마 연맹의 도시들이 공동으로 주관했으나 기원전 338년 연맹이 해체된 후로는 로마가 주재했다. 종교 의식과 운동경기가 결합된 이 축제를 카이사르가 이 해(기원전 49년)에도 주최한 것은, 로마가 평상시처럼 움직이고 있으니 안심해도 좋다는 인상을 시민들에게 심어주기 위해서였다.

*8 기원전 49년 12월 2일에 로마로 들어온 카이사르는 12월 13일 브룬디시움을 향해 떠났다. 독재관에 지명되고 차기 집정관에 선출된 뒤, 채무 탕감, 권리를 박탈당한 자들의 복권, 축제 주최 등의 일련의 일들을 단 열하루 만에 처리하고 병사들이 집결해 있는 곳으로 떠난 것이다.

*9 갈리아에서 소환한 9개 군단(마실리아 공성에 투입했던 3개 군단과 에스파냐 전쟁에 투입했던 6개 군단)과 새로 모집한 3개 군단이었다.

또 갈리아와 에스파냐의 쾌청한 날씨와 대조되는 아풀리아와 브룬디시움 인근의 혹독한 가을 날씨도 병사들의 건강에 악영향을 끼쳤다.

3 폼페이우스는 전투와 적의 방해에 시달리지 않고 일년 내내 병력을 모으며 전쟁을 준비할 수 있었다. 그는 아시아와 키클라데스 제도, 코르키라, 아테네, 폰투스, 비티니아, 시리아, 킬리키아, 페니키아, 이집트 등에서 배를 모아 대규모 함대를 조직했다. 한편 아시아와 시리아, 아카이아의 모든 왕과 영주와 군주, 그리고 자유 도시들로부터 막대한 상납금을 요구하고 강제로 거둬들였다. 또한 자신이 통치하는 속주의 농민들에게도 높은 세금을 부과했다.

4 폼페이우스는 로마 시민으로 구성된 9개 군단을 확보했다. 그중 5개 군단은 이탈리아에서 해로로 수송해왔다. 킬리키아에서는 1개 고참병 군단*[10]을 조직했으며, 이전 사령관 밑에서 군무를 마친 후 크레타 섬과 마케도니아에 정착한 고참병들을 소집해 1개 군단을, 렌툴루스가 집정관일 때 아시아에서 군적에 이름을 올린 병사들로 2개 군단을 구성했다.

그 외에도 테살리아, 보이오티아, 아카이아, 에피루스에서 소집한 병력과 가이우스 안토니우스에게서 넘겨받은 병력*[11] 중 일부를 섞어 '보충병'이란 명목으로 각 군단에 배치했다. 뿐만 아니라 폼페이우스는 스키피오*[12]가 시리아에서 2개 군단을 이끌고 오기를 기다리고 있었다.

그에게는 크레타, 스파르타, 폰투스, 시리아에서 보낸 궁수 3천, 투석병 6백, 기병 7천이 있었다. 7천의 기병 중 6백 기는 데이오타루스*[13]가 데려온 갈라티

---

*10 결원이 많은 2개 군단을 합쳐서 1개 군단을 구성한 이른바 '쌍둥이 군단'이었다.
*11 마르쿠스 안토니우스의 동생이다. 2권에서 언급하지 않은 사건과 관련이 있다. 카이사르는 가이우스 안토니우스와, 키케로의 사위인 돌라벨라에게 20개 대대 1만 2,000명의 병력을 내주고 아드리아 해의 제해권을 장악하라는 중요 임무를 맡겼다. 가이우스 안토니우스는 에스파냐로 가는 도중 남쪽 연안의 아드리아 해에서, 한 해군 함대가 달마티아(오늘날의 크로아티아)에서 추격을 시작한 폼페이우스 해군에게 쫓기는 것을 보고 아군을 구하려 했다. 하지만 코르키라 섬(또는 코르푸 섬) 앞바다에서 한 부하 장교의 배신으로 폼페이우스 군에게 항복하고 15개 대대를 빼앗겼다.
*12 폼페이우스의 장인이다.
*13 소아시아 갈라티아의 왕이다.

아 병력이었고, 5백 기는 아리오바르자네스[14]가 카파도키아에서 데려온 병력이었다. 또한 트리키아의 코티스 왕도 비슷한 수의 기병과 함께 그의 아들 사달라를 파견했고, 마케도니아에서는 라스 키폴리스의 지휘하에 용맹함이 뛰어난 기병 2백 기를 보냈다. 알렉산드리아에서는 폼페이우스의 아들이 함대에 싣고 데려갔던 가비니우스의 기병[15] 5백 기를 보냈다. 폼페이우스는 자신의 노예와 목동 가운데서 8백의 기병을 선발했다.

타르콘다리우스 카스토르와 돔닐라우스는 갈로그라이키아에서 3백의 기병을 파병했는데, 카스토르는 직접 병력을 이끌고 왔으며 돔닐라우스는 자신의 아들을 보냈다. 시리아에서는 콤마게네의 안티오쿠스가 대부분 기마 궁수로 구성된 기병 2백 기를 보내왔는데, 이에 폼페이우스는 큰 액수로 보상했다. 그는 또한 트로이와 베시족뿐 아니라 마케도니아와 테살리아를 비롯한 여러 부족과 도시에서 용병, 징집병, 자원병을 모집했다.

5 폼페이우스는 테살리아, 아시아, 이집트, 크레타, 키레네 등지에서 막대한 양의 곡식을 축적해 놓고 있었다. 그는 디라키움과 아폴로니아를 비롯한 모든 해안 도시에 겨울을 날 수 있는 진지를 만들고 해안 전역에 함대를 배치해 카이사르가 아드리아해를 건너지 못하게 했다.[16] 그리고 아들인 그나이우스 폼페이우스에게 이집트 함대를, 데키우스 라일리우스와 가이우스 트리아리우스에게 아시아 함대를, 가이우스 카시우스에게 시리아 함대를, 스크리보니우스 리보와 마르쿠스 옥타비우스에게 리부르니아와 아카이아 함대를 맡겼다. 마지막으로 해군 전체의 지휘는 마르쿠스 비불루스[17]에게 맡겨 그가 최고 지휘권을 가지고 병력을 편성하게 했다.

6 카이사르는 브룬디시움에 도착하자 병사들에게 다음과 같이 연설했다.
"이제 우리의 모든 노고와 위험을 끝낼 종착점에 가까이 왔다. 그러니 그대

---

[14] 터키 중부 아나톨리아 중동부의 왕국 카파도키아의 왕을 말한다.
[15] 알루스 가비니우스가 프톨레마이오스 왕에게 넘겨준 주둔군이다.
[16] 폼페이우스는 에스파냐나 마실리아를 지원하는 데는 소극적이었지만, 그리스에서 카이사르와 치를 전쟁 준비는 이처럼 치밀했다.
[17] 마르쿠스 비불루스는 기원전 59년에 카이사르와 함께 집정관직을 역임한 인물로, 내전이 시작되면서 폼페이우스 밑에서 해군을 맡아 지휘했다.

들은 편한 마음으로 노예와 짐을 이탈리아에 남겨두어도 좋다. 승선할 때는 더 많은 병력이 배에 오를 수 있도록 기초적인 장비만 휴대하라. 승리했을 때는 카이사르의 관대한 보상이 그대들의 기대를 충족시켜 줄 것이다."

그러자 병사들은 우렁찬 함성으로 일제히 외쳤다. "명령을 내리시면 기꺼이 따르겠습니다!" 아군은 1월 4일[18]에 돛을 올렸고 앞서 지적한 대로 7개 군단[19]이 승선했다. 다음날 그들은 아크로케라우니아에 도착했다. 항구는 모두 적의 수중에 있어 믿을 수 없었기 때문에, 카이사르는 바위가 많고 위험한 해안을 골라 조용히 닻을 내렸다. 배는 단 한 척도 파손되지 않았고, 병사들은 팔라이스테[20]라는 곳에 무사히 상륙했다.

에피루스에서의 교섭

7 루크레티우스 베스필로와 미누키우스 루푸스는 데키우스 라일리우스로부터 넘겨받은 아시아 함대 18척을 거느리고 오리쿰[21]에 주둔해 있었다. 하지만 그들은 자신감이 부족해 감히 항구 밖으로 나갈 엄두도 내지 못했다. 또한 코르키라[22]에서는 마르쿠스 비불루스가 함선 110척을 거느리고 있었다. 그가 어떤 보고도 듣지 못한 상황에서 카이사르가 느닷없이 연안에 나타났다. 그러나 출범 준비를 미처 못한 비불루스는 닻을 준비하고 흩어진 노잡이들을 모으느라 신속하게 출동할 수 없었다.

8 카이사르는 병사들을 상륙시킨 뒤 나머지 군단과 기병을 실어오도록 그

---

*18 카이사르 군대는 기원전 49년 12월 22일에 브룬디시움에 도착하여, 카이사르의 두 번째 집정관 임기가 시작되는 기원전 48년 1월 4일에 브룬디시움을 떠나 폼페이우스가 있는 그리스를 향해 배를 띄웠다.

*19 3-2에서 언급한 1만 5,000의 군단병보다는 더 많은 병력이었을 것이다. 나중에 총병력 80개 대대(8개 군단에 해당)가 파르살루스 전투에서 큰 손실을 입은 후 2만 2,000으로 줄었으므로(3-89 참조), 여기서 언급하는 7개 군단의 병력은 1만 5,000 이상이었을 것이 분명하다. 카이사르는 원래 노예와 무거운 물자를 함께 싣는 것으로 계산했으나(3-2 참조), 만약 노예와 물자를 제외하고 더 많은 병력을 승선시켰다면 가능한 이야기가 된다.

*20 오늘날의 파라사를 말한다. 파라사는 폼페이우스의 본영이 있는 디라키움에서 직선거리로 130킬로미터 남쪽에 있다. 카이사르 군대는 기원전 48년 1월 5일에 이곳에 상륙했다.

*21 카이사르가 상륙한 지점에서 북쪽으로 약 10킬로미터 지점에 있다.

*22 카이사르의 상륙 지점에서 남쪽으로 80킬로미터 해상에 떠 있는 코르푸 섬이다.

날 밤 선박을 브룬디시움으로 돌려보냈다.*23 그런 뒤 부장 푸피우스 칼레누스에게 이 임무를 맡기고 최대한 빠르게 군단들을 수송하라고 명령했다. 그러나 선단이 너무 늦게 출발하는 바람에 밤의 순풍을 타지 못했고, 결국 돌아가는 항해 도중에 적에게 가로막히고 말았다. 코르키라에서 카이사르가 도착했다는 소식을 들은 비불루스는 카이사르 병사들이 상륙하기 전에 선단의 일부라도 빼앗기를 바랐다. 하지만 그는 결국 빈 채로 돌아가는 선단과 마주쳐 약 30척을 포위했을 뿐이다. 자신의 나태함*24에 격분해 있던 비불루스는 분을 풀기라도 하듯 포위한 배들을 선원들과 함께 모조리 불태웠다. 이런 가혹한 보복으로 아군의 전의가 꺾이길 바랐던 것이다. 보복을 마친 비불루스는 사소섬에서 코르키라 항까지 전 해안에 군선을 배치하여 각별한 주의를 기울였으며, 또한 모든 초소에 병력을 배치했다. 게다가 혹독한 겨울 날씨에도 불구하고 솔선하여 군선 위에서 숙식을 하면서 누구의 도움도 기대하지 않고 임무에 충실했다. 그의 목표는 오직 하나, 카이사르와 맞붙는 것이었다.*25

9 일리리쿰에서 리부르니아 함대가 떠나자 마르쿠스 옥타비우스는 자신의 함대*26를 이끌고 살로나이로 이동했다. 살로나이에서 그는 달마티아족을 비롯한 원주민 부족들을 선동하는 한편, 이사 섬 주민들을 설득해 더 이상 카이사르를 돕지 못하도록 촉구했다. 그러나 보상을 약속하거나 위협을 해도 살로나이의 로마인들이 흔들리지 않자 도시를 포위하여 공격했다.

살로나이는 지리적으로 유리하고 작은 산들의 보호를 받고 있긴 하지만 로마 시민들은 즉시 나무로 탑을 만들어 방어벽을 더욱 강화했다. 그러나 소수의 인원으로는 효과적인 저항을 할 수가 없어 수많은 부상자가 속출했다. 그러자 시민들은 급기야 극단적인 방법을 선택해, 노예들 중 모든 성인 남자를

---

*23 브룬디시움을 떠날 때 카이사르에겐 전체 병력을 수송할 수 있을 정도의 선박이 없었다. 따라서 병력을 2진으로 나누어 제1진이 먼저 카이사르와 함께 그리스로 왔고, 그 배들이 다시 브룬디시움으로 가 제2진을 싣고 왔다.
*24 카이사르가 그리스 해안에 상륙하는 것을 몰라 제1진이 무사히 상륙하는 것을 막아내지 못한 일을 말한다.
*25 카이사르 군대의 제2진이 아드리아 해를 건너 제1진과 합류하는 것을 막는다는 의미이다.
*26 아카이아 함대를 말한다. 폼페이우스는 스크리보니우스 리보와 마르쿠스 옥타비우스에게 리부르니아와 아카이아 함대를 맡겼다.

해방시켜 수비 병력을 보충하고[*27] 모든 여자의 머리카락을 잘라 투척기에 쓸 밧줄을 만들었다.

그들의 결연한 행동을 본 옥타비우스는 5개 진영으로 도시 주위를 에워싸 봉쇄하고 공격으로 압박했다. 시민들은 어떤 어려움도 이겨낼 준비가 되어 있었지만 식량 부족만큼은 견디기가 힘들어, 카이사르에게 대표단을 보내 도움을 청하기로 했다. 그 밖의 다른 어려움은 최선을 다해 견뎌냈다. 포위공격을 시작한 지도 오래되었고 봉쇄작전도 지지부진하여 옥타비우스의 병사들이 나태해지자, 어느 날 정오 무렵 기회가 찾아왔다. 옥타비우스 군대가 잠시 성벽에서 철수하자, 성 안에 있던 사람들은 우선 아이들과 여자들을 성벽에 배치해 평소의 경계태세와 똑같은 모습을 연출했다. 그런 다음 최근에 해방시킨 남자 노예들과 힘을 합쳐 옥타비우스의 진지들 중 가장 가까운 진지를 공격했다. 그렇게 첫 번째 진지를 급습한 다음 곧바로 두 번째 진지를 공격했고, 세 번째 진지와 네 번째 진지에 이어 마지막 다섯 번째 진지까지 잇달아 격파했다. 마침내 그들은 옥타비우스 병사들을 진영 밖으로 쫓아내고 다수의 적군을 살해하여, 옥타비우스를 비롯한 나머지 병력을 그들의 배로 몰아냈다.

옥타비우스는 도시의 공략을 포기하고 디라키움으로 돌아가 폼페이우스와 합류하기로 결정했다.[*28] 이제 겨울이 가까이 다가왔고,[*29] 병력 손실도 심각했기 때문이다.

10 앞서 말한 대로 루키우스 비불리우스 루푸스는 두 번이나 카이사르에게 사로잡혔고[*30] 그때마다 카이사르가 풀어준 폼페이우스 휘하의 장군이다. 카이사르는 비불리우스에게 관대함을 베풀면 그가 폼페이우스에게 자신의 뜻을 제대로 전달할 수도 있다고 생각했다. 카이사르가 알기에 비불리우스는 폼페이우스를 움직일 만한 영향력이 있는 인물이었다. 카이사르가 비불리우스를

[*27] 노예는 군인이 될 수 없었기 때문이다.

[*28] 테살리아에서 군대를 훈련시키던 폼페이우스가 디라키움으로 이동 중이었다.

[*29] 카이사르가 아드리아 해를 건넌 1월은 현재의 달력으로는 11월이다.

[*30] 원래는 폼페이우스의 참모로, 코르피니움과 에스파냐에서 카이사르에게 붙잡혔다. 카이사르에게 항복한 후 코르피니움에서는 폼페이우스에게 돌아갔으나, 에스파냐 전투에서는 카이사르 휘하에 남았다. 카이사르는 그를 전령으로 활용했다.

통해 폼페이우스에게 전달한 메시지는 다음과 같았다.

"양쪽 모두 고집을 버리고 무장 해제하여, 더 이상 전운을 시험하지 말아야 하오. 우리 두 사람 모두 교훈과 경고로 삼기에는 이미 충분한 피해를 입었소. 당신은 이탈리아에서 쫓겨났고 시칠리아, 사르디니아, 에스파냐의 두 속주를 상실했으며, 이탈리아와 에스파냐의 로마인 병력 130개 대대를 잃었소. 본인 역시 쿠리오와 아프리카 군대를 잃었고 안토니우스와 그의 병력을 코르키라 앞바다에서 빼앗겼소. 그러므로 더는 우리 자신과 로마를 위기로 몰아넣지 말아야 하겠소. 지금까지 겪은 손실만으로도 우리의 전운이 얼마나 큰지 충분히 입증되었소. 두 사람이 똑같이 자신감에 차 있고 대등한 병력으로 맞서 있는 지금이 강화를 하기에 가장 좋은 시기요. 그러나 전운이 조금이라도 한쪽으로 기운다면, 우세한 사람은 자신이 모든 것을 차지할 수 있다는 생각에 결코 강화에 관심을 보이지 않을 것이고 공평한 분배에 만족하지도 않을 것이오. 강화 조건과 관련해 우리는 아직까지 화해에 이르지 못했기 때문에, 로마의 원로원과 국민에게 조건을 생각해 제시하도록 요청해야 하오. 우리가 지금이라도 3일 이내에 군대를 해산하겠다고 공식적으로 맹세한다면 원로원뿐 아니라 우리 자신으로서도 만족스런 방책이 될 것이오. 지금 의존하고 있는 무기를 내려놓고 군대의 지원을 포기하면, 우리는 어쩔 수 없이 원로원과 만민의 결정에 만족할 것이오. 당신이 이 제안을 보다 쉽게 받아들일 수 있도록 본인은 육상과 도시의 모든 군대를 해산하겠다고 약속하겠소."

11 코르키라 해안에 도착한 비불리우스는 폼페이우스에게 카이사르의 갑작스런 진군을 알리는 것이 무엇보다 긴급한 일이라 생각했다. 폼페이우스가 강화 회담을 시작하기 전에 적절한 조치를 취하는 것이 중요했던 것이다. 그에 따라 비불리우스는 시간을 줄이기 위해 모든 도시에서 말을 바꿔 타며 밤낮으로 말을 몰아, 폼페이우스에게 카이사르가 오고 있다는 소식을 전했다.

이때 폼페이우스는 아폴로니아와 디라키움에서 겨울을 나기 위해 마케도니아에서 출발한 뒤 중간 지점인 칸다비아를 통과하고 있었다. 비불리우스가 가져온 소식에 놀란 폼페이우스는 카이사르에게 해안 도시들을 빼앗기지 않기 위해 아폴로니아를 향해 강행군했다.

한편 카이사르는 병사들을 상륙시킨 후 지체하지 않고 오리쿰으로 출발했다. 폼페이우스의 명에 따라 파르티니인*31 수비대를 주둔시키고 도시를 지키고 있던 루키우스 토르콰투스는 카이사르가 도착하자 모든 성문을 닫고 도시를 방어했다. 토르콰투스는 그리스인들에게 무기를 들고 성벽 위로 올라가라고 명령했다. 그러나 주민들은 로마의 공식 지배권을 가진 자*32에게 대항하기를 거부했으며, 오히려 자발적으로 성문을 열고 카이사르를 맞아들이려 했다. 토르콰투스는 어떤 지원도 받을 희망이 없자 성문을 열고 도시를 넘겨주었고, 카이사르는 토르콰투스를 해치지 않고 풀어주었다.

12 오리쿰을 점령한 카이사르는 멈추지 않고 아폴로니아*33로 갔다. 아폴로니아의 지휘관 루키우스 스타베리우스는 카이사르가 진군하고 있다는 소식을 듣자 즉시 물을 성채 안으로 운반하고, 방어시설을 갖추었으며, 아폴로니아 사람들에게 인질을 요구했다. 그러나 주민들은 인질을 내주지 않았을 뿐 아니라, 집정관을 막기 위해 성문을 닫지 않을 것이며 이탈리아와 온 로마인의 뜻을 거스르지도 않겠다고 통보했다. 그러자 스타베리우스는 몰래 아폴로니아에서 도망쳤다. 시민들은 카이사르에게 사절을 보내 그를 도시 안으로 맞아들였다. 이 사례는 빌리스와 아만티아를 비롯한 이웃 도시의 주민들에게도 영향을 미쳐, 그들도 카이사르에게 사절을 보내 그의 명령에 복종할 것을 맹세했다.

13 한편 폼페이우스는 오리쿰과 아폴로니아에서 일어난 사건을 보고받자 디라키움이 걱정되어 밤낮으로 행군을 강행했다. 이와 동시에 카이사르가 디라키움을 향해 진군하고 있다는 보고가 들어왔다. 폼페이우스의 군대는 밤낮을 가리지 않고 행군을 계속했으나 병사들은 이미 공포에 사로잡혀 있었다. 에피루스와 그 주변지역 출신의 병사들은 거의 모두 군기를 버리고 도망쳤고, 그 외에도 많은 병사들이 무기를 내던지고 행군했기 때문에 적의 행군은 패주를 방불케 했다.

＊31 그리스 서부 일리리아 부족의 일부로, 이란계인 파르티아와는 무관하다.
＊32 카이사르를 말한다. 카이사르는 기원전 48년 집정관으로 선출되었기 때문에 이제 법적으로 공식 지배자인 것이다. 이전까지는 원로원 최종 권고를 무시하고 루비콘강을 건너 여러 지역에서 전쟁을 치렀기 때문에 반란군이나 마찬가지였다.
＊33 오리쿰에서 북쪽으로 50킬로미터 떨어진 항구도시다. 디라키움과 함께 그리스에서 중요한 로마 기지로, 폼페이우스 수비대가 지키고 있었다.

폼페이우스는 디라키움 부근에 군대를 정지시키고 진지를 세울 장소를 물색했다. 병사들은 여전히 공포에 사로잡혀 있었기에, 라비에누스가 병사들 앞으로 나아가 이렇게 맹세했다. "나는 절대로 폼페이우스를 버리지 않을 것이다. 어떤 운명이 주어지더라도 폼페이우스와 함께 견뎌낼 것이다."*34 다른 부장들도 똑같이 맹세하자 군관들과 백인대장들의 뒤를 이어 모든 병사가 똑같이 맹세했다.

카이사르는 폼페이우스보다 먼저 디라키움에 도착해 기선을 제압한 뒤 아폴로니아의 영토에 속하는 압수스강 옆에 진지를 구축했다. 그곳을 선택한 이유는 요새와 초소를 세워, 카이사르에게 호의를 보인 부족들을 보호하기 위함이었다. 카이사르는 이탈리아에서 나머지 군단들*35이 도착하기를 기다리면서 막사 안에서 남은 겨울을 보냈다. 폼페이우스도 강 건너편에 진지*36를 세우고 그곳으로 자신의 모든 군대와 지원군을 집결시켰다.

14 브룬디시움에서는 칼레누스가 카이사르의 명대로 군단들과 기병을 배에 싣고 항구를 떠났다. 조금 항해했을 때 카이사르로부터 급보가 날아들었다. 적의 함선들이 대부분의 항구와 모든 해안 지역을 장악하고 있다는 내용이었다. 칼레누스는 즉시 뱃머리를 돌리고, 그와 함께 출발했던 범선들을 불러들였다. 그러나 개인의 지휘하에 병력을 싣지 않은 채 항해하던 범선 한 척이 칼레누스의 명령을 무시하고 계속 나아갔다. 결국 그 배는 오리쿰에서 정착하여 마르쿠스 비불루스에게 나포되었다. 그는 원한에 사무친 사람처럼 배 안에 있는 모든 사람들에게 복수를 했다. 노예와 해방 노예, 젊은이들을 포함해 심지어 아이들까지 살해해버렸다. 이렇듯 모든 병사들이 짧은 시간차와 완전한 우연의 일치에 아슬아슬하게 걸려 있었다.*37

15 마르쿠스 비불루스의 함대는 앞서 말한 대로 오리쿰 앞바다를 지키고

---

*34 카이사르를 배신하고 폼페이우스 측에 가담했기 때문에 자신의 충성심을 보여야 했을 것이다.

*35 안토니우스가 이끄는 카이사르 군 제2진의 도착을 말한다. 제2진은 기원전 48년 3월 하순이 되어서야 도착했다.

*36 카이사르는 압수스강 남쪽에, 폼페이우스는 압수스강 북쪽에 진지를 세웠다.

*37 칼레누스가 카이사르의 급보를 받지 못했을 경우를 말한다.

있었다.*38 그가 카이사르에게 항구에 접근하는 것을 허용하지 않았던 반면, 카이사르도 그가 그 지역의 모든 육지에 오르는 것을 완벽히 차단하고 있었다. 카이사르가 곳곳에 경계병력을 주둔시켜 해안지역 전체를 장악했기 때문에 적은 육지에 배를 댈 수도, 나무와 물을 구할 수도 없었다. 필수품들이 부족해지자 비불루스와 그의 병사들은 큰 어려움에 처했으며, 식량은 물론이고 나무와 물까지 코르키라에서 배로 운반해야 했기 때문에 더욱 큰 고통을 겪었다. 심지어 바람이 거센 날에는 함선들을 덮은 가죽 위에 밤사이 맺힌 이슬을 모으기도 했다. 그러나 이런 어려움 속에서도 그들은 인내와 침착함을 잃지 않았고, 어떤 일이 있어도 해안과 항구들을 지켜야 한다고 믿었다.

적군은 그때 지금까지 기술한 곤경에 처해 있었다. 그런데 리보*39가 합류한 후 두 사람은 선상에서 카이사르의 두 부장인 마니우스 아킬리우스, 스타티우스 무르쿠스와 회담을 가졌다. 아킬리우스는 오리쿰 성의 성벽 수비대를, 무르쿠스는 평지의 경비대를 지휘하고 있었다. 비불루스와 리보는 이렇게 말했다. "기회가 주어진다면 카이사르에게 중요한 문제에 관해 말하고 싶소." 그러고는 마치 타협책을 원한다는 투로 몇 마디를 덧붙이며 그동안에는 잠시 휴전해 줄 것을 요청했다. 비불루스와 리보가 중요한 제안을 할 것처럼 보이자 두 부장은 그들의 제안을 받아들였다. 더욱이 두 부장은 카이사르가 화해를 얼마나 간절히 원하는지 잘 알고 있었다. 이제야 카이사르가 루키우스 비불리우스 루푸스에게 맡긴 사자의 임무*40가 효력을 발휘하는 것 같았다.

16 이때 카이사르는 코르키라 맞은편에 있는 도시 부트로툼 근처에 와 있었다. 그는 부족한 식량을 조달하고 내륙 쪽에 자리잡은 도시들의 지지를 확보하기 위해 1개 군단과 함께 출동했다.

카이사르는 부트로툼에서 리보와 비불루스의 요구를 전하는 두 부장의 급보를 받은 후, 즉시 군단을 그곳에 남겨두고 오리쿰으로 돌아왔다. 그리고 그곳에 도착하자 회담을 하기 위해 폼페이우스의 두 부장을 불렀다. 그러자 리보가 나타나 비불루스가 참석하지 못한 것에 대해 변명을 늘어놓았다. "비불

---

*38 카이사르 군의 제2진이 합류하는 것을 저지하기 위해서였다(3-8 참조).
*39 폼페이우스 휘하의 해군 장수이다.
*40 3-10에서 카이사르는 비불리우스를 통해 폼페이우스에게 타협의 메시지를 전달했다.

루스는 성미가 매우 급한 데다가, 안찰관과 법무관을 지낼 때부터 카이사르와 개인적인 불화가 있었소.*⁴¹ 따라서 이렇게 중요하고 유익한 협상 자리에서 평정을 잃는 일이 없도록 자리를 피한 것이오. 폼페이우스로 말하자면 처음부터 한결같이 화해와 휴전을 열망하고 있었소. 군사회의에서 최고 지휘권을 비롯한 모든 권한을 폼페이우스에게 위임했기 때문에 우리에게는 이 문제에 대한 권한이 없소. 그러나 카이사르의 요구가 무엇인지 알려주면 그것을 폼페이우스에게 전달하겠소. 우리가 폼페이우스에게 간청하면 폼페이우스는 우리를 통해 차후 협상을 진행할 것이오." 리보는 이런 말들과 함께 이렇게 요청했다. "전령이 폼페이우스의 회신을 갖고 돌아올 때까지는 휴전을 지켜 상대편을 공격하지 말아야 하오." 그는 마지막으로 자신의 입장에 대해, 그리고 자신이 거느리고 있는 병력과 외인군에 대해 몇 마디 말을 덧붙였다.*⁴²

17 이 마지막 말에 카이사르는 당장에 답변하는 것은 적합하지 않다고 보았다. 그 이유는 굳이 후세에 전해야 할 필요가 없으리라.

카이사르는 먼저 안전이 보장되면 폼페이우스에게 사절을 보내겠다고 제안한 다음, 리보와 비불루스가 사절의 안전을 보장하든지 아니면 직접 사절을 맞이해 폼페이우스에게 데려가라고 요구했다. 그리고 휴전에 대해서는 다음과 같이 주장했다. "양군 사이에 작전 지역이 명확히 나뉜 상태에서 그들은 카이사르의 배와 지원군이 도착하는 것을 방해하는 반면에, 우리는 그쪽이 육지에 올라와 물을 공수하는 것을 막고 있소. 만일 카이사르의 봉쇄가 풀리기를 바

---

*41 마르쿠스 비불루스는 카이사르와 같은 해에 안찰관, 법무관, 집정관을 지냈다. 안찰관을 지낼 때 두 사람은 투기(鬪技) 행사의 비용을 함께 댔으나, 사람들이 카이사르 혼자 베푼 것으로 받아들이는 데 불만을 품었다. 법무관 시절에 어떤 갈등이 있었는지에 대해서는 구체적으로 알려진 바가 없지만, 카틸리나 역모 사건과 관련이 있을 것으로 짐작된다. 두 사람이 공동 집정관을 지낸 기원전 59년에 비불루스는 카이사르의 토지 계획법만을 막으려 했지만 그의 시도는 강압적으로 저지당했다. 원로원에 항의했으나 효과가 없자 그 후로는 원로원에 발길을 끊고 집에만 틀어박혀 지내면서, 불길한 징조를 찾기 위해 하늘을 주시하고 있다고 공표했다. 이쯤 되면 모든 국사가 정지되어야 마땅하지만 카이사르는 그를 무시하고 혼자 로마를 다스렸다. 비불루스는 분을 참지 못하고 카이사르에 대한 욕설을 퍼뜨렸다. 이때 그의 존재가 하도 희미해 사람들은 '카이사르와 비불루스의 해'가 아니라 '율리우스와 카이사르의 해'라며 조롱했다.
*42 폼페이우스의 부장으로서 자신의 정당성과 지위를 나타내기 위한 것으로 보인다.

란다면 그쪽도 스스로 해상 봉쇄를 풀어야 하오. 만약 계속해서 바다를 가로 막는다면 카이사르도 봉쇄를 유지할 것이오. 그러나 봉쇄를 해제하지 않아도 해결책을 논의할 수는 있소. 그것은 강화를 논의하는 데 조금도 방해가 되지 않소."

리보는 카이사르의 사절을 받아들이려 하지도, 사절의 안전을 보장하려 들지도 않고 모든 결정권을 폼페이우스에게 떠넘겼다. 그가 끝까지 고집을 부리면서 강하게 요구하는 사항은 결국 '휴전'이었다.

카이사르는 리보가 이 모든 논의를 시도한 것이 단지 당면한 위험과 궁핍을 모면하기 위해서라는 점을 간파하고, 더 이상 화해를 기대하지 않기로 결심한 뒤 다시 전쟁 계획을 세우는 일에 몰두했다.

18 오랫동안 육지에 오르지 못하도록 저지당한 비불루스는 추위와 과로로 인해 중병에 걸리고 말았다. 그는 간호를 받을 수도 없었고, 자기에게 맡겨진 지휘권을 포기하려 하지도 않았기 때문에 결국 병을 심하게 앓다가 죽음을 맞이했다. 비불루스가 죽자 최고 지휘권을 맡을 사람이 없었다. 이 때문에 장교들은 저마다 자신이 옳다고 생각하는 대로 자신의 부대를 지휘하기 시작했다.

카이사르의 갑작스런 도착으로 일어났던 소란이 진정되자, 비불리우스는 즉시 리보와 루케이우스와 테오파네스*43를 불러 카이사르의 제안에 대해 논의했다. 비불리우스가 입을 여는 순간, 폼페이우스가 그의 말을 가로막고 더는 한마디도 하지 말라고 명령하며 이렇게 말했다.

"카이사르의 은덕에 의한 것으로 보이게 되면, 그것이 목숨이든 시민권이든 나에게 무슨 소용이 있겠는가? 자진해서 이탈리아를 떠난 내가 카이사르를 따라 이탈리아로 돌아간다면, 사람들은 분명 카이사르의 관대함 때문이라고 생각할 것이다."

카이사르는 전쟁이 끝난 뒤에 그때 회의에 참석했던 사람들을 통해 이런 경위를 알게 되었다. 그럼에도 강화 회담을 열기 위해 갖가지 노력을 계속했다.

---

*43 루케이우스와 테오파네스는 폼페이우스의 믿을 만한 상담역이었다. 미틸레네(그리스 동부에게 해의 레스보스 섬에 있는 도시) 출신의 테오파네스는 기원전 62년에 폼페이우스에게서 로마 시민권을 받았다. 그리고 두 사람 모두 역사서를 저술했다.

19 카이사르와 폼페이우스 양 진지 사이에는 압수스강 하나만 놓여 있을 뿐이었다. 그래서 병사들은 종종 강 건너편의 병사들과 서로 이야기를 나누었고 그때만큼은 서로에게 무기를 투척하지 않기로 약속했다.[44]

카이사르는 부장 푸블리우스 바티니우스를 강둑으로 보내, 강화를 체결할 수 있는 방법이 있다면 무엇이든 시도해보라고 명령했다. 바티니우스는 여러 번 강둑 위에 서서 큰 소리로 외쳤다.

"로마 시민끼리 그러는 것처럼 강화를 논의하기 위해 안전하게 사절을 보낼 수 있어야 하지 않는가? 그것은 해적들이나 피레네의 산중으로 탈주한 자들[45]에게도 주어졌던 권리다. 더구나 같은 시민들끼리 더 이상 피를 흘리지 말자는 것 아닌가!"

바티니우스는 자신을 포함한 모두의 안전을 바라며 간절히 호소하였고, 양쪽 병사들은 말없이 귀를 기울였다. 강 건너편에서 아울루스 바로가 회답을 보내왔다. "강을 건너올 테니 양쪽 군대가 어떻게 사절을 안전하게 교환할 것인지 논의해보자." 두 사람은 회담 시간을 정했다.

이튿날 회담장에는 양쪽 진영에서 온 수많은 병사들이 운집해 논의 결과에 촉각을 곤두세웠다. 모든 병사가 강화를 바라고 있었다. 이윽고 티투스 라비에누스가 앞으로 나오더니 아주 거만한 태도로 바티니우스와 논쟁을 벌였으나 강화에 대해서는 한마디도 꺼내지 않았다. 라비에누스가 열변을 토하는 도중에 갑자기 사방에서 돌과 무기가 빗발치듯 날아와 그의 말을 가로막았다. 라비에누스는 병사들의 방패로 몸을 보호한 탓에 부상을 입지는 않았지만 코르넬리우스 발부스, 마르쿠스 플로티우스, 루키우스 티부르티우스, 그리고 여러 명의 백인대장과 병사들이 부상을 입었다. 그러자 라비에누스가 말했다.

"더 이상 합의를 논하지 말라. 카이사르의 목을 가져오기 전에 강화란 있을 수 없다."

---

*44 최고 사령관인 폼페이우스와 카이사르의 내전으로 서로 적군이 되었지만, 압수스강을 사이에 두고 서로 마주보는 이들은 카이사르 밑에서 갈리아 전쟁을 함께 치른 전우이기도 하다.
*45 폼페이우스에게 패한 세르토리우스 군대의 패잔병을 가리킨다.

카일리우스의 반란

20 그 무렵 법무관에 취임한 마르쿠스 카일리우스 루푸스는 채무자들의 소송을 떠안고 직무를 시작했다. 그는 시민계 법무관*⁴⁶인 가이우스 트레보니우스의 옆자리에 재판석을 만든 후, 중재자가 평가한 재산과 지불액에 대한 항소가 들어오면, 카이사르가 로마에 있는 동안 정해놓은 절차에 따라 항소인을 도와주겠다고 공표했다. 그러나 카이사르의 포고가 공평했고,*⁴⁷ 트레보니우스가 지금과 같은 시기에는 판결을 내릴 때 자비와 중용을 잊지 말아야 한다는 관점에서 카이사르의 포고를 인도적으로 시행하고 있었다. 그 결과 어느 누구도 항소를 제기하지 않았다. 경우에 따라서는 가난을 구실로 내세우거나 개인적인 불운 또는 전란을 탓하며 어려운 시기임을 호소하는 자도 있었지만, 빚을 진 자들 가운데서 어느 누가 파렴치하고 뻔뻔하게 수중의 재산을 온전히 유지하겠다고 버티겠는가! 그런 것을 요구하는 사람은 어느 누구도 없었다. 오히려 카일리우스 본인이 당사자들보다 더 흥분했다. 그는 자신의 노력이 물거품으로 돌아갈까 염려해, 채무 변제를 향후 6년간 무이자로 연기하는 취지의 법안을 제출했다.

21 이 법안에 집정관 세르빌리우스와 그 밖의 각료들이 반대했기 때문에 카일리우스는 원하는 결과를 얻지 못했다. 그러자 그는 대중의 감정을 자극하려고 이전 법안을 폐기하고 두 종류의 새 법안을 제출했다. 하나는 소작인이 내야 할 1년간의 소작료를 면제하자는 법안이었고, 다른 하나는 현재의 빚을 모두 소멸하자는 법안이었다. 그러자 수많은 사람들이 떼를 지어 몰려와 카일리우스의 법안에 반대하는 트레보니우스를 집무석에서 쫓아냈고 그 와중에 몇 명이 부상을 입었다. 집정관 세르빌리우스는 이 문제를 원로원에 제기했고, 원로원 의원들은 투표를 통해 카일리우스를 공직에서 추방하기로 결정했다. 이에 집정관은 카일리우스를 원로원에서 제명했으며, 그가 한 회의석상에서 연

---

*46 시 법무관은 로마 시민들 간의 소송을 담당했다. 카일리우스는 외인 담당 법무관(프라이토르 페레그리누스 Praetor Peregrinus)이었으므로 로마인과 외인 간의 소송만을 담당했을 것이다.

*47 빚의 4분의 1을 탕감하는 효과가 있었으나, 채권자의 입장에서도 악성 채무를 받을 수 있는 길이 열렸다.

설을 하려 하자 강제로 연단에서 몰아냈다.

치욕스러움에 몸을 떨던 카일리우스는 카이사르와 합류하기 위해 떠나는 것처럼 꾸미고 은밀히 밀로에게 사자를 보냈다. 밀로는 클로디우스를 살해하고 유죄판결을 받은 자였다.[48] 그는 자신이 베풀었던 성대한 볼거리에서 살아남은 검투사들을 모아 조직한 군대를 아직까지 보유하고 있었다.

카일리우스는 밀로를 이탈리아로 불러 서로의 병력을 합친 뒤 그를 투리이 지역으로 보내 목부들의 반란을 부추기게 하고 그 자신은 카실리눔으로 갔다. 그러나 카푸아에서는 시민들이 카일리우스의 부대기와 무기들을 탈취해버렸고, 나폴리에서는 검투사들의 계획이 폭로되었다. 카일리우스의 반란 계획이 백일하에 드러나자 카푸아는 카일리우스의 출입을 금지했다. 카푸아의 로마 시민들은 카일리우스를 적으로 간주하여 무기를 들고 성문을 지켰다. 결국 카일리우스는 위험을 피하기 위해 음모를 포기하고 다른 곳으로 달아났다.

22 그러는 동안 밀로는 다음과 같은 내용의 편지를 여러 도시에 보내고 있었다. "나는 폼페이우스에게 권한을 인정받아 그의 지시를 이행하고 있으며, 비불리우스를 통해 폼페이우스의 명령을 전달받았다." 밀로는 또한 빚 때문에 어려움에 처해 있다고 생각되는 자들을 자기 편으로 끌어들이기 위해 노력했다. 그러나 일이 진전되는 기미가 없자 몇몇 노예 수용소를 강제로 열고 노예들과 함께 투리 영토의 도시 코사를 습격했다.

밀로는 코사에서 일부 주민들을 포섭하려 했고, 카이사르의 명령에 따라 도시를 지키던 갈리아 기병과 에스파냐 기병들도 돈을 주어 매수하려 했으나 그 자리에서 칼에 목숨을 잃었다. 이렇듯 거창하게 시작되어 이탈리아 전역을 불안에 떨게 하고, 관리들을 긴장시키고, 한 시대를 놀라게 했던 카일리우스의 음모는 너무나 빠르고도 쉽게 끝나버렸다.

안토니우스의 시련

23 리보가 자기 휘하의 함대 50척을 거느리고 오리쿰 항을 떠나 브룬디시움으로 항해했다. 그곳에서 그는 모든 해안과 해안에 걸쳐 있는 항구들을 장

---

[48] 밀로는 마실리아로 유배됐지만 공성 기간에 그곳에 있었는지는 확인할 길이 없다. 그는 재판을 받을 당시 호민관이었던 카일리우스의 도움을 받았다.

악하는 대신, 브룬디시움 항구를 마주보고 있는 섬을 점거했다. 그 섬이 해상을 봉쇄하기에 유리하다고 생각했기 때문인데, 실제로 그 섬에서는 아군이 반드시 지나야 하는 길목을 감시할 수 있었다.

갑작스레 도착한 그는 몇 척의 화물선을 불태우고 곡식을 실은 수송선 한 척을 나포해 아군을 큰 불안에 빠뜨렸다.

또한 밤중에 병사들과 궁병들을 상륙시켜 기병 수비대를 몰아냈다. 그리고 유리한 지형을 이용해 작전을 성공적으로 이끌었다. 그런 후 폼페이우스에게 전령을 보내, 자신이 현재의 함대로 카이사르의 지원 병력을 저지할 것이니 안심하고 나머지 군선들을 바닷가로 끌어올려 수리해도 좋다고 보고했다.

24 그 무렵에 브룬디시움은 안토니우스가 지키고 있었다. 안토니우스는 병사들의 용맹함을 믿고 작은 배 약 60척을 확보해, 버드나무로 엮어 만든 방책과 차단막을 구비해 정예 병력을 승선시켰다. 그는 이 배들을 해안을 따라 여러 지점에 배치한 다음, 브룬디시움에서 건조한 3단 군선*⁴⁹ 두 척을 항구 어귀로 내보내 마치 노젓는 연습을 하는 것처럼 보이게 했다. 두 척의 군선이 멀리까지 나가는 것을 발견한 리보는 그들이 돌아오는 길을 차단하기 위해 4단 군선 5척을 출동시켰다. 리보의 배가 가까이 접근하자 노련한 아군 병사들은 항구로 뱃머리를 돌렸다. 이에 적의 군선들은 더욱 흥분하여 앞뒤를 가리지 않고 아군을 몰아붙였다.

그때 출동 신호와 함께 안토니우스의 배들이 사방에서 일제히 적을 향해 달려들었다. 이 최초의 교전에서 안토니우스 군은 4단 군선 1척을 노잡이와 수병이 모두 탄 채로 나포했고 나머지에게는 패주의 치욕을 안겼다. 그뿐만이 아니었다. 안토니우스의 기병이 해안 전체를 장악하고 있었기 때문에 폼페이우스 군대는 물을 구할 수 없어 더욱 큰 고통을 겪었다. 치욕적인 패주와 함께 이런 어려움까지 시달린 나머지, 리보는 해상 봉쇄를 풀고 브룬디시움을 떠났다.

25 여러 달이 지나고 겨울도 깊었지만*⁵⁰ 브룬디시움의 지원 병력은 도착하

---

*49 3단의 노를 갖춘 갤리선을 말한다.
*50 개정되지 않은 달력으로 3월 말, 즉 현재의 달력으로는 1월이다. '여러 달'은 약간 과장된

지 않았다.*51 몇 차례에 걸쳐 오리쿰 쪽으로 항해할 수 있는 바람이 불었기 때문에, 카이사르가 보기에 아군은 이미 여러 번의 기회를 놓치고 있었다.

시간이 지날수록 폼페이우스 함대의 사령관들은 더욱 예리하게 바다를 감시하면서 아군 병력을 저지할 수 있다는 확신이 더욱더 깊어져 갔다. 뿐만 아니라 틈만 나면 폼페이우스가 전령을 보내, 애초에 카이사르의 병력을 저지하지 못한 것을 꾸짖고 무슨 일이 있어도 2진 병력이 합류하는 것을 막아야 한다고 다그쳤다. 설상가상으로 조금만 지나면 바람이 잦아들어 점점 더 병력 수송이 어려워지는 계절이 시작되었다. 이런 상황에 불안감을 느낀 카이사르는 브룬디시움의 병사들에게 다음과 같은 명령이 담긴 편지를 써 보냈다.

"아폴로니아나 육지에서 가까운 위험한 항로밖에 없더라도 개의치 말라. 적당한 바람이 불면 기회를 놓치지 말고 바로 출항하라." 폼페이우스의 배들은 항구에서 멀리 나가지 못했기 때문에, 항구에서 가까운 지역은 적선들의 감시가 가장 심한 곳이었다.

26 이에 맞서기 위해 카이사르의 병사들은 용기와 대담함으로 무장했다. 마르쿠스 안토니우스와 퀸투스 푸피우스 칼레누스의 지휘하에, 병사들은 카이사르를 구하기 위해 어떤 위험도 무릅쓰겠다는 각오를 다지고 있었다. 그들은 남풍을 타고 출항했다. 그리고 이튿날 아폴로니아와 디라키움을 지나쳤다.*52 육지에 주둔해 있던 폼페이우스 군대, 디라키움에서 로도스 함대를 지휘하던 가이우스 코포니우스가 아군의 수송함대를 발견했다. 아군은 잠시 바람이 약해진 사이에 코포니우스에게 접근을 허용하긴 했지만 때마침 남풍이 다시 불어 위기를 면했다. 그러나 코포니우스는 포기하지 않았다. 아군이 강한 바람을 받으며 전속력으로 디라키움을 지나친 뒤에도 추격의 고삐를 늦추지 않았다. 그는 자신의 수병들이 끝까지 노력하면 강풍의 위력쯤은 쉽사리 극복할 수 있다고 믿었던 것이다.

표현이다.

*51 안토니우스가 이끄는 카이사르 군의 제2진이다. 카이사르가 그리스로 떠날 때 선박이 부족하여 브룬디시움에 남아, 제1진이 타고 떠난 배가 다시 오기를 기다리고 있었다.

*52 아드리아 해에서는 겨울철에 주로 북풍이나 북서풍이 분다. 카이사르는 이것을 예측하고 아폴로니아에 상륙하라고 지시했다. 그러나 바람은 계속 남쪽에서만 불었고 더구나 로마 시대의 사각 돛으로는 역풍을 받을 수 없기 때문에, 수송선단은 계속 북쪽으로 올라왔다.

아군은 강한 바람을 타고 있긴 했지만 행여 바람이 잦아들면 적의 공격을 받을 수 있는 위험지대에 여전히 있었다. 따라서 리수스를 약 5킬로미터 지나친 뒤 님파이움*53이란 항구에 이르자 그곳에 배를 댔다. 적의 함대로부터 받는 위협보다 바람에 휩쓸려 겪게 될 위험이 더 작다고 판단했기 때문이다. 그런데 항구에 들어서는 순간 믿을 수 없는 행운이 찾아왔다. 지난 이틀 동안 남쪽에서 불던 바람이 갑자기 남서풍으로 바뀐 것이다.

27 전쟁의 운이 단번에 역전되었다. 조금 전까지 적의 함대에 쫓기며 두려움에 떨던 아군은 이제 안전한 항구에 머무르게 되었다. 반대로 아군 선단을 위협하던 자들은 처지가 역전되어 위험에 빠지고 말았다. 갑작스런 바람의 변화로 아군이 안전하게 항구로 들어서는 동안 갑판을 댄 로도스 함대 16척은 서로 충돌하거나 암초에 부딪혀 산산조각이 났다.*54 수많은 노잡이와 병사들이 바닷속으로 사라지거나 암벽에 부딪혀 죽었고 일부는 아군 병사들의 손에 구출되었다. 카이사르는 구조된 자들을 벌하지 않고 모두 고향으로 돌려보냈다.

28 한편 아군 선단 중 2척이 다른 배들보다 늦게 항해하다가 뒤처졌다. 밤사이 적에게 추월당한 그들은 다른 수송선들이 어디에 상륙했는지도 모른 채 리수스 앞바다에 닻을 내렸다. 리수스를 방비하던 오타킬리우스 크라수스는 여러 척의 소형 범선을 출동시켜 공격 태세를 갖추는 한편, 아군에게 항복을 하면 해치지 않겠다고 제안했다.

아군의 두 수송선 중 한 척에는 220명의 신참 군단병이 타고 있었고, 다른 한 척에는 200명의 고참 군단병이 타고 있었다. 이 사건으로 용감한 정신이 얼마만큼 사람의 몸을 지켜주는지 알 수 있었다. 거친 파도와 배멀미에 지친 신참 군단병들은 적의 수를 보고 겁에 질린 나머지, 적의 약속을 그대로 믿고 오타킬리우스 앞으로 순순히 끌려갔던 것이다. 그러나 오타킬리우스는 해치지

---

*53 어떻게든 병력을 상륙시키는 것이 안토니우스의 임무였다. 결국 카이사르가 상륙 장소로 정한 아폴로니아보다 130킬로미터나 북쪽으로 더 올라간 곳에 상륙하게 되었다.

*54 님파이움 항구는 남서풍을 막아주었지만 남풍을 막지는 못한다. 따라서 항구에 들어선 아군은 안전해진 반면, 뒤따라오던 적의 선단은 남서풍에 밀려 난파되었다.

않겠다는 신성한 서약을 깨고, 투항한 군단병들을 잔인하게 살해했다.

반면에 고참병들은 신참들과 똑같이 거센 폭풍과 힘든 항해를 겪었음에도, 위기 때마다 보여주었던 용기와 대담함을 조금도 잃지 않았다. 그들은 마치 항복할 것처럼 투항 조건을 놓고 교섭하는 체하면서 시간을 끌다가, 밤이 깊어지자 조타수로 하여금 배를 육지로 몰게 했다. 마침내 적당한 장소에 상륙한 다음에는 동이 트기를 기다렸다. 날이 새자 오타킬리우스는 해안을 경비하고 있던 병력 중 기병 400기와, 도시를 방비하던 무장 병력을 출동시켰다. 그러나 카이사르의 병사들은 적의 공격에 용감히 맞서 싸웠고, 여러 명의 적을 죽인 후 무사히 본대에 합류했다.

29 그러는 사이 리수스에 거주하는 로마 시민들은 안토니우스를 도시 안으로 맞아들이고 필요한 모든 도움을 주었다. 리수스는 카이사르가 그들에게 할당해주고 요새를 짓게 해준 도시였다. 신변의 위험을 느낀 오타킬리우스는 도시를 탈출해 폼페이우스에게로 돌아갔다. 안토니우스는 3개 고참병 군단과 1개 신참병 군단 그리고 기병 800기로 구성된 군대를 상륙시킨 후, 브룬디시움에 있는 나머지 병력과 기병을 수송할 수 있도록 선박 대부분을 이탈리아로 보냈다. 그리고 세간에 떠도는 소문처럼, 폼페이우스가 이탈리아에 아무도 없다고 생각하여 군대를 이끌고 바다를 건널 경우, 그를 쫓아갈 수단이 필요하다고 판단하여 리수스에 갈리아 선박들을 대기시켜 놓았다. 그러고는 즉시 카이사르에게 전령을 보내, 방금 도착한 2진의 규모와 상륙한 장소를 상세히 보고했다.

30 우리 군이 상륙했다는 정보가 카이사르와 폼페이우스의 귀에 거의 동시에 들어갔다. 양 군의 수송선들이 아폴로니아와 디라키움을 지나는 것을 보고 그 뒤를 쫓았기 때문이다. 처음 며칠 동안은 그들이 어디에 상륙했는지 알지 못했다. 그러나 이를 알게 되자 두 총지휘관은 서로 다른 작전을 채택했다. 카이사르의 목표는 가능한 한 빨리 안토니우스의 병력과 합류하는 것이었고, 폼페이우스의 목표는 안토니우스의 진로를 차단하고 가능하다면 적당한 곳에 매복했다가 기습 공격을 펼쳐 카이사르와 안토니우스 군대의 합류를 막는 것이었다. 두 사람은 같은 날 압수스강을 사이에 두고 각자의 진지에서 군대를

이끌고 나왔다.

폼페이우스는 강을 건널 필요가 없었기 때문에 아무런 장애물 없이 곧바로 안토니우스를 향해 강행군으로 병력을 이동시켰다. 그러다 안토니우스의 병력이 가까운 곳에 있다는 보고가 들어오자 적당한 장소를 선택하여 행군을 정지시켰다. 그리고 들키지 않도록 모든 병사를 진영 안에 머물게 하고 불조차 피우지 못하게 했다.

이런 사실을 안 몇 명의 그리스인이 안토니우스에게 즉시 보고했다. 안토니우스는 카이사르에게 전령을 보낸 뒤 하루 동안 진지에 머물렀다. 바로 다음 날 카이사르가 도착했다. 이 정보를 입수한 폼페이우스는 카이사르의 두 군대 사이에서 협공당하지 않도록 전 병력을 이끌고 디라키움의 영토에 있는 아스파라기움으로 이동했다. 그리고 적당한 장소에 진지를 구축했다.

스피키오의 참전

31 이 시기에 스키피오는 아마누스 산 근처에서 몇 번 패배의 쓴맛을 본 뒤에도 자신을 대장군*⁵⁵이라 칭한 다음, 인근 도시들과 통치자들에게 거액의 돈을 요구했다. 뿐만 아니라 그의 속주*⁵⁶에 속한 농민들에게 지난 2년 동안 밀린 세금을 징수하고 앞으로 1년간의 세금을 강제로 미리 거둬들였으며 속주 전역에 기병을 요구했다.

기병이 소집되자 국경 근처에서는 호전적인 파르티아인이 위세를 떨치기 시작했다. 파르티아인은 불과 얼마 전에 마르쿠스 크라수스 장군*⁵⁷을 죽이고 마르쿠스 비불루스의 성을 공격했던 자들이다. 그럼에도 스키피오는 군단들과 기병을 이끌고 시리아를 떠났다. 시리아는 파르티아인이 또다시 전쟁을 일으킬지 모른다는 불안과 두려움에 휩싸였다. 적지 않은 병사들 사이에서는 "적을 향해서는 기꺼이 무기를 들겠지만 로마 시민과 집정관을 향해서는 무기를 들고 싶지 않다."라고 말하는 소리가 공공연히 들렸다.

---

*55 대장군(임페라토르)이란 칭호는 보통 패배한 장수에게는 부여되지 않는다. 즉 카이사르는 스키피오를 조롱하고 있는 것이다.

*56 스키피오는 시리아 총독이었다.

*57 카이사르 폼페이우스와 함께 삼두정치에 참여했던 인물로, 시리아 총독(전직 집정관)이었던 기원전 53년에 파르티아인과의 전쟁에서 패하면서 전사했다.

그래서 스키피오는 군단들을 이끌고 페르가뭄에 도착한 뒤 병사들에게 가장 부유한 시민들의 집을 배정하며 그곳에서 겨울을 나도록 했다. 그리고 그들의 환심을 사기 위해 각자에게 거액의 현금을 지급했을 뿐만 아니라 주변의 도시들을 마음대로 약탈하도록 했다.

32　스키피오는 속주 전역에서 가혹하게 세금을 거두었다.*58 뿐만 아니라 개인적인 탐욕을 채우기 위해서도 온갖 새로운 세금을 생각해냈다. 먼저 노예와 해방 노예들에게 인두세를 부과했고, 저택의 기둥과 문에도 세금을 매기는가 하면, 속주 전역에 곡식·병력·무기·노잡이·투척기·수송선 등을 요구했다. 과세의 명목만 눈에 띄면 모두 세금과 징발의 대상이 되었다.

도시는 물론이고 모든 마을과 소규모 요새까지도 무장 병력을 가진 권력자의 수중에 들어갔다. 그리고 가혹하고 잔인하게 권력을 휘두르는 자일수록 훌륭한 군인이자 로마 시민으로 인정을 받았다.

속주 전체가 수행원과 사령관들로 가득했고, 장교들과 징세원들은 곳곳을 누비며 세금을 거둬들이고 뒷주머니를 채우기에 급급했다. 그사이 재산을 빼앗기고 집과 마을에서 쫓겨났다고 하소연하는 주민들이 속출했으며, 공평함의 탈을 쓴 비열한 징발이 거듭될수록 모든 생필품이 바닥을 드러냈다.

사람들을 무엇보다 고통 속으로 몰아넣은 것은, 전시에 흔히 그렇듯이 고리대금업이 성행하고 돈이 귀해진 것이었다. 이런 상황에서 주민들은 채무 지불이 하루만 연기되어도 큰 선물을 받은 것처럼 고마워했다. 결국 2년 사이에 속주민들의 빚은 눈덩이처럼 불어났다. 아시아의 로마 시민들도 예외가 아니었다. 스키피오는 각 시민과 도시에 공채 명목으로 일정액의 돈을 강요했다. 그리고 시리아에서처럼 징세원들을 동원해 향후 1년간의 세금을 미리 거둬들였다.

33　이것도 모자라 스키피오는 에페수스의 다이아나 신전에 오랫동안 보관되어 있던 돈을 꺼내오라고 명령했다. 그가 이 명령을 실행할 날까지 정하고 아시아로 불러온 몇몇 원로원 의원들과 함께 신전에 도착했을 때 폼페이우스

*58 스키피오가 다스린 속주는 시리아였고 페르가뭄은 아시아 속주에 속해 있었다. 따라서 스키피오는 아시아에서 돈을 거둘 권한이 없었음에도 그곳에서 고압적인 자세로 일관했다. 아시아 총독의 반대를 무마하기 위해 거액의 뇌물을 제공한 듯하다.

가 보낸 급보가 도착했다. 거기에는 다음과 같은 소식과 명령이 담겨 있었다.

"카이사르가 군단들을 이끌고 바다를 건넜으니, 다른 모든 일을 미루고 즉시 군대를 이끌고 폼페이우스에게 합류하라." 스키피오는 원로원 의원들을 돌려보내고 서둘러 출동 준비를 한 다음 며칠 뒤 마케도니아로 이동했다. 덕분에 다이아나 신전의 돈은 무사할 수 있었다.

34 카이사르는 안토니우스 군대와 합류한 뒤*[59] 해안을 지키기 위해 오리쿰에 배치했던 군단을 철수시켰다. 주변 속주들의 지지를 얻고 더 멀리까지 진출해야 한다고 판단했기 때문이다. 테살리아와 아이톨리아에서는 카이사르가 군대를 파견하면 그의 명령에 따르겠다는 약속을 이미 사절을 통해 보내왔던 터였다. 카이사르는 테살리아에 루키우스 카시우스 롱기누스와 1개 신참병 군단인 27군단 그리고 기병 200기를 파견하고, 아이톨리아 지방으로는 가이우스 칼비시우스 사비누스와 5개 대대 그리고 기병 약간을 보냈다.

두 지역은 멀지 않으므로 카이사르는 부장들에게 무엇보다 식량을 확보하라고 강력히 지시했다. 또한 그나이우스 도미티우스 칼비누스에게는 11군단과 12군단 그리고 기병 500기를 이끌고 마케도니아로 출발하라고 명령했다. 마케도니아의 이른바 '자유 도시'들이 유력자인 메네데무스를 사절로 보내 온 주민의 열렬한 지원을 약속했기 때문이다.

35 칼비시우스 사비누스는 온 주민의 열렬한 환영 속에 아이톨리아에 도착했다. 그는 칼리돈과 나우팍투스에서 폼페이우스의 수비대를 몰아내고 아이톨리아 전 지역을 손 안에 넣었다. 카시우스 롱기누스도 군단을 이끌고 테살리아에 도착했다. 그곳에선 테살리아가 두 파로 갈라진 까닭에 지역에 따라 엇갈린 환영을 받았다. 테살리아에서 오래 전부터 권세를 자랑해 온 헤게사레토스는 폼페이우스를 지지한 반면, 젊은 나이에 매우 높은 지위에 오른 페트라이우스는 모든 재산과 병력을 동원해 카이사르를 열렬히 지지하고 있었다.

36 그 무렵 도미티우스 칼비누스가 마케도니아에 도착했다. 그리고 모든

---

*59 안토니우스가 님파이움 항에 상륙한 지 일주일 만인 기원전 48년 4월 3일에 두 병력은 마침내 합류했다.

도시에서 그에게 사절을 보내왔다. 그때 스키피오가 여러 군단을 거느리고 근처에 도착했다는 소식이 들어왔다. 그러자 온 속주에 억측과 소문이 난무했다. 본디 예상치 못한 사건이 일어났을 때에는 사실과 무관한 말들이 나도는 법이다.

스키피오는 마케도니아에서 시간을 허비하지 않고 도미티우스를 향해 진군했다. 그런데 도미티우스가 갑자기 진로를 바꿔 테살리아에 있는 카시우스 롱기누스를 향해 이동하기 시작했다. 그는 접근하고 있다는 소식과 도착했다는 소식이 동시에 보고될 정도로 신속하게 이 일을 해치웠다.

스키피오는 행군 속도를 더욱 높이기 위해, 마케도니아와 테살리아의 경계를 흐르는 할리아크몬강에 마르쿠스 파보니우스와 8개 대대를 남겨두고 전군의 짐과 군수품을 지키게 하고 그곳에 성채를 쌓으라고 명령했다.

같은 시기에 테살리아의 경계를 돌아다니며 약탈하던 코티스 왕의 기병이 카시우스 롱기누스의 진지를 덮쳤다. 카시우스는 스키피오가 당도했다는 소식을 들었기 때문에 그것이 스키피오의 기병이라 생각하고, 테살리아를 에워싸고 있는 인근의 산속으로 병력을 철수시킨 다음 그곳에서 암브라키아를 향해 행군했다.

서둘러 카시우스를 추격하려는 스키피오에게 마르쿠스 파보니우스의 급보가 당도했다. "도미티우스 칼비누스가 군단들을 이끌고 접근하고 있다. 스키피오의 지원이 없으면 현재 병력으로는 진지를 사수하기가 어렵다." 스키피오는 마음을 돌려 추격을 포기하고 파보니우스를 돕기 위해 즉시 진로를 변경했다. 그는 밤낮으로 행군한 덕분에 아슬아슬한 때에 진지에 도착했다. 도미티우스의 군대가 일으키는 먼지가 시야에 들어온 바로 그 순간, 스키피오 선두 부대맨 앞부분이 보였다. 이리하여 카시우스는 도미티우스의 행동력 덕분에, 파보니우스는 스키피오의 속도 덕분에 목숨을 구한 셈이다.

37 스키피오는 할리아크몬강을 사이에 두고 도미티우스의 진영 맞은편에 있는 본영에 이틀 동안 머물렀다. 그리고 사흘째 동이 틀 무렵 군대를 이끌고 얕은 여울을 건넌 후 진지를 구축했고, 다음 날 아침이 되자 전 병력을 이끌고 나와 진영 앞에 정렬시켰다. 그러자 도미티우스도 지체하지 않고 군단들을 출동시켜 이에 맞섰다. 두 진영 사이에는 약 9킬로미터 길이의 평원이 펼쳐져

있었지만 도미티우스는 아군 병력을 스키피오의 진영 가까이에 배치했고, 스키피오는 진지의 방어벽에서 가까운 곳에 병력을 배치했다. 도미티우스의 병사들은 가까스로 전의를 억누르며 전투를 벌이는 것을 자제하고 있었지만, 사실 스키피오의 진영 바로 아래쪽에 가파른 둑 사이로 개울이 흐르고 있어 더 이상 전진하기도 어려웠다.

스키피오는 우리 병사들이 얼마나 간절히 싸우고 싶어하는지 한눈에 알아보았다. 그는 이튿날 전투를 벌인다면 적의 의도에 휘말리는 것이고, 진지에 머문다면 그의 도착으로 사기가 올라간 병사들 사이에 극히 치욕스런 일이 될 것이라 판단했다. 결국 스키피오의 성급한 진군은 불명예스런 퇴각으로 뒤바뀌었다. 그는 밤중에 진지를 철수하라는 명령조차 내리지 않은 채 강을 건너 출발했던 장소로 되돌아갔다. 그리고 강가 높은 지대에 진지를 구축했다.

며칠 후 스키피오는 우리 군이 며칠 동안 말꼴을 거두기 위해 출동한 지역을 파악했다가 밤중에 그곳에 기병을 매복시켰다. 도미티우스의 기병대장 퀸투스 바루스가 일과에 따라 그곳에 나타나자, 매복했던 적이 갑자기 뛰쳐나왔다. 그러나 아군 기병은 용감하게 그들의 습격을 막아냈다. 그리고 모든 병사가 재빨리 강둑 위로 올라가 자기의 위치를 잡은 다음 적을 향해 일제히 돌격했다. 아군 기병은 적군 800명을 살해하고 나머지를 패주시킨 다음 진지로 돌아왔다. 이때 아군이 잃은 병사는 두 명에 불과했다.

38 도미티우스는 스키피오를 전투에 끌어들이기 위해, 아군이 식량부족으로 어쩔 수 없이 퇴각하는 것처럼 보이게 했다. 그는 우선 진지를 철수하라는 명령을 내리고 약 5킬로미터를 이동한 후, 보병과 기병을 포함한 전 병력을 은밀한 장소에 매복시켰다.

스키피오는 아군을 추격할 준비를 하는 한편, 대규모 기병을 먼저 출동시켜 지형을 파악하고 도미티우스의 퇴각로를 찾게 했다. 이들 중 선두에 선 부대들이 매복지 안으로 들어섰을 때였다. 매복해있던 아군 쪽에서 말의 울음소리가 들리자 적은 수상한 낌새를 차리고 즉시 본대 쪽으로 돌아가기 시작했다. 한편, 뒤따라오던 소대들은 그들이 갑자기 퇴각하는 것을 보고 행군을 멈췄다.

아군 병사들은 매복이 발각되자 나머지 병력을 기다리지 않고, 즉시 매복지 안으로 들어선 2개 소대를 포위했다. 아군의 포위망을 뚫고 도망친 자는 마르쿠스 오피미우스라는 이름의 지휘관뿐이었고 나머지는 모두 살해되거나 생포되어 도미티우스 앞으로 끌려왔다.

디라키움의 포위망

39 카이사르는 앞서 말한 대로 해안에서 수비대를 철수시킨 후 오리쿰에 3개 대대를 남겨 도시를 방어하고 또 이탈리아에서 몰고 온 군선들을 지키게 했다. 도시 방어와 함께 이 임무는 선박들을 내항으로 끌고 와 정박시킨 부장 마니우스 아킬리우스에게 맡겨졌다. 아킬리우스는 항 입구에 수송선 한 척을 가라앉히고 그 배에 다른 배를 붙잡아 맸다. 그런 다음 붙잡아 맨 배 위에 항구의 출입을 한눈에 볼 수 있는 망루를 세우고 그곳에 병사들을 배치해 갑작스런 재난으로부터 대비하게끔 했다.

40 이 소식이 이집트 함대를 지휘하던 폼페이우스의 아들 그나이우스에게 전해졌다. 즉시 오리쿰으로 달려온 그나이우스는 여러 가닥의 밧줄을 이용해 아킬리우스가 침몰시킨 배를 끌어올렸다. 그리고 아군의 것과 똑같은 높이의 망루를 세운 몇 척의 범선으로, 아킬리우스가 수비대를 배치한 배를 공격했다. 그나이우스는 유리한 위치에서 아군을 공격해왔다. 그는 지친 병력을 새 병력으로 교체하면서 쉬지 않고 공격했을 뿐 아니라, 아군의 병력을 분산시키기 위해 육지에서는 공성용 사다리로 성벽 여러 곳을 동시에 공략하고, 바다에서는 함대를 이용해 공격을 퍼부었다. 그 결과로 아군은 피로와, 끊임없이 쏟아지는 투척 무기를 견디지 못하고 열세를 보이기 시작했다. 결국 망루 위에서 방어하던 병사들은 작은 배들을 이용해 탈출했고, 아킬리우스의 배는 그나이우스의 수중에 들어갔다. 이와 동시에 그나이우스는 도시와 육지를 연결해주는 도시 반대쪽의 모래사장을 점령했다. 그 뒤 굴림대를 놓고 권양기(捲楊機)*60로 2단 군선*61 4척을 끌어 모래사장 건너편의 내항으로 이동시켰다. 그런 다음 육지에 정박해있던 빈 군선들을 양쪽에서 공격해 4척을 나포하고 나머지를 불태웠다. 그나이우스는 이 모든 작전을 완료한 후 데키우스 라일리우스를 그곳에 남겨두었다. 라일리우스는 아시아 함대를 다른 지휘관에게 넘겨

---

*60 밧줄이나 쇠사슬로 무거운 물건을 들어 올리거나 내리는 기계를 말한다.
*61 2단식 노로 젓는 군선을 말한다.

준 뒤, 빌리스와 아만티아에서 오리쿰으로 들어오는 식량 보급을 차단하는 임무를 수행하고 있었다. 그나이우스는 리수스로 이동해, 마르쿠스 안토니우스가 항구에 남겨둔 30척의 수송선을 공격해 모든 배를 불태웠다.

그는 리수스를 습격하려 했지만 리수스의 로마 시민들과 카이사르가 배치한 수비대의 방어를 뚫지 못하고, 사흘 동안 몇 명의 병사를 잃은 후 목적을 달성하지 못하고 물러났다.

41 폼페이우스가 아스파라기움 근처에 있다는 사실을 알게 된 카이사르는 군대를 이끌고 그곳으로 진군했다. 도중에 폼페이우스의 수비대가 지키고 있는 파르티니족의 도시를 습격했고, 이틀 후 폼페이우스가 있는 곳에 도착해 가까운 곳에 진영을 구축했다. 이튿날 카이사르는 전 병력을 이끌고 나와 전투대형을 갖추고 폼페이우스에게 결전의 기회를 주었다. 그러나 폼페이우스는 그 자리에서 꼼짝도 하지 않았다. 카이사르는 군대를 이끌고 진지로 돌아와 다른 방법을 모색했다.

결국 카이사르는 전 병력과 함께 멀고 험한 길로 우회하여 디라키움으로 이동했다. 폼페이우스를 디라키움으로 유도하거나, 폼페이우스에게 모든 식량과 군수물자를 공급하는 디라키움의 보급로를 차단하기 위해서였다. 결국 카이사르는 두 번째 목적을 달성했다. 처음에는 카이사르의 의도를 몰랐으나 나중에 정찰병을 통해 사실을 알게 된 폼페이우스는, 더 빠른 진로를 이용해 카이사르를 따라잡겠다는 계획으로 이튿날 진지를 철수했다.

모든 일이 예상대로 진행되자 카이사르는 병사들에게 행군의 피로를 즐겁게 견디라고 격려했고, 밤중에도 잠깐의 휴식을 허락했다. 이튿날 아침에 디라키움에 도착한 카이사르는 멀리 폼페이우스 군대의 선두 행렬이 보이자 진지를 구축했다.

42 보급로를 차단당하고 목표 달성에도 실패한 폼페이우스는 계획을 변경했다. 그는 페트라라는 언덕 위에 배로 쉽게 접근할 수 있고 바람으로부터 범선을 보호해 줄 수 있는 든든한 진지를 구축했다. 그리고 군선의 일부를 그곳으로 모은 다음, 아시아를 비롯해 그가 통치하는 모든 지역으로부터 식량과 물자를 실어오라고 지시했다. 카이사르는 전쟁이 상당히 오래 계속되리라 판

단했고, 그와 동시에 이탈리아에서 식량이 도착하는 것은 기대하지 않기로 결심했다.[*62] 폼페이우스의 군대가 해안 전체를 장악한 데다 시칠리아와 갈리아, 이탈리아에서 겨울을 보내고 있는 카이사르의 군대가 바다를 건너기에는 상당한 시간이 걸렸기 때문이다. 그에 따라 카이사르는 퀸투스 틸리우스와 부장 루키우스 카눌레이우스를 에피루스로 보내 식량을 확보하게 했다. 그 지역은 상당히 멀었기 때문에 카이사르는 몇몇 지점에 곡물창고를 짓게 하고, 인근 부족들에게 식량 수송과 그에 필요한 수단을 제공하도록 지시했다. 아울러 리수스와 파르티니족의 영토와 모든 요새로부터 모을 수 있는 식량은 모두 거두라고 명령했다.

그러나 그 양은 매우 빈약했다. 바위투성이 산지인 그곳에선 주민들이 식량을 대부분 수입에 의존하기도 했거니와, 이런 상황을 예측한 폼페이우스가 미리 파르티니족의 영토를 약탈해버렸기 때문이다. 그는 파르티니족 집집마다 샅샅이 뒤지고 탈취해 기병으로 하여금 페트라로 실어가게 했다.

43 이 사실을 알게 된 카이사르는 그곳 지형의 특성에 맞춰 새로운 전략을 짰다. 폼페이우스의 진영 주변에는 높고 험한 언덕이 여러 개 있었다. 우선 카이사르는 병력을 보내 이 언덕을 점령한 다음 길게 참호를 파고, 지형이 허락하는 대로 언덕마다 요새를 쌓아 폼페이우스의 진지를 에워쌌다. 식량 보급의 어려움과 폼페이우스의 강력한 기병 전력을 고려한 이 포위작전의 목적은, 아군의 식량과 군수품을 안전하게 들여오는 동시에 폼페이우스 군대의 말꼴 수거를 차단하여 그의 기병을 무력화하는 것이었다. 아울러 이민족들 사이에서 폼페이우스의 권위를 떨어뜨리는 데 또 다른 목적이 있었다. 폼페이우스가 카이사르에게 봉쇄되어 전투에 응하지 않는다는 말이 나돌면 그렇게 될 것이 분명했다.

44 폼페이우스는 대부분의 군수품을 배로 운반했기 때문에 해안을 비워두고 떠나기를 원치 않았다. 더구나 무기와 투척기를 비롯한 모든 군수물자가 비축되어 있는 디라키움을 비울 수도 없었다. 결국 전투를 벌이지 않는다면 카이

[*62] 폼페이우스 해군이 카이사르 측의 군량 보급을 차단하는 데 전력을 기울였기 때문이다.

사르의 참호 공사를 막을 방법이 없다는 말이 된다. 그러나 폼페이우스는 아직 전투를 벌일 때가 되지 않았다고 판단했다. 남아있는 유일한 방법은 가능한 한 많은 언덕과 넓은 지역을 장악해서 카이사르의 병력을 최대한 넓게 분산시키는 것이었다.

폼페이우스는 24개의 요새를 쌓아 총 둘레가 23킬로미터에 달하는 지역을 확보하고 그 안에서 말꼴을 조달했다. 그곳에는 또한 곡식을 파종한 들판이 많았으므로 당분간 말과 소를 먹일 수 있었다. 아군 병사들은 폼페이우스 군대가 포위망을 빠져나가거나 후방으로 돌아가 공격할 수 없도록 한 요새에서 다음 요새로 참호를 연결하는 일에 주력했는데, 폼페이우스의 병사들 역시 포위망 안에서 아군이 방어선을 돌파하거나 후방으로 돌아가지 못하도록 한 줄로 참호를 구축했다.

승리는 폼페이우스 쪽으로 기울고 있었다.*63 폼페이우스 군대는 병력도 더 많은 데다가 카이사르의 포위망보다는 그들의 안쪽 방어선 길이가 더 짧았기 때문이다. 폼페이우스는 카이사르의 공사를 저지하기 위해 전 병력을 동원하면 전면전에 말려들 수 있다고 판단하여, 카이사르가 요새를 쌓기 위해 고지를 차지하려 하면 무수한 궁수와 투석병을 그곳으로 출동시켰다. 아군은 병사 여럿이 부상을 입자 스스로 투니카나 솜을 채운 가리개 또는 헝겊이나 가죽을 이어붙인 덮개를 만들어, 날아오는 무기로부터 몸을 보호했다.

45 양쪽 군대는 전략적 고지를 차지하기 위해 전력을 다했다. 카이사르는 폼페이우스를 가능한 한 좁은 지역에 몰아넣으려 했고, 폼페이우스는 보다 많은 고지를 점령해 최대한 넓은 지역을 에워싸려고 했다. 그렇다 보니 두 군대 사이에 크고 작은 충돌이 끊이질 않았다. 한번은 카이사르의 9군단이 한 고지를 점거하여 요새를 쌓으려 하자, 폼페이우스가 맞은편 가까이에 있는 언덕을 점거하고 아군의 공사를 방해하기 시작했다. 아군이 점거한 언덕은 한쪽이 거

---

*63 카이사르 군의 포위망은 전체 길이가 26킬로미터였고 보루의 수는 16개였다. 반면 폼페이우스 군의 방어선은 전체 길이가 23킬로미터였고 보루의 수는 24개였다. 안쪽이 폼페이우스의 방어선이고 바깥쪽이 카이사르의 포위망이 되는 셈이었다. 하지만 카이사르 군대는 포위망의 길이도 너무 길고, 보루의 수도 적고, 넓은 포위망을 지키기에 병력의 수도 너무 적었다. 반면 폼페이우스 군대는 병력도 풍부했을 뿐만 아니라 방어선 안에서 식량도 해결할 수 있었다.

의 평평해서 쉽게 접근할 수 있었다. 폼페이우스는 그곳에 궁수와 투석병을 배치해 에워싼 뒤 그 사이에 많은 경보병을 투입하고 투척기를 배치해 아군을 괴롭혔다. 아군으로서는 투척 무기를 막는 동시에 공사를 진행하기가 쉽지 않았다. 병사들이 위험에 빠진 것을 본 카이사르는 고지를 포기하고 후퇴하라고 명령했다. 퇴각로는 내리막 경사였다. 아군이 두려움 때문에 고지를 포기하는 것으로 생각한 적은 더욱 맹렬한 공격을 퍼부으며 아군의 철수를 방해했다.

이때 폼페이우스는 그의 부하들 앞에서 이렇게 말했다고 한다. "만일 카이사르의 군단이 무모하게 점거했던 고지에서 심각한 타격을 입지 않고 물러난다면, 나를 무능한 총사령관이라 불러도 좋다."

46 병사들의 안전한 철수를 염려한 카이사르는 적의 공격으로부터 아군을 보호하기 위해 언덕 가장자리에 적을 향해 차단막을 설치하게 했다. 그리고 차단막 뒤에는 폭이 넓은 참호를 파고 곳곳에 최대한 많은 장애물을 늘어세우라고 명령했다. 또한 퇴각하는 아군을 엄호하도록 적당한 지점에 투석병들을 배치했다. 이 모든 준비가 끝나자 카이사르는 군단에 철수를 명령했다. 이것을 본 폼페이우스는 더욱 오만하고 맹렬한 기세로 아군을 추격하더니 급기야 차단막을 쓰러뜨리고 참호를 넘어왔다. 카이사르는 병사들이 철수하는 것이 아니라 패주하는 것처럼 보인다면 더 심각한 피해를 입을 수 있다고 생각했다. 그래서 병사들이 절반쯤 내려갔을 때, 9군단을 지휘하던 안토니우스로 하여금 병사들에게 공격을 지시하고 나팔수에게 공격 신호를 내려 적을 향해 돌격하게 하라고 명령했다.

9군단 병사들은 즉시 철수를 멈추고 일제히 창을 꺼내 든 다음 낮은 지대에서 경사면을 따라 달려 올라가며 무서운 기세로 돌진했다. 이를 본 폼페이우스의 병사들은 겁에 질려 허둥지둥 도망쳤다.

그들은 퇴각하는 길에 땅 위로 솟은 장애물과 땅 속에 박아놓은 기둥에 부딪히거나, 완성되지 않은 참호에 빠져 심각한 피해를 입었다. 반면 아군으로서는 큰 재난 없이 철수한 것에 만족할 수 있었다. 여러 명의 적을 죽인 아군은 모두 합해 다섯 명의 병사를 잃었다. 그리고 언덕 약간 뒤쪽에 있는 다른 언덕들을 점령하고 참호 공사를 완료했다.

47 요새의 수, 참호와 봉쇄 구역의 넓이, 포위 작전의 성격, 그리고 다른 여러 측면에서 볼 때도 이것은 새롭고 특이한 전쟁이었다. 한쪽이 다른 쪽을 포위하려 할 때는, 대개 전투에서 패해 도망치는 적이나 심각한 피해로 사기가 떨어진 적을 에워싸고 있을 경우이거나 또는 공격하는 쪽이 기병과 보병의 수에서 우위를 점한 경우이다. 그리고 봉쇄의 목적 또한 적의 식량 보급을 차단하는 것이 일반적이다. 그러나 이번에 카이사르는 적보다 훨씬 적은 병력으로, 원기왕성하고 부상도 입지 않은 적을 포위하고 있었다. 매일 수많은 선박이 각지에서 보급품을 실어 날랐고, 바람이 어떻게 불더라도 어디서든 범선이 들어왔으므로 폼페이우스 군대는 모든 물자가 풍부했다.

반면에 카이사르 측은 오래전에 식량이 바닥나 심각한 식량난을 겪고 있었다. 그러나 카이사르의 병사들은 놀라운 인내력으로 어려움을 견디고 있었다. 일 년 전 에스파냐에서 똑같은 어려움에 처했을 때 불굴의 의지와 노력으로 대전을 승리로 이끌었던 것을 떠올렸기 때문이다. 또한 알레시아에서 극심한 궁핍을 견뎌내고 아바리쿰에서 훨씬 더 심한 고통을 참아내며 대단히 강력한 부족들을 상대로 승리를 거둔 것도 기억했다. 그들은 보리나 푸성귀가 배식되었을 때에도 마다하지 않았다. 에피루스 지역에서 풍부하게 공급되는 고기는 병사들이 매우 좋아하는 식량이 되었다.*64

48 계곡을 돌아다니던 몇몇 병사들이 '카라'라 불리는 일종의 뿌리를 발견했다. 이것을 우유와 섞어 먹으면 허기를 그럭저럭 달랠 수 있었다. 병사들은 카라를 이용해 빵과 비슷한 음식을 만들었다. 카라는 그 지역에 대단히 풍부했다. 폼페이우스의 병사들이 아군 병사들과 이야기를 나누다가 식량 부족을 비웃으면, 아군 병사들은 적의 사기를 꺾기 위해 카라로 만든 이 빵 덩어리를 적진에 집어던졌다.

49 이윽고 들판의 곡식이 무르익어갔다. 아군 병사들은 곧 풍족한 식량을 먹을 수 있다는 기대감에 한결 쉽게 배고픔을 이겨냈다. 병사들은 경계를 서는 동안 종종 이런 말을 주고받았다. "나무껍질로 연명하는 한이 있어도 폼페

---

*64 로마인은 밀이 주식이었다. 여기에서 볼 수 있듯이 로마인들은 곡식이 부족할 때에만 고기를 식량으로 삼았다.

이우스를 빠져나가게 할 순 없지."

그들은 또한 탈주병들로부터 흡족한 소식을 들었다. 즉 폼페이우스 군대가 기병대의 군마는 유지하고 있지만 그 밖에 나머지 가축들은 더 이상 먹일 수가 없어 모두 도살했으며, 병사들도 답답한 환경과 수많은 시체에서 풍기는 역한 냄새, 익숙하지 않은 건설 공사에 매일 동원되면서 피로로 건강을 잃고 있다는 것이다. 더욱이 물 부족도 심해 그들의 건강은 나날이 피폐해져 갔다. 카이사르가 모든 강과 시내에 대규모 댐을 건설해 물길을 막거나 바다 쪽으로 돌려버렸기 때문이다. 그 지역은 협곡이 많은 산악지대였으므로 바닥에 말뚝을 박고 흙을 쌓아 물길을 차단할 수 있었다.

따라서 폼페이우스 군대는 저지대와 습지를 찾아 우물을 파야 했다. 그나마 어렵사리 확보한 우물들은 요새에서 상당히 멀리 떨어진 데다가 곧 말라버렸기 때문에, 물을 공급하는 일은 날이 갈수록 고된 노동이 되어갔다.

반면에 카이사르의 병사들은 물이 풍족했을 뿐 아니라 곡식을 제외한 모든 식료품도 풍부했기 때문에 건강을 유지했다. 더구나 곡식이 익어가는 계절이 나날이 다가오고 있어 병사들의 희망도 갈수록 커졌다.

50 이 새로운 전쟁에서 양쪽 군대는 새로운 전투 방법들을 고안했다. 폼페이우스의 병사들은 밤중에 모닥불을 보고 우리 군이 요새 근처에서 노숙한다는 사실을 알아채고는, 은밀히 접근해 화살을 퍼붓고 재빨리 퇴각했다. 아군 병사들은 이 체험에서 교훈을 배우고 한 가지 해결책을 생각해냈다. 바로 모닥불을 다른 곳에 피워놓는 것이다.*65

---

*65 뒤의 내용이 누락되었다. 누락된 부분에는 폼페이우스가 배를 이용해 기병의 일부를 디라키움으로 보내 카이사르를 포위하려 했다는 내용이 담겨 있을 것으로 추정된다. 폼페이우스는 카이사르를 포위망으로부터 떼어내기 위해, 디라키움이 카이사르 쪽으로 돌아서려한다는 소문을 내어 그를 디라키움으로 유인했다. 이에 대해 후세의 학자들은 카이사르가 디라키움 주민들의 지지를 기대하고 소규모 병력을 출동시켰다고 설명하기도 하고, 여기에 덧붙여 카이사르가 밤중에 출동했으나 좁은 통로에서 함정에 걸려 공격을 당한 후 가까스로 빠져나왔다고 쓰기도 한다. 한편 폼페이우스는 카이사르가 없는 사이에 대규모 병력을 동원해 포위망 쪽의 한 요새를 공격했으나, 요새에 배치된 카이사르 군 대대가 술라가 도착하기까지 4시간 동안 항전을 벌인 것이 분명하다. 그래야 3-51의 내용과 이어진다(3-53의 각주 68 참조).

51 그 사이에 카이사르가 자리를 비우면서 진지를 맡겼던 푸블리우스 술라*⁶⁶는 이 소식을 듣고, 곤경에 빠진 대대를 지원하기 위해 즉시 2개 군단을 이끌고 출동했다. 술라의 지원 덕분에 아군은 폼페이우스 군대를 쉽게 격퇴했다. 적은 아군이 돌격하는 모습을 보고 겁을 먹었으며, 제1열이 무너지자 나머지 병력은 즉시 등을 보이고 도망쳤다. 그러나 술라는 적을 뒤쫓는 아군 병사들에게 너무 멀리까지 추격하지 말라고 명령하면서 병사들을 불러들였다.

만일 술라가 패주하는 적을 끝까지 추격했다면 전쟁이 그날로 종결되었을지도 모른다고 생각하는 사람들이 있다. 그러나 부장의 책무는 총사령관의 그것과는 달라서, 누구도 술라의 결정을 질책하거나 비난하기는 어려울 것이다. 부장은 전적으로 명령에 따라 행동해야 하고, 총사령관은 혼자 중요한 결정을 내려야 한다. 술라는 카이사르의 명령에 따라 진지에 남았고, 아군 병사들을 구출한 것에 만족했다. 그가 전면전을 벌였다면 승리로 끝났을 가능성도 있었으나, 어쨌든 그는 총사령관의 임무를 대신하는 것처럼 보이기를 원치 않았다.

퇴각해야 하는 상황에 놓인 폼페이우스 군은 큰 곤경에 처했다. 불리한 지형에서 진격해 언덕 꼭대기에 이르러 멈췄기 때문이다. 만일 내리막을 따라 퇴각한다면 아군이 높은 지대에서 공격을 퍼부을 수 있었다. 또한 확실한 결말을 보기 위해 해가 질 때까지 전투를 계속했기 때문에 얼마 뒤면 해가 질 터였다. 이런 상황에서 폼페이우스는 최후의 수단으로, 아군 진영에서 투척기로 발사하는 무기가 도달하지 못할 만큼 먼 곳에 있는 작은 언덕을 점령한 뒤 그곳에 요새를 세우고 전 병력을 수용했다.

52 그 시각에 다른 두 곳에서도 전투가 벌어지고 있었다. 폼페이우스는 아군 병력을 분산시키는 동시에, 가까운 곳에 있는 수비대의 지원을 막기 위해 몇 개의 요새를 동시에 습격했다. 한 곳에서는 볼카티우스 툴리우스가 3개 대대 병력으로 1개 군단의 공격을 막아내고 요새를 지켰다. 그러나 다른 곳에서는 게르만인 부대가 아군의 요새를 공격해 몇 명의 병사를 살해하고 무사히 그들 진영으로 철수했다.

---

*66 원로원파 독재자 루키우스 술라의 조카다. 원로원파 집단임에도 불구하고 그는 카이사르 측에 합류했다. 카이사르가 디라키움으로 떠난 사이 안토니우스와 함께 진지를 지켰다.

53 이리하여 단 하루 만에*⁶⁷ 디라키움에서 세 번, 요새 주변에서 세 번, 도합 여섯 번의 교전이 벌어졌다.*⁶⁸ 모든 상황을 종합할 때 폼페이우스 군대는, 몇 명의 재입대한 고참병과 백인대장을 포함해 약 2천 명의 전사자가 나왔다. 적은 부대기 여섯 개를 빼앗겼고, 전직 법무관 자격으로 아시아 총독을 지낸 루키우스의 아들 발레리우스 플라쿠스도 이날 전사했다.

아군의 손실은 모든 전투를 합쳐 단 20명에 불과했다. 그러나 요새를 지키던 병사들 중에는 부상을 입지 않은 자가 한 명도 없었다. 한 대대에서는 백인대장 네 명이 눈을 잃었다. 아군 병사들은 자신들이 겪은 노고와 위험을 입증하기 위해, 적이 요새 안으로 발사한 화살 3만 발을 가져와 카이사르 앞에서 그 수를 세었다. 백인대장 스카이바*⁶⁹의 방패에는 화살이 무려 120개나 박혀 있었다.

카이사르는 자신과 국가에 대한 공헌의 보답으로 스카이바에게 20만 세스테르티우스를 하사하고, 그를 제8대대 백인대장에서 수석 백인대장으로 승진시키겠다고 공표했다. 카이사르가 요새들을 지킬 수 있었던 것은 그의 활약 덕분이었음이 분명했다.*⁷⁰ 카이사르는 나중에 그 대대의 봉급을 두 배로 올려주고*⁷¹ 식량, 의복, 식료품, 훈장 등을 넉넉히 하사했다.

54 그날 밤 폼페이우스는 대대적으로 방어시설을 보강했다. 그 후 며칠에 걸쳐 여러 개의 탑을 세웠으며, 방벽의 높이도 4.5미터로 높이고 진지의 일부도 차단막으로 완전히 가렸다.

＊67 기원전 48년 6월 25일에 일어난 일들이다.

＊68 요새에서 벌어진 교전 중 두 번의 교전은 3–52에 묘사되어 있고, 나머지 한 교전은 3–51에 그 후반부가 묘사되어 있다. 이 교전의 전반부와 디라키움에서의 전투를 담은 3–50 뒷부분은 소실된 것으로 보인다. 이것을 더욱 분명히 보여주는 증거가 3–58에 등장한다. 3–58에서 카이사르는 "(앞서 말한 대로) 도시로 이어진 길들은 매우 좁았다"라는 표현을 쓰고 있는데, 전해져 내려오는 판본들에는 3–58이 시작되기 전에 그런 내용을 쓴 부분이 나오지 않는다.

＊69 몇몇 고대 사료에 스카이바의 용맹함을 다룬 이야기가 등장한다. 세세한 내용과 이름은 조금씩 다르지만 모두 같은 전투가 배경이다.

＊70 스카이바는 술라의 지원군이 도착하기 전 4시간 동안 250명의 병력으로 2만 명이 넘는 폼페이우스 군대의 공격을 막아냈다.

＊71 로마군 150년 만의 봉급 인상이었다.

닷새 후 구름이 밤하늘을 가리자 폼페이우스는 진지의 모든 문을 닫고 전면에 장애물들을 놓았다. 그러고는 동이 틀 무렵 군대를 이끌고 조용히 빠져나가 예전의 참호로 돌아갔다.

55 그 뒤 카이사르는 날마다 군대를 이끌고 평지로 나와 전투대형을 갖추었다. 그러고는 폼페이우스의 전의를 떠보기 위해 군단들을 적진 가까이 접근시켰는데, 심지어 제1열은 적의 창이나 노궁의 사정거리까지 다가갔다.

폼페이우스도 병력을 진영 앞으로 출동시켰으나 그것은 자신의 명성을 지키기 위한 움직임에 불과했다. 그의 제3열은 방어벽에 바짝 붙어 있었고, 모든 병력은 엄호 공격의 범위를 벗어나지 않았다

56 앞서 말한 대로 카시우스 롱기누스와 칼비시우스 사비누스가 아이톨리아, 아카르나니아, 암필로키아를 복속시켰을 때,[72] 카이사르는 좀 더 나아가 아카이아도 복종시켜야겠다고 생각했다.

그에 따라 퀸투스 푸피우스 칼레누스를 아카이아에 파견하고, 그와 함께 사비누스와 칼비시우스 그리고 그들의 대대들도 출동시켰다. 그 소식이 들려오자, 폼페이우스의 명으로 파견되어 아카이아를 다스리던 루틸리우스 루푸스는 공격할 것에 대비해 이스트무스의 방비를 강화했다. 칼레누스는 델피와 테베, 오르코메누스의 자발적 귀순을 받아들이고 몇몇 도시들을 기습 점령했다. 칼레누스는 그 밖의 여러 도시에도 사절을 보내 카이사르를 지원해달라고 설득했다. 그런 임무는 주로 푸피우스가 맡았다.

57 이런 일들이 아카이아와 디라키움 주변에서 벌어지고 있을 때, 스키피오가 마케도니아에 도착했다는 소식이 알려졌다. 카이사르는 두 사람 모두의 친구인 아울루스 클로디우스를 스키피오에게 보냈다. 카이사르는 스키피오로부터 클로디우스를 추천받은 이후 줄곧 클로디우스를 자신의 가장 친밀한 친구 중 하나로 손꼽았던 터였다. 클로디우스는 카이사르의 편지와 함께 다음과

---

[72] 아이톨리아에 관한 언급은 3-35에 있다. 그러나 현존하는 문서에는 암필로키아와 아카르나니아에 관한 언급이 없다. 카시우스의 전과(戰果)는 소실된 부분에 적혀 있었을 것으로 추정된다.

같은 취지의 말을 스키피오에게 전했다. "카이사르는 강화를 위해 모든 방법을 시도해 왔소. 지금까지 어떤 문제도 해결되지 않은 것은, 카이사르가 이 문제를 위해 사절로 선택한 자들이 과오를 저질렀기 때문이오. 그들은 카이사르의 제안을 부적절한 때에 폼페이우스에게 전달하게 될까 두려워했소. 그러나 스키피오 그대는 폼페이우스에게 자신의 견해를 자유롭게 밝힐 뿐 아니라, 폼페이우스가 그릇된 판단을 할 때 그의 생각을 바로잡아줄 권위를 가지고 있소. 게다가 독립된 권한으로 군대를 통솔하고 있어, 개인적인 영향력 이외에도 강제력을 사용할 수 있소.*73 그대가 이 권한을 사용한다면 이탈리아의 평온을 위해, 그리고 모든 속주와 제국의 평화를 위해 공헌한 자로 인정받을 것이오." 스키피오는 처음 며칠 동안에는 클로디우스의 말에 귀를 기울이는 듯했으나 그 뒤로는 논의 자체를 거부했다. 훗날 전쟁이 끝난 뒤 밝혀진 바에 따르면, 스키피오가 논의를 거부한 까닭은, 마르쿠스 파보니우스에게 심하게 책망받았기 때문이라고 한다. 그래서 클로디우스는 임무를 완수하지 못한 채 카이사르가 있는 곳으로 돌아왔다.

58 카이사르는 디라키움 근처에 주둔한 폼페이우스의 기병을 보다 쉽게 포위하고 또 그들이 말꼴을 거두지 못하도록, 도시로 통하는 두 개의 길에 방어 시설을 쌓고 통로를 가로막았다. 앞서 말한 대로, 도시로 이어진 길은 매우 좁았다.*74

며칠 후 폼페이우스는 기병이 제 임무를 수행하지 못하자 그들을 배로 불러들여 본진에 합류시키기로 결정했다. 적은 나무에서 벗겨낸 잎과 부드러운 갈대 뿌리를 갈아 말에게 먹일 정도로 말꼴이 크게 부족했다.*75 그들이 방어선 안쪽에 파종했던 곡물은 이미 바닥을 드러냈기 때문이다. 폼페이우스 군대는 코르키라와 아카르나니아에서 머나먼 뱃길로 마초를 들여와야 했다. 게다가 공급되는 양도 줄어들었으므로, 부족한 마초를 보리로 대신했다.

얼마 뒤에는 보리와 마초뿐 아니라 나뭇잎까지 바닥을 드러냈다. 굶주린 말

---

*73 스키피오는 폼페이우스의 장인이고, 또한 2개 군단을 지니고 있기 때문이다.
*74 누락된 부분에서 언급했을 것이다(3-53의 각주 참조).
*75 카이사르가 육로를 봉쇄한 상황에서, 해로를 통해서만 말꼴을 보급하기에는 한계가 있었다.

들이 갈수록 쇠약해지자 폼페이우스는 포위망을 뚫으려는 시도를 해보기로 결정을 내렸다.

카이사르의 좌절

59 카이사르의 기병대에는 갈리아의 알로브로게스족 출신의 두 형제가 있었다. 여러 해 동안 알로브로게스족의족장을 지내온 아드부킬루스의 아들 로우킬루스와 에구스였다. 그들은 모든 전투에서 출중한 용기와 변함없는 충성심을 보여주었다.

이에 카이사르는 두 사람에게 알로브로게스족에 대한 최고 지휘권을 부여하고, 예외적으로 두 사람을 원로원에 등록시켰다.[*76] 또한 적으로부터 빼앗은 갈리아의 땅과 거액의 보상금을 하사해, 가난했던 그들을 풍요롭게 만들어 주었다. 이들은 싸움터에서 보여준 용맹함으로 인해 카이사르로부터 높은 평가를 받았을 뿐만 아니라 온 병사의 존경을 얻었다.

그러나 그들은 카이사르의 호의와 어리석고 원초적인 허영심에 사로잡혀, 동족을 무시하고[*77] 기병들의 봉급을 빼돌렸으며 전리품을 독차지했다. 이에 분노한 전 기병이 카이사르를 찾아와 공공연히 형제의 부정에 대해 불만을 털어놓았다. 기병들의 말에 따르면, 특히 두 사람은 기병의 수를 허위로 보고해 그들의 봉급을 횡령하고 있었다.

60 카이사르는 지금 이 문제를 조사하고 처벌하기에는 시기가 부적절하다고 판단했다. 카이사르는 두 사람의 용맹함을 크게 참작하여 모든 문제를 후일로 미루었다. 그는 그들을 개인적으로 따로 불러 기병을 이용해 저지른 비리와 착복을 꾸짖었으며, 한편 우정으로부터 모든 것을 얻고, 카이사르가 보여준 호의 속에서 미래의 희망을 찾으라고 훈계했다.

[*76] 이런 경우는 보통 당사자가 속한 부족의 원로원을 가리킨다. 그러나 《로마 공화정》을 쓴 라이스 홈스는 이것이 두 이방인에 대한 '예외적'인 임명임을 강조하면서, 카이사르가 후기뿐 아니라 독재 집권을 시작한 초기에도 로마 원로원에 이방인을 받아들였을 것이라고 추측한다.

[*77] 외인 기병대장은 자기 부족 출신의 기병대를 지휘했다.

그러나 이 사건으로 인해 두 사람은 모든 병사로부터 비난과 멸시를 받게 되었다. 다른 병사들이 비웃으니 덩달아 조롱하는 사람도 있었지만, 그 반감은 그들 자신이나 가까운 친구들의 양심적 판단에서도 우러난 것이기도 했다. 한편으로는 수치심에 쫓기고 또 한편으로는 자신들의 죄는 용서받은 것이 아니라 후일로 미뤄진 것이라 생각한 두 사람은, 아군을 버리고 적을 선택해 새로운 운명을 개척하기로 결심했다.

형제는 몇 명의 지지자와 이야기를 나누고 그들과 함께 엄청난 범죄를 모의했다. 전쟁이 끝난 뒤에 밝혀진 사실인데, 그들은 먼저 폼페이우스에게 충성을 입증할 증거로 아군의 기병 사령관 가이우스 볼루세누스를 살해하려 했다. 그러나 이 음모는 실행하기가 어려웠고 기회도 좀처럼 잡기가 힘들었다. 그들은 계획을 수정해, 마치 병사들에게 잘못을 인정하고 그간에 탈취한 돈을 갚을 것처럼 이야기하면서 주변 사람들에게 되도록 많은 돈을 빌렸다. 그러고는 말을 구입해 공범자들과 함께 폼페이우스 진영으로 넘어간 것이다.

61 폼페이우스는 전향한 두 기병대장을 모든 병사들에게 자랑스럽게 보여주었다. 두 사람은 귀족 출신으로 지위가 높았으며 여러 명의 부하와 말을 이끌고 왔을 뿐 아니라, 용맹함으로도 명성이 자자해 카이사르가 특별히 아끼는 자들이었기 때문이다. 게다가 두 사람의 탈주는 처음 있는 특별한 사건이었다. 그때까지는 보병이든 기병이든 카이사르의 진영에서 폼페이우스 진영으로 탈주한 자는 한 명도 없었기 때문이다. 그러나 에피루스와 아이톨리아를 비롯해 최근에 카이사르가 장악한 지역 출신의 모든 병사가 그랬듯이, 폼페이우스 진영에서 카이사르 진영으로 넘어오는 사건은 날마다 발생했다.

두 기병대장은 모든 것을 알고 있었다. 카이사르의 포위망에서 어느 부분이 아직 완성되지 않았는지,[78] 어느 분야의 군사 전문가가 부족한지 모두 꿰뚫고 있었다. 또한 아군의 일과표와 초소 간의 거리, 그리고 각 초소를 맡은 지휘관의 기질이나 성실성과 그에 따른 경계태세의 차이도 눈여겨 봐두었다. 그들은 이 모든 것을 폼페이우스에게 보고했다.

---

[78] 포위망의 남쪽이 아직 완성되지 않았다. 디라키움에서 전투가 벌어지는 동안 폼페이우스 군대와 카이사르 군대는 주로 북쪽에서 충돌을 일으켰기 때문에 남쪽은 방치된 채로 있었다.

62 중요한 정보를 얻은 폼페이우스는 앞서 말한 포위망을 돌파하겠다는 전략을 취소하고, 병사들에게 투구 위에 쓸 버드나무 덮개를 만들고 방벽 공사에 쓸 재료를 모으라고 명령했다. 준비가 완료되자 폼페이우스는 밤중에 대규모 경보병과 궁병, 모든 물자를 작고 날렵한 배에 실었다. 그리고 자정이 막 지날 무렵 주진지와 전초기지에서 60개 대대를 이끌고 나와, 아군의 포위망 중 카이사르의 진지에서 가장 멀고 바다에서 가장 가까운 곳으로 이동했다.[*79] 이와 동시에 앞에서 말한 경보병과, 군수품을 실은 배들과 함께 디라키움에 정박해 있던 군선들을 그곳으로 집결시키고 각 병사들에게 지시를 내렸다. 카이사르의 포위망에는 재무관 렌툴루스 마르켈리누스와 9군단이 배치돼 있었지만 마르켈리누스는 가벼운 병을 앓고 있었다. 따라서 카이사르의 명에 따라 풀비우스 포스투무스가 파견되어 마르켈리누스를 보좌하고 있었다.

63 그곳에는 너비 4.5미터의 참호가 있었고, 적을 마주보고 너비 3미터의 토루 위에 높이 3미터의 방어벽이 세워져 있었다. 그리고 이 방어벽과 약 180미터 간격을 두고 반대쪽을 향하도록 또 다른 방어벽을 세웠지만 첫 번째 방어벽만큼 높진 않았다.

애초에 카이사르는 아군이 적의 함대에 포위될 상황을 대비해 이곳에 이중 방어벽을 만들도록 지시해놓았다. 적의 함대가 뒤에서 상륙해 양쪽에서 전투가 벌어질 경우 적의 공격을 막기 위해서였다. 그러나 약 25킬로미터에 달하는 포위망 공사를 하려면 하루도 빠짐없이 고된 노동을 해야 했기 때문에 카이사르는 이 이중 방어벽을 아직 완성하지 못했고, 그 결과 바다와 마주한 방향으로 이중 방벽의 끝을 서로 연결할 가로 방어벽도 미완성 상태였다.

폼페이우스는 전향한 두 기병대장을 통해 이 사실을 알고 있었으므로 아군은 대단히 위험한 사태에 빠지게 되었다. 9군단 병사들은 바닷가에 나와 대대별로 야영을 하고 있었다. 동이 틀 무렵 갑자기 폼페이우스 군대가 나타났고, 같은 시각에 후방에 상륙한 병사들은 바깥쪽 방어벽[*80]을 향해 창을 던지고 흙과 나뭇가지로 참호를 채우기 시작했다. 폼페이우스 병사들은 공성용 사다리를 동원하여, 안쪽 방어벽을 지키던 수비대를 향해 온갖 종류의 무기를 발

---

*79 즉 남쪽으로 이동했다는 뜻이다.
*80 이중 방어벽 중 남쪽 방어벽을 말한다.

사하고 투척했으며, 수많은 궁수들이 방벽 양쪽을 가득 에워싸 아군을 공포로 몰아넣었다.

더군다나 아군이 투척할 수 있는 무기는 돌뿐이었는데, 폼페이우스 병사들은 투구 위에 버드나무 덮개를 했기 때문에 그나마도 무용지물이 되었다. 아군이 최악의 상황에 몰려 더 이상 저항할 수 없게 됐을 무렵 때마침 적은 앞서 말한 포위망의 미완성된 부분을 발견했다. 가로벽이 들어서야 할 두 방어벽 사이에 상륙한 폼페이우스 병사들은 파도를 헤치고 달려오더니 아군 병사들을 맹렬히 공격해 양쪽 방어벽에서 수비대를 몰아내기 시작했다.

64 이 난전을 보고받은 마르켈리누스는 곤경에 빠진 병사들을 지원하기 위해 진영에서 몇 개 대대를 출동시켰다. 그러나 지원 병력은 도망치는 아군에게 용기를 주지 못했을 뿐만 아니라 그들 자신도 적의 공격을 막아내지 못했다. 오히려 지원군 대대들이 패주하는 병사들의 불안에 전염되어 공포는 갈수록 확산되었고, 병사들의 퇴로가 지원군에 가로막힌 탓에 위험마저 증가했다. 이 전투에서 심한 부상을 입고 죽어가던 한 기수 장교는 아군 기병을 보고 다음과 같이 말했다.

"나는 여러 해 동안 이 독수리 깃발을 목숨과도 같이 소중하게 지켜왔다. 죽어가고 있는 지금, 나는 변함없는 충성으로 이 깃발을 카이사르에게 돌려주고자 한다. 그대들에게 청하노니, 우리 군대의 명예가 더럽혀지지 않게 해달라. 카이사르의 군대에서는 아직 한 번도 그런 일이 일어나지 않았다. 그러니 이 독수리 깃발을 카이사르에게 무사히 전해 달라."

이렇게 해서 독수리 깃발은 구할 수 있었지만, 제1대대 백인대장들은 제2열의 수석 백인대장을 제외한 전원*81이 전사하고 말았다.

65 폼페이우스는 아군을 대량 학살한 뒤에 마르켈리누스의 진영을 향해 진격했다. 진영에 남은 대대들이 두려움에 휩싸여 있을 때, 가장 가까운 진지에서 적의 기습을 보고받은 마르쿠스 안토니우스*82가 12개 대대를 이끌고 고지에서 내려왔다.

---

*81 백인대장 여섯 명 중 다섯 명이 죽었다.
*82 포위망의 남쪽 총지휘를 맡고 있었다.

안토니우스의 출현으로 폼페이우스 군대의 진격이 저지되고, 공황에 빠진 아군이 용기를 얻고 공포심에서 벗어나 본래의 모습을 되찾았다.

기습 소식은 요새에서 요새로 피워 올린 봉화를 통해 카이사르에게도 전해 졌다. 얼마 후 카이사르 역시 여러 진지에서 모은 병력을 이끌고 당도했다.[83]

카이사르는 아군이 패했다는 사실을 알았고, 폼페이우스 군대가 이미 방어 선을 돌파하고 배로 해안에 접근해 그 지역에서 자유롭게 말꼴을 구할 수 있 게 되었음을 보았다. 목적을 이루지 못하게 된 카이사르는 작전을 바꾸어, 폼 페이우스의 진영과 나란히 아군 진영을 구축하라고 명령했다.[84]

66 진영이 완성될 무렵 카이사르의 정찰병이 달려와, 숲 뒤편에 대략 1개 군단을 이룰 만큼 많은 적군 대대가 옛 진영을 향해 이동 중이라고 보고했다.

얼마 전 카이사르의 9군단이 폼페이우스 군대와 대치하면서 앞서 말한 이 중 방벽을 쌓고 있을 때, 9군단은 그곳에 진영 하나를 구축했다. 그 진영의 위 치는 해안으로부터 불과 375미터 정도 거리를 두고 숲과 맞닿은 곳이었다. 그 때 카이사르는 몇 가지 이유로 계획을 수정해 9군단의 진영을 약간 앞쪽으로 이동시켰다. 며칠 후 그곳을 점령한 폼페이우스는 그곳에 더 많은 군단을 배 치할 목적으로, 진영의 방벽을 그대로 둔 채 그 바깥쪽으로 더 큰 방벽을 쌓 았다.

이렇게 해서 큰 진영 안에 둘러싸인 작은 진영은 요새이자 성채 역할을 했 다. 게다가 폼페이우스는 진영의 왼쪽 모퉁이로부터 강 쪽으로 약 375미터 길 이의 측벽을 쌓았다. 그것은 병사들이 보다 자유롭고 안전하게 물을 길어오도 록 해주기 위해서였다.

그런데 폼페이우스는 여기에서 설명할 필요가 없는 몇 가지 이유로 작전을 바꾸고 그곳을 떠났다. 그 후 며칠 동안 진영은 비어 있었고 방어시설은 아직 본디 그대로 남아있었다.

67 정찰병들은 카이사르에게, 1개 군단이 부대기를 앞세우고 그곳으로 이동

---

[83] 그때 카이사르는 남쪽 포위망이 아닌 북쪽 포위망 끝에 있었다. 20킬로미터를 달려 남쪽 으로 온 것이다.

[84] 이 전투는 기원전 48년 7월 6일에 있었다. 폼페이우스 군대의 두 번째 포위망 공격이다.

하고 있다고 보고했다. 몇몇 요새에서도 같은 상황을 목격하고 카이사르에게 보고했다. 그곳은 폼페이우스의 새 진영으로부터 약 750미터 떨어져 있었다. 카이사르는 이 군단을 격파하면 그날의 패배를 만회할 수 있다는 희망을 품었다. 그는 2개 대대를 남겨 참호 공사를 계속하는 것처럼 보이게 한 다음, 나머지 33개 대대 병력을 이끌고 우회로를 이용해 최대한 은밀하게 이동했다. 여러 명의 백인대장과 병사를 잃은 9군단도 이 작전에 포함되었다. 카이사르는 2열로 병력을 이끌고, 폼페이우스 군단이 들어간 작은 진영을 향해 이동했다.

카이사르의 작전은 들어맞았다. 폼페이우스의 눈을 피해 목표지점에 도달했고, 방어시설의 규모가 크긴 했지만 자신의 곁에 있던 좌익 병력으로 신속한 공격을 퍼부어 폼페이우스 병사들을 방어벽 아래로 쫓아낼 수 있었다. 진영의 출입문들은 '녹채(鹿砦)'*85로 잠겨 있었다. 아군 병사들은 한동안 출입문 앞에서 전투를 벌이며 돌파를 시도했으나 적은 진영을 완강히 사수했다. 그중에서도 특히 가이우스 안토니우스를 배신했던*86 티투스 풀레이오가 용감하게 저항했다.

그러나 아군이 훨씬 용맹스러웠다. 아군은 녹채를 깨부수고 큰 진영 안으로 몰려들어간 다음 그 속에 둘러싸인 요새마저 돌파하고, 요새 안으로 피신해 저항을 계속하는 수많은 적을 살해했다.

68 그러나 운명, 특히 전쟁의 모든 면을 좌우하는 천운은 종종 극히 사소한 일로 대역전극을 연출한다. 바로 그런 일이 이때 일어났다.

카이사르의 우익을 맡은 대대들은 그 지역을 잘 모른 채, 앞서 말한 대로 진영에서 강으로 이어진 측벽을 따라 내려갔다. 병사들은 그것이 진영을 둘러싼 방어벽의 일부일 것이라 생각하고 계속해서 진영의 출입문을 찾았다. 그러나 결국엔 단지 강으로 이어진 측벽이라는 것을 발견했다. 병사들은 수비하는 병력이 전혀 없는 측벽을 무너뜨린 후 반대편으로 넘어갔고, 그 뒤를 따라 기병도 무너진 측벽을 넘어갔다.

---

*85 적의 침입을 막기 위한 사슴뿔 모양의 방어물. 로마군의 녹채는 굵은 나무에 날카로운 쇠 못을 촘촘히 박아 교차시킨 것이 일반적이었다.
*86 이 책 본문에는 이 사건이 기록되어 있지 않다.

69 한편 이 소식은 오랜 시간이 지난 뒤에 폼페이우스에게 전해졌다. 그는 자기 병사들을 지원하기 위해, 진지를 구축하던 5개 군단을 이끌고 달려갔다. 진영을 점령한 아군의 시야에 전투대형을 갖춘 폼페이우스 군대가 들어올 무렵, 폼페이우스의 기병도 아군의 기병을 향해 다가왔다. 갑자기 모든 상황이 뒤바뀌었다.

폼페이우스 군단은 조금만 버티면 살아날 수 있다는 희망을 품고 용기를 내어 진영의 후문 앞에 모여 다시금 저항을 시작했고, 심지어 아군을 향해 돌격을 감행했다. 카이사르의 기병은 토루 위로 난 좁은 통행로를 따라 이동하는 중이었기 때문에, 퇴각할 때 혼란이 일 것이 두려워 적을 보고 즉시 달아나고 말았다.

좌익과 단절된 채 측벽을 넘었던 아군 우익도 도망치는 기병의 모습을 보고, 방어벽 안에 포위되는 사태를 피하기 위해 조금 전에 무너뜨린 측벽으로 돌아가기 시작했다. 수많은 아군 병사들이 혼란과 공포, 패주로 점철되었다. 3미터 높이의 방벽을 넘어 무작정 참호 속으로 뛰어내렸고,[*87] 먼저 뛰어내린 병사들은 다음에 뛰어내린 병사들에게 짓밟혀 목숨을 잃었다. 나머지 아군 병사들도 오로지 살겠다는 일념으로 똑같이 뛰어내려 동료들의 시체 위로 떨어졌다. 좌익의 병사들은 폼페이우스 군대가 눈앞까지 접근한 상황에서 동료 병사들이 달아나는 광경을 보았다. 안팎의 적에게 포위되는 것이 두려워진 병사들은 안전한 곳을 찾기 위해, 들어왔던 길로 퇴각했다. 심지어 카이사르가 도망치는 기수들의 깃발을 움켜잡고 멈출 것을 명령하자 어떤 기수들은 말을 버리고 계속 달아났고, 또 어떤 기수들은 겁에 질린 나머지 깃발을 내팽개치기도 했다. 멈추는 병사는 단 하나도 없었다.

70 이 혼란 속에서도 아군이 완전히 파멸되지 않은 것은 다음과 같은 상황 덕분이었다. 첫째, 본인[*88]이 생각하기에 폼페이우스는 불과 얼마 전에 그의 병사들이 진영을 빠져나와 도망치는 것을 목격했으므로, 이번에는 자신의 예상과 정반대로 벌어지는 상황을 보고 아군의 매복 공격을 두려워한 것이 분명하다. 따라서 한동안 참호에 접근할 엄두를 내지 못한 것이리라. 둘째, 좁은 진영

---

*87 로마군은 방벽 바깥쪽에 반드시 참호를 팠다.
*88 카이사르 자신을 1인칭으로 표현한 드문 부분이다.

출입문들이 기병의 추격을 가로막았고, 문쪽에 몰려 있던 카이사르의 병사들도 그들의 진로를 가로막았다. 이렇게 사소한 상황들이 양쪽 군대에 똑같이 큰 영향을 미쳤다. 예를 들어 아군이 폼페이우스의 진영을 점령했을 때 진영에서 강으로 이어진 측벽 때문에 카이사르는 다 잡은 승리를 놓치고 말았다. 반면에 똑같은 이유로, 추격하는 적군 기병의 속도가 늦춰져 아군 병사들이 목숨을 구할 수 있었다.

71 하루 동안 치른 두 번의 전투*[89]로 카이사르는 960명의 병사와 여러 훌륭한 로마 기사를 잃었다. 그중에는 원로원 의원의 아들인 투티카누스 갈루스, 플라켄티아 출신의 가이우스 플레기나누스, 푸데올리 출신의 아울루스 그라니우스, 카푸아 출신의 마르쿠스 사크라티비르를 비롯해 32명의 군관과 백인대장이 있었다. 그러나 전사자들 중 대다수는 단 한 군데도 부상을 입지 않고 죽었는데, 그 이유는 겁에 질린 병사들이 한꺼번에 몰려 조급하게 도주하려다 참호와 강둑에서 압사했기 때문이다. 카이사르가 빼앗긴 부대기는 33개에 달했다.

전투가 끝나자 적군 병사들은 폼페이우스를 대장군이라 부르며 찬양했다. 폼페이우스는 그 후에도 대장군이란 칭호로 인사받았지만, 급보의 첫머리에 대장군 호칭을 사용하거나 속간*[90] 위에 월계관을 씌우지는 않았다.*[91]

한편 라비에누스는 포로들을 자신에게 넘겨달라고 폼페이우스에게 요청했다. 자신의 뜻대로 되자 그는 포로들을 전시물처럼 세워놓고 '전우'라 부르며 모욕적인 말투로 '고참 군단병들이 어떻게 그런 꼬락서니로 도주할 수 있는가?'라고 물었다. 그러고는 모두가 보는 앞에서 포로들을 살해했다.*[92] 라비에누스가 이런 행동을 한 것은, 폼페이우스가 탈주자인 자신을 더욱 신뢰하도록 만들기 위해서였다.

---

*[89] 기원전 48년 7월 6일에 모두 일어났다. 디라키움 전투 중에서도 가장 규모가 크고 치열한 전투였다. 이 전투는 명백히 폼페이우스의 승리로, 카이사르의 포위 작전은 실패로 돌아갔다.
*[90] 막대기 다발 사이에 양날 도끼를 끼운, 권위를 상징하는 표지를 말한다.
*[91] 폼페이우스는 승전의 명예를 로마 시민들에게 과시하길 꺼렸다.
*[92] 갈리아 전쟁을 치르면서 함께 동고동락했던 전우들을 살해한 것이다.

72 이 사건을 계기로 자신감과 사기가 오른 폼페이우스 병사들은 마치 전쟁에서 승리라도 한 것 마냥 더는 작전 따위에 관심을 기울이지 않았다. 그들은 승리의 이유가 우리 군의 병력이 열세였던 것, 우리 군에게 지형이 불리했던 것, 공간이 협소했던 것(이미 점거한 적의 진영), 포위망 안팎으로부터의 이중 공격에 대한 두려움, 병력이 둘로 분산되어 서로 협력할 수 없었던 것 등이었음을 돌이켜보지 않았다. 뿐만 아니라 결정적인 회전이나 전투가 없었고, 아군이 적에게 공격을 당해서라기보다는 적의 수적 우세와 협소한 공간 때문에 더 많은 피해를 입었다는 사실을 고려하지 않았다.

마지막으로 그들은 전쟁에서 상황이 보통 어떤 식으로 전개되는지를 생각하지 않았다. 즉 근거 없는 의심, 갑작스런 공포, 종교적 양심 같은 작은 요인들이 종종 커다란 피해로 이어지고, 사령관의 부적절한 판단이나 군관의 실수가 심각한 결과로 이어진다는 사실을 고려하지 않았다. 그러기는커녕 그들은 자신의 용맹함으로 그날의 승리를 손에 넣은 듯이, 그리고 역전은 결코 일어날 수 없다는 듯이 온 세상에 소문을 내고 곳곳에 소식을 전했다.

73 이제 애초의 계획을 포기할 수밖에 없는 상황이 되었기 때문에 카이사르는 전체적인 전략을 수정하기로 했다. 그에 따라 포위 작전을 포기하고 모든 수비대를 포위망에서 철수시켰다. 그러고는 전 병력을 집결시키고 병사들을 격려했다. 카이사르는 병사들에게, 한 번 패배했다 하여 낙담하거나 두려워하지 말 것과, 이번의 패배는 결코 심각한 것이 아니며 병사들이 지금까지 거둔 모든 승리에 비하면 하찮은 것에 불과하다고 말했다.

"병사들이여, 천운에 감사하라. 우리는 피 한 방울 흘리지 않고 이탈리아를 얻었고, 노련한 장군들과 가장 호전적인 부족들이 지키는 두 개의 에스파냐 속주를 평정했으며, 인근 지방의 속주들*93도 복속시켜 그들로부터 식량을 공급받고 있다. 또한 모든 항구와 해안 전체가 적의 함대로 들끓을 때 그 한가운데를 뚫고 안전하게 바다를 건넜으니 얼마나 운이 좋았단 말인가. 행여 하늘이 잠시 우리를 외면한다면, 우리 자신의 노력으로 천운을 만들어야 한다. 우리가 당한 패배는 누구의 잘못도 아닌 우리 자신의 잘못 때문이다. 본인은 유

---

*93 시칠리아와 사르디니아, 혹은 디라키움 인근의 테살리아, 아이톨리아, 마케도니아를 가리킬 수도 있다.

리한 지형에서 싸울 기회를 만들었고, 적의 진영을 점령했으며, 우세한 전투로 적을 몰아붙이고 제압했다. 그러나 그대들의 동요 때문이었는지, 그대들의 실수 때문이었는지, 혹은 운명의 손길 때문이었는지 우리의 손안에 들어온 것이나 매한가지였던 승리를 잃고 말았다. 따라서 이제는 그대들의 용맹함으로 패배를 만회하는 수밖에 없다. 그대들이 용맹함을 되찾는다면 게르고비아에서처럼 아군의 손실을 곧 승리로 이끌 것이다. 그대들이 용맹함을 보인다면 싸우기를 두려워했던 자들도 기꺼이 전장에 뛰어들 것이다."

74 이에 카이사르는 몇몇 기수들을 질책하고 강등시켰다. 그러나 모든 병사가 이번 패배에 분노를 금치 못했고 실추된 명예를 회복하려는 큰 열의에 사로잡혀 있었다. 어느 누구도 군관이나 백인대장의 명령을 기다리지 않고 자기 자신에 대한 징계로 더 힘든 노역을 자청했다. 병사들은 하나같이 투혼을 불사르며 전투를 원했고, 몇몇 장교들 역시 카이사르의 기존 전략에 따라 진지에 남아 적을 물리쳐야 한다고 생각했다. 그러나 카이사르는 사기가 떨어진 병사들을 믿기보다는 그들에게 활력을 되찾을 시간을 줘야 한다고 생각했다. 또한 식량 부족 문제도 크게 염려되어 결국 포위망을 포기하기로 결정했다

테살리아*⁹⁴로 이동한 카이사르

75 카이사르는 병자와 부상자를 돌보기 위해서만 발길을 멈추었다. 해질녘이 되자 전 수송대를 아폴로니아로 먼저 보내고, 목적지에 도착하는 순간까지 절대로 행군을 멈추지 말라고 명령했다.

그는 1개 군단을 함께 보내 수송대를 호위하게 했다. 수송대가 출발하자, 2개 군단을 진영에 남기고 제4야경시(새벽 3~6시)에 나머지 군단을 몇 개의 진문으로 내보내 수송대와 똑같은 길로 이동하게 했다. 잠시 후 카이사르는 군사 규범*⁹⁵을 준수하는 동시에 아군의 출발을 최대한 적게 노출시키기 위해,

---

*94 카이사르가 테살리아로 이동한 까닭은 그곳에 스키피오와 그의 2개 군단이 있었기 때문이다. 디라키움이 아무리 최대의 보급기지라 해도 폼페이우스는 카이사르가 스키피오를 공격하는 것을 막기 위해 그곳에서 나와 테살리아로 올 수밖에 없다. 즉 일종의 유인 작전을 편 것이다.

*95 로마군은 군사 교본에 적힌 규범들을 철저히 이행하기로 유명했다.

진영을 거두는 즉시 출발해 본대의 후미를 따라잡고 적의 시야에서 사라졌다.

카이사르의 작전을 알게 된 폼페이우스는 지체하지 않고 추격했다. 행군 중인 우리 군의 깜짝 놀라는 모습을 볼 수 있으리라 기대하며 병력을 출동시키는 한편, 우리 군 대열의 후미를 지체시키기 위해 기병을 먼저 내보냈다. 그러나 가벼운 행군으로 멀리 앞서 간 카이사르를 따라잡지는 못했다.

게누수스강에 도착한 아군이 높은 강둑에 가로막혀 있을 때 폼페이우스의 기병이 대열의 후미를 따라잡고는 소규모 전투로 발길을 잡았다. 카이사르는 적의 기병을 쫓아버리기 위해 우리 군 기병과 함께 400명에 달하는 경보병 제1열 병사들을 파견했다. 우리 군은 손쉽게 적을 제압하고 많은 기병을 살해한 다음 무사히 본대로 귀환했다.

76 카이사르는 그날 계획했던 행군을 모두 마치고 게누수스강을 건너 아스파라기움의 옛 진영으로 들어갔다. 그는 모든 병사를 진영 안에 머물게 하고 기병을 내보내 말꼴을 구하게 했으며, 돌아올 때에는 후문으로 신속하게 들어오라고 명령했다. 폼페이우스도 그날의 행군을 마친 뒤 아스파라기움 근처의 옛 진영으로 들어갔다. 그의 진영은 방어시설들이 온전히 남아 있어 공사를 따로 할 필요가 없었다. 그에 따라 일부 병력은 말꼴과 목재를 구하기 위해 아주 멀리까지 나갔고, 또 다른 병력은 갑작스런 출발 명령으로 군수품과 우마를 두고 온 데다가 이전 진영과의 거리도 가까웠기 때문에 수송을 돕기 위해 왔던 길을 되돌아갔다. 그들은 무기를 막사 안에 둔 채 참호를 비우고 떠났다. 그래서 다시 추격 대열에 합류할 수 없게 되었다. 이런 상황을 예견한 카이사르는 정오경에 다시 출발신호를 내렸다. 그는 그날의 행군을 두 배로 늘려 약 12킬로미터를 더 전진했다. 그러나 뿔뿔이 흩어져버린 폼페이우스 군대는 우리 군을 따라잡지 못했다.

77 이튿날에도 카이사르는 같은 과정을 반복했다. 해질녘에 먼저 군수품을 보내고 본대는 제4야경시에 출발시켰다. 불가피하게 전투가 벌어질 때 병사들이 짐에 대한 부담 없이 위급사태에 대처토록 하기 위해서였다. 카이사르는 다음 며칠 동안에도 똑같은 방법을 이용했다. 그 결과 행군 도중에 마주친 강들의 수위가 높아 어려움을 겪긴 했지만 별다른 피해는 없었다. 첫날 아군을 따

라잡았던 폼페이우스는 그 다음날부터 행군에 박차를 가하며 열심히 뒤쫓았지만 소용이 없었다. 넷째 날 폼페이우스는 추격을 포기하고 다른 작전을 택하기로 결정했다.

78 카이사르는 부상병을 모아 돌보고, 병사들의 봉급을 지급해야 했다. 또, 주변 도시들과의 동맹을 확인하고 여러 도시에 수비 병력을 배치하는 일도 중요했다. 그는 이를 위해 아폴로니아에 가야 했지만 그에겐 충분한 시간이 없었다. 폼페이우스가 도미티우스의 진영*[96]에 먼저 도착할 것을 염려한 카이사르는 그 모든 문제를 서둘러 처리한 다음, 최강행군으로 도미티우스의 진영을 향해 이동했다.

카이사르의 전체적인 전략은 다음과 같았다. 첫째, 만일 폼페이우스가 똑같은 길을 따라오면, 그의 모든 물자가 비축되어 있는 디라키움과 해안으로부터 가급적 멀리 그를 유인해 식량과 군수품 보급을 차단한다. 그러면 같은 조건에서 폼페이우스와 싸울 수 있다. 둘째, 만일 폼페이우스가 바다를 건너 이탈리아로 가려 한다면, 도미티우스의 병력과 합류한 후 일리리쿰을 통해 이탈리아로 건너가 로마를 사수한다. 셋째, 만일 폼페이우스가 아폴로니아와 오리쿰을 공격하여 카이사르를 해안 전체로부터 차단시키려 한다면, 스키피오를 포위 공격해 폼페이우스가 스키피오를 지원할 수밖에 없도록 만든다.

이러한 전략에 따라 카이사르는 도미티우스에게 작전 지시를 적은 급보를 보냈다.*[97] 그런 다음 아폴로니아에 4개 대대, 리수스에 1개 대대, 오리쿰에 3개 대대를 수비 병력으로 배치하고, 여러 전투에서 부상을 당해 전투 능력을 잃은 병사들을 에피루스 지방과 아타마니아 지방에 남겨두고 나서 다시 행군을 시작했다. 폼페이우스 역시 카이사르의 생각을 짐작하고 스키피오가 있는 쪽으로 이동해야 한다고 판단했다. 카이사르가 아시아로 진군한다면 스키피오를 지원해야 했다. 또한 카이사르가 오리쿰과 해안에 남아 이탈리아에서 올 지원 병력을 기다린다면 자신이 직접 전 병력을 이끌고 도미티우스를 칠 계획이었다.

---

*96 카이사르 군대의 수석 부사령관인 도미티우스는 그리스 중부에서 스키피오 군대의 진군을 막고 있었다.
*97 진영을 거두고 카이사르 군대와 합류하라는 내용의 급보다.

79 이런 이유로 두 사람은 서로 자신의 군대를 지원하고 상대의 기선을 제압할 기회를 잡기 위해 서둘러 진군했다. 그러나 카이사르가 먼 길을 돌아 아폴로니아로 가야 했던 반면, 폼페이우스는 칸다비아를 통과하는 쉬운 길로 마케도니아에 도착했다. 게다가 예상치 못한 어려움에 직면하게 되었다. 며칠 동안 스키피오의 진영 근처에 진을 치고 있던 도미티우스가 식량을 구하기 위해 칸다비아와 가까운 헤라클리아로 출동한 것이다. 카이사르는 아직 그 사실을 모르고 있었지만, 여차하면 폼페이우스의 대열과 맞닥뜨릴 수 있는 상황이었다.

한편 폼페이우스가 모든 속주와 도시로 전령을 보내 디라키움에서의 전투를 사실보다 크게 부풀려 전한 탓에, 카이사르가 거의 모든 병력을 잃고 패주하고 있다는 소문이 나돌았다. 이 때문에 카이사르에게 우호적이었던 몇몇 부족들이 등을 돌리고 카이사르를 곤경에 빠뜨렸다. 특히 카이사르가 여러 경로로 도미티우스에게 보낸 전령들과, 도미티우스가 카이사르에게 보낸 전령들은 단 한 명도 여정을 끝마치지 못했다.

그런데 앞서 말한 대로 폼페이우스 진영으로 등을 돌린 알로브로게스족 로우킬루스와 에구스의 동료들이 길 위에서 도미티우스의 정찰병들을 발견하고는 그들에게 그간의 사정을 모두 이야기했다. 갈리아 전쟁에서 함께 싸웠던 옛 우정이 남아서였는지, 아니면 약자 앞에서 허세를 부리기 위해서였는지는 모르겠다. 여하튼 그들은 카이사르가 아폴로니아로 이동 중이고 폼페이우스가 그 뒤를 쫓고 있다고 일러주었다.

이 소식은 즉시 도미티우스에게 보고되었다. 적이 알려준 정보 덕분에 도미티우스는 불과 4시간 차이로 자신과 병사들의 목숨을 구하고, 아이기니움 근처에서 행군하던 카이사르를 만났다.[*98] 아이기니움은 테살리아로 가는 길목에 있다.

80 도미티우스의 병력이 합류하자 카이사르는 테살리아의 도시 중 에피루스에서 가장 가까운 도시인 곰피[*99]로 향했다. 곰피의 주민들은 몇 달 전에 자진해서 카이사르에게 사절을 보내, 자신들의 자원을 모두 맡길 테니 그 대신

[*98] 기원전 48년 7월 24일에 두 사람은 합류했다.
[*99] 오늘날의 곤포스를 말한다. 아이기니움에서 남동쪽으로 50킬로미터 떨어져 있다.

수비 병력을 보내달라고 요청한 적이 있었다. 그러나 디라키움 전투에 관한 소문이 눈덩이처럼 불어나 있었다. 그 결과 테살리아의 통치자인*100 안드로스테네스는 역경에 처한 카이사르와의 동맹을 포기하고, 승리를 눈앞에 둔 폼페이우스를 지지하기로 결정했다. 안드로스테네스는 농촌 지역에서 모든 노예와 해방 노예를 도시 안으로 불러모으고 성문들을 걸어 잠근 다음, 스키피오와 폼페이우스에게 전령을 보내 도움을 요청했다. 그는 이렇게 말했다. "신속한 지원이 있으면 방어시설을 이용해 카이사르의 공격에 대항할 수 있으나 장기적인 포위 공격을 막아내기에는 역부족이다."

카이사르의 군대가 디라키움에서 출발했다는 사실을 전해들은 스키피오는 군단들을 이끌고 라리사*101로 이동했다. 한편 폼페이우스는 아직 테살리아 경계를 넘지 못한 상황이었다.

카이사르는 곰피 앞에 진영을 세운 다음 곧바로 공격하기 위해 공성용 사다리와 엄호차를 만들라고 명령하고 차단막을 준비시켰다. 그런 뒤 병사들을 다음과 같이 격려했다. "물자와 돈이 풍부한 도시를 점령하면, 우리 군이 겪고 있는 전반적인 어려움을 단번에 해결할 수 있다. 적의 지원군이 도착하기 전에 이 도시를 본보기로 징계하면, 다른 도시들도 공포에 떨 것이다."

카이사르가 믿은 것은 오로지 병사들의 열의뿐이었다. 그는 지체하지 않고, 도착한 날 이른 오후에 도시를 공격했다.*102 도시의 성벽은 매우 높았지만, 카이사르는 일몰 전에 도시를 점령한 후 병사들에게 약탈을 허용했다. 그런 다음 즉시 곰피를 떠나 메트로폴리스로 향했다. 곰피가 급습받았다는 소식이 전령이나 소문을 통해 퍼지기 전에 메트로폴리스에 도착하기 위해서였다.

81 메트로폴리스의 주민들도 처음에는 디라키움 전투의 소문만 믿고 카이사르를 적대시했다. 그들 역시 곰피의 주민들처럼 모든 성문을 걸어 잠그고 성벽에 무장한 병사들을 배치했다. 그러나 카이사르가 성벽으로 보낸 포로들의

---

*100 카이사르는 프라이토르(praetor, 법무관)라는 로마식 용어를 사용했다. 그러나 그리스식 이름으로 보아 그는 그 지역 통치자였던 것이 분명하다. '통치자'를 가리키는 그리스 말은 기원전 369년까지는 타고스(tagos)였고 그 후에는 아르콘(archon)이었다.

*101 곰피에서 북동쪽으로 90킬로미터 떨어진 테살리아 지방의 대도시이다.

*102 기원전 48년 7월 26일 오후 3시 즈음에 공격을 시작했다. 공격은 반나절 만에 종결되었다.

입을 통해 곰피의 운명을 전해듣자 성문을 열고 카이사르를 맞아들였다. 카이사르는 메트로폴리스의 주민들을 매우 신중하게 보호했다. 그러자 테살리아의 다른 도시들은 곰피의 운명과 메트로폴리스의 운명을 비교한 후 카이사르의 명령에 따르기로 결정했다. 단, 스키피오의 대규모 병력이 주둔하고 있는 라리사만큼은 카이사르에게 복종하기를 거부했다. 카이사르는 들판의 곡식이 충분히 여물어가는 평원[103]에 적당한 장소를 택한 후 폼페이우스와 최후의 결전을 치르기로 결심했다.

폼페이우스의 추격

82 며칠 후 폼페이우스도 테살리아에 도착했다. 그는 전 병사를 한곳에 모으고는 자신의 병사들에게 고마움을 표하는 동시에 스키피오의 병사들을 이렇게 격려했다. "이제 승리가 눈앞에 있으니 전리품과 보상금을 거머쥐어라!" 그리고 한 진영에 모든 군단을 집결시킨 뒤 스키피오와 최고 지휘권을 공유하기로 합의하고,[104] 스키피오의 사령부와 그 자신을 위한 두 번째 사령부를 세울 자리에서 나팔을 불라고 명령했다.

두 군대가 결합하자 폼페이우스 병력은 그야말로 대군이 되었다.[105] 병사들 각자가 품었던 처음의 기대는 더욱 강해지고 승리에 대한 희망은 더욱 부풀어 올랐다. 그들에게 더 이상의 기다림은 이탈리아로 돌아가는 시간만 지체시킬 뿐이었다. 사람들 입에서는, 만일 폼페이우스가 조금이라도 공격을 지체하거나 작전을 신중히 검토한다면 그것이 병사들의 전의를 억누를 뿐이고, 폼페이우스가 전직 집정관들과 전직 법무관들을 노예처럼 부리면서 최고 지휘권을 즐기고 있다는 말이 나올 지경이었다.

그들은 보상과 최고 제사장직을 놓고 공공연히 말다툼을 벌였고, 차기 집정관직에 오를 인물들을 따졌으며, 어떤 자들은 카이사르 진영의 사람들이 소유한 주택과 재산을 요구하고 나섰다.[106]

---

[103] 카이사르는 지금까지의 행군 방향인 남동쪽에서 동쪽으로 방향을 틀었다. 그가 선택한 평원은 폼페이우스와의 최대 결전의 무대가 될 '파르살루스'였다.
[104] 스키피오와 폼페이우스는 둘 다 전직 집정관이었기 때문에 공식적으로는 신분이 같았다.
[105] 총 4만 7,000명의 보병과 7,000기의 기병이 되었다.
[106] 이는 키케로가 증명해준 사실이다.

심지어 작전회의에서는 차기 법무관 선거를 치를 때 폼페이우스의 명으로 파르티아에 파견된 루킬리우스 히루스에게 부재자 후보 등록을 허락해도 되는지에 대한 격렬한 논쟁이 벌어졌다. 히루스의 친구들은 폼페이우스에게, 히루스가 떠날 때 그에게 했던 약속을 지킬 것을 요구했고, 그러지 않으면 히루스가 폼페이우스의 개인적 권위에 기만당한 듯 보일 것이라고 주장했다.[107] 그러나 다른 편에선 모두가 똑같이 고생하고 똑같은 위험을 겪고 있는 마당에 특정 사람에게 우선권을 부여한다는 것은 부당하다고 주장했다.

83 이미 도미티우스와 스키피오, 렌툴루스 스핀테르는 카이사르의 최고 제사장직을 놓고 날마다 논쟁을 벌이면서[108] 서로에게 악의에 찬 말로 모욕을 퍼붓기에 이르렀다. 렌툴루스는 연장자에 대한 존경을 요구했고, 도미티우스는 로마 시민들의 지지와 자신의 명성을 내세웠으며, 스키피오는 폼페이우스와의 개인적 관계에 의지하고 있었다.[109]

심지어 아쿠티우스 루푸스는 루키우스 아프라니우스가 에스파냐에서 병사들을 배신했다고 주장하면서 폼페이우스 앞에 그를 고소했다. 루키우스 도미티우스는 작전 회의에서 이렇게 주장했다. "전쟁이 끝나면 전쟁에 참가했던 원로원 의원들에게 각각 석 장의 서판(書板)[110]을 부여합시다. 우리는 무엇보다 먼저 로마에 남았던 자들과, 폼페이우스 진영에 가담했지만 군사 작전에 적극적으로 참여하지 않은 자들을 가려내야 합니다. 그들의 처벌을 면제해 주기를 원하는 의원은 첫 번째 서판을, 그들의 시민권을 박탈하기를 원하는 의원은 두 번째 서판을, 그들에게 벌금형을 내리기를 원하는 의원은 세 번째 서판을 들게 하는 겁니다."[111] 한마디로 모든 자들이 조금이라도 더 좋은 직위나 경제

---

*107 히루스는 폼페이우스의 명으로 전쟁에 참전하지 않고 파르티아 수비에 파견되었다. 따라서 전쟁에 불참했다는 이유로 승리 후 피해를 입어서는 안 된다는 의미다.

*108 최고 제사장은 종신직이었다. 그런데 이들은 내전에서의 승리를 확신하면서 전쟁 후 카이사르를 최고 제사장에서 몰아내고 자신들이 그 자리에 앉으려는 속셈이었던 것이다.

*109 폼페이우스와 장인 사위 관계임을 말한다.

*110 원래는 나무, 돌, 상아 등으로 만들어 종이 대신 사용한 얇은 판을 말한다.

*111 정상적인 절차를 변형한 것이다. 정상적인 절차에서 세 번째 서판에는 N. L.(non liquet)이라고 적혀 있다. 대략 '증거 불충분(non proven)'이란 뜻에 해당하는 이 서판은 확실한 평결에 이를 때까지 재판을 연기하고 심리를 계속하겠다는 판결에 쓴다.

적 보상을 얻기 위해 또는 개인적인 원한을 갚는 데 혈안이 되어, 승리를 얻을 방법보다는 승리를 이용할 방법에만 정신을 쏟았다.

84 디라키움에서의 패배 이후 병사들의 사기를 염려한 카이사르는 일단 식량을 확보하고 병사들의 전의를 북돋우기 위해 충분한 시간이 지나기를 기다렸다. 그 뒤 폼페이우스가 과연 그의 도발에 대응할 것인지 혹은 그와의 전투를 얼마나 원하는지를 가늠해 보아야겠다고 생각했다.

카이사르는 병력을 이끌고 진영 밖으로 나온 후, 첫날에는 폼페이우스의 진영에서 다소 멀리 떨어진 아군 진영 쪽에 전투대형을 갖추었다. 하지만 다음날부터는 아군 진영에서 멀리 전진하여, 폼페이우스가 점거하고 있는 언덕들 아래까지 대형을 이동시켰다.

이 작전으로 병사들의 사기는 하루하루 드높아졌다. 그러나 기병에 대해서는 앞서 말한 작전*[112]을 계속 유지했다. 아군은 수적으로 크게 열세였기 때문에 카이사르는 제1열의 정예 부대 중에서도 특히 몸이 빠르고 젊은 경보병 부대를 선발해 기병들 사이에서 싸우게 하고, 하루도 빠짐없이 경보병을 훈련시켜 카이사르의 작전에 맞는 기술을 익히게 했다. 그 결과 1천의 기병이, 필요한 때라면 평지에서도 침착함을 잃지 않고 7천의 폼페이우스 기병을 능히 대적할 수 있게 되었다.

실제로 그간에도 카이사르는 효과적인 기병전을 통해 많은 적을 살해해왔다. 죽음을 당한 적군 중에는 특히 앞에서 언급했던, 폼페이우스 진영으로 전향한 알로브로게스족 대장 두 명도 포함되었다.

최대의 결전, 파르살루스 대전투
85 언덕 위에 진영을 구축한 폼페이우스는 언제나 그 언덕의 돌출부들 가운데 가장 아래쪽 둔덕 위에 전투대형을 갖추었다.*[113] 마치 카이사르가 불리

＊112 기병과 함께 경보병 병사들을 파견했다. 경무장한 보병은 주로 기병과 보조를 맞춰 싸우거나 기병을 돕는 역할을 했다.

＊113 폼페이우스는 언덕 위에 진영을 세웠고 카이사르는 그 아래 평야에 진영을 세웠기 때문에 카이사르가 공격을 하기에는 상당히 불리했다. 따라서 카이사르가 공격을 해 폼페이우스를 언덕에서 내려오게 하려 해도 폼페이우스는 능선에 포진할 뿐 평야로 내려가서 진을 치지는 않았다.

한 지형에서 먼저 공격하기를 기다리는 듯했다. 카이사르는 결코 폼페이우스를 전장으로 꾀어낼 수 없으리라 판단해 진영을 철수하고 행군을 계속하기로 결정했다. 여러 지역으로 진영을 옮김으로써 식량을 쉽게 확보하고 그 사이사이에 전투를 벌일 기회를 잡는 동시에, 고된 일에 익숙하지 않은 폼페이우스 군대를 끝없는 행군으로 지치게 하는 것이 카이사르의 목적이었다.

카이사르가 이렇게 결정하고 출발 신호를 내린 후 병사들이 막사를 모두 거뒀을 무렵이었다. 때마침 폼페이우스의 전열이 평소보다 그들의 방어벽에서 조금 더 앞쪽으로 나와 있는 것을 알게 되었다. 그렇다면 아군이 불리한 위치에서 싸우지 않아도 될 것처럼 보였다.[114] 아군 대열은 이미 진문을 빠져나가고 있었지만 카이사르는 즉시 병사들에게 다음과 같이 말했다.

"잠시 행군을 멈추어라. 그리고 그대들이 매일같이 바라던 적과의 전투를 생각하라. 우리 모두가 오랫동안 기다려 온 때가 찾아왔다. 그대들의 마음은 이미 전장에 있지 않은가? 이보다 좋은 기회는 쉽게 오지 않을 것이다."

그런 다음 총사령관의 장비도 갖추지 않은 채 신속히 병력을 이끌고 진영 밖으로 출동했다.

86 나중에 밝혀진 바에 따르면, 폼페이우스 역시 전 병사의 확고한 결의를 확인하고 결전을 치르기로 결심했다고 한다. 실제로 그는 며칠 전 작전회의에서는, 제2열 병사들이 맞붙어 싸우기도 전에 카이사르 군대는 패주하게 될 것이라고 단언하기까지 했다. 대부분의 사람이 이 말에 놀랄 때, 폼페이우스는 다음과 같이 덧붙였다.

"본인의 장담이 믿기 힘들 것이오. 그러나 본인의 작전에 귀를 기울인다면 더욱 확고한 신념을 품고 전투에 임하게 될 것이오. 본인은 기병에게, 양쪽 군대의 간격이 좁아지면 카이사르의 우익으로 돌아 노출된 측면을 공격하고 후방의 제3열을 포위하여 카이사르의 군대를 혼란에 빠뜨리라고 명령했소. 그러면 적은 우리 군이 무기를 투척하기도 전에 패주하고 말 것이오. 이 작전이 맞아떨어진다면 우리 군은 군단의 피해는 물론이고 사상자도 거의 없이 전쟁을 승리로 이끌 수 있소. 우리의 기병이 우세하므로 어렵지 않게 승리할 것이오."

---

[114] 좀 더 평원 쪽으로 내려왔다는 의미다.

폼페이우스는 또한 지휘관들에게 훌륭한 지휘와 용맹으로 전투에 임하라고 격려하면서, 그토록 기다렸던 결전의 기회가 왔으므로 총사령관의 기대와 모두의 희망을 저버리지 말라고 당부했다.

87 다음으로 라비에누스가 말했다. 라비에누스는 카이사르의 군대를 얕보는 동시에 폼페이우스의 작전을 침이 마르도록 칭찬했다.

"폼페이우스 장군, 저들이 갈리아와 게르마니아를 정복한 군대였다고는 생각하지 마십시오. 나는 모든 전투에 참가했으므로, 지금 여기에서 그동안 직접 보고 들은 바에 따라 나의 견해를 밝히고자 합니다. 그때 살아남은 자는 극소수에 불과합니다. 대부분의 병사가 수많은 전투를 치르면서 전사했습니다. 또한 이탈리아에서 가을을 보내는 동안 많은 자들이 질병으로 인해 목숨을 잃었습니다. 고향으로 돌아가거나 본토에 남겨진 자들도 많습니다. 여러분은 병 때문에 브룬디시움에 남은 자들만 해도 몇 대대에 이른다는 말을 듣지 못하셨습니까? 눈앞의 적 군대는 모자라는 병력을 최근 몇 년 동안 갈리아 키살피나*115에서 모집한 병사들*116로 보충했는데, 그들 대부분은 포강 너머의 식민지 출신입니다. 게다가 적군이 보유한 최고의 병사들은 디라키움에서 벌어진 두 번의 전투에서 모두 전사했습니다."

그런 다음 라비에누스는 "승자가 되지 못하면 결코 돌아오지 않겠다"라고 맹세하며, 다른 사람들도 자신과 똑같이 맹세할 것을 촉구했다. 폼페이우스가 라비에누스를 치하하고 그와 똑같이 맹세하자 다른 자들도 주저하지 않고 맹세했다.

모든 자들이 기쁨과 희망에 사로잡혀 마음속으로 승리를 예견하고 있었다. 백전노장의 대장군이 그토록 중대한 문제에 대해 호언장담을 했으므로 결코 잘못될 리가 없을 것처럼 보였다.

88 적군과의 거리를 좁히자 카이사르의 시야에 적의 전열이 들어왔다. 좌익에는 분쟁 초기에 카이사르에게서 넘겨받은 2개 군단이 포진해 있었다. 그중

---

*115 '알프스 이쪽의 갈리아'란 뜻이다.
*116 카이사르는 또한 움브리아와 피케눔을 비롯한 이탈리아의 몇몇 지방에서도 군대를 소집했다.

하나는 1군단이었고 다른 하나는 3군단이었다.*117 폼페이우스는 그곳에 있었다. 전열 중앙에는 스키피오가 시리아에서 동원한 군단들이 포진해 있었다. 그리고 우익에는 킬리키아에서 온 1개 군단*118과 앞서 말한 대로 아프라니우스로부터 넘겨받은 에스파냐 대대들이 포진해 있었다.*119 폼페이우스는 이들을 최강의 군대로 믿고 있었다.

중앙과 양 날개 사이에는 110개 대대로 구성된 나머지 병력이 배치되어 있었다. 폼페이우스 군은 총 4만 5,000의 병사 외에도, 폼페이우스 휘하에서 만기 제대한 후 다시 소집된 약 2,000명의 고참병*120이 특무 부대를 이루고 있었다. 폼페이우스는 고참병들을 전열 곳곳에 배치했다. 그리고 나머지 7개 대대로 하여금 진영과 근처의 요새들을 지키게 했다. 전열의 우익은 강과 가파른 강둑의 보호를 받고 있었으므로 폼페이우스는 전 기병과 궁수와 투석병을 우익에 배치했다.

89 카이사르는 이미 내린 전투 명령에 따라 우익과 좌익에 각각 10군단과 9군단을 배치했다. 그러나 9군단은 디라키움 전투에서 병력이 크게 감소한 상태였다. 따라서 카이사르는 좌익에 8군단을 보충해 필요한 병력을 채우고 두 군단에게 원활히 협조할 것을 명령했다. 이로써 카이사르는 80개 대대, 총 2만 2,000의 병력으로 전열을 갖추었다.*121

진영에는 2개 대대를 남겨 방어를 맡겼다. 카이사르는 좌익에 마르쿠스 안토니우스를, 우익에 푸블리우스 술라를, 중앙에 그나이우스 도미티우스를 배치하고 있었다. 카이사르 자신은 폼페이우스의 맞은편에 자리를 잡았다. 바로 그때 위에서 말한 적군의 배치가 카이사르의 눈에 들어왔다. 그는 즉시 아군의

---

*117 카이사르의 휘하에 있을 때는 6군단과 15군단이었다.

*118 키케로가 기원전 51년과 50년에 전직 집정관 자격으로 지휘하던 2개 군단의 고참병들로 구성되었다.

*119 본문에 언급한 적이 없었다.

*120 beneficiarii. 제대한 고참병들은 일반적인 군무를 면제받고 담당 장교 밑에서 특별한 임무들을 수행했다.

*121 파르살루스 전투에서 두 진영의 병력을 비교해 보면 다음과 같다. 폼페이우스 군대는 보병 4만 2,000명과 기병 7,000기를 합하여 도합 5만 4,000명이었고, 카이사르 군대는 보병 2만 2,000명과 기병 1,000기를 합하여 도합 2만 3,000명이었다. 수적으로 카이사르 측이 매우 열세였다.

우익이 폼페이우스의 대규모 기병에게 둘러싸일 수 있음을 깨닫고, 재빨리 각 군단의 제3열에서 1개 대대씩 차출해 제4열을 만들어 적의 기병 맞은편에 배치했다. 카이사르는 제4열 병사들에게 작전*122을 지시한 다음 그날의 승리는 바로 그들의 용맹함에 달려있음을 강조했다.

카이사르는 또한 제3열과 모든 병사에게 이렇게 명령했다. "내가 명령을 내리기 전까지 돌격하지 마라. 내가 원하는 순간이 오면 총사령관의 깃발로 전투 개시 신호를 내릴 것이다."

90 카이사르는 군대의 관례에 따라 병사들을 격려하는 연설을 했다. 거기서 병사들이 오랫동안 자신을 위해 헌신적으로 복무해 왔음을 언급한 다음, 무엇보다 그가 강화를 위해 노력해온 과정을 강조하면서 이렇게 말했다.

"나는 바티니우스를 통해 타협을 시도했고 아울루스 클로디우스를 통해 스키피오와 협상을 시도했으며, 오리쿰에서 폼페이우스에게 대표단을 보내기 위해 리보와 협상을 벌였다. 병사들을 참혹한 전장으로 내모는 것은 결코 나의 소망이 아니었으며, 원로원으로 하여금 어느 한쪽 군대를 잃게 하는 것 또한 내가 원하는 바가 아니었다."

연설을 마친 후 전의에 불타고 있는 병사들의 요구에 따라 카이사르는 나팔을 불어 전투의 시작을 알렸다.

91 카이사르의 병사들 중에는 크라스티누스라는 재복무 고참병이 있었다. 지난해 10군단에서 수석 백인대장으로 복무했던 그는 병사들 사이에서 용맹함으로 명성이 높았다. 신호가 울리자 그가 소리 높여 말했다

"나의 부대에 있던 병사들이여, 나를 따르라. 그대들이 총사령관 앞에서 약속한 성실과 용맹을 보여라. 이것이 우리의 마지막 전투가 될 것이다. 이 전투가 끝나면 우리의 장군은 지위를 되찾을 것이고, 우리는 자유를 되찾을 것이다."

그런 다음 카이사르를 보며 이렇게 말했다. "장군이시여, 나는 오늘 전장에서 쓰러지든 살아남든 장군에게 감사의 인사를 받게 될 것입니다."

---

*122 플루타르코스에 따르면 제4열 병사들은 폼페이우스 기병대의 정면을 치라는 명령을 받았다고 한다.

말을 마친 후 크라스티누스는 우익에서 가장 먼저 달려나갔고, 그 뒤를 따라 그와 같은 백인대 출신의 지원병으로 구성된 120명의 정예부대가 적을 향해 돌격했다.*123

92 아군과 적군 사이에는 병사들이 앞으로 진격해 교전을 벌일 만큼 충분한 공간이 있었다. 그러나 폼페이우스는 병사들에게 현재 위치를 벗어나거나 대열을 흐트리지 말고 카이사르의 공격을 기다리라고 명령했다. 이 작전은 가이우스 트리아리우스의 조언을 따른 것이라고 한다. 우리 군의 선제 공격의 힘을 약화시키고 그들의 전열을 느슨해지게 만듦으로써, 아군 병사들이 여러 방향으로 흩어졌을 때 전투대형을 유지하여 아군을 공격하기 위해서였다. 폼페이우스는 또한 그의 병사들이 날아오는 무기를 들고 앞으로 진격할 때보다 제자리에 서 있을 때 오히려 쏟아지는 창의 피해를 줄일 수 있다고 생각했다. 게다가 카이사르의 군대는 두 배의 거리를 달려야 했으므로 지치고 숨이 찰 수밖에 없었다.*124

그러나 우리가 보기에 폼페이우스는 충분히 고려하지 않고 결정을 내린 것 같다. 전의에 불타는 병사라면 누구나 가슴속에 불타는 열정과 용맹함을 품고 있기 때문이다. 총사령관은 그 열정과 용맹함을 억누를 것이 아니라 최선을 다해 북돋워야 한다. 예로부터 사방에서 공격신호를 울리고 모든 병사들이 한목소리로 함성을 지르는 데는 다 이유가 있다. 그렇게 하면 적을 두려움에 빠뜨리고 동료 병사들의 사기를 높일 수 있는 것이다.

93 신호가 울리자 아군 병사들은 적을 향해 창을 겨누고 앞으로 달려나갔다. 그러나 폼페이우스의 병사들이 가만히 그 자리에 서 있자, 아군 병사들은 바닥난 체력으로 적과 맞닥뜨리는 것을 피하기 위해 돌격을 자제하고 중간에서 멈췄다. 이것은 지금까지의 수많은 전투에서 얻은 실전 경험과 훈련 덕분이

＊123 이로써 파르살루스 전투는 카이사르 군대가 먼저 공격하는 것으로 시작되었다.

＊124 양쪽 군대가 동시에 출격을 하게 되면 두 군대는 중간 지점에서 만나 전투를 치르게 된다. 하지만 이 전투에서 폼페이우스 군대는 출격을 하지 않고 있었으므로, 카이사르 군대가 공격을 하기 위해서는 폼페이우스 군의 진지까지 가야 했다. 즉 카이사르 군대는 일반적인 전투 때보다 두 배를 달려야 했던 것이다.

었다. 그러나 병사들은 잠시 호흡을 가다듬은 후 또다시 적을 향해 돌진하여, 카이사르의 명령대로 창을 던지고 재빨리 검을 뽑아들었다.

폼페이우스 군대도 기다렸다는 듯이 아군을 맞았다. 그들은 우박처럼 퍼붓는 무기 속에서도 제자리를 지키며 아군의 공격을 견뎌냈다. 마침내 신호가 떨어지자 그들도 대오를 유지한 채 창을 던지고 검을 뽑아들었다. 이와 동시에 폼페이우스의 모든 기병이 지시받은 작전에 따라 일제히 좌익에서 앞으로 진격했고, 그들과 함께 수많은 궁수들이 벌떼처럼 몰려나왔다. 아군 기병은 적의 돌격을 막아내지 못하고 열세를 보이며 뒤로 물러났다.[*125] 그러자 폼페이우스의 기병은 더욱 맹렬히 공격을 퍼부으면서 소대별로 간격을 넓혀, 노출된 측면에서 아군을 포위해왔다.

이것을 본 카이사르는 조금 전에 준비해 놓은 제4열 병력 6개 대대에게 공격 신호를 내렸다. 병사들은 즉시 부대기를 앞세우고 달려나가 폼페이우스의 기병을 세차게 몰아붙였다. 그러자 적의 기병은 단 한 명도 제자리를 지키지 못하고 등을 돌려 퇴각했을 뿐만 아니라 황급히 높은 언덕을 향해 줄달음질치고 말았다.

기병이 물러나자 그 자리에는 궁수와 투석병들이 고스란히 남아, 무기도 기병의 보호도 없는 상태에서 죽음을 맞이했다. 제4열 대대들은 여기서 그치지 않고, 아군에 맹렬하게 맞서는 적의 좌익을 후방에서 공격했다.

94 바로 그때 카이사르는 제자리를 지키며 대기 중이던 제3열 병사들에게 돌격을 명했다. 부상을 당하지 않은 새 병력이 지친 병력의 자리를 메우고 또 다른 병력이 후방에서 공격을 퍼붓자, 폼페이우스 군대는 더 이상 견디지 못하고 꽁무니를 빼고 달아났다. 카이사르가 병사들을 독려하면서 단언했듯이, 그날의 승리는 역시 기병을 막기 위해 제4열에 배치한 대대들에게 달려 있었다.[*126]

폼페이우스의 기병을 격퇴한 것도 그들이었고, 투석병과 궁수들을 쓸어버린 것도 그들이었으며, 폼페이우스의 좌익을 포위하고 적을 패주시킨 것도 그들이었다. 패주하는 기병의 모습과, 가장 믿었던 병력이 공포에 빠져 우왕좌왕

---

*125 카이사르 기병은 퇴각하는 척하면서 옆으로 빠져 적군 기병의 배후로 돌아가 공격했다.
*126 3-89에서 카이사르는 이날의 승리가 제4열 병사에게 달려 있음을 강조했다.

하는 것을 눈앞에서 목격한 폼페이우스는 다른 병력에 대한 자신감마저 잃고 전장에서 도망쳤다. 그는 말을 몰아 곧장 진영으로 돌아가, 출입문 앞에서 경계를 서고 있는 백인대장들을 향해 모든 병사가 들을 만큼 큰 소리로 이렇게 외쳤다. "어떤 불운한 일이 벌어지더라도 적을 경계하고 온 힘을 다해 진영을 방어하라!" 그런 다음 사령부로 돌아가, 그의 전운에 먹구름이 몰려오는 것을 느끼며 결과를 기다렸다.

95 폼페이우스 군대는 아군의 공격에 밀려 방어벽 안으로 후퇴했다. 공포에 빠진 적에게 쉴 틈을 허락하지 않겠다고 결심한 카이사르는, 병사들에게 하늘의 뜻을 십분 활용하여 멈추지 말고 진영을 습격하라고 독려했다.

교전이 정오까지 계속된 탓에 대단히 무더웠지만, 카이사르의 병사들은 어떤 고생이라도 견딜 각오가 되어 있었다. 폼페이우스 측은 방어를 위해 배치된 대대들이 치열하게 진영을 사수하는 가운데, 특히 트라키아와 원주민 출신의 외인부대가 용맹하게 싸우며 항전을 계속했다. 그러나 전장에서 밀려들어온 병사들은 두려움에 사로잡히고 체력마저 바닥난데다 대부분 무기와 부대기마저 잃어버린 상태였기 때문에, 진영을 사수한다기보다는 도주를 계속한다는 생각에 사로잡혀 있었다.

또한 방벽 위의 진지를 사수하고 있는 병사들도 빗발같이 쏟아지는 우리 군의 무기를 더 이상 견딜 수가 없었다. 부상자가 속출하자 폼페이우스 병사들은 방어구역을 포기하고 즉시 백인대장과 군관들의 뒤를 따라 가까운 언덕으로 달아났다.

96 폼페이우스의 진영에는 여러 채의 정자가 세워져 있었다. 식탁 위엔 육중한 은식기가 놓여 있었으며, 막사 안에는 파릇파릇한 잔디가 깔려 있었다. 루키우스 렌툴루스를 비롯한 몇몇 지휘관의 막사는 담쟁이 잎으로 덮여 있는 등, 사치스런 낭비와 승리에 대한 자신감이 곳곳에 배어 있었다.

이렇듯 모두가 제 한 몸의 편안함을 추구한 것으로 보아 그들은 전투 결과를 조금도 걱정하지 않은 것이 분명했다. 모든 종류의 군수품이 부족한 가운데 오랜 고생과 궁핍을 견디며 싸워온 카이사르의 군대를 제멋대로 비웃은 자들이 바로 그들이었다.

아군이 방벽을 돌파했을 때, 폼페이우스는 총사령관의 표창을 거두고 말에 올라탄 다음 후문으로 빠져나가 라리사를 향해 전속력으로 질주했다. 그는 라리사에서도 말을 멈추지 않았고, 도주하는 중에 선발한 소수의 호위병과 기병 30기를 거느리고 밤중에도 계속 말을 달려 해안에 도착했다. 그곳에서 곡물 수송선에 몸을 실었다.

그는 그때 여러 번 이렇게 한탄했다고 한다. "내가 아주 크게 실수한 것이 틀림없다. 승리를 가져올 것으로 믿었으나 실제로는 가장 먼저 도주한 측근들에게 배신을 당한 것만 같다."

97 카이사르는 폼페이우스 진영을 접수하자 병사들에게 엄히 명했다. "약탈에 정신이 팔려 남은 임무를 소홀히 하지 마라." 이 명령에 따라 병사들이 다시 전투에 임할 태세를 갖추었고, 카이사르는 언덕 주위로 진지를 구축했다. 그 언덕에는 물이 없었으므로, 폼페이우스의 병사들은 그곳에서 항전할 뜻을 포기하고 모두 언덕을 넘어 라리사로 퇴각하기 시작했다. 즉시 적의 의도를 간파한 카이사르는 병력을 셋으로 나눠 일부는 폼페이우스의 진영에 남기고, 또 다른 일부는 아군 진영으로 철수시킨 다음, 직접 나머지 4개 군단을 이끌고 폼페이우스 군대를 중도에서 저지하기 위해 보다 쉬운 길로 행군했다. 그리고 9킬로미터가량 전진한 뒤 전투대형을 갖췄다. 그러자 폼페이우스 군대는 강과 가까운 곳에 솟은 언덕 위에 자리를 잡았다.

카이사르는 하루 종일 계속된 전투로 피로가 쌓인 병사들을 독려했다. 그리고 비록 밤이 깊었으나, 강과 언덕을 차단하는 참호를 파서 폼페이우스의 병사들이 밤중에 물을 얻을 수 없게 했다.[127]

공사가 완료되자 폼페이우스 군대는 사절을 보내 항복 조건에 대해 협상을 벌였다. 적진에 가담했던 원로원 의원 몇 명이 밤중에 카이사르에게 도망쳐 와서 목숨을 구걸하기도 했다.

98 동이 트자 카이사르는 언덕 위에 포진해 있던 모든 병사들에게 평지로 내려와 무기를 내려놓으라고 명령했다. 폼페이우스의 병사들은 순순히 카이

---

[127] 물길을 끊음으로써 적의 항복을 받아내려 한 것이다.

사르의 명령을 따랐다. 그런 다음 모두 땅바닥에 엎드린 채 손바닥을 내보이고 눈물을 흘리면서 목숨만은 살려달라고 애원했다. 카이사르는 그들을 일으켜 세운 후 카이사르의 자비에 대해 짤막하게 설명하여 두려움을 덜어주었다. 카이사르는 단 한 명의 목숨도 빼앗지 않았을 뿐 아니라, 그의 병사들에게 누구에게도 폭력을 가하거나 재산상의 피해를 입히지 말라고 엄명을 내렸다.*128

카이사르는 모든 문제를 처리한 후 진영에 남아 있던 군단들을 불러온 다음, 그와 함께 출동했던 군단들은 진영으로 돌려보내 휴식을 취하게 했다. 그리고 같은 날 라리사에 도착했다

99 이 전투에서 카이사르가 잃은 병사는 200명이 채 되지 않았다. 하지만 그는 약 30명에 달하는 용맹한 백인대장을 잃고 말았다. 앞에서 말했던 크라스티누스*129도 누구보다 용맹하게 싸우던 중 검이 얼굴을 관통하여 장렬히 전사했다. 전투에 임할 때 그가 외쳤던 말은 끝내 사실이 되고 말았다. 카이사르는 그 전투에서 누구보다 용맹함이 뛰어났던 최고의 병사는 크라스티누스라고 했다.

폼페이우스 군대에서는 약 1만 5,000의 병사가 쓰러졌는데, 항복한 병사의 수는 그보다 훨씬 많은 2만 4,000명 이상이었다. 여러 요새를 방비하던 대대들도 술라에게 항복해왔기 때문이다. 또한 많은 자들이 목숨을 구하기 위해 인근 지역으로 도망쳤다.

전투에서 포획한 180개의 대대기와 9개의 독수리 깃발이 카이사르 앞에 쌓였다.*130 도미티우스는 진영을 벗어나 산으로 도망치던 중 과로로 쓰러져 기병에게 살해되었다.

---

* 128 총 2만 4,000명이 포로로 잡혔으나 카이사르는 그들 모두에게 이후 향방을 결정할 수 있는 기회를 주었다.
* 129 3–9에서 언급되었던 인물로, 아군 병사들의 사기를 북돋우며 가장 먼저 전장으로 달려 나간 자이다. 그는 이 전투가 자신의 '마지막 전투'가 되리라고 외쳤는데, 결국 그 말이 사실이 되고 말았다.
* 130 '파르살루스 전투'로 역사에 남게 되는 이 전투는 결국 카이사르의 완승으로 끝났다. 기원전 48년 8월 9일의 일이다.

100 그 무렵 데카우스 라일리우스가 함대를 이끌고 브룬디시움에 도착했다. 그는 앞에서 말했던 리보와 똑같은 의도를 품고, 항구 맞은편에 떠 있는 섬 하나를 점거했다.*¹³¹ 그러자 브룬디시움의 사령관인 바티니우스는 몇 척의 가벼운 함선에 갑판과 무기를 갖추고 라일리우스의 배들을 멀리 유인하여, 가장 멀리까지 끌려나온 5단 군선과 소형 범선 2척을 항의 좁은 어귀에서 나포했다. 또한 여러 지점에 기병을 배치해 라일리우스 함대가 물을 보급받지 못하도록 차단했다. 그러나 라일리우스는 항해에 유리한 계절을 이용해 코르키라 섬이나 디라키움에서 화물선으로 물을 수송했다. 그리고 함선을 잃은 굴욕도, 군수품의 부족도 아랑곳하지 않고 섬에 남아 지속적으로 작전을 수행했다. 바로 그때 테살리아의 파르살루스 전투 소식이 당도했다.

101 거의 같은 시기에 폼페이우스 측의 가이우스 카시우스가 시리아 함대, 페니키아 함대, 킬리키아 함대를 이끌고 시칠리아 섬으로 왔다. 카이사르의 함대는 둘로 나뉘어, 절반은 법무관 푸블리우스 술피키우스의 지휘하에 시칠리아 해협의 비보를 지켰고, 나머지 절반은 마르쿠스 폼포니우스의 지휘하에 메사나를 지키고 있었다. 카시우스는 폼포니우스가 적의 출현을 알지 못해 경계병을 배치하거나 함대를 정렬할 틈도 없이 메사나로 쳐들어가, 장작과 역청과 아마 부스러기를 비롯한 가연성 물질을 가득 실은 수송선들을 강한 순풍을 이용해 폼포니우스의 함대 쪽으로 떠내려보냈다. 결국 그는 갑판을 댄 20척의 배를 포함해 35척의 아군 함선을 모두 불태웠다.

이로 인해 아군은 대공황 상태에 빠져 버려, 메사나에 1개 군단 병력이 주둔하고 있었음에도 불구하고 도시를 방어할 생각조차 하지 못했다. 카이사르의 승전보가 파발마를 통해 신속히 도착하지 않았다면 모든 병사가 패배를 인정했을 것이다. 때마침 전령이 도착하자 병사들은 용기를 내어 도시를 방어했다. 그러자 카시우스는 비보를 지키고 있는 술피키우스의 함대를 노렸다. 비보의 아군 함대도 메사나의 함대처럼 해변 위에 정박해 있었으므로 모든 배가 똑같은 운명을 맞았다.

카시우스는 순풍을 이용해 가연성 물질을 가득 실은 수송선 약 40척을 떠

---

*131 바로 그 섬이 카이사르 군에 대항해 해상을 봉쇄하기에 유리하다고 생각했다.

내려보냈다. 아군 함대의 양쪽 날개에서 불길이 치솟고 다섯 척이 화염에 휩싸였다. 그러나 불길이 강한 바람을 타고 더 많은 배에 번지기 시작할 무렵, 부상 때문에 그곳에 남아 함대 경비를 맡게 된 고참 군단병들이 더 이상 굴욕을 참지 못하고 자리에서 일어났다. 고참병들은 저마다 먼저 배에 올라 밧줄을 끊고 배를 띄운 후 카시우스의 함대를 공격하여 5단 군선 두 척을 나포했다. 그중 한 척에는 카시우스가 타고 있었지만 그는 재빨리 작은 배를 타고 도망쳤다. 아군은 그 외에도 3단 군선 두 척을 나포했다.

얼마 후 파르살루스 전투 소식이 당도하자 그제서야 폼페이우스의 병사들도 사실을 믿게 되었다. 그때까지 그들은 파르살루스 전투 결과 소식이, 카이사르의 장교들과 측근들이 꾸며낸 이야기라고 생각했던 것이다. 카이사르의 승전보를 들은 카시우스는 함대를 이끌고 시칠리아 해협을 떠났다.

폼페이우스의 최후

102 카이사르는 만사를 제쳐두고 폼페이우스를 추격하기로 결심했다.[132] 그에 따라 병력을 보강하거나 물자를 보충하지도 않은 채 기병과 함께 매일 최대한의 거리를 이동했고, 그와 동시에 1개 군단에게 가까운 거리를 유지하여 뒤따르라고 명령했다.

폼페이우스의 이름으로 암피폴리스 시에 다음과 같은 포고령이 내려졌다. "그리스인이나 로마 시민을 막론하고 속주 내의 모든 젊은이는 군무 서약을 하기 위해 집합하라." 그러나 폼페이우스가 이런 포고를 내린 것은 카이사르의 의심을 다른 곳으로 돌려 더욱 은밀히 도주하기 위해서였는지, 혹은 아무도 그를 가로막지 않으면 새 병력으로 마케도니아를 정복할 심산이었는지는 확인할 길이 없다.

폼페이우스는 배 위에서 하룻밤을 머문 뒤 암피폴리스의 귀족들을 불러들여 필요한 경비를 거둬들인 다음, 카이사르가 도착했다는 소식이 들리자 곧바로 그곳을 떠나 며칠 후 미틸레네에 도착했다. 그런 후 폭풍 때문에 이틀간 그곳에 머물면서 더 빠른 배들을 징발해 함대를 보강하여, 킬리키아로 건너간 다음 키프루스 섬에 도착했다.

---

[132] 폼페이우스가 군대를 재편성하여 내전이 계속되는 것을 막기 위해서였다. 카이사르는 6군단만 데리고 육로로 폼페이우스를 추격했다.

그곳에서 폼페이우스는 안티오크의 모든 주민과 도시에서 용무를 보던 로마 시민들이 단합하여 그를 들이지 않을 목적으로 성채를 점거했으며, 또한 인근 지역으로 도망쳤다고 알려진 자들에게도 안티오크로 들어오지 말라는 전갈을 보냈음을 알게 되었다. 만일 성문을 열었다면 그들은 분명 큰 위험에 처했을 것이다.

로도스에서도 전년도 집정관인 루키우스 렌툴루스와 과거의 집정관인 푸블리우스 렌툴루스를 비롯한 몇몇 사람들에게 안티오크와 똑같은 일이 일어났다. 파르살루스 전투에서 도주한 뒤 폼페이우스의 뒤를 쫓던 그들이 로도스 섬에 도착했을 때, 주민들은 패장들에게 도시와 항구의 출입을 허락하지 않았다. 도시에서 보낸 사자가 찾아와 섬을 떠나라는 전갈을 전하자 그들은 마지못해 닻을 올렸다. 게다가 카이사르가 오고 있다는 소문이 여러 도시에 퍼지고 있었다.

103 이런 사정을 알게 된 폼페이우스는 시리아로 건너갈 계획을 포기했다. 그는 자영 농민들과 몇몇 개인들에게서 돈을 거둔 다음, 군자금으로 쓸 엄청난 액수의 동화(銅貨)를 배에 실었다. 이와 함께 자영 농가에서 선발하거나 상인들로부터 강제 징집한 1천의 병력과, 특정인들이 폼페이우스의 계획에 맞춰 자신의 동족들 중에서 선발해준 자들을 배에 실은 다음 펠루시움*133으로 건너갔다.

때마침 그곳에는 아직 어린 소년에 불과한 이집트의 프톨레마이오스 왕*134이 대군을 이끌고 자신의 누이 클레오파트라와 전쟁을 치르고 있었다.*135 몇 달 전 동생인 프톨레마이오스 왕은 측근들과 총신들의 도움으로 누이인 클레오파트라를 이집트 왕국에서 몰아냈다. 클레오파트라의 진영은 동생의 진영으

---

* 133 나일강의 지류인 펠루시아 강변에 있으며, 이집트의 알렉산드리아로 가는 길목에 위치해 있다.
* 134 프톨레마이오스 13세로 당시 나이는 대략 열네 살이었다. 부왕인 프톨레마이오스 아울레테스는 기원전 59년에 자신의 신하들에 의해 폐위된 후 이탈리아로 건너갔다. 폼페이우스는 그를 손님으로 맞이했고, 그를 이집트 왕으로 복위시키기 위한 자금을 라비리우스 포스투무스에게서 제공받아 시리아의 총독 아울루스 가비니우스에게 실질적인 임무를 맡겼다. 당시 폼페이우스는 대규모 군대를 이집트 왕국으로 파병하여 군주제를 재건했다.
* 135 기원전 51년부터 이집트 왕권을 두고 오누이가 다투는 이집트 내전을 말한다.

로부터 그리 멀지 않았다.*136

폼페이우스는 프톨레마이오스 왕에게 사자를 보내, 자신이 왕의 부친인 선왕 프톨레마이오스 아울레테스에게 보여준 호의와 환대를 기억하여 자신이 알렉산드리아에 들어갈 수 있도록 허락해주고, 곤경에 빠진 그가 보호받을 수 있도록 선처해줄 것을 요청했다.

그러나 폼페이우스가 보낸 사자들은 임무를 마친 후에 왕의 병사들과 솔직한 대화를 나누었다. 그 와중에 왕의 병사들에게, 폼페이우스의 불운을 비웃지 말고 그의 군대에 들어오라고 설득했다. 이집트 왕의 병사들 중에는 폼페이우스의 군대에서 복무했던 자들도 있었다. 그들은 시리아에서 복무하던 중 아울루스 가비니우스를 따라 알렉산드리아로 건너와, 전쟁이 끝난 후 어린 왕의 부친인 프톨레마이오스 아울레테스와 함께 그곳에 남겨진 자들이었다.

104 어린 왕을 대신해 왕국을 다스리던 총신들이 이 사실을 알게 되었다. 나중에 그들이 주장한 것처럼, 폼페이우스가 왕의 군대를 사주하여 알렉산드리아와 이집트를 점령할지도 모른다는 두려움 때문이었는지, 아니면 친구가 곤경에 빠지면 적으로 돌변하는 일반적인 경향처럼, 불운에 빠진 그를 얕보았기 때문이었는지는 알 수 없다. 여하튼 그들은 우선 폼페이우스가 보낸 사절들을 극진히 대접한 후 폼페이우스에게 직접 왕을 찾아오라고 전하게 했다. 그리고 비밀리에 의논을 하고 나서, 왕의 무관이자 대담함으로 명성이 높은 아킬라스와 군관인 루키우스 셉티미우스를 불러 폼페이우스를 살해하도록 지시했다.

그들은 폼페이우스를 정중하게 맞이했다. 폼페이우스는 해적들을 소탕할 당시 자신의 휘하에서 백인대장으로 복무했던 셉티미우스와 다소 친분이 있었기에 그들에게 접근해도 될 것이라 생각했다. 그에 따라 몇 명의 동료와 함께 작은 배에 몸을 실었다. 그리고 그 배 위에서 아킬라스와 셉티미우스의 손에 살해되었다.*137 루키우스 렌툴루스도 왕의 병사들에게 붙잡힌 후 감옥에서 살해됐다.

---

*136 클레오파트라는 수도 알렉산드리아에서 쫓겨나, 병사들을 모아 왕위 탈환을 모의하고 있었다.
*137 기원전 48년 9월 28일의 일이다. 폼페이우스의 나이 58세였다.

105 아시아에 도착한 카이사르는 티투스 암피우스가 에페수스의 다이아나 신전에서 돈을 가지고 나오려 했고, 이를 위해 액수를 확인하는 증인으로 속주의 모든 원로원 의원을 소환했으며, 카이사르가 도착하자 계획을 포기하고 도시를 탈출했다는 사실을 하나씩 알게 되었다. 결국 카이사르는 다이아나 신전의 돈을 두 번이나 구한 셈이 되었다.*138

또한 엘리스에서도 날짜를 거슬러올라가며 확인한 결과, 카이사르가 파르살루스 평원에서 승리를 거둔 바로 그날 일어났던 일을 알게 되었다. 미네르바의 신전에서, 그때까지 미네르바 여신상을 마주보고 서 있던 빅토리아 여신상*139을 신전의 문과 입구 쪽으로 돌려놓았던 것이다.

같은 날 시리아의 안티오크에서는 병사들의 함성과 나팔소리가 두 번이나 울려, 모든 주민이 무장을 하고 성벽 위의 진지로 달려가는 일이 벌어졌다.

프톨레마이스와 페르가뭄에서도 그와 비슷한 일이 일어났다. 사제들만 찾도록 법으로 규정되어 있으며 그리스 사람들이 아디타라 부르는 비밀스런 신전들에서 북소리가 요란하게 울려퍼진 것이다. 또한 카이사르의 동상을 헌납한 트랄레스의 빅토리 신전에서는 거리의 포석 사이에서 자라던 야자나무*140가 며칠 동안 신전 안으로 가지를 뻗는 일도 있었다.

알렉산드리아의 카이사르

106 며칠간 아시아에 머물고 있던 카이사르는 폼페이우스가 키프루스에 나타났다는 소식을 들었다. 폼페이우스는 이집트와의 관계가 특별했고 그 밖에도 몇 가지 유리한 점이 있었으므로, 카이사르는 그가 이집트로 건너갈 것으로 판단했다. 그에 따라 테살리아에서부터 뒤따라오게 한 군단과, 아카이아에 주둔하고 있는 부장 퀸투스 푸피우스에게서 불러들인 1개 군단과 약 800의 기병, 10척의 로도스 군선, 아시아 함대에서 차출한 몇 척의 군선을 거느리고 알렉산드리아로 진군했다.*141 두 군단의 병력은 약 3,200명이었다.*142 나머지 병

---

*138 한 번은 스키피오가 신전에서 돈을 빼내려 했었다(3-33 참조).

*139 승리의 여신이다.

*140 야자나무는 승리를 상징한다.

*141 카이사르는 폼페이우스가 살해된 지 엿새째 되는 기원전 48년 10월 4일 알렉산드리아에 상륙했다.

*142 이론적으로 1개 군단의 정규 병력은 6천 명이었지만 카이사르의 군단들은 최대 3600명을

사들은 전투 중에 부상을 입거나 길고 힘든 행군에 지쳐 카이사르를 따르지 못했다.

그러나 카이사르는 자신의 위업과 명성에 의지하면 어디에서든 무사하리라 믿으며, 취약한 병력을 이끌고 주저 없이 출발했다. 알렉산드리아에 도착한 그를 기다리는 것은 폼페이우스의 죽음 소식이었다.*143 카이사르가 배에서 내리려는 순간 이집트의 왕이 도시를 방어하기 위해 주둔시킨 병사들의 함성이 들렸고, 그들이 카이사르를 향해 돌격해오는 것이 보였다. 이것은 집정관의 호위병들이 앞장서서 카이사르를 인도했기 때문이다.*144 그들의 눈에는 그것이 이집트의 왕권을 모독하는 상황으로 보였다.*145

소요는 곧 가라앉았지만, 그 뒤에도 며칠 동안 알렉산드리아 곳곳에서 군중이 모일 때면 종종 그런 소란이 일어났다. 그리고 이 도시 곳곳에서 몇 명의 병사가 목숨을 잃었다.

107 따라서 카이사르는 폼페이우스의 병사들로 구성하여 아시아에 주둔시켜 놓은 다른 군단들을 불러오라고 명령했다. 알렉산드리아에서 돛을 올리는 자들에게 가장 불리한 계절풍*146 때문에 그곳에서 발이 묶여버렸기 때문이다.*147

한편 이집트 왕가의 다툼이 로마 국민은 물론 로마의 집정관인 카이사르와도 관련되어 있으며, 로마가 법령과 원로원 포고를 통해 선왕인 프톨레마이오스와 동맹을 맺은 것이 카이사르가 집정관을 지내던 시절*148이었으므로 그에게도 문제를 해결할 책임이 있다고 생각하고, "나는 프톨레마이오스 왕과 그

넘지 못했다.

*143 이집트인들은 폼페이우스의 목을 잘라 항아리에 담아 카이사르에게 주었다. 카이사르는 그 목을 폼페이우스의 아내 코르넬리아에게 보냈다.

*144 12명의 호위병이 속간을 들고 집정관보다 앞서 나아갔다.

*145 이집트는 로마의 속주가 아닌 이른바 '독립국'이었고 로마의 권력을 직접 목격한 적이 없기 때문이다.

*146 해마다 정기적으로 부는 무역풍을 가리킨다.

*147 카이사르가 알렉산드리아에 다소 오랫동안 머문 이유에 대해서는 학자마다 의견이 분분하다. 이집트 왕실의 내분과 계절풍 때문이기도 하지만 클레오파트라의 매력에 끌려서였을 것이라고도 한다.

*148 첫 번째로 집정관을 지낸 기원전 59년을 말한다.

의 누이인 클레오파트라가 무력으로 충돌할 것이 아니라, 군대를 해산하고 카이사르에게 판단을 일임하는 방식으로 왕권 다툼을 해결해야 한다."고 공표했다.

108 왕이 어렸기 때문에*¹⁴⁹ 이집트 왕국은 왕의 개인 교사이자 환관인 포티누스의 통치를 받고 있었다. 포티누스는 먼저 자신의 지지자들에게 불만과 분노를 터뜨린 후, 왕을 모셔와 자신의 뜻을 간원하겠노라고 선언했다.

그런 다음 왕의 충신들 중 자신의 음모에 동조하는 자들을 찾아내고는, 펠루시움에 주둔해 있는 군대의 총지휘권을 앞에서 말한 그 아킬라스*¹⁵⁰에게 맡겨 은밀히 알렉산드리아로 이동시켰다. 아킬라스는 포티누스와 왕이 쏟아내는 칭찬과 약속에 들떠있었다. 포티누스는 전령과 급보를 통해 아킬라스에게 지시사항을 전달했다.

선왕인 프톨레마이오스의 유언장에는 두 아들 중 장남과 두 딸 중 장녀가 공동으로 왕국을 통치하라고 적혀 있었다. 또한 이 유언장에서 선왕은 모든 신의 섭리와 그가 로마에서 맺은 협정에 따라 로마인에게 유언의 집행을 맡기겠노라고 말했다.

유언장 한 부는 선왕의 사자가 로마로 가져왔으며, 애초에는 국고에 보관할 계획이었으나 정치적 사정 때문에 폼페이우스에게 맡겨졌다. 따라서 봉인이 된 채 알렉산드리아에 보관 중인 또 한 부의 유언장이 공개된 것이다.

109 문제가 논의되는 동안 카이사르는 양 당사자의 친구이자 왕권 분쟁을 해결해야 할 중재인으로서 원만한 해결을 고대하고 있었다. 바로 그때 왕의 군대와 전 기병대가 알렉산드리아를 향해 다가오고 있다는 보고가 들어왔다.*¹⁵¹

카이사르의 군대는 도시 밖으로 나가 전투에 응할 정도로 병력이 많지 않았다.*¹⁵² 따라서 알렉산드리아에 머물면서 아킬라스의 계획을 탐색하는 수밖

---

*149 열네 살이었다. 누이인 클레오파트라는 스물한 살이었다.

*150 폼페이우스 살해자 중 한 명이다.

*151 카이사르는 기원전 48년 10월 7일에 다음과 같은 해결책을 내놓았다. 즉 선왕의 유언에 따라 두 오누이는 서로 화해하여 다시 공동으로 나라를 통치하라는 판결이었다. 이에 어린 프톨레마이오스를 왕으로 추대한 사람들은 불만을 품고 한 달 후 군사를 일으킨다.

*152 애초부터도 병력이 많지 않았던 데다가, 3-107에서 언급한 아시아에서 오기로 되어 있는

에 없었다. 그럼에도 카이사르는 모든 병사를 무장시키고, 왕에게 가장 유력한 측근들을 아킬라스에게 보내 그의 요구가 무엇인지 파악하라고 촉구했다.

왕은 일찍이 로마에 특사로 온 적이 있으며 선왕의 조정에서 중요한 직책을 수행했던 디오스 코리데스와 세라피온을 뽑아 아킬라스에게 보냈다.

사자들이 나타나자 아킬라스는 그들의 말은 듣지도 않고 그들이 파견된 이유도 묻지 않은 채 그들을 체포해 죽이라고 명령했다. 그중 한 사람은 부상을 입은 후[153] 아킬라스의 부하들에게 붙잡혀 끌려나갔고, 다른 한 사람은 그 자리에서 살해되었다.

이 사실을 보고받은 카이사르는 왕을 직접 움직일 필요가 있다고 판단했다. 한편으로는 왕의 이름이 백성들에게 절대적인 권한을 지니고 있기 때문이고, 다른 한편으로는 전쟁이 몇몇 무법자들의 사사로운 결정에 좌우되는 것이 아니라 왕의 명령에 따라 수행되는 것처럼 보이도록 하기 위해서였다.

110 아킬라스는 수적으로나 질적으로나, 혹은 실전 경험에 있어서나 결코 얕볼 수 없는 병력을 보유하고 있었다. 게다가 무장 병력이 2만 명에 달했다.[154] 그중에는 가비니우스의 군대에서 복무한 후 알렉산드리아의 방종한 생활에 깊이 젖어든 로마 병사들도 있었다.[155] 그들은 로마인의 규범을 모두 잊었을 뿐더러 자신을 로마인으로 생각하지도 않았고, 대부분 그곳에서 결혼하여 자녀를 두고 있었다.

그들 외에도 시리아와 킬리키아 속주 그리고 그 인근 지역의 산적과 해적들에서 끌어모은 자들이 있었고, 유죄 판결을 받은 범죄자들과 유배자들도 다수 포함되어 있었다. 우리에게서 도망친 노예들도 군인으로 등록하면 안전한 피난처와 생활을 보장받았다. 만일 탈주한 노예가 주인에게 붙잡히거나 그들 중 누구라도 폭행을 당해 목숨이 위태로워지면, 같은 처지에 있는 동료들끼리 힘을 합쳐 그를 구해냈다. 이 무장 세력은 수시로 충신들의 처형을 요구하고,

---

지원군도 아직 도착하지 않았다.

[153] 저항을 하던 중 부상을 입은 것으로 추정된다.

[154] 이에 반해 카이사르의 병력은 3,200명이었다. 기병은 800기밖에 없었다.

[155] 선왕인 프톨레마이오스 아울레테스가 다시 이집트 왕위에 오를 때 그를 보호하기 위해 폼페이우스가 파견한 로마 병사들이다.

부유한 자들의 재산을 약탈하거나 왕궁을 에워싸고 봉급 인상을 요구하였으며, 왕을 내쫓고 다른 왕을 추대하려 했다.

게다가 기병이 2천이나 되었다. 그들은 모두 알렉산드리아에서 수많은 전쟁을 치른 역전의 용사들이었다. 그들은 선왕인 프톨레마이오스를 왕위에 복위시켰고, 비불루스의 두 아들을 죽였으며, 이집트인을 상대로 전쟁을 일으킬 정도로*[156] 전투 경험이 풍부한 자들이었다.

111 자신의 병력을 신뢰한 동시에 카이사르의 소규모 병력을 얕잡아본 아킬라스는 카이사르의 군대가 주둔해 있는 곳을 제외한 알렉산드리아 전 지역을 장악하고 있었다. 그는 도시를 습격한 직후 카이사르의 저택을 침입하려 했으나 거리 곳곳에 배치된 카이사르의 대대들이 그의 공격을 막아냈다.

같은 시각 항구에서도 도심의 전투보다 훨씬 더 치열하게 전투가 벌어졌다. 도시 여러 곳에 분산된 병력들이 거리 곳곳에서 전투를 벌이는 동안 적은 수적 우위를 앞세워 군선들을 빼앗으려 했기 때문이다. 항구에는 폼페이우스를 지원하기 위해 출항했다가 파르살루스 전투가 끝난 후 돌아온 50척의 군선이 있었다. 이 배들은 모두 4단 또는 5단 군선이었고 전투에 필요한 모든 장비와 무기를 갖추고 있었다. 그 밖에도 알렉산드리아 항구를 순찰하는, 갑판을 댄 함선 22척이 있었다. 만일 이 배들을 빼앗긴다면 카이사르는 함대뿐 아니라 항구와 바다까지 빼앗기게 되어 보급품과 지원군을 수송하지 못할 수 있었다.

이렇듯 항구에서 벌어진 공방전은 양군이 각각 신속한 승리와 생존 자체를 놓고 벌인 싸움이었으므로 상상을 뛰어넘을 정도로 치열하게 전개되었다. 그러나 승리는 카이사르 쪽으로 기울었다. 카이사르는 적은 병력으로 광범위한 지역을 지킬 수 없었으므로, 부두에 정박해 있는 적군 함선 50척을 모두 불태운 후*[157] 서둘러 그의 병사들을 파로스 섬에 이동시켰다.

---

*156 외인 기병이라면 가능했을 것이다. 그러나 또 다른 영역본에는 '이집트인들과 함께 전쟁을 일으켰다(일으킬 정도로)'로 번역되어 있다.

*157 전해오는 이야기에 따르면 이 불이 걷잡을 수 없이 번져, 알렉산드리아 도서관과 그 속에 보관돼 있던 수십만 권의 장서를 불태웠다고 한다. 그러나 그렇게 큰 도서관이 부두 근처에 있었는지는 매우 의심스럽다. 문제의 장서들은 부두 근처의 창고에 보관돼 있었을 가능성이 높다.

112 파로스 섬에는 참으로 감탄사를 자아내는 건축물로서 그곳의 이름을 따 '파로스'라 불리는 매우 높은 등대*158가 서 있다. 또한 이 섬은 알렉산드리아에서 다소 떨어진 채 항구의 일부를 이루고 있다. 이집트의 선왕들은 이 섬에서 도시까지 약 1.4킬로미터의 제방을 쌓았다. 섬 위에는 이집트인들의 집과 도시 규모의 주거지가 있는데, 앞바다를 항해하던 배가 부주의나 궂은 날씨 탓에 조금이라도 길을 잘못 들면 섬 주민들이 마치 해적처럼 달려들어 배를 약탈한다.

또한 섬과 육지 사이의 해협이 워낙 좁아, 파로스 섬을 지배하는 자들이 허락하지 않으면 어떤 배도 항구로 드나들 수가 없다. 카이사르는 예방책을 강구해, 적이 전투에 몰두하고 있는 동안에 조심스럽게 병력을 이동시켜 파로스 섬을 점령한 뒤 그곳에 수비대를 배치했다. 이로써 식량과 지원군을 실은 배들이 안전하게 출입할 수 있게 되었다.

카이사르는 이미 근방의 모든 속주에 급보를 보내 지원군을 불러들이고 있었다. 도시의 다른 곳에서는 양쪽 군대가 산발적인 전투를 계속했으나, 결국 협소한 공간 때문에 승부를 가리지 못하고 양쪽 모두 몇 명의 사상자를 낸 후 각자의 진영으로 물러났다. 카이사르는 전략상 가장 중요한 진지들 주위로 비상선을 치고 밤사이에 방어시설을 구축했다. 방어선 안에는 애초에 카이사르의 숙소로 지정된 왕궁의 일부 그리고 그 건물과 맞닿은 극장이 포함되었다. 그 건물은 요새 역할을 하는 동시에 항구와 부두로 나가는 통로 역할을 했다. 카이사르는 이후 며칠 동안 방어시설들을 확장하여 성벽을 대신하는 장벽으로 활용함으로써, 뜻하지 않게 전투에 휘말리는 사태를 방지했다.

한편 선왕 프톨레마이오스의 작은 딸*159은 비어 있는 왕좌에 오를 희망을 품고 왕궁을 떠나 아킬라스 진영에 합류하여 그와 함께 전쟁을 지휘했다. 그러나 두 사람은 곧 지휘권을 놓고 다툼을 벌였는데 이것은 병사들에게 큰 이득이 되었다. 두 사람이 병사들의 지지를 얻기 위해 경쟁적으로 많은 돈을 뿌렸기 때문이다.

적의 진영에서 한창 이런 일이 벌어지고 있을 때, 왕의 가정교사이자 섭정인

---

*158 고대 세계의 7대 불가사의 중 하나다.

*159 클레오파트라의 여동생 아르시노에 공주를 말한다. 아르시노에의 명령으로 아킬라스는 살해된다. 결국 카이사르는 클레오파트라 편에 서서 왕가의 싸움에 말려든 셈이 되었다.

포티누스가 아킬라스에게 사자를 보내어, "용기를 잃지 말고 온 힘을 다하여 대업을 이루라"고 격려했다. 그러나 그의 전령들이 고발당하고 체포됨으로써 결국 포티누스는 카이사르의 손에 죽음을 당했다. 이와 같은 사건들로 알렉산드리아 전쟁이 시작되었다.[*160]

[*160] 카이사르가 직접 쓴 《내전기》는 이렇게 끝을 맺는다. 이 책은, 이후 알렉산드리아 전쟁을 치른 뒤 카이사르가 클레오파트라와 2달에 걸친 여행 기간 동안에 집필했다는 추측도 있고, 내전이 종료된 후 집필했다는 추측도 있다.

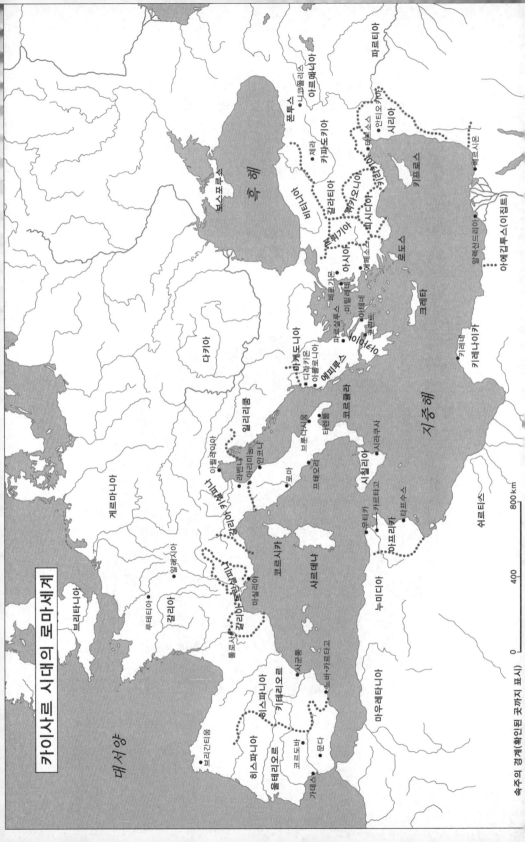

카이사르 시대의 로마세계

속주의 경계(확인된 곳까지 표시)

0   400   800 km

대서양

브리타니아

게르마니아

갈리아

다키아

흑해

토스포루스

루테티아

알레시아

보라칸티움

알프스

톨로사

마실리아

나르보넨시스

알페스

프로방스

레반나

아퀼레이아

일리리쿰

이스트라

아드리아마해

아풀리아

마케도니아

다라키온

아폴로니아

에피루스

아이아

파르티아

이드메니아스

폰투스

카파도키아

파르티아

비티니아

페라

갈라티아

프뤼기아

아시아

리키아

사리아

안티오크

아르메니아

키프로스

베르토시온

트라키아

리디아

페르가몬

미틸레네

아테네

코린트

크레타

로도스

카레네

키레나이카

지중해

이아오니아

프톨레마이스

에페소스

밀레토스

히스파니아

브리간티움

키테리오르

클루니아

코르도바

울테리오르

가데스

문다

무레타니아

누미디아

탑소스

우티카

카르타고

자마·카르타고

시쿨룸

시칠리아

시라쿠사

타우로메늄

코르시카

사르데냐

프라이오리

브룬디시움

타렌툼

코르쿨라

로마

라벤나

만투아

파두아

예루살렘

아이깁투스(이집트)

알렉산드리아

쉬르티스

세르마니아

세르티스

《갈리아전기》《내전기》에 대하여

우리는 이제부터 우리 자신이 고대 로마의 시민이 된다. 즉, 우리 자신이 로마 시민이 되어 이 책을 음미하고자 하는 것이다. 그러기 위해서는 배경과 사상을 어느 정도 머릿속에 넣어둘 필요가 있다.

그래서 이 '해설'에서는 공화정 말기의 로마의 상황, 갈리아인과 로마인의 역사적 관계, 카이사르의 인물상과 갈리아 원정에 이른 경위, 로마군의 개요, 그리고 이 책의 간행 동기 등을 빠른 걸음으로 살펴보기로 한다.

그럼 즉시 2천여 년의 세월을 뛰어넘어, 그즈음의 지중해 세계로 날아가서 고대 로마 속으로 들어가 보자.

공화정 끝 무렵의 로마

카이사르가 태어난 것은 기원전 100년. 로마 건국은 전설에서는 기원전 753년, 역사학에서는 기원전 600년 무렵으로 알려져 있으니, 그 무렵에는 이미 건국한 지 약 5백 년의 세월이 지나 있었던 셈이다.

로마는 처음에는 왕정이었으나, 그것이 7대에 걸쳐 이어진 뒤 폐지되고, 그것을 대신하여 귀족이 주도하는 공화정이 된 이래, 줄곧 그 체제를 유지하고 있었다. 이 기간 동안 로마는 특권을 독점한 소수의 귀족과, 그러한 독점을 타파하려는 대다수의 평민이 교섭과 타협을 거듭하는 가운데, 대외적으로는 일치단결하여 대응하면서 조금씩 발전을 이룩해왔다.

그러나 카이사르가 태어난 무렵에는, 평민이 귀족과 대등하게 교섭하는 공화정의 진정한 모습은 이미 옛날 일이 되어, 평민의 힘은 상대적으로 훨씬 낮아져 있었다. 영토가 해외로 확대됨에 따라 고향에서 멀리 떨어진 곳까지 출정하게 됨으로써, 로마 시민의 중핵을 이루던 자영 소작농 가운데, 농사를 이어 나가기가 어려워져 토지를 팔아치우고 몰락한 자가 수없이 많았기 때문이다. 공동체를 위해 몸 바쳐 싸워온 자들이 번영의 혜택을 입지 못할 뿐만 아니라, 오히려 곤궁에 빠지는 처지가 된 것이다. 또 당연한 일이지만, 출정한 뒤 돌아오지 못하는 사람들도 적지 않았다. 평민들 사이에 원성이 높아져 가고 있었다.

이러한 상황에 대해, 공유지의 재분배와 새로운 영토로의 식민에 의해 해결을 꾀하려는 움직임도 있었으나, 다양한 정치적 대립 때문에 기대했던 성과는 좀처럼 오르지 않았다.

한편, 나라의 발전과 함께 그 열매를 맘껏 누리고 있는 자들이 있었다. 그것은 그때까지의 부유층, 이른바 노빌레스(유명인사)라고 불리는 자들이었다. 이 노빌레스는 기원전 4세기 무렵, 이제까지의 구(舊)귀족 가운데 유력한 일부와, 그 무렵 실업계에서 대성공을 거두고 있었던 평민 부유층이 합쳐서, 모든 지도층을 구성하던 자들을 가리키는 말이다. 그들은 집정관이나 총독 같은 고급 정무관직을 독점하여 그로 인해 다양한 이익을 누리고 있었다.

위에서 말한 몰락 농민이 팔아버린 토지를 매점한 뒤, 노예를 이용하여 광대한 농원을 경영하기 시작한 것도 그들이었다. 그 무렵의 일이지만, 그 시절에 노예 시장으로 가장 유명했던 델로스섬에서는 매일 수만 명의 피정복민이 매매되었다고 한다.

이러한 사례 외에도, 공화정의 근간과 결부되는 선거제도와 징병 문제 등, 종전의 방식으로는 해결할 수 없는 문제들이 쌓여 있었다. 그럼에도 불구하고, 평민의 궁핍한 실상 속에서 공동체의 활력은 점차 사라져간다. 그것을 보는 자의 눈에는 로마의 앞날에 검은 구름만이 보였다. 대부분의 사람들이 개혁의 필요성을 느끼고 있었다.

여기서, 지도층 사이에 그 타개책을 둘러싸고 벌족파(옵티마테스)와 평민파(포풀라레스)의 대립이 발생한다.

벌족파는, 그때까지의 체제를 유지하면서 그 틀 안에서 개혁을 꾀하려 한 보수파를 가리킨다. 원로원 의원의 다수가 여기에 속했다. 그래서 원로원파라고도 한다. 앞으로 이 '해설'에서도, 보수파를 가리키는 경우에는 '원로원파'라는 호칭을 사용하기로 한다.

그에 비해 평민파는, 민회를 중시하고, 평민의 목소리를 공동체 운영에 잘 반영함으로써 새로운 활력을 이끌어내려고 한 원로원 의원 중의 소수 급진파를 가리킨다. 다만 여기서 주의할 것은, '평민파'라고 해도 민중을 주체로 한, 오늘날의 사회주의적인 체제를 지향하는 정치 집단이 아니라, 어디까지나 종래의 체제 속에서 보수파와는 다른 국가 정책을 지향했던 원로원 의원들을 가리키는 말이라는 점이다.

위와 같은 국내 정세 속에서 마리우스라는 인물이 등장하여 개혁의 방아쇠를 당긴다. 참고로, 마리우스는 카이사르의 고모 율리아의 남편이다.

그때까지 로마 군단의 주력인 중장

가이우스 율리우스 카이사르(BC 100~44)
고대 로마의 정치가·장군·작가. 그는 로마 공화정이 제정(황제가 다스리는 정치)으로 변화하는 데 중요한 역할을 했다.

보병은 필요한 장비와 그 밖에 모든 것을 자비로 부담하게 되어 있었기 때문에, 일정한 재산을 가진 로마 시민, 즉 주로 토지를 소유한 농민으로 구성되어 있었다. 이에 비해 마리우스는, 토지를 잃고 무산시민이 된 자들을 그러모아 그들에게 군사 훈련을 실시하여 직업군인으로 양성한 뒤, 그들로 강력한 군대를 편성했다(마리우스의 병제개혁).

마리우스는 이 새롭게 편성한 군대를 이용하여 수많은 군공을 세웠다. 그 중에서도 그 무렵 북쪽에서 침공해 내려와 로마군을 여러 번 격파했던 게르만계 킴브리족과 테우토니족을 망국(亡國)의 갈림길에서 요격하여 괴멸시킨 것은, 특히 빛나는 공적이었다.

그 뒤 그는 이러한 병사들을 퇴역시키면서, 퇴역 뒤의 생활 수단으로 정복

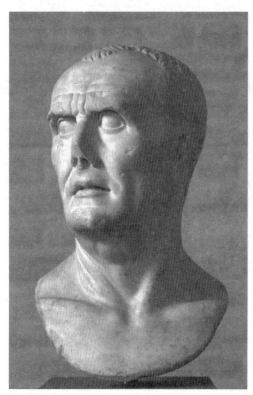

지의 토지를 나눠주고 그들을 식민지 거주자로서 해외에 내보냈다. 그때부터 이 마리우스의 방식은, 공화정이 끝날 때까지 계승된다. 장군과 병사의 결속이 강해져서 로마 군단이 장군의 사병(私兵)과 다름없이 되는 경향도 여기서 발단한다.

마리우스는 평민 출신이었지만, 생애에 일곱 번이나 집정관이 되었고, 그동안 평민파의 노빌레스로서 정치면에서도 수많은 개혁을 단행했다. 그러나 여기에는 반대파(원로원파)에 유혈 참사를 불러일으키는 폭정이 뒤따랐고, 로마 시민이 일찍이 한 번도 경험한 적이 없는 내전이라는 싸움을 초래하게 되었다. 그것은 지난

가이우스 마리우스(BC 157~86) 로마 공화정 장군·정치가. 로마 군단 개혁, 게르만족 침략을 물리쳐 로마 제3의 건국자로 불린다. 율리우스 카이사르의 고모부(카이사르의 고모와 BC 100년 결혼)

날 마리우스의 부관이었던 장군 술라가, 계속해서 두각을 나타내어 원로원파로서 마리우스의 정책을 철폐했을 뿐만 아니라, 평민파를 희생의 제물로 바치는 복수로 대응했기 때문이다. 그리하여 마리우스는 한때 해외로 달아나기도 했다.

그 뒤, 이 두 사람의 싸움은 엎치락뒤치락하다가 이윽고 마리우스가 급사(기원전 86년)한다. 그리고 그 뒤 오래 독재적인 강권을 휘두른 술라도 마침내 희귀병을 얻어 사망했다(기원전 78년). 하지만 두 사람이 연출한 격렬한 정쟁의 불씨는 여전히 꺼지지 않고 남아 있었다.

이리하여 마침내 카이사르의 시대에 들어선다.

술라가 죽은 지 10년이 지
난 기원전 69년, 카이사르(32
세)는 재무관으로서 먼 히스파
니아(Hispania Ulterior)로 부임
한다. 재무관은 그 뒤로 안찰
관, 법무관, 집정관, 집정관 대
행(속주총독)으로 차례차례 올
라가는 승진 과정의 첫 번째
위계이다.

이 무렵의 카이사르는 아직
눈에 띄지 않는 존재였다. 그
앞에는 이미 화려하게 이름을
이룬 사람들이 있었다. 폼페이
우스와 크라수스, 그리고 키케
로다. 공화정 말기의 로마사를
장식하는 이 세 사람은 말할
것도 없이 카이사르의 그 뒤
의 인생과 깊은 관계를 맺게
된다. 그래서 간단하게 그들의
인물상을 살펴보고자 한다.

루키우스 코르넬리우스 술라(BC 138~78)
로마 시대 정치가·장군. 마리우스의 부관으로 그와 맞섰
다. 독재관이 되어 반대파에 대한 무자비한 숙청으로 공
포정치를 이끌었다.

먼저 폼페이우스(기원전 106~48년). 폼페이우스는 카이사르와 여섯 살밖에 차
이가 나지 않지만, 로마 세계에서는 일찌감치 영웅적인 존재로 떠올라 있었다.
그의 경력을 살펴보면 정말 화려하다.

약관 23세 때 술라의 부하로 활약하면서, 사병(私兵) 3개 군단을 이끌고 마
리우스파 소탕에 공적을 세웠다. 이 공적에 의해, 원칙적으로 법무관 이상이어
야 허용되는 개선식을 술라로부터 인정받고 성대하게 거행했다.

이어서 히스파니아에서 오랫동안 저항하고 있었던 마리우스파 총독 세르토
리우스의 토벌을 몇 년 만에 성공했을 뿐만 아니라, 그 귀국 도중에 또 한 사
람의 실력자 크라수스가 이미 진압한 검노(劍奴)의 난(스파르타쿠스의 난) 잔당을

로마를 공격하는 술라 19세기 목판화. 기원전 87년 술라가 자리를 비운 틈을 타 민중파 킨나가 일으킨 쿠데타에 마리우스가 합세해 로마를 점령했다. 기원전 84년에는 벌족파를 학살하고 술라의 민권을 박탈했다. 그러자 술라는 반란을 일으켜 기원전 82년 로마에 입성했으며 독재관으로 취임했다.

섬멸했다. 그리고 그로 인해 벌써 두 번째 개선식을 거행한다(기원전 71년).

　다음은 원로원이 준 5백 척의 함선과 12만여 명의 군사를 이끌고, 그 무렵 지중해를 휩쓸고 다녔던 해적 소탕에 나서서, 3년은 걸릴 것으로 예상되었던 이 작전을 불과 3개월 만에 완수했다(기원전 67년). 그것은 카이사르가 일개 재무관으로 먼 히스파니아에 부임하기 1년 전의 일이었다.

　나아가서는 그 뒤 다른 장군이 공격에 고심하고 있던 폰투스 왕국의 왕 미트리다테스의 토벌도 지휘하여 이 또한 성공으로 이끈 외에, 내친 김에 폰투스와 시리아를 속주로 삼고 아르메니아를 속국으로 확보하는 등, 로마의 영토와 패권을 동방으로 크게 확대했다. 그리하여 폼페이우스는 마침내 기원전 62년 말, 위대한 영웅이 되어 로마로 돌아온다.

　폼페이우스는 성실하고 사교성도 있는 데다 젊은 시절에는 특히 미남이었다. 전해오는 이야기에 따르면, 그 무렵 이미 그리스 조각을 접하고 있었던 로마 사람들 사이에는, 그가 알렉산드로스 대왕과 닮았다는 소문이 퍼지기도 했다고 한다. 또 그와 하룻밤을 함께 보낸 여자들은 이튿날 아침 헤어질 때 그를 놓아주기 싫어했다는 일화도 남아 있다.

그러나 상황이 변하면 사람의 마음도 변하는 법. 폼페이우스에게 정치적 야심이 있었던 것은 아니지만, 그를 지지하던 원로원도 결국에는 너무나 걸출한 인물이 된 그의 존재에 위기감을 느끼게 되었다. 그 때문에, 그가 동방에서 펼친 정책과 퇴역병에 대한 토지분배 요구를 인정하지 않았다.

폼페이우스는 원로원에 실망한다. 그리고 이 일이 이윽고 그를 원로원파로부터 멀어지게 만들어, 카이사르와 손을 잡게 하는 요인이 된다.

그나이우스 폼페이우스 마그누스(BC 106~48)
로마 공화정 말기의 장군·정치가. 술라의 부관. 술라가 죽자 카이사르·크라수스와 함께 제1차 삼두정치를 이끌었다. 카이사르와 내전에서 패하고 이집트에서 죽었다.

크라수스(기원전 115~53년). 폼페이우스보다 10세 정도 위인 크라수스는, 집정관과 장군으로서보다는 로마에서 으뜸가는 대부호로 역사에 그 이름을 떨치고 있다. 귀족 출신은 아니고, 평민층의 최상부를 이루던 '기사(騎士)'로 불리는 신분 출신이다. 그 전의 재난 때, 그의 아버지와 형제는 마리우스파에 의해 살해당했다. 그래서 그도 술라의 막료로서 마리우스파와 싸웠다.

그는 당시 원로원 의원에게는 금지되었던 실업(實業)의 세계에서 널리 성공을 거두어 거대한 부를 쌓고 있었다. 그 규모는 무려 그 무렵 로마 국가 예산의 2배 가량이나 되었던 것 같다.

마르쿠스 리키니우스 크라수스(BC 115~53)
로마 대부호. 술라파로 정계에 등장 카이사르와 폼페이우스와 함께 제1차 삼두정치를 이끌었다. 파르티아와의 전쟁 중 대패하여 죽었다.

자산의 내용에 대해 한 가지 예를 들면, 로마 시내의 일반주택은 대부분 이 크라수스의 소유였다고 한다. 그즈음 로마 시내에는 빈곤층의 주택들이 빼곡하게 들어차 있었는데, 고층화와 허술한 건축으로 인해 자연히 무너지거나 화재가 일어나는 일이 적지 않았다. 크라수스는 그러한 건물을 사들여 신축한 뒤 임대하는 방법으로 어마어마한 규모의 부동산을 소유하기에 이르렀다. 이 사업을 위해 그가 거느리던 소방대, 건축사, 목수 등의 수가 5백 명이 넘었다고 한다.

로마 시내의 주택에 대해서는 초보적인 건축 기준은 있었지만, 오늘날 말하는 소방서 같은 공적인 조직은 없었다. 이재에 밝은 크라수스는 그 점에 주목했던 것이다.

또 하나, 그의 축재에 크게 기여한 것으로 속주에서의 징세 청부를 들 수 있다. 오늘날의 이른바 세무서에 해당하는 기관이 없었던 로마는 징세업무를 민간에 하청을 주고 있었는데, 크라수스는 그것을 대대적으로 떠맡아 막대한 수수료 수입을 올렸다. 그 세금 징수에는 상당히 가혹한 처사도 있었던 듯하다. 게다가 그가 거부(巨富)를 이룩할 수 있었던 것도 따지고 보면, 술라가 마리우스파들로부터 몰수한 자산을 헐값에 사들인 것에서 시작되었다. 폼페이우스는 그렇게 하여 재산을 늘린 크라수스를 경멸하고 있었다.

그렇다고 해서 그는 수전노는 아니었다. 이런 부류의 사람들에게서 흔히 볼

크라수스의 죽음

수 있듯이, 사고방식이 지극히 실리적이었을 뿐이다. 인기를 얻기 위한 방편으로 보일 수도 있지만, 기부 같은, 돈을 써야 할 곳에는 아낌없이 썼던 것 같다. 그런 반면, 일종의 이름을 파는 행위이기도 한, 공공 건축물을 위해 사비를 투자하는 일은 하지 않았다. 그에 따르면, 후세까지 남는 그 매력 때문에 돈을 낭비하게 될 우려가 있기 때문이다. 요컨대, 그는 어디까지나 현실주의자였다고나 할까.

고대의 남자들은 영웅 의식이 강했다. 조상의 위업을 가슴에 깊이 새기고, 자신도 조상과 어깨를 나란히 하고 싶다거나, 조상을 능가하고 싶다는 바람은 한가락 하는 인물이라면 누구에게나 있었다.

고대 로마에서도 법무관직이나 집정관직 경험자의 대부분이 그러한 명예, 즉 군사적 영광의 기회를 원하고 있었다. 크라수스의 경우도 예외가 아니었다. 아니 오히려 남보다 훨씬 더 간절하게 원하고 있었다. 그는 기원전 70년에 이미 폼페이우스와 함께 집정관이 되었고, 무엇보다 부에 대해서도 이미 충분하게 지니고 있었던 만큼, 이제 그가 원하는 것이라면 명예밖에 없었기 때문이다.

크라수스는 생각했다. 군공(軍功)에서는 늘 폼페이우스에게 뒤지고 있어, 태양 앞의 달처럼 빛이 희미했다. 노예 반란을 진압한 공적은 이류의 공적에 불과할 뿐, 이름을 이루려면 더욱 결정적인 위업이 필요하다. 나이를 생각하면 그다지 시간적인 여유가 없다. 어떻게든 기회를 얻을 수는 없을까.

이 초조한 마음은 카이사르를 향한 접근으로 나타나기도 했다. 이윽고 크라수스는 카이사르의 주선으로 폼페이우스와도 손을 잡게 된다. 로마사에서 말하는 '제1차 삼두정치'가 그것이다(기원전 60년).

이 맹약에 의해, 크라수스는 기원전 55년에 폼페이우스와 함께 다시 집정관이 되어 마침내 그 기회를 손에 넣는다. 그리고 이듬해, 시리아 총독으로서 숙적 파르티아를 토벌하기 위해 대군을 이끌고 현지로 떠났다. 그런데 그곳에서 로마는 물론 크라수스 자신에게 커다란 비극이 일어난다. 그것은 카이사르가 갈리아로 떠난 지 6년째 되던 해의 일이었다.

키케로(기원전 106~43년). 키케로는 잘 알려진 대로, 로마 최대의 웅변가이자 정치가요 철학자다. 나이는 폼페이우스와 같다. 집안은 기사계급.

키케로라는 성은 라틴어로 '병아리콩'이라는 뜻인데, 이 이름에 대해 그는 젊은 시절, 친구로부터 그 기묘한 이름을 좀 더 듣기 좋은 이름으로 바꾸는 것이 어떻겠느냐는 말을 들은 적이 있었다. 그러나 키케로는 그 충고를 물리치며, 언젠가 반드시 자기가 이 가문의 이름을 유명하게 만들겠다고 대답했다 한다.

그리고 그 말 그대로, 이윽고 그는 웅변과 학식으로 이름을 떨쳤다. 앞에서 말한 '영전 과정'의 계단을 착실하게 올라가 기원전 66년에는 법무관이 되었다.

그 무렵 이러한 키케로 같은 신진 기예들은, 그때까지 이름이 널리 알려진 인물, 즉 고급정무관을 배출한 적이 없는 집안 출신이라 해서 '호모노우스'(신인이라는 뜻)라고 불렸다.

그러나 다음에 집정관직을 바라볼 단계가 되자, 저명한 가문 출신이 아니라는 것 때문에 귀족들의 저항에 부딪쳐 결국 선임되지 못했다. 그러자 키케로는 폼페이우스에게 도움을 요청했다. 그리고 그를 미트리다테스 토벌의 지휘관에 추대하는 것을 대가로, 다음 선거에서 폼페이우스가 동원한 퇴역병의 표에 의해 집정관직을 획득했다.

이듬해(기원전 63년)에 키케로가 집정관직에 오르자, 그의 명성이 더욱 높아지는 사건이 일어난다. 이른바 '카틸리나 역모사건'이다. 그것은 방종한 생활로 큰 부채를 안고 있었던 카틸리나라는 귀족이, 궁지에 몰린 끝에 쿠데타를 획책한 사건이다. 원로원 의원의

마르쿠스 툴리우스 키케로(BC 106~43)
로마 시대의 정치가·웅변가·문학가·철학자. 제2차 삼두정치에 의해 살생부에 오르고 안토니우스의 부하에게 살해되었다.

살해, 수도의 제압 등 착착 준비가 진행되고 있었다.

일찍부터 카틸리나에게서 불온한 공기를 감지한 집정관 키케로는, 첩자들을 통해 그것을 확인한다. 당장 반란군을 진압하는 동시에, 카틸리나를 체포하여 즉시 사형에 처했다.

키케로의 명성은 더욱 높아졌다. 키케로의 절정기였다. 그러나 웅변이 자제력을 잃으면 종종 필요 이상으로 상대의 가슴에 상처를 낸다. 그는 성실하기는 했지만, 자주 신랄한 말로 상대에게 상처를 주었다. 그 뒤에 그를 덮친 재난은, 그러한 신랄한 말이 초래한 부메랑이라 해도 무방할 것이다.

어쨌든, 어느 사건—이 뒤의 '카이사르' 항에서 언급하게 되는 여신 축제 때의 사건—이 원인이 되어 키케로에게 원한을 품고 있었던 사람이 그 뒤 호민관이 되자마자 복수에 나선 것이다. 클로디우스라는 이 평민파 청년은, 앞의

역모사건 때 키케로가 민회와 상의도 하지 않고 원로원 의결만으로 카틸리나를 극형에 처한 일을 들어, 로마 시민권을 침해한 것이라며 그를 규탄했다(기원전 58년).

키케로는 수도에서 추방되었다. 저택은 불태워지고, 그 밖의 자산도 경매에 부쳐졌다. 물론 여기에는 원로원파와 평민파의 대립이 얽혀 있다. 그는 폼페이우스에게 도움을 청했지만 바라던 대답은 얻지 못했다. 원로원파로 기울어져 있었던 키케로가 퇴역병에 대한 토지분배를 가로막고 있었던 것에서, 폼페이우스는 그를 좋게 생각하지 않았던 것이다. 그는 오히려 클로디우스를 지지했다.

그러나 이 추방은 1년 반 정도로 끝난다. 호위병 집단 같은 사경단(私警團)까지 조직하여 원로원파 청년들과의 사이에서 폭력사태를 불러일으키는 등, 횡포를 부리던 클로디우스가 그로 말미암아 실각했기 때문이다. 그 대신, 원로원이 주도하는 평화로운 치세를 지향하고 있었던 키케로는 '구국의 아버지'로서 로마 시민의 열렬한 환영 속에 귀국했다.

그런데 귀국한 키케로를 기다리고 있었던 것은 전과는 전혀 다른 상황이었다. 시대는 더욱 빠르게 변화했다. 이제 로마의 정치가 원로원을 중심으로 이루어지는 시대가 아니라, 실력자들이 국정을 좌우하는 시대가 되어 있었던 것이다.

키케로는 낙담한다. 그러나 운명의 조화라고나 할까, 그 불운으로 해서 키케로는 역사적 천직을 완수할 수 있었다고 할 수 있다. 왜냐하면, 오늘날 그가 그리스 문화의 가교 역할을 한 것으로 알려져 있는 것도, 또 그가 라틴 문학 황금기를 대표하는 저작가로서 역사에 빛나는 이름을 남기고 있는 것도, 어쩔 수 없이 자택에 들어앉을 수밖에 없었던 그가 늘그막에 저술한 수많은 뛰어난 저작에 힘입은 바가 크기 때문이다.

한편, 앞에서 설명한 실력자로서의 삼두 사이에서도 세력 균형에 미묘한 변화가 싹트기 시작했다. 로마 세계 제일인자로서의 폼페이우스의 존재와 그 다음 가는 유력자로서의 크라수스의 존재에는 겉으로는 변함이 없었지만, 후배격인 카이사르가 점차 실력을 키워가고 있었던 것이다.

그들보다 늦게 출발한 카이사르는 앞에서 이야기한 맹약을 배경으로, 기원전 59년에는 집정관, 그 이듬해에는 갈리아 본토를 포함한 세 속주의 총독이 된다. 즉,《갈리아전기》이야기는 여기서 시작되는 것이다.

갈리아와 갈리인

갈리아의 범위에 대해서는, 오늘날의 지리를 토대로 이미 소개한 바와 같다. 그러므로 여기서는 그 시대의 갈리아의 상황에 대해 잠시 살펴볼까 한다.

다만 그 전에 라틴어에 대해 한마디 하고자 한다.

라틴어의 울림

이 책에는 당연한 일이지만 라틴어가 많이 등장한다. 보통 이 경우에는 조금 번거롭게 느껴질 수 있는 부분이다. 그러나 여기서는 라틴어를 접할 수 있는 좋은 기회로 여기고, 오히려 적극적으로 친근한 기분으로 임해 보는 것은 어떨까. 로마사와 서양사를 읽는 데 앞으로 도움이 될 것이다.

예를 들면, 바리새족이라는 부족의 이름을 보자. 이 책 내용에서 이 부족이 현재의 파리 부근에 살고 있었다는 것을 안다. 따라서 파리라는 이름이 이 부족의 이름에서 따온 것임을 알 수 있고, 고대와 현대가 우리의 머릿속에서 결부되는 것이다.

또 언어는 무엇보다 울림이다. 소리는 공감이라는 점에서 우리의 정서와 직접적으로 이어진다. 이를테면, 지명을 라틴어로 말한다고 하자. 그러면 뇌리에는 고풍스러운 느낌의 소리가 울린다. 같은 장소를 가리키는 현대 서양 언어의 울림과는 다르다. 이 차이는 심상풍경(心象風景)의 차이를 낳는다.

그 예로서, 예컨대 세쿠아나강(현재의 센강)을 보자. 이것을 세쿠아나강이라고 할 때, 그것은 광막한 벌판을 흐르는 큰 강을 연상시킨다. 그곳에는 다리도 없고, 특별한 지점을 제외하고는 사람 그림자를 거의 볼 수 없다. 오늘날의 센강이라고 할 때의 인상과는 완전히 다른 원초적인 풍경이 떠오르는 것이다. 로마 시민에게는 센이라는 소리는 없고, 그 큰 강은 오로지 세쿠아나였다.

그러므로 이 책에서는, 그들이 발음한 소리를 일부러라도 공유하도록 하였다.

뿐만 아니라, 우리는 서양인에 비해 라틴어에 대해 한 가지 행운인 점이 있다. 그것은 우리나라에서는 라틴어를 거의 원어 그대로 발음하고 있다는 사실이다. 그것은 바로, 라틴 문학의 황금기로 알려져 있는, 키케로와 카이사르가 활약했던 시대의 발음이라는 이야기이다.

옛날부터 라틴어를 접하고 있었던 구미에서는, 같은 철자라도 그 나라 언어의 발음으로 배우는 습관이 있어서, 이따금 본디 발음과는 다르게 읽는 경우가 있다. 키케로라는 이름을 예로 들면, 영어와 프랑스어로는 시세로, 독일어와 이탈리아어로는 치체로라고 발음하는 식이다.

그러나 우리나라처럼, 이른바 로마자 읽기로 하는 편이 올바른 라틴어 발음에 더 가까워진다. 다만, 이 역서에서는 불필요한 번거로움을 피하기 위해, 라틴어 발음에 없어서는 안 되는 장단의 구별까지 표시하지는 않았다. 즉, '가알리아'는 '갈리아', '히스파아니아'는 '히스파니아' 등으로 표기했다.

갈리아의 지리

그럼, 이제 그즈음의 갈리아에 대해 살펴보자.

고대 로마인들이 갈리아라고 부른 지역은 두 군데였다. 알프스 산맥을 경계로 한 내(內)갈리아와 외(外)갈리아다.

내갈리아─알프스 산맥에서 남쪽으로 전개되는, 루비콘강까지 이르는 지역으로, 오늘날로 치면 이탈리아 북부에 해당한다. 즉 현재의 토리노, 밀라노, 제노바, 베네치아 같은 유명한 도시가 있는, 이른바 롬바르디아 평원을 중심으로 한 지역은, 그 무렵 '내갈리아'로 불리고 있었다. 또 이곳은 통칭 '이탈리아'라고도 불렸다. 따라서, 이 책에서 '이탈리아'라고 지칭하는 경우에는 모두 지금의 이탈리아 북부를 가리키는 것으로 이해하기 바란다.

내갈리아의 정식 이름은 '갈리아 키살피나'('이쪽의 갈리아'라는 뜻). 이 지역은 외갈리아에 비해 로마의 영향을 강하게 받아 그만큼 개화되어 있었기 때문에, 로마 시민이 평시에 입고 있었던 겉옷(토가)에서 따와 '갈리아 토가타'('토가의 갈리아'라는 뜻)라고도 불렸다.

외갈리아─알프스 산맥에서 북쪽으로 전개되는, 오늘날의 프랑스를 중심으로 한 지역을 말한다. 이 가운데, 지중해를 바라보는 일대는 카이사르의 시대에는 이미 속주가 되어 있었다. 이 책에 나오는 '속주'(프로빈키아)는 오직 이곳만을 가리키는 것이다. 그리고 외갈리아 전체가 아직 로마의 지배하에 들어가기 전에는, 이 속주의 정식 이름은 '갈리아 트란살피나'('저쪽의 갈리아'라는 뜻)였다. 또 다른 명칭으로는 이곳의 주민들이 바지를 입고 있었던 것에서 '갈리아 브라카타'('바지의 갈리아'라는 뜻)라고 부르기도 했다.

〈아내와 함께 자살하는 갈리아인〉 BC 3세기.
청동 원본의 대리석 복제물. 로마 국립박물관

그럼, 우리는 이제부터 이 책의 대상이 되는 지역으로 들어가게 된다.

광대한 외갈리아 가운데, 위의 '속주'(프로빈키아)를 제외한 지역 전체가 카이사르의 원정 무대가 되는 '갈리아 코마타'('장발의 갈리아'라는 뜻)이다. 이 명칭도 그곳의 갈리인들이 머리를 길게 기르고 있었던 것에서 유래한다.

이 '장발의 갈리아'를 카이사르는 인종의 차이에 따라 세 지역으로 구분했다. 그것을 이어받아, 그 뒤 아우구스투스 때, 북부가 '벨기카', 중앙부가 '루그두넨시스', 남부가 '아퀴타니아'의 세 속주로 분리되었다. '루그두넨시스'라는 명칭은 수도 루그두눔(현재의 리용)에서 따온 것이다.

참고로, 아퀴타니아라고 불린 남쪽 지역은 카이사르 시대와 바로 그 뒤인 아우구스투스 시대에는, 명칭은 같아도 넓이가 크게 차이가 난다. 카이사르 시대까지는 가룬나강(현재의 가론강)이 북쪽 경계였지만, 아우구스투스가 이것을 더욱 북쪽인 리게르강(현재의 루아르강)까지 확대했기 때문이다. 또 이 갈리아 재편 때 '갈리아 트란살피나'도 수도 나르보(현재의 나르본)에서 따와, 정식이름으로 '갈리아 나르보넨시스'가 되었다.

한마디로 갈리아라고 해도 위와 같이 넓은 지역을 가리키므로, 동쪽과 서쪽, 또는 북쪽과 남쪽에서는 자연히 상당한 차이가 생긴다. 그 대부분을 차지하는 오늘날의 프랑스를 기준으로 본다면, 위도가 높은데도 불구하고 갈리아는 온난한 기후에 속한다. 지리학상으로는 서안(西岸) 해양성기후라고 하는 것으로, 우기와 건기의 구별이 없고 겨울에는 편서풍이나 난류의 영향으로 일반적으로 온화하다.

식생면에서는 떡갈나무와 너도밤나무 같은 활엽수가 무성하게 자란다. 그 시대에는 깊은 숲이 여러 개 있어서, 흐드러진 나무 열매가 숱한 새와 짐승을 키웠고, 개간된 토지에서는 작물이 풍성하게 결실을 맺었다. 한마디로, 갈리아는 매우 비옥한 토지였던 것이다. 사실, 외갈리아에서는 곡물을 대량으로 수확할 수 있는 것에 로마인이 놀랐다는 이야기가 전해지고 있다.

켈타이인에 대하여

갈리아에는 당시 켈타이인―우리나라의 통칭으로는 켈트인―이 살고 있었다. 켈타이인은 기원전 900년 무렵부터, 기후 변동으로 인해 고향인 유럽 중앙부에서 동서로 이동했다. 외갈리아에는 기원전 8세기 무렵에 들어가, 기원전 7세기에는 히스파니아(현재의 스페인)와 루시타니아(현재의 포르투갈)까지 이르렀다. 또 알프스 산맥을 넘어 내갈리아로 들어간 것은 기원전 5세기 초의 일로 알려져 있다.

건너편의 브리타니아(브리튼섬)와 히베르니아(아일랜드섬)도 이때는 이미 켈타이인의 섬이 되어 있었다. 그로부터 세월이 훨씬 흘러 로마제국 시대가 되자, 대륙의 켈타이인도 섬의 켈타이인도 로마인과 게르마니(게르만)인의 지배를 받으면서 민족으로서의 독자성을 잃었으나, 다행히 변경부에 있었던 켈타이인만은 그러한 운명을 면하여, 오늘날까지 그 문화를 남기고 있다. 현재의 아일랜드, 스코틀랜드, 영국의 웨일스 지방과 콘월 지방, 그리고 맨섬이 그러한 켈타이인의 문화권에 해당된다. 그 밖에 프랑스 북서부의 해안 지방 브르타뉴도 마찬가지다. 이 브르타뉴라는 이름은 뒷날의 앵글로색슨 족의 침입을 받아 브리타니아에서 도망쳐온 켈타이인이 정착한 것에서 유래한다.

갈리아 전사 조각

한편, 동쪽으로 이동한 그룹은 발칸 반도를 향했다. 기원전 335년, 판노니아 지방(도나우강 중부)의 켈타이인 사절이 즉위한 지 얼마 안 되는 마케도니아 국왕 알렉산드로스(나중의 대왕)를 알현했다는 기록이 남아 있다. 이때 "우리에게 무서운 것은 아무것도 없다"고 말했다 한다. 그러나 알렉산드로스 대왕의 사후, 그 혼란을 틈타 발칸을 향한 그들은 그리스인과의 싸움에서 패하여 병사들은 곳곳으로 흩어졌고, 대부분 각지에서 용병이 되는 등, 켈타이인으로서의 집단은 서서히 사라져갔다. 그리고 오늘날에는 보헤미아라는 지명―켈타이인의 일파인 보이족의 나라를 의미하는 라틴어에서 유래한다―에서 그들의 지난날의 존재를 엿볼 수 있을 뿐이다.

또 동쪽으로 이동한 그룹 중에는 소아시아로 건너가 그곳에 정착한 자들도 있었다. 그들은 그리스어로 '갈라토이', 라틴어로 '갈라타이'로 불렸다. 그리고 그 나라 갈라티아는 기원전 25년 로마에 속주로 편입될 때까지 존속했다. 참고로, 신역 성서에 있는 사도와 바울의 '갈라티아인에게 보내는 편지'라는 것은, 위의 켈타이인이 정착한 지방의 그리스도 교도에게 보낸 것이다.

외갈리아로 이주한 켈타이인은 정착한 지역의 주변 부족의 영향을 받아 육체적으로도 습관적으로도 상당한 차이를 보이고 있었기 때문에, 카이사르가 이 책에서도 지적하고 있듯이, 그 뒤 지역에 따라 각각 구분되었다. 북부의 벨가이인, 중앙부의 갈리인, 그리고 남부의 아퀴타니인이다. 그리고 이 셋 가운데 벨가이인은 게르마니인의 피가, 아퀴타니인에게는 히스파니아(이베리아) 원주민의 피가 각각 섞여 있고, 켈타이인으로서 가장 순수했던 것은 중앙부에 사는 갈리인이었다.

다만 카이사르는 중앙부의 주민을 말하는 경우에도, 모든 갈리아 주민을 말하는 경우에도, 모두 갈리인이라는 호칭을 사용하고 있으므로, 이 점에는 조금 주의를 요한다. 또 로마인은 본디, 그리스어의 '켈토이'에서 따온 켈타이인이라는 표현을 하지 않고, '갈리아에 사는 사람'이라는 뜻으로 그들을 갈리인이라 부르고 있었다.

따라서, 이 책에서는 갈리아 전체의 켈타이인을 의미할 때도 갈리인이라는 표현을 사용한다.

로마인과의 충돌

갈리인과 로마인의 첫 번째 충돌은 기원전 4세기 말에 일어난다. 기원전 390년 무렵, 로마가 아직 주변 부족들과의 사이에서 난처한 싸움을 강요받고 있었던 시대의 일이다.

그그즘 내갈리아에는 인스브레스족, 세노네스족, 링고네스족, 케노마니족, 보이족 등이 살고 있었다. 그 갈리인 연합군이 기원전 386년, 총대장 브렌누스의 지휘 아래 로마로 공격해 들어왔다. 로마는 이를 맞이하여 라틴 도시들과 함께 싸웠으나 참패하고, 카피톨리누스 언덕에서 농성하면서 로마시가 적의 약탈과 방화에 유린되는 것을 두 손 놓고 바라보는 수밖에 없었다. 그리고 7개월 뒤에는 식량도 바닥났다. 하는 수 없이 항복한 그들은 황금을 주고 철수를 요청해야 했다.

그 뒤에도 그들은 종종 침공해왔지만, 기원전 295년에 로마군은 움브리아의 센티눔에서 갈리인 연합군을 격파했다. 그 이후에는 그들의 침입을 허용하지 않았고, 기원전 191년의 보이족의 항복으로 마침내 갈리인에 대해 최종적인 승리를 거두게 된다. 그때 이후, 오히려 로마가 공세로 돌아서서 내갈리아에서의 지배를 확립해간다.

〈로마인과 갈리아인의 전투〉 에바리스트 뤼미네. 19세기. 카르카손 미술박물관

그로부터 시대가 내려오면, 그리스인의 식민시 마실리아(현재의 마르세유)가 주변부족의 압박을 받아 로마에 도움을 요청해온 것을 기회로 그곳에 진주한다. 적대 부족을 토벌한 뒤, 그 승세를 타고 기원전 121년에 지중해에 면한 이 지역을 지배하에 넣었다. 이때 항구 나르보(현재의 나르본)를 건설한다. 이것이 바로 앞에서 말한 '속주(프로빈키아)'다.

갈리인의 성격 생활 문화

게르마니인과 마찬가지로 금발에 푸른 눈, 게다가 장신이었다. 머리는 길게 길러 뒤로 늘어뜨리고 있었다(장발의 갈리아). 하얀 피부는, 지중해 연안 사람들의 눈에는 밝은 머리카락이나 눈과 마찬가지로 놀라움의 대상이었다고 한다.

성격적으로는 소박한 동시에 다혈질이었다. 이를테면 남의 말을 쉽게 믿어버리거나, 모욕을 당했다고 생각하면 이내 화를 냈다.

평화로운 생활 속에서는 이야기하는 것을 즐기고, 남에게 자랑거리를 늘어놓기를 좋아했던 것 같다. 일설에 따르면, 그들 사이에서는 말이 많은 것이 하나의 재능으로 인정되었다고 한다. 또 그들은 몸을 치장하는 것을 매우 좋아했다. 의복에는 가능한 한 화려한 색깔을 사용하고, 손과 목에는 여러 개의 장신구를 걸쳤다.

다혈질이라는 것에서 짐작할 수 있듯이, 갈리인은 싸울 때는 저돌적으로 돌진하는 용감한 전사였다. 그들이 싸우는 모습에 대해서는, 화를 돋우면 곧장 치고 나와, 전혀 몸을 사리지 않거나 좌우를 살피지도 않았다고 전해진다. 또 다른 정보에 따르면, 이기면 하늘을 찌를 듯이 기세등등해지고, 지면 금세 풀이 죽어버렸다 한다.

그렇다면 집단으로서, 즉 공동체로서는 어떠한 상황이었을까?

유감이지만 갈리아에는 갈리인 전체를 통합하는 정치적 권위와 기구가 아무것도 없었다. 그들은 다수의 독립된 부족으로 갈라져 있었고, 그 각각은 또 다수의 소부족으로 구성되어 있었다.

또 정치체제 면에서는, 일부를 제외하고는 각 부족 모두 이미 왕정제에서 합의제(공화제)로 완전히 이행한 뒤였다.

아그리스 출토 철·청동·금·산호로 된 뺨 부분이 달린 전시용 투구 BC 4세기. 샤랭트 역사고고학박물관

이 합의제도 적의 침략에 대응하여 싸우는 경우에는 불리할 때가 많았다. 즉, 임기응변이 부족했다. 이에 비해 카이사르는 언제나 행동이 신속했다. 이 책 속에도 그가 신속한 대응으로 싸움을 유리하게 이끈 예가 여러 번 등장한다.

기원전 1세기, 갈리인은 이미 오랫동안 농경생활을 영위하고 있었다. 이 점은, 로마 측에서 보면 같은 야만족이라 해도, 아직 대부분 수렵 생활

빅스의 무덤에서 나온 항아리 BC 530년 무렵. 프랑스 샤티용쉬르센 고고학박물관

을 보내고 있었던 게르마니인과는 다르다고 할 수 있다. 그즈음에 갈리인의 농업은 이미 상당히 발달해서 모든 종류의 농기구가 갖춰져 있었다. 쟁기와 자동수확기 같은 것은 그들이 발명한 것으로 알려져 있다. 농촌의 각 촌락에는 농장주와 다수의 소작인의 주거, 곡물 창고, 헛간, 각종 가축 우리, 짐수레 보관소, 집회소 등이 있었고, 그러한 건물은 정연하게 배치되어 있었다.

갈리아에 드문드문 흩어져 있었던 것은 이러한 농촌뿐만이 아니었다. 중요한 부족에는 시정(施政)의 중심이 되는 큰 도시, 즉 성시(城市)도 있었다. 그 규모는 수천 또는 수만 명에 이르는 사람들이 농성도 할 수 있을 정도였다. 조금 뒤의 기록인데, 일설에 따르면 로마시의 2천 헥타르(약 500만 평)에는 미치지 않지만, 도시에 따라서 50헥타르(약 15만 평)에서 200헥타르(약 60만 평)는 되었다고 한다.

이러한 성시에서는 각종 상업도 이루어졌다. 기술자들은 기능별로 모여 살았고, 전문 공방에서 다양한 제품들이 만들어졌다. 그 높은 기술은 놀랄 만한 수준에 이르러 있었다. 이를테면 토르크라 불리는 목걸이는 20종류가 넘는 부품으로 만들어지는데, 그 가장 섬세한 부분은 폭이 0.2밀리미터도 채 되지 않는다고 한다. 고대로서는 정말 감탄하지 않을 수 없는 정교함이다.

실용품은 물론이고, 그러한 장식품으로 대표되는 공예품의 제작이 활발했던 것은, 그 재료를 현지에서 충분히 확보할 수 있었기 때문이다. 그중에서도 특히 금이 풍부하게 산출되었다. 그 풍부한 금은 장식품 외에 신전의 봉납품 등에도 대량으로 사용되었다. 또 갈리아에서는 못이나 호수에도 금이 금괴 형태로 묻혀 있었다. 이것은 그러한 곳을 신성시했던 그들이 번영과 전승을 기원하며 던져 넣은 것이었다.

참고로, 이러한 금이 카이사르의 수중에 들어간 것은 말할 것도 없다. 그 때문에 국고에는 막대한 갈리아의 부가 흘러들어왔다. 로마의 의식 있는 사람들은 이 모독적인 약탈을 연상시키는 대량의 전리품에 눈살을 찌푸린 것으로 전해지고 있다.

장식품에는 금 외에 현지의 다양한 금속이 사용되었다.

또 재료 중에는 현지의 산물뿐만 아니라 호박, 산호, 상아 같은 외국 산물

도 사용된 것으로 보아 교
역도 활발하게 이루어지고
있었음을 짐작할 수 있다.
사실 훨씬 이전부터 그리
스인과 에트루리아인을 상
대로 한 지중해 연안 외에,
발트해 연안이나 브리타니
아와의 사이에도 교역 통
로가 있었고, 장식품에서
볼 수 있는 위에서 말한
산물뿐만 아니라 올리브,
대추야자, 기름, 와인, 소금
에 절이거나 말린 생선 등,
다양한 물품이 거래되고
있었다.

포도주를 운반할 때 사용한 암포라 이탈리아 북서부 리구리아
해에서 발견된 침몰선에 쌓여 있었다.

이러한 교역품에 대해
한 가지 흥미로운 이야기
가 있다. 그 뒤의 갈리아와는 사정이 다르다는 것과, 갈리인의 성격을 잘 나타
내고 있는 이야기이다. 그것을 소개하고자 한다. 그것은 포도주에 대한 것이다.

그 무렵 갈리아에서는 아직 포도는 재배되지 않고 있었다. 정확하게 말하
면, 속주 갈리아 트란살피나를 제외하고 갈리아에서 포도가 재배되기 시작한
것은 로마의 지배하에 들어간 뒤부터이다.

갈리인은 이 포도주라는 음료를 사족을 못 쓸 정도로 좋아했다. 포도주 한
단지와 노예 한 사람을 기꺼이 교환했을 정도였다. 그들은 다수의 노예와 교환
한 포도주를 연회 등에서 돌아가며 마시고는, "과연 문명국 로마의 술이라 다
르군" 하며, 그 오묘한 맛에 입맛을 다셨다고 한다. 로마인과 달리 고기를 충
분히 먹고 있었던 만큼, 갈리인이 포도주와 고기의 맛의 조화를 로마인보다
오히려 더 잘 알고 있었을지도 모른다.

이러한 상황이었으므로, 포도주는 지중해 연안에서 갈리아로 배에 실려 대
량으로 수송되고 있었다. 그것은 최근의 발견에서도 증명되고 있다. 1972년 남

프랑스의 도시 예르 앞바다에서 발견된 당시의 침몰선 중에는 길이 40미터나 되는 것도 있었다. 이 큼직한 배에는 이탈리아산 포도주를 담은 암포라(손잡이가 양쪽에 달린 운송용 항아리)가 3단으로 무려 약 6천 개나 실려 있었다고 한다.

그러나 그 뒤 서기 1세기가 되자 상황은 달라진다. 갈리아에서 생산된 포도주가 생산지 부족(部族)의 상표로 각각 팔리게 되어, 그 결과 경쟁 상대로서 이탈리아산 포도주를 압박하기 시작한다. 그 때문에 드미티아누스 황제 시대에 갈리아에서의 포도 재배를 제한하는 정책이 채택되었으나, 그곳의 포도 재배를 막지는 못했고, 그 뒤 3세기에 들어서서 다시 자유로운 재배가 인정되었다. 그리하여 포도는 갈리아 전역으로 확대되어 간다.

마지막으로 한 가지 더, 개화의 수준을 단적으로 보여주는 것으로서, 문예 또는 학문이 어느 정도였는지 간단하게 살펴보기로 하자.

갈리인이 문헌을 남기지 않았던 것에 대해서는 이미 설명했다. 그런데 거기에는 나름대로 까닭이 있었다. 그들은 고유의 문자가 없었지만, 그리스인이나 에트루리아인과의 접촉을 통해 일찍부터 그리스 문학과 에트루리아 문학을 빌려 비문(碑文) 등을 기록하고 있었기 때문에, 같은 방법으로 역사도 남길 수 있었을 것이다. 그러나 결국 그들은 그렇게 하지 않았다.

그것은 갈리인의 지식계급을 형성하고 있었던 성직자(드루이드)들이, 제의와 학문의 독점을 유지하기 위해, 그 지식을 암기하는 것만으로 제한하고 문자로 옮기는 것을 허용하지 않았기 때문이다. 그들은 종교적인 사항뿐만 아니라 문학, 법률, 나아가서는 천문학과 의술, 그 밖의 자연과학 등, 고대의 모든 지식에 통달했으며, 그 모든 지식 체계를 다 배우는 데는 20년이 넘게 걸렸다고 한다.

다수의 부족으로 갈라져 있었던 갈리인 사이에서 공통의 정신적인 유대는 바로 이 드루이드교(敎)였다. 그들이 전투에서 한결같이 죽음을 두려워하지 않았던 것도, 타고난 다혈질적인 성격과 아울러, 드루이드에 의해 영혼 불멸을 배운 것이 크게 작용하고 있었다. 카이사르도 이 종교에 대해서는 갈리인 특유의 것으로서, 이 책 속에서 매우 상세하게 기록하고 있다.

문자 사용은 한정되어 있었지만, 지식계급의 지적 수준은 높았다. 문자에서는, 성직자들도 포함하여 기원전 1세기의 갈리인들 중에는 라틴어에 능통한 사람들도 있었다. 카이사르가 갈리아로 부임하기 조금 전에 게르마니인에 대한 일로 로마에 탄원하기 위해 방문한 하이두이족 지도자의 한 사람인 디비키아쿠스가 그 좋은 예이다. 다만 라틴어를 통해 더 높은 수준의 외국 문화를 흡수했던 이러한 자들도, 지식을 문자로 옮기는 일을 하지 않았던 드루이드의 전통을 바탕으로 한 민족의 일반적인 습관에서 저술을 남기지는 않았다.

이렇게 갈리인의 인종적 특징을 비롯하여 정치적 상황, 농업과 그 밖의 산업, 농촌과 도시의 모습, 주변과의 교역 등의 정보를 통

비석에 새겨진 갈리아 병사의 얼굴　기원전 3~1세기. 프로방스 지방 출토

해, 갈리인의 개화 정도를 어느 정도 알아보았다. 적어도, 단순히 야만족이라는 말만 들은 경우보다 훨씬 정확하게 파악할 수 있었다. 이것을 바꿔 말하면, 우리는 이제 고대 로마인이 전해 듣거나 이 책의 기술을 바탕으로 상상하고 있었던 갈리아 상에 꽤 접근한 셈이다.

그러다 보면, 그 시대의 갈리아에 대해서는 우리 또한 고대 로마인이 된 기분으로, 카이사르의 활약에 감탄하고 때로는 흥분하면서 마침내 커다란 갈채를 보내게 된다.

그러나 그런 한편, 후세 사람으로서 당시의 사건을 역사로서 객관적으로 바라볼 수 있는 입장에 있는 우리로서는, 로마인보다 오히려 갈리인 쪽에 매료되어, 그들의 운명에 동정을 금하지 못하는 심경에 자주 빠지게 될지도 모른다.

18세기 후반 스코틀랜드의 문학가 제임스 맥퍼슨이, 3세기 무렵 켈타이인

베르킨게토릭스 기념상　프랑스 알리제상트렌

왕가의 쇠망을 노래한 전설을 '오시안의 옛 노래'라는 제목으로 발표하였다. 이것에 촉발되어, 이 민족에 대한 관심이 서구 각국에서 갑자기 높아졌다. 그로부터 약 100년 뒤인 19세기 중반에는 오스트리아 할슈타트와 스위스 라텐에서 그들의 유적이 잇달아 대량으로 발견되었다. 그것을 토대로 한 연구에 따르면, 유럽의 철기시대에 주로 북쪽의 라인과 도나우의 큰 강을 경계로 널리 동서에 걸쳐 땅을 차지하고 있었던 것은 켈타이인이라 불리는 이민족이었다.

　이러한 발견과 연구에 의해, 오로지 고대 그리스와 고대 로마를 유럽문명의 원류로 보아온 그때까지의 역사관에 수정이 요구되었고, 지금은 켈타이(켈트) 문화에 대해 정당한 평가가 이루어지고 있다. 또 그와 아울러 공예의 모방이나 언어의 부활 등은 물론, 드루이드 교도 단체도 있을 만큼 구체적인 부흥의 움직임을 각 방면에서 볼 수 있게 되었다.

　그것은 앞에서 말한 켈타이 문화권의 나라와 지역에 한정된 것은 아니다. 훨씬 이전에 켈타이라는 인종과 문화가 끊겨버린 나라와 지역에서도 마찬가지다. 이를테면, 일반적으로 라틴계로 알려진 프랑스인은 대체로 켈타이인에 로마인과 게르마니인(프랑크족), 그 밖의 피가 섞여 태어난 인종이다. 이 프랑스인들에게는 이탈리아인 같은 라틴 인종과 분명하게 구별 짓는, 그들 독자의 민족적인 정체성을 고대 켈타이인 속에서 찾고자 하는 분위기가 조성되고 있다. 이미 1865년에 나폴레옹 3세가, 카이사르가 이끄는 로마군과 결전을 치렀던 땅 알레시아였던 것으로 알려진 곳(현재의 프랑스 중동부 코트도르 현의 알리제상트렌)에 갈리인의 영웅 베르킨게토릭스의 커다란 동상을 세웠는데, 그것이 그 시작이라고도 할 수 있다.

그럼, 이 선주 민족의 존재는 왜 그토록 오랫동안 역사의 저편에 묻혀 있던 것일까? 그것은 말할 것도 없이, 그 뒤 오랫동안 로마인과 게르마니인을 비롯한 이민족의 지배를 받은 것 때문이다. 즉, 로마의 뛰어난 정책과 문화 아래, 그들은 속주민으로서 몇 세기에 걸쳐 평화와 번영을 누리며, 그 과정에서 로마인과 동화되어 갔다. 로마의 지배가 무너진 뒤에는, 게르마니인을 비롯한 새로운 이민족의 지배 아래 각각의 문화의 세례를 받는 동시에, 인종으로서도 더욱 혼혈이 진행되었다. 그 결과, 위의 프랑스인의 예에서도 지적한 것처럼, 켈타이인 또는 갈리인이라고 하는, 옛날에는 다른 민족과 구별되고 있었던 존재가 점차 보이지 않게 되어 간 것이다.

로마의 군대

미리 로마 군대에 대해 알아둔다면, 그 직접적인 기술뿐만 아니라, 언외(言外)의 정황도 살펴볼 수 있어, 이 책의 내용을 음미하는 데 크게 도움이 된다. 카이사르가 갈리아 원정에서 지휘한 군대가 어떠한 것이었는지, 그 개요를 알아보기로 한다.

로마군의 성격
고대 로마인은 군대와 훈련을 마찬가지로 '엑세르키투스'라고 말했다. 즉 라틴어에서 말하는 군대는 동시에 훈련을 의미하는 말이기도 하다. 그리고 이 '엑세르키투스'라는 말—이것은 영어의 '엑서사이즈'의 어원이기도 하지만— 에는 단순히 단련하는 것이 아니라, 평소에 단련한다는 의미가 있었다.

로마의 군대가 전통적으로 훈련을 얼마나 중시하고 있었는지에 대해서는, 에드워드 기번도 그 명저 《로마제국 쇠망사》 속에서 다음과 같이 전하고 있다.

"숙달된 기량이 없는, 단순한 만용만의 분투가 얼마나 무모한 것인지를 로 마인이 잘 인식하고 있었던 것은, 라틴어에서 말하는 군대가 훈련을 의미하는 단어에서 유래한다는 것만 보아도 알 수 있다. 그리고 그 말 그대로 끊임없는 군사 훈련이야말로 로마 군기의 요체였다.

신병이나 어린 병사는 하루 종일 훈련으로 지냈 다. 아니, 고참병도 예외가 아니었다. 아무리 날씨가 나빠도 훈련을 중단하는 일이 없도록, 겨울 숙영지 에는 대규모 병사(兵舍)가 설치되었고, 모의전에서는 무기의 무게를 실전 때의 두 배로 하는 등, 용의주도 하게 배려하여 모든 사람 이 나이와 기능에 관계없 이, 이미 배운 것도 끊임없 이 매일 반복하도록 했다."

병사의 훈련뿐만이 아니 다. 전쟁을 하나의 과학으 로 확실하게 인식하고 있 었던 로마인은, 다양한 군 사기술을 연구하여 그것 을 고도로 발달시켰다. 이 책에서도 그러한 기술을

밀집대형으로 편성된 로마제국 군단 프랑스 남부 로마 도시인 글라눔(지금의 생 레미 드 프로방스)에서 발견된 돋을새김 작 품. BC 27~AD 260.

헬베티족과의 전투 기원전 58년 갈리아로 이주하려는 헬베티족을 무찌른 이 전투를 계기로 카이사르는 갈리아 정복전쟁을 시작했다.

해협을 건너 브리타니아로 진군하는 로마제국군 기원전 55, 54년에 카이사르군은 브리타니아(영국 브리튼섬)를 침공했다.

이야기하는 대목이 몇 군데 나온다.

군의 편성

로마군의 중핵은 이른바 중무장 보병으로 구성된 '로마 군단'(레기오)이다. 이 주력부대는 뒤에 설명할 '보조군'(아욱실리아), 즉 동맹부족으로부터의 원군과는 달리 오로지 로마 시민만으로 구성되어 있었다.

당초 카이사르에게 주어진 병력은 4개 군단이었다. 이후, 원정이 진행됨에 따라 8개 군단까지 증원되었으나, 나중에 만족의 기습을 만나 1개 군단을 상실한다. 그 뒤 다시 징집하여 마지막에는 총 10개 군단을 거느렸다.

카이사르의 시대에 1개 군단은 병력 6천 명. 실제로는, 대부분의 경우 이보다 훨씬 적었던 것으로 알려져 있지만, 여기서는 공식적인 수로써 정원을 밝혀둔다.

편성에서는 1개 군단이 10개 대대(코호르스)로 구성되어 있었다. 그리고 1개 대대는 3개 중대(마니풀루스)로 구성되고, 다시 1개 중대는 2개 백인대(켄투리아)로 구성되었다. 따라서 이것을 각각 총수로 말하면 1개 군단에는 대대가 10, 중대가 30, 백인대가 60. 병력수로 말하면, 대대가 각 600, 중대가 각 200, 백인대가 각 백 명이 된다.

원정군에서는 총독이 총사령관(임페라토르)이 되어 복수의 총독대리(레가투스)를 부관으로 거느렸다. 이 책에 나오는 부관의 이름은 10명이 넘는데, 카이사르의 경우, 실제로 거느린 부관의 수는 처음에는 5명, 나중에는 10명까지 늘어났다. 부관은 공동 또는 단독으로 각 군단을 지휘했다. 그들 중에는 키케로의 동생과 크라수스의 아들들 외에, 카이사르의 친척인 루키우스 카이사르도 있었다.

부관에 이어지는 계급은 대대장(트리부누스)이다. 대대장은 공직을 지향하는 청년들 중에서 선발하여 각 군단에 6명이 있었다. 그들은 교대로 복수의 대대를 지휘했다. 카이사르도 기원전 73년에 여기에 선발되었다.

이 대대장 밑에 로마군의 기둥인 백인대장(켄투리오)들이 있었다. 백인대장은 훈련에서나 실전에서나 스스로 솔선하는 동시에 부하 병사를 직접 통솔하며, 명령수행을 조금이라도 게을리하는 병사가 있으면 엄격한 체벌을 가할 수 있

아바리쿰에서 카이사르가 만든 요새 모형

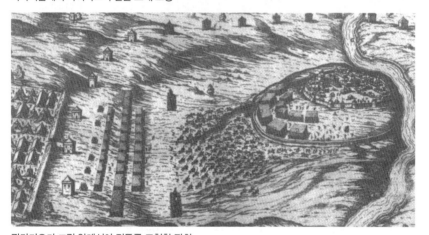
팔라디오가 그린 알레시아 전투를 표현한 판화

었다.

투쟁본능에 명예심, 또 당연한 것이지만 급여와 상여금, 나아가서는 전리품에 대한 욕심도 있어서, 그들은 서로 공훈을 다투었다. 카이사르도 이 책 속에서, 그러한 경쟁 의식이 강한 대장 두 사람이 전투에서 무용을 겨루는 장면을 실로 생생하게 소개하고 있다.

보통, 군단의 전열은 3열이며, 제1 전열에 4개 대대, 제2, 제3 전열에 각각 3개 대대가 배속되었는데, 백인대장들 사이에도 계급이 있어서, 경험과 공훈에 따라 대대 안에서 차례로 승진했다. 1개 군단에 60명이었던 백인대장 가운데 최상위인 수석 백인대장(프리미필루스)은 최고의 정예가 속한 제3열 제1대대의 제1보병대장이었다.

주력인 이러한 군단 외에, 카이사르가 이끈 로마군에는 비로마 시민으로 구성된 보조군(아욱실리아)이 있었다. 그 대부분은 로마와 우방 관계에 있었던 갈리인이나 게르마니인 부족이 제공한 부대이다. 그들은 각 부족 지도자의 지휘로 주로 기병으로서 싸웠다.

갈리인끼리의 싸움에 대해서는 조금 유감으로 생각되지만, 앞에서 말했듯이 많은 부족이 서로 적대하고 있었던 당시의 갈리아에서는 통일적인 민족의식이 결여되어 있어서, 외적에 대해 일치단결하여 대응한다는 의식이 전혀 없었다. 로마인에게 이용당하고 있음을 깨달았다 해도, 안타깝게도 때는 이미늦어 있었다.

게르마니인은 갈리인에 비해 개화가 늦고, 기질도 생활도 수렵시대의 그것을 벗어나지 못하여 상당히 호전적인 편이었다. 남쪽의 비옥한 토지는 물론이거니와, 단기간에 얻을 수 있는 부, 즉 전리품의 몫은 그들의 마음을 크게 사로잡았다. 이 갈리아 원정의 후반에는 그러한 게르마니인 기병부대의 활약이빛을 발했다.

카이사르의 보조군 중에는, 그 밖에 로마의 지배 아래 있었던 크레타섬과누미디아, 그리고 발레아레스 제도에서 찾아온 궁병과 투석병이 있었다.

그 밖에도 로마군에는 비전투원으로서 다음과 같은 자들이 종군하고 있었다. 잡일을 하는 인부, 짐말을 돌보는 마부, 장교를 보살피는 하인, 그리고 군대와 병사를 상대로 물건을 팔거나 전리품을 사들이는 상인들이다.

이 책에서의 언급은 많지 않지만, 이러한 비전투원은 원정군에서 제각각 중요한 존재였다. 그러나 그러한 정규 직능과는 별도로 또 한 가지, 그들이 우연히 하고 있었던 뜻밖의 역할을 간과할 수 없다. 그것은 바로 정략가인 카이사르가 늘 마음에 두고 있었던 본국과의 정보전에 대한 것이었다.

특히 종군 상인이 전하는 갈리아 원정군에 대한 정보는, 오늘날의 대중 매체의 보도와 비슷하게, 원로원의 발표에 앞서서 발 빠르게 로마 시민들 사이에 퍼져갔다. 그리고 그것은 그 후한 인심의 영향으로 자연히 카이사르에게 유리한 선전이 되고 있었다.

마지막 결전 알레시아 전투 기원전 52년 오늘날 디종 근처 알레시아 평원에서 일전을 펼쳤다.

병사의 장비, 대형 병기, 공성법(攻城法) 등

로마 군단 병사의 모습에 대해서는 독자 여러분 대부분도 다른 역사서 속의 삽화 등을 통해서 이미 잘 알고 있을 것이므로, 여기서는 그 중무장 보병으로서의 이미지를 간단하게 확인하는 데 그치기로 한다.

군단병의 장비에는 시대에 따라 차이가 있으나, 카이사르 시대의 장비는 개략적으로 다음과 같다. 즉, 무장으로서는 투구, 갑옷, 정강이싸개, 각반, 샌들, 그리고 칼과 방패와 창이다.

이러한 무장에는 로마인의 과학적 정신이 반영되어, 다양한 연구가 이루어져 있었다. 예를 들면, 창도 찌르는 창과 던지는 창 두 종류가 있었다. 던지는 창의 경우, 갈리인의 방패를 여러 개씩 한꺼번에 뚫는 위력을 가지고 있었을 뿐만 아니라, 그러한 충격을 받으면 창 끝이 휘어지도록 되어 있었다. 그로 인해 창을 뽑을 수 없게 되므로, 적은 방패를 사용할 수 없게 되는 것이다. 이렇게 생각도 하지 못한 구조에 갈리인은 어떻게 반응했을까? 다행히 그것에 대해 카이사르가 이 책에서 보고하고 있다.

또 군단병이 허리에 차고 있었던 칼은 끝이 뾰족한 양날칼로 길이가 비교적 짧은 것인데, 그것은 백병전 때 자유롭게 다룰 수 있다는 것과, 상대에 대한 타격이 가장 큰 찌르기에 중점을 둔 것 때문이다. 앞의 창의 투척과 마찬가지로, 평소의 훈련을 통해 이러한 칼 사용법에 숙달되어 있었던 군단병에게는, 단지 긴 칼을 휘두르기만 하는 갈리인을 처치하는 것은 거의 식은 죽 먹기였던 것 같다.

참고로, 군단병이 갑옷 속에 받쳐 입었던 무릎까지 오는 옷(투니카)은 갈리인의 바지와 뚜렷한 대조를 이루고 있다. 거기에는 바지를 야만인의 특유한 풍속으로 여기고 있었던 그 시대의 로마인의 생각이 반영되어 있다.

그러나 그러한 무장보다 훨씬 주목해야 할 것은 군단병들이 '마리우스의 당나귀'라고 불렸던 장비에 대해서이다. 그 장비란, 병사들이 식량이나 식기를 비롯하여 괭이, 도끼, 톱 같은 건축 공사용 도구까지, 총중량이 약 40킬로그램이 되는 짐을 등에 지고 있었던 것을 말한다.

적의 목표가 되기 쉬운 병참선(兵站線)을 되도록 짧게 하기 위해, 그때까지는 수송의 일부였던 것을 병사들에게 휴대하게 하는 이 획기적인 방법은 그

카이사르에게 항복하는 베르킨게토릭스(BC 51)

독재자 마리우스가 착안한 것이다. '마리우스의 당나귀'라는 말이 여기서 유래한다.

　군단병은 그렇게 무거운 짐을 지고 날마다 행군하면서, 긴급할 때는 즉시 강행군에 들어가며, 더욱 긴박한 사태에는 장거리도 밤낮없이 병행하여 답파했던 것이다. 강인하기가 이를 데 없었다.

　그 비밀은, 훈련은 말할 것도 없고 근본적으로는 군대 식량에 있었다. 여기서, 현실적인 문제 때문에 그 군대 식량에 대해 언급하지 않고 넘어간다면, 앞에서 말한 카이사르의 활력도 포함하여 로마 군단의 큰 특징의 하나를 간과하는 것이 될 것이다.

　그렇다면 구체적으로, 로마의 군단병은 날마다 어떤 것을 먹었을까. 실은 그 것은 거의, 거칠게 빻은 밀을 오직 물만 넣고 반죽하여 구운, 고대의 빵이라고 할 수 있는 것뿐이었다. 기름이나 치즈 등도 지급되기는 했지만, 순조롭게 확보할 수 있었을 때라도 그것은 조금뿐으로, 병사의 건강과 체력을 지탱해준 것은 어디까지나 위의 놀라운 정도로 단순한 식사였던 것이다.

　그리고 더운 날에는 그 대책으로서 식초를 물에 타서 마셨다. 이것은 라틴어로 '포스카'라고 한다. 누구나 간단하게 만들 수 있는 음료이다.

카이사르 자신도 이러한 식사를 기꺼이 일반 병사들과 똑같이 들었다. 그도 그럴 것이 앞에서도 지적한 것처럼, 그는 군대 생활에서의 자신의 좋은 체력을, 적당한 근력의 사용과 함께 절도 있는 간소한 식사에 돌리고 있었기 때문이다.

하기는 카이사르가 그런 식사를 좋아했던 것에는, 단순한 건강 유지를 위해서라고 하기보다는 뭔가 다른 가장 심각한 이유가 있었다. 그 이유란 뜻밖에도 그에게는 전간(간질)이라는 질병이 있었다는 것이다. 대면하는 것을 매우 걱정하는 성격이었던 것을 생각하면, 그 발작을 미리 방지하기 위해 그가 남몰래 얼마나 노력하고 있었는지 어렵지 않게 짐작할 수 있다. 그 방법이 바로 동시에 건장함으로도 통하는, 식사를 절제하는 것이었다. 만약 위와 같은 약점이 없었더라면, 어쩌면 영웅 카이사르는 태어나지 않았을지도 모른다.

다음은 대형 병기에 대하여 알아보자. 대형 병기로서는 돌이나 화살 등을 날리는 각종 투사기(投射機), 성문을 부수는 파성퇴(破城槌), 성벽을 무너뜨리는 파성구(破城鉤), 그리고 농성하고 있는 적을 높은 곳에서 공격하는 공성루(攻城樓) 등을 들 수 있다.

이러한 종류의 병기는 옛날부터 다른 민족에게서도 볼 수 있는 것이지만, 로마 군단의 그것은 그때로서는 최첨단을 가는, 가장 정교하고도 가장 강력한 수준이었다. 여기서도 또 로마인의 과학적 정신을 생각하면, 훨씬 이전의 건국 시기부터 끊임없이 싸워온 경험이 이러한 대형 병기에서 얼마나 잘 살아나 있는지 쉽게 헤아릴 수가 있다.

그러나 그것은 완성품으로서의 병기 자체에 머물지 않는다. 현지에서의 제작에서도, 오랜 세월에 걸친 군사적인 경험의 성과가 크게 발휘되어 있었다. 갈리아인이 놀란 것은, 오히려 그러한 제작이나 공사의 빠른 속도였다. 공성루가 그 좋은 예일 것이다.

농성하고 있는 적이 보는 앞에서 여러 층으로 구성된, 성벽보다 높은 망루를 후방에서 눈 깜짝할 사이에 만들어내고, 또 야만인이 볼 때는 움직일 수 없는 것으로 생각되었던 그 거대한 건조물을 금세 성벽 바로 앞까지 가지고 왔다. 야만인이 불화살을 쏘아 불을 내려 시도해도 그것에 대해서는 구조물의

표면을 생가죽으로 덮는
등 충분히 방비가 이루어
져 있었다.

또 달개집 속에 들어가,
적이 던지고 쏘는 무기를
피하면서 성벽의 높이까지
서서히 둑을 쌓아가는 방
법도 있었다. 수천 또는 수
만 명이나 되는 병사들이
번갈아가며 작업을 하므
로, 그 비탈길은 눈 깜짝
할 사이에 완성되어, 편리
한 돌격로가 되었다.

그 밖에 큰 강에 다리를
놓는 기술도 로마군이 가
장 자랑하는 기술이었다.
여기서는 공병(工兵)들이
활약했다. 이 다리 공사에

루비콘강을 건너는 카이사르군

대해서는, 당시의 로마 시민들도 구체적인 것은 몰랐던 것으로 보이며, 자연의
장벽을 극복해 가는 갈리아 원정군의 활약상을 부각시키기 위해서도, 카이사
르는 그 공법을 이 책에서 상세히 설명하고 있다.

이 다리 공사는 게르마니아 원정 때의 일인데, 그것과 나란히 카이사르가
또 하나의 위업으로서 로마 시민에게 부각시키고 싶어했던 브리타니아 원정
때는 뛰어난 조선 기술을 보여주었다. 이때의 사건은 더욱더 극적이다(제4권 29
절~31절).

카이사르는 운이 좋았다. 단결심이 부족한 야만인을 상대로 하여 홀로 전군
총사령관으로서, 이상과 같은 군대와 군사기술을 맘껏 구사하며 전투를 수행
할 수 있었기 때문이다. 어쩌면 그는 행복했다고 말해도 좋을지 모른다. 왜냐
하면 그러한 정복사업의 진전과 함께, 자신의 오랫동안의 야망이 마침내 실현

되어 가는 것을, 당연히 강하게 느꼈을 것이기 때문이다.

한편, 군단병들도 이 원정을 그때까지의 종군과는 달리 점차 특별한 것으로 인식하게 되었다. 역사적인 원정군의 일원이라는 명예와, 다른 장군 밑에서는 얻을 수 없는 좋은 수입이 병사들의 마음을 서서히 사로잡고 있었다.

어떤 분야에서든, 말단 구성원에게까지 그러한 두 가지 요소를 동시에 가져다 줄 수 있는 조직은 그리 흔하지 않다. 만약 있다면, 그것을 가능하게 하는 지도자에게 구성원의 충성이 저절로 모이는 것은 필연적인 결과라고 할 수 있다.

갈리아 원정군은, 해를 거듭할수록 로마 군단이라기보다 카이사르 군단이라고 불러야 마땅할 군대로 변질된다. 즉, 한 사람의 야심가가 누구도 따라오지 못할 강대한 군사력을 가지게 된 것이다. 그리고 이것이야말로 무엇보다 원로원이 가장 두려워하고 있었던 것이다.

이상이 이 책에 나오는 로마군에 대한 개요이다.

《갈리아전기》에 대하여

저술 의도

카이사르가 자신의 원정을 전기(戰記)로서 저술한 것에는 다음의 두 가지 이유가 있었던 것으로 알려져 있다. 하나는 이 로마 역사상 최대의 사업이 역사가에 의해 후세에 정확하게 전해지도록, 그 기초자료로서 쓴 것이라고 하는 설. 이것은 추기(追記)로서 제8권을 저술한 히르티우스와, 이 책의 문체에 대해 이야기했을 때의 키케로의 말을 근거로 한다. 또 하나는, 로마 시민에 대해 새삼스럽게 자신의 빛나는 업적을 뚜렷하게 남김으로써, 갈리아 총독 재임 중에 자신이 취한 독단적인 행동을 정당화하여, 귀국한 뒤 정쟁을 유리하게 이끌기 위해서였다고 하는 설이다. 이쪽은 그즈음 카이사르가 놓여 있었던 상황에서 판단한 것이다.

그럼 이 두 가지 가운데, 진실은 어느 쪽에 있는 것일까? 카이사르의 글솜씨와 그가 평소에도 글쓰기를 좋아하는 사람인 것을 생각하면, 상황에 여유가 있다면 첫 번째 주장도 분명히 중요한 이유로서 수긍이 갈 것이다. 그러나

《갈리아전기》를 집필 중인 카이사르

그가 맞닥뜨린 상황은 전보다 더욱 긴박했다. 그렇다면 진실은 아마 보다 후자 쪽에 가까울 것이다.

이 책(카이사르 본인의 수기 전7권)이 간행된 것은 알레시아 결전이 끝난 지 몇 달 뒤인 기원전 51년 봄으로 되어 있지만, 그는 이때 그 비길 데 없는 업적에 의해, 일반 로마 시민의 마음속에서도 영웅으로서 폼페이우스를 능가하는 존재가 되어 있었다. 그런 만큼 원로원파의 위기감은 이미 전과는 비할 바가 아니었다.

또 7년이라는 세월은 카이사르에게도 예기치 않은 상황을 초래하고 있었다. 폼페이우스와 결혼한 딸 율리아가 산후의 병으로 사망하고(기원전 54년), 또 '삼두'의 한 사람이었던 크라수스도 파르티아 원정의 실패로 목숨을 잃었다(기원전 53년). 그리하여 폼페이우스와의 사이에 강한 유대가 사라졌을 뿐만 아니라, 그때까지의 정치적인 세력 균형이 무너지고 말았다. 엎친 데 덮친 격으로 그 뒤 카이사르의 세력이 두드러지게 신장되자, 그때까지 자신이 카이사르에게 이용당하고 있었음을 깨달은 폼페이우스가 이 무렵에는 이미 원로원파로 돌아서 있었다.

세력을 만회한 원로원파에서는 카이사르를 소환해야 한다는 목소리가 높아지고 있었다. 만약 이 시점에서 해임당하여 일개 개인으로 돌아간다면 재판에 회부될 것이고 그 결과, 경우에 따라서는 목숨까지 잃을 수 있는 상황이었다. 따라서 어떻게 해서든 귀국 전에 여론을 자기 쪽으로 돌릴 필요가 있었다.

이러한 사정 아래, 이 책은 알레시아 결전(기원전 52년) 뒤 거의 단숨에 써내려간 것이다. 대부분의 역사가들도 또한 그렇게 판단하고 있다.

갈리인에게 결정적인 패배를 가져다주었다고는 하나, 여전히 저항하는 부족들이 남아 있었다. 그들을 평정하기까지, 그 뒤에 다시 1년을 소비하게 된다. 그러한 전장에 아직도 흙먼지가 날리고 있는 가운데, 밤의 장막이 쳐지고 사령관으로서의 낮 동안의 격무에서 벗어나자마자, 카이사르는 그 자리에서 펜을 들었다. 아마 말을 달리면서도 속기를 할 줄 아는 종자에게 구술하여 다방면으로 통신문을 발송했던 카이사르이므로, 어쩌면 낮에도 사정이 허락하는 한 이 일에 몰두했을지도 모른다.

그러나 집중할 수 있었던 것은 역시 밤이었으리라. 숙영 막사의 밝지 않은 등불 밑에서, 혼자 조용히, 그러나 열심히, 펜을 달리는 카이사르. 그는 소식을 했기 때문에, 흔히 식후에 볼 수 있는 심신의 나른함이나 졸음과는 거리가 멀었다.

건장하다고 할 수 없는 체격치고는, 카이사르가 지치지도 않고 격무를 잘 감당하고 있는 것을 보고 친구들이 놀랐다고 한다. 그의 그 체력의 바탕은, 군대 생활을 오히려 단련으로 보고, 격무 속에서도 냉정함을 잃지 않았으며, 또 정력을 유지하기 위해 이렇게 소식(小食)하는 습관에 있었다.

문체에 담긴 참뜻

다음은 카이사르가 여론 조작이라는, 위에서 말한 의도를 어떻게 달성했는가에 대해 살펴보자.

자신의 업적을 자신이 이야기한다는 것, 이것은 아무리 자제해도 자학적인 자가 아닌 한 자화자찬에 빠지기 쉽다. 그러한 이야기에 대해서는 친구라면 너그러운 마음으로 그것을 대하며 또 그것을 즐길 수도 있지만, 만약 적대자라면 그것에 혐오감을 느끼고 경우에 따라서는 그것을 허위나 과장이라고 말할

《갈리아전기》(1783년판) 권두화와 속표지

지도 모른다. 또 중립적인 자라도 자기 자랑 같은 회상기에는 저항을 느낄 것
이다. 그러나 여론 조작이 아닌 이상, 말할 것도 없이 공훈을 자랑하는 이야기
로 받아들여져서는 안 된다. 그런데 일반적인 글쓰기에서는, 자기 자랑이 되지
않도록 선전하는 미묘한 전달법은 쉽지가 않다.

이 문제에 대해 카이사르가 생각해낸 것이 앞에 설명한 문체, 즉 표현의 수
법이었다. 꾸밈이 없고 대체로 단문인 데다 감정 표현을 피하고, 그와 아울러
삼인칭을 사용했다. 이렇게 하면 저자가 카이사르 본인인 줄 알지만, 그 인상
이 확실히 현격하게 엷어진다. 잠재적으로는 독자의 마음에 제삼자가 쓴 것 같
은 착각을 일으킬지도 모른다. 이러한 생각에서 그는 보통과는 다른 문체로
쓰기로 한 것이다.

교묘한 구성

그러나 카이사르의 연구는 거기에 그치지 않았다. 문체 말고도 있었다. 대체

로 문체 자체는 그것이 문자로 되어 있는 이상, 어떻게 쓰든 행간에서 그 의도를 어느 정도 엿볼 수 있다. 다시 말해 정보 조작으로서 그 이상의 뭔가를 들여다볼 수 있었다.

이렇게 표현의 수법 외에 다른 연구가 있었다면, 그것은 과연 무엇일까? 그것은 내용의 구성이다.

그래서 무엇보다 먼저 자화자찬으로 보이지 않도록, 흔히 젠체하는 느낌이 들 수 있는 머리말을 넣지 않고, 개인적인 사항도 언급하지 않으며, 애써 사실을 전면에 내세우되 그 사실이라는 것도 자신에게 유리한 것뿐만 아니라, 그 사이사이에 불리한 것도 잘 안배하여 넣어주었다.

또 자주 숫자를 넣는 등 가능한 한 정확하게 기록하도록 애썼다. 그와 동시에 이를테면 너무 큰 숫자 같은, 신뢰성에 의심을 받을 만한 부분에서는, 만일 그 정보가 잘못된 것일 경우의 비난에 대비하여 '그들에 따르면'이라는 말을 집어넣었다.

다음은, 거의 알려져 있지 않은 곳이었으므로 누구든지 싸움에 대한 것뿐만 아니라, 가능하면 현지의 모습과 사람들에 대해서도 알고 싶어하게 마련이다. 그러한 인간의 일반적인 욕구도 표나지 않게 충족시켜 주고 있다. 그리고 그것을 통해 부수적으로 이 책에 박물지로서의 가치도 부여하게 된다.

또 같은 전쟁을 전하는 데도 로마 시민의 관심을 더욱더 끌 수 있도록 치열한 전투 장면과 격렬한 토론 모습 같은, 흥미진진한 구체적인 광경을 곳곳에 배치했다.

더욱이 그러한 것들이 생생하게 묘사되어 있다. 이러한 카이사르의 묘사력에는 이른바 현대의 텔레비전 생중계를 연상시키는 데가 있어서, 그러한 대목에서는 단순한 문장이지만 읽는 사람의 눈에 그 광경이 생생하게 떠오른다. 이 책에 문학성이 인정되고 있는 이유이다.

키케로의 반응

키케로는 이것을 읽고 압도되었다. 그는 다음과 같이 말했다.

"이것은 이른바 옷을 다 벗어버린 순수한 알몸뚱이 같은 문장이다. 카이사르로서는 역사가를 위해 자료를 준비한 것이지만, 여기에 불필요한 장식을 집어넣고 만족하는 부류라면 몰라도, 온당한 사람이라면 아마 아무도 여기에 손질을 가하려는 생각은 하지 않을 것이다."

그야말로 절찬이었다. 다만 업적을 넌지시 암시할 생각이었던 문장까지 그에게 이토록 찬사를 받을 줄은, 카이사르로서도 생각지 못한 일이었을 것이다. 당대에 으뜸가는 문장가인 키케로가 이렇게 절찬했다면 그것은 명문이라는 말로 요약되며, 또는 그 반대로 말하더라도 아무것도 이상할 것이 없다. 하지만 정확하게는, 이미 지적한 것처럼 이 책의 문장은 오히려 소박하고 평이한 문장이라고 하는 편이 맞을 것이고, 카이사르가 의도한 것도 바로 그런 것이었다.

헤아려 보건대, 키케로의 이러한 칭찬은 아마도 카이사르의 군사적 업적에 압도된 마음이 크게 작용한 것일지도 모른다. 평소부터 카이사르의 문장력을 잘 알고 있었던 그인 만큼, 《갈리아전기》의 문체의 참신함이 더욱더 인상적이었을 것으로 생각된다.

후세에 대한 유산

어쨌든 그 이후 이 책은 그 문장까지 주목의 대상이 되었다. 작품은 저 혼자 걸어간다고들 하는데, 필요에 쫓겨 서둘러 써제긴 원정기가 후세에까지 이렇게 많이 읽히고 있다는 것을 만약 카이사르가 안다면 틀림없이 그도 놀랄 것이다. 어쩌면 역사서로서는 그나마 이해할 수 있을지도 모른다. 그러나 이른바 고전으로서 초급 라틴어 교과서가 되어, 라틴어 문장의 모범으로 찬사를 받고 있는 것은, 아마 꿈에도 상상하지 못했던 일이었음에 틀림없다.

그러나 본디 평이한 문장에는 영원성이 있다. 언어로서는 낡은 것이 되더라도, 그 문장의 명석함이 세월과 함께 빛바래는 일은 없다. 생각해보면, 내용이 내용인 만큼 이 책은 카이사르의 기대를 훨씬 넘어서 전해질 만한 것이 전해진 것이라고 할 수밖에 없는 것이다.

《내전기》에 대하여

반역자가 된 카이사르, 운명의 주사위를 던지다

기원전 50년, 갈리아 전쟁 끝 무렵 로마의 상황은 카이사르에게 크게 불리했다. 원로원은 파르티아 원정의 구실로 카이사르와 폼페이우스에게서 각각 1개 군단씩 차출하겠다는 통보를 했다. 그러나 폼페이우스는, 기원전 52년에 카이사르에게 빌려준 1개 군단을 돌려받아 내놓겠다고 했다. 결과적으로 카이사르는 자신의 1개 군단과 폼페이우스에게 빌린 1개 군단, 합쳐 2개 군단을 순식간에 잃게 된 것이다. 게다가 파르티아가 불온한 움직임을 보인다는 것은 소문에 불과했으며, 카이사르가 내놓은 2개 군단은 파르티아에 가기는커녕 폼페이우스 지휘 아래 이탈리아에 발이 묶여 있었다.

카이사르와 폼페이우스, 한때는 동지였던 두 영웅의 대립은 피할 수 없는 일이 되어갔다. 게다가 기원전 49년에 부임할 집정관 두 사람이 모두 강력한 카이사르 반대파 인물로 선출되자, 상황은 더욱 악화되었다. 카이사르파 호민관 쿠리오는 타협책으로, 카이사르와 폼페이우스가 동시에 군사지휘권을 포기하고 군대를 해산하도록 하자는 의견을 내놓았다. 원로원은 일단 눈앞에 닥친 내전의 불씨를 끄기 위해 쿠리오의 제안을 지지했지만, 그 무렵 집정관 마르켈루스가 자의로 비상사태를 선포해 모든 것이 물거품이 되고 만다.

점점 커져가는 내전의 폭풍 속에서, 원로원은 카이사르파와 폼페이우스파로 극명하게 갈렸다. 카이사르 반대파인 집정관들은 그래도 폼페이우스가 로마를 위해 더 큰 도움이 될 인물이라 판단하고 그의 편을 들었다. 기원전 50년 말 폼페이우스는 집정관 마르켈루스의 청을 승낙하여, 로마공화정을 위협하는 카이사르에게서 로마를 지키는 방패 역할을 자청한다.

이 소식은 급히 카이사르에게 전해졌고, 카이사르파들은 즉시 로마를 탈출한다. 카이사르는 쿠리오를 통해서, 폼페이우스가 군대를 해산하면 그에 따를 것이지만, 그것을 받아들이지 않으면 자기와 로마의 권리를 지키기 위해 군사행동에 나서겠다고 선언한다. 카이사르 《내전기》는 바로 이 시점에서 시작된다.

카이사르의 제안은 거절당한다. 게다가 원로원은 최종 권고를 보내, 당장 군대를 해산하고 로마로 복귀하지 않으면 반역자로 선언하겠다고 엄포를 놓는다. 카이사르에게 더는 선택의 여지가 없었다. 그는 결국 로마로 진격한다.

카이사르 또한 자부심 강한 진정한 로마인, 자신의 조국으로 진격하는 것에 대해 한순간 고민한다. 반란의 주역이 될 것이냐, 한 가닥 희망을 갖고 평화적 해결을 도모하느냐. 그러나 시대의 물결은 어쩔 수 없이 단 한 가지 길만을 그에게 열어주고 있었다. 선택의 여지는 없다!

기원전 49년 1월 12일 그는 결국 루비콘강을 건넌다.

"이 강을 건너면 세상에 불행이 닥쳐오고, 건너지 않으면 내가 파멸한다. 신들이 기다리는 곳으로 나아가자! 주사위는 던져졌다."

카이사르는 왜 《내전기》를 썼나

카이사르가 《내전기》를 쓰기로 마음먹은 까닭은 무엇일까? 《갈리아전기》는 그가 후세 역사가들에게 사료를 남기고 싶다는 소박한 생각에서 쓴 책이며, 그런 의도에서 '기록집'이라는 제명을 붙이고 자기 업적을 객관적으로 기술했다. 그런 《갈리아전기》에서도, 원로원의 허가 없이 갈리아 전쟁을 시작한 나름의 까닭을 드러내거나, 기원전 49년 집정관 선거에 출마하기 위한 자기선전의 의도가 엿보이기도 한다. 말하자면 그 무렵 로마인들을 의식한 것이다. 마찬가지로 '기록집'이라는 제명을 붙인 이 《내전기》에도, 자기가 왜 폼페이우스와 원로원에 칼을 겨누게 되었는지에 대해 변명과 선전을 하려는 의도가 명백 절실하고 진실하게 드러난다.

카이사르는 동족끼리 칼을 겨누는 내전만큼은 어떻게든 막으려고 마지막까지 최선을 다했다. 어떻게든 기회를 만들어 평화협상을 추진했고, 키케로를 비롯해 온갖 인편을 동원하여 타협과 양보에 힘썼다. 그러나 원로원이 바란 것은 단 하나, 카이사르의 파멸뿐이었다. 이미 사태는 말로써는 해결할 수 없는 지경에 이르러 있었다. 한때 동지였던 폼페이우스는 원로원파에 포섭되어, 카이사르의 말이라면 들으려고도 하지 않았다. 게다가 그는 카이사르가 자기와 대등한 인물로 여겨지는 것조차 불쾌해했다. 소수 귀족에 의한 로마 지배의 꿈을 버리지 않는 원로원, 그 고집과 이기주의는 극에 달하여, 카이사르의 빛나는 공적과 그의 인기를 시기하며 그를 높은 자리에서 끌어내리려고만 했다. 카이사르는 이 모든 것을 밝혀, 내전의 원인이 모두 그들에게 있다고 고대 로마 세계에 널리 강하게 호소하고 싶었던 것이다. 이것이 그가 《내전기》를 쓰게 된 까닭이다.

문무를 겸한 고대 명장의 빛나는 유산

카이사르의 문체는, 자신의 입장을 설명하면서도 놀라울 정도로 차분하고 감정이 절제되어 있다. 루비콘강을 건너는 그 역사적 순간의 묘사도, 다른 고대 역사 서술가의 흥미로운 묘사와는 달리 무척이나 차분하고 담담하다. 그러면서도 따분하거나 단조롭지 않고 읽는 이의 흥미를 끌어당기는 면에서는 놀라지 않을 수 없다. 특히 자신을 "카이사르는……" 하며 객관성을 유지하려 한 점은 눈여겨 볼만하다.

카이사르의 《내전기》는 전작 《갈리아전기》와 함께 문학적으로 매우 높은 평가를 받는 전쟁서술기다. 역사상 가장 위대한 장군으로 꼽히는 인물이 자신의 군사적 업적을 가감 없이 들려주는 책으로는 이 두 권이 유일하다 해도 무방하다. 두 책 모두 전쟁문학의 으뜸가는 고전으로 2천 년이 지난 오늘도 전 세계에서 널리 읽히고 있다.

전쟁터에서도 틈나는 대로 펜을 든 뛰어난 문필가였던 카이사르는 많은 저서와 글을 남긴 것으로 전해지지만, 격동의 세월이 지나며 대부분 사라지고 말았다. 이 두 책 《갈리아전기》와 《내전기》만이 그의 뛰어난 문장을 느낄 수 있는 명 저서로서 전해 내려온다. 훌륭한 군인이면서 동시에 탁월한 실력을 갖춘 문인이었던 카이사르의 저술은, 후세에 그의 폭풍과도 같은 삶, 그리고 어지러운 현대사회의 모습과도 닮은 로마의 격동기를 엿볼 수 있는 귀중한 역사적 자료로서 영원히 남을 것이다.

고대 로마 비극의 영웅 카이사르

비너스의 후예

고대 로마에서는 장남이 아버지의 이름을 이어받는 관습이 있었다. 따라서 카이사르 집안의 장남이었던 율리우스도 아버지의 이름인 가이우스를 물려받아 가이우스 율리우스 카이사르(Gaius Julius Caesar)라고 이름 붙여졌다. 그 카이사르는 절개 수술을 통해 겨우 태어났는데, 그 후 그 분만법을 그의 집안 이름인 Caesar를 따서 지금까지도 Caesarian Operation(제왕절개)라고 불리고 있다.

율리우스 집안은 로마의 명문에 속했다. 아버지의 윗대를 거슬러 올라가면, 율루스 혹은 아스카

미의 여신 비너스

니우스 즉, 베누스(비너스)의 손자이자 로마의 건설자 아이네이아스의 아들에까지 다다른다. 한편 어머니 쪽은 로마의 전설상의 왕인 앙쿠스 마르키우스의 후손이라고 한다. 카이사르는 이처럼 명문가임을 내세워 자신의 야심을 정당화하고 모든 방법을 동원해서 자신의 성스럽고 유서깊은 뿌리를 강조했다. 그는 기원전 69년 고모 율리아의 장례식에서 다음과 같이 말했다.

"나의 집안은 어머니를 통해서는 왕의 혈통과, 아버지를 통해서는 불멸의 신

과 이어져 있다."

정계를 활보하려면 스케일 큰 이야기를 만들어낼 필요가 있다는 것을 이미 알고 있었던 것이다. 아버지는 법무관을 지낸 뒤 속주 아시아의 장관이 되었고 이어서 키르케이에 식민시를 건설했으나, 카이사르가 15세 되던 해에 피사에서 급사했다고 한다.

카이사르의 출생 연도는 정확하지 않지만, 기원전 102년 또는 101년이라는 의견보다 기원전 100년이라는 주장이 유력하다. 카이사르는 돋보이는 가냘프고 맵시 있는 소년으로 반짝이는 눈과 밝은 얼굴색을 가지고 있었다. 그는 평범한 파트리키(patricii : 고대 로마의 귀족·문벌 집안) 귀족으로서 빈틈없는 교육을 받았다. 그리스어와 라틴어를 유창하게 구사하며 거기에 글 쓰는 것도 익혀 양국의 문학을 두루 섭렵했다. 잘 알려진 대로 문필가로서도 탁월한 재능을 갖고 있었다. 그는 복잡한 문장을 피하는 것의 중요성을 강조한 언어이론을 전개했다. 그리고 육체를 단련하고 자제심을 길러 심신의 부조화나 극한의 상황도 잘 이겨냈다.

고모부 마리우스에 대한 경외심

젊은 시절 카이사르가 존경해 마지않던 유명한 인물이 있었다. 그 이름은 가이우스 마리우스. 카이사르의 고모 율리아의 남편이다. 마리우스는 평민 출신으로 정치에 진출했으나 뼛속까지 군인이었던 터라 정치적인 재능은 부족했다. 그러나 솔직하고 정직한데다 에너지가 넘쳐흐르는 그의 평민적인 기질은 시민 대중의 마음을 사로잡았다. 명문가의 딸 율리아를 아내로 맞아들임으로써, 자수성가한 인물에게 필수라고 할 수 있는 파트리키 귀족과의 결합이 가능해졌다. 그 무렵의 귀족 사회는 소수 엘리트가 지배하고 있던 시대였기 때문이다.

율리우스 집안의 지지를 등에 업은 덕으로 그는 투표를 통해서 집정관에 선출되었다. 누미디아 왕 유구르타와 아프리카에서 맞붙은 전쟁에서 승리를 거두고 기원전 104년에 개선식을 거행하여 전국에 그 명성을 떨쳤다.

킴브리와 테우토니라는 게르만의 두 부족이 이탈리아 북부에서 로마군을 여러 차례 격파하자, 마리우스는 기원전 102년 아쿠아이 섹스티아이에서 테우토니에게, 그 이듬해에는 베르켈라이에서 킴브리에게 각각 결정적인 승리를 거

▶로마 건설자 아이네이아스
그는 이상적인 로마인이었다. 그림
은 부상 치료를 받으며 고통스러워
하는 아이네이아스

▼마리우스

킴브리족과의 전투에서 승리한 후, 마리우스를 무등 태우고 환희하는 군단병들.

두어 이들의 위협을 일소했다. 그 후 평민파의 간부가 그를 적대시한 탓에 마리우스도 로마를 떠날 수밖에 없었으나, 로마 시민권을 원하는 이탈리아 여러 도시들이 봉기하자 이를 제압하기 위해 다시 로마의 부름을 받았다.

국난은 잠재웠으나 그에 합당한 명예는 회복하지 못하고 있었다. 그러던 터에 옛 하급 관리였던 루키우스 코르넬리우스 술라가 폰투스 왕 미트리다테스에 대한 원정군의 지휘관으로 선발되자 양측은 갈등을 빚기 시작했다. 마리우스의 지지자들은 그에게 지휘권을 주는 법률을 통과시킬 것을 민회에 강요했다. 한편, 술라와 그의 군대는 원정지에서 곧바로 로마로 진군했고 마리우스 일파는 추방되었다. 그러나 술라가 로마를 떠나자, 곧 그들도 힘을 회복하여 정적을 학살했다. 그런데 술라가 미트리다테스를 쓰러뜨리고 귀환하자 이번엔 술라가 수도를 제압하며 대대적으로 복수를 벌였다.

새로운 국면의 전개와 귀족정치

카이사르가 청소년이었던 시절의 로마는 정국이 매우 혼란에 빠져 있었다. 로마 공화정의 지배 영역 확대로 초래한 위기가 계속되고 있었기 때문이다. 국력이 증대됨에 따라 생활과 습관이 바뀌었고 신분의 구성과 관계도 변하여, 예전의 제도는 완전히 시대에 뒤처진 것이 되어버리고 말았다. 특히 원로원의 귀족계층 즉, 대토지소유층과 나란히 기사 신분인 신흥계층이 상업과 징세 청부를 발판으로 대두하기 시작하였다. 중소 토지소유자 즉, 국력의 원천이었던 계층의 세력이 크게 약화되었고, 전쟁으로 목숨을 잃은 사람도 많았으며 경제적으로도 그들은 파멸하고 말았다. 그리하여 파산자와 불만분자가 지방에서 수도로 옮겨왔기 때문에 도시 무산 대중이 증가하였고, 그들은 공적인 시혜나 클리엔테스 관계 즉, 법을 넘어선 사적인 보호 예속 관계에 의지하여 살아가게 된다.

마리우스 시대까지는 귀족정치의 통치 기구가 공고하여, 권력의 일부를 탈취하려는 민중의 시도도 제압해왔다. 마리우스는 가장 중요한 정치문제를 해결하려고 노력하여 처음엔 민중을 지지했으나, 나중에는 그들 가운데 극좌파에게는 반대하게 된다. 그는 7번째로 집정관에 선출되지만 곧 사망했기 때문에, 로마는 돌파구를 찾을 수 없는 최후의 정쟁에 돌입하게 된다.

제도상의 난제와 사회적 긴장을 떠안은 로마는, 열악한 지위에 분개한 이탈

▶청년 카이사르 조각상

▼폰투스 왕 미트리다테스

리아 도시들과 도시 무산 대중 및 농촌 빈민의 압력을 견딜 수 없을 것만 같
았다. 그러나 카이사르를 비롯한 예리하고 결연한 인물들은 이런 사태에서 어
떻게 하면 이익을 창출해낼 수 있을지 알고 있었다. 그가 원하기만 하면 혈통,
교육, 그리고 재산이 현재 권력을 장악하고 있는 파트리키 귀족과 손을 잡고
나아갈 수 있는 길을 열어놓고 기다리고 있었으나, 그것과는 다른 코스를 선
택한 것은 그의 선견지명을 보여준 것이라고 할 수 있다.

대담무쌍한 도전

카이사르의 첫 번째 강적은 술라였다. 술라는 자신에 대해 다음과 같이 말
했다.

"언제나 친구에게는 친절과 호의로, 정적에게는 증오로 충분히 보답했다."

또 술라를 '왕이 되려고 했으나 이루지 못한 일생'으로 보는 견해도 있다. 술

라는 독재관이 되자 국가를 과두정 체제로 다시 구성하여 공포 정치를 펼치며 법을 무시하고 조직적으로 정적을 참살했다.

기원전 105년 술라는 마리우스의 부장으로 아프리카에서 누미디아 왕 유구르타를 상대로 기병을 지휘해 처음으로 사람들의 주목을 받았다. 그러나 마리우스는 적의 왕을 사로잡은 영광이 모두 이 젊은 부하에게 돌아가는 것이 기쁘지 않았다. 계속해서 이탈리아 도시들에 대한 전쟁에서도 최대의 공을 세운 술라에게 마리우스는 점점 불쾌함을 나타냈고, 두 사람 사이의 적대감은 치명적으로 높아져갔다. 미트리다테스에게 승리한 뒤 술라는 원로원파의 일원으로 과두정의 대표자로서 로마의 최고 유력자로 인정받았으나, 그 자신은 마리우스의 일가인 카이사르를 두려운 경쟁상대로 의식하고 있었다.

그러나 카이사르는 대담하고 겁 없는 도전을 시작했다. 이름도 없는 실업가의 딸과 짧은 결혼 생활 뒤 그녀와 이혼하고 킨나, 즉 마리우스의 동료 집정관으로 평민파에 속한 인물의 딸 코르넬리아를 아내로 맞이했다. 술라는 그에게 아내와의 이혼을 명했지만 강경한 반대에 부딪히자, 카이사르를 박해하는 쪽으로 돌아섰다. 유피테르(주피터) 신관 임명을 취소하고, 아내의 지참금을 몰수하고 이어서 재산도 몰수했다. 카이사르는 로마에서 도망칠 수밖에 없었고, 암살자의 손길을 피하기 위해 매일 밤 은신처를 바꾸었다. 유력자인 친구와 친척들이 나서서 술라를 설득했다. 그러나 이 고집 센 젊은이는 몇 명의 마리우스 무리들보다 훨씬 감당하기 힘들다고 한탄했다고 한다. 그것은 정말 맞는 말이었다. 카이사르는 절체절명의 위기에 처했으나, 소나기는 피해야겠다는 심정으로 아시아를 향해 떠났다.

유피테르 신관

카이사르가 취임한 첫 번째 공식 관직은 유피테르 신관(정식으로 취임했는지는 의문)이었다. 이 직책은 실제 권력은 작지만 비너스의 후예에 걸맞게도 많은 특권이 뒤따랐다. 로마 시의 종교적, 법적인 전통을 유지하는 책임을 맡고 있었던 그들은 공적, 사적인 제사 의식을 총괄하고 어떻게 하면 종교적인 의무를 완수할 수 있는지를 결정했다.

신관직의 담당은 대소로 나뉘는데 전자는 통상적인 멤버, 후자는 신관단의 서기를 맡았다. 그들 외에도 신성왕(神聖王), 다시 말해 이전에는 왕의

유피테르 신관들
그들은 로마 시의 종교적, 법적 책임을 맡고 있었으며, 공적 제사 의식을 총괄하였다. 카이사르는 술라에 의해 신관직을 박탈당하고 도망자 신세가 된다.

일이었던 희생 의식을 거행하는 성직이 있고, 나아가서는 특별한 신들을 위한 제사장(플라미네스)이라든가 성화(聖火)를 돌보는 베스타(헤스티아)의 성처녀도 있었다. 신관단의 우두머리는 대제사장으로 불렸다. 신관(폰티페쿠스)의 일은 매우 다양하여 그들은 달력을 만들거나 축일을 정하고 신성한 곳의 부정을 털어내며, 공회의식을 주재하기도 하고 제사의식의 세세한 일들을 감독하거나 관리를 돕고 장례를 감시하기도 했다. 그리고 기도와 혼인의 규정을 책임지고, 관직에 종사하는 관리의 명부를 만들었으며 국사를 기록, 보관했다. 왕의 제사장으로서의 권위를 계승한 자로서 신관단은 포럼(광장) 한쪽 왕궁에서 살며 특별한 예복을 입는 특권이 주어졌다.

카이사르가 왕궁을 방문하는 모습, 또는 포럼을 걷고 있는 광경은 쉽게 상상할 수 있을 것이다. 포럼, 즉 각양각색 사람들의 물결이 끊이지 않는 신전, 공공 건축물, 정부기관, 시장, 점포, 은행 등이 있는 이 지역은 로마의 진정한 심장부였다. 사람들은 이곳에 모여 정치가의 연설에 귀를 기울이고 토론하고 투표하고 법정을 열었다. 포럼의 동쪽에는 연단으로 알려진 단이 있었고, 연설할 사람은 거기서 군중을 향해 이야기했다. 법정 변론가나 정치가의 연설, 온갖 사회 계층의 사람들과 인연을 맺고 거리의 가장 활기찬 곳을 익숙하게 출

입하는 것, 그 모든 것이 젊은 카이사르의 교육과 성장에 매우 중요한 역할을
했음에 틀림없다.

그리스 문화와의 만남

숲라의 특별한 사면을 얻기는 했으나 신관직을 잃은 카이사르가 국면 전환
을 도모하고자, 군사 외교의 경험을 쌓기 위해 동방으로 떠난 것은 현명한 일
이었다. 지방 장관 미누키우스 테르무스의 참모라는 특권적인 지위를 얻었고,
장관은 카이사르를 맘에 들어해 로마의 충실한 동맹자인 비티니아의 왕 니코
메데스에게 사자로 보낸 것 같다. 카이사르의 임무는 왕에게서 미틸레네 봉쇄
를 위한 함대를 얻어내는 것이었다. 도착이 늦어졌다고는 하나 함대에 대한 약
속은 확실히 받아낸 점에서, 사자로서의 임무는 성공했다고 할 수 있다. 그러
나 악의적인 가십이 신용할 수 있는 것이라면, 왕과 카이사르의 친밀한 애정이
야말로 그의 성공에 매우 유력한 도움이 되었다고 할 수 있다.

진상이 어떻든 소문은 끈질기게 계속되어, 그는 평생 동안 '비티니아의 여왕'
이라는 별명을 자신의 군대나 적에게서도 듣게 되었다. 군졸들조차 다음과 같
은 상스러운 노래를 불렀을 정도이다.

"갈리인을 끌어들인 카이사르는 개선 장군, 카이사르를 밑에 깔아눕히고도
(동성애를 의미함) 니코메데스는 이기지 못했네."

비티니아에서의 불장난은 무슨 일이 있을 때마다 키케로를 포함한 정적에
게 대놓고 비난을 받았지만, 부채를 잔뜩 지고도 부끄러워하지 않는 그의 성
격처럼 그 일은 그다지 상처가 되지 않았다. 물론 그는 비티니아의 안일하고
호사스런 생활, 왕과의 친밀한 관계에 미련을 떨치기 힘들었겠지만 곧 소환되
었다. 미틸레네는 맹공으로 점령당했고, 그는 특별히 눈부신 활약 덕에 군인으
로서 최고의 영예를 얻었다. 그 뒤에는 킬리키아에서 군복무를 하고 소아시아
각지에서 다양한 행정상의 지위를 얻었다. 특히 그리스적인 것을 사랑하고 그
문화에 푹 빠졌기 때문에 이러한 체험은 그의 취미에 매우 잘 맞았다.

해적에게 붙잡히다

기원전 78년에 숲라가 몰락하자 카이사르는 급히 로마로 돌아왔다. 그러
나 수도의 상황은 하나도 변하지 않았음을 바로 알아챘다. 평민파는 통일되

해적들에게 잡혀 있는 카이사르

지 않았고 원로원파는 아직도 그 특권을 행사할 수 있는 힘을 지니고 있었다. 그래서 카이사르는 정치활동을 되도록 삼가면서 오로지 글을 쓰거나 친구와 긴 토론을 즐기고, 부인들과 어울리기도 했다. 그러는 가운데 빚이 늘어나, 장래성 있는 젊은이에게 돈을 대주던 대부업자를 크게 기쁘게 하였다. 우선 변론가로의 재능을 보여주기 위해, 마케도니아의 장관으로 부정하게 돈을 모아 제 뱃속을 채운 술라의 부하 그나우스 코르넬리우스 돌라벨라를 고발했지만 소송에서 패했다. 이는 많은 사람들에게 대단히 좋은 인상을 남겼으나, 술라의 지지자들을 화나게 하여 막대한 부채와 아울러, 웅변술 수업이란 명목으로 카이사르로 하여금 재차 동방(로도스)으로 가게 만들었다.

그런데 카이사르는 소아시아 해안을 눈앞에 두고 그만 해적에게 잡히고 만다. 그 무렵에는 피에 굶주린 해적들이 지중해를 종횡으로 휩쓸고 다녔다. 빠르고 가벼운 배를 타고 해안 지대에 침입하거나 속도가 느린 상선을 덮쳐서 선원과 상인을 잡아 막대한 몸값을 요구했고, 몸값을 주지 않으면 그들을 죽이거나 노예로 팔았다. 그때 카이사르의 태도는 용감하다기보다 참으로 무모하다고밖에 할 수 없었다. 그는 자신의 몸값을 더 늘리라고 하고는, 심심풀이로 지은 시를 이해 못한다며 해적들을 바보 취급했다. 이런 행동을 재미있어한 해적들은 그를 순진한 사람이라고 생각하였으나 그것은 그를 과소평가한 것이었다. 카이사르는 일단 풀려나자 해안의 군소 도시 주민들을 모아 시원스럽게 돈을 지불한 뒤, 해적을 기습하여 그들을 모조리 책형(기둥에 묶고 창으로 찔러 죽이는 형벌)에 처했다. 지중해 연안 지방을 위협하던 무리에게는 참으로 적절한 처형법이 아닐 수 없었다.

확고한 발걸음

카이사르는 키케로도 수학한 적 있는 유명한 수사(修辭)학자 아폴로니오스 몰론의 지도하에 웅변술 연구를 완성시키기 위해 로도스로 향했으나 오래 체류하지는 못했다. 기원전 74년 미트리다테스와의 전쟁이 다시 발발하였기 때문이다. 그는 자비로 부대를 더 모집해 적의 부관을 쳤다. 그리고 계속해서, 지중해 소탕의 임무를 부여받은 마르쿠스 안토니우스 밑에서 활약을 한듯하다. 이처럼 과감한 군인으로서 행동했고 또 속주 통치에 대한 정치적인 일면을 드러낸 뒤 기원전 73년에 로마로 귀환했는데, 수도에 입성하기 전에 어머니의 사촌 가이우스 코타를 대신해 신관단의 일원으로 선발된다.

이때부터 카이사르의 권력을 향한 행로가 시작된다. 스파르타쿠스가 이끄는 노예 반란도 크라수스에 의해 가차없이 제압당한 뒤 로마는 한동안 평온 상태가 계속되었다. 카이사르는 죽은 술라의 체제에 대한 반동의 물결에 조심스럽게 편승했다. 새로운 민주적 움직임의 선봉에 선 것이 아니라 한 사람의 관여자에 지나지 않았으나, 한 사람의 주의를 끌기에는 충분했다. 기원전 70년의 집정관 폼페이우스와 크라수스에 의해 호민관의 권한이 회복되어, 카이사르 어머니의 사촌 마르쿠스 아우렐리우스 코타가, 배심재판소 법정의 구성에 관해서 새로운 법을 통과시켰다. 이때 카이사르는 이 법안을 지지했다. 또 에스파냐로 도망쳤던 민중파들에게 관대한 은사를 베푼다는 취지의 법도 지지했다. 처남인 루키우스 킨나가 이 대사면을 받은 사람 중 하나이다. 카이사르는 술라의 제도를 개혁하는 일에 직접 손을 대지는 않았지만 돕기는 했다. 이 일의 추진자는 두 명의 집정관 폼페이우스와 크라수스, 그리고 원로원이었다. 폼페이우스는 탁월한 군인이었고 크라수스는 막대한 부를 지닌 인물이었다.

만찬 연회 폼페이 유적 프레스코화. 철학적인 환담을 동반한 식사

그러나 이미 세상 사람은 카이사르의 영향력도 뼈저리게 느끼기 시작하고 있었다.

민중 정치가와 가문의 긍지

카이사르의 민주정치(democracy)관을 오해해서는 안 된다. 그는 평민파의 선두에 서서 과두정치 그룹을 적대하는 자세를 취했으나, 그의 자랑이기도 했던 자신의 출신에 대해서 결코 잊지는 않았다. 명문 중의 명문으로 인정받는 파트리키 귀족 출신이라는 사실이 자신에게 유리하게 작용할 것 같을 때는 언제나 이 사실을 이용했다. 권력의 자리를 차지하기 위해서 민중과 군대를 의지하려고 했으나, 민중이 근대적인 의미로 자치 능력이 있다고는 카이사르도 믿지 않았다.

카이사르는 분명 민중의 복지에 관심을 가지고 있었다. 그러나 신에게 선택된 인간만이 민중에게 강력한 힘이 주어질 수 있다는 것을 확신하고 있었다.

고귀한 태생은 선택된 사람이라는 것의 증거였고, 여기에 타고난 재능과 행운이 보태진다면 상황은 더욱 유리해진다. 그는 이러한 점에서 고대의 참주 또는 동방의 군주와 거의 다르지 않았다. 로마 세계에는 헬레니즘 이념이 깊이 침투해 있어 그가 그 시대, 아니 온갖 시대를 통틀어 민중 선동자와 닮은 것도 확실하다. 따라서 민중을 이용하기 위해 민중의 환심을 사고, 필요하다면 아첨도 불사하는 전술을 채용했지만, 단 한 가지 남들과 다른 점이 있었다. 그것은 과두정의 힘을 영속시키려고 하지 않았다는 점이다.

이제 생명의 위협은 없어졌지만, 유력한 정적들이 방심하지 않고 주시하고 있는 한 결코 그에게 상황이 유리하다고 할 수는 없었다. 카이사르의 정치가로서의 행보는 느리게 천천히 가고 있었다. 그러나 이미 기원전 72년에 고급 장교직에는 취임해 있었다. 이 자리에는 전시에 보조적인 역할을 하는 군 지휘권도 포함되어 있었지만, 그보다 더 중요한 것은 더욱 높은 지위로 올라가는 첫 관문이라는 것이었다. 관직 승진 코스를 걷는 사람에게 있어서 다음 단계는 원로원을 향한 길을 열기 위한 자리, 즉 재무관 선거에 나서는 것이다. 그는 기원전 70년 여름에 이 자리에 선출되어 다음 해에 취임한다.

두 차례의 장례식

새로운 임지를 향해 로마를 떠나기 전, 즉 재무관에 선출된 해의 두 사건을 통해, 카이사르가 자기 선전에 대한 기술이 얼마나 완벽했던가를 확실히 알수 있다. 그 사건이란 고모 율리아의 죽음과 이어서 바로 일어난 아내 코르넬리아의 죽음이다. 충성의 증거로 이혼을 택하라는 술라의 압박에도 이혼하지 않았던 바로 그 아내 코르넬리아다. 당시 로마 관습에도 없는, 죽은 아내의 장송 연설을 카이사르는 공개적으로 했다. 한편 고모 율리아의 장례에서는 추도의 미사여구를 늘어놓아, 자신의 가문에 관한 자랑을 전부 토로했다. 게다가 고귀한 인물의 장송 행렬에는 죽은 사람의 유명한 선조의 동상을 내놓는 것이 관례였으나, 그때는 고모 율리아의 남편인 마리우스 동상까지 내놓았다. 이것은 분명히 고모에 대한 경외심 그리고 그를 본받으려는 의지를 확실히 표명한 것으로, 그것은 예상대로 큰 반향을 불러일으켰다.

그 후 카이사르는 로마를 떠나 '먼 히스파니아', 다시 말해 두 개의 속주 가운데 히스파니아 남부로 급히 떠났다. 이 땅이 임지가 된 것은 제비뽑기에 의한 것으로, C. 안티스티우스 베데스라는 장관의 부관이 되었다. 재무관은 그 수가 20명으로 직접 각 속주의 장관과 더불어 재무상의 전반을 담당하는 것이 첫 번째 직무였다. 재무관에 선출되면 자동적으로 원로원의 구성원이 되도록 규정되어 있었다. 그것은 원로원 의원 수의 증가와 유능한 보조적인 정무관의 공급이라는 이중의 의미가 있었다. 재무관은 형법상의 사건에 관한 권한도 가져, 세입을 포함한 국고 문제, 징세 청부인 거래의 감독, 벌금 징수, 국가에 채무가 있는 자가 파산한 경우 그 재산의 경매, 기소의 지정 등을 결정했다. 속주에서는 시장을 단속하는 책임도 있어 카이사르는 도시나 마을에 머물며 세금과 공납품을 징수했다.

알렉산드로스 대왕 동상 앞의 카이사르

이러한 요직임에도 불구하고 속주 재무관직의 난점은, 아무리 일시적이라고는 하나 정치의 중심인 로마에서 너무나 멀리 떨어져 있어야 한다는 데 있었다. 그러나 정치가 코스를 열망하는 어떠한 사람도 이 직무를 거치지 않을 수 없었기 때문에 카이사르도 기꺼이 이 직무를 받아들였다. 로마에는 도움이 될 만한 친구들을 남겨두어 이탈리아에서 보내오는 정보와 소문에 귀 기울이며, 멀리 떨어져 활약하면서도 조국과의 연결고리는 끊지 않았다.

알렉산드로스 동상 앞에서

에스파냐에 있었을 때의 카이사르에 대해서는 그다지 알려져 있지 않다. 이미 서른을 넘겨 승진도 별로 빠르지 않았고, 이렇다 할 업적도 없었던 데다 바라던 명성도 얻지 못해 초조했던 적도 분명히 있었을 것이다. 그 무렵 울적한 마음을 보여주는 것으로 이러한 에피소드가 있다. 카이사르는 가데스에 있는 헤라클레스 신전 옆의 알렉산드로스 대왕 동상을 보고 눈물 흘리며, 대왕이 세계를 정복했던 나이에 너무나 미약한 성취밖에 하지 못한 자신을 책망했다고 한다. 그러나 사실 여부는 알 수 없다(이 이야기가 기원전 61년의 일이라는 의견도 유력하다).

카이사르는 임기를 다 마치지 못하고, 정치적으로 중요한 사건이 소용돌이치고 있는 불안한 로마로 돌아왔다. 원로원파 그룹은 아직 강력했지만 영향력은 약해져 있어 그들도 여러 가지 점에서 양보할 수밖에 없었다. 호민관 중에는 당시 평민파의 쟁쟁한 사람들도 포함되어 있었고, 동방의 군사 행동에 관한 흉보(凶報)를 받고도 사태는 개선되지 않았다. 당장 해결해야 할 2대 급선무는 해적과 폰투스 왕 미트리다테스 문제였지만, 기원전 74년의 집정관 루쿨루스(Lucullus)가 해안 지방을 해적의 손에 맡기고 이 폰투스 왕을 내륙 깊숙이 추적했으나 잡을 수가 없었다.

이러한 사태를 이용해 착착 기반을 확보해나간 인물이 그나에우스 폼페이우스였다. 집정관의 아들이자 대토지 소유자였던 폼페이우스는 숱한 군사상의 성공, 즉 누미디아인의 정복과 마리우스파의 마지막 잔당 소탕, 레피두스 봉기의 진압, 히스파니아 평정, 세르토리우스의 제거로 체면을 세우고 있었다. 히스파니아에서 이탈리아로 귀환하자, 그 인기와 군대의 존재를 이용하여, 재무관을 거치지도 않고 기원전 70년에 크라수스와 함께 집정관에 선출되었다. 이렇게 하여 머지않아 카이사르와 손을 잡게 되는 진정한 정적 폼페이우스가 등장한 것이다.

삼인의 실력자

카이사르는 에스파냐에서 귀국하여 기원전 65년 안찰관에 선출되었다. 취임하자 민회, 광장, 공회당을 꾸미는 데 전력을 다했고, 카피톨리노 언덕에도 기둥 복도를 세워 아름답게 꾸몄다. 또 술라의 승리 후 제거된 마리우스 기념비를 카피톨리노 언덕에 되돌려놓는 대담무쌍한 일을 성사시켰다. 이렇게 해서 카이사르의 인기는 높아져 갔으나 결코 로마 제인인자라고 할 수는 없었고, 아직 폼페이우스나 크라수스의 뒤를 따르고 있었다.

위 : 카이사르의 개선식   16세기 에나멜 세공. 대영박물관 소장. 아래 : 수도의 언덕에서 내려다본 로마 광장

폼페이우스 초상이 새겨진 화폐　기원전 40년 그의 아들 섹스투스 폼페이우스에 의해 발행된 데나리우스

폼페이우스는 술라파에 속해 훌륭한 경력을 쌓고 술라를 위해 싸워왔다. 그가 시칠리아와 아프리카에서 마리우스파를 격파하고 로마로 귀환했을 때, 술라는 폼페이우스에게 정식으로 마그누스(위대함)라는 타이틀을 내리고 마지못해 개선식 거행을 수락했다. 크라수스는 유능한 장군일 뿐 아니라 로마 최대의 부호로 손꼽혔다. 소방대를 독점하여, 화재가 난 집이 있으면 그 주인이 집을 헐값에 팔 때까지 불을 끄지 않는 방법으로 막대한 재산을 모았다고 한다.

크라수스는 폼페이우스의 인기를 시기하여 그를 미워했다. 그러나 정치적 계산으로 그의 비위를 맞추었고, 폼페이우스도 원로원에서의 크라수스의 영향력을 필요로 했다. 그래서 두 사람은 서로 협력하여 나란히 집정관에 취임하였다. 카이사르도 당장은 이 두 사람으로부터 떨어져 적대하려고 하지 않았다. 그 중에서도 크라수스는 둘도 없는 돈줄이었기 때문이다. 이렇게 해서 이 세 사람의 일시 동맹이 시작되었다. 폼페이우스는 군사적 위업으로, 크라수스는 재력으로, 카이사르는 민중의 인기에서 각자 탁월한 인물들이었다. 폼페이우스와 카이사르는 항상 서로에 대한 주의를 게을리하지 않았지만, 나중에(기원전 59년) 폼페이우스가 카이사르의 딸과 결혼한 뒤 양자의 적대감은 한동안 등 뒤로 숨게 된다.

폼페이우스의 대원정 사업

역사라는 필터를 끼고 카이사르와 폼페이우스를 보면 폼페이우스는 카이사르보다 훨씬 열등한 인물이 되지만, 그렇게 폼페이우스를 낮게 평가하는 것은 옳지 않다. 카이사르보다 6세 위인 폼페이우스는 크라수스와 함께 기원전 70년에 집정관이 되었는데 이 때 36세, 이미 누구와도 견줄 수 없는 명예와 명성을 획득하고 있었다.

전투 중인 폼페이우스가 병사들에게 둘러싸여 있는 광경

　그의 최대의 명성은 해적과 미트리다테스 소탕을 통해 얻은 것으로 알려져 있다. 좀처럼 붙잡기 힘든 이 폰투스의 왕은 집정관 루쿨루스의 군대를 내륙 깊숙이 유인했고, 그로 인한 해안의 무방비를 틈타 해적은 함부로 날뛰었다. 상선은 지중해를 항해할 수 없게 되었고, 해안 지대의 주민들은 끊임없는 해적의 습격을 두려워했다. 해적은 사모스, 델로스 등의 섬들을 약탈했으나 보복이 없는 것을 알고, 대담하게도 이탈리아 반도에 상륙해 사람들을 인질로 잡았다. 로마는 기근이 들어 민심까지 들끓기 시작해 사태가 심각해지자 특단의 조치가 필요해졌다.

기원전 67년 호민관 아울루스 가비니우스의 제안으로 카이사르를 포함한 많은 원로원 의원의 동의를 얻어, 폼페이우스에게 이 문제에 관한 특별한 권한을 3년 동안 주기로 결정했다. 그러나 그에게는 3개월이면 충분한 일이었다. 지중해를 13구역으로 나누어 부사령관들이 이끄는 함대를 파견해, 해적이 날뛰는 지역을 차츰 좁혀가 마침내 본토에서 그들을 내쫓아버렸다. 그 뒤 200년 동안 다시는 도발하지 못할 정도로 괴멸에 가까운 타격을 입힌 것이었다. 미트리다테스에 대한 승리 또한 전례를 볼 수 없는 단기간에 끝내버렸다. 그의 군사가 왕의 군대를 철저히 궁지에 몰아넣었기 때문에 왕은 도주 끝에 무참하게 자살하고 말았다. 이 두 승리에 의해서 소아시아의 힘의 균형이 결정적으로 바뀌게 되었다. 로마는 새로운 속주를 획득하여 거액의 자금을 국고로 끌어들이게 되었다.

빚으로 치러진 행사

크라수스에게서 대대적으로 빌린 돈으로 기원전 65년 최고 안찰관에 오름으로써 카이사르에게는 새로운 위신과 권위가 더해졌다. 안찰관의 임무는 도로, 건물 등을 감시하고 시장, 물가, 종교적 축제를 감독하는 일이었다. 특히 공적인 행사를 조직, 운영할 의무가 있어 누구라도 그것을 위해 마음대로 돈을 쓸 수 있었기 때문에 이 일은 민중의 인기를 얻는 확실한 수단이 되어 있었다. 그동안 거리낌 없이 빚을 져 온 카이사르였기에 돈을 쓰는 데에 있어서는 누구에게도 지지 않았다. 그는 자신의 이름을 내걸고 경기를 개최했고, 때로는 동료 마르쿠스 칼푸르니우스 비불루스의 이름을 함께 내걸기도 했다. 그러나 비불루스는 폴룩스에 비유되었다. 그것은 로마 중앙 광장의 카스토르와 폴룩스 쌍둥이 신의 신전이 통상 그냥 카스토르 신전이라고 불리며 폴룩스의 이름이 떨어져나간 것과 일맥상통한다. 그처럼 비불루스와 카이사르 두 사람의 이름으로 개최된 행사도 카이사르의 행사라고 불렸다. 비불루스는 불평했지만 그는 개의치 않았다.

카이사르의 행사는 모든 사람에게 강렬한 인상을 남겼다. 전차 경기 같은 것은 사람들을 매료시키기 충분했으나, 무엇보다 사람들을 열광시킨 것은 검투사 경기였다. 그것을 위해 특별히 훈련받고 각종 무기를 갖춘 노예와 죄인들

투기장에서의 검투사

이 팀을 이루거나 단독으로 싸웠다. 귀족들조차, 만약 관람할 수 있다면, 또 민중을 얻기 위해서라면 열렬한 관심을 쏟았다. 카이사르가 자신의 이름을 건 경기에 너무나 많은 노예를 투입하자 원로원은 로마에 데리고 들어오는 노예의 수를 제한할 것을 명했을 정도이다. 물론 로마 사람들의 뇌리에는 최근의 혁명을 리드한 것은 이 행사를 위해 훈련받은 노예들이라는 것이 각인되어 있었다. 카이사르는 또한 야수를 데려다 투기장(아레나)에서 싸우게 했는데, 야수끼리만이 아니라 검투사와 야수를 싸우게 하는 경우도 있었다.

귀족정 체제에 대한 새로운 일격

군사 임무를 위해 폼페이우스가 로마를 떠나자 비로소 크라수스의 음모 계획이 수행되기 시작했고 이는 간접적으로 카이사르의 야망을 증대시켰다. 원로원 과두정 사람들은 평민파에 속하는 기원전 65년 집정관의 당선을 무효로 하고 비밀 투표에 의혹이 있다고 이들을 고발한 뒤 이를 대신할 두 사람을 지명했다. 안찰관 카이사르는 그해 1월 1일에 이 새로운 두 사람을 암살하고 배재된 사람들을 원래대로 복귀시키려는 크라수스의 음모에 가담했다. 그러나 막판에 음모가 발각되었다. 정해진 날에 음모 가담자들에게 신호하는 것을 카이사르가 잊었기 때문이다. 그는 다른 사람을 위해서 행동하는 인물이 아니

키케로(기원전 106~43)

라, 자신을 위한 특별한 대권을 얻으려고 힘쓰고 있었다. 이집트를 로마의 속주로 만들려고 했던 것도 그런 속셈이었다. 이 야심찬 계획을 원로원파의 귀족들은 예삿일이 아니라고 판단했고 위험하기 짝이 없는 일이라고 비판하여 결국 그 안은 통과되지 못했다.

그러나 카이사르는 의기소침하지 않고, 대제사장 메텔루스 피우스가 죽자 그 후임에 입후보하여 눈앞에 펼쳐진 기회를 잡으려고 했다. 그러나 입후보한 사람들 중에 카이사르가 가장 가망이 없어

보였다. 다른 두 후보자가 세르빌리우스 이사우리쿠스와 카툴루스(원로원 수석)라는 쟁쟁한 귀족들이었기 때문이다. 호민관 라비에누스가 카이사르를 위해 낡은 관습을 복원시키는 법안을 통과시켜, 대제사장은 로마 시민단을 구성하는 35개 구역(트리부스) 가운데 17개 구역에 의해 선출하게 되었다. 이리하여 선거에는 투표자의 표를 매수할 필요가 생겼다. 그러나 이 중요한 지위를 획득할 수 있는 가망이 적었기 때문에 부호 크라수스가 적극적으로 나서주어 카이사르는 압도적인 표를 획득할 수 있었다(기원전 63년). 실로 원로원파 귀족에 대한 혹독한 일격이 아닐 수 없었다. 그들의 대부분은 술라의 예언적인 경구(警句) '수많은 마리우스파보다 위험한 인물'이 누구를 가리킨 것인지 그때서야 뼈저리게 느꼈다.

카틸리나의 음모

기원전 63년 카이사르는 어려운 국면에 직면하게 되었다. 폼페이우스의 원정이 국고를 피폐하게 만들어 상업 활동이 정지했기 때문에 기근의 위기가 닥친 데다, 원로원에서는 당파 싸움이 더욱 격렬해지는 등 이런저런 이유로 신분과 계급 간의 불만도 확산되어갔다.

그런데 기원전 64년에 실시된 집정관 선거 후보자 가운데 카틸리나라는 파트리키 귀족의 젊은이가 있었다. 그는 상당히 악명높은 인물로, 표를 얻기 위

키케로의 연설을 듣고 있는 카틸리나
카틸리나 음모 사건에서 가장 유명한 장면을 묘사한 것. 카틸리나는 따로 떨어져 앉아 키케로의 연설에 귀 기울이고 있다.

해 당선에 성공하면 부채를 탕감해주겠다고 약속하고, 낙선하면 정적에게 큰 대가를 치르게 하겠다고 공언하였다. 이미 기원전 66년에 불법징수 혐의로 재판을 받았으나 다음 해에 무죄가 된 바 있다. 기원전 64년에 실시된 집정관 선거에서는 크라수스와 카이사르가 뒤를 돌봐주고 있음에도 불구하고 매수가 너무나 심했기 때문에, 반대파인 원로원파의 노여움을 사서 보기 좋게 키케로에게 패했다. 그러나 그는 패배를 인정하지 않고 기원전 63년에 재차 선거에 나갔으나, 그때는 검투사와 술라의 잔병들로 구성된 호위 일당을 모아 키케로와 그 동료들을 죽일 계획을 세웠다. 온 이탈리아가 자신의 명령에 봉기하고 구원부대가 아프리카에서 올 것이라고 착각했던 것이다. 그러나 계획은 누설되어 실패로 끝나고 카틸리나는 공적으로 선언되었다. 원로원에서는 그와 그 동료들에게 내릴 처벌에 관한 논쟁이 벌어졌다. 키케로와 카토는 사형을 주장했지만, 카이사르는 자신의 속내를 들키지 않도록 하면서 온건한 입장을 세웠다. 사형 판결에 동의하면 자신의 당파를 부인하는 것이 되고, 반대하면 음모자들을 지지하고 있다 하여 고발될 것이기 때문이다. 그는 로마 시민인 자가 민회에 대한 상소권을 박탈당하고 사형 판결을 받는 것은 법에 어긋난다고 표명함에 따라 위기를 벗어났다. 원로원 의원들이 키케로와 카토에게 유리한 판결을 내리자 카이사르는 한동안 조용히 지냈다.

보나 데아 축제의 스캔들

그 얼마 뒤 카이사르의 아내 폼페이아가 심각한 스캔들에 휩쓸렸다. 이때 카이사르는 다시 한 번 침착함을 드러냈다. 폼페이아는 술라의 손녀로 전처 코르넬리아가 죽은 뒤 기원전 67년에 맞아들인 아내이다. '보나 데아 여신'의 축제에는 여성들만이 비밀스럽게 의식을 행하는 관습이 있어 남성들은 출입할 수 없었다. 이 축제는 고관들의 집을 돌아가며 열리는데, 이때는 기원전 62년 법무관이었던 카이사르의 집에서 열렸다. 폼페이아를 사모하던 젊은 미남자 클로디우스가 소녀로 분장하고, 평소 시어머니 아우렐리아가 감시하고 있는 폼페이아에게 접근하려 했다. 그러나 그의 계획이 실패로 돌아가 발각되어 끌려나오자 온 로마 안에 스캔들이 퍼졌고 클로디우스는 법정에 서게 되었다. 그를 기소한 것은 키케로였다. 클로디우스는 알리바이를 인정받으려고 했으나 실패했다. 그런데 놀랍게도 카이사르가 그의 편을 들고 나섰다. 카이사르는 자신의 아내는 의심조차 받아서도 안 된다는 주장을 펴 서둘러 이혼하는 한편, 클로디우스에게 불리한 증언은 거부했다. 그로 인해 클로디우스는 키케로를 그 뒤 계속 증오했으나 카이사르에게는 모든 헌신을 다했다. 이 현명한 행동으로 카이사르는 자신의 인격은 침해되어서는 안 된다는 것을 강조할 수 있었고, 심각한 반향을 초래할 뻔한 싸움을 피할 수 있었다.

이 스캔들 이전에 법무관 카이사르는 Q. C. 메텔루스 네포스, 즉 호민관이자 폼페이우스에게는 충실한 지지자, 키케로에게는 불구대천의 정적에 의한 분쟁에 개입되어 있었다. 원로원은 메텔루스와 카이사르의 지위를 박탈했으나 카이사르는 원로원의 명을 듣는 척하고 집에 칩거해버렸다. 그러나 군중들이 카이사르를 동정해 들끓기 시작하자, 원로원도 정직(停職) 명령을 거두어들일 수밖에 없었다. 이는 카이사르에 대한 민중의 지지를 보여주는 좋은 예라고 할 수 있다.

'임페라토르'로 불리다

법무관직 이후 카이사르에게 기원전 61년 속주인 먼 히스파니아를 통치하는 임무가 주어졌었다. 그러나 채권자가 그를 위협해 붙잡아두려고 했기 때문

보나 데아 축제

에 로마를 떠날 수 없었고, 이렇게 되자 크라수스가 다시 한 번 그의 보증인으로 등장했다.

먼 히스파니아에서 그는 속주의 실정을 토대로 최대한의 이익을 끌어내려고 했다. 그는 마음먹은 대로 군세를 증강하는 것부터 손을 대기 시작해서 현지군 20개 대대에 더하여 속주민에게서 10개 대대를 여분으로 징집했고, 병사들에게는 전리품과 명예도 후하게 나누어주었다. 또 로마의 전통적인 정책에 완전히 반하여, 별다른 차등을 두지 않고 많은 사람들에게 시민권을 주었다. 여기서도 또 같은 시대의 다른 누구보다 훨씬 현실적인 태도를 취한 것이다. 야만인도 이제는 국가에 없어서는 안 되는 구성원이 되어야 한다는 것까지 완전히 계산에 넣고 있었던 것이다.

이 자유주의적인 자세는 항상 그의 특징으로, 나중에는 속주민을 원로원 의원으로까지 만들었다. 그는 또 각 도시 내부의 혼란을 조정하고 부채 탕감 규정도 정했다. 한편 다른 속주의 장관들처럼 자신의 호주머니를 채우려고도 하여, 지배하에 있는 도시들로부터 오는 선물을 마다하지 않았으나 국고를 윤택하게 하는 것도 잊지 않았다.

또 군사상으로도 이름을 높여 폼페이우스의 명성을 상쇄시키려는 욕심을 갖고, 이유를 불문하고 전쟁을 벌였다. 원주민이 기회를 주지 않으면 도발 행위에 나서기도 했다. 두에로강 남부의 산적 부족을 평지로 이동시키려다 거부 당하자 그들을 단호하게 분쇄한 뒤, 가데스에서 함대를 징발하여 그들의 도피처까지 추적하여 잔학하게 짓밟았다. 또 갈리시아로 항행하여 브리간티움(라코 루냐)에도 상륙했다. 그곳에서 병사들은 환호하며 그를 임페라토르(대장군)라고 불렀고, 원로원도 그의 개선식을 승인했다. 속주에서 카이사르 행동은 모두 로마에 대한 영향력을 생각한 것이었다.

어렵게 탄생한 삼두정치

이제 카이사르는 쉽지 않은 곤경에 처해 있었다. 집정관이 되기 위해 열심히 노력한 것도 당연한 일이었다. 집정관 입후보는 개선식을 거행한 뒤에만 허락되었으나 카이사르는 개인적으로도, 정치적인 이유로도 개선식을 하지 않고 입성하고 싶지는 않았다. 그러나 원로원파의 지배하에 있는 원로원은 의도적으로 그를 로마 성문에서 기다리게 했다.

한편 로마에서는 폼페이우스와 크라수스가 서로 으르렁거리고 있고 원로원파는 이런 두 사람 사이를 더욱 부채질하고 있었다. 폼페이우스는 동방에서 승리한 뒤에는 군대를 해산하여 정적 앞에 맨몸이 되었기 때문에, 이에 안심한 크라수스는 공공연하게 그에게 도전했다. 그래서 원로원파 그룹은 두 사람을 서로 번갈아 움직이게 하여 쌍방의 힘을 약화시키려고 했다.

카이사르가 이런 의도를 놓칠 리가 없었다. 양쪽에 다 친교가 있던 그가 중재자로 등장하는 것은 쉬운 일이었고, 그 대가로 자신의 선거전에 대한 지지를 요구하는 것도 간단한 일이었다. 그들이 협동하면 정부를 마음대로 부리는 것도 가능한 일이라 세 사람은 협력하는 것에 동의했다. 목표를 눈앞에 두고 일을 그르치지 않는 카이사르는 자신의 입장을 생각하여, 개선식을 포기하고 기원전 59년에 무난히 집정관에 선출되었다. 동료 집정관은 비불루스로 카토

▲카이사르의 개선식 모형

▶카토의 체포를 명하는 카이사르

▼르네상스 시대의 호화로운 태피스트리(장식 융단)
제1차 삼두정치를 얼마나 예술적으로 구상화했는
지를 보여주는 작품이다. 왼쪽에 크라수스가 고삐
를 잡고, 위에는 폼페이우스가, 오른쪽에는 카이사
르가 연설하고 있다. 15세기. 베른박물관 소장.

고대 로마 비극의 영웅 카이사르 481

의 친구이기도 했다.

우선 카이사르는 자신의 권한을 마음먹은 대로 행사하려고 했으나 곧 원로원파와의 충돌을 피할 수 없게 되었다. 평민파의 옹호자인 카이사르는 폼페이우스의 늙은 정예병과 로마의 빈민을 위한 토지 징발 법안을 제출했다. 카토가 원로원에서 방해하였으나 그는 틈을 주지 않고 체포했다. 비불루스는 거부권을 발동하려다가 적대적인 민중으로부터 봉변을 당했다. 이 시점에서 카이사르도 결단을 내려, 원로원을 뛰어넘어 민회에 직접 법안을 제출했다. 물론 법은 통과되었고 원로원도 승리를 인정했다. 집정관으로서 카이사르의 행동은 실질적으로는 호민관의 그것과 마찬가지로, 부당취득 단속법 등 친 민중적인 입법에 전력을 기울였다.

양 갈리아의 장관으로 임명되다

집정관직이 중하다고는 해도, 관례에 의하면 다음 해에 카이사르가 차지하게 될 프로콘술(지방장관)직이 그보다 훨씬 더 중요했다. 그러나 어떻게 하면 자신이 로마를 비운 사이에 정적이 호기를 잡는 것을 막을 수 있을까? 동료 카이사르의 방약무인함 때문에 비불루스는 집 안에 틀어박힐 수밖에 없었으나, 곧 카이사르에 대한 중상모략을 퍼뜨리기 시작했다. 입에 담을 수 없는 풍자의 말들을 로마 시의 벽에서 볼 수 있었다.

그러나 카이사르에게 최대의 위협은 키케로였고 그를 내쫓을 방법을 찾아야 했는데, 이때 클로디우스와의 우호 관계를 이용했다. 보나 데아의 스캔들 사건으로 클로디우스를 고발한 일로, 키케로는 그에게 불구대천의 적이 되고 말았고, 카이사르는 증거를 제출하는 것을 거부해 그를 도왔던 것이다. 그러나 클로디우스로서도 행동을 취하기 위해서는 우선 유력한 지위, 즉 호민관에 선출되어야 했다. 파트리키 귀족은 평민의 지위인 호민관이 될 자격이 없었으나 대제사장 카이사르와 조복관 폼페이우스의 동의로 그는 평민의 양자가 되어, 평민의 양자는 평민이 된다는 법률이 공시됨으로써 호민관의 지위를 얻을 수 있게 되었고 일은 순조롭게 진행되어 갔다(기원전 58년).

그리하여 그는 법적인 판결 없이 로마 시민의 생명을 뺏으려고 한 자는 형법상의 범죄를 범한 것이 된다는 규정을 통과시켜, 카틸리나 일파의 처형에 지도적인 역할을 한 키케로를 로마에서 추방할 수 있게 되었다. 그러자 키케로는

군적에 오를 병사들을 묘사한 돋을새김

현명하게도 스스로 로마를 떠난다(기원전 58년 3월).

　한편 그 사이에 바티니우스의 제안으로, 카이사르는 우선 5년 임기로 3개 군단을 이끌고, 부사령관 선출, 식민시 건설의 권한까지 부여된 갈리아 키살피나의 장관에 임명되었고 이어서 원로원에 의해 거기에 1개 군단과 갈리아 나르보넨시스의 통치까지 부가되었다. 이 지위는 그의 기대를 훨씬 넘은 것이었다. 실은 폼페이우스와 크라수스의 동맹이 알려지기 전에는 그에게 '삼림과 가축의 통로'의 감독이라는 시시한 직위가, 집정관직이 끝난 뒤에 주어질 예정이었기 때문이다. 그 직책에 취임하자 차분하게 병사를 소집하여 훈련하기 시작해, 처음 계획했던 것보다 훨씬 긴 9년이나 갈리아에 머물러 있게 된다.

카이사르와 여인들

　갈리아로 떠나려 하는 이 남자는 빈틈없는 정치가, 아름답게 치장한 장군일 뿐만 아니라 로마 사교계에서도 유명한 사람이었다. 유행을 따라 의상에도 아낌없이 돈을 쓰고 또한 기혼 미혼을 가리지 않는, 수많은 여성들과의 정사. 그의 이름에 따라붙는 파렴치한 스캔들 때문에, 키케로를 포함한 많은 사람들이 그를 오해하여 그의 진짜 역량을 과소평가했을 정도였다. 멋쟁이이자 죄의식도 없이 평화로운 가정을 어지럽히는 남자, 비티니아 왕의 애인이라는 전력을 가진 그가, 공화정 로마를 위기에 빠뜨릴 정도로 위험한 인물로는 보이지 않았던 것이다. 그를 공공연히 비티니아 왕비의 라이벌이라고 말하는 사람도 있고, 로마 거리의 벽에는 '여왕…… 예전에 한 번은 왕에게 정신을 팔았지만 지금은 왕관에 정신이 팔려 있다'고 하는 문구도 보이곤 했다. 그러나 그의 마음을 정말로 사로잡은 것은 여성으로, 왕실 여성, 귀족, 평민, 야만족, 노예 등 신분에 상관없이 매력적인 여성이라면 누구에게나 빠졌다. 수에토니우스에게 는 그에게 유혹당한 기혼 여성들의 목록이 있었다.

그러나 카이사르에게 최고의 애인은 브루투스의 어머니인 세르빌리아였다. 세르빌리아를 위해서라면 부동산 매매를 통해 수익을 올려주기도 하고, 때로 는 6백만 세스테르티우스나 하는 진주를 선물하기도 했다. 브루투스는 카이사 르의 아들이고, 카이사르는 세르빌리아의 딸 테르티아와도 사랑을 즐겼다는 소문이 나돌았다. 세르빌리아와의 관계는 약 20년 동안 계속되었다.

한편 아들 카이사리온을 얻기는 했지만 클레오파트라와의 관계는 오래가지 않았다. 분명 클레오파트라는 카이사르에게 큰 영향을 주었으나 이 정사가 로 마인의 마음을 어지럽힌 이유는, 그의 왕위를 향한 야망을 눈치 챘기 때문이 다. 사람들은 선망과 외경심이 뒤섞인 심정으로, 세련되고 온갖 사치를 다하는 동방의 독재군주정을 주목하고 있었던 것이다.

대모험 사업의 전개

이제 카이사르에게 있어 최대의 모험이 시작되고 있었다. 갈리아에서 군사적 인 영광뿐만 아니라 부채를 다 갚고도 로마에서의 정치적 매수를 위한 끊임없 는 공급원으로서 부를 얻으려는 것이다. 더욱이 그는 자신의 정복사업에 대한 대작을 쓰려 하고 있었다. 로마에서도 갈리아는 병사, 노예, 금은보화가 가득 한 저장고이지만, 자원을 더욱 잘 이용하기 위해서는 항시 전란 상태를 유지할 필요가 있었다.

카이사르가 지휘하는 군대는 세계 최강으로, 강력한 군율에 익숙하고 완전 하게 훈련된 병사들로 구성되었다. 그 기초 단위는 군단인데 6천여 명의 병사 로 이루어지며, 10개 대대, 60개 소대로 나뉘었으나 실질적인 병력은 부상자와 결원을 빼면 5천 명 정도였다. 군단병은 보병으로 각자 커다란 방패, 창 두 개, 단검 한 개를 지니고 있었다. 군단은 부사령관이 지휘를 맡았으나, 전쟁 경험

《갈리아전기(戰記)》(1511)에 그려진 전투장면

이 가장 많은 군인들인 백인대장이 장교단의 중핵이었다. 보병은 지방에서 동원된 전문 부대, 갈리아·게르마니아의 기병, 크레타·이집트의 궁수, 발레아레스 제도의 투석기병의 지원을 받았다. 이와 함께 도로나 다리를 놓고 성채를 쌓고 무기와 전쟁 도구를 정비하는 기술자도 중요했다.

　카이사르는 갈리아에서 전쟁을 통해 자신의 병력을 늘려 결국은 9개 군단, 약 5만 명의 제1선 부대의 병사, 5만 이상의 보조 부대병을 지휘하기에 이르렀다. 그로 인해 이 대부대의 훈련과 군량미 보급이 커다란 문제로 대두된다. 부사령관 가운데 라비에누스는 눈에 띄게 활약한 인물로 카이사르는 그를 전폭적으로 신뢰하여, 자신이 자리를 비울 때는 언제나 전군의 지휘를 맡기곤 했다. 그러나 뒷날 라비에누스와 카이사르는 끈질긴 악연의 숙적이 되고 만다.

갈리아 전쟁에서의 탁월한 전술

　카이사르는 기원전 58년부터 갈리아의 장관으로 싸움터를 전전하게 되었다. 갈리아에서의 첫 번째 전쟁 상대는 헬베티족이었다. 카이사르의 기록에 신빙성을 인정할 수 있다면 그들은 부족원 전체, 거의 36만 8천여 명이 로마 국경선, 론 강변에 집결해 있었다. 남서갈리아의 비옥한 토지로 이주하려고 생각한 것이다. 그러나 그러기 위해서는 갈리아·트란살피나를 통과해야 했다. 로마에 대한 잠재적인 위협이었던 이 세력을 뿌리 뽑기 위해서는 카이사르로서도 재빨리 대처할 필요가 있었다. 그러나 카이사르의 대군은 아직 이탈리아에 주둔하고 있었고, 10만의 적군을 대적할 수중의 군사는 1개 군단밖에 없었다. 제네바 근교의 론강을 가로지르는 단 하나의 다리를 파괴하고 약 30킬로미터의 전선에 군대를 배치한 뒤, 전속력으로 강력한 보루선을 구축할 것을 명령했다. 라비에누스가 지휘하는 강력하고 굳은 수비진을 깔고 자신은 이탈리아로 돌아가 남은 병력, 즉 아퀼레이아에 주둔해 있던 3개 군단과 각지에서 소집한 2개 군단을 집결시켰다.

론강을 건너는 것은 불가능하다고 본 헬베티족은 다른 부족의 영역을 강행 돌파하기로 결심한다. 그곳은 하이두이족의 영토로, 그들은 즉각 침입자에 대해 로마군에 지원을 요청했다. 한편 강행군으로 알프스를 넘어 돌아온 카이사르는 헬베티족의 배후에 나타났으나, 병력의 차가 현저했기 때문에 백병전은 피하는 작전을 내세웠다. 그러다 어느 시점에선가 방향을 바꿔 하이두이족의 요새 오툉을 향해 진격하게 된다. 이 움직임에 속아서, 카이사르가 후퇴하는 것으로 생각한 헬베티족은 이들을 추격했다. 이것이야말로 카이사르가 바라던 바였다. 오툉에서 멀지 않은 곳에 있는 험준한 언덕 비탈에서 3열로 포진하여 격전을 전개한 이 전쟁은, 카이사르에게 최초의 대승리를 안겨 주었다.

며칠 뒤, 남은 사람들도 항복하고 자신의 고향에 돌아갈 것에 동의했다. 계속해서 게르만인인 아리오비스투스를 알자스의 들판에서 격파하고, 기원전 57년에는 북쪽의 벨가이족의 영토에 들어가서 특히, 사비스 강변의 전투에서는 네르비족을 분쇄했다. 또 아투아투키족에 대해서도 승리를 얻은 뒤, 계속해서 노르망디, 브르타뉴를 장악하여 같은 해 가을에는 갈리아의 대부분을 차지했다고 선언하였다. 이처럼 방위 전쟁, 맹방의 보호라는 옛날부터 내려온 의로운 전쟁의 이론을 내세우며 병사들의 선두에 선 카이사르에 의해 갈리아 땅은 점차 로마의 지배권에 편입되어 갔다.

게르만인의 영토로 진격

사실 모든 일이 순조롭게 진행됐다고는 할 수 없다. 로마군도 혹독한 시련을

▲인간 희생을 바치는 게르만인
《갈리아전기》의 판화

▶로마군에 저항하는 게르만인 아리오비스투스

▼게르만인과 로마인의 전투도

견뎌내야 했고, 전쟁에서 패배를 당하는 경우 또한 있었다. 항해 민족인 강적 베네티족을 함대의 힘을 빌려 제압했지만, 북유럽의 가장 호전적인 부족 수에비족의 압력을 받자, 게르만인의 두 부족이 벨가이인의 영토로 도망쳐왔다. 그들은 강 어귀 부근에서 라인강을 건너 약탈과 방화를 일삼으며 진군했다. 게르만인은 수에비족 때문에 자신들의 땅을 포기할 수밖에 없었다고 변명하는 사자를 카이사르에게 보냈다. 만약 지금 점령한 벨가이인의 영토에 이주하는 것을 허가해준다면 더 이상 피해를 끼치는 일은 없을 거라고 서약했다.

그러나 카이사르는 이에 대해, 게르만인이 라인강 도하를 그만두지 않으면 협의에 응하지 않겠다고 하였다. 그들은 생각할 시간을 요구했지만, 카이사르는 그들이 정말 원한 것은 잠시 시간을 버는 것임을 간파하였다. 그는 사자가 휴전 연장을 요청하러 나타나자 재빨리 체포하는 전격적인 행동으로 나갔다. 게르만인은 혼란에 빠져 도망쳤으나 이들을 추적한 기병에게 섬멸당한다. 카이사르는 한 명의 병사도 잃지 않은 반면 게르만인 43만 명은 대부분 목숨을 잃었다.

나중에 로마에서는 카이사르의 게르만인에 대한 조약 위반에 대해 비난의 목소리가 일었다. 카토는 그를 야만족의 손에 넘겨주어야 한다고 했다. 힘없는 여자와 아이들을 수없이 죽이고 사자를 구금한 것은 명백한 국제 규정 위반이기 때문이었다. 그러나 카토의 공격은 진정한 법률 위반보다는 개인적, 정치적 목표를 겨냥한 것이었다.

게르만인 섬멸 뒤, 카이사르의 공병대는 라인강에 다리를 놓고, 로마군은 게르만인의 영토를 침입하였다. 그곳에서 80일 동안 체재하며 나아가는 곳곳마다 약탈을 일삼았다. 자신에게 유리할 때는 관대했던 카이사르도 때때로 극단적으로 잔학했다.

브리타니아 침략 작전
이제 카이사르의 창끝은 브리타니아(브리튼섬)로 향했다. 이 섬은 갈리아 봉기자의 은신처로, 섬 주민들도 로마인에 대한 증오의 감정을 불태우고 있었다. 그리하여 그들을 공격하기로 결심하고, 악천후 속에서도 2개 군단과 기병의 일부를 이끌고 함대를 부르고뉴로 출항시켰다. 브리튼인은 로마군을 물가에서 기다리고 있었다. 군함은 투창이 닿을 수 있는 해안 근처까지 전진하고, 수

신속한 교량 건설

카이사르는 라인강에 10일 만에 다리를 건설했다. 기원전 55년 6월 12~21일. 신속함과 정교함으로 오늘날까지 군사적 토목공사의 걸작으로 친다. 너비 약 4m, 7~8m 간격으로 50개의 기둥이 받치고 있다.

송선은 멀리 정박하여 군단병을 얕은 여울에 상륙시켰다. 브리튼인은 물러갔으나 카이사르는 기병이 충분하지 않아서, 승리의 여세를 몰아 추적하는 것은 그만두었다.

이듬해 여름(기원전 54년) 다시 한번 함대를 강화하여 800척 정도로 작전을 전개했다. 이번에는 5개 군단, 갈리아 기병 2천 기를 상륙시켰으나 결정적인 승리를 거두지는 못했다. 그래서 외교적인 수단을 사용하여 지방 수령 몇 명과 동맹을 맺고 적의 전선을 약화시킴으로써 몇 주 사이에 대승리를 거둘 수 있었다. 그러나 배의 계류에는 실패하여 강한 폭풍우로 40척이 파손되었다. 결국 평화조약이 맺어져 그 안에 로마의 공납금을 지불하는 조항이 포함되어 있었으나, 이 약정 사항은 그 자신도 그다지 기대하지 않았고 사실상 이행도 되지 않았다.

카이사르는 이 작전은 힘의 무익한 낭비였다고 느끼고, 브리튼인들도 점차 저항력을 키워갈 것이라고 생각한 듯하다. 큰 혼란에 빠진 대륙에서는 카이사르의 귀국을 원하는 요구가 빗발치고 있었다. 병력은 확실히 많지만 광대한

로마군의 브리튼섬 상륙

갈리아를 제압하기에는 충분하지 않다는 사실을 알고 있었고, 어떤 의미에서는 모든 계획의 가장 어려운 고비에 접어든 판국이었다. 신속한 진격으로 갈리인을 놀라게 하여 그들을 일시적으로 침묵시켰으나 그들도 지금은 충격에서 벗어나, 카이사르에 대해 결정적인 봉기를 준비하고 있었던 것이다.

전 갈리아 봉기의 진압

기원전 54년에 일어난 봉기는 갈리아 전역으로 확대된다. 벨가이인의 우두머리 에브로네스족의 암비오릭스는 북부 부족에게 봉기를 호소하고 네르비족의 원조를 얻어, 부사령관 두 명이 지휘하는 로마군 진영을 급습해 파괴했다. 이로 인해 네르비족의 영토에 주둔하고 있던 키케로의 로마군은 전멸 직전까지 갔으나, 카이사르가 급히 지원을 와 이 지방 전체의 평화를 회복했다.

그런데 갈리인은 기원전 52년 젊은 귀족인 베르킨게토릭스를 지휘자로 내세워, 분열된 부족을 하나의 깃발 아래 통합하였고 훈련을 쌓아 군대를 조직하였다. 이에 결전이 다가온 것을 깨달은 카이사르는 급히 각지에 주둔한 군대를 규합하였다. 적을 계속 피하면서 본영에 도착하여, 그곳에서 베르킨게토릭스를 향해 맹공격을 시작했다. 우여곡절 끝에 아바리쿰의 높은 요해에 있는 견고한 성채를 점령했으나, 몇 주 뒤에는 이 승리도 게르고비아에서의 통절한 패배로 물거품이 되었다. 그러나 적장은 여기서 최초의 대실수를 범하여, 오히려 후퇴한 로마군에게 격퇴당했다. 그들은 사기를 잃고 서둘러 철수하여 알레시아로 흩어져 달아났다.

카이사르는 이중으로 진을 배치한 뒤 도시를 포위 공격하는 한편, 갈리아의 구원부대가 들어오지 못하도록 막았다. 하루의 전투로 갈리인의 공격이 약해지자 로마군은 반격으로 돌아서서, 결국 카이사르가 결정적으로 승리하게 되었다. 다음 날 베르킨게토릭스는 카이사르의 발밑에 무기를 던졌다. 갈리아 전역이 완전히 평화를 되찾은 것은 아니지만, 모반자는 심한 타격을 받고 차츰 그 힘을 잃어갔다. 그에게 용서란 눈곱만큼도 없었으나, 갈리인도 만약 시종일관 내부 분열이 없었더라면 훨씬 선전할 수 있었을지도 모른다. 그러나 그들은 이처럼 손쉽게 로마의 제물이 되고 말았다.

루비콘강을 건너다

로마의 사태는 카이사르에게 유리하게 전개되지 않았다.

폼페이우스와의 연결고리였던 율리아가 죽자 폼페이우스는 예전의 원로원파로 다시 돌아갔다. 크라수스는 파르티아인과의 전투에서 패하였고, 더욱이 정적들은 카이사르의 브리타니아 원정을 실패한 것으로 보고 있어 그의 평판도 추락해 있었다. 카토는 갈리아에서 귀환하는 그를 엄중히 처벌할 것을 요구했다.

카이사르는 기원전 48년에 있을 집정관 선거를 노리고 있었기 때문에, 그때까지 갈리아에서 자신의 군 지휘권을 연장하려는 속셈을 가지고 있었다. 잘만하면 속주장관으로서 로마에 없어도 집정관 후보에 입후보할 수 있는 권리를 가질 수도 있었다. 집정관에 선출된 뒤라면 어떠한 공격으로부터도 안전할뿐더러, 법에 어긋나는 행동에 대한 책임을 추궁당해 법정에 세워질 우려도 없기 때문이다. 그러나 원로원은 그의 명령권 갱신에 난색을 표했다.

기원전 50년에는 아직 동의 획득에 대한 희망을 품고 로마를 움직이기 위해 갈리아 키살피나로 옮겨왔다. 이 야심찬 움직임은 공격을 위한 전주곡으로 간주되어, 원로원파는 공공연히 카이사르에게 맞서도록 폼페이우스를 부추겼다. 이 시점에서는 원로원도 자신들에게 충분한 힘이 있다고 확신해, 카이사르에게 일정 기일까지 무기를 버릴 것을 명령했다. 카이사르파 호민관들이 거부권을 발동했으나 그것도 소용없었다.

타협의 시도도 모두 실패하자 카이사르는 기원전 49년 1월 12일 밤 갈리아와 이탈리아의 경계가 되는 루비콘강을 건넌다. 그리고 수도를 향하는 길에 있는 도시를 하나하나 점령했다. 폼페이우스와 정부 전체는 로마를 떠나 브룬디시움을 향하고 거기서 다시 그리스를 향해 출항했다. 카이사르는 이제 이탈리아의 주인이 되었지만, 민중이 그에게서 돌아서지 않도록 주의를 기울였다. 폼페이우스는 카이사르가 제안한 협의를 거부했다. 동방에서 돈과 병사를 규합해 대군을 이끌고 귀환할 속셈이었다. 이리하여 로마는 내전에 돌입한다.

카이사르와 폼페이우스의 대진

카이사르가 브룬디시움에 도착한 것은 폼페이우스가 출항한 뒤였다. 그래서 그도 로마로 돌아가, 남아 있던 원로원 의원들을 소집하여 협조하겠다는 약속을 받아냈다. 모든 것이 미덥지가 않았지만, 그는 폼페이우스군의 주력이 집결해 있는 에스파냐로 떠났다. 이베리아반도에 도착하자마자 적을 찾았지만, 폼페이우스의 부사령관은 후방 부대를 두 배로 증원하고 그를 피해 달아났다. 교묘한 방법으로 카이사르는 그 퇴로를 차단하는 데 성공했다. 그 뒤 바로 적장 아프라니우스와 페트레이우스는 식량 부족에 시달려 항복할 수밖에 없었다(기원전 49년 8월). 나머지는 누워서 떡먹기와 같았다.

카이사르는 2개월도 되지 않아 먼 히스파니아 전역을 제압했다. 폼페이우스군은 카이사르의 잘 훈련된 정예병의 적수가 되지 못했던 것이다. 그는 적의 병사를 따뜻하게 대우하면서 그저 해산만 요구했을 뿐, 그들이 자신의 군대로 복귀하든 이탈리아로 돌아가든 원하는 대로 맡겨두었다. 그리고 전부터 포위하고 있던 마르세유에 마지막 일격을 가하고 로마를 향해 서둘러 떠났다.

로마는 겉으로는 질서가 회복된 듯 보였다. 카이사르는 법무관 레피두스에 의해 독재관직을 부여받아 기원전 48년 집정관에 선출된다.

이때야말로 그리스로 향했으면 좋았을 텐데, 그곳에서는 폼페이우스가 군세를 집결시키고 있었다. 보병 3만 6천, 궁병 3천, 투석병 1천 2백, 기병 7천, 게다가 3백 척의 함대, 식량과 무기까지 만반의 준비를 갖추고 있었다. 적선의 끊임없는 감시 속에서도 카이사르의 도항에는 어떠한 장애도 없었다. 기원전 48년 1월 카이사르는 코르흐와 오리콘 사이에 있는 아크로케라우니온 곶 가까이에 상륙했다. 그 뒤 안토니우스가 이끄는 지원군과 합류해 카이사르군은 보병 3만 4천, 기병 1천 4백으로 혹독한 진지전(陣地戰)을 전개하게 되었다.

삼두정의 한 사람인 크라수스의 죽음　기원전 53년 파르티아와의 전쟁에서 패하여 전사했다.

루비콘 도강　르네상스 시대의 태피스트리에 표현된 카이사르군의 루비콘 도강 장면

위대한 대항마 폼페이우스의 죽음

양 진영의 정찰이 끝난 뒤 카이사르와 폼페이우스 양군은 유리한 지점을 차지하기 위해 모든 비밀 전술을 다 동원했다. 폼페이우스는 바다를 등지고 있었다. 카이사르는 이를 포위해 전력을 다해 좁혀가려고 했다. 진지전이 디라키온(두라초)에서 전개되었으나 전세가 불리해져 카이사르는 퇴각해야 했다.

이어서 양군은 기원전 48년 8월 파르살루스 들판에서 다시 맞붙게 되었다. 폼페이우스는 이 야전에 자신의 군대를 투입하는 것이 마음에 내키지 않았다. 그러나 결국은 카이사르군의 거듭된 도발에 걸려들고 말았다. 뛰어난 기병이 있었으므로, 폼페이우스는 평원을 자유롭게 뛰어다닐 수 있는 기병으로 카이사르의 우익을 포위할 계획이었다. 그러나 그것은 너무나 단순한 전술이어서 카이사르에게 쉽게 간파되고 말았다. 카이사르는 제3열 뒤에 제4열을 숨겨두었다가, 적의 기병이 이겼다고 믿고 있는 바로 그때 돌연 공격을 감행했다. 기병이 달아나자 투석병, 궁병이 무방비 상태가 되어 순식간에 분쇄되었다. 이 시점에서 카이사르는 제3열에 명하여 폼페이우스군을 맹렬하게 공격하게 했다. 그들은 퇴각할 수밖에 없었다. 전황을 지켜보며 천막 속에 앉아 있던 폼페이우스는 마치 딴 사람처럼 보였다. 불운에 당황하여 기세가 크게 꺾이고 허탈 상태가 되었다. 저항력이 이미 사라져버린 그는 패배 보고를 듣자 곧 도주해버렸다.

그러나 파르살루스의 결전과 폼페이우스의 패배가 내전의 종결을 의미하는 것이 아님을 카이사르만큼 이해한 사람은 아무도 없었다. 폼페이우스의 함선은 아직 바다를 지배하고 있었다. 병사를 충분히 모을 시간도 없이 카이사르는 그리스를 떠나 소아시아의 질서를 회복하고 여러 도시에 자유를 주었다. 그러고는 자신들은 에페소스에서 신적인 영예를 얻은 뒤 이집트에 도착했다. 카이사르는 그곳에서 정적과 대면할 것을 기대하고 있었으나 그의 도착은 너무 늦었다. 폼페이우스는 이미 3일 전에 살해당한 뒤였다.

클레오파트라와의 만남

약간의 소부대만을 이끌고 알렉산드리아에 도착한 카이사르는, 그때 정적의 죽음을 알게 되었다. 테오도투스라는 인물이 그에게 폼페이우스의 수급(首級: 베어 떨어진 머리)을 보여준 것이다. 플루타르코스는 이렇게 기록했다.

제1차 삼두정의 한 사람인 폼페이우스의 비극적인 죽음
기원전 48년 파르살루스 전투에서 카이사르군에 대패한 폼페이우스는 군을 재정비하고자 이집트에 상륙하다가 죽음을 당했다.

"그는 어깨를 떨며 수급을 보고 눈물지었다."

카이사르는 프톨레마이오스에게 붙잡힌 폼페이우스의 친척과 친구들을 풀어주었다.

이 무렵 이집트 왕실에서는 프톨레마이오스 13세와 그의 누나이자 공동통치자인 클레오파트라가 극심한 대립을 벌이고 있었다. 카이사르의 원조를 얻는 데 자신의 매력을 이용하려고 결심한 클레오파트라는 양탄자로 몸을 둘둘 말고 노예들에게 등에 지게 하여 카이사르가 머무는 왕궁을 찾았다. 카이사르가 그 자리에서 그녀의 저항하기 어려운 매력에 포로가 된 것은 확실하지만, 아름다운 용모보다 그 화술이 훨씬 사람의 마음을 끄는 데가 있었다. 카이사르는 클레오파트라 곁에 머물며 궁전에서 환락을 누렸지만, 그 부족한 병력으로는 성을 지킬 수 없기에 곧 난국에 직면했다. 이제는 클레오파트라의 여동생인 아르시노에까지 포함하여, 왕좌를 주장하는 이가 세 명이 되었다. 아르시노에는 이집트군과 함께 난을 피하고 있었다. 카이사르는 위태한 처지에서 원군이 도착할 때까지 왕궁의 성벽 안에 갇혀 있었다.

카이사르는 구원 또는 탈출의 기대를 안고 때때로 기습을 감행하여 전략지점을 점령하려 하였다. 그러다가 구원병이 도착하자 성과 항구를 거의 제압할 수 있었다. 물론 그 작전을 전개하다가 하마터면 목숨을 잃을 뻔한 적도 있었다. 방파제를 점령하려다 실패하여 헤엄쳐서 위기를 모면한 것이다. 하지만 그 뒤 시리아에서 동맹군을 보내오기도 하여 프톨레마이오스군을 격파할 수 있었다. 왕은 전장의 이슬로 사라지고 아르시노에는 사로잡혀 이탈리아로 이송되었다. 카이사르와 클레오파트라는 둘 사이에 자라고 있던 애정을 거리낌 없이 누릴 수 있게 되어, 눈부시도록 화려한 배에서 그 유명한 향연과 축연이 이어지는 나일강의 밀월 여행을 즐겼다.

애정과 이성 사이에서

카이사르와 클레오파트라의 로맨스는 마음 속 깊은 애정이 아니라 한순간의 미혹, 혹은 휴식이었던 것일까? 사실 카이사르는 클레오파트라는 인물 속에서 그리스 문화와 오리엔트의 신비성이 결합된 것을 느꼈다. 클레오파트라는 스물한 살의 야심적이고 지성이 넘치는 매력적인 여성으로 카이사르도 사랑과 존경을 느끼지 않을 수 없었다. 그렇다 하더라도 그를 왕위에 앉히고 선물을 안겨주는 것만으로는 부족하여, 그가 원하기만 하면 카이사르의 병사들이 동행하는 것을 아무리 거부해도 에티오피아까지 주저 없이 따라갔다는 말은 과장이리라. 실제로는 아무래도 다른 곳에 가지 않으면 안 될 무렵이 되자, 즉시 이 휴식을 중단하고 클레오파트라를 남겨둔 채 떠나는 것을 주저하지 않았다.

카이사르는 로마의 숙적인 미트리다테스의 아들 파르나케스 왕과 대적해야 했다. 파르나케스 왕은 내전 뒤 소아시아의 혼란을 이용하여 카이사르의 부사령관 도미티우스 칼비누스에게 괴멸적인 타격을 가하고 있었다. 카이사르는 기원전 47년 8월 젤라에서 적군을 토벌하고 '왔노라, 보았노라, 이겼노라'라는 승전보를 전했다.

그해 여름 카이사르는 로마로 귀환했지만, 그가 없는 동안 그를 대신하던 안토니우스에게는 충분한 통치 능력이 없음이 확실했다. 카이사르는 무정부 상태인 로마의 질서 회복에 전력을 기울여 원로원 집회를 정상적으로 열게 하고, 무산 시민의 불만을 달래기 위해 경제적 부담을 감해주었다. 하지만 이 무

▶옥좌로 복귀하는 클레오파트라

오랜 세월 동안 예술가들은 클레오파트라의 애정 관계(처음은 카이사르, 다음은 안토니우스)를 둘러싼 일화에서 미적 영감을 얻어왔다.

▼클레오파트라의 배

자결하는 카토 19세기의 동판화

럽 노병들의, 거의 혁명에 가까운 소요에 직면했다. 약속한 보수를 받지 못한
그들이 이제부터는 군무를 거부하겠다며 울분을 터뜨린 것이다. 카이사르는
아주 냉정하게 그들을 "시민 여러분!"이라 부르며 열변을 토했다. 이제 그들은
병사로 간주되지 않으며 제대했다는 사실을 깨닫도록 한 이 영리한 언변 덕에
봉기는 진압되었다.

카토의 자결

새로운 일이 카이사르를 기다리고 있었다. 정적이 아프리카에 집결해 있었
던 것이다. 아프라니우스, 라비에누스, 스키피오, 게다가 누구보다 두려운 카토
일당은 3만 5천의 보병을 거느리고 누미디아 왕 유바의 지원도 기다리는 상황
이었다. 기원전 47년 말 아프리카에 상륙한 카이사르군은 적군과 작은 전투를
벌이며 구원부대를 기다렸다가 이듬해 4월 6일 결전을 치렀다.

스키피오가 타프수스 마을로 통하는 좁은 지협 중 한 곳에 매복하여 카이
사르를 함정에 빠뜨리려 했다. 그러나 카이사르가 예리하게 반격하였기 때문
에, 이 좁은 곳에서 적군들은 작전을 전개하지도, 질서 있게 철수하지도 못한
채 약 1만 명이나 떼죽음했다. 폼페이우스파의 주력이었던 무리는 사방으로
흩어졌다. 라비에누스는 폼페이우스의 아들들과 에스파냐로 달아났지만, 스키

카이사르의 개선식

피오는 도망치던 중 목숨을 잃었고 아프라니우스는 붙잡혀 사형에 처해졌다. 유바는 누미디아 수도에 재입성하려 했으나 부하에게 거절당해 스스로 목숨을 끊었다. 카토도 우티카에서 자결했다. 이는 내전의 종식을 의미했다. 마치 운명의 여신이 카이사르의 진로를 가로막던 마지막 장애물을 제거해 주는 듯했다.

원로원은 그에게 전무후무한 영예를 안겨주는 데 동의했다. 그리고 네 차례의 개선식이 거행되었다. 각각 갈리아의 승리, 이집트의 승리, 파르나케스 왕격파를 위해 아프라카에서 거둔 승리를 위한 것이었다. 첫 번째 개선식에서는 베르킨게토릭스가 카이사르의 전차 뒤에 쇠사슬에 묶인 채 끌려나와 즉시 처형당했다. 클레오파트라는 두 번째 개선식에 초대되어, 쇠사슬에 묶인 여동생 아르시노에를 흐뭇하게 내려다보았다. 떠들썩하게 축제도 벌여 2만 2천 명의 빈민에게 잔치를 베풀고, 노병들에게 선물을 하사하였다. 또 무산 시민들에게는 돈, 밀가루, 술을 배급하고, 극장 공연, 검투사와 야수의 격투, 모의 해전도 개최하였다.

왕관을 거부한 카이사르

이제 원로원은 카이사르를 10년 임기의 독재관에 임명하고 모든 요직의 후보자를 지명할 수 있는 권리를 부여하여 그의 인격을 신성불가침한 것으로 표명했다. 그는 귀족 및 부유한 시민층과 무산 대중의 힘의 균형을 도모하는 입법 사업에 몸을 던져 다양한 사회 개혁법을 통과시키고, 역법을 개정하여 1년 355일을 365일과 4분의 1로 했다.

기원전 45년에는 폼페이우스의 아들들과 라비에누스가 이끄는 폼페이우스파의 잔당을 히스파니아에서 최종적으로 무너뜨렸다. 결전은 문다에서 3월 17일에 전개되었는데, 병사들의 선두에 선 카이사르가 전쟁의 운을 자신에게로 돌려 라비에누스가 전사하고, 그 뒤 폼페이우스의 장남도 살해되었다. 이 결전 뒤에는 신적(神的)이라고도 할 만큼 어마어마한 영예가 부여되어 독재군주정 통치기구가 확립되었을 뿐 아니라, 대건축 사업, 간척 및 관개 사업의 계획도 수립되었다. 또 그는 동방의 강대국 파르티아 정벌이라는 가장 야심찬 군사계획까지 염두에 두고 있었다. 이는 크라수스의 죽음에 대한 보복이며, 로마의 국고를 살찌우는 목적도 있었다.

그러나 그에 대한 적대감도 나날이 커져갔다. 보수파를 아군으로 끌어들이는 데 실패한 것은, 그들이 질투와 원망 외에도 심각한 의심을 품고 있었기 때문이다.

카이사르는 이제 광대한 권한을 장악했다. 공화정을 타도하고 군주정을 수립하는 데 이 힘을 이용하지 않으리라고 누가 믿을 것인가? 어느 날, 그의 초상에 왕의 표장이 붙어 있는 것이 발견되었다. 또 한때는 군중이 그를 왕으로 환호하였으나 그가 제지하였다. 그러나 축제를 지켜보며 앉아 있는 그에게 안토니우스가 머리에 두 번이나 왕관을 씌워 주자 두 번 다 물리쳤지만, 이때 약간의 주저함을 보인 것은 그의 속마음을 드러낸 것이었다. 이미 종신 독재관의 칭호를 지닌 그는, 그 지위가 주는 권력에 애착을 갖고 있었다. 그 속에 자신이 이루고자 하는 것이 무수히 담겨 있었기 때문이다.

왕관을 거부하는 카이사르

운명의 3월 15일

카이사르가 스스로 왕위를 원하고 있었는지 어떤지는 알 길이 없다. 그러나 왕으로 인정받고 싶어했다는 풍문은 뿌리가 깊다. 그렇다면 독재관으로 나아가는 그의 길을 막으려면 그를 제거하는 수밖에 없었다. 음모의 중심 인물은 카시우스였다. 카이사르에 의해 사면되었지만, 카시우스는 군주정의 위협에 대해 행동으로 호소해야 한다고 생각하는 사람이었다. 카시우스는 마르쿠스 브루투스를 포함하여 약 60명의 동지를 그러모았다. 브루투스는 품성이 곧은 교양인이자 이상주의자로 민중의 사랑을 받았다. 음모자들은 온 힘을 다해 브루투스를 자신들의 편으로 끌어들였다.

암살 날짜는 3월 15일(기원전 44년)로 결정되었다. 각자 단검을 숨기고 원로

음모자들에 의해 암살당하는 카이사르 그들 속에 브루투스가 있음 알고 죽음을 받아들인다.

원 회의장에 모이기로 했다. 구국적 성격을 강조하기 위해 거사는 국가 최고 집회에서 이루어져야 했다. 카이사르는 전날 밤 친구와 함께 만찬을 즐겼다. 가끔 화제가 죽음으로 기울어, 어떤 죽음을 맞이하고 싶으냐는 질문에 '생각 지도 못한 갑작스런 죽음'이라고 그는 대답했다.

　15일 아침에는 아내인 칼푸르니아가 불길한 꿈을 꾸었다며 원로원에 가지 말라고 간청했다. 카이사르도 집에 머무르려고 결심했으나, 음모자 중 한 사람 이 카이사르의 집에 찾아와 칼푸르니아의 두려움을 웃어넘기며 원로원에 나가 도록 그를 재촉했다.

　회의장에서 의원들은 그에게 경의를 표하며 일어섰다. 그가 자신의 자리를 향해 걸어가자 무리 중 하나가 그에게 접근하며, 추방당한 킴베르의 형제를 다시 불러들이도록 간청하는 척했다. 그러자 킴베르가 그의 토가(고대 로마 시 민이 입은 겉옷)를 붙잡고 힘껏 당겨 목이 드러나게 했다. 그것이 신호였다. 카 스카가 처음으로 일격을 휘둘렀다. 상처는 깊지 않았다. 카이사르는 자세를 바 로잡았지만 다른 무리가 달려들었다. 암살자 중에 브루투스가 있는 것을 보 자 저항을 멈췄다고 한다. 카이사르는 얼굴을 토가로 가리고 수없이 칼에 찔 려 폼페이우스의 동상 발치에 쓰러졌다.

카이사르의 장례식

신격화된 카이사르

암살자들이 카이사르의 제거로 공화정을 회복할 수 있을 거라고 생각했다면 그것은 대단한 착각이었다. 공화정은 이미 과거의 유산이었다. 광대한 로마 제국은 도시국가적인 제도와 기구로는 더는 통치할 수 없었고, 새로운 통치 조직의 필요성을 그는 몸소 보여주었다.

카이사르의 시신은 쓰러진 곳에 방치되었으나 밤에 세 명의 노예가 시신을 옮겼다. 그리고 원로원 회의가 열렸다. 음모 가담자들에 대하여는, 법에 따른 처벌을 면하도록 한다는 키케로의 의견에 안토니우스도 동조하고, 카이사르에 관한 다양한 결정에 확인을 구했다.

카이사르의 신격화는 이미 장례식에서 시작되었다. 안토니우스가 열변을 토하며 카이사르의 유언장을 공개하자 열광한 군중은 하늘에 나타난 혜성과 카이사르를 동일시했다. 시인은 그를 신으로 찬양했다. 거사가 성취되자 암살자들의 결속도 끝나고 말았다. 복수심으로 동조한 자도 있는가 하면 질투, 욕구 불만, 이상 때문에 움직인 자들도 있었다. 그 동기가 그야말로 다양했기 때문에 함께 행동을 계속할 수 없었다. 카시우스와 브루투스도 기원전 42년 안토니우스에게 패하자 스스로 목숨을 끊었지만, 권좌를 둘러싼 전쟁과 혼란의 날들은 오래도록 지속되었다.

카이사르 연보

(기원전)

100년 7월 12일 가이우스 율리우스 카이사르 태어남(102년이나 101년에 태어
났다는 설도 있음). 아버지는 가이우스 율리우스 카이사르, 어머
니는 아우렐리아.

87년(13세)　마리우스와 킨나의 승리 후 유피테르 신관이 됨.

85년(15세)　카이사르의 아버지 사망.

84년(16세)　킨나의 딸 코르넬리아와 결혼.

81년(19세)　술라가 승리하자 박해를 받으며 코르넬리아와의 이혼을 강요당하
나 거부함.

80년(20세)　속주 아시아에서 처음으로 군무에 종사, 비티니아 왕 니코메데스
4세에게 보내는 사자가 된다. 미틸레네를 점령할 때 동료를 구한
공을 인정받아 시민관(市民冠)을 수여받음.

78년(22세)　킬리키아에서 군무에 종사한다. 술라가 사망한 뒤 로마로 귀환.

77년(23세)　집정관격인 그나이우스 코르넬리우스 돌라벨라를 고발한다.

76년(24세)　가이우스 안토니우스를 고발한다.

75년(25세)　웅변술을 배우기 위해 로도스섬으로 향하나 해적에게 붙잡힌다.

74년(26세)　속주 아시아에서 싸움(제3차 미트리다테스 전쟁).

73년(27세)　신관직에 취임함.

72년(28세)　군단을 거느린 고급장교가 됨.

69년(31세)　재무관(히스파니아 장관의 부관)으로 취임. 고모 율리아(마리우
스 미망인)와 아내 코르넬리아 사망, 추도연설을 함. 그 후 임지 히
스파니아로 향한다.

68년(32세)　알프스 지방의 갈리아 주민을 선동한다.

67년(33세)　술라의 손녀 폼페이아와 결혼. 가비니우스법(폼페이우스에게 해

적 소탕의 전권 부여)을 지지함.

66년(34세)　마닐리우스법(폼페이우스에게 미트리다테스 전쟁의 명령권 부여)을 지지.

65년(35세)　안찰관으로 취임(동료는 마르쿠스 칼푸르니우스 비불루스). 크라수스와 음모를 꾀하나 실패. 마리우스의 승리 기념비를 재건하고, 이집트 병합에 관한 크라수스의 의견을 지지하며, 검투사경기를 대대적으로 거행함.

63년(37세)　대제사장으로 선정됨. 12월 5일, 카틸리나 음모사건에 대해 적극적으로 발언.

62년(38세)　법무관으로 취임. 유피테르 신전 재건문제로 카툴루스를 탄핵. 친폼페이우스적 법안들을 지지. 12월, 클로디우스 사건(이듬해 초 아내 폼페이아와 이혼).

61년(39세)　먼 히스파니아의 장관이 됨(속주의 질서를 회복하고 루시타니족을 토벌).

60년(40세)　6월, 히스파니아에서 귀국하여 집정관에 입후보. 12월, 폼페이우스, 크라수스와 사적으로 밀약(삼두정치)을 나눔.

59년(41세)　집정관으로 취임(동료는 비불루스). 토지법안, 징세청부법, 부당취득 단속법, 알렉산드리아의 왕에 관한 법. 원로원 결의 공개법을 가결. 칼푸르니아와 결혼함. 바티니우스법에 따라 임지(알프스 건너편과 이쪽의 양 속주)가 결정됨.

58년(42세)　알프스를 사이에 둔 양쪽 갈리아 및 일리리쿰의 장관(~49년)이 됨. 갈리아 전쟁(~51년). 헬베티족과 아리오비스투스를 무찌름.

57년(43세)　갈리아의 장관. 갈리아 북부의 벨가이인을 토벌함.

56년(44세)　갈리아의 장관. 4월, 루카 회담에서 삼두동맹 갱신. 브르타뉴, 노르망디 지방의 부족을 토벌, 아퀴타니아 지방 원정.

55년(45세)　갈리아의 장관. 집정관 대리직 5년 연장이 결정됨. 게르마니인인 우시페테스족과 텐크테리족을 토벌. 라인강을 건너 게르마니아에 침입. 브리타니아 원정.

54년(46세)　갈리아의 장관. 7월 두 번째 브리타니아 원정. 8월 딸 율리아 사망. 가을, 갈리아에서 대봉기 발발, 암비오릭스에 의해 15대대가 괴멸

됨. 어머니 아우렐리아 사망.

53년(47세)   갈리아의 장관. 북갈리아의 부족들을 토벌(트레베리족과 에브로네스족을 격파). 두 번째 라인강 도하.

52년(48세)   갈리아의 장관. 갈리아 중앙부의 부족들이 베르킨게토릭스의 지휘 아래 대반란을 일으킴. 아바리쿰 포위, 게르고비아 전투. 알레시아 결전에서 갈리아의 대봉기에 쐐기를 박고 베르킨게토릭스를 포로로 잡음.

51년(49세)   갈리아의 장관. 벨로바키족을 토벌하고, 욱셀로두눔을 공위하여 갈리아 정복사업을 완성함. 로마에서는 카이사르 소환문제가 격화됨. 《갈리아전기》를 공표함.

50년(50세)   갈리아의 장관. 카이사르의 임기, 집정 입후보와 소환 문제를 둘러싸고 로마에서 논쟁이 격화됨.

49년(51세)   내전 발발. 1월 12일, 루비콘 도강. 2월 14일 코르피니움 포위(~21일). 3월 17일, 폼페이우스가 동방으로 출범함. 4월부터 마르세유 포위. 6월, 히스파니아로 가서 8월 2일에 일레르다에서 페트레이우스와 아프라니우스가 이끄는 폼페이우스군을 격파. 12월, 첫 번째 독재관이 됨.

48년(52세)   두 번째 집정관. 동방으로 건너감(1월 4~5일). 4월, 디라키온 진지전(~7월). 8월 9일, 파르살루스 전투에서 폼페이우스 격파. 9월, 두 번째 독재관(1년)이 됨. 10월 2일, 알렉산드리아에 상륙, 알렉산드리아 전쟁(이듬해 3월).

47년(53세)   3월 27일, 알렉산드리아 전쟁이 끝남. 클레오파트라를 다시 이집트 여왕으로 복귀시킴. 6월 초, 이집트를 떠남. 클레오파트라와의 사이에 아들 카이사리온을 둠. 8월 1일, 젤라 전투에서 파르나케스 왕을 물리치고 10월초 로마로 귀환. 12월 28일, 아프리카 북쪽 해안에 상륙(아프리카 전쟁 시작됨).

46년(54세)   세 번째 집정관. 4월 6일, 타프수스 전투에서 스키피오를 물리침(아프리카 전쟁 끝남). 7월 25일 로마로 귀환. 세 번째 독재관(10년). 풍기감독관. 8월, 4차례 개선식을 거행함. 9월 베누스 게네트릭스 신전을 봉납. 11월, 히스파니아로 향하여(히스파니아 전쟁),

12월 입성. 사회개혁입법.

45년(55세) 네 번째 집정관. 4월까지 계속하여 세 번째 독재관, 이어 네 번째 독재관이 됨(이듬해 1~2월, 종신 독재관이 될 때까지). 1월 1일부터 율리우스력 채용. 3월 17일, 문다 전투에서 승리함(히스파니아 전쟁 끝남).《반(反)카토론》을 저술함. 10월 로마로 귀환하여 개선식을 거행. 각종 개혁, 대 건축사업계획을 세움.

44년(56세) 다섯 번째 집정관. 2월 15일 공식적으로 종신 독재관 칭호를 사용. 2월 15일 루페르칼리아 축제에서 안토니우스가 왕관을 바치려함. 3월 15일 암살당함. 3월 18일 국장 결의, 20일 카이사르의 국장이 거행됨.

로마사(공화제) 연표

기원전	사건
753	로물루스가 로마를 건국함(전설) 7세기 말부터 에트루리아의 지배하에 들어감
509	7대째 왕 타르퀴니우스 추방 공화제 수립
495	평민이 귀족에게 반발하여 '성산(聖山)'에 농성
494	평민의 요구를 받아들여 평민회와 호민관직 설치
450	성문법 '12표법(表法)' 제정
405	인근 도시 베이를 공격(~396년)
390	켈트인, 로마 점령, 약탈
343	삼니테스 전쟁(~290년) 시작
340	라텐 전쟁(~338년) 시작
312	아피아 가도 건설 시작
266	이탈리아반도 제패
264	제1차 포에니 전쟁(~241년) 시작
241	최초의 속주로서 시칠리아를 얻다
218	제2차 포에니 전쟁(~201년) 시작
216	로마군, 칸나이 전투에서 한니발에게 패배하고 전멸
214	제1차 마케도니아 전쟁
202	스키피오, 자마 전투에서 한니발 격파
201	서지중해 패권 확립
200	제2차 마케도니아 전쟁(~196년) 시작
197	히스파니아 속주화
172	제3차 마케도니아 전쟁(~168년) 시작

149	제3차 포에니 전쟁(~146년) 시작
147	마케도니아 속주화
146	카르타고를 멸망시키고 아프리카 속주화
134	호민관 티베리우스 그라쿠스가 토지문제 해결에 나섰으나 실패 (132년)
129	속주 아시아의 설치
123	호민관 가이우스 그라쿠스, 형 티베리우스의 유지를 이어 여러 개혁에 착수
121	갈리아 트란살피나 속주화
112	게르마니인의 침입
107	마리우스의 병제(兵制) 개혁
104	마리우스, 게르마니인과의 전투에서 승리
*100	율리우스 카이사르 탄생
91	이탈리아 동맹시 전쟁(~88년) 시작
88	마리우스와 술라의 항쟁 격화. 이탈리아 여러 도시에 로마 시민권 부여
86	마리우스, 7번째 집정관에 취임
82	술라 독재관 취임(~79년)
73	스파르타쿠스의 난(~71년) 시작. 크라수스가 진압
70	폼페이우스와 크라수스, 집정관에 취임
67	폼페이우스, 지중해 해적 소탕
64	폼페이우스, 시리아 정복(이듬해에는 유대왕국을 항복시키다)
63	'카틸리나 음모사건'
60	폼페이우스, 크라수스, 카이사르의 밀약 '제1차 삼두정치'
59	카이사르, 집정관에 취임
58	카이사르의 갈리아 원정(~51년) 시작
57	원로원, 폼페이우스에게 식량확보(대권) 일임
56	'루카 회담'
55	폼페이우스와 크라수스, 두 번째 집정관 취임
53	크라수스, 파르티아 원정 실패하고 전사

52	카이사르, 갈리아 정복 거의 완료
51	《갈리아전기》(전7권) 발표
50	원로원파와 평민파의 항쟁, 최고조에 도달
49	카이사르, 루비콘강을 건넘으로써 내전 시작
48	카이사르, 두 번째 집정관 취임. 파르살루스 전투에서 폼페이우스 격파. 폼페이우스, 이집트 땅에서 간계에 빠져 피살. 알렉산드리아 전쟁 시작
47	카이사르, 알렉산드리아전 승리. 《내전기》 완성. 아프리카전 시작
46	카이사르, 세 번째 집정관 취임. 아프리카전 승리. 소(小)카토 자결. 4회(갈리아, 이집트, 폰투스, 아프리카전에 대한) 개선식 거행. 임기 10년 독재관에 임명됨. 히스파니아전 시작
45	카이사르, 네 번째 집정관 취임. 히스파니아전 승리. 라비에누스 전사. 내전 종식
*44	카이사르, 다섯 번째 집정관 취임. 동료 집정관에 안토니우스 취임. 파르티아 원정 표명. 카이사르 암살로 쓰러짐
43	히르티우스(《갈리아전기》 제8권의 저자), 집정관 취임. 그 뒤 전사. 옥타비아누스, 집정관 취임. 안토니우스, 레피두스, 옥타비아누스의 '제2차 삼두정치'. 키케로 사망
42	원로원, 카이사르 신격화
40	안토니우스, 레피두스, 옥타비아누스의 3자 사이에 세력권 분할
37	안토니우스, 클레오파트라와 결혼
36	안토니우스, 파르티아 원정 실패
34	'제2차 삼두정치' 해소. 원로원, 클레오파트라에게 동방령을 할양하는 것으로 한 안토니우스의 알렉산드리아 선언 무효화
31	옥타비아누스, 악티움 해전에서 안토니우스와 클레오파트라 연합군 격파
30	옥타비아누스, 이집트 정복. 안토니우스, 클레오파트라 사망(프톨레마이오스 왕조 멸망)
27	옥타비아누스, '아우구스투스' 존칭을 얻어 제정을 시작함

《갈리아전기》 색인

●인명

로마 시민은 개인, 씨족, 가계의 세 가지 이름을 가지고 있었다. 여기서는 그 가운데 가장 널리 사용된 이름을 썼다. 개인 이름은 아래와 같이 머리글자만 기록했다.

A. 아울루스 C. 가이우스 Cn. 그나에우스 D. 데키우스 L. 루키우스 M. 마르쿠스 P. 푸블리우스 Q. 퀸투스 T. 티투스 Sex. 섹스투스

●지명

( )안은 현재의 지명

《내전기》 색인

●인명

로마 시민은 개인, 씨족, 가계의 세 가지 이름을 가지고 있었다. 여기서는 그 가운데 가장 널리 사용된 이름을 썼다. 개인 이름은 아래와 같이 머리글자만 기록했다.

A. 아울루스 C. 가이우스 Cn. 그나에우스 D. 데키우스 L. 루키우스 M. 마르쿠스 P. 푸블리우스 Q. 퀸투스 T. 티투스 Sex. 섹스투스

●부족명

●지명

옮긴이 박석일(朴錫一)

전남대 사학과를 거쳐 인도 델리대 대학원 사학과를 졸업하다. 한국외국어대학 힌디어 과장을 지내다. 지은책《인도사 개설》《인도 사정》등이 있고 옮긴책《간디 자서전》《네루 자서전》인디라 간디의《인도의 진로》크리팔라니《타고르》등이 있다.

World Book 77

Julius Caesar
COMMENTARII DE BELLO GALLICO
COMMENTARII DE BELLO CIVILI
갈리아전기/내전기
율리우스 카이사르/박석일 옮김
1판 1쇄 발행/1979. 10. 10
2판 1쇄 발행/2008. 9. 10
2판 5쇄 발행/2020. 5. 1
발행인 고정일
발행처 동서문화사
창업 1956. 12. 12. 등록 16-3799
서울 중구 마른내로 144(쌍림동)
☎ 546-0331~6 Fax. 545-0331
www.dongsuhbook.com
✱

사업자등록번호 211-87-75330
ISBN 978-89-497-0499-9 04080
ISBN 978-89-497-0382-4 (세트)